毒樹の果実論

"Fruit of the Poisonous Tree" Theories

小早川義則

証拠法研究第二巻

成文堂

はしがき

本書は、四半世紀にわたり名城法学（および名城ロースクール・レビュー）を中心に公表してきた一連の排除法則ないし毒樹の果実に関連する旧稿を整理し、新しい構想の下に全面的に加筆修正したものである。むろん旧稿をそのまま利用したところもあるが、分量的にも四分の一程度に圧縮しており、むしろ書き下ろしに近い。

毒樹の果実の問題に取り組む直接の契機となったのは、はや三〇年前のことになるが、ジュリスト編集室からの「違法収集証拠排除をめぐる下級審判決の動向と最高裁判決」と題する原稿依頼である。周知のようにわが最高裁は一九七八年（昭和五三年）九月七日、【2】大阪天王寺覚せい剤事件判決で排除法則の採用を明示するに至ったため、ジュリスト本誌がその特集を組むこととなり、その一環として依頼があったのである。筆者は、私事にわたるが、同年八月から九月にかけて二人の幼子を連れて、信州の老舗旅館で長期滞在中の上野泰男氏（現早稲田大学教授）夫妻を訪ね、後に合流したいずれも同僚の武知政芳氏（現専修大学教授）夫妻や野上博義氏（現名城大学教授）とともにまことに楽しい暑中休暇を過ごした後、アルバイトの子守りをかねて同行した北大院生の甥 幸男（現独立行政法人国際農林水産業研究センター水産領域長）と親友 和田捷の実家を訪ねるなどして帰宅したばかりだった。その間、新聞等には一切目を通していなかったので、編集室からの電話を受けてもう一つ合点が行かなかったが、とにかく引き受けることにした。主要新聞を調べると、いずれも一面トップの取扱いである。校正をお手伝いし一九七四年に刊行された光藤景皎『刑事訴訟行為論』では違法収集証拠の問題にかなりのスペースが割かれており、またその前年の日本刑法学会第五三回大会では井上正仁氏（現東京大学教授）の個人研究報告「違法収集証拠の排除」に接したこともあり、この問題に関心がなかったわけではないが、地元で土地勘もある大阪天王寺での事件が最高裁に継続中であることすら知らなかったのである。

とりあえず最終回のみ未完の法学協会雑誌掲載の井上正仁「刑事訴訟における証拠排除」を精読することにした。ところが、これを読むと書けない。実力の差は歴然としている。締切日は刻々と迫ってくる。そこで止むなく一たん書き上げた草稿を光藤先生の助言を得て全面的に書き直して投函したものの、井上論文を単になぞったにすぎず、その未熟さはおおうべくもない。当時たまたま、大阪市立大学大学院での田宮裕教授の刑事訴訟法特論の集中講義に出席しており、田宮先生から「この度は原稿どうも有り難う」と言われた時の気恥かしさは忘れ難い。すでにその直前に活字になっていたわけだが、その後長期にわたり面を上げて歩くことも憚るほどの自己嫌悪感に陥ったのである。もっとも、いわばこれをバネとして排除法則の問題に取り組むことになり丁度三〇年を経て本書の上梓に漕ぎつけただけに、当時のことが想起されるとともに、胸のつかえがおりた思いがする。名城大学に専任講師として赴任して間もない筆者に、本書につながるいわば桧舞台での執筆の機会を与えていただいた松尾浩也、故田宮裕の両先生に対し、お詫びとともに心からお礼を申し上げる次第である。

顧みれば、後出の関連論文等一覧表にも見られるとおり、ジュリスト掲載論文を契機に違法収集証拠をめぐる日米の最高裁判例の紹介などの執筆依頼があり、それにあわせて名城法学を中心に毒樹の果実に関連する諸論稿を書き上げてきたことになる。七八年秋の段階で、逆立ちしても実力以上のものは書けない、現に書いたものが本人の実力そのものであるという自明の理を突き付けられたため、とりあえずは実力相応の習作を試みるしかないとのいわば居直りに徹したのである。もっとも、毒樹の果実論への直接の転機は、〝不可避的発見〟の例外を正面から肯定した一九八四年の【56】第二次ウィリアムズ判決のアメリカ法（東大出版会）での紹介であった。排除法則の問題点については一九八五年の日本刑法学会第六三回大会の共同研究「覚せい剤事犯の多発化と刑事司法」（刑法雑誌二七巻二号参照）の報告段階でほぼ理解できたつもりでいたが、毒樹の果実との関連についてはなお理解が不十分であることに気付き、同ウィリアムズ判決を素材に「排除法則と〝不可避的発見〟の例外」を名城法学に掲載することにした。その途中で実現した二年間の米国留学中に〝不可避的発見〟の法理を〝独立入手源〟の例外に拡大適用した一九八八年の【59】マリ判決に接するなどしたため、両者の関係にも言及することとし、その結果、連載は九回にも及び、帰国直後の一九九一年には大部のものがひとまず完成した。さらに帰国直後の一九九〇年一〇月、名城大学法学部四〇周年記念事業の一環として伊藤正己元最高裁判事の特別講演会が催され、その後の法学部教員有志との夕食会の席上、伊藤先生から直接、毒樹の果実論を詳細に展開された一九八三年の【9】神戸ホステス宅放火事件での補足意見執筆時の参考文献等につきご教示を得たこと、そして右事件のほか一九八六年の【3】奈良生駒覚せい剤事件や二〇〇三年の【10】大津覚せい剤事件の各関係者から折につけ研究会等で親しく直接お話を伺う機会があったことは実に貴重だった。

米国での排除法則ないし毒樹の果実排除の範囲をめぐる最重要問題は、わが国におけると同様、憲法との関わり、すなわち排除法則は合衆国憲法それ自体の要求であるかであるが、合衆国最高裁は二〇〇〇年六月の【63】ディカソン判決において一九六六年のミランダ判決は憲法上の根拠を有する憲法判断である旨判示した。そこでこれを契機に二、三の関連論文をものしたところ、二〇〇二年四月公刊の刑事訴訟法の争点［第三版］で「毒樹の果実」が割り当てられたため、その執筆前に「排除法則と〝独立入手源〟の例外」に引き続いて書き上げたのが「排除法則と〝稀釈法理〟の例外」である。こうして毒樹の果実排除の例外法則に関する習作がほぼ出揃った折も折、わが最高裁は二〇〇三年の【10】大津覚せい剤事件判決ではじめて正面から違法収集証拠排除法則を適用し、逮捕手続に重大な違法があるとして逮捕当日に採取された被疑者の尿に関する鑑定書の証拠能力を否定した上で、これを疏明資料として発付された捜索差押許可状により押収された覚せい剤に関する鑑定書については、諸般の事情を総合すると、その証拠能力を否定することはできないと判示したのである。まさに時は至れりで、大阪刑事訴訟法研究会での右判決についての関係者の報告を受けて「排除法則と毒樹の果実論」を書き上げ、その後にあらためて合衆国最高裁判例の分析を中心とした「排除法則の範囲——毒樹の果実を中心に——」を草するとともに構想を練り直し、これら旧稿に全面的に手を加え一書にしたのが本書である。

本書は、このような長年にわたる準備作業を経て、アメリカ法の排除法則ないし毒樹の果実について、重要不可欠であるにもかかわらずその分析が必ずしも十分ではない合衆国最高裁判例を中心に、その具体的内容を明らかにしつつ、アメリカ法の客観的な問題状況を明らかにした上で、わが国における排除法則の問題点をいささかなりとも解明しようとするものである。むろん原文はすべて英語であるので、読者の便宜を考え、収録判例については内容に即したネーミングおよび若干の解説を付けることにした。また、判例の大半は上告受理の申立てを容れた合衆国最高裁判決であるため、それに至る経緯が複雑な事例が少なくないが、煩瑣にすぎるし、必ずしも必要と思われないので、右経緯については原則として触れず、事実と判示のみに限定した。ただ、反対意見や同調意見については判示を理解する上で有用と思われるものを収録することにした。また、鈴木義男編『アメリカ刑事判例研究第一巻〜第四巻』(成文堂、一九八二年〜一九九四年)や渥美東洋編『米国刑事裁判の動向I〜III』(中央大学出版部、一九八九年〜一九九四年)のほか、「比較法雑誌」(日本比較法研究所機関誌)や「比較法学」(早稲田大学比較法研究所機関誌)にも本書で収録したのと同一の判例がかなり紹介されているが、その引照は原則としてすべて割愛した。その他の雑誌等での紹介も同様である。もっとも、その間のいわゆる共謀罪法案をめぐるわが国の問題状況に鑑み、先に『共謀罪とコンスピラシー』（二〇〇八年六月）を上梓するなどしたため、出版社への完成原稿の提出が大幅に遅延した。その結果、大阪覚せい剤事件からほぼ三〇年後の発刊となり、いささかの感懐を禁じえない。さらに、校了直前の段階で【7】マップ判決などの精読の必要性を痛感し「排除法則と合衆国最高裁」などの習作を試みるなどしたため一年遅れの出版となった。ただ、はしがきの校正はほぼ終えていたので、日付はそのままにしておくことにした、諒とされたい。毒樹の果実に絞り込んだ本書は、先に公刊した『デュー・プロセスと合衆国最高裁Ｉ』と同様、アメリカ判例法の体系化ないし総合的研究の一環に外ならず、なお未熟なものであるが、それなりの意義が認められれば、幸いである。なお、アメリカから帰国直後の一九九〇年に『共犯者の自白――証拠法研究第一巻』を上梓して早や二〇年近く経過したが、引き続き〝科学的証拠〟や〝証人審問権〟など証拠法関連のものを順次発刊したいと考えている。

本書の出版に当たり、成文堂の阿部耕一社長、土子三男取締役の格別のご配慮をたまわり、校正段階では編集部の篠崎雄彦氏のお世話になった。また本書の土台となった一連の旧稿のほか、本書の原稿の整理や浄書についても八津谷由紀恵さんのご協力を得た。記して厚くお礼を申し上げたい。

二〇〇八年九月七日

大阪覚せい剤事件三〇年を機に

小早川義則

目次

細目次

既発表主要関連論文等一覧

1　「違法収集証拠をめぐる下級審判決の動向と最高裁判決」ジュリスト六七九号（一九七八年）
2　「犯人識別供述をめぐる米連邦最高裁判例の動向（一～二・完）」名城法学三六巻三、四号（一九八七年）
3　合衆国最高裁判例紹介「Nix v. Williams, 467 U.S. 431 (1984)――第六修正違反に〝不可避的発見〟の例外法則を肯定することは相当で、訴追側の立証の程度は証拠の優越で足り、また捜査官の悪意の不存在を立証する必要はない」アメリカ法一九八八年II号
4　「排除法則と〝不可避的発見〟の例外（一～九・完）」名城法学三七巻二号～四〇巻三号（一九八八～九一年）
5　「排除法則と〝独立入手源〟の例外」高田卓爾博士古稀祝賀・刑事訴訟の現代的動向（三省堂、一九九一年）
6　「弾劾例外をめぐる米連邦最高裁判例の動向」福田平＝大塚仁博士古稀祝賀・刑事法学の総合的研究（上）（有斐閣、一九九三年）
7　『ミランダと被疑者取調べ』（成文堂、一九九五年）
8　「ミランダとテリーとの交錯――合衆国憲法修正五条と四条とのかかわり――」名城法学四五巻一号（一九九五年）
9　合衆国最高裁判例紹介「Withrow v. Williams, 113 S.Ct. 1745 (1993)――第五修正の自己負罪拒否特権の実効性にかかわるミランダ違反供述については、第四修正の物的証拠に関する排除法則の場合とは異なり、州段階で確定判決を経た受刑者もあらためて連邦の人身保護令状による救済を求めることができる」アメリカ法一九九五年I号
10　合衆国控訴審判決紹介「United States v. Perdue, 8 F.3d 1455 (10th Cir. 1993)――逮捕するための相当な理由のない被疑者を強制的に停止・拘束後に採取された供述につき、テリー判決に違反せず不合理な停止・拘束ではないとしつつ、ミランダ警告の欠如を理由として排除した事例」アメリカ法一九九六年II号

11　「被疑者取調べと弁護人立会権」別冊ジュリスト・英米判例百選［第三版］（一九九六年）
12　「犯人識別供述をめぐるアメリカ法の動向（一～四・完）」名城法学四七巻三号～四九巻二号（一九九七年～九九年）
13　「米連邦最高裁ミランダを再確認」現代刑事法二巻一〇号（二〇〇〇年）
14　「ミランダ判決の意義と限界――ディカソン判決を契機に――」名城法学五〇巻別冊（二〇〇〇年）
15　合衆国最高裁判例紹介「Gray v. Maryland, 118 S.Ct. 1151 (1998)――被告人との共同犯行を認める、いわゆる共犯者の公判廷外の自白（調書）を併合審理において限定説示の下に、自白者本人に対してのみ不利益な証拠として許容することは、たとえ被告人の名前が削除という文言に置き換えられ、あるいはその部分がコンマで区切られて空白になっていたとしても、第六修正の証人審問権に違反する」アメリカ法二〇〇〇年Ⅰ号
16　「排除法則と〝稀釈法理〟の例外（一～三・完）」名城法学五〇巻一＝二号～五一巻二号（二〇〇一年）
17　「毒樹の果実排除と反覆自白の許容性」光藤景皎先生古稀祝賀論文集下巻（成文堂、二〇〇一年）
18　「毒樹の果実」ジュリスト増刊・刑事訴訟法の争点［第三版］（二〇〇二年）
19　「効果的弁護の懈怠とその判断基準」栗城壽夫先生古稀記念・日独憲法学の創造力（信山社、二〇〇三年）
20　「排除法則とハームレス・エラーの法理」名城法学五二巻二＝三号（二〇〇三年）
21　「合衆国最高裁と日本法」桃山法学創刊号（二〇〇三年）
22　合衆国最高裁判例紹介「Chavez v. Martinez, 538 U.S. 760 (2003)――警察官の強制的取調べがあったとしても、その間に採取された供述が刑事事件において供述者本人に不利益な証拠として用いられていない限り、第五修正の自己負罪条項に違反せず、取調べ前にミランダ警告を欠いても憲法上の権利侵害はないが、第一四修正の実体的デュー・プロセス違反の有無については差戻審で検討されるべきである」アメリカ法二〇〇五年Ⅰ号
23　「排除法則と毒樹の果実論――平成一五年大津覚せい剤事件判決を契機に――」渥美東洋先生古稀祝賀・犯罪の多角的検討（有斐閣、二〇〇六年）

24　『デュー・プロセスと合衆国最高裁Ⅰ』（成文堂、二〇〇六年一二月）
25　『共謀罪とコンスピラシー』（成文堂、二〇〇八年六月）
26　「アメリカ刑事判例研究（一）United States v. Patane, 543 U.S. 630 (2004) ——ミランダ違反供述に由来する物的証拠の許容性」名城ロースクール・レビュー八号（二〇〇八年）
27　「排除法則の範囲（一―三・完）——毒樹の果実を中心に——」名城ロースクール・レビュー八号、九号、一一号（二〇〇八年―二〇〇九年）
28　「排除法則と合衆国最高裁——憲法論を中心に——」名城ロースクール・レビュー一二号（二〇〇九年）
29　「アメリカ刑事判例研究（四）Minnesota v. Carter, 525 U.S. 83 (1989) ——排除法則の申立適格：捜索場所へのプライヴァシーの合理的期待」名城ロースクール・レビュー一二号（二〇〇九年）

序章

わが最高裁は一九七八年（昭和五三年）の【2】大阪天王寺覚せい剤事件判決において、証拠物の押収等の手続に「令状主義の精神を没却するような重大な違法」があり、これを証拠として許容することが「将来における違法な捜査の抑制の見地からして相当でない」場合には、その証拠能力を否定すべきであると判示し、一般論としてではあるが、違法収集証拠の排除法則を採用することを明らかにした。もっとも、最高裁はその後も一連の判例で、同様に当該警察官の行為を違法としながら、その違法性は〝重大ではない〟として獲得された証拠の証拠能力を肯定していた。しかし、二〇〇三年（平成一五年）の【10】大津覚せい剤事件判決において、覚せい剤の自己使用、所持及び譲渡の事案で違法逮捕後に被告人が任意提出した尿の鑑定書の証拠能力および同鑑定書を疎明資料として発付された捜索差押許可状に基づき被告人方から押収された覚せい剤の証拠能力が争われた事案について、前者の尿の鑑定書にはじめて排除法則を適用してその証拠能力を否定しつつ、後者の覚せい剤については右鑑定書との関連性は密接ではないとしてその証拠能力を肯定した。そのため、毒樹の果実排除の適用範囲が現実の問題となり、排除法則が新局面を迎えることになった。

証拠排除の効果は、違法に収集された直接の第一次的証拠（毒樹）だけでなく、それに基づいて新たに発見された第二次的証拠（果実）にも及ぶ。これがいわゆる排除法則の波及効ないし毒樹の果実論である。学説上は、毒樹の果実論は一般的に認められているものの、その理論をどこまで貫徹すべきかについての検討はなお不十分であり、最高裁の態度も明らかでない。もっとも、一九八三年の【9】神戸ホステス宅放火事件判決の補足意見で、伊藤正己裁判官が反覆自白の許容性に関してであるが、比較的詳細な毒樹の果実論を展開したことが注目される。すなわち、毒樹の果実の許容性については「単に違法に収集された第一次的証拠と何らかの関連をもつ証拠であるということのみをもって一律に排除すべきではなく、第一次的証拠の収集方法の違法の程度、収集された第二次的証拠の重要さの程度、第一次的証拠と第二次的証拠との関連性の程度等を考慮して総合的に判断すべきものである」との一般論を展開した上で、反覆自白の許容性につき、「一般に、第二次的証拠たる自白が第一次的証拠たる自白の反覆の外形をもつ場合に、第一次的証拠に任意性を疑うべき事情のあるときは、証拠収集機関の異同にかかわらず、第二次的証拠についてもその影響が及ぶものとみて任意性を疑うべきであるとしても、本件において、第一次的証拠につき、その収集が違法とされ、これが排除されたのは、前記のとおり、任意性には必ずしも影響を及ぼさない理由によるものであるから、単に自白反覆の故をもって、直ちに第二次的証拠を排除すべきものとすることは適切でない」との判断を示した。右補足意見は、違法な別件逮捕勾留中に採取された本件自白に基づいて執行された本件の逮捕・勾留中の勾留裁判官等に対する自白に関するものであるが、反覆自白にも一般に毒樹の果実論が適用されることから、警察官が強制等によって自白を採取した後で検察官が適法に取り調べた結果採取した自白についても妥当するものとして注目されるのである。

他方、ほぼ時を同じくして合衆国最高裁は二〇〇〇年六月の【63】ディカソン判決において、一九六六年のミランダ判決は憲法に根拠を有する憲法判断（a constitutional decision）であるから議会の制定法によってミランダを変更することはできないとの判断を示し、連邦議会が一九六八年に制定した合衆国法典第一八編第三五〇一条（18 U.S.C. §3501）の規定をミランダと矛盾する違憲立法であると判示し、ミランダ違反供述にはじめて同三五〇一条を適用した第四巡回区控訴裁判所の判断を破棄した。「ミランダは議会が立法によって変更することのできない憲法上の法則（a constitutional rule）を表明したのである」から、「先例拘束性の法則に従い、ミランダの変更には応じられない」というのである。そして合衆国最高裁は二〇〇四年六月の【68】パターネ判決において、元ガール・フレンドへの迷惑行為でいったん逮捕され保釈中に連絡（電話）禁止命令違反で再び逮捕された際に不十分なミランダ警告後に獲得された供述に基づき発見された物的証拠（銃）につき、毒樹の果実であるとしてその許容性を否定した第一〇巡回区判決を破棄差し戻した。ミランダは「憲法判断である」としたディカソン判決をどのように解するかが本判決での最大の論点であっただけに、この点をめぐり白熱した論議が展開されているのである。

ところで、一九四九年（昭和二四年）一月一日施行の現行刑事訴訟法は、新しい日本国憲法を受けて全面改正された唯一の基本法であり、憲法との関わりが濃厚である。日本国憲法三一条以下の刑事手続に関する諸規定がアメリカ合衆国憲法第四修正ないし第六修正および第八修正の人権規定に由来し、現行刑事訴訟法がこのような憲法上の人身の自由に関する英米法的手続の枠組を受け入れたものであることは、その制定経緯に照らしても明らかである。そして合衆国最高裁はウォーレン・コート（一九五三～六九年）下に、合衆国憲法第一四修正のデュー・プロセス条項を介して「刑事司法の革命」を断行し、その後若干の変容が生じたものの、その核心部分には変動がなく、今日では憲法に関する重要な刑事手続については全米で一律の最低基準が確立し、その意味で統一的なアメリカ法が成立している。現行刑事訴訟法が合衆国憲法に由来する人身の自由に関する憲法上の諸規定を具体化した「憲法的刑事訴訟法」である以上、合衆国最高裁の憲法解釈に照らし、わが国の刑事司法システムの問題点を洗い直す作業は有益である。もちろん、合衆国最高裁の憲法解釈をそのまま日本法に適用するという意味ではないが、母法である以上、日本法の解釈運用に当たっても、アメリカ法の把握が少なくとも必要条件であることは否めない。

本書はこのような日米両国における共通の問題状況を踏まえて、二〇〇三年の前出大津覚せい剤事件についてアメリカ判例法上の「不可避的発見の法理」を意識し、「これを参考にしたとみる余地があろう」（調査官解説）と指摘されている折でもあり、ひとまずわが国の問題状況を整理した上で、ほぼ一世紀にわたる主要な合衆国最高裁の関連判例をほぼ網羅的に紹介することによりその意味内容を再確認しつつ、あわせてわが国の問題について検討しようとするものである。前出大津覚せい剤事件判決について小論を草した際にも痛感したことだが、バーガ・コートやレンキスト・コートの下での排除法則の後退化ないし骨抜きが日本法への影響に絡めて指摘され続けているものの、供述証拠であると非供述証拠であるとを問わず一律に排除するいわば合一的な排除法則を踏まえた上での毒樹の果実排除の例外法則の理解は必ずしも十分でないように思われる。排除法則と密接不可分な毒樹の果実排除の例外法則の意味内容をその前提となる事実関係を含めて把握し日本法とアメリカ法の同質性ないし異質性を明らかにしつつ、わが最高裁の問題点を解明する作業はこの際とくに必要と思われるのである。

第一章　わが国の問題状況

前述のように、わが最高裁は一九七八年（昭和五三年）の大阪覚せい剤事件判決において、証拠物の押収等の手続に「令状主義の精神を没却するような重大な違法」があり、これを証拠として許容することが「将来における違法な捜査の抑制の見地からして相当でない」場合には、その証拠能力を否定すべきであると判示し、一般論としてではあるが、違法収集証拠の排除法則を採用することを明らかにした。本判決については種々の問題点が指摘されているが、最高裁が実体的真実の発見に一定の制約を課し、排除法則の採用を明言した意義は大きい。もっとも、最高裁はその後も右判決の判断基準に従って、警察官の行為を違法としながら、その違法性は「重大ではない」として結論として当該証拠の証拠能力を肯定している。しかし、下級審レベルでは、昭和五三年判決を契機として、排除法則を適用して当該証拠の証拠能力を否定する事例が次第に増えつつあり、時には他の証拠が皆無であるため、被告人に無罪判決の言い渡しをする裁判例も散見される。そして最高裁は二〇〇三年（平成一五年）の大津覚せい剤判決においてはじめて具体的事案に排除法則を適用して逮捕状不呈示の違法状態を利用して採取された被告人の尿の鑑定書の証拠能力を否定しつつ、その後、別途有効な令状に基づいて被告人方から発見・押収された覚せい剤については右鑑定書との関連性は密接でないとしてその証拠能力を肯定したため、毒樹の果実排除の適用範囲が現実の問題となり、排除法則の新局面として大いに注目されているのである。

そこで順序として、ひとまず昭和五三年判決に至るまでの判例の動向を跡づけ、同判決およびその後の関連判例を紹介した上で、大津判決を詳しく分析した後、前後するが、反覆自白に関する前出昭和五八年判決を紹介しつつ、わが国の問題状況を概観することとしたい。

第一節　従前の動向

一　まず、旧法時代には、それ自体に固有の証拠力を有する物的証拠については、証拠排除は問題にならなかったといってよい。現行法になっても、当初の判例が右の態度を踏襲していたことは明白である。例えば、最判昭和二四年一二月一三日（裁判集一五号三四九頁）は、押収手続に違法があっても、押収物の「性質形状等に何等影響を及ぼす虞はない」から、これを証拠として妨げないとし、東京高判昭和二八年一一月二五日判決（特報三九号二〇二頁）は、さらに端的に「違法を抑制するためにその物の証拠能力を否定しようというのは考え方として筋違いの感を免れない」と断言している。これら判例は傍論ではあるが、収集手続の違法と証拠物の証拠能力とは別個の問題であるとすることで、当時の判例はほぼ一致していたのである。

ところで、わが刑事証拠法の母法ともいうべきアメリカ法については、すでに現行法施行の前後から、その基礎的研究が開始されており、違法収集証拠の問題についても詳細な研究が公にされてきた。その後、ことに平野龍一教授によってさらにアメリカ法の精密な分析・検討がなされた結果、昭和三〇年代の半ばには、わが法の解釈としても、排除法則が妥当するという考えがほぼ通説となる。右の学説の動向に対応して、判例の中にも微妙な変化が看取され始めるが、依然として消極的態度が支配的であった。しかし、ついに排除法則を正面から肯定する判例が現れた。大阪高裁昭和三一年六月一九日判決（刑裁特報三巻一二号六三一頁）がこれであり、証拠排除を否定するならば「憲法の保障は有名無実とな」ることを理由に、緊急逮捕に先立つ捜索・押収を違法とし、その結果得られたへロインの鑑定書等の証拠能力を否定したのである。もっとも、その上告審たる【1】最高裁大法廷判決は、本件捜索・押収の合憲性を肯定し、さらに本件鑑定書等は、被告人及び弁護人が証拠とすることに同意したものであるから「右各書面は、捜索・押収手続の違法であったかどうかにかかわらず証拠能力を有する」と判示し、違法収集証拠の問題については判断を回避した。しかし、本判決には詳細な補足意見、意見および少数意見が付されており、原判決破棄の結論部分は一二対二であるとはいえ、重大な手続違法のある場合に排除法則を肯定する六名もの裁判官の意見のあることが注目された。本件少数意見は、「国家権力の公正な発動を担保」し「憲法に違反する証拠収取の弊害を防止する」ためにも、当事者の同意があったとしても本件証拠物の証拠能力を否定すべきであるとしたため大いに注目されたのである。本判決は半世紀前のものであるが、あらためて読み返してみると、今なお必ずしも十分に解決されていない違法収集証拠の同意の問題などについても貴重な判断が示されているばかりか興味深い詳細な補足意見および少数意見を含めると二〇頁もの長文であり最高裁の面目躍如たるものがある。以下、事実関係を紹介した後、とくに証拠排除の問題を中心に少数意見を含め詳しく紹介しておく。

【1】 大阪西成ヘロイン所持事件最高裁大法廷判決（一九六一年）

本判決（昭和三六年六月七日刑集一五巻六号九一五頁）は、ヘロインの不法所持で現行犯逮捕した女性の供述から被告人宅に赴いたところ、同人は外出中であったため同人の娘の同意を得て室内を捜索しヘロイン等を発見し、間もなく帰宅した被告人を緊急逮捕した事案につき、その適法性を肯定したものである。

【事　実】　麻薬取締官等四名は、一九五九年一〇月一一日午後八時三〇分ころ、大阪市浪速区南海阪堺線霞町駅西側路上において職務質問により麻薬ヘロイン一袋約五グラムを所持していたY女を逮捕、同女が麻薬の入手先は大阪市西成区M町一丁目一二番地の被告人（X）宅である旨自供したので、同九時半ころXを緊急逮捕すべくY

女を連行の上X宅に赴いたところ、同人は外出中であった。しかし、留守番をしていた同人の長女（外にはその妹と友人だけがいた）から麻薬を受け取ったとY女が明言するので、その娘M子（一七歳の商業高校二年生）に聞いたところ、中味は知らないが父から頼まれていたので屢々自宅に出入りしていたY女に渡した旨述べたのでM子を麻薬譲渡の容疑で一応緊急逮捕しようと思ったが「可哀想に思い」逮捕を差し控えた。そして「一応部屋を探させて貰ってよいか」と尋ねたところM子が「どうぞ見て頂戴」と答えたので、任意捜索のかたちで同女を立会人として、同家の水屋や奥六畳の間等を捜索した。そして、和タンスの一番下の引出しからヘロイン一袋と銀紙包（煙草）にしたヘロイン約二グラムを発見押収し、階下表の間の水屋の上より、Y女が麻薬一袋を包んでいた週刊朝日の該部分を切りのぞいた雑誌一冊を発見押収した。その後なお捜索を続行中、Xが帰宅したので、午後九時五〇分ころ同人を緊急逮捕した。XとY女両名は法定の除外理由がないのに営利の目的を以って、Xは（一）昭和三〇年一〇月一一日大阪市西成区内の自宅において情を知らないM子を介してY女に対し麻薬である塩酸ジアセルモルヒネ一袋四、九六五グラム（鑑定に使用した残量）を金一万二千円で譲り渡し、（二）同日同所において右麻薬等を所持し、Y女は同日同所において情を知らないM子を介して被告人（X）の前記（一）の麻薬を金一万二千円で譲り受けたとして起訴された。

第一審の大阪地裁は、右公訴事実を認容し、被告人（X）を懲役一年六月に、被告人（Y女）を懲役一〇月に処した。第二審の大阪高裁第二刑事部は一九五六年六月一九日、次のような理由を付して、麻薬所持の事実については被告人（X）を無罪とし、Xを懲役一月に処した。

①　本件の捜索差押は、Xの「緊急逮捕に先だって行われたことが明らかである。しかし、刑事訴訟法第二百二〇条の規定によって行う令状によらない捜索差押は緊急逮捕に着手した後に開始されなければならないということはいうまでもない。緊急逮捕に着手しないで捜索差押を先きに行うことは許されない。しかるに、本件はX不在のため緊急

逮捕に着手しないで同人宅の捜索差押を開始し殆どその終る頃になって帰宅した同人を緊急逮捕したことが明らかであるから、かかる捜索差押は違法であるといわねばならない。」

② 右捜索差押のてん末には「本職等は証拠いんめつのおそれがあったので任意に捜索した処」とあるけれども、本件の被疑事実たるXのY女に対する麻薬の譲渡行為については、既にY女が麻薬所持の現行犯として逮捕せられており、且つその現品も押収せられているのであるから、その譲渡行為に関する証拠いんめつを防止するため捜索差押をするということは考えられないことである。「従って、本件の捜索差押は別の麻薬の発見、すなわち麻薬譲渡の被疑者について別の麻薬の所持なる余罪の捜索のためになされたものと解するの外はない。しかし、緊急逮捕の現場においてする捜索差押はその逮捕の基礎である被疑事実に関する証拠品等の差押等に限られるべきものであって、他の犯罪に関する物の差押等にまで及ばないものであるから、本件の捜索差押はこの点においても違法たるを免れない。」

③ なお、捜索差押のてん末の中に「任意に捜索した処」との記載があり、且つ捜索差押の立会人はXの長女と記載されていて、右長女とはM子のことであって当時一七歳で商業高校二年に在学中のものであった。「本件の捜索差押が何を意味するかさえ十分に理解し難いと思われる少女に麻薬取締官が家の中を見てもよいかと尋ねどうぞ見て頂戴と答えたからといって、適法に同女の承諾を得て任意捜索差押をしたものと解するようなことは全く恣意的な見解という外はない。捜査機関の申出を拒絶できることを十分知っている者が、その拒絶権を行使しないで積極的に承諾を与えて始めて適法な同意があったといえるのである。本件の捜索差押を適法な承諾捜索と解することは到底できない。」

④ 「以上説明の通り、本件捜索差押は刑事訴訟法第二百二十条の規定に適合せず且つ令状によらない違法の捜索差押であるから憲法第三十五条に違反するものといわなければならない。従ってかかる違法の手続によって押収

された本件麻薬、その捜索差押調書等は証拠としてこれを利用することは禁止せられるものと解する。もし、違法に押収せられた物件も適法に押収せられた物件も適法な証拠調を経たときは証拠として利用できると解するならば憲法の保障は有名無実になってしまうであろう。」他に適法な補強証拠も発見できない以上、麻薬所持の事実は被告人の自白だけでこれを認定することになるので原判決は破棄を免れない。

これに対し、最高裁大法廷は、検察官の上告趣意をいずれも適法な上告理由に当たらないとした上で、職権で次のような判断を示し、結論として一二対二で原判決を破棄差し戻した。

【判　示】　(1)「憲法三五条は、同三三条の場合には令状によることなくして捜索、押収をすることができるものとしているところ、いわゆる緊急逮捕を認めた刑訴二一〇条の規定が右憲法三三条の趣旨に反しないことは、当裁判所の判例……とするところである。」

(2)　もつとも、右刑訴の規定について解明を要するのは、「逮捕する場合において」と「逮捕の現場で」の意義であるが、「前者は、単なる時点よりも幅のある逮捕する際をいうのであり、後者は、場所的同一性を意味するにとどまるものと解するを相当とし、なお、前者の場合は、逮捕との時間的接着を必要とするけれども、逮捕着手時の前後関係は、これを問わないものと解すべきであつて、このことは、同条一項一号の規定の趣旨からも窺うことができるのである。従って、例えば、緊急逮捕のため被疑者方に赴いたところ、被疑者がたまたま他出不在であつても、帰宅次第緊急逮捕する態勢のもとに捜索、差押がなされ、且つ、これと時間的に接着して逮捕がなされる限り、その捜索、差押は、なお、緊急逮捕する場合その現場でなされたとするのを妨げるものではない。」そして緊急逮捕の現場での捜索、差押は、当該逮捕の原由たる被疑事実に関する証拠物件を収集保全するためになされ、且つ、その目的の範囲内と認められるものである以上、同条一項後段のいわゆる「被疑者を逮捕する場合において必要があるとき」の要件に適合するものと解すべきである。

ところで、本件捜索、差押の経緯に徴すと、麻薬取締官等四名は、昭和三〇年一〇月一一日午後八時三〇分頃路上において職務質問により麻薬を所持していたY女を現行犯として逮捕し、同人を連行の上麻薬の入手先である被疑者（X）宅に同人を緊急逮捕すべく午後九時三〇分頃赴いたところ、同人が他出中であつたが、帰宅次第逮捕する態勢にあった麻薬取締官等は、同人宅の捜索を開始し、第一審判決の判示第一の（一）の麻薬の包紙に関係ある雑誌及び同（二）の麻薬を押収し、捜索の殆ど終る頃同人が帰つて来たので、午後九時五〇分頃同人を適式に緊急逮捕すると共に、直ちに裁判官の逮捕状を求める手続をとり、逮捕状が発せられていることが明らかである。

「してみると、本件は緊急逮捕の場合であり、また、捜索、差押は、緊急逮捕に先行したとはいえ、時間的にはこれに接着し、場所的にも逮捕の現場と同一であるから、逮捕する際に逮捕の現場でなされたものというに妨げなく、右麻薬の捜索、差押は、緊急逮捕する場合の必要の限度内のものと認められるのであるから、右いずれの点からみても、違憲違法とする理由はないものといわなければならない。」

しかるに、原判決は、要するに、本件捜索差押は、同条一項後段の規定に適合せず、且つ、令状によらない違法の捜索、差押であるから、憲法三五条に違反するものといわなければならず、かかる違法の手続によつて押収された右麻薬及びその捜索差押調書等は、証拠としてこれを利用することは禁止されるものと解すべきものとする。しかし、右は、憲法及び刑訴法の解釈を誤つた違法があるものというべく、その違法は、判決に影響を及ぼすことが明らかであるから、原判決は破棄を免れない。

のみならず、第一審判決の判示第一の（二）の事実（被告人宅における麻薬の所持）に関する被告人の自白の補強証拠に供した麻薬取締官作成の捜索差押調書及び右麻薬を鑑定した厚生技官作成の鑑定書は、「第一審第一回公判廷において、いずれも被告人及び弁護人がこれを証拠とすることに同意し、異議なく適法な証拠調を経たものであることは、右公判調書の記載によって明らかであるから、右各書面は、捜索、差押手続の違法であつたかどうかにかかかわらず証拠能力を有するものであつて、」この点から見ても、これを証拠に採用した第一審判決には、何ら違法を認めることができない。されば原判決は、この点においても違法であつて、破棄を免れない。

〈垂水克己裁判官の補足意見〉　違法な手段方法によって入手された証拠を裁判所は被告人の犯罪事実認定の資料に供することができるか。「私は重大顕著に違法な手段によって入手された証拠を一資料としてなされた有罪判決は条理上破棄されなければならないと解するのを相当と考える。」しかし、そうでない軽い違法手段によって入手した証拠を罪証に供した判決は破棄されるべきかぎりでない。判示の押収物は被疑者の身柄捜索に着手前に、すなわち、私見によれば違法に捜索、押収された物ではあるが、これについては直後に裁判官の逮捕令状を得ている以上、証拠能力はあるといえる。なお、証拠能力のない証拠物件、家宅捜索調書等であっても、被告人が自己の利益にこれを援用しようとした場合、その他これを証拠とすることに同意した場合には証拠能力を持つに至ると考えてよい。

〈横田喜三郎裁判官の意見〉　①　正当な理由と手続によらなければ、何人も逮捕されず、捜索押収を受けないことは、重要な基本的人権であつて、憲法が原則として必ず令状によることを要するとし、たんに現行犯の場合にかぎつて例外的に令状を必要としないことにしたのは、この基本的人権を保障するためにほかならない。しかも、旧憲法の時代に、右の基本的人権が十分に保障されなかったことにかんがみて、新憲法はとくに詳細な規定を設け、これを強く保障することにした。それだけに、その規定は、厳格に解釈適用しなくてはならない。

本件の捜索と差押を見るに、麻薬取締官は、被疑者を緊急逮捕する目的で、午後九時三〇分頃に、被疑者の宅に着いた。被疑者は不在であつたが、ただちに捜索を開始し、麻薬を発見して、これを押収した。そこへ、被疑者が帰つてきたので、これを緊急逮捕した。それは午後九時五〇分頃であつた。そのさいに、麻薬取締官は、逮捕の令状も、捜索と差押の令状ももつていなかつた。そうしてみると、麻薬取締官は、被疑者を逮捕する場合とか、逮捕の現場とかいえないのに、捜索と差押の令状をもたないで、これらのことを行つたものである。したがつて、それは刑事訴訟法第二二〇条に違反し、さらに根本的には、憲法第三五条に違反する。

これに対して、多数意見では、被疑者が午後九時五〇分頃に帰宅し、これを逮捕したから、捜索差押と逮捕は、同じ場所で行われ、時間的にも接着しているから、被疑者を逮捕する場合に逮捕の現場で捜索差押を行なつたものであり、憲法と刑事訴訟法に違反しないとする。しかし、捜索と差押は、被疑者が不在であつて、その行き先も帰宅の時間もわからないときに開始され、実行され、完了されたのであつて、被疑者を逮捕する場合に行なつたものとはいえない。「被疑者が間もなく帰宅し、これを逮捕したことは、予期しない偶然の事実にすぎない。もし被疑者の帰宅が遅れるか、帰宅しなかつたならば、時間的と場所的の接着がなく、捜索差押を弁護することは、全く不可能であつたろう。同じ捜索差押の行為でありながら、被疑者が間もなく帰宅したという偶然の事実が起これば、適法なものになり、そうした事実が起こらなければ、違法なものになるというのは、明らかに不合理である。ある捜索差押の行為が適法であるかいなかは、その行為そのものによって判断すべきで、その後に起こつた偶然の事実によつて左右されるべきではない。」

これによつて見れば、本件の捜索差押は、刑事訴訟法第二二〇条に違反し、さらに根本的には、憲法第三五条に違反するといわなければならない。正当な理由と手続によらなければ、何人も逮捕されず、捜索差押も受けないことは、重要な基本的人権であつて、新憲法が強く保障することに照らして見れば、本件のような捜索差押は、適法なものと認めることができない。

② 証拠物の証拠能力は、本来ならば、証拠物そのもの自体によって判断すべきで、その物を収集した手続が適法であるか違法であるかによって判断すべきではない。収集の手続が違法であれば、その違法については、違法な手続をとつた者を処分し、それによって違法な手続の起こるのを防止するのが合理的である。証拠物そのものにつ

いては、それ自体として証拠能力を持つならば、それを認めるのが当然であつて、それを収集した手続のいかんによつて、証拠能力を動かすべきではない。昭和二四年一二月一三日の最高裁判所第三小法定判決も、「押収物は、押収手続が違法であつても、物それ自体の性質、形状に変異を来すはずがないから、その形状等に関する証拠たる価値に変わりはない」としている。

もっとも、違法な収集の手続が重大な弊害をもたらすもので、とくにそれを防止するために厳重な規定が設けられた場合は、おのずから別である。適法な手続によつて、重要な権利が侵害され、重大な弊害が生じるような場合には、これをいつそう強力に防止するために、とくに厳重な規定を設けられることがある。このような場合には、違法な手続によって収集された証拠物の証拠能力を否定することもありうる。

他方で、しかし、権利または法律上の保障は、別段の規定がないかぎり、それを享有する者が放棄することができる。刑事手続における被告人の権利を保障した憲法の諸規定を見るに、第三八条は、強制、拷問または脅迫による自白と、不当に長い抑留または拘禁の後の自白とについて、これを証拠とすることを禁止している。「このような自白については、被告人は憲法上の保障を放棄することができないわけで、かりに被告人がそれを証拠とすることに同意したとしても、裁判所は証拠とすることができない。これに対して、憲法第三五条は、その規定に違反して捜索押収した物について、証拠とすることを禁止していない。そのことは、この規定に基く保障については、被告人が放棄することができることを意味するといわなければならない。」

本件の場合について見るに、問題の麻薬は、物それ自体の性質、形状に変異を来たすものでなく、それ自体として証拠能力を持つものであり、それに関する捜索差押調書と鑑定書も、他の訴訟法上の要件をみたすかぎり、証拠とすることができる。「第一審において、被告人もその弁護人も、これらの書類を証拠とすることに同意し、その同意の下に公判廷で適法な証拠調が行なわれた。この証拠調に対して、被告人側は、どのような異議も申し立てていない。このことは、被告人側で憲法第三五条の保障を放棄したことを意味すると解しなければならない。すでに第一審で憲法の保障を放棄した以上は、上訴審になつてその保障を主張し、右の書類の証拠能力を争うことは、もう許されないところである。」

〈藤田八郎裁判官、奥野健一裁判官の意見〉 たとえ捜索押収の手続が違憲違法であつても押収物件自体の性質、形状に変異を来す筈がないから証拠たる価値に変わりはないとの判例（昭和二四年一二月一三日最高裁判所第三小法廷判決）もあるが、「われわれはこれに賛同し難い。」けだし、捜索押収は犯罪の証憑の収集のため行われるものであつて、憲法三五条はこれに対する国民の住居、書類及び所持品についての安全を保障したものである。「従って同条に違反して収集された物件が、たとえその手続が違憲であつてもなお犯罪認定の証拠とすることが許されるものとすれば右憲法の保障は空文に帰するからである。捜査機関に対するその違反の制裁が他にあるからといつて、かかる違憲な手続によつて収集された物件に証拠能力を与える根拠とはなり得ない。違憲違法な手続によつて収集された物件が証拠として利用することが許されない以上、当該捜索押収の手続を証する書類である捜索差押調書及びその押収物件に関する鑑定書もまた証拠として利用することは許されないものと解さなければならない。」

しかし、憲法上刑事手続における被告人の権利を保障する諸規定のうち、例えば憲法三八条の強制、拷問、脅迫による自白又は不当に長く拘留若しくは拘禁された後の自白を証拠とすることを禁止する規定の如きは、たとえ被告人がこれを証拠とすることに同意したとしても証拠能力を生ずるものではないと解すべきものであるが、「憲法三五条の保障の如きは被告人において必ずしもこれを放棄することを許さないものと解すべき根拠はなく、同条に違反して押収された本件押収物件及びこれに関する書類についてこれを証拠とすることに被告人が同意し、捜索差押手続について何ら異議の申立をしない本件のような場合においてはその証拠能力を否定すべき限りではない。」本件においては第一審において被告人側は本件捜索差押調書及び鑑定書を証拠とすることに同意し、その証拠調に対し何ら異議を申し立てていないことは本件記録によつて明らかであるから、上訴審において捜索差押手続の違憲違法を主張して本件捜索差押調書及び鑑定書の証拠能力を争うことは許されないものというべきである。

〈小谷勝重裁判官、河村大助裁判官の少数意見〉　①　憲法三五条は、同三三条の場合を除いては、捜索及び押収は司法官憲の発する令状によることを必要とし、司法的抑制によつて住居及び財産の安全を保障している。そして刑訴二二〇条一項後段は右令状主義の例外の場合として被疑者を緊急逮捕する場合において必要があるときは、逮捕の現場で令状によらない捜索、差押をすることができる旨定めているのであるが、かかる例外規定は捜索差押が人権侵害の危険を伴うことに鑑み極めて厳格に解釈されなければならないことはいうまでもないところであって、右刑訴二二〇条一項後段の「被疑者を逮捕する場合」及び同項二号の「逮捕の現場」というのは、逮捕行為を行う際を意味し逮捕行為の前後はこれを問わないが、逮捕行為との時間的場所的接着を必要とし、「かつ被疑者が逮捕の現場に現在することを必要とするものと解すべきである。」然るに原審の認定した事実によれば、本件の捜索差押は、被疑者（X）の住居において、本人の不在中、すなわち、被疑者の緊急逮捕に着手する前に、その行先も帰宅時刻も判明しないままに開始、実行、完了され、その後に帰宅した同人を緊急逮捕したというのであるから、その捜索差押は同条一項後段の要件を具えない違法な手続により行われたものであって、憲法三五条に違反する処分というべきである。

②　従って、本件麻薬の捜索差押は憲法の保障する令状主義に違反し、被告人の住居及び財産の安全を侵害する重大な瑕疵を包蔵するものであるから、かかる違法な手続につき作成された捜索差押調書の証拠能力はこれを否定すべきである。また右の如く違法な手続によって押収された本件麻薬も本来証拠とすることのできないものであるから、これを鑑定した本件鑑定書もまたその証拠能力を否定せざるを得ない。けだし、法は公正な手続に基づいて実体的真実の追究を許しているものであつて、人権の保障は、まさに公正な手続の核心をなすものだからである。

この意味において「押収物は押収手続が違法であっても物自体の性質、形状に変異を来す筈がないから、その形状等に関する証拠たる価値に変わりはない」として、押収手続に違法ある場合の押収物件の証拠能力を肯定した昭和二四年一二月一三日第三小法廷判決はその瑕疵の軽重を問わない趣旨であるならば、それには到底賛同することができない。

③　以上の如く本年捜索差押調書及び鑑定書は、ともにその証拠能力を否定すべきであり、従って又かかる証拠については証拠調の請求を許さないものと解すべきである。然るに本件第一審において被告人側は、本件捜索差押調書及び鑑定書を証拠とすることに同意し、その証拠調に関し何等の異議を申し立てていないから、かかる訴訟経過の下においては、上訴審において捜索差押手続の違憲無効を主張して本件捜索差押調書の証拠能力を争うを得ないとの論がある。「しかし検察官又は被告人が証拠とすることに同意した書面又は供述につき証拠能力が認められるのは、刑訴三二六条の場合に限られるのであつて、同条は当事者の同意があれば敢えて伝聞証拠禁止の原則を固執する必要なく証拠能力を認めて差支えないとの趣旨に出でた規定であり、しかも当事者の同意があつた場合においても、その書面が作成され、または供述のされたときの情況を考慮し相当と認めるときに限り、証拠とすることができるものとされているのである。従って、同条を汎く伝聞以外の理由により証拠能力を欠く証拠全般に及ぼし得ざることは明らかであつて、特に本件捜索差押調書等の如く憲法三五条に違反する捜索押収及びこれにより収集された押収物に関し作成された証拠書類については、たとえ被告人側の同意があつたとしても、これを証拠とすることは許されないものと解すべきである。」また本件のような違法な証拠の証拠能力を否定することは、国家権力の公正な発動を担保するためにも重要な意味を持つものであつて、憲法に違反する証拠収集の弊害を防止することも考慮するの要あることは勿論である。されば後日被告人側の証拠とすることの同意により本件のような重大な瑕疵がいやされるものとするが如き見解には到底賛同することができない。

二　右昭和三六年大法廷判決は、明確な態度決定を回避したとはいえ、右のような意見が付されることによって、排除法則がもはや無視できない存在であることを示し、その後の下級審判例の動向に決定的な一石を投じたことは否めず、本判決には学界もまた多大の関心を寄せた。加えて、アメリカにおいても丁度この時期に、排除法則は憲法上の法則であり第一四修正のデュー・プロセスを介して全法域に適用されるとする同年六月一九日【7】のマップ判決が出されたことを契機に、さらに激しい議論が展開されることになった。わが学説は、かような違法収集証拠の全面的排除ともいうべきアメリカでの新しい進展状況を素材に、その証拠排除論をさらに徹底させ、その足場を固めることになる。

このような事情に対応して、昭和四〇年以降になると、証拠排除を否定する立場を堅持するものもあるとはいえ、排除法則に好意的な判例が急増する。例えば、東京地裁昭和四〇年一月一三日決定（判時四四一号六二頁）は、差し押さえるべき物件の明示としては不十分な許可状による捜索・差押を無効なものとし、その結果得た証拠物の証拠能力を否定した。また東京高裁昭和四一年五月一〇日判決（高刑集一九巻三号三五六頁）は、一般論としてではあるが、「証拠収集手続の違反が……憲法およびこれを承けた刑事訴訟法上の規定の精神を没却するに至るような重大なものであるならば、その証拠の証拠能力を否定すべきものと解される」と判示している。さらに横浜地裁昭和四三年一二月一二日判決（下刑集一〇巻一二号一二〇七頁）は、本件捜索・差押は「逮捕の現場」の要件に適合しない違法なものであるとし、「（憲法三五条の）規定に違反して収集された物件がたとえその手続が違憲であってもなお犯罪認定の証拠とすることが許されるとすれば、右憲法の保障も有名無実になる」として、本件証拠物の証拠排除を認めた。

このように、少なくとも憲法違反など重大な違法がある場合には、証拠排除を認める判例が次第に増えてくるが、その論拠は必ずしも明らかにされていなかった。しかしその後、証拠排除は憲法三一条の適正手続（デュー・

プロセス）の要請であるとする判例が一般的に見られるようになる。例えば、横浜地裁昭和四六年四月三〇日判決（刑裁月報三巻四号五九四頁）は、「捜索差押手続に憲法三五条違反という重大な違法が存する場合、その手続によって得られた証拠を刑事裁判において有罪認定の資料に用いることは、憲法三一条の定める適正手続に違反することになる」と判示した。さらに違法捜査の抑制という政策的根拠をも加味して、証拠排除を根拠づけたものとして、例えば、仙台高裁昭和四七年一月二五日判決（刑裁月報四巻一号一四頁）は、「微視的にはいかにも筋違いで的外れのやぶにらみであるかの如くであるにせよ巨視的には捜査における違法行為の抑制にまで配慮を行き届かせた適正手続を確保することこそ公平な裁判と人権の保障に遺漏なき究極の正義にかなうゆえんであることを想うべきであるから、本件の場合における重大な違法収集証拠の罪証に供すべからざることまことに原判決のいうとおりである」と判示している。

しかしながら、違法収集証拠排除の考え方が下級審判例の支配的潮流であるにせよ、問題は、具体的事案において当該手続を違法とみるか適法とみるか、あるいは違法の程度を憲法違反などの重大なものとみるかどうかであり、この点についての判断には相当な開きがある。例えば、前出昭和四六年の横浜地判の控訴審たる東京高裁昭和四七年一一月三〇日判決（高刑集二五巻六号八八二頁）は、職務質問の際に警察官が相手方の同意を得ずにショルダーバッグのチャックを開き内容物を一見した行為を適法とし、排除法則の当否に付いて判断するまでもなく、原判決を破棄差し戻した。また、最高裁（第三小法廷）昭和五三年六月二〇日判決（刑集三二巻四号六七〇頁）は、職務質問の際に相手方の承諾なしにアタッシュケースをこじ開けた行為を違法と認めながら、当時すでに被告人を緊急逮捕できる要件が整っていたので、緊急逮捕着手前の捜索差押を緊急逮捕に伴うものとして適法とした前出昭和三六年の最高裁大法廷判例の趣旨に徴し、右行為は「緊急逮捕手続に先行して逮捕の現場で時間的に接着してされた捜索手続と同一視しうるものであるから、アタッシュケース及び在中していた帯封の証拠能力はこれを排除すべき物とは認められず、……原判決の判断は正当である」と判示した。さらに、一般的命題としては排除法則を肯定しながら、その前提である違法性の判断に際して、未だ違法であるとはいえない、あるいは、違法ではあるが証拠排除するほどの重大な違法ではないとして、結局のところ証拠排除を否定した事例も少なくない。

とはいえ、排除法則そのものは下級審判例の中でほぼ定着したことは否めず、最高裁もすでに昭和四五年一一月二五日の大法廷判決（刑集二四巻一二号一六七〇頁）でいわゆる切り違え尋問による「偽計による自白」について適正手続を重視する違法排除説ともとれる思考に立脚して、その証拠能力を否定していた。「大局的な視野と理論的な深みをもつ」最高裁判所の積極的な態度表明が期待され、機は正に熟していた。そして本書はしがきで言及した井上正仁「刑事訴訟における証拠排除」が一九七六年（昭和五一年）から法学協会雑誌に掲載され始めたのである。

第二節　排除法則の成立

このような状況下に最高裁判所は一九七八年（昭和五三年）の判決において学説および下級審判決の支配的見解を認知し、はじめて一般論として違法収集証拠排除法則の採用を明示したが、原審とは異なり、警察官の行為は違法ではあるが証拠能力を否定するほど重大ではないとして当該証拠の証拠能力を肯定し、その後の最高裁判例は二〇〇三年（平成一五年）に至るまで同様に違法行為の重大性を否定し証拠能力を肯定しているのは前述のとおりである。

以下、昭和五三年判決およびそれ以降の違法収集証拠の証拠能力に関する最高裁の七判例を事実関係を含め順次その判示内容を詳しく紹介しておく。

【2】大阪天王寺覚せい剤事件判決（一九七八年）

本判決（最一小判昭和五三・九・七刑集三二巻六号一六七二頁）は、職務質問時に了解なしに上衣ポケット内から「刃物ではないが何か堅い物」を取り出したところ覚せい剤であることが判明したので現行犯逮捕した事案につき、「令状主義の精神を没却するような重大な違法があり、これを証拠として許容することが、将来における違法な捜査の抑制の見地からして相当でないと認められる場合においては、その証拠能力は否定されるものと解すべきである」とした上で、「本件証拠物の押収手続は必ずしも重大であるとはいえない」としてその証拠能力を肯定したものである。

【事　実】　一九七四年一〇月三〇日午前零時三五分ころ、パトカーで警ら中の二人の警察官（P、Q）は、連れ込みホテルが密集し、覚せい剤事犯や売春事犯の検挙例の多い大阪市天王寺区生玉町付近の路上に本件被告人（X）運転の自動車が停車しており、運転席の右横に遊び人風の三、四人の男がいてXと話しているのを認めた。パトカーが後方から近付くと、Xの車はすぐ発進右折してホテルの駐車場に入りかけ、遊び人風の男たちもこれに続いた。Xの挙動不審に加えて、売春の客引きの疑いがあったので、P巡査らは職務質問することにし、パトカーを下車してXの車を駐車場入口付近で停止させ、窓ごしに運転免許証の提示を求めたところ、Xはこれに応じた（X提示の免許証は後に偽造であると判明する）。続いて、Pが車内を見ると、ヤクザの組の名前と紋の入ったふくさ様のものがあり、その中に賭博道具の札が一〇枚ほど入っているのが見えたので、他にも違法な物を持っているのではないかと思い、Xの落ち着きのない態度、青白い顔色などから覚せい剤中毒者の疑いもあったので、職務質問を続行するため降車を求めると、Xは素直にこれに応じた。車を降りたXに所持品の提示を求めると、「見せる必要はない」と言って拒否し、前記遊び人風の男が近付いてきて「お前らそんなことする権利あるんか」など罵声を浴びせ挑発的な態度に出たので、Pらは他のパトカーの応援を要請した。応援の警察官四名とともに、あらためて所持品の提示を求めたところ、Xはぶつぶつ言いながらも右側内ポケット内から「目薬とちり紙（覚せい剤でない白色粉末が在中）」を取り出してPに渡した。さらにXの上衣とズボンのポケットを外から触ったところ、上衣左側内ポケットに「刃物ではないが何か堅い物」が入っている感じでふくらんでいたので、その提示を求めた。その要求にXは黙したままで、「いいかげん出してくれ」と強く言っても答えないので「それなら出してみるぞ」と言ったところ、Xは何かぶつぶつ言って不服らしい態度を示したが、PがXのそのポケット内に手を入れて何か堅い物を取り出してみると、それは「ちり紙の包とプラスチックケース入りの注射針一本」であり、ちり紙包をXの面前で開披してみると、本件証拠物である「ビニール袋入りの覚せい剤ようの粉末」が入っていた。さらに応援のR巡査がXの上衣の内側の脇の下に挟んであった万年筆形ケース入り注射器を発見して取り出した。Pは、Xをパトカーに乗せ、その面前でマルキース試薬を用いて右「粉末」を検査した結果、覚せい剤であることが判明したので、パトカーの中でXを覚せい剤不法所持の現行犯人として逮捕し、本件証拠物を差し押さえた。

第一審の大阪地裁は、本件証拠物は、警察官が被告人に対する職務質問中に承諾なしにその上衣ポケット内を捜索して差し押さえた物であり、違法な手続により収集された証拠物であるから証拠能力がないとの理由で検察官の証拠申請を却下し、捜査段階及び第一審公判廷における被告人の自白には補強証拠がないとして本件については無罪とした。第二審の大阪高裁も右無罪部分については次のような理由を付して、検察官の控訴を棄却し被告人の無罪を維持した。

①　一般的に、警察官が職務質問に際し、異常な箇所につき着衣の外部から触れる程度のことは、事案の具体的状況下においては、職務質問の付随的行為として許容される場合があるけれども、さらにこれを越えて、その者から所持品を提示させ、あるいはその者の着衣の内部やポケットに手を入れてその所持品を検査することは、相手方の人権に重大なかかわりのあることであるから、前記着衣の外側から触れることなどによって、人の生命身体また

は財産に危害を及ぼす危険物を所持し、かつ具体的状況からして、急迫した状況にあるため全法律秩序から許容されると考えられる特別の事情のある場合を除いては、その提示が相手方の任意の意志に基づくか、あるいはその所持品検査が相手方の明示または黙示の承諾を得たものでない限り、許されないと解するのが相当である。

本件についてこれをみるに、Xが覚せい剤中毒者ではないかとの疑いのもとに、Xに所持品の提示を求めてからXの上衣とズボンのポケットを外から触った段階までの警察官のXに対する行為は、職務質問またはこれに付随する行為として許容されるとしても、Xのポケットに手を入れて本件証拠物を包んだちり紙の包を取り出したとの右所持品検査についてはXの明示または黙示の承諾があったとは認めがたく、証拠を検討しても、右所持品検査が許容される特別の事情も認められない。したがって、Pの所持品検査は警察官職務執行法二条に基づく正当な職務行為とはいいがたく、右所持品検査に引き続きなされた本件証拠物の差押は違法であるから、本件証拠物は違法な手続により収集された証拠物といわなければならない。

② 検察官は、本件証拠物の収集手続に瑕疵があったとしてもその瑕疵は極めて軽微なものであるから証拠能力はあるというが、Xの覚せい剤不法所持の点については、「右違法な所持品検査がなされなかったならば、これに続く試薬検査、現行犯逮捕、差押の手続もあり得なかったという関係にあり、本件証拠物の収集手続の瑕疵は極めて重大であって、憲法三五条及び刑事訴訟法二一八条一項所定の令状主義に違反するものであり、しかも、弁護人は本件証拠物を証拠とすることにつき異議を申し立てていたのであるから、かかる証拠物を証拠として利用することは許されないものと解するのが相当である。」

これに対し、最高裁第一小法廷は全員一致で、検察官の主張を適法な上告理由にあたらないとした上で、職権で次のような理由を付して、原判決及び第一審判決を破棄し、本件を大阪地方裁判所に差し戻した。

【判　示】 ⑴ 「警職法二条一項に基づく職務質問に付随して行う所持品検査は、任意手段として許容されるものであるから、所持人の承諾を得てその限度でこれを行うのが原則であるが、職務質問ないし所持品検査の目的、性格及びその作用等にかんがみると、所持人の承諾のない限り所持品検査は一切許容されないと解するのは相当でなく、捜索に至らない程度の行為は、強制にわたらない限り、たとえ所持人の承諾がなくても、所持品検査の必要性、緊急性、これによって侵害される個人の法益と保護されるべき公共の利益との権衡などを考慮し、具体的状況のもとで相当と認められる限度において許容される場合があると解すべきである。」

「これを本件についてみると、……P巡査が被告人（X）に対し被告人の上衣左側ポケット内の所持品の提示を要求した段階においては、被告人に覚せい剤の使用ないし所持の容疑がかなり濃厚に認められ、また、同巡査らの職務質問に妨害が入りかねない状況もあったから、右所持品を検査する必要性ないし緊急性はこれを肯認しうるところであるが、被告人の承諾がないのに、その上衣左側内ポケットに手を差し入れて所持品を取り出したうえ検査した同巡査の行為は、一般にプライバシー侵害の程度の高い行為であり、かつ、その態様において捜索に類するものであるから、上記のような本件の具体的な状況のもとにおいては、相当な行為とは認めがたいところであって、職務質問に付随する所持品検査の許容限度を逸脱したものと解するのが相当である。」

(2)　「違法に収集された証拠物の証拠能力については、憲法及び刑訴法になんらの規定もおかれていないので、この問題は、刑訴法の解釈に委ねられているものと解するのが相当である」ところ、刑訴法は、「刑事事件につき、公共の福祉の維持と個人の基本的人権の保障とを全うしつつ、事実の真相を明らかにし、刑罰法令を適正且つ迅速に適用実現する事を目的とする。」（同法一条）ものであるから、違法に収集された証拠物の証拠能力に関しても、かかる見地からの検討を要するものと考えられる。ところで、刑罰法令を適正に適用実現し、公の秩序を維持することは、刑事訴訟の重要な任務であり、そのためには事案の真相をできる限り明らかにすることが必要であることはいうまでもないところ、証拠物は押収手続が違法であっても、物それ自体の性質・形状に変異をきたすことはなく、その存在・形状等に関する価値に変わりのないことなど証拠物の証拠としての性格にかんがみると、その押収手続に違法があるとして直ちにその証拠能力を否定することは、事案の真相の究明に資するゆえんではなく、相当でないというべきである。しかし、他面において、事案の真相の究明も個人の基本的人権の保障を全うしつつ、適正な手続のもとでなされなければならないものであり、ことに憲法三五条が憲法三三条の場合及び令状による場合を除き、住居の不可侵、捜索及び押収を受けることのない権利を保障し、これを受けて刑訴法が捜索及び押収等につき厳格な規定を設けていること、また、憲法三一条が法の適正な手続を保障していること等にかんがみると、「証拠物の押収等の手続に、憲法三五条及びこれを受けた刑訴法二一八条一項等の所期する令状主義の精神を没却するような重大な違法があり、これを証拠として許容することが、将来における違法な捜査の抑制の見地からして相当でないと認められる場合においては、その証拠能力は否定されるものと解すべきである。」

「これを本件についてみると……被告人の承諾なくその上衣左側内ポケットから本件証拠物を取り出したP巡査の行為は、職務質問の要件が存在し、かつ、所持品検査の必要性と緊急性が認められる状況のもとで、必ずしも諾否の態度が明白ではなかった被告人に対し、所持品検査として許容される限度をわずかに越えて行われたに過ぎないのであって、もとより同巡査において令状主義に関する諸規定を潜脱しようとの意図があったものではなく、また、他に右所持品検査に際し強制等のされた事跡も認められないので、本件証拠物の押収手続の違法は必ずしも重大であるとはいいえないのであり、これを被告人の罪証に供することが、違法な捜査の抑制の見地に立ってみても相当でないとは認めがたいから、本件証拠物の証拠能力はこれを肯定すべきである。」

【3】　奈良生駒任意同行退去阻止後採尿覚せい剤事件判決（一九八六年）

本判決（最二小判昭和六一・四・二五刑集四〇巻三号二一五頁）は、覚せい剤を使用しているとの情報を得た私服警察官三名が被告人宅に赴き、その明確な承諾を得ることなく被告人の奥八畳間の寝室に立ち入り任意同行を求め警察署へ連行して取調べをしたところ覚せい剤の使用を認めたので、尿の任意提出を受けた後「尿検の結果がでるまで」の退去を阻み、任意同行から七時間半後に逮捕した事案につき、本件での一連の手続と採尿手続は「覚せい剤事犯の捜査という同一目的に向けられたものであるうえ、採尿手続は右一連の手続によりもたらされた状態を直接利用してなされている」ことにかんがみると、本件採尿手続も違法性を帯びるものと評価せざるを得ないが、その違法の程度はいまだ重大とはいえないとしたものである。

【事　実】　複数の協力者から覚せい剤事犯の前科のある被告人（X）が再び覚せい剤を使用しているとの情報を得た奈良県生駒警察署防犯係の係長P巡査部長ら三名は、一九八三年四月一一日午前九時三〇分ころ、いずれも私服で警察用自動車（ライトバン）を使って、生駒市内のX宅に赴き、門扉を開けて玄関先に行き、引戸を開けずに「吉川さん、警察の者です」と呼びかけ、更に引戸を半開きにして「生駒署の者ですが、一寸尋ねたいことがあるので、上がってもよろしいか」と声をかけ、それに対し明確な承諾があったとは認められないにもかかわらず、屋内に上がり、被告人の寝ていた奥八畳の間に入った。右警察官三名は、ベッドで目を閉じて横になっていたXの枕許に立ち、Pが「吉川さん」と声をかけて左肩を軽く叩くと、Xが目を開けたので、同巡査部長は同行を求めたところ、金融屋の取立てだろうと認識したと窺えるXは、「わしも大阪に行く用事があるから一緒に行こう」と言い、着替えを始めた。そこで警察官三名は玄関先で待つこととし、出てきたXを停めていた前記自動車の運転席後方の後部座席に乗車させ、その後部座席及び助手席にそれぞれP ら二巡査部長が乗車し、R巡査が運転して、午前九時四〇分ころX宅を出発した。Xは、同行しているのは警察官ではないかと考えたが、反抗することもなく、一行は、午前九時五〇分ころ生駒警察著に着いた。午前一〇時ころから同警察署二階防犯係室内の補導室において、PはXから事情聴取を行ったが、Xは、午前一一時ころ本件覚せい剤使用の事実を認め、午前一一時三〇分ころP巡査部長の求めに応じて採尿してそれを提供し、腕の注射痕を見せた。Xは警察署に着いてから右採尿の前と後の少なくとも二回、Pに対し、持参の受験票を示すなどして、午後一時半までに大阪市鶴見区のタクシー近代化センターに行ってタクシー乗務員になるための地理試験を受けることになっている旨申し出たが、同巡査部長は、最初の申し出については返事をせず、尿提出後の申し出に対しては、「尿検の結果が出るまでおったらどうや」と言って応じなかった。午後二時三〇分ころ尿の鑑定結果について電話回答があったことから、逮捕状請求の手続がとられ、逮捕状の発付を得て、Pは午後五時二分、被告人を逮捕した。

第一審の奈良地裁は、右手続につき「被告人（X）の確実な承諾を得ないで被告人方居室に入り込んだ疑いは否定し切れない」としつつも、「その後被告人は任意に右居室の外に出て」「任意に」警察車に同乗して「任意に警察署内に留まってかつ任意に取調べ等に応じて」いるとして「結局、右の任意同行とその後の任意の捜査によって作成現出した証拠には、その証拠能力に欠けるところはない」として、被告人を有罪とした。これに対し、第二審の大阪高裁（昭和六〇・二・二七判タ五五五号三三九頁）は、原判決を破棄し、被告人を無罪とした。その要旨は、およそ次のとおりである。

① 任意同行は、刑訴法一九八条一項により被疑者に求めることができる任意出頭の一態様と考えてよく、真に任意の承諾のもとに行われる限り違法ではないが、犯罪捜査規範一〇二条は、「任意出頭を求めるには、出頭すべき日時、場所、用件その他必要な事項を明らかにし……なければならない」と規定しているのであって、被告人が金融屋の取立てであろうと認識しているような状態では、被告人において「一緒に行こう」と述べたとしても、また被告人を同行するについて強制力を行使していないからといって、本件の任意同行が被告人の真に任意の承諾のもとに行われたと認めるには合理的な疑いがあり、この疑いが払拭されない以上、違法な任意同行といわねばならない。

②　Pは「被告人が大阪に行きたいと言えば、行かせます」とか、「とくに帰らしてくれという求めがなかった」とか証言しているが、右の地理試験を受けることになっている旨の被告人の申し出は、まさしく退去の承諾を求める意思の表明にほかならず、これに対し、Pが返事をせず、または「尿検の結果が出るまでおったらどうや」と答えたのは、尿の検査結果が判明するまではということで、被告人の退去を阻んだものと認めざるをえない。そして、被告人に対して強制にわたる行為や威圧感を与えるような言動がなく、被告人が素直に取調べに応じていたとしても、前示のように、被告人の退去を阻んだ一事が存する以上、逮捕状による逮捕にいたるまで被告人を補導室に留め置いたのは、任意の取調べの域を超えた違法な身体拘束であったといわねばならない。

③　本件においては、警察官三名による被告人方への立入りは被告人の明確な承諾を得たものとは認め難く、任意同行は違法であり、逮捕にいたるまで被告人を警察署に留め置いたのは違法な身体拘束であると判断せざるを得ない。違法な身体拘束中になされた尿の提出、押収手続は、被告人の任意提出書や尿検査についての同意書があるからといって、それが適法となるものではなく、その尿についての鑑定書の証拠能力は否定されるべきであり、「原審で弁護人がこれを証拠とすることに同意して証拠調べを経ているからといって、証拠能力を有することにはならない。」

これに対し、最高裁第二小法廷は、検察官の上告趣意を適法な上告理由に当たらないとした上で、職権で次のような判断を示し、三対一で原判決を破棄差し戻した。

【判　示】　本件においては、被告人宅への立入り、同所からの任意同行及び警察署への留め置きの一連の手続と採尿手続は、「被告人に対する覚せい剤事犯の捜査という同一目的に向けられたものであるうえ、採尿手続は右一連の手続によりもたらされた状態を直接利用してなされている」ことにかんがみると、右採尿手続の適法性については、採尿手続前の右一連の手続における違法の有無、程度をも十分考慮してこれを判断するのが相当である。

そして、そのような判断の結果、採尿手続が違法であると認められる場合でも、それをもって直ちに採取された尿の鑑定書の証拠能力が否定されると解すべきではなく、その違法の程度が令状主義の精神を没却するような重大なものであり、右鑑定書を証拠として許容することが、将来における違法な捜査の抑制の見地からして相当でないと認められるときに、右鑑定書の証拠能力が否定されるというべきである。

以上の見地から本件をみると、採尿手続前に行われた前記一連の手続には、被告人宅の寝室まで承諾なく立ち入っていること、被告人宅からの任意同行に際して明確な承諾を得ていないこと、被告人の退去の申し出に応ぜず警察署に留め置いたことなど、任意捜査の域を逸脱した違法な点が存することを考慮すると、これに引き続いて行われた本件採尿手続も違法性を帯びるものと評価せざるを得ない。しかし、被告人宅への立入りに際し警察官は当初から無断で入る意図はなく、玄関先で声をかけるなど被告人の承諾を求める行為に出ていること、任意同行に際して警察官により何ら有形力は行使されておらず、途中で警察官と気付いた後も被告人は異議を述べることなく同行に応じていること、警察官において被告人の受験の申し出に応答しなかったことはあるものの、それ以上に警察署に留まることを強要するような言動はしていないこと、さらに、採尿手続自体は、何らの強制も加えられることなく、被告人の自由な意思での応諾に基づき行われていることなどの事情が認められるのであって、これらの点に徴すると、本件採尿手続の帯有する違法の程度は、いまだ重大であるとはいえず、本件尿の鑑定書を被告人の罪証に供することが、違法捜査抑制の見地から相当でないとは認められないから、本件尿の鑑定書の証拠能力は否定されるべきではない。

〈島谷六郎裁判官の反対意見〉　本件では、警察官らの被告人宅への立ち入り、警察署への任意同行及び同所での留め置きの点に違法がある。すなわち、第一に、被告人宅への立ち入りの点は、「警察官らが被告人の承諾を得ないままその家に上がり、奥八畳間まで入って寝ていた被告人の枕許に立ち、被告人の肩を叩いて起床させた」というのであるから、それは住居の不可侵の権利を侵し、私生活の平穏を害することはなはだしい行為である。第二に、警察署への同行の点は、警察官の身分と要件を明らかにしたうえで被告人の承諾を得たものでなく、起床したばかりの被告人が、枕許に立つ私服の警察官らを見て、取り立てにきた金融屋だと考え、自分も大阪へ行く用があるからと言って、警察官らの車に乗り込んだ疑いが濃いものであって、任意同行とは到底評価し得ないものである。第三の警察署に留め置いた点は、同日午後に行われるタクシー乗務員となるための試験の受験の申し出を無視して取調べを続行したというものであり、任意の取調べにおいては、警察官としては被取調者からの理由ある退去の要求は尊重し、それなりの対応をすべきであって、それを無視してよいものではなく、本件での警察官の所為は、退去の自由を認める任意の取調べの原則に悖るものとの非難を免れることはできない。そして、この留め置きの間に採尿が行われたのである。

多数意見は、このような本件採尿までの手続及び採尿手続を違法であると評価はするのであるが、その結果得られた尿の鑑定書の証拠能力は否定すべきものではないとする。しかし、私はそのようには考えない。「採尿に至るまでの経過に徴すると、本件警察官らの行為の違法性はまことに重大であって、それによって得られた証拠の証拠能力を肯定することは、このような違法な捜査を容認する結果になると思料する。」

とくに、警察官らが被告人の明確な承諾なしにその住居に立ち入った点は、重大である。警察官らが赴いた午前九時半ころには、まだ被告人は就寝中であった。警察官らははじめは屋外から声をかけたが、これに対する応答がないまま住居に入り、「被告人の寝室にまで立ち入ったのである。」しかし、一応声はかけてあるのだから、応答がなくとも、私人の住居に立ち入ってよい、というものではない。「居住者の明確な承諾を得ることなく、警察官が私人の住居に入りこむことは、許されない。これは憲法三五条の明白な違反である。」しかも、その後の警察署への同行は任意同行といいえないものであること、及び警察署への留め置きが違法であることは、前述のとおりである。このような状況においてなされた採尿は、それだけを切り離して評価すべきものではなく、被告人宅への立ち入り以降の一連の手続とともに全体として評価すべきものである。そして、全体として評価するとき、これらの手続には令状主義の精神を没却するような重大な違法があるといわざるを得ず、右の鑑定書を証拠として許容することは、違法な捜査の抑制の見地から相当でなく、その証拠能力は否定されるべきである。

【4】 東京浅草任意同行後所持品検査覚せい剤事件決定（一九八八年）

本決定（最二小決昭和六三・九・一六刑集四二巻七号一〇五一頁）は、職務質問に返答せず逃げ出した被告人を追跡して取り押さえて警察署への同行を求めたところ、しぶしぶ自ら乗車し、その際被告人が紙包みを路上に落とすのを現認したので被告人にこれを見せたところ知らない旨答えたため中身を見分したところ「覚せい剤様のもの」を発見したが、なお暴れる被告人を制止したまま警察署に同行して所持品検査を求めるとふてくされた態度で上衣を脱いで投げ出したので黙示の承認があったものと判断し所持品検査をしたところ左足首付近の靴下が膨らんでいるのを見つけその中から「覚せい剤様のもの」一包みや注射器等が発見された。そこでその覚せい剤様のものの試薬検査を実施したところ覚醒剤特有の反応が出たため、被告人を覚せい剤所持の現行犯人として逮捕するとともに右覚せい剤を差し押え、その後任意に提出された尿を領置した事案につき、本件所持品検査は違法であり、採尿手続自体は「前記一連の違法な手続によりもたらされた状態を直接利用して、これに引き続いて行われたものであるから、違法性を帯びるものと評価せざるを得ない」とした上で、被告人が落とした紙包みの中身が覚せい剤であると判断した時点で現行犯逮捕または緊急逮捕ができたこと等に徴すると「本件所持品検査及び採尿手続の違法は未だ重大であるとはいえない」としたものである。

【事　実】 ① 一九八六年六月一四日午前一時ころ、警視庁第二自動車警ら隊所属のP巡査部長とQ巡査が東京都台東区内の通称浅草国際通りをパトカーで警ら中、暗い路地から出て来た暴力団員風の本件被告人（X）を発見し、Pがパトカーを降りて近づいてみると、覚せい剤常用者特有の顔つきをしていたことから、覚せい剤使用の疑いを抱き、職務質問をすべく声をかけたところ、Xが返答をせずに反転して逃げ出したため停止すべく追跡した。② 途中から応援に駆けつけた付近の交番の二巡査らも加わって追跡し、Xが自ら転倒したところに追いつき、Qを加えた四名の警察官が、その場で暴れるXを取り押さえ、凶器所持の有無を確かめるべく、着衣の所持品検査を行ったが、凶器等は発見されなかった。③ そのころ、多くの野次馬が集まってきたため、Pは、その場で職務質問を続けるのが適当でないと判断し、取り押さえているXに対し、車で二、三分の距離にある最寄りの浅草署への同行を求めたが、Xが片手をパトカーの屋根上に片手をドアガラスの上に置き、突っ張るような状態で乗車を拒むので、説得したところ、Xは、渋々ながら手の力を抜いて後部座席に自ら乗車した。④ その際、Xの動静を近くから注視していたPは、Xが紙包みを路上に落とすのを現認し、Xにこれを示したが、同人が知らない旨答えたため、中身を見分したところ、「覚せい剤様のもの」を発見し、それまでの捜査経験からそれが覚せい剤であると判断して、そのまま保管した。⑤ Xが乗車後も肩をゆすり腕を振るなどして暴れるため、警察官は両側からXの手首を握るなどして制止したまま浅草署に到着し、両側から抱えるような状態で同署四階の保安係の部屋まで被告人を同行した、⑥ 同室では、Xの態度も落ち着いてきたため、Pが職務質問に当たり、Xの氏名、生年月日等を尋ねたところ、Xが着衣のポケットから自ら身体障害者手帳等を取り出して机の上に置き、次いで所持品検査を求めると、Xがふてくされた態度で上衣を脱いで投げ出したので、所持品検査についての黙示の承諾があったものと判断し、Pが右上衣を調べ、Qら二巡査が被告人の着衣の上から触れるようにして所持品検査をするうち、外部から見てXの左足首付近の靴下が膨らんでいるのを見つけ、そのまま中のものを取り出して確認したところ、「覚せい剤様のもの」一包みと注射器、注射針等が発見された。⑦ 右の④及び⑥の「覚せい剤様のもの」の試薬検査を実施したところ、覚せい剤特有の反応が出たため、同日午前一時二〇分ころ、Xを覚せい剤所持の現行犯人として逮捕するとともに、右覚せい剤二包みと注射器等を差し押さえた。⑧　その後、Xに排尿とその尿の提出を求めたところ、Xは弁護人の立ち会いを求めるなどして応じなかったが、警察官から説得され、納得して任意に尿を提出したため、右尿を領置した。

一審の東京地裁は、「任意同行や所持品検査、更には採尿手続をも含めた本件手続の違法」を認めたものの、その「違法の程度は、いまだ重大であるとはいえず」、右手続の過程で得られた覚せい剤などの証拠物やその覚せい剤や尿の鑑定書等を被告人の罪証に供することが、違法捜査抑制の見地から相当でないとは認められないから、右証拠物や鑑定書等の証拠能力は否定されるべきではないとして、被告人を有罪と認定し、第二審の東京高裁もほぼ同様の理由で控訴を棄却した。

これに対し、最高裁第二小法廷は、弁護人の上告趣意はすべて適法な上告理由に当たらないとした上で、職権により次のように判示し、三対二で上告を棄却した。

【判　示】　以上の経過に即して、警察官の捜査活動の適否についてみるに、右③及び⑤の浅草署への被告人(X)の同行は、被告人が渋々ながら手の力を抜いて後部座席に自ら乗車した点をいかに解しても、その前後の被告人の抵抗状況に徴すれば、同行について承諾があったものとは認められない。次に、浅草署での⑥の所持品検査(以下、「本件所持品検査」という。)についても、被告人がふてくされた態度で上衣を脱いで投げ出したからといって、被告人がその意思に反して警察署に連行されたことなどを考えれば、黙示の承諾があったものとは認められない。「本件所持品検査は、被告人の承諾なく、かつ、違法な連行の影響下でそれを直接利用してなされたものであり」、しかもその態様が被告人の左足首付近の靴下の膨らんだ部分から当該物件を取り出したものであることからすれば、違法な所持品検査といわざるを得ない。次に、⑧の採尿手続自体は、被告人の承諾があったと認められるが、

「前記一連の違法な手続によりもたらされた状態を直接利用して、これに引き続いて行われたものであるから」、違法性を帯びるものと評価せざるを得ない（最高裁【3】判決参照）。

所持品検査及び採尿手続が違法であると認められる場合であっても、違法手続によって得られた証拠の証拠能力が直ちに否定されると解すべきではなく、その違法の程度が令状主義の精神を没却するような重大なものであり、証拠として許容することが、将来における違法な捜査の抑制の見地からして相当でないと認められるときに、その証拠能力が否定されるというべきである（最高裁【2】判決参照）。

これを本件についてみると、職務質問の要件が存在し、所持品検査の必要性と緊急性とが認められること、Pは、その捜査経験から被告人が落とした紙包みの中味が覚せい剤であると判断したのであり、被告人のそれまでの行動、態度等の具体的な状況からすれば、実質的には、「この時点で被告人を右覚せい剤所持の現行犯人として逮捕するか、少なくとも緊急逮捕することが許されたといえるのであるから、警察官において、法の執行方法の選択ないし捜査の手順を誤ったものにすぎず」、法規からの逸脱の程度が実質的に大きいとはいえないこと、警察官らの有形力の行使には暴力的な点がなく、被告人の抵抗を排するためにやむを得ずとられた措置であること、警察官において令状主義に関する諸規定を潜脱する意図があったとはいえないこと、採尿手続自体は、何らの強制も加えられることなく、被告人の自由な意思での応諾に基づいて行われていることなどの事情が認められる。これらの点に徴すると、「本件所持品検査及び採尿手続の違法は、未だ重大であるとはいえず、右手続により得られた証拠を被告人の罪証に供することが、違法捜査抑制の見地から相当でないとは認められない」から、右証拠の証拠能力を肯定することができる。なお、右④の被告人が落とした覚せい剤の差押手続には、何ら違法な点はないのであるから、その証拠能力を肯定することができる。

［島谷六郎裁判官の反対意見］（奥野久之裁判官同調）　本件は、被告人をその意に反して警察署に連行したうえ、

被告人をその支配下に置いた状況を直接利用して、違法な所持品検査を行い、引き続き一連の行為として違法と評価される採尿手続により尿を提出させたという事案であって、もっとも典型的な違法捜査というべきものである。特に、警察署への意に反する本件連行は、いかに被告人が抵抗していたからとはいえ、警察官職務執行法二条三項によって厳に禁じられているところであり、まさに逮捕に類するものというべきであって、その違法性はまことに重大である。このように違法な連行に引き続き、かつ、これを直接利用してなされた本件所持品検査及び採尿手続の違法も重大なものといわなければならない。「かかる態様の捜査について、単にこれを違法とするだけで、その結果得られた証拠の証拠能力を認めることは、違法な捜査を抑制するという見地からして、相当ではない。けだし、このような違法捜査は、警察官において職務熱心の余り偶々なされる類のものであるとしても、なお構造的に再発する危険をはらむ事態であるから、警察官職務執行法二条三項は、そのきっかけとなる警察署への意に反する連行を例外を許さず禁じているのである。したがって、本件のような違法収集証拠の証拠能力を否定することが、かかる違法捜査を抑制する上で肝要であるといわざるをえない。」

多数意見が証拠能力を肯定する根拠として挙げている点のうち、本件を捜査手順の誤りとする前提として、④の時点において、被告人が落とした紙包みの中味が覚せい剤であり、これを所持する被告人を現行犯逮捕又は緊急逮捕することが許されたとする点については、疑問がある。すなわち、覚せい剤であることの確認について、もとより必ず予試験の実施が必要である訳ではないが、判例等において、予試験を経ずに覚せい剤であると確認しうるとされた事案を見れば、例えば、身近に注射器等が散在するといったより具体的に覚せい剤の所持を疑わせる客観的状況が認められる場合であって、本件程度の状況で現行犯逮捕ないし緊急逮捕が許されるとなしうるか疑問が残るといわざるをえない。そうであるからこそ、P巡査部長もその時点での逮捕に踏み切らなかったのであって、これを単なる捜査手順の誤りとみるのは、相当でない。また、現に捜査実務ではより慎重を期して予試験による結果を待って、覚せい剤であることの確認を得て、現行犯逮捕に移っているのが一般であると思われるから、多数意見のような判断は、この妥当な実務の扱いを弛緩させるおそれがあり、問題である。その他多数意見が挙げる諸点を考慮しても、本件連行とそれに引き続く所持品検査及び採尿手続には令状主義の精神を没却するような重大な違法があるといわざるをえず、本件証拠を証拠として許容することは、将来における違法な捜査の抑制の見地から相当でなく、その証拠能力は否定されるべきである。

【5】　会津若松強制採尿連行肯定覚せい剤使用事件決定（一九九四年）

本決定（最三小決平成六・九・一六刑集四八巻六号四二〇頁）は、自ら駐在所に意味不明の電話をかけてきたため覚せい剤使用の嫌疑を抱いた警察官が被告人（X）の運転車両を発見し、職務質問を開始したところ落ち着きのない態度で異常な言動を繰り返したため、被告人運転車両の窓から腕を差し入れ、エンジンキーを引き抜いて取り上げた。間もなく被告人には覚せい剤取締法違反の前科があることが判明したため「停止後ほぼ六時間半」にわたり職務質問を続行するとともにエンジンキーを返還しなかった、その後いわゆる強制採尿令状が発付されたので、医師がカテーテルを使用して被告人の尿を採取、覚せい剤検出との鑑定結果がでたので被告人を緊急逮捕したという事案につき、「約六時間半以上も本件現場に留め置いた措置は違法」といわざるを得ないが、その違法自体は未だ重大なものとはいえないとしたものである。

【事　実】　被告人（X）は一九九二年一二月二六日午前一一時前ころ、自ら会津若松署八田駐在所に意味不明の電話をかけたため、その異常な言動等から覚せい剤使用の嫌疑を抱いた警察官PらはXが電話をかけた自動車整備工場に行き、Xの状況等を聞いた後、その立ち回り先に向かったところ、午前一一時すぎころ同人運転車両を発見し、拡声器で停止を指示した。右車両は、二、三度蛇行しながら進行を続けたが、午前一一時五分ころ指示に従い停止し、警察車両二台もその前後に停止した。当時、付近の道路は、積雪により滑りやすい状態であった。警察官は一一時一〇分ころから、右車両が停止した現場でXに対する職務質問を開始したところ、「Xは、目をキョロキョロさせ、落ち着きのない態度で、素直に質問に応ぜず、エンジンを空ふかししたり、ハンドルを切るような動作をしたため、被告人運転車両の窓から腕を差し入れ、エンジンキーを引き抜いて取り上げた。」

午前一一時二五分ころ、本件現場の警察官に対し、Xには覚せい剤取締法違反の前科が四犯あるとの無線連絡が入り、その後は数名の警察官が順次、午後五時四三分ころまで停止後ほぼ六時間半にわたり、Xに対する職務質問を継続するとともに、警察署への任意同行を求めた。しかし、Xは、自ら運転することに固執し、他の方法による任意同行をかたくなに拒否し続けた。この間、警察官らは、車に鍵をかけさせるためエンジンキーをいったんXに手渡したが、被告人が車に乗り込もうとしたので、両脇から抱えてこれを阻止し、以後、Xが戻したエンジンキーを返還しなかった。

右職務質問継続中の午後三時二六分ころ、本件現場で指揮を執っていた警察官が令状請求のため現場を離れ、簡易裁判所に対し、被告人運転車両および被告人の身体に対する各捜索差押許可状と、Xの尿を強制採取するための捜索差押許可状（いわゆる強制採尿令状）の発付を請求した。午後五時二分ころ、右各令状が発付され、午後五時四三分ころから、本件現場において、被告人の身体に対する捜索がその抵抗を排除して執行された。

続いて午後五時四五分ころ、警察官らは被告人（X）の両腕をつかみ警察車両に乗車させた上、強制採尿令状を呈示したが、Xが興奮して激しく抵抗したため、午後六時三二分ころ、両腕を制圧してXを警察車両に乗車させたまま、本件現場を出発し、午後七時一〇分ころ、採尿場所の病院に到着した。午後七時四〇分ころから五二分ころまでの間、同病院において、Xをベッドに寝かせ、医師がカテーテルを使用してXの尿を採取した。午後一〇時三五分ころ、Xの尿中から覚せい剤検出の鑑定結果が出たので、Xは警察署において緊急逮捕された。覚せい剤自己使用の罪等で起訴されたXは、尿鑑定書の証拠能力を争った。

第一審の福島地裁会津若松支部は、エンジンキーを取り上げて継続的に被告人の現場離脱を不可能にしたのは「事実上の身柄拘束というべきである」が、右有形力の行使は「任意捜査に伴う有形力の行使の範囲内」であるとし、またいわゆる強制採尿令状は採尿場所への連行を「当然の前提としているものというべきであるから」、刑訴法二一八条一項の令状執行に「必要な処分」として許されると判示した。これに対し、第二審の仙台高裁は、被告人の意に反する右長時間に及ぶ職務質問現場での留め置きは「違法と評価せざるを得ない」が、その違法性の程度はきわめて強いとまではいえず、さらに「令状請求の資料と職務質問のための事実上の身柄拘束との間の関連性は希薄である」から、本件鑑定書を証拠から排除しなければならないほどの違法性を帯びるとまではいえないとし、また採尿場所までの身柄の強制連行は「令状執行のため当然に予定したものとして許され」る旨の第一審の判断は正当であるとして、控訴を棄却した。

これに対し、最高裁第三小法廷は、弁護人の上告趣意はいずれも適法な上告理由に当たらないとした上で、職権で次のように判示して上告を棄却した。なお、本決定は、いわゆる強制採尿令状による採尿場所への強制連行をはじめて肯定した最高裁判例であるが、この点については割愛する。

【判　示】　本件における強制採尿手続は、被告人（X）を本件現場に六時間半以上にわたって留め置いて、職務質問を継続した上で行われているのであるから、その適法性については、それに先行する右一連の手続の違法の有無、程度をも十分考慮してこれを判断する必要がある（最高裁【3】判決参照）。

そこで、まず、Xに対する職務質問及びその現場への留め置きという一連の手続の違法の有無についてみる。

(1)　職務質問を開始した当時、Xには覚せい剤使用の嫌疑があったほか、幻覚の存在や周囲の状況を正しく認識する能力の減退など覚せい剤中毒をうかがわせる異常な言動が見受けられ、かつ、道路が積雪により滑りやすい状態にあったのに、被告人が自動車を発進させるおそれがあったから、前記の被告人運転車両のエンジンキーを取り上げた行為は、警察官職務執行法二条一項に基づく職務質問を行うため停止させる方法として必要かつ相当な行為であるのみならず、道路交通法六七条三項に基づき交通の危険を防止するため採った必要な応急の措置に当たるということができる。

(2)　これに対し、その後Xの身体に対する捜索差押許可状の執行が開始されるまでの間、警察官が被告人による運転を阻止し、約六時間半以上も本件現場に留め置いた措置は、当初は前記のとおり適法性を有しており、被告人の覚せい剤使用の嫌疑が濃厚になっていたことを考慮しても、Xに対する任意同行を求めるための説得行為としてはその限度を超え、被告人の移動の自由を長時間にわたり奪った点において、任意捜査として許容される範囲を逸脱したものとして違法といわざるを得ない。

(3)　しかし、右職務質問の過程においては、警察官が行使した有形力は、エンジンキーを取り上げてこれを返還せず、あるいは、エンジンキーを持った被告人が車に乗り込むのを阻止した程度であって、さほど強いものでなく、被告人に運転させないため必要最小限度の範囲にとどまるものといえる。また、路面が積雪により滑りやすく、X自身、覚せい剤中毒をうかがわせる異常な言動を繰り返していたのに、Xがあくまで磐越自動車道で宮城方面に向かおうとしていたのであるから、任意捜査の面だけでなく、交通危険の防止という交通警察の面からも、Xの運転を阻止する必要性が高かったというべきである。しかも、Xが、自ら運転することに固執して、他の方法による任意同行をかたくなに拒否するという態度を採り続けたことを考慮すると、結果的に警察官による説得が長時間に及んだのもやむを得なかった面があるということができ、右のような状況からみて、警察官に当初から違法な留め置きをする意図があったものとは認められない。「これら諸般の事情を総合してみると、前記のとおり、警察官が、早期に令状を請求することなく長時間にわたり被告人を本件現場に留め置いた措置は違法であるといわざるを得ないが、その違法の程度は、いまだ令状主義の精神を没却するような重大なものとはいえない。」

以上検討したところによると、本件強制採尿手続に先行する職務質問及びXの本件現場への留め置きという手続には違法があるといわなければならないが、その違法自体は、いまだ重大なものとはいえないし、本件強制採尿手続自体には違法な点はないことからすれば、職務質問開始から強制採尿手続に至る一連の手続を全体としてみた場合に、その手続全体を違法と評価し、これによって得られた証拠を被告人の罪証に供することが、違法捜査抑制の見地から相当でないとも認められない。

【6】 第一京浜自動車内覚せい剤所持事件決定（一九九五年）

本決定（最三小決平成七・五・三〇刑集四九巻五号七〇三頁）は、挙動不審の被告人運転の自動車を停止させ職務質問したところ、免許証不携帯でかつ覚せい剤違反等の前歴のあることが判明し、異常なしゃべり方等から覚せい剤使用の嫌疑を抱いた警察官が所持品や自動車内の捜索を説得中、自動車両内に白い粉状の物があるとの報告を受けたので「あれは砂糖ですよ」と答えた被告人を立ち会わせた上、「車をとりあえず調べるぞ」と告げて車両内部を丹念に調べたところ、白い結晶状の粉末の入ったビニール袋一袋が発見されたので予試験を実施し、覚せい剤反応が出たので被告人を逮捕したという事案につき、本件自動車内を調べた行為は違法であり、本件採尿行為も「右一連の違法な手続によりもたらされた状態を直接利用し、これに引き続いて行われたものであるから、違法性を帯びるといわざるを得ない」とした上で、本件事案の下で「右採尿手続の違法は未だ重大とはいえない」としたものである。

【事　実】　一九九三年三月一一日午前三時一〇分ころ、同僚とともにパトカーで警ら中の警視庁三田警察署P巡査は、東京都港区内の国道一五号線（第一京浜）上で、信号が青色に変わったのに発進しない普通乗用自動車（以下「本件自動車」という。）を認め、運転者が寝ているか酒を飲んでいるのではないかという疑いを持ち、パトカーの赤色灯を点灯した上、後方からマイクで停止を呼び掛けた。すると、本件自動車がその直後に発進したため、Pらが、サイレンを鳴らし、マイクで停止を求めながら追跡したところ、本件自動車は、約二・七キロメートルにわたって走行した後停止した。Pが、本件自動車を運転していた被告人（X）に対し職務質問を開始したところ、Xが免許証を携帯していないことが分かり、さらに、照会の結果、Xに覚せい剤の前歴五件を含む九件の前歴のあることが判明した。そしてPは、Xのしゃべり方が普通と異なっていたことや、停止を求められながら逃走したことなども考え合わせて、覚せい剤所持の嫌疑を抱き、Xに対し約二〇分間にわたり所持品や本件自動車内を調べたいなどと説得したものの、Xがこれに応じようとしなかったため、三田警察署に連絡を取り、覚せい剤事犯捜査の係官の応援を求めた。

五分ないし一〇分後、部下とともに駆けつけた三田警察署のQ巡査部長は、Pからそれまでの状況を聞き、皮膚が荒れ、目が充血するなどしているXの様子を見て、覚せい剤使用の状態にあるのではないかとの疑いを持ち、Xを捜査用の自動車に乗車させ、同車内でPが行ったのと同様の説得を続けた。そうするうち、窓から本件自動車内をのぞくなどしていた警察官から、車内に白い粉状の物があるという報告があったため、Qが、Xに対し、検査したいので立ち会ってほしいと求めたところ、Xは、「あれは砂糖ですよ。見てくださいよ。」などと答えたので、Qが、Xを本件自動車のそばに立たせた上、自ら車内に乗り込み、床の上に散らばっている白い結晶状の物について予試験を実施したが、覚せい剤は検出されなかった。その直後、Qは、Xに対し、「車をとりあえず調べるぞ。これじゃあ、どうしても納得がいかない。」などと告げ、他の警察官に対しては、「相手は承諾しているから、車の中をもう一回よく見ろ。」などと指示した。そこで、Pら警察官四名が、懐中電灯等を用い、座席の背もたれを前に倒し、シートを前後に動かすなどして、本件自動車の内部を丹念に調べたところ、運転席下の床の上に白い結晶状の粉末の入ったビニール袋一袋が発見された。なお、Xは、Pらが車内を調べる間、その様子を眺めていたが、異議を述べたり口出しをしたりすることはなかった。

Qは、Xに対し、「物も出たことだから本署に行ってもらうよ。」などと同行を求め、Xもこれに素直に応じたので、Xを三田警察署まで任意同行した上、同署内で覚せい剤の予試験を実施し、覚せい剤反応が出たのを確認して、Xを覚せい剤所持の現行犯人として逮捕した。被告人は、同署留置場で就寝した後、同日午前九時三〇分ころから取調べを受けていたが、しばらくして尿の提出を求められ、午前一一時一〇分ころ、同署内で尿を提出した。その間、Xは、尿の提出を拒否したり、抵抗するようなことはなく、警察官の指示に素直に協力する態度をとっていた。

第一審の東京地裁は、警察官の現場における説得行為が違法といえないことは明らかであり、また、砂糖様のものの予試験を経た上、被告人車両の検索について、Xにおいて消極的にせよこれに応じた事実はこれを認めることができるのであって、したがって、この点で、警察官の側に違法があったということはできないとして、Xの尿の鑑定書等の証拠能力を肯定し、被告人を懲役二年に処した。これに対し、第二審の東京高裁（東京高判平六・七・二八高刑集四七巻二号二六七頁）は、要旨、次のように説示して、控訴を棄却した。すなわち、①被告人車両の検索は、その態様、実質等においてまさに捜索に等しく、Xの承諾がない限り、所持品検査としての限界を逸脱した違法なものであり、本件検索によって覚せい剤を発見したことに基づき、Xを覚せい剤所持の現行犯人として逮捕したことも違法ということに帰する。本件採尿手続は、本件検索やXを逮捕した手続とともに、Xに対する覚せい剤事犯の捜査という同一目的に向けられたものであり、しかも、右のような本件検索及び現行犯人逮捕手続によりもたらされた状態を直接利用してなされているものであるから、本件採尿手続も違法である。しかし、②本件検索は、Xに覚せい剤の使用又は所持の容疑がかなり顕著に認められ、本件自動車内を調べる必要性や緊急性も十分にあったと認められる状況のもとで行われ、Xの身体等に直接に有形力などを加えたりしたものではないこと等に照らし、その違法性の程度は、令状主義を没却するほど重大なものというには至っていない。そして本件採尿手続自体としても、現行犯人逮捕に引き続いて直ちに行われたものではなく、逮捕したXにいったん睡眠や休息の時間を与えた上で行なわれたものであること、本件採尿手続に関与した捜査官は、本件検索及び被告人の現行犯人逮捕に従事した警察官とは異なる者であって、尿の提出を強制などした状況はなく、Xが自分の尿を任意に提出したものであることなどが認められ、Xの全く自由な意思に基づく応諾により行われたものということができる。③以上のような諸事情に照らすと、本件採尿手続は、本件検索ひいては被告人に対する逮捕手続の違法を引き継いでいるとはいえ、その違法の度合いは、さほど大きいものということはできない。

これに対し、最高裁第二小法廷は、弁護人の上告趣意はいずれも刑訴法四〇五条の上告理由に当たらないとした上で、被告人の尿の鑑定書の証拠能力につき、職権で次のように判示して、上告を棄却した。

【判　示】　以上の経過に照らして検討すると、警察官が本件自動車内を調べた行為は、被告人の承諾がない限り、職務質問に付随して行う所持品検査として許容される限度を超えたものというべきところ、右行為に対し被告人の任意の承諾はなかったとする原判断に誤りがあるとは認められないから、右行為が違法であることは否定し難いが、警察官は、停止の求めを無視して自動車で逃走するなどの不審な挙動を示した被告人について、覚せい剤の所持又は使用の嫌疑があり、その所持品を検査する必要性、緊急性が認められる状況の下で、覚せい剤の存在する可能性の高い本件自動車内を調べたものであり、また、被告人は、これに対し明示的に異議を唱えるなどの言動を示していないのであって、これらの事情に徴すると、右違法の程度は大きいとはいえない。

次に、本件採尿手続についてみると、右のとおり、警察官が本件自動車内を調べた行為が違法である以上、右行為に基づき発見された覚せい剤の所持を被疑事実とする本件現行犯逮捕手続は違法であり、さらに、本件採尿手続も、右一連の違法な手続によりもたらされた状態を直接利用し、これに引き続いて行われたものであるから、違法性を帯びるといわざるを得ないが、被告人は、その後の警察署への同行には任意に応じており、また、採尿手続自体も、何らの強制も加えられることなく、被告人の自由な意思による応諾に基づいて行われているのであって、前記のとおり、警察官が本件自動車内を調べた行為の違法の程度が大きいとはいえないことをも併せ勘案すると、右採尿手続の違法は、いまだ重大とはいえず、これによって得られた証拠を被告人の罪証に供することが違法捜査抑制の見地から相当でないとは認められないから、被告人の尿の鑑定書の証拠能力は、これを肯定することができると解するのが相当であり（最高裁【2】判決）、右と同旨に出た原判決は、正当である。

【7】　和歌山覚せい剤使用事件決定（一九九六年）

本決定（最三小決平成八・一〇・二九刑集五〇巻九号六八三頁）は、警察官ら八名が被告人方に対する捜索令状を執行し発見した覚せい剤を被告人に示したところ、「そんなあほな」などと言ったので、その場に居合わせた警察官数名がこもごも左脇腹を蹴るなど暴行を加え、前記粉末について予試験を実施した結果、覚せい剤反応があったので被告人をその場で逮捕した事案につき、警察官らの右暴行は違法というほかないが、右暴行は「証拠物発見の後であり」右証拠物の証拠能力を否定することはできないとしたものである。

【事　実】　和歌山西警察署所属の警察官ら捜査員八名は、P警部補の指揮のもとに、被告人（X）の別件覚せい剤所持を被疑事実とする捜索差押許可状により、一九八八年一一月三〇日午前一一時二五分ころ被告人方の捜索を開始し、同日午前一一時三三分ころ寝室のテレビ台上に置かれていた銀紙包み入り覚せい剤様の粉末一包みを発見した。右銀紙包みを示されたXが「そんなあほな」などと言ったところ、その場に居合わせた警察官が、被告人の襟首をつかんで後に引っ張った上、左脇腹を蹴り、倒れたXに対し、さらに数名の警察官がその左脇腹、背中等を蹴った。警察官らは、銀紙包み入り粉末について予試験を実施した結果、覚せい剤反応があったことから、同日午前一一時三六分、右銀紙包み入り覚せい剤所持の現行犯人としてその場で逮捕するとともに本件覚せい剤を差し押さえ、同日午後零時一〇分ころXを和歌山西警察署に引致した。Xは、同署において、本件覚せい剤所持の事実を否認したが、同日午後三時ころ警察官の説得に応じて尿を提出した。

Xは同年一二月二日、検察官に送致され、検察官に対して覚せい剤所持の事実を認め、同日引き続いて行われた勾留質問においても同様に事実を認め、さらに、同月五日、警察官に対し入手先を含めて事実関係を全面的に自供した。なお、警察官は、取調べの過程で、覚せい剤に関する前科のある友人らの氏名が記載されているXのアドレス帳を示したが、この手帳は、右捜索時には押収されておらず、その後も任意提出等の法的手続が履践されていなかった。

Xが、和歌山西警察署に勾留中、肋骨付近の痛みを訴えたことから、同月四日、和歌山市内の病院において医師の診察を受けさせたところ、医師は、明瞭な骨折は認められないものの、被告人の愁訴から「肋骨骨折の疑い」との病名を付した上、患部を湿布する処置をして胸部のコルセットと湿布薬を渡し、その後同月一一日、Xのために来院した警察官に再び湿布薬等を渡した。Xが提出した前記尿から覚せい剤成分が検出され、Xは、本件覚せい剤所持と覚せい剤使用の事実により起訴された。

第一審の和歌山地裁は、本件捜査は全体として著しく違法性を帯びているとして、被告人の提出した尿についてその証拠能力を否定し、被告人を無罪とした。Xの前記手帳については、差押えあるいは任意提出等の手続が全くとられておらず、その後の留置中に右手帳が差入れられた旨の記載もないのであって、これらのことからすれば、右手帳は、被告人が現行犯逮捕されて引致された後に、「警察官において、被告人が留置担当者に預けた鍵を利用するなどしてXの自宅から令状なくして持ち出したものと認めざるを得ない」とした上で、「まず、本件覚せい剤については、これが発見されるまでの捜索は捜索差押許可状に基づく適法なものであり、また、警察官らによる被告人に対する暴行は本件覚せい剤が発見された後に行われたものであるから、暴行を加えたことにより証拠が収集されたという関係にはない。しかしながら、警察官らによる暴行は捜索差押え手続の過程でのものであり、しかもその暴行の態様は単に自分の物でないと否認したにすぎない被告人を四人の警察官が蹴ったり踏みつけたという激しいもので、その結果も全治まで二週間程度を要する相当に重いものであることからすれば、余りにもその違法の程度は重大であり、くわえて、本件の捜査において看過できないのは警察官において令状なくして前記の被告人の手帳を入手している点で、令状主義に反する重大な違法があり、これからすると本件捜査は全体として著しく違法性を帯びているといわざるをえず、してみると、違法捜査抑制の見地からしても、正義の見地からしても、本件覚せい剤を証拠として許容することは到底できず、その証拠能力は否定されるべきである。次に、被告人の提出した尿については、被告人自身尿の提出はその意に反したものとまでは供述しておらず、また、前記のとおり本件覚せい剤は現行犯逮捕後の事情をも考慮してその証拠能力が否定されたものであるから、被告人が尿を提出した時点で逮捕が違法になっていたとは必ずしもいえず、従って違法な身体の拘束状態を利用しての採尿とまではいえないけれども、被告人が尿を提出したのは前記のような激しい暴力を受けた時からわずか三時間程度しか経過していない時点であって、右暴行の影響がなかったとはいえないこと、くわえて前記のとおり本件捜査は全体として著しく違法性を帯びていることからすれば、被告人の提出した尿もその証拠能力は否定されるべきである」とした。

これに対し、第二審の大阪高裁は、前記認定の警察官らの暴行は、被告人が捜索中の警察官の手にする右覚せい剤を見てその所持を否認するような発言をしたことに触発されたものであって、捜索差押許可状の執行中に行われてはいるが、右捜索差押行為の一部とみることはできず、違法行為の動機が押収物件に関連しているという理由だけでは、その捜索差押え手続自体を違法と判定することはできないとして第一審判決を破棄差し戻した。

これに対し、最高裁第三小法廷は、弁護人の上告趣意はすべて刑訴法四〇五条の上告理由に当たらないとした上で、職権により次のように判示し、上告を棄却した。

【判　示】　警察官が捜査の過程において関係者に暴力を振るうことは許されないことであって、本件における右警察官らの行為は違法なものというほかはない。しかしながら、前記捜索の経緯に照らし本件覚せい剤の証拠能力について考えてみると、右警察官の違法行為は捜索の現場においてなされているが、その暴力の時点は証拠物発見の後であり、被告人の発言に触発されて行われたものであって、証拠物の発見を目的とし捜索に利用するために行われたものとは認められないから、右証拠物を警察官の違法行為の結果収集された証拠として、証拠能力を否定することはできない。

なお、前記手帳についても、警察官がこれを入手するについて所定の手続きを経ていないことは事実であるが、この手帳の押収手続に違法があるからといって、その違法が、右手帳の入手に先立ち、これと全く無関係に発見押収された本件覚せい剤の証拠能力にまで影響を及ぼすものということはできない。また、被告人の尿に関する鑑定書についても、原判決の認定及び記録によれば、被告人は、第一審公判において、警察官から前記暴行を受けた事実をしきりに訴えてはいるものの、尿については、覚せい剤を使用したのは事実であるから、その提出を拒む意思は当初からなかったとして、尿を任意に提出した旨供述していたというのであるから、前記暴行は尿を提出することについての被告人の意思決定に実質的な影響を及ぼさなかったものと認められるのであり、任意提出の手続きに何らの違法もない。

そうすると、本件覚せい剤及びその鑑定書並びに被告人が提出した尿の鑑定書の証拠能力はいずれもこれを肯定することができるから、その証拠能力を否定した第一審判決を破棄し、本件を和歌山地方裁判所に差し戻した原判決は正当である。

【8】　東京瑞穂町ラブホテル覚せい剤所持事件決定（二〇〇三年）

本決定（最一小決平成一五・五・二六刑集五七巻五号六二〇頁）は、いわゆるラブホテルの責任者から料金不払いや薬物使用の可能性ある宿泊客を退去させてほしい旨の通報を受けた警察官四名が同ホテル客室に赴きドアを叩いて声をかけた際に入れ墨をした全裸の宿泊客が制服姿の警察官に気付くや一たん少し開けたドアを急に閉めるなど不審な行動に出たためこれを制圧し客室内のソファに座らせたところ、右手に注射器を握っていたのでそれを手放させた上、テーブル上にあった財布について所持品検査をしたところ、ファスナーの開いていた小銭入れの部分から覚せい剤を発見したという事案につき、客室への立ち入り措置は適法であり、財布の所持品検査の際に暴れる全裸の宿泊客を三〇分にわたり制圧していた事実があるとしても、当該覚せい剤の証拠能力は肯定できるとしたものである。

【事　実】　①　被告人（X）は、一九九七年八月一一日午後一時過ぎ、東京都西多摩郡瑞穂町所在のいわゆるラブホテル三〇一号室に一人で投宿した。本件ホテルの責任者Aは、翌一二日朝、Xが予定の午前一〇時になってもチェックアウトをせず、かえって清涼飲料水を一度に五缶も注文したことや、Xが入れ墨をしていたことから、暴力団関係者を宿泊させてしまい、いつ退去するかわからない状況になっているのではないかと心配になり、また、職務上の経験から飲料水を大量に飲む場合は薬物使用の可能性が高いとの知識を有していたので薬物使用も懸念したAは、再三にわたり、チェックアウト時刻を確認するためXに問い合わせたが、返答は要領を得ず、この間、Xは、「フロントの者です」とドア越しに声をかけられると「うるさい」と怒鳴り返し、料金の精算要求に対しては「この部屋は二つに分かれているんじゃないか」と言うなど、不可解な言動をした。このため、Aは一一〇番通報をし、警察に対し、Xが宿泊料金を支払わないこと、Xにホテルから退去してほしいことのほか、薬物使用の可能性があることを告げた。

②　警視庁福生警察署地域課所属の巡査P及び同Qは、同日午後一時一一分ころ、パトカーで警ら中、通信指令本部から、本件ホテルで「料金上のゴタ」との無線通報を傍受し、直ちに同ホテルへ向かった。その途中、通信指令本部から「相手は入れ墨をしている一見やくざ風の男」との連絡があり、また、福生警察署の上司から、薬物がらみの可能性もあるので事故防止には十分注意するようにとの指示を受けた。

③　P、Q両巡査は、同日午後一時三八分ころ、本件ホテルに到着し、Aから事情説明を受けた。Aは、P巡査らに対し、Xを部屋から退去させてほしいこと、Xは入れ墨をしており、薬物を使用している可能性があること等を述べた。P巡査が三〇一号室に電話をかけて料金の支払いを促したところ、Xから「分かった、分かった」との返事があったが、Aからこれまでと同じ反応であると聞かされて、同巡査は、Xが無線宿泊ではないかとも考えた。しかし、P巡査は、Xのいる場所がホテルの客室であるため、慎重を期す必要があると考え、福生警察署の上司に電話で相談したところ、部屋に行って事情を聞くようにとの指示を受けたので、Aの了解のもとに、無線宿泊の疑いのほか、薬物使用のことも念頭において、警察官職務執行法二条一項に基づき職務質問を行うこととし、A、Q及び先に臨場していた駐在所勤務のR巡査部長と共に、四人で三〇一号室へ赴いた。

④　Pは、三〇一号室に到着すると、ドアをたたいて声をかけたが、返事がなかったため、無施錠の外ドアを開けて内玄関に入り、再度室内に向かって「お客さん、お金払ってよ」と声をかけた。すると、Xは、内ドアを内向きに約二〇ないし三〇センチメートル開けたが、すぐにこれを閉めた。同巡査は、被告人が全裸であり、入れ墨をしているのを現認したことに加え、制服姿の自分と目が合うや被告人が慌てて内ドアを占めたことに不審の念を強め、職務質問を継続するため、Xが内側から押さえているドアを押し開け、ほぼ全開の状態にして、内玄関と客室の境の敷居上辺りに足を踏み入れ、内ドアが閉められるのを防止したが、その途端にXが両手を振り上げて殴りかかるようにしてきた。そこで、同巡査は、とっさにXの右腕をつかみ、次いで同巡査の後方にいたQもXの左腕を

つかみ、その手を振りほどこうとしてもがくXを同室内のドアから入って右手すぐの場所に置かれたソファーに座らせ、PがXの右足を、Qがその左足をそれぞれ両足ではさむようにしてXを押さえつけた。このとき、Xは右手に注射器を握っていた。

⑤　Pは、Xの目がつりあがった様子やその顔色も少し悪く感じられたこと等から、「シャブでもやっているのか」とたずねたところ、Xは、「体が勝手に動くんだ」「警察が打ってもいいと言った」などと答えた。そのころ、QはXが右手に注射意を握っているのに気付き、Pが被告人の手首付近を握ってこれを手放させた。Xは、その後も暴れたので、P、Q両巡査は、引き続きXを押さえつけていた。

⑥　応援要請に基づき臨場したS巡査は、同室内の床に落ちていた財布や注射筒、注射針を拾って付近のテーブルの上に置いた。警察官らがXに対し氏名等を答えるよう説得を続けるうち、やがてXが氏名等を答えたので、無線で犯罪歴の紹介をしたところ、Xには覚せい剤取締法違反の前歴のあることが判明した。Sは、Xに対し、テーブル上の財布について、「これはだれのだ」などと質問し、P、Qも加わって追求するうち、Xが自分の物であることを認めたので、Sにおいて、「中を見せてもらっていいか」と尋ねた。Xは返答しなかったが、警察官らが説得を続けるうち、Xの頭が下がったのをみて、Sは、Xが財布の中を見せるのを了解したものと判断し、二つ折りの上記財布を開いて、ファスナーの開いていた小銭入れの部分からビニール袋入りの白色結晶を発見して抜き出した。警察官らは、Xに対し、これは覚せい剤ではないかと追及したが、Xは、「おれは知らねえ。おれんじゃねえから、勝手にしろ」などと言った。

⑦　薬物の専務員として臨場したT巡査は、Xに対して覚せい剤の予試験をする旨告げた上で、Xに見えるように同室内のベッド上で前記ビニール袋入りの白色結晶につき予試験を実施したところ、覚せい剤の陽性反応があった。そこで、同日午後二時一一分、Pらは、Xを覚せい剤所持の現行犯人として逮捕し、その場でビニール袋入り

の白色結晶一袋、注射筒一本、注射針二本等を差し押さえた。

⑧　警察官らは、Xを逮捕中の同月一三日、Xの覚せい剤使用を明らかにするため、上記覚せい剤所持事件の捜査過程で収集された証拠を疎明資料として、Xの尿に係る捜索差押許可状の発付を受け、同許可状に基づき医師が被告人の尿を採取した。

第一審の東京地裁八王子支部は、①Pの当該立入り行為を「職務質問をするために必要かつ相当な行為とは認められず、任意処分である職務質問の手段として許される有形力の行使の限界を超えた違法なものといわざるを得ない」、②前記立入りが違法であるうえ、凶器を携帯してないことが明らかな全裸のXを直ちに取り押さえた上、他の警察官もいる中で、警察官が二人がかりで約三〇分もの間ソファーに押さえ続けるのは、もはや職務質問を継続するために許される有形力の行使の範囲を著しく逸脱した違法な身柄拘束といわざるを得ない。③財布が客室への違法な立入りに基づきはじめて発見されたこと、Xの身体を違法に拘束した上でその検査がなされていることなどから、「これを職務質問に付随する行為として正当化することはできない」とした上で、押収された覚せい剤等についてその証拠能力を否定し、さらにかかる押収物を疎明資料として発付された令状により獲得された尿の鑑定書の証拠能力も否定して、Xに対し無罪を言い渡した（平成一〇・一〇・二八判時一六六六号一五六頁、判タ一〇〇九号二九五頁）。

これに対し東京高裁は、①については、第一審の認定には事実誤認があり、P巡査の室内への立ち入りは、一連の流れの中でXを制止するため不可避的に室内に立ち入る結果になったものと評価することができ、違法と評価する余地はない。②ないし③については、Q巡査の行為に限定して考察すれば、所持品検査は捜索に至らない程度の行為であり、強制にわたらないものであると評価し得るようにも思われる。ただし、P巡査らが全裸のXを押さえつけたまま、約三〇分間にわたってその身体を押さえ続けた行為については、有形力行使の態様および程度において職務質問に伴うものとして許容される限度を超えて行き過ぎがあったといわざるを得ない。そうすると、そのような行き過ぎた身体拘束下に置かれたXに対する所持品検査も、その許容される限度を超えたものと評価せざるを得ない、本件覚せい剤等の押収手続もまた違法であるといわざるを得ない、しかし、全体として観察すると、全裸のXを約三〇分間にわたり押さえ続けたことについては違法であるものの、Xが暴れ続ける中で職務質問を続行するために行われた必要最小限の有形力の行使であって、それ以上の有形力の行使はなかったこと、さらに、本件所持品検査により害されるX個人の法益と保護されるべき公共の利益との権衡なども合わせ考慮すれば、S巡査らの行った所持品検査、Xを覚せい剤所持の現行犯人として逮捕したことおよびそれに引き続く本件各証拠物の押収手続の違法はいずれもその証拠能力に影響を及ぼすほど重大であるとまではいえないとして、原判決を破棄差し戻した（平成一一・八・二三判タ一〇二四号二八九頁）。

これに対し、最高裁第一小法廷は、被告人の上告趣意はいずれも刑訴法四〇五条の上告理由に当たらないとした上で、職権で次のように判示した。

【判　示】　一般に、警察官が警察官職務執行法二条一項に基づき、ホテル客室内の宿泊客に対して職務質問を行うに当たっては、ホテル客室の性質に照らし、宿泊客の意思に反して同室の内部に立ち入ることは、原則として許されないものと解される。

しかしながら、前記の事実経過によれば、被告人は、もはや通常の宿泊客とはみられない状況になっていた、そして、本件状況の推移に照らせば、被告人の行動に接した警察官らが無線宿泊や薬物使用の疑いを深めるのは、無理からぬところであって、質問を継続しうる状況を確保するため、内ドアを押し開け、内玄関と客室の境の敷居上辺りに足を踏み入れ、内ドアが閉められるのを防止したことは、警察官職務執行法二条一項に基づく職務質問に付随するものとして、適法な措置であったというべきである。本件においては、その直後に警察官らが内ドアの内部にまで立ち入った事実があるが、この立入りは、いったん開けた内ドアを急に閉めて押えるという被告人による突然の暴行を契機とするものであるから、上記結論を左右するものとは解されない。

職務質問に付随して行う所持品検査は、所持人の承諾を得てその限度でこれを行うのが原則であるが、捜索に至らない程度の行為は、強制にわたらない限り、たとえ所持人の承諾がなくとも、所持品検査の必要性、緊急性、これによって侵害される個人の法益と保護されるべき公共の利益との権衡などを考慮し、具体的状況のもとで相当と認められる限度において許容される場合がある（最高裁【2】判決参照）。

前記の事実経過によれば、財布に係る所持品検査を実施するまでの間において、被告人は、警察の許可を得て覚せい剤を使用している旨不可解なことを口走り、手には注射器を握っていた上、覚せい剤取締法違反の前歴を有することが判明したものであって、被告人に対する覚せい剤事犯（使用及び所持）の嫌疑は、飛躍的に高まっていたものと認められる。また、こうした状況に照らせば、覚せい剤がその場に存在することが強く疑われるとともに、直ちに保全策を講じなければ、これが散逸するおそれも高かったと考えられる。そして、眼前で行われる所持品検査について、被告人が明確に拒否の意思を示したことはなかった。他方、所持品検査の態様は、床に落ちていたのを拾ってテーブルの上に置いた財布について、二つ折りの部分を開いた上ファスナーの開いていた小銭入れの部分からビニール袋入りの白色結晶を発見して抜き出したという限度にとどまるものであった。以上のような本件における具体的な諸事情の下においては、上記所持品検査は、適法に行い得るものであったと解するのが相当である。

なお、警察官らが約三〇分間にわたり全裸の被告人をソファーに座らせて押さえ続け、その間衣服を着用させる措置を採らなかった行為は、職務質問に付随するものとしては、許容限度を超えており、そのような状況の下で実施された上記所持品検査の適否にも影響するところがあると考えられる。しかし、前記の事実経過に照らせば、被告人がP巡査に殴りかかった点は公務執行妨害を構成する疑いがあり、警察官らは、被告人を同罪の現行犯人として逮捕することも考えられる状況にあったということができる。また、P巡査らは、暴れる被告人に対応するうち、結果として前記のような制圧行為を継続することとなったものであって、同巡査らに令状主義に関する諸規定を潜脱する意図があった証跡はない。したがって、上記行為が職務質問に付随するものとしては許容限度を超えていたとの点は、いずれにしても、財布に係る所持品検査によって発見された証拠を違法収集証拠として排除することに結びつくものではないというべきである。

第三節　毒樹の果実の許容性

このように最高裁は一九七八年の【2】大阪天王寺覚せい剤事件判決においてはじめて排除法則を採用したものの、その後も四半世紀にわたり違法の重大性を認めて証拠排除に踏み切った事例はなかったため、毒樹の果実排除が正面から争われることはなかった。証拠排除の効果は、違法に収集された直接の第一的証拠（毒樹）だけでなく、それに基づいて新たに発見された派生的な第二次以下の証拠（果実）にも及ぶ。これがいわゆる排除法則の波及効ないし毒樹の果実論（the fruit of the poisonous tree doctrine）である。学説は一般に、果実の証拠能力を肯定すれば毒樹排除の意味が失われるとして、果実の証拠能力を否定するが、捜査機関が別途〝独立の源（independent source）〟からその果実の存在を把握していた場合、あるいは両者の因果関係が稀釈（attenuation）している場合には、いわゆる〝独立入手源〟の例外、〝稀釈法理〟の例外として果実の証拠能力を肯定する。いずれもアメリカ法にならったものであるが、アメリカでは違法捜査時に別途開始されていた合法的捜査によって不可避的に同一の証拠が発見されていたであろう場合にいわゆる〝不可避的発見（inevitable discovery）〟の例外が認められている。

毒樹の果実排除の法理は違法収集自白にも適用されるから、不任意自白に基づいて発見された証拠や反覆自白についても、これらの例外に該当するかが問題となりうる。わが国ではこの問題を正面から論じた判例は見当たらないが、最高裁は早くも一九八三年の【9】神戸ホステス宅放火事件判決で「法廷意見を代表したものといい得る」(森岡茂調査官解説)伊藤正己裁判官の補足意見がこのいわゆる反覆自白に関し詳細な毒樹の果実論を展開していた。そして最高裁は、【10】大津覚せい剤事件判決においてはじめて排除法則を現実の事案に適用して当該証拠を排除しつつ、その果実については毒樹との関連性は密接ではないとしてその証拠能力を肯定したのである。

以下、右二判決につき、事実関係を含めて詳細に紹介しておく。

【9】神戸ホステス宅放火事件判決(一九八三年)

本判決(最判昭和五八・七・一二刑集三七巻六号七九一頁)は、違法な別件逮捕中における自白を疏明資料として発付された逮捕状による本件放火事件の被疑者に対する裁判官の勾留質問調書の証拠能力およびその後発付された勾留状による勾留中の被疑者に対する消防職員の質問調書の証拠能力が争われた事案につき、これを肯定した原判決の判断は相当であるとしたものである。

【事　実】　一九七三年三月一四日午前二時ころ、神戸市内のクラブホステス(H)方ほか近隣家屋等計八棟が火災によって焼失した。所轄の兵庫警察署捜査官Pは、現場の実況見分等から出火場所を当夜家人不在のH方と断定し、出火原因究明のため同女の周辺を内偵中、Hが被告人(X)を含む複数の男性と親しく交際し、なかでもXとは三年間にわたる交際により多額の遊興費を使わせているらしいとの聞き込みを得た。そこで同月二二日、同女の出頭を求めてXとの関係につき取り調べたところ、①前年末の深夜、同女が一人で就寝中、Xが無断で室内まで入ってきたことがあった、②同女は被告人に三年間にわたって七〇〇万円くらいの遊興費を使わせており、出火当夜の三月一三日にも、領収書を渡すという約束で現金三五万円を都合させたが、領収書を渡さず、他の男性とホテルで投宿したなどの供述を得た。Pは、怨恨による放火の嫌疑を抱くに至ったが、右嫌疑で逮捕状を請求するに足る資料を収集できなかったので、同女の右供述中の同女方への無断立ち入りの事実を住居侵入被疑事件として立件し、右事実で被告人を逮捕して本件放火の事実を取り調べる方針を固め、同年四月二五日、同女につき住居侵入の被害調書を作成した上、同月二七日、被告人に対する住居侵入被疑事実の逮捕状の発付を請求し、同日その発付を得た、そして、同年五月一日、Xを自宅で逮捕し、同警察署に引致した上、約一時間にわたって住居侵入の事実につき取り調べた。次いで、同日午後三時ころから午後五時三〇分ころまでの間、Hとの関係、本件火災当日のアリバイの有無などに関する取調べをし、さらに、夕食後の午後六時ころから午後一〇時三〇分ないし一一時ころまでの間、本件放火事実に関する取調べをし、その間に被告人の自白を得た。そこで、右自白を内容とする同年五月一日付供述調書を作成し、同月二日、右自白調書を疎明資料として、本件放火被疑事件の逮捕状を請求し、その発付を得たのち、同日午後零時二〇分、住居侵入被疑事件で逮捕中の被告人をいったん釈放し、同日午後一時四〇分、前記放火被疑事件の逮捕状により同警察署内において被告人を再度逮捕した。Xは同月四日、放火罪について検察庁に送致され、同日検察官から勾留請求がなされた。裁判官は同日、勾留質問を実施し、「事実はそのとおり間違い（ない）」旨のXの陳述を得て、その旨記載した勾留質問調書が作成され、同日放火罪について勾留状を発付した。同月六日、消防司令補Qは、本件火災の原因を調査するため、勾留場所である警察署に赴き、同署刑事課取調室においてXに対し、放火の動機、方法等を質問し、詳細な自白を得て質問調書一通を作成した。検察官は同月二三日、Xを放火罪で起訴した。

第一審の神戸地裁は、当初の第一次逮捕（住居侵入事実）を違法な別件逮捕に当たると認定し、右別件逮捕中に得られた本件放火の自白は違法な身柄拘束中のものであるから違法収集証拠として証拠能力を有しないとし、右自白を疎明資料としてなされた第二次逮捕、勾留も依然として違法な身柄拘束であるから、この間に捜査官が作成した自白調書も同様に証拠能力を有しないとしながら、裁判官の勾留質問調書及び消防職員の質問調書については各質問を適法としてその証拠能力を肯定した。第二審の大阪高裁（昭和五五・三・二五高刑集三三巻一号八〇頁）は、勾留質問調書の証拠能力および消防署職員の質問調書の証拠能力につき、詳細な判断を示した上で、これを維持した。その要旨は、およそ次のとおりである。

① 「逮捕が違法であることと、その間になされた勾留質問の適否ないし勾留質問調書の証拠能力の有無とは、別個の観点から論ずべきであって、違法に抑留拘禁中の供述であることのみを理由として、直ちにその証拠能力を否定するのは相当でなく、供述の証拠能力の有無は、あくまでも、その供述の獲得過程における違法の有無及び大小によって決すべきである、と考える。」そこで、この観点から本件勾留質問調書の証拠能力の有無を検討すると、勾留質問は、裁判官が、捜査機関とは別個独立の立場で、独自の職責に基づいて行うものであって犯罪の捜査とはその性質を全く異にするものである。したがって、勾留裁判官が捜査官と通謀して違法捜査に加担したなど特段の事情があればともかく、そのような事情は全くなく、適法に行われた本件勾留質問における被告人の自白には、その供述獲得の過程に違法はない、というべきである。本件捜査に際しては、前記のように、いわゆる別件逮捕という違法な捜査手続がとられており、前記認定の本件捜査の経過ごとに、右別件にあたる住居侵入被疑事実が犯罪の嫌疑すらも極めて乏しいものであったことなどよりすると、本件は典型的な見込み捜査のなされた事案というべきであって、捜査手続に存する違法の程度は重大であるから、右別件逮捕中の本件に関する自白はもとより、本件につき勾留中になされた自白についても、捜査官があえて意図して違法な逮捕、勾留状態を惹起し、かつ、その状態を利用して自白を獲得したなど、その証拠収集手続に重大な違法があると認められるので、適正手続の要請、将来における違法捜査を抑制するという観点から、その証拠能力を否定するのが相当と考えられるのであるが、かかる

事情の認められない勾留質問調書についてまで証拠能力を否定することは、右証拠排除の目的を超えるものであって相当でない。

② 「消防機関と捜査機関とは、火災原因等の究明にあたり、相互に協力すべき関係にはあるが、消防職員が放火又は失火の犯罪の被疑者に対して行う質問は、火災の予防など消防法独自の目的で行われる行政調査であって、犯罪捜査とはその性質を全く異にするものであるから、捜査官作成の供述調書の証拠能力が否定されたからといって、直ちに消防調書の証拠能力までが否定されると解するのは相当でない。」本件質問は、消防職員が上記の消防独自の立場で、本件火災原因の調査のためにしたものであることが認められるのであって、消防職員のした本件質問を捜査官のした取調と同一視すべき事情は存在していない。本件質問は、消防法上適法に行われたものであり、また、その結果作成された消防調書については、捜査官作成の供述調書に存するような証拠排除の理由はないのであるから、違法勾留中に作成されたということだけで、その証拠能力を否定すべきではない。

③ 神戸市兵庫消防署消防司令補Qが調査責任者となって、本件火災原因等の調査に当たっていたが、一九七三年五月五日か六日ころ、右Qにおいて、新聞紙上で本件放火の被疑者としてXが逮捕されたことを知り、所轄の兵庫警察署係官に連絡して、Xに質問することの了解をとったうえ、消防司令補Rにその実施を指示したこと、そこでRは、同月六日午後一二時三〇分ころ、兵庫警察署に赴き、午後一二時四〇分から二時五分までの間、同署二階の刑事課取調室において、同署に勾留されていたXに対し、本件放火の動機、方法等を質問し、これに対するXの供述を、横書調書五頁にわたり要約記載して質問調書を作成したこと、右質問にあたりRは、消防署員の制服を着用し、自己の身分及び調査の目的を明らかにしたうえ、火元であるHとの関係、放火の動機、方法、当日の行動等につき質問をしたところ、これに対しXは、返答を拒むことなく、率直に放火の事実を供述したこと、質問のため使用した取調室のドアが開放されていたため、隣接する刑事課室内で執務中の警察官の姿が見える状況ではあった

が、身柄戒護の必要上、質問開始当初若干の時間、警察官が在室して被告人の動静を観察していただけで、以後はその必要ないものと認めて警察官も同席しておらず、取調室内にはXとRとが居るだけであって、質問中は手錠は施されていなかったこと、Rは、出火場所、火災の程度等は知っていたが、警察官が作成した被告人の供述調書等の捜査書類は全く見ていなかったこと、以上の事実が認められる。

右認定の事実によると、たしかに、本件質問は、Xが逮捕、勾留されてのちに、警察署内で行われているが、質問時間の大部分については身柄戒護の警察官も同席せず、警察官の監視下に行われた質問と認められるような状況はなく、Xは、Qが消防職員であることを明確に認識したうえで、同人の質問に応じているのであって、Xの供述の状況、質問調書の記載内容等をも参酌すれば、Rに対するXの供述の任意性は優に肯認し得るところである。

これに対し、最高裁第三小法廷は、弁護人の上告趣意をいずれも違法な上告理由に当たらないとした上で、職権で次のように判示して、全員一致で原審の判断を相当とした。

【判　示】「勾留質問は、捜査官とは別個独立の機関である裁判官によって行われ、しかも、右手続は、勾留の理由及び必要の有無の審査に慎重を期する目的で、被疑者に対し被疑事件を告げこれに対する自由な弁解の機会を与え、もって被疑者の権利保護に資するものであるから、違法な別件逮捕中における自白を資料として本件について逮捕状が発付され、これによる逮捕中に本件についての勾留請求が行われるなど、勾留請求に先き立つ捜査手続に違法のある場合でも、被疑者に対する勾留質問を違法とすべき理由はなく、他に特段の事情のない限り、右質問に対する被疑者の陳述を録取した調書の証拠能力を否定すべきものではない。」

「また、消防法三二条一項による質問調査は、捜査官とは別個独立の機関である消防署長等によって行われ、しかも消防に関する資料収集という犯罪捜査とは異なる目的で行われるものであるから、違法な別件逮捕中における自白を資料として本件について勾留状が発付され、これによる勾留中に被疑者に対し右質問調査が行われた場合でも、その質問を違法とすべき理由はなく、消防職員が捜査機関による捜査の違法を知ってこれに協力するなど特段の事情のない限り、右質問に対する被疑者の供述を録取した調書の証拠能力を否定すべきものではない。」

なお、消防法三二条一項は、消防署長等が当該消防署等に所属する消防職員をして質問調査を行わせることを禁じた趣旨ではなく、また同法三五条の二第一項は、放火又は失火の罪で警察官に逮捕された被疑者に対し、事件が警察官に送致された後に、消防署長等が検察官等の許諾を得て同法三二条一項による質問調査を行い、あるいは消防署等に所属する消防職員をしてこれを行わせることを禁じた趣旨ではないと解すべきである。

［伊藤正己裁判官の補足意見］　私も、法廷意見と同じく、本件において、裁判官の勾留質問調書及び消防職員の質問調書の証拠能力を肯定した原審の判断は、正当として是認できると考えるものであるが、本件は、いわゆる違法収集証拠の排除に関して問題を提起しているものであるから、ここに若干の見解を示して、補足意見としておきたい。

記録に照らせば、被告人は、本件現住建造物等放火罪を理由とする逮捕、勾留に先き立って、住居侵入罪を理由として逮捕されているが、この逮捕は、裁判官が適法に発付した逮捕状によって行われたものであったとはいえ、その真の目的が、当時いまだ逮捕状を請求するに足りる資料のなかった本件現住建造物等放火事件について被告人を取り調べることにあり、住居侵入事件については、逮捕の必要性のなかったことが認められる。「したがって、右逮捕は、憲法の保障する令状主義を潜脱して強制捜査を行った、いわゆる違法な別件逮捕にあたるものというべきであり、これによって収集された自白は、これを違法収集証拠として裁判の資料から排除するのが、適正手続の要請に合致し、また将来において同種の違法捜査が行われることを抑止し、司法の廉潔さを保持するという目的からみて相当であると考えられる。」

ところで、このような違法収集証拠（第一次的証拠）そのものではなく、これに基づいて発展した捜査段階において更に収集された第二次的証拠が、いわゆる「毒樹の実」として、いかなる限度で第一次的証拠と同様に排除されるかについては、それが単に違法に収集された第一次的証拠となんらかの関連をもつ証拠であるということのみをもって一律に排除すべきではなく、「第一次的証拠の収集方法の違法の程度、収集された第二次的証拠の重要さの程度、第一次的証拠と第二次的証拠との関連性の程度等を考慮して総合的に判断すべきものである。本件現住建造物等放火罪を理由とする逮捕、勾留中における、捜査官に対してされた同罪に関する被告人の自白のように、第一次的証拠の収集者自身及びこれと一体とみられる捜査機関による第二次的収集証拠の場合には、特段の事情のない限り、第一次的証拠収集の違法は第二次的証拠収集の違法につながるというべきであり、第二次的証拠を第一次的証拠と同様、捜査官に有利な証拠として利用することを禁止するのは、将来における同種の違法捜査の抑止と司法の廉潔性の保持という目的に合致するものであって、刑事司法における実体的真実の発見の重要性を考慮に入れるとしても、なお妥当な措置であると思われる。」したがって、第一審判決及び原判決が、その適法に認定した事実関係のもとにおいて、捜査官に対する被告人の各供述調書の証拠能力を否定したことは適切なものと考えられる。

しかしながら、本件勾留質問は、裁判官が、捜査に対する司法的抑制の見地から、捜査機関とは別個の独立した職責に基づいて、受動的に聴取を行ったものであり、またこれに対する被告人の陳述も任意にされたと認められるのであるから、その手続自体が適法であることはもとより、この手続に捜査官が支配力を及ぼしたとみるべき余地はなく、第一次的証拠との関連性も希薄であって、この勾留質問調書を証拠として許容することによって、将来本件と同種の違法捜査の抑止が無力になるとか、司法の廉潔性が害されるとかいう非難は生じないと思われる。（なお、ここにもいわゆる自白の反覆がみられるのであるが、一般に、第二次的証拠たる自白が第一次的証拠たる自白の反覆の外形をもつ場合に、第一次的証拠に任意性を疑うべき事情のあるときは、証拠収集機関の異同にかかわらず、第二次的証拠についてもその影響が及ぶものとみて任意性を疑うべきであるとしても、本件において、第一次的証拠につき、その収集が違法とされ、これが排除されたのは、前記のとおり、任意性には必ずしも影響を及ぼさない理由によるものであるから、単に自白反覆の故をもって、直ちに第二次的証拠を排除すべきものとすることは適切でない。)

また、消防機関は、捜査機関とは独立した機関であり、その行う質問調査は、効果的な火災の予防や警戒体制を確立するなど消防活動に必要な資料を得るために火災の原因、損害の程度を明らかにする独自の行政捜査であって、犯人を発見保全するための犯罪の捜査ではないから、消防機関が右行政目的で行った質問調査が、捜査機関によって違法に収集された第一次的証拠を資料として発付された逮捕状、勾留状による被疑者の身柄拘束中に、当該被疑者に対して行われたとしても、そこに捜査と一体視しうるほどの密接な関連性を認めて、その質問に対する任意の供述の証拠能力を否定すべきものとする必然性のないことは、裁判官による勾留質問の場合と同様である。もとより、捜査機関が、その捜査の違法を糊塗するためにとくに消防機関に依頼し、これに基づき、消防官が、捜査官においてすでに違法に収集した証拠を読み聞かせるなどして質問をし、これに沿うようその供述を誘導して録取するなど、消防機関の質問調査を捜査機関による取調べ又は供述録取と同一視すべき事情があるときは、その調書の証拠能力を否定することが相当とされる。しかし、本件においては、そのような事情があるとはいえない。

以上のように右勾留質問調書及び消防官調書は第一次的証拠との関連性の程度が希薄であることに加え、本件の事案も重大であり、右各調書は証拠としても重要であること等を総合考慮すれば、これらの証拠能力を否定することは、違法収集証拠の排除の目的を越えるものであるというべきであるから、これらの調書を裁判の資料とした措置には、所論の違法があるものとはいえない。

【10】　大津尿鑑定書排除覚せい剤事件判決（二〇〇三年）

本判決（最二小判平成一五・二・一四刑集五七巻二号一二一頁）は、覚せい剤の自己使用、所持及び窃盗の事実に関連して、逮捕状不呈示のまま被告人方前での逮捕当日に採取された被疑者の尿に関する鑑定書の証拠能力、および同鑑定書を疎明資料として発付された捜索差押許可状に基づく捜索によって発見押収された覚せい剤の証拠能力が争われた事案につき、前者については本件逮捕と密接な関連を有するとして尿の鑑定書の証拠能力を否定しつつ、後者については別途有効な捜索差押許可状によって発見押収されたものであり鑑定書との関連は密接なものではないとして、その証拠能力を肯定したものである。

【事　実】　①「駐車中の自動車から現金約九〇万円」等窃盗の被疑事実で一九九八年三月二三日、被告人（X）に対して逮捕状（以下、本件逮捕状という。）が発付された。五月一日朝、滋賀県大津警察署の警部補Pほか二名の警察官は、被告人の動向を視察し、その身柄を確保するため、本件逮捕状を携行しないで同署から警察車両で三重県上野市内の被告人方に赴き、被告人方前で同人（X）を発見、任意同行に応ずるよう説得したところ、Xは逮捕状を見せるよう要求して任意同行に応じず、隣家の敷地内に逃げ込むなどしたが、同日午前八時二五分ころ付近の路上で逮捕され、大津警察署に連行され、同日午前一一時ころ同署に到着した後、間もなく警察官から本件逮捕状を呈示された。「Pは、同日午前八時二五分ころ本件現場において本件逮捕状を示して被告人を逮捕した旨の記載のある同日付け捜査報告書を作成したほか、本件逮捕状にこれと同旨の記載をした。」Xは、同日午後七時一〇分ころ、大津警察署内で任意の採尿に応じ、その尿から覚せい剤成分が検出された。

②　同月六日、大津簡易裁判所裁判官から、Xに対する覚せい剤取締法違反被疑事件について被告人方を捜索すべき場所とする捜索差押許可状が発付され、既に発付されていた窃盗被疑事件についての捜索差押許可状と併せて同日執行され、被告人方の捜索が行われた結果、被告人方からビニール袋入り覚せい剤一袋（以下、本件覚せい剤と

〈事件の経緯〉

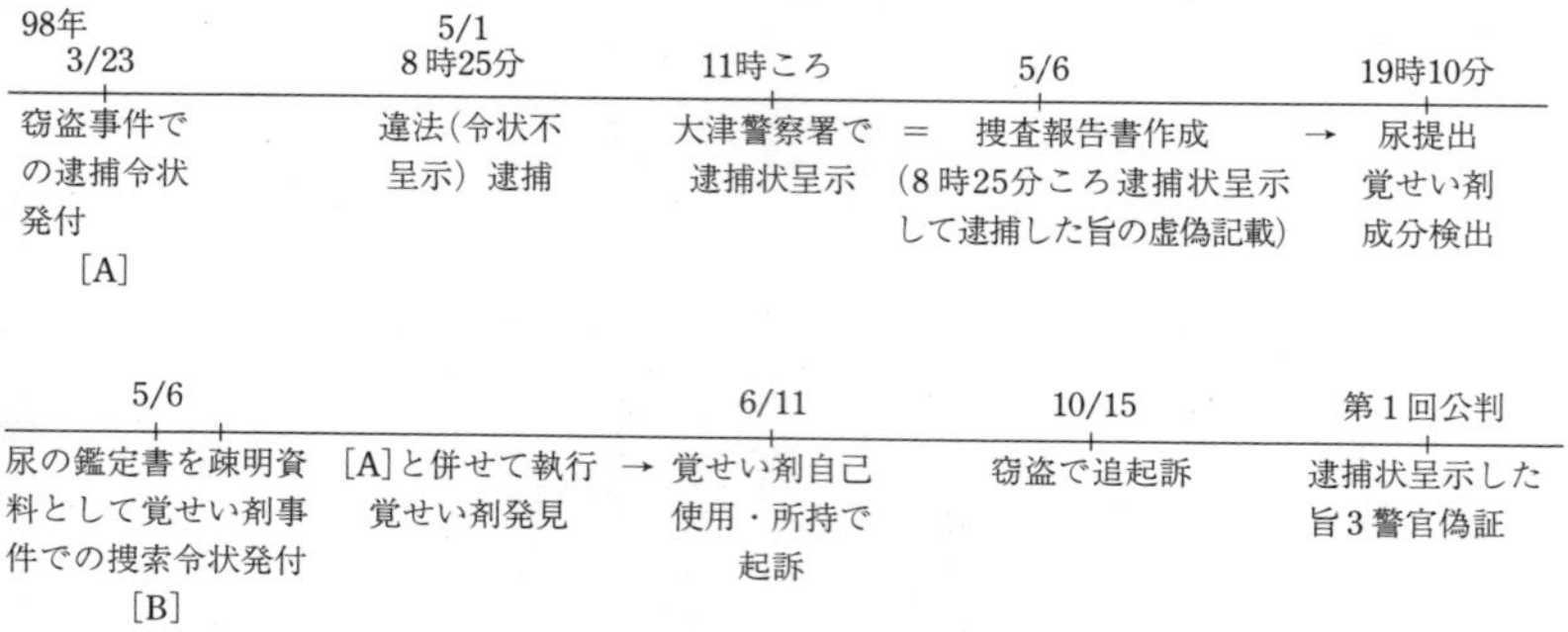

いう）が発見されて差し押さえられた。被告人は、同年六月一一日、覚せい剤の自己使用及び所持の事実で起訴され、同年一〇月一五日、本件逮捕状に係る窃盗の事実についても追起訴された。

③　第一審公判において被告人は、各公訴事実についていずれも身に覚えがないと否認したほか、本件逮捕状による逮捕手続の違法性が争われ、逮捕時に本件現場において逮捕状が呈示されなかった旨の主張がなされたのに対し、「前記三名の警察官は、証人として出廷し、本件逮捕状を本件現場で被告人に示すとともに被疑事実の要旨を読み聞かせた旨の証言をした。」（別紙参照）

第一審（大津地判平成一二年一二月一六日）は、窃盗の事実については被告人を有罪と認めたものの、覚せい剤使用及び所持の事実については「本件逮捕状を現場で呈示したとの警察官三名の証言は……到底信用できない」とした上で、このような逮捕手続を利用して収集された被告人の尿の鑑定書、及びそれを疎明資料として発付された捜索差押令状により発見押収された本件覚せい剤等は、いずれも証拠能力が認められないとして、被告人に無罪を言い渡した。

控訴審（大阪高判平成一三年九月一四日）も、第一審と同様、被告人には本件逮捕状が呈示されなかったと認定したうえ、要旨、以下のとおり判示して、検察官の控訴を棄却した。

逮捕状の携行し忘れは、ある意味で単純な過失であって帰責性の程度が大きいとはいえない。しかし、逮捕状を呈示して通常の執行をするということと、逮捕状を呈示しないで緊急執行をするということは明らかに別個の事実であるから、本件においては逮捕状を携行していない事実を率直に認めて緊急執行をするしかなく、かつその方法をとることに障害があったとは考えられないのに、緊急執行は行わず上記のような事後の対応をしたことは、自らの過誤を隠すことに汲々とするばかりで、その職責の重大さに対する謙虚な姿勢が感じられず、緊急執行ができたのであるから違法性が小さいとして証拠排除をしなかったとすれば、結局、過誤は隠ぺいすればよいとの認識を許容することになってしまい、これが将来の違法捜査の抑制の見地から相当でないことは他言を要しない。換言すれば、逮捕の現場など緊迫した場面で判断ミスをしたこと自体については救済する余地はあるが、そのミスを糊塗しようとして虚偽といわれてもいたしかたない証拠（逮捕手続に関する捜査報告書を含む）を作出するがごとき行為を救済することはできないのである。これらの点をも総合考察すると、本件逮捕状不呈示の違法は証拠排除を相当とする程度に重大であるというべきであり、原判決の判断に誤りは認められず、論旨は理由がない。

これに対し、検察官が判例違反等主張して上告したところ、最高裁第二小法廷は、適法な上告理由に当たらないとしたうえで、職権による判断を示し、原判決中、覚せい剤使用に関する部分の上告を棄却したが、覚せい剤所持に関する部分は窃盗に関する部分と併せて（覚せい剤所持の事実が認められれば、窃盗罪とは併合罪になるため）、第一審判決の当該部分とともに破棄し、第一審に差し戻した。尿の鑑定書および覚せい剤とその鑑定書の証拠能力に関する判示は、次のとおりである。

【判　示】　(1)　本件逮捕には、逮捕時に逮捕状の呈示がなく、逮捕状の緊急執行もされていない（逮捕時の緊急執行の手続が執られていないことは本件の経過から明らかである。）という手続的な違法があるが、それにとどまらず、警察官は、その手続的な違法を糊塗するため、前記のとおり、逮捕状へ虚偽事項を記入し、内容虚偽の捜査報告書を作成し、「更には、公判廷において事実と反する証言をしている」のであって、本件の経緯全体を通して表れたこのような警察官の態度を総合的に考慮すれば、本件逮捕手続の違法の程度は、令状主義の精神を潜脱し、没却するような重大なものであると評価されてもやむを得ないものといわざるを得ない。そして、このような違法な逮捕に密接に関連する証拠を許容することは、将来における違法捜査抑制の見地からも相当でないと認められるから、その証拠能力を否定すべきである。

(2)　本件採尿は、本件逮捕の当日にされたものであり、「その尿は、上記のとおり重大な違法があると評価される本件逮捕と密接な関連を有する証拠である」というべきである。また、その鑑定書も、同様な評価を与えられるべきものである。したがって、原判決の判断は、上記鑑定書の証拠能力を否定した点に関する限り相当である。

(3)　次に、本件覚せい剤は、被告人の覚せい剤使用を被疑事実とし、被告人方を捜索すべき場所として発付された捜索差押許可状に基づいて行われた捜索により発見されて差し押さえられたものであるが、上記捜索差押許可状は上記(2)の鑑定書を疎明資料として発付されたものであるから、証拠能力のない証拠と関連性を有する証拠というべきである。

「しかし、本件覚せい剤の差押えは、司法審査を経て発付された捜索差押許可状によってされたものであること、逮捕時に適法に発付されていた被告人に対する窃盗事件についての捜索差押許可状の執行と併せて行われたものであることなど、本件の諸事情にかんがみると、本件覚せい剤の差押えと上記（2）の鑑定書との関連性は密接なものではないというべきである。」したがって、本件覚せい剤及びこれに関する鑑定書については、その収集手続に重大な違法があるとまではいえず、その他、これらの証拠の重要性等諸般の事情を総合すると、その証拠能力を否定することはできない。

第四節　問題点

以上、違法収集証拠の排除法則をめぐる最高裁の関連判例を検討してきたが、とりわけ一九七八年の【2】大阪天王寺覚せい剤事件判決以降、証拠の収集手続に重大な違法が認められるとしてその証拠能力を否定する下級審判決が次第に増えつつある状況下にわが最高裁は二〇〇三年の【10】大津覚せい剤事件判決においてはじめて〝毒樹〟の証拠能力を否定しつつ、その〝果実〟の証拠能力を肯定したため、排除法則は新たな局面を迎え、排除法則と毒樹の果実をめぐる問題が現実の問題として浮上してきたのである。[1]

以下、あらためて排除法則をめぐる従前の最高裁判例の動向をとりまとめた上で、【11】大阪杉本町派出所爆破事件最高裁判決を参考にしつつ、毒樹の果実の問題点を指摘しておく。

一　排除法則をめぐる動向

最高裁は当初、「押収物は押収手続が違法であっても物自体の性質、形状に変更を来す筈がないから其形状等に関する証拠たる価値に変りはない」（最判昭和二四・一二・一三裁判集一五号三五〇頁）として、その証拠能力を肯定していた。そして一九六一年の【1】西成ヘロイン所持事件大法廷判決では、ヘロイン譲渡の疑いで緊急逮捕すべく被疑者宅に赴いたところ被疑者本人が外出中であったため同人の長女（一七歳）の同意を得て捜索を開始して証拠物（ヘロイン）を発見押収し、その二〇分後に帰宅した同人を逮捕した事案につき、本件逮捕前の捜索の合憲性を肯定しつつ、被告側が麻薬の鑑定書につき「証拠とすることに同意し」たものであることは明らかであるから、捜索・差押手続の違法であったかどうかにかかわらず証拠能力を有するとした。

最高裁は一九七八年の【2】天王寺覚せい剤事件判決において、職務質問中に承諾なしに上衣ポケットに手を入れて覚せい剤を発見した事案につき「押収手続の違法は必ずしも重大であるとはいえない」としてその証拠能力を肯定したものの、「令状主義の精神を没却するような重大な違法があり」「将来における違法な捜査の抑止の見地からして相当でないと認められる場合においては、その証拠能力は否定されるものと解すべきである」として、一般論として違法収集証拠の排除法則の採用を明示したが、その後も「違法宣言」にとどまっていた。

まず【3】は、承諾なしに被告人宅の寝室に入り、任意同行後、警察署での尿検査で覚せい剤が検出されたため逮捕状の発付を得て逮捕した事案につき、一連の手続と採尿手続は「被告人に対する覚せい剤事犯の捜査という同一目的に向けられたものであるうえ、採尿手続は右一連の手続によりもたらされた状態を直接利用してなされたものであり、採尿前の一連の手続には「任意捜査の域を逸脱した違法な点が存する」し、「これに引き続いて行われた本件採尿手続も違法性を帯びるものと評価せざるを得ない。」しかし、採尿手続自体は「被告人の自由な意思の応諾に基づいて」おり本件採尿手続の帯有する違法の程度は「いまだ重大であるとはいえない」とした。次いで【4】は、路上での職務質問に続いて被告人を違法に警察署に連行して所持品検査を行ない覚せい剤等を発見したため現行犯逮捕し、その後被告人が任意提出した尿を領置した事案につき、「同一目的」「直接利用」の基準を踏襲した上、「本件採尿手続の違法は、未だ重大であるとはいえ〔ない〕」とした。

そして【5】は、覚せい剤使用の嫌疑を抱いた警察官が職務質問中、被告人の車のエンジンキーを抜いた上「六時間半」にわたり現場に留め置き、その後に発付された強制採尿令状を執行して覚せい剤検出の鑑定結果が出たので緊急逮捕した事案につき、「本件強制採尿手続に先行する職務質問及び被告人の事件現場への留め置きという手続には違法がある」が、「その違法自体は、いまだ重大なものとはいえないし、本件強制採尿手続には違法な点がないことからすれば……その手続全体を違法」とすることは認められないとした。また【6】は、職務質問中に覚せい剤自己使用の嫌疑を抱いた警察官が被告人の運転していた車両を徹底的に調べ、白い粉末が入ったビニール袋を発見したため警察署まで任意同行の上、覚せい剤反応が出たのを確認して現行犯逮捕し尿を領置した事案につき、本件採尿手続は「右一連の違法な手続によりもたらされた状態を直接利用し、これに引き続いて行われたものであるから違法性を帯びるといわざるを得ないが、被告人の自由な意思による応諾に基づいて行われて」おり、「いまだ重大とはいえ〔ない〕」とした。

さらに【7】では、適法な令状に基づく捜索により発見された覚せい剤を提示された被疑者が「そんなあほな」と言ったため警察官が暴行を加えた事案につき、捜索の現場でなされているが、「当該暴行の時点は証拠物発見の後」でもあり、その証拠能力は否定できないとした。そして【8】では、ホテル責任者からの要請を受けてホテル客室に赴き宿泊客に対し職務質問を行った際ドアが閉められるのを防止し「足を踏み入れ」た行為を適法とした上で、暴れる宿泊客を約三〇分間にわたり制圧していた事実があったとしても、ホテル客室内のテーブル上にあった財布の所持品検査によって発見された覚せい剤の証拠能力を肯定することができるとした。

このように従前の判例は、【7】、【8】の事案はやや異なるが、「同一目的」「直接利用」の関係を中心に諸般の事情を考慮し、「一連の手続を全体として」みて違法の承継の有無・程度を判断し、いずれも違法ではあるが「いまだ重大とはいえない」として、結論として当該証拠の証拠能力を肯定したのである。

これに対し、【10】大津覚せい剤事件判決は、逮捕時の令状不呈示ないし緊急執行手続の不履行という比較的軽微な「手続的な違法」が証拠収集手続後の警察官による事後的な隠蔽行為、とりわけ警察官の公判廷での「事実と反する証言」によって「重大な違法」となり、これに「密接に関連する」尿の鑑定書の証拠能力は否定すべきであるとしたものであり、従前の判例とはやや趣を異にする事案であることは否めない。右判決の最大の問題点は、違法逮捕後に採取した尿の鑑定書の証拠能力を否定しながら、その鑑定書を疎明資料として発付された捜索差押許可状に基づいて押収された本件覚せい剤については、令状不呈示の違法逮捕以前にそれとは無関係に別途発付されていた窃盗罪についての捜索差押許可状と併せて執行されたことを理由に、毒樹たる尿の鑑定書との「関係は密接でない」としてその証拠能力を肯定したことにある。そしてこの点に関しては、前述のように不可避的発見の法理を意識し「これを参考にした」ことが指摘されているのである。(2)

二　毒樹の果実との関わり

このように二〇〇三年の【10】判決を契機に脚光を浴びてきた違法収集証拠に基づいて発見されたいわゆる「毒樹の果実」排除の問題に関しては、違法な別件逮捕中の自白を資料として発付された逮捕状による逮捕中の反覆自白の証拠能力を肯定した【9】神戸ホステス宅放火事件判決のほか、不任意自白に基づいて発見された証拠物に関するものであるが、毒樹の果実排除について正面から論じた【11】大阪高裁判決がとくに参考になる。第一審判決とあわせて紹介しておく。

【11】　大阪杉本町派出所爆破事件高裁判決（一九七七年）

本判決（刑裁月報九巻五・六号三三四頁、判時八八一号一五七頁、判タ三五七号三三七頁）は、自白採取時の違法によって当該自白のみならず派生的第二次証拠にも排除効が及ぶとしても、「その後、これとは別個に任意自白という適法なソースと右派生的第二次証拠との間に新たなパイプが通じた場合には、右派生的第二次証拠は犯罪事実認定の証拠とし得る状態を回復するに至る」としたもので、独立入手源法理の例外を彷彿させるものである。

【11】大阪杉本町派出所爆破事件高裁判決（1977年）

〈公訴事実〉

①1972年5/5	②12/26	③1973年7/15	④1972年11月〜73年7/30
爆弾材料窃取（大学化学実験室において）	杉本町派出所爆破、傷害	恋敵Aを殴打、傷害	鉄パイプ爆弾製造、大学構内に隠匿・所持

〈捜査の経緯〉

1973年7/18	7/26 9：30	同日18：00	7/27	7/28 6：30
③傷害事件につき通常逮捕	大阪拘置所で取調べ再開 ｜ 全面自白(16：00) →自白調書作成	②爆破事件につき取調べ再開 ｜ 黙秘	検察官取調べ後②爆破事件につき取調べ →自白(20：50) →取調べ終了(21：30)	縊首自殺未遂

7/28 9：30	7/29	7/30	同日	
②につき取調べ再開→④爆弾製造につき自ら犯罪を自白し、爆弾の搬出処理を訴えるとともに②爆破の動機についても自白	薬物の残部は大学内に隠匿を自白	自白どおりパイプ爆弾及び薬物等発見	③事件につき公判請求 →	②で再逮捕本格的取調べ開始

【事　実】　被告人（X）に対する公訴事実は、①大学の実験室から爆弾材料（硝酸ナトリウム）を窃取（一九七二年五月五日）、その後②警察官派出所に時限爆弾を仕掛けて爆破、③交際中の女性と深い間柄になった男性を殴打・傷害、④鉄パイプ爆弾の製造・所持であり、④の爆弾製造に関する自白に至る経過及びその捜索押収に至る経過は、およそ次のとおりである。

被告人（X）は一九七三年七月一八日、③の傷害事件の容疑で通常逮捕され、同月二一日に勾留場所は住吉警察署留置場から大阪拘置所に変更されたものの、同月二五日までは住吉警察署の司法巡査が右傷害事件につきXの取調べに当たっていたが、同月二六日から大阪府警警備第一課の巡査部長Pらが右拘置所においてXを取り調べることとなり、同日午前九時三〇分ころからその取調べを開始したところ、同日午後四時ころには、右傷害事件についてXが全面的に犯行を自白し、自白調書も作成された。次いで同巡査部長らは、上司からXが②事件の容疑者の一人として捜査線上に浮んでおり同事件について取り調べるよう指示されたことから「同日午後六時ころから②事件の取調べに入ったが、Xは同事件については黙秘した。」翌二七日大阪地方検察庁で検察官の取調べを受けた後、「午後六時ころからP巡査部長らが同拘置所で引き続き右爆破事件についてXを取り調べたところ、午後八時五〇分ころに至ってXは右事件につき犯行を自白し」たので午後九時三〇分ころ同日の取調べを終えた。ところがXは翌二八日午前六時三〇分ころ、母親らあての遺書を残し縊首自殺をしようとしたところを拘置所職員に発見阻止された。同日午前九時三〇分ころからP巡査部長らがXの取調べを開始したところ、「それまで警察当局に全く知られておらず、かつXに対し取調べも追求もしていなかったところの、②事件とは別個の④本件爆弾の製造、所持の犯行を犯したことをみずから明らかにし、現に大阪教育大学天王寺分校に右爆弾を隠匿所持しており、同所から右爆弾を早急に搬出処理するよう訴え」るとともに、②派出所爆破の動機などについて供述した。Xは翌二九日、「大阪市立大学内に爆弾製造に使用した薬品等の材料残部を隠匿している事実についても自白した。」翌三〇日、警察は捜索の結果、Xの自白どおり天王寺分校からパイプ爆弾二個を、大阪市立大学から薬品等の残材料を発見押収した、検察官は同日、③事件につき大阪地方裁判所に公判請求し、警察は同日、Xを②爆破事件で再逮捕して以降、右事件についてXに対する本格的な取調べが進められた。

以上の経緯を簡単にまとめると、前図のとおりである。すなわち、被告人（X）は③のいわば恋敵への傷害事件で七月一八日通常逮捕され、七月二六日には全面自白したものの、②事件について一たんは黙秘し翌二七日には犯行を自白したが、二八日早朝に拘置所内での自殺が発見阻止され、同日の取調べで「捜査当局に全く知られておらず」、取調べの対象でもなかった④事件の犯行を「みずから明らかに」し、翌三〇日に自白どおり証拠物が発見されたので、検察官は同日、③傷害事件について公判請求し、警察は同日②爆破事件について再逮捕するとともに被告人に対する本格的な取調べが進められたというのである。

〈大阪地裁判決〉　第一審の大阪地裁は、①、②および③の事実については有罪としたが、④の事実については無罪とした。被告人の捜査段階における自白は、別件逮捕・勾留を利用し、偽計ないし利益誘導によりなされたものので任意性を欠く疑いがあり、このような不任意自白に基づいて発見押収された爆弾等はその証拠能力を否定すべきであるとして、次のように判示した。

(1)　被告人（X）は、七月二六日午後六時ころから、本件爆破事件について被疑者として取調べを受けたが、③傷害事件により身柄の拘束を受けているのに②爆破事件について令状なしに取調べを受けることを不当として、その取調べを拒否し、直ちに勾留の場所に戻すよう要求するとともに、尋問に対しては黙秘する旨告げたのに対し、捜査官（Pら）はそのまま同月二七日及び翌二八日の取調べを継続した。

(2)　Pらは、右取調べにおいてXに対し、(イ)　本件現場の爆弾の破片から指紋が顕出された。(ロ)　本件発生当時Xと同棲していた女性が参考人として一切の事情を捜査官に供述した。(ハ)　本件について逮捕令状が出かかっている。(ニ)　Xの逮捕後その弟が、大阪教育大学天王寺分校や大阪市立大学に出入りしている旨述べて、本件について真実を供述するよう繰り返し求めたが、(イ)ないし(ニ)の点はいずれも実在の事情とは認められない。

(3)　Pは、右取調べにおいて、Xに対し、本件については、犯人の親族でも、罪証隠滅の成立を免れず、Xが本件について自白するならば、Xの親族に類が及ぶ事態が避けられる旨言って、黙秘を続けることをやめるよう説得した。

(4)　Xは、本件について本格的に自白を始めた同月二八日以降は、右捜査官及び検察官の本件取調べに対し自ら供述を渋滞させることなく、この間の右捜査官及び検察官の取調べは相前後して進行し、検察官の取調べ自体には、Xの供述の任意性に対し消極的に作用する事情は皆無であったが、右警察における捜査官の取調べにおいては、Xに対し黙秘権を行使せず自白を維持して反省の態度を示し続けることにより起訴及び公判審理の各段階で寛大処分を受け得るものである旨を、いわゆる内ゲバ殺人事件の被疑者が傷害致死事件として処理されて執行猶予になった例を引くなどして繰り返し説明したとの事実が認められる。

そして右の取調べ状況のうち、(2)については、当時Xが本件の被疑者として、その身柄拘束の根拠となっていない本件の取調べのなされることを不当として勾留の場所に戻すよう求めたことは正当な要求というべきであり、したがって、捜査官が右要求を無視して、そのままXに対し本件の取調を続行したことは、違法であることを免れない。また、捜査官が本件について黙秘のXに対し、供述を求めるにあたり告げた事項のうち、前記(2)の(イ)ないし(ハ)の各事情が相互に関連して、本件についての有力な証拠がすでに捜査官のもとに蒐集済みであるとの印象を抱かせ、その印象を強化する性格のものであるから、右は同捜査官がXに与えるかかる効果を意図してなした偽計と断ぜざるを得ず、かかる欺罔的手段のXの心理に及ぼした影響は、優に強制に準ずる程度に達していたものと認められる。

のみならず、これらの事項とともに、捜査官がXに告知した前記(2)の(ニ)の事情は、同(3)の内容と関連してXをして自己の弟に爆発物取締罰則九条の罪により逮捕される事態が切迫しているものと誤信させるとともに、これを避けるためには、本件について黙秘の態度を解き、自白する外ないと決意させ自白に至らせたものの、その翌朝このことによりXに自殺を企図するまでの精神的煩悶を経験させたものであることが認められるから、右偽計は、Xが本件について黙秘することをやめればXの親族に対する追及を控えることを内容とする前示の暗黙の約束ないし利益誘導を暗示してXに対し高度の心理的強制を与え、加えて虚偽の自白を誘発するおそれが多分にあったものということができる。

そうすると、被告人（X）が同年七月三〇日以降、本件によって逮捕勾留される前の段階でなした本件についての自白は、いずれも任意性を欠く疑いがあるものというべきである。さらに、右の各自白後、これに引き続きなされた被告人の右捜査官及び検察官に対する各自白が前記(4)の事情下になされたものと認められる以上、前示前段階の取調の違法性の実質的影響を承継したものとして、そのすべてにつき、任意性を欠く疑いを免れない。

これに対し、控訴審（大阪高判昭和五二・六・二八刑月五・六号三三四頁、判時八八一号一五七頁）は、「原判決が問題とする身柄拘束の違法な利用関係、偽計、暗黙の約束ないし利益誘導などの違法な手段と因果関係がある自白は、杉本町派出所爆破事件に関してであって、本件の爆弾の製造、所持の事実に関する自白との間には法律上の因果関係ありとは直ちに認められない。」「本件爆弾の製造、所持の事実に関して、被告人の方から積極的に自供したことが認められこそすれ、捜査官が偽計、約束、利益誘導等違法な手段を用いてこの件に関して自白を獲得したものとは認められない」として、本件を原審に差し戻した。他方、原判決が不任意自白に基づいて発見押収された証拠物に関する書証についていわゆる毒樹の果実排除の理論ないしはこれと共通する思考方法のもとにその証拠能力を否定した点について、この毒樹の果実排除理論はアメリカ合衆国において発展して来たものであるが、これをわが国に導入するにあたっては、その法理論面にのみ目を奪われるだけでなく、わが国の法制と、その背景となっているわが国社会の実情にも十分配慮を尽くし、わが国の刑事訴訟法との適合に考慮を払いつつ、その妥当する領域を確定していかなければならないとした上で、次のように判示した。

【判　示】　本件において「毒樹の果実」が問題となっているのは、不任意自白に由来して得られた派生的第二次証拠であるが、派生的第二次証拠の収集手続自体には何ら違法はなく、それ自体を独立してみる時なんら証拠使用を禁止すべき理由はなく、ただ、そのソースが不任意自白にあることから不任意自白の排除効を派生的第二次証拠にまで及ぼさるべきかが問題となるのである。そこでまず第一に「不任意自白なかりせば派生的第二次証拠なかりし」という条件的関係がありさえすればその証拠は排除されるという考え方は広きにすぎるのであって、自白採取の違法が当該自白を証拠排除させるだけでなく、派生的第二次証拠をも証拠排除へ導くほどの重大なものか否かが問われねばならない。自白獲得手段が、拷問、暴行、脅迫等乱暴で人権侵害の程度が大きければ大きいほど、その違法性は大きく、それに基づいて得られた自白が排除されるべき要請は強く働くし、その結果その趣旨を徹底させる必要性から不任意自白のみならずそれに由来する派生的第二次証拠も排除されねばならない。これに対して、自白獲得手段の違法性が直接的人権侵害を伴うなどの乱暴な方法によるものではなく、虚偽自白を招来するおそれがある手段や、適正手続の保障に違反する手段によって自白が採取された場合には、それにより得られた自白が排除されれば、これらの違法な自白獲得手段を抑止しようという要求は一応満たされると解され、それ以上派生的第二次証拠までもあらゆる他の社会的利益を犠牲にしてでもすべて排除効を及ぼさせるべきかは問題である。不任意自白に基因する派生的第二次証拠については、犯罪事実の解明という公共の利益と比較衡量のうえ、排除効を及ぼさせる範囲を定めるのが相当と考えられ、派生的第二次証拠が重大な法益を侵害するような重大な犯罪行為の解明にとって必要不可欠な証拠である場合には、これに対しては証拠排除の波及効は及ばないと解するのが相当である。

かような見地から本件をみるに、原判決が認定するように本件爆弾の製造、所持の犯行についての自白が約束、偽計、利益誘導、他事件の勾留の違法利用により獲得されたものとして任意性に疑いがあるとされて、刑事訴訟法三一九条一項により証拠能力が否定されるにしても、「右自白獲得手段の違法性と本件爆弾の製造、所持事犯の法益の重大性を比較衡量するとき、右自白に基づく結果として発見押収された本件……は排除されるべきではないと解するのが相当と認められる。」

そして第二に、「不任意自白という毒樹をソースとして得られた派生的第二次証拠に証拠の排除効が及ぶ場合にあっても、その後、これとは別個に任意自白という適法なソースと右派生的第二次証拠との間に新たなパイプが通じた場合には右派生的第二次証拠は犯罪事実認定の証拠とし得る状態を回復するに至るものと解せられる。」しかるところ、被告人は原審公判廷において、終始本件手投式鉄パイプ爆弾を製造し、これを隠匿所持していた事実及び捜査官が同所で捜索押収して来た本件証拠物たる手投式鉄パイプ爆弾二個が右対象物件であることを認めて来たのであり、「右自白は公判廷における任意の自白であるから、右証拠が当初不任意の自白に基づいて発見押収された派生的第二次証拠であっても、原審公判廷における任意自白により犯罪事実認定の証拠とし得る状態を回復しているものと認められる。」

ところで、本判決が指摘するようにアメリカにおいて発展してきた「毒樹の果実」論をわが国に導入するにあたっては、わが国の法制とその背景となっているわが国の社会の実情にも十分配慮し、その妥当する領域を確定していかなければならないのは当然のことである。ただ、アメリカ法では全法域に適用されるいわば統一的な排除法則が判例上確立しているため、排除法則ないし毒樹の果実排除の範囲も多岐にわたる。したがって、関連する重要判例は第四修正の不合理な捜索・逮捕押収の禁止を中心としつつ、第五修正の自己負罪拒否特権の実効性を確保するために被疑者取調べ時の弁護人立会権を保障するミランダの排除法則、そして第六修正の弁護人依頼権とりわけ面通し時の弁護人立会権に関わる【47】ウェイド判決、【48】ギルバート判決などが相互に複雑に絡み合っているため、その全体像の把握が容易でない。

（1）　排除法則に関する包括的研究として、井上正仁『刑事訴訟における証拠排除』（弘文堂、一九八五年）がある。なお、下級審判決を概観したものとして、伊藤鉄男『違法収集証拠をめぐる最近の裁判例とその検討』法務研究報告書第七三集第三号（一九八六年）、高木俊夫＝大渕敏和『違法収集証拠の証拠能力をめぐる諸問題——裁判例を中心として——』（司法研究報告書第三九輯第一号）（一九八八年、法曹会）、川出敏和「最近における覚せい剤事件無罪判決の検証（上）（下）」ジュリスト一〇六〇、一〇六一号（一九九五年）、石井一正『刑事実務証拠法［第四版］』一〇五～一三一頁（二〇〇七年、判例タイムズ社）等参照。

（2）　本判決に対する評釈等として、朝山芳史「最高裁判所判例解説刑事篇」平成一五年度二一頁、佐藤文哉「違法収集証拠排除の新局面」法学教室二七五号三八頁、石井一正「最新重要判例評釈」現代刑事法六巻四号七二頁、椎橋隆幸・平成一五年度重要判例解説（ジュリスト一二六九号）一九七頁、香川喜八郎「違法排除法則の新たな展開」亜細亜法学三八巻二号一頁、同・判評五四五号（判時一八五五号）一四一頁、小川賢一・研修六六三号九一頁、清水真・法学新報一一〇巻三号二三三頁、高木俊夫「最三小平成一五年二月一四日判決を読んで」研修六八〇号三頁、大澤裕「違法収集証拠の証拠能力（3）」刑事訴訟法判例百選［第八版］一四〇頁等のほか、特集「排除法則の課題と展開」現代刑事法五巻一一号四五頁、および同号所収の諸論文のほか、大澤裕＝杉田宗久「違法収集証拠の排除」（対話で学ぶ刑訴法判例）法学教室三二八号六五頁以下等がある。

なお、車両の留め置きに関する【5】判決類似の事案に違法とした上で、排除法則を適用した興味深い近時の東京世田谷職質時暴行大麻押収事件高裁判決を紹介しておく。

本判決（東京高判平成一九・九・一八判タ一二七三号三三八頁）は、不審車として長時間現場に留め置きその移動を許さず職務質問を続行中に発進した車両のバックミラーが警察官に腕に接触したため公務執行妨害で現行犯逮捕するとともに車内を捜索し発見押収した大麻の証拠能力を否定したものである。

【事　実】二〇〇六年三月二五日午前一時五五分ころ、警視庁世田谷警察署P巡査部長及びQ巡査部長は、警ら用車両で警ら中、被告人（X）が運転する車両が蛇行運転とも受け取れる動きをしたことなどから、無免許運転又は酒気帯び運転の疑いを抱くとともに何らかの規制品等を所持している可能性もあると判断して、職務質問を行うこととし、X車両に対し路肩に寄って停車するよう指示し、被告人車両は、それに応じて、午前二時ころ停車した。P、Q両警察官は、被告人車両の運転席の窓から車内の様子を確認し、運転席にX、助手席にY、助手席側の後部座席にZ（女性）がそれぞれ乗車しているのを認めた。Pは、XおよびYに対していずれも暴力団構成員風の風体であるとの印象を抱いた。Qが被告人車両の中を見せるよう求めたが、Xは会話に応じたものの、所持品検査については協力を拒否した。また、Qが提示された運転免許証に基づき照会したところ、Xには覚せい剤取締法違反と大麻取締法違反の前科があることが判明した。Pらは、所持品検査を拒否したことから違法薬物を隠匿しているのではないかとの疑いを強め、X車両の中を見せるよう再三求めたが、XやYは見せる必要がないなどと言ってこれを拒否し、帰らせてほしい旨要求した。午前二時四五分ころまでに、応援の三台の警察車両が順次本件現場に到着し、警察官合計七名が被告人車両に周囲に集まった。RはXに車両の検査に応じるとともにエンジンを切るよう繰り返し説得したが、Xはいずれの要請も拒否し、引き続きそこから退去したい旨要求した。

Rは、薬物事犯を被疑事実とする捜索差押許可状の請求の可能性を視野に入れ、午前三時一五分ころ、警視庁世田谷警察署の担当捜査員二名を本件現場に呼び寄せ検討させた。担当捜査員らは、被告人車両の外部から被告人らを観察したが、この時点での令状請求は困難であるとして、更に所持品検査に応じるよう説得を続けて様子を見るよう助言したのみで、本件現場から引き上げた。Rらは、その後も、所持品検査に応じるよう説得を続けたが、Xらは、午前四時ころ以降、本件現場から立ち去らせて欲しい旨強く要求するようになり、午前五時ころ以降、Zの体調が悪いことを訴えその場から開放して欲しい旨要求したが、Rは、それも認めず、所持品検査に応じるようになおも説得を続けた。このような膠着状態の中で、警察官らの複数の者が多数回にわたり、懐中電灯を点滅したりして車両内やXらの顔面を照らすなどし、また、助手席や運転席の窓を拳等で小刻みに叩きつける警察官もいた。Xは午前五時二九分ころ、運転席側ドアを少し下げて、同車の横付近に立っていたRらに対し、「もう行きますから、どいてください。」と比較的穏やかに声をかけて、運転席側窓を閉めた。しかしRは、なおも運転席のドアを叩いて、所持品検査に応じるよう声をかけながら、車両と併行して移動した。Xは、ゆっくりと車両を三〇センチメートルほど前進させたが、Rと接触しそうになり、直ちに車両を停車させた。この時に、Rの右肘内側の部分と被告人車両の運転席側ドアミラーが接触し、そのドアミラーが折り畳まれた。

Rは、X車両のドアミラーが自己の右肘に接触したことから直ちに公務執行妨害罪が成立するとして、Xは、車両から外に連れ出され、同罪により現行犯逮捕された。Rらは、この逮捕に伴う捜索により、X車両の後部トランクルームから本件大麻を発見し、大麻取締法違反の罪でXをさらに現行犯逮捕した。被告人は、公務執行妨害罪と大麻取締法違反（所持）により起訴され、東京地裁は公務執行妨害罪については、警察官の職務の適法性と公務執行妨害に当たる暴行が認められないとし、大麻取締法違反罪については、押収された大麻等は違法に収集された証拠であり証拠能力が認められないとして、いずれについても無罪を言い渡した。本判決はこれを維持したものである。

【判　示】　①　本件の職務質問等はあくまでも任意捜査として行われたものであり、合理的な時間内に、協力が得られなければ、打ち切らざるを得ない性質のものであった。しかるに、その後の職務質問等は長時間に及び、被告人が耐え切れずに被告人車両を動かそうとした午前五時二九分の時点においては、すでに約三時間半もの時間が経過していた。被告人らの所持品検査を拒否し立ち去りを求める意思は明確であって、被告人らを留め置き職務質問を継続する必要性は乏しかったといえる。少なくとも、被告人らが帰らせてほしい旨を繰り返し要求するようになった午前四時頃には、警察官らは所持品検査の説得を断念して、被告人車両を立ち去らせるべきであり、被告人らが繰り返し立ち去りたいとの意思を明示していることを無視して、被告人車両の移動を許さず、被告人らを本件現場に留め置いて職務質問を継続したのは、明らかに任意捜査の限界を超えた違法な職務執行であったといわざるを得ない。

②　上記のように、被告人車両が前進した距離はわずか三〇センチメートルという距離であり、その距離を約二秒間かけて動いているのであって、極めて緩やかな動きであったということができる。Xとしても、警察官に接触するようなことがあれば、直ちに逮捕されることは十分分かっていたはずであるから、接触させないように極めて慎重に発進したことがうかがわれる。そして、すでに述べたように、警察官としては、これ以上の職務質問、留め置きは職務の執行として許されず、被告人が発進したのであれば、それに道を譲らなければならない状況にあったのであり、また車両から少し身体を離して被告人車両の進行を妨げないことは十分に可能であった。このような状況下において、被告人車両のドアミラーがRの右腕の肘に少しばかり接触したとしても、それをもって公務執行妨害罪の暴行に該当するというには疑問が残るといわざるを得ない。

警察官らが長時間にわたって被告人らを留め置き所持品検査の説得のために職務質問を継続したことは違法な措置であったと判断され、また、Xが、公務執行妨害罪に該当する暴行を加えたことも認められないのであって、いずれの点からみても、本件公務施行妨害罪は成立しないものと判断される。

③　すでに検討したとおり、当初車両の停止を求め、職務質問を開始した時点においては警察官の行為は適法であったといえることを考慮しても、Xらを長時間にわたって留め置き職務質問を続行したことは、被告人に所持品検査に応じさせるための説得として明らかにその限度を超え、任意捜査としての限界を超えて違法であったといわざるを得ない。そして前記のとおり、XやYらがX車両内で寝たような素振りを示すや、警察官らは、複数の者が数回にわたり懐中電灯を点滅させて被告人車両内やXらの顔面を照らしたり、助手席や運転席の窓を拳等で小刻みに叩き続けるなどという行動をとったのであるが、これは、それ自体、穏当を欠く行為というべきであるが、原判決が指摘するように、被告人らをいたずらに刺激し公務執行妨害を引き起こすことを意図した挑発行為と受け取られても仕方がないものというべきである。

そして、原判決も指摘するように、Rが、そのままではドアミラーが自分に接触することを認識しながら、あえて右腕に力を入れて接触するに任せた疑いを払拭することができないこと、XがX車輛を前進させた行為は公務執行妨害罪に該当する暴行と評価できるようなものではなく、警察官らにおいて現行犯逮捕ができる状況にないことは優に判断できたと思われること等にも照らせば、その違法の程度もやはり大きいといわなくてはならない。

④　これら一連の経過を全体としてみるとき、警察官らの行動は、そもそも強制処分ができない状況であったにもかかわらず、夜間約三時間半の長時間にわたってXらを留め置き、何度もそこから立ち去りたいとの要請を受けたにもかかわら車両の移動を許さず、延々とX車両の中を見せるように説得し続け、Xらがそれに耐えられなくなって、車を発進しようとしたところをなおも阻止した上、公務執行妨害罪に当たるとして現行犯逮捕し、強制処分として車両の捜索を行った、以上のように概観することができる。警察官らの主観的な意図はともかくとして、令状主義を潜脱した結果となっていることはどうしても否めない。以上の点に加えて、警察官らにおいて令状主義を潜脱する意図がなかったとは必ずしもいい難いこと、また、本件が警察官らにおいて法の執行方法の選択ないし捜査の手順を誤ったに過ぎないような場合でもないこと等にも照らせば、本件一連の手続の違法の程度は令状主義の精神を没却するような重大なものであったといわざるを得ない。

⑤　以上の次第であり、被告人の現行犯逮捕に至るまでの手続きは、一体として違法であり、その違法の程度は令状主義の精神を没却するような重大なものであったといわざるを得ない。そして、このような違法な手続に密接に関連する証拠を許容することは将来における違法捜査抑制の見地からも相当でないと認められるのであって、その証拠能力を否定すべきである。そして、本件大麻等が、押収された経過は、前記のとおりであり、Rらは、この逮捕に伴う捜索により、X車両の後部トランクルームから本件大麻を発見し、本件大麻を所持していたことを被疑事実とする大麻取締法違反の罪でXをさらに現行犯逮捕した上、これに伴う捜索差押手続により本件大麻を押収したのである。本件大麻等は、上記の重大な違法があると判断される手続と明らかに密接な関連を有する証拠である。したがって、本件大麻等の証拠能力を否定した原判決の判断は、正当として是認することができる。

第二章　統一的アメリカ法の成立

日本国憲法三一条以下の定める刑事手続に関する諸規定は、合衆国憲法修正条項に由来することは明らかである。アメリカ合衆国は一七八八年に九州の承認を得て合衆国憲法を制定したが、いわゆる権利章典を明記するかにつき争いがあり、第一修正ないし第一〇修正の権利の章典に関する諸規定は一七九一年に憲法修正として付加(The Articles in Addition to, and Amendment of Constitution)されることになった。これが当初のいわゆる憲法修正条項であり、権利の章典(Bill of Rights)と呼ばれているものである。その後、市民(南北)戦争を契機として、一八六五年から一八七〇年にかけて第一三修正ないし一五修正の市民戦争修正条項(Civil War Amendments)が成立する。一八六八年成立の第一四修正は「いかなる州も、法の適正な手続によらなければ(without due process of law)、人の生命、自由または財産を奪うことはできない」と定める。一方、合衆国憲法第五修正は「何人も法の適正な手続によらなければ、生命、自由または財産を奪われることはない」と規定し、何人に対してもいわゆるデュー・プロセスを保障しているが、それはあくまでも連邦政府への規制にとどまる。これに対し、第一四修正のデュー・プロセス条項は州政府をも規制するものであるが、アメリカの全法域に適用される統一的なアメリカ法が形成されるに至ったのは、デュー・プロセス条項を積極的に活用して合衆国憲法の権利章典を州へ直接適用するウォーレン・コート(一九五三―六九年)下での「デュー・プロセス革命」を通じてであり日本国憲法制定当時においては刑事手続に関するアメリカ法それ自体の輪郭が必ずしも明確でなかったのである。

そこで以下、論述の便宜上、ひとまずデュー・プロセス条項の果たした役割を概観し、排除法則をめぐる合衆国最高裁判所の主要判例を精査した後、いわゆる中立適格および無害法理に関する判例をやや詳しく紹介しておく。排除法則の限定ないし適用例外に関する諸判例については章を改める。

第一節　デュー・プロセス条項の役割

アメリカという国家は、各州および各州の人民によって創造されたものであり、各州と切り離された人民によって創造されたものではない。各州は各州人民が合衆国に委任しなかった各州固有の主権を保持している。このような特色は、連合規約および合衆国憲法に基本的なものである。憲法の目的は連合規約を改善し、各州の〝より完全な連合体を形成すること〟であった。憲法制定者（the Framers）の意図は、個別的に各州に委ねるよりも連邦政府（national government）に委ねた方が目的の達成がより容易になる、そのような権限だけを連邦政府に付与することであった。最初の一〇箇条の各修正条項が連邦政府による各州人民の主権に対する侵害の防波堤として考えられたのは自然の成り行きである。州政府による州民個人の権利への侵害に対する保護策は州憲法の問題であった。そのような各州政府と連邦政府との間の主権の分離の結果、〝明らかに世界で最も複雑な政府（the most complicated government on the face of the globe）〟が成立した。このような連邦と州との権力分立を適切に維持することが、権利の章典の州への適用が考慮されるすべての事案において極めて重視されたのである。

合衆国最高裁は、権利の章典の州への適用がはじめて問題となった一八三三年の判決で「権利の章典は州に対しては機能せず、連邦権限に対してのみ機能する」と判示し、その後二五年にわたりこのことを再確認してきた。そして各州も次第に権利の章典を採用したが、その多くは連邦の手本に倣ったものである。州政府の州人民への権限濫用を防止するには各州の連邦類似の権利の章典では十分でなく連邦政府の保護が必要であるとの気運が生じたのは市民戦争以後のことである。従前の連合各州は州憲法や法律で保障されている生命、自由、および財産に対する保護を解放黒人（freedmen）には否定しているとして非難され、連邦議会が制定した救済立法の合憲性（the constitutionality of remedical legislation）は疑わしいと考えられた。その結果、この権限の問題を解消するために憲法修正が提案され、この修正提案が第一四修正として結実したのである。

いわゆる〝編入理論〟、すなわち第一四修正は権利の章典のすべてを州に適用することを意図していたとの理論は、早くも一八九二年の段階で合衆国最高裁判事の一部から強力に支持された。この見解は一九四七年のアダムソン判決（Adamson v. California, 322 U.S. 46）における有名な五六頁に及ぶブラック裁判官の反対意見によって支持された。ブラック裁判官は、第一四修正の起草者は権利の章典をその中に含める意図を有していたのは明らかである[1]と主張した。ブラック裁判官の反対意見は、フェアマン教授の一三五頁に及ぶ論文で史実に反するとして徹底的に批判されたが、この批判を採用したのがハーラン裁判官である。[2]

このような状況下の一九五三年一〇月五日、前カリフォルニア州知事アール・ウォーレン（Earl Warren）がアイゼンハワー大統領の指名により最高裁長官に就任した。就任後初の開廷期に臨んだウォーレン首席裁判官は一九五四年五月一六日のブラウン判決[3]で全員一致の法廷意見を執筆し、公立学校での人種別学制度は第一四修正の平等保護条項に違反すると判示した。一八九六年のプレッシー判決[4]で確立していた「分離すれども平等（separate but equal）」の法理の変更に難色を示していた四人の裁判官を説得し、黒人は白人に劣ることを前提とするプレッシー判決での法理は受け入れられないとして、人種別学制度は憲法に違反することを明らかにした。ウォーレン執筆の法廷意見は憲法事件の分岐点（watershed）となり、合衆国最高裁はその後の一連の判例で相次いで画期的な判断を下すことになる。ウォーレンは「経済分野においては司法的抑制（judicial restraint）の見解に従ったが、市民的自由の事案においては権利の章典をより積極的に実施すること（more active enforcement）が必要である」と考えたのである。とりわけ一九六〇年代になると、ブラック、ダグラス、ブレナンの三裁判官がウォーレン長官の積極的姿勢を受入れ、そしてクラーク、ゴールドバーグ、あるいはフォータスの各裁判官が交互に五人目の同調者（a changing fifth member）となった結果、最高裁の多数派がここに完成した（completed the majority）[5]。そして合衆国最高裁は、第一四修正の定めるデュー・プロセス条項を活用して、権利の章典の州への適用を積極的に推し進め、「デュー・プロセス革命」を確立するに至るのである[6]。

合衆国最高裁は、一九三二年のパウエル判決[7]で、「第六修正の弁護人の援助を受ける権利は少なくとも死刑事件においては、第一四修正のデュー・プロセス条項の保障する基本的権利の一つ」であるとし、「第一四修正のデュー・プロセス条項は州の刑事手続における弁護人依頼権を含む」と判示したが、「一九四二年のベッツ判決[8]ではデュー・プロセスの命ずる国選弁護人選任権は死刑事件以外の重罪事件については特段の事情のある場合に限られるとし、一九六三年のギデオン判決[9]で右判決を正面から変更し、すべての重罪事件の被告人への国選弁護人選任権の保障は公正な裁判に不可欠な基本的権利であり、第一四修正のデュー・プロセスの要求するところであると判示された。合衆国最高裁は他方、一九六一年のマップ判決[10]で、連邦法上の一九一四年のウィークスの排除法則は「憲法に淵源を有し、第四修正の本質的要素を構成する」ものであるから、第四修正のプライバシーの権利がデュー・プロセスの内容として各州に強要できる以上、連邦の排除法則もまた「各州に強要できる」とし、一九六四年のマロイ判決[11]で、第五修正の自己負罪拒否特権はデュー・プロセス条項を介して州をも拘束する旨判示した。そして一九六五年のポインター判決[12]で、第六修正の自己に不利な証人との対決を保障する対審条項（Confrontation Clause）は弁護人依頼権や第五修正の自己負罪拒否特権と同様に「基本的な権利であり、第一四修正を介して州をも拘束する」とし、一九六七年のワシントン判決で、[13] 第六修正の自己に有利な証人の強制的喚問を保障する手続条項も同様に第一四修正のデュー・プロセス条項を介して州をも拘束する旨判示した。合衆国最高裁は第六修正の公開の裁判を受ける権利、迅速な裁判を受ける権利、陪審による公正な裁判を受ける権利については一九四八年から一九六八年にかけての各判決で、[14] いずれも第一四修正のデュー・プロセス条項の内容であることを明らかにしている。二重の危険については一九三七年のパルコ判決において一たん〝二重の危険はわれわれの市民的政治諸制度すべての根底にある自由と正義の根本原理〟を侵害するものでない旨判示したが、[15] 一九六九年六月二三日のベントン判決[16]で正面からこれを変更し、第五修正の「何人も同一の犯罪について重ねて生命身体の危険にさらされることはない」と定める二重の危険条項は、第一四修正のデュー・プロセス条項を介して州にも適用されると判示した。ちなみに、ウォーレン長官は同判決の言い渡し当日まで在任し、その翌日に辞任、そして五年後の一九七四年七月九日逝去した、享年八三歳。第一四修正のデュー・プロセス条項を介して州に適用できるとされた権利の章典の中で唯一残されていたのが第五修正の二重の危険であることを考えると、ウォーレン長官は「デュー・プロセス革命」をやり遂げて長官の職を辞したことになる。その意味でも一九六九年六月二三日のベントン判決はまことに象徴的である。

このように合衆国最高裁は一九六〇年代に、わが憲法三一条に相当する第一四修正のデュー・プロセス条項を活用し、第五修正の大陪審により起訴される権利を除き、権利の章典に定められている刑事手続に関する諸権利の州への適用を肯定し、まさに「デュー・プロセス革命」というにふさわしい積極的な展開を示すに至ったのである。権利の章典はデュー・プロセス条項を介して州に適用されるかについてはいわゆる編入理論（incorporation theory）と選択的吸収理論（selective absorption theory）との争いがあったが、もはや両者に実質的差異はない。第四修正の不合理な捜索・逮捕押収の禁止と令状主義、第五修正の自己負罪拒否特権、そして第六修正の公平な陪審による迅速な公開裁判を受ける権利、証人対審権、弁護人の援助を受ける権利など合衆国憲法修正条項の定める刑事手続上の諸権利はすべて州にもそのまま適用されることが確立している。各州は合衆国最高裁の憲法解釈に最小限拘束されるため、その限度で刑事手続に関する統一的なアメリカ法が形成されており、それがわが国に大きな影響を与えたのである。もっとも、アメリカでの合衆国憲法を中心とした統一的アメリカ法の開花は、合衆国最高裁が第一四修正のデュー・プロセス条項を利用して憲法上の権利章典を州へ直接適用することによって生成発展を遂げたものであり、わが国とは事情が異なることは押さえておかねばならない。

（1）Charles Fairman, *Does the Fourteenth Amendment Incorporate the Bill of Rights ?*, Stanford L. Rev. 5 (1944).
（2）William J. Brennan, JR.,*The Bill of Rights and the States*, 3 6 N.Y.U.L.Rev. 761, at 761-762 (1961).
（3）Brown v. Board of Education, 347 U.S. 483 (1954).
（4）Plessy v. Furgason, 163 U.S. 537 (1896).
（5）David J.Bodenhamer, Fair Trial, at 111 (Oxford University Press, 1992).
（6）以上につき詳しくは、小早川『デュー・プロセスと合衆国最高裁Ⅰ』二頁以下（成文堂、二〇〇六年）
（7）Powell v. Alabama, 287 U.S. 4 5 (1932).
（8）Betts v. Brady, 316 U.S. 455 (1942).
（9）Gideon v. Wainwright, 372 U.S. 335 (1963).
（10）Mapp v. Ohio, 367 U.SS. 643 (1961).
（11）Malloy v. Hogan, 378 U.S. 1 (1964).
（12）Pointer v. Texas, 380 U.S. 400 (1965).
（13）Washington v. Texas, 388 U.S. 1 4 (1967).
（14）In re Oliver, 333 U.S.257 (1968).; Klopfer v. North Carolina, 386 U.S. 213 (1967).; Duncan v. Louisiana, 391 U.S. 145 (1968).

(15) Palko v. Connecticut, 302 U.S. 319 (1937).
(16) Benton v. Maryland, 395 U.S. 784 (1969).

第二節　排除法則の成立

合衆国最高裁は一九一四年の【2】ウィークス判決で、郵便を違法に利用した連邦法違反事件につき、違法に押収したものを市民である被告人に不利益な証拠として用いることを認めれば、不合理な捜索・押収を受けない権利を市民に保障する合衆国憲法第一四修正は無意味になる（of no value）として、排除法則は憲法の要求であることを明らかにした。一九四九年の【4】ウルフ判決は第四修正の保障は第一四修正のデュー・プロセス条項を介して州に強要できるとしつつ、その具体的な保障方法は各州の独自の判断に委ねられているとして排除法則自体の州への拡大を認めなかった。一九六一年の【7】マップ判決は、ウィークスの排除法則は「第四修正の本質的要素を構成するもの（essential）」であるから、第四修正がデュー・プロセスの内容として各州に強要できるのであれば、連邦の排除法則もまた州に対して強要できることになると判示し、ここに排除法則がアメリカの全法域で一律に適用されることが確立するに至った。ところがその後、一九七四年の【38】カランドーラ判決は、排除法則は「第四修正の権利を保証するために裁判所によって創り出された救済手段（judicially created remedy）である」として、違法捜査の抑止がほとんど期待できない大陪審手続に排除法則を拡大適用する必要はないとし、一九七六年の【39】ストーン判決も同様の観点から、すでに州の手続で違法に押収された証拠の許容性につき十分かつ公正に争う機会が与えられている場合には、あらためて第四修正違反を理由に人身保護令状による救済を連邦の裁判所に求めることはできないとした。そして一九八四年の【40】レオン、シェパード両判決では排除法則に善意の例外を肯定したのである。

このようにアメリカでは、排除法則自体は確立したものの、その範囲を限定する判例が相次いでおり、自白法則についても右と類似の傾向が看取される。一九六六年のミランダ判決（Miranda v. Arizona, 384 U.S. 436）自体は確立しているものの、ミランダの保障は憲法自体の要求ではなく第五修正の自己負罪拒否特権を保障するための予防準則にすぎないとし、憲法原理としてのミランダ法則を「格下げ」し、あるいは弾劾例外を肯定するなどミランダを限定的に解釈する判例が相次いでいる。

もっとも、不合理な捜索・押収を禁止する第四修正違反に人身保護令状による救済を否定した【39】ストーン判決は第五修正の自己負罪拒否特権に由来するミランダ違反には適用されないとされ、さらに二〇〇〇年の【63】ディカソン判決では、ミランダ法則は憲法原理であることが明示されるなどの新しい動きがあり、わが国でも大いに注目されているのである。

以下、主要な関連判例を内容に即して適宜タイトルを付し時系列的に順次紹介することにより、第四修正の排除法則の成立過程およびその適用範囲の限定について検討することとしたい。憲法原理に直接由来するかどうかが排除法則の最大の焦点であり、この問題については合衆国最高裁判決の中で徹底的に詳論されているだけに日本法の解釈についても有益な示唆が得られることは間違いないと思われる。

一　主要関連判例

【1】ボイド第四・第五修正違反没収板ガラス関税法違反事件判決（一八八六年）

本判決（Boyd v. United States, 116 U.S. 616）は、免除範囲を越えた板ガラス三五ケースの不正輸入に関連して以前に輸入した板ガラス二九ケースの価格が問題となりその送状の提出命令を命ぜられた被告人がこれに応じたところ、その送状が合衆国検察官によって被告人に不利な証拠として使用されかつその物品の没収が言い渡された事案につき、第四修正の不合理な捜索・逮捕押収の禁止条項の沿革を詳論した上で、没収の根拠となった一八七四年法は第五修正の自己負罪拒否特権および第四修正の不合理な捜索・逮捕押収の禁止に違反するとしたものである。

【事　実】　本件は、一八七四年六月二二日の「関税法を修正し、その一部を廃止する法律（Act to amend the customs revenue laws, and to repeal moieties）」第一二条の下で、徴税官（collector）によって差し押さえられ合衆国に没収された磨き板ガラス三五ケースに対する財産の差押え・没収の訴訟事件（in a cause of seizure and forfeiture of property）において合衆国検察官によって被告人ボイド（X）に対しニューヨーク州南部地区合衆国地方裁判所に提起された検察官による略式起訴（information）であった。同条によると、関税を免れる（defraud the revenue）意図で、不正な送状（false invoice）等を用いることによって物品を輸入すること等を企て、その物品の合法的関税を合衆国から奪おうとする（United States shall be deprived of the lawful duties）物品の所有者等はそれぞれの犯罪に対し、五〇ドル以上五千ドル以下の罰金又は二年以下の拘禁刑を科せられ、または両者を併科され、そのような物件は没収される。

ニューヨーク港を経て合衆国に輸入された問題の商品は関税のかかるものであった。同物品の所有者は同法に記載されている不正に関税を免れた（defraud）というのである。本件申立人（plaintiffs in error）は、本件物品の還付を要求し（entered a claim for the goods）、それらは没収の対象にならないと主張した。同事件の公判で、以前に輸入した二九ケースの中に含まれていた板ガラスの量と価格を立証することが重要となった。このことを立証するために合衆国検察官は、前記法律第五条の下で地方裁判官によってなされた二九ケースの送状の提出をXらに要求する裁判所の押印のある通知書（directing notice）を証拠として提出した。Xらはこの通知書の提出命令に応じた際に、法律の有効性およびその合憲性に異議をとどめつつ、本件送状を提出した。そしてこの送状が同検察官によってXらに不利な証拠として提出された。Xらは没収の訴訟事件において、いかなる供述（evidence）も強制的に採取できない（no evidence can be compelled from the claimants）にもかかわらず当該証拠の提出を強制し不利に用いられている限りにおいてその制定法は違憲かつ無効であると主張した。しかし、当該証拠は許容され、陪審は差し押さえられたガラスの三五ケースは没収されるとの評決を下し、没収の判決が言い渡された。この判決は巡回区裁判所によって維持され、最高裁で吟味されることになった。なお、法廷意見の執筆はブラッドレイ（Bradley）裁判官である。（*Id.* at 617-618.）

【判　示】　原判決破棄。　ニューヨーク州南部地区合衆国検察官は当裁判所に、次のように主張して前記訴訟を当裁判所に提起した。本件訴訟は合衆国の関税法（the custom revenue laws）の下で発生した刑事事件以外の訴訟ないし手続であり、申立人の所有しかつその管理下にある送状または書類、すなわちイギリスのリバプールから船で一八八四年四月七日にイギリスの磨き板ガラス会社からニューヨーク港に輸入され同港の関税の収税官事務所に保管されているG・H・B・とマークをつけた磨き板ガラス二九ケースに関わる送状は主張を立証するのに役立つと主張するのである。

一八七四年六月二二日法第五条は、次のように規定する。すなわち〝合衆国関税法の下で生じた刑事手続以外のあらゆる訴訟において、合衆国を代理する検察官は、被告人ないし申立人の所有ないし管理する送状等が合衆国の主張立証に役立つと確信するときはいつでも、そのような送状等を特定し、立証しようとする主張を明記した書面による申立てをすることができる。裁判所は、その裁量で、そのような送状等を一定の日時に被告人ないし申立人に対して裁判所に提出することを要求する通知書を発行することができる。そして被告人ないし申立人がその通知書に応じてそのような送状等の提出を拒絶すれば、上述の申立書の中で述べられている主張は、それらを提出しなかったことまたは拒絶したことにつき裁判所の満足するよう説明されない限り、自白したものとして受諾される(the allegations stated in the said mention shall be taken as confession)〃と規定する。(*Id.* at 620.)

これらの法律と矛盾する(repugnant)とXらによって主張されているのが合衆国憲法第四修正および第五修正である。第四修正は「自己の身体、住居、書類、および所持品について、不合理な捜索・逮捕押収を受けることのない人民の権利は侵されない」と宣言する。第五修正は、とりわけ「何人もいかなる刑事事件においても、自己に不利な証人(a witness against himself)となることを強制されない」と宣言する。しかし、本件命令の根拠となった法律の合憲性が第四修正との関わりでどのように主張できるとしても、憲法上の疑義はない(free)、それは書籍や書類の捜索・押収ではなく被告人または申立人にそれらを提出することを要求しているにすぎないからである。しかし、彼がそれらを提出しなければ「それらは自白したものとして受諾されることも明らかにしており、これはそれらの提出を強制することに相当する。」(*Id.* at 621-622.)

〃不合理な捜索・逮捕押収〃の文言下に憲法第四修正によって意図された手続の性質を確証するには、この国およびイギリスの両国におけるこのテーマに関する議論を想起することが必要である。英領植民地において徴税官に臨検令状(writs of assistance)を発付して彼らの裁量で密輸入された商品の疑いある場所を捜索する権限を与える慣行があった。この慣行についてジェイムズ・オーティス(James Otis)は〃下っ端の警察官の手中にすべての人の自由〟を委ねるものであり恣意的権限の最悪の装置であると宣言した。これは一七六一年二月ボストンにおいてのことであった、その中で行われた有名な議論（famous debate）が英領植民地の母国イギリスの圧制に抵抗する発端（inaugurated）となった。〝その時その場で（then and there）〟とジョン・アダムズは言った、〝その時その場で大英帝国の恣意的主張に反対する最初の行為の第一幕が始まった。その時その場で独立の子供（the child Independene）が生まれた〟というのである。（*Id.* at 624-625.）

ボストンでの徴税臨検令状に関する議論に続いて直ちにイギリスで発生した出来事は、われわれの独立をやり遂げ、われわれの政府形態を確立した人々の記憶に新しかった。ジョン・ウィルキズ（John Wilkes）によってノース・ブリトン紙（the North Btiton）が発刊された一七六二年から下院が悪名高い一般令状を非難する決議を採択した一七六六年四月に至る時期にイギリス政府とウィルキズとの間で激しい論争が行われ、ウィルキズは人民の権利のチャンピオンとして登場した。その中で最も著名かつ主要なものは、文書による名誉毀損（libel）で告発された所有者を有罪とするために用いられうる書物や書類を発見・押収するために国務長官によって発付される一般令状の慣行であった。ノース・ブリトン紙のとりわけ四五号は政府を非難することにおいて実に勇敢であったため、憎むべき名誉毀損文書（heinously libelous）と見なされた。国務長官の権限によってウィルキズの住居が捜索され、彼の書類は見境なく押収された。このような無法行為（outrage）に対し彼は、その加害者（perpetrators）に対する訴えを提起し、そのような捜索をした当事者の一人であるウッド（Wood）に対する千ポンドの評決を獲得し、さらに令状を発付した国務大臣へリファックス卿（Lord Helifax）に対する四千ポンドの評決を獲得した。同件での訴訟は、一七六二年一一月に原告の住居に入り無理に机や箱を押し開けて彼の書類を捜索し調査したという不法侵害（trespass）に対するものだった。陪審は特別評決を下した。そして同事件は三度にわたる厳粛な法廷で討議された。カムデン卿（Lord Camden）は一七六五年、判決を言い渡した、そして彼によって解説された法はその時から現在に至るまで確立したものと見なされてきた。このときの彼の偉大な判決はイギリスの自由の画期的な出来事（landmarks）の一つと考えられているのである。それは母国におけると同様に英領植民地における自由を愛する人たち（lovers）によって歓迎され称賛された。そしてイギリス憲法の不朽の記念碑の一つと見なされ、現在に至るまでこの問題に関するイギリスの判例（authorities）によって引用されているのである。（*Id.* at 625-626.）

われわれの革命期および国家としての形成期に至るまでのすべてのアメリカの政治家は、もちろん、このイギリスの自由の記念碑について熟知しており、それを憲法の究極の表現として考えてきたのであるから、その提言（propositions）は憲法第四修正を起草した人々の心の中にあり、不合理な捜索・逮捕押収の意味内容を十分に説明するものとされてきたのである。それ故、われわれは、この著名な判決からやや広汎に引用することは本件議論の問題に適切であると考える。

一般的な捜索令状を発付する国務大臣によって主張された権限およびそれが執行された方法を述べた後でカムデン卿曰く。〝それが法であるならば、それはわれわれの典籍（books）の中に見い出されるであろう。それがそこで見い出されないのであれば、それは法ではない。イギリス法によれば、私的財産の侵害はすべて、それがどれほど小さなものであっても、不法侵害（trespass）である。何人であっても、私の許可なしに私の地面にその足を置くことはできない。その正当性（justification）は裁判官に委ねられる。裁判官は典籍を調べて制定法またはコモン・ローの原則によって、そのような正当性が維持できるかを検討する。そのような理由が認められず、または提出されなければ、典籍の沈黙は被告に不利な先例（authority）であり被告は判決を受けなければならない。このような理由付けによって、本件押収の裏付けとなる法を立証することが被告の義務であり、このことが立証されなければ、それは不法な侵害である。書類は所有者の動産（goods and chatells）であり、それらは彼の最も大切な財産である。押収されないどころか、それらは閲覧されることもほとんどない（hardly bear an inspection）。見るだけでは（the eye）イギリス法によって不法侵害で有罪とはされないけれども、私的書類が移転され運び去られた場合、これら動産の秘密性が不法侵害の加重理由となり、この点でより十分な損害賠償が要求されることになる。〃（*Id.* at 626–628.）

次いでカムデン卿は、このような書類の捜索・逮捕押収に対する一般令状は星室庁裁判所に起源を有し首席裁判官スクロッグズ（Scroggs）らを除き支持者はいなかったことを立証した後で、次のように付加した。

〃最後に有用性（utility）の議論として、そのような捜索は証拠を発見することによって犯罪者を摘発する手段であると主張されている。相手方当事者が無理矢理または欺罔によってあなた自身の固有の証拠を所有した場合、それらを訴訟で取り戻す方法はない。刑事手続においてそのような手続は存在しなかった。しかし、例えば、文書偽造（forgery）や偽証はいうに及ばず、名誉毀損よりはるかに凶悪な殺人、強姦、強盗、住居侵入などの犯罪がある。しかし、わが法は、これらの事件での有罪判決を獲得するのに役立つ書類の捜索を認めたことはなかった。このことは犯罪者への法の優しさに由来するのか、それともそのような権限は国民（public）に有用というより無辜の者に有害であるという考えに由来するのかは分からない。法は人に自己自身を告発することを義務付けていないのは確かである。自己告発を強制し真犯人と同様に無辜の者をも困惑させることになる方法（necessary means）は残忍かつ不当であるからである。そして証拠を探索する捜索が許可されないのも同一の原理に基づくことは明らかであろう。この場合にも無辜の者は真犯人と同様に困惑（confounded with the guilty））することになるからである。〃そして同裁判官は、〃私は本件問題に関して主張されたことの全てに目を通し、そして全体を検討して、われわれは全員一致で、文書煽動罪の事案で相手方当事者の書類を押収し持ち去るための令状は違法・無効である〃と結論したのである。（*Id.* at 627–629.）

この判決で明らかにされた原理は、自由と安全の本質そのものを反映しており、当の事件を越えて政府および雇用者側による住居および生活のプライバシーへのすべての侵害に適用されている。犯罪の本質を構成するのは、人の戸口を壊し、引き出しをかき回すことではなく、奪うことのできない人の身体、人の自由および私的財産の権利を侵害することである。カムデン卿の判決の根底にありその本質を構成するのは、このような神聖で犯すことのできない権利の侵害（the invasion of this sacred right）にほかならない。家屋に押し入り箱や引き出しを開けることは加重の状況である。しかし、人を犯罪で有罪とするために、あるいは彼の動産（goods）を没収するための証拠として、その人自身の証言あるいは彼自身の書類を強制的に引き出す（any forcible and compulsory extortion）のは同判決の非難することである。「この点において第四修正と第五修正はほとんど併走（run almost into each other）している。」

合衆国憲法第四修正および第五修正が起草され採用されたとき、捜索・逮捕押収の問題に関する真の法理を表明したものとして、あるいはそのような捜索の〝不合理な（unreasonable）〟性格に関する真の法理を提供するものとしてカムデン卿の文言が引き出されたことを疑うことができるか。これら［第四修正および第五修正］の各修正条項を提案した人たちは、カムデン卿の意見に照らして、先に引用した一九六三年三月三日および一八六七年三月二日のような法律に手を置く（賛成する）ことができたであろうか。このような質問が肯定されないことは明らかと思われる。彼らは決してそれらの法律を是認しなかったであろう。彼らが二〇年以上にわたり関わった闘争はあまりにも深く彼らの記憶に染みこんで（deeply engraved）いたのであるから、彼らがあれ程までに嫌悪したそのような苦悩の再現（insidious disguises of the old grievance）を是認することは彼らにはできなかったであろうからである。

(*Id.* at 630.)

われわれはすでに、この二つの修正条項の間の「緊密な関係（the intimate relation）」に注目した。それらは相互に大きな光を投げかけた。第四修正で非難されている〝不合理な捜索・逮捕押収〟はほとんど常に刑事事件で非難されている自己に不利な供述をする（give evidence）ことを強制する目的でなされるからである。そして第五修正で非難されている刑事事件において〝自己に不利な証人となること〟を強要することは第四修正の〝不合理な捜索・逮捕押収〟とは何であるかの問題に関して光を投げかけるからである。そしてわれわれは、彼に不利な証拠として用いるためにその人の私的な書物や書類を押収することと彼に不利な証人となることを強制することとの相違を認めることはできない。それはこれらの文言の明確な意味内のことであると考えられるからである。われわれは、形式的には民事手続であるけれども彼によって犯された犯罪を理由にその人の財産の没収を宣告する目的で開始された手続もまた、その性質は刑事手続（criminal）であると考える。まさに本件事案において、本件起訴が根拠とした一八七四年法第一二条において宣告された没収の理由は、制定法によって犯罪とされる輸入商品に関連する公の歳入（public revenue）に対するいくつかの不正行為から成る。犯罪者（offender）は五〇ポンド以上五千ポンド以下の罰金または二年以下の拘禁刑または両者を併科され、さらにそのような罰金に加えてそのような商品は没収されるのであり、これらは犯罪行為に特有の刑罰である。本件略式起訴（information）は法律的には民事手続であるけれども事実上（in substance and effect）刑事手続である。そのような訴訟において没収のために動産の所有者に私的な書物や書類を強制的に提出させるのは憲法第五修正の意味で自己に不利な証人となることを強制することであり、かつ第四修正の意味での捜索・逮捕押収に相当する――そして不合理な捜索・逮捕押収である――と考える。市民の憲法上の権利に留意し、それへの密かな侵入（encroachment）に対処するのが裁判所の義務である。（*Id.* at 633-635.）

本件において送状を提出させる通知文、それが発付されたことによる命令、およびかかる命令に権限を付与した法律は違憲・無効であり、裁判所によるそれの証拠としての許容は誤った違憲の手続であったと考える。（*Id.* at 638.）

【2】ウィークス第四修正違反富札券頒布郵便利用事件判決（一九一四年）

本判決（Weeks v. United States, 232 U.S. 383）は、州警察官によって無令状でなされた被告人の住居の捜索によって押収された書類等の物品が連邦警察署長（Marshal）に引き渡された後で他にも証拠があると考えた警察署長がやはり捜索令状なしに被告人の住居を捜索し発見された手紙等を持ち帰ったところ、その大半は被告人に還付されたが、その一部は還付されず、その物件に基づいて有罪とされた事案につき、そのように不法に押収された証拠を被告人に不利な証拠として使用できるとすれば、第四修正の保護は無意味（of no value）となるとして全員一致でその許容性を否定したものである。

【事　実】　本件誤審令状の申立人である被告人ウィークス（X）に対し、ミズーリ州合衆国地方裁判においてて九訴因を含む正式起訴がなされた。有罪判決がなされた第七訴因は、刑法典第二一三条に違反して、富くじ券を頒布する目的で（for the purpose of trasporting certain coupons or tickets representing chances or shares in a lottery or gift enterprise）郵便を利用したとして告発しており、罰金刑および拘禁刑が科せられた。この判決に対し、誤審令状（writ of error）による再吟味が申し立てられた。

被告人（X）は、輸送会社（express company）に雇用されているミズーリ州カンサス市の共同駅（Union Station）で令状なしに警察官によって逮捕された。他の警察官（Pら）はXの住居に出かけ、隣人から鍵のありかを教えられ、それを発見し家の中に入った。彼らはXの部屋を捜索し、そこで発見された種々の書類や物品を入手した。それらは後に合衆国警察署長（United States Marshal）Qに引き渡された。後に同日、Pらは、他にも証拠が見つかるのではないかと考えたQと一緒に（Xの住居に）戻った、そして家にいた多分下宿人の許可を得て（admitted by a boarder）、警察署長QはXの部屋を捜索し、たんすの引き出しの中で見つけた若干の書簡や封筒を持ち去った。警察署長も警察官も捜索令状を持っていなかった。

被告人（X）は公判開始前に異議を申し立て（filed in the cause）、私文書、書物その他の財産の還付を請求した。すなわち、Xが仕事で不在中の一九一一年一二月二一日、氏名不詳の警察官が違法かつ令状なしにXの住居のドアを押し開け、Xの書物、手紙、現金、株券、保険証その他の権利証書……衣服その他Xの上記住居内の財産のすべてを押収した。これらはミズーリ州憲法等のほか合衆国憲法第四修正および第五修正に違反する。上記財産は被告人の合衆国憲法および州憲法の下での権利を不法に侵害して押収されたものである。州検察官はこれらの物件を被告人の公判で用いるつもりである。したがって、これらの財産の被告人への還付を州検察官に命ずるべきであるというのである。

裁判所はこの申請を検討し、被告人の本件訴追との関わりのない財産の還付を命じたが、関連物件に関しては、その関連性（pertinency）を後に判断する権利を留保した上で、その申請を否認した。陪審が宣誓をすませた後で証拠が提示される前に、被告人は再び財産の還付の申請をしたが、裁判所によって否認された。そのような証拠が公判で提出されるや被告人は、これらの書類は合衆国憲法第四修正および第五修正に違反して捜索令状なしに彼の住居に押し入って獲得されたものであることを理由に異議を申し立てたが、これらの異議は裁判所によって退けられた。「保有され証拠として提出された書類の中に警察が最初に被告人の部屋を捜索した際に獲得された多くの富くじ券とそれに言及した供述、および被告人の部屋の捜索時に警察署長によって獲得された富くじに関して被告人あてに書かれた多くの手紙があった。」被告人は、彼の財産の還付請求を裁判所が否認し、これら書類を公判で証拠として使用することを認めたことに誤りがあると主張し、誤審令状を求めた。（*Id.* at 386-389.）

【判　示】　原判決破棄。　本件で提示されている問題は、合衆国警察署長によって被告人の部屋から権限なしに持ち去られた手紙その他の書類の還付を求める被告人の申立てに言及する裁判所の義務であることは明らかである。これらの手紙は州検察官の管理下に置かれ、その後公判で被告人に不利な証拠として提出された。そのような私的書簡（correspondence）の専有（appropriation）は合衆国憲法第四修正および第五修正によって保護された権利の侵害であると被告人は主張する。

この第五修正の歴史は、【1】ボイド判決におけるブラッドリィ裁判官の法廷意見の中で詳細に述べられている。同裁判官は、カムデン卿（Lord Camden）の言い渡した判決を引用した後で〝この判決において確立した原理は、憲法上の自由および安全の本質そのものを反映している。犯罪の本質を構成するのは、人民のドアを壊し、引き出しをかき回すことではなく、奪うことのできない身体の安全、身体の自由および私的財産の権利を侵害することである。カムデン卿の判決の本質を構成するのは、このような神聖な権利の侵害である〟と述べた。

第四修正の効果は、合衆国裁判所および連邦役人を彼らの権限行使の際に、これらの権限の行使に関する限定および制約の下に置き、法の装いの下でのすべての不合理な捜索・逮捕押収から人民の身体、住居、書類および所持品を人民に永久に保護することである。この保護は犯罪の被疑者であると否とを問わず同様に及ぶのであり、それに効力を与える義務は、連邦制度の下で法の執行に関わるすべての者に課せられる。(*Id.* at 392.)

われわれが本件で関わっている事案は、逮捕令状も捜索令状も持たずその権限を与えられたこともない合衆国警察署長によって、被告人の不在中にその住居で押収された被告人の手紙や通信文（書簡）を刑事訴追において証拠として使用する目的で保管する裁判所の権限に関わる。被告人は公判を待たず、その他の財産およびこれらの書簡等の還付命令を裁判所に申請した。この申請は否認され、公判時にさらに還付請求がなされた後で、いずれの申請も合衆国憲法第四修正および第五修正の下での被告人の権利を主張していたが、保管されていた書簡は証拠として提出された。このように押収され保管された書簡や私文書が犯罪で訴追されている市民である被告人に不利な証拠として使用されうるのであれば、そのような捜索・逮捕押収から安全である権利を宣明する第四修正の保護は無価値なものとなり、このような立場に置かれた者に関する限り、憲法から削除されたのと同様のことになろう（the protection of the Fourth Amendment declaring his right to be secure against such searches and seizures is of no value and, so far as those thus placed are concerned, might as well be stricken from the Constitution.）。真犯人に刑罰を科すという裁判所およびその職員の努力は、推奨されるべきものではあるが、長年の努力および労苦によって確立し国の基本法の中に具体化させることになったこれらの偉大な原理の犠牲によって促進されるべきものではない。（*Id.* at 393.）

州検察官およびその他裁判所の職員が所有する書類を処理する裁判所の権利は早くから認められている。不法に押収された書類は被告人に還付されるべきであるということは早くから裁判所の判決によって認められてきた。われわれは、それ故、問題の書簡は職務を口実に行動した合衆国役人（official）によって被告人の憲法上の権利を直接侵害して被告人の住居から獲得されたものであり、裁判所はこれらの書簡を被告人に還付すべきであったと結論する。それらを留め置き、公判廷で証拠として許容することを許したことで被告人に不利な誤り（prejudicial error）がなされたと考えられるからである。記録の示すところによれば、彼らが逮捕および捜索・逮捕押収によってしたことは、連邦裁判所での正式起訴以前に行われたことであり、どのような権利ないし権限に基づいていたのかは明らかでない。被告人が彼らにどのような救済方法を求めることができるかを検討する必要はないのである。第四修正はそのような警察官の個々の不法行為に向けられていないのであるから、この限定は連邦政府およびその機関に及ぶ。（*Id.* at 398.）

【3】　デフォー第四修正違反押収物許容ニューヨーク州最高裁判決（一九二六年）

本判決（People v. Defore, 150 N.E. 585）は、被告人を小窃盗罪（軽罪）で違法に逮捕後に被告人の部屋から令状なしに押収した武器につき不合理な捜索・逮捕押収によるものであるとした上でその許容性を肯定した州最高裁判決であり、排除法則はつまるところ「お巡りがへまをしたから真犯人は釈放されるべきである」ということになるとの一文とともにわが国でも繰り返し引用されているものである。なお、法廷意見の執筆はカードウゾ裁判官である。

【事　実】　一人の警察官が被告人（X）をオーバコートを盗んだ容疑で逮捕した。たとえ犯されたとしても、コートの価格は五〇ドル以下だったので、この犯罪は軽罪（misdemeanor）である小窃盗（petit larceny）にすぎなかった。Xは、身柄を拘束されたとき、下宿屋（boarding house）のホールにいた。警察官は、逮捕後、Xの部屋に入り、部屋を捜索した。その捜索の結果バッグが発見され、その中にブラックジャック（blackjack）があった。Xは特別期治安裁判所（special session）での裁判で無罪とされた。その間、彼は武器の所持という二つ目の犯罪者（a second offender）として正式起訴されていた。彼は公判開始前に、無令状の捜索で獲得された証拠の排除を申し立てた。この申立ては否認された。公判でバッグとその内容物、すなわちブラックジャックと帽子が証拠として提出されたとき、彼は再び異議を申し立てた。この申立ては退けられ、彼は武器の所持で有罪とされた。これに対し彼は、不合理な捜索・逮捕押収を禁止する制定法の下での権利を否定され、強制的な自己負罪を禁止する特権を付与する州の憲法の規定の下で権利を否定され、さらに合衆国第一四修正のデュー・プロセス条項での権利を否定されたとしてニューヨーク州最高裁（Court of Appeals of New York）に上訴した。（*Id.* at 586.）

【判　示】　(1)　本件捜索は〝コモン・ローの伝統に照らし〟不合理であった。被告人が合法的に逮捕されたのであれば、異なった結論となっていたであろう。そのような合法的な逮捕に伴うものとして、犯罪の証拠の果実を求めて彼の身体を捜索することはできたであろう。それ故、逮捕がなされた場所での捜索も同じことであろう。しかし、本件逮捕は合法的でなかった。令状なしに行動し、軽罪を理由に逮捕する者は、私人であると警察官であるとを問わず、特権（privilege）の範囲を越えている。被告人は警察官の面前で小窃盗の犯罪を犯したのではないし、それを犯そうとしたこともなかった。捜索がそれに伴いうるものと認められる合法的な逮捕ではなかったのである。（*Id.* at 586.）

政府側は、当の武器（ブラックジャック）は破壊の対象となる不法妨害の禁制品（contraband, a nuisance subject to destruction）であったという事実を強調する。当の武器が露出して見えて（exposed to view）いたのであれば、不法妨害の自力救済（abatement of the nuisance）としてその押収を正当化できたであろう。不法な方法によって発見されたとしても、武器の還付を拒否することは正当化できたかもしれない。しかし、捜索を正当化することはできない。犯罪の果実または道具（implements）を発見するための訴訟手続（process）なしに住宅をくまなく探せる（ransacked）というルールはない。そのような捜索（inquisition）を合法的とするには、相当な理由に基づいて発付された捜索令状の裏付けがなければならない。そのときでも捜索は〃盗まれたまたは横領された、または重罪を犯す手段として用いられ、あるいは犯罪の道具としてそれを用いるために保管されている財産に限定される。〃

被告人に不利な証拠は不法侵入（a trespass）の産物であった。当の警察官は損害賠償を請求され、あるいは虐待（oppression）を理由に訴追さえ行われうるかもしれない。彼は上司の手によって転任その他の懲戒の対象とされた（was subject to）。これらの結論は争われていない。被告人はそれ以外のことを付加しようとする。不法侵入によって獲得された犯罪の証拠は、不法侵入者の違法行為を理由に証拠能力なしとして（as incompetent）排除されるべきかをわれわれは判断しなければならない。

この問題は目新しい問題ではない。二〇年以上前のアダムズ判決（People v. Adams, 68 N.E. 636, 136 N.Y. 351）においてわれわれに提示され、同判決で詳細に回答された。賭博道具の押収のために賭博場の所有者に対する捜索令状が発付された。警察官は捜索を令状の記載物件に限定しなかった。彼らは法の権限なしに、被告人の書物および書類を押収した。当の捜索は違法であったけれども、この書類は後に彼に不利な証拠としての能力を欠くことにはならないとわれわれは判示した。この判示の裏付けとしてわれわれは、多くの判例とりわけマサチュセッツ州裁判所による一連の判例を引用した。〃不法行為者は彼によって観察された関連事実につき証言できるし、不法行為中に彼によって見つけられた関連物件や書類も証拠とすることができる。彼はその不法侵入に対し民事上およびたぶん刑事上の責任をも負うであろうが、そのことによって彼の証言は証拠能力なしとはならない（rendered incompetent）と判示されたのである。合衆国最高裁に上告されたが、この判決は維持された。Adams v. People of State of New York, 192 U.S. 585.

このような判示は、本件事案にとって決定的（decisive）であるが、その後の合衆国最高裁の判決と矛盾する。これらの判決は州に適用できない連邦憲法第四修正および第五修正の規定を解釈したものであるからわれわれを拘束しない。拘束しないけれども、それらは吟味に値する。【2】ウィークス判決は、連邦政府の官憲（agents）によって不法に押収された物品は、被告人に還付するか証拠として排除すべきであると判示した。【41】シルヴァーソン判決は、そのようにして押収された書類等のコピーは最初のもの（原本）と運命をともにしなければならないと判示した。そして最後に【23】アグネヨ判決は、押収された物件は禁制品であったにもかかわらず、かつ公判前に申立てがなかったにもかかわらず、事実に争いがないのであれば、当の証拠は排除されなければならないと判示した。このことは、合衆国最高裁はアダムズ判決（前出）での最高裁自身の判断を変更したことを意味する。事実関係は争われていなかったからである。公判開始前の申立てという手続的条件は事実上放棄されてしまったのであり、たとえなお必要とされているとしても、それは例外の要件である。「このような帰結にためらいはなかった。お巡りがへまをしてしまったのであるから真犯人は釈放されるべきであるというのである。」（There has been no blinking the consequences. The criminal is to go free because the constable has blundered.）（*Id.* at 587.）

新しい法理はすでに各州裁判所の吟味を受けている。四五州（当州を除く）でこの問題が検討された。一四州がウィークス判決のルールを採用した。三一州がそれを退けた。これら各州の中で典型的なのはマサチュセッツ、カリフォルニア、コネチカット、カンザス、アイオワおよびヴァージニアの各州判例である。そこで述べられたことに付加するものはほとんどない。裁判所の判決とともに始まったこの論争は、注釈者（commentator）によって取り上げられ、激しい論争の対象となった。彼らの大半（for the most part）は以前の古い法理を支持している。4 Wigmore on Evidence（2d Ed.）§§2183, 2184. このように判例（authority）は分かれており、変化をもたらすには原理ないし政策（ポリシー）のさらなる徹底的検討しかない（only some overmastering consideration）。不確かなものではない何かより説得的なものが天秤に付加されるまで、バランスは崩れない。

現在の連邦法則は余りにも厳格すぎるか余りにも手ぬるいか（too strict or too lax）のどちらかである。連邦検察官は、連邦捜査官の不法侵入（trespass）を介して集められた証拠から利益を得ることができない。彼はそれ以外の人によって持ち込まれた証拠についてそれ程慎重（so scrupulous）になる必要はない。国に勤務する警察官（marshals in the service of the nation）が一方にいて、州に勤務する警察官が他方にいることを思い出すとき、この線引きはいかに微妙であるかが分かる。国は州の公務員（servants）が提供するものを確保できる。われわれはさらに先に進まなければならないが、あまり行きすぎてはならない（We must go farther or not so far）。不法侵入者の公的性格（official character）よりも不法侵入の当然の目的（professed object）を政府の権利の判断基準とすべきである。以前の基準が不適切であることは本件事案の事実から強調できる（gains emphasis）。オーバ・コートの所有者である本件告訴人（the complainant）は、逮捕およびそれに伴う捜索時に警察官に協力した。彼らの権限は平等でなかった。本件告訴は軽罪である小窃盗であったからである。もし一方が州のために行動したのであれば、他方もそのようにしたことになる。このようなソースから引き出された証拠の使用について判断をする際に、彼ら（両者）の間に線引きをするというのであれば、政府側には裏表がある（disingenuous）ということになろう。このことは彼らが共同して行動したのか別々に行動したのか（acted in concert or apart）にかかわらず真実であろう。われわれが証拠禁止をさらに推し進める——警察官でない私人の侵入であることを理由に証拠の使用を合法としつつ、警察官の不法侵入によって獲得された証拠の使用を違法とする――とき先例に違背する（break）ことになる。

新しい結論が社会に及ぼす広範な効果を考えるとき、われわれはこのような判断の正しさを確信する。下っ端の警察官であっても、過度の熱心または無分別によって最も凶悪な犯人に対して免責を付与する権限を有することになろうからである。法に違反して部屋が捜索され、殺害された男の死体が発見されたとせよ、もし発見場所が立証されなければ、それ以外の状況証拠で被告人と犯罪とを結びつけるのは不十分であることもありうる。住居のプライバシーが侵害されたことを理由に、殺人犯人が釈放されることにもなりかねない。法に違反する他の捜索によって偽造通貨または偽造道具が発見されたとせよ。令状のないことは偽造犯人の釈放を意味する。この種の事例はいくらでも追加できる。立法府が明確な言葉で語るまで、社会をこのような危険にさらすことはできない。証拠が排除されない限り、制定法は形だけのもの（form）で、その保護は幻想（illusion）であるという主張に無頓着である（unmindful）のではない。特権（権利）の起源および歴史に照らして検討するとき、このような見解には奇妙な響き（a strange sound）がある。現に制定法に具体化されるルールは、ウィルキズおよびエンチック（Wilkes and Entick）の訴訟の結果としてイギリス法に受け入れられた。ウィルキズは彼の書類を略奪（ransacked）した王のメッセンジャーを訴え、その一人に対し四千ポンド、さらに他の一人に対し千ポンドの評決を得た。エンチックも実質的な評決を得た。【1】ボイド判決六二六頁等。陪審によって代表される国民が今日、この権利が生まれた当時よりその自由に無関心であるのかどうかはわれわれには分からない。「問題は、個人に対する保護が社会に対する保護との不均衡によって獲得されるべきであるかである。一方の側に、犯罪は抑制すべきという社会の必要がある。他方の側に、官憲の傲慢（insolence of office）によって法は無視されるべきではないという社会の必要がある。どちらを選択しても危険はある。アダムズ判決（前出）のルールが相対立する利害間のバランスを取っている（strikes a balance）、これら政府の機関によって公の政策の変化が通常のものとなり変化が到来したことが裁判所に告知されるまで、われわれは、これが法であると考えなければならない。」(*Id.* at 587-589.)

(2)　特権の第二の主張(の検討)が残される。〝何人も刑事事件において自己に不利な証人となることを強制されない。〟ニューヨーク州憲法第一条第六節。この特権は、不合理な捜索・逮捕押収を受けない特権と同様に、アダムズ判決(前出)において検討された。われわれは、証人に命じられた法的手続の強制によって負罪的な暴露が引き出された事案にそれを限定した。合衆国最高裁もわれわれに同意した。他の裁判所や著名な評釈者も同一の立場である。このルールが変更されるべきでない限り、結論は明白である。

当面の目的としては本件事案を判断することで十分である。本件捜索によって発見された武器は犯罪の道具であった。それは詮索的な取調べ(prying inquisition)から保護される類のものではなかった。それは探されて明るみに出たもので、見つけられたときホルダーに包まれていた。このような状況において捜索令状と不任意供述の暴露を禁止する憲法上の特権との間に関係はない。連邦判例は、アグネヨ判決(前出)までこの二つの特権(第四修正と第五修正の各特権)を区別してきた。その区別は次第に重要でなくなってきた。一方の違反として排除される証拠はほとんど同時に他方の違反でもあったからである。そうであるにもかかわらず、違法な押収の結果としての禁制品のようなものは、長年、第四修正だけに違反するものとして分類されてきた。アグネヨ判決がこのような区別を放棄したのかどうかは確信がない。第五修正に関して述べられたことは本判決にとって本質的なことではない。第四修正だけが適用されるとしても、その結果は同じことであろう。

ブラックジャックは禁制品であったけれども、袋と帽子はそうではなかったと被告人は主張する。これらの証拠を許容したことに誤りが認められるとしても、その誤りは無害として無視されてよい。しかし、この問題は本件で提示されなかった。これら三つの物件は一緒に証拠として提出された。異議の申立てはこれら三つを区別していなかったのである。

われわれは本件において、合法的に所有されたものに憲法上の特権が適用されるかの判断を求められていない。禁制品でないそのような物が押収され証拠として提出されることもありうる。まさに本件において、オーバ・コートがたったの五〇ドルではなく五一ドルに値するものであったとすれば、この逮捕は合法であった。重罪が犯されかつ被告人がその犯人であると信じる合理的理由があれば、警察官は被告人を逮捕できたからである。その場合、逮捕がなされた場所で窃盗の果実あるいは軽罪の証拠であったとしても、それを発見するための捜索をすることはできた。このようにして押収されたものの使用はその後の訴追において有効であろう。しかし、そうであるにもかかわらず、それは被告人の意思に反して用いられうるのである。(*Id.* at 589-590.)

(3)　最後の救済として被告人は、第一四修正および〝デュー・プロセス〟の要件を援用する。たとえ自己負罪拒否の特権が完全に廃止されたとしても、第一四修正に違反したことにはならないであろう。令状なしの捜索・逮捕押収を禁止する特権についても、この特権がその後の証拠の使用に関係を有する限り、同じことが真実でなければならない。有罪判決は維持されるべきである。(*Id.* at 590.)

【4】　ウルフ排除法則不適用州法違反堕胎事件判決（一九四九年）

本判決（Wolf v. Colorado, 338 U.S. 25）は、違法な堕胎容疑で州検事が令状なしに被告人の病院から日誌を押収した事案につき、プライバシーの違法な侵害は第一四修正のデュー・プロセス条項によって禁止されるとしたうえで、第四修正に違反して獲得された証拠は連邦裁判所において許容できないとする【2】ウィークス判決の法理は州に適用されないとしたものである。なお、法廷意見の執筆はフランクファータ裁判官である。

【事　実】　本件上告人ウルフ（X）らは堕胎施術のコンスピラシーで有罪とされた。なお、Xは正規に認められた開業医で主として婦人病の治療を行っていた。本件で訴追された犯罪はM・カイロ（A）への堕胎（abortion）

に関わりがあった。州検事はこの犯罪に関する情報を入手していなかったが、A以外の女性への類似の犯罪についてXらが関わっているとの決定的情報を得ていたので「令状なしにXの医院（office）に出かけて彼を拘束し、一九四四年と一九四三年および逮捕当日までの彼の日誌（his day books）を押収した。これらの日誌はXの治療を受けた患者の記録であり、Aに関する限り、名前、住所および電話番号だけが記されていた。」Xらは有罪判決に対し、本件証拠物は不合理な捜索・逮捕押収を禁止する憲法および〃何人も刑事事件において自己に不利な証人となることを強制されない〃と規定する憲法に違反する等と主張した。コロラド州最高裁は、Xらの有罪の結論には圧倒的証拠による裏付けがあるとして有罪判決を維持した。（Wolf v. People, 187 P. 2d 926, 928.）

【判　示】　原判決維持。権利の章典（第一修正から第八修正まで）によって連邦政府による刑事裁判の運営に課せられている一定の要件と制約とは異なり、第一四修正は州における刑事裁判に特別の制限を課していない。第一四修正によって保障されている〃法のデュー・プロセス〃は合衆国憲法の最初の八箇条の修正条項の簡略な表現（shorthand）であり、これら八箇条はデュー・プロセスの中に編入されているという考えは当裁判所によって何度も何度も退けられてきた。先日も当裁判所はアダムソン判決（Adamson v. California, 332 U.S. 4 6）において、第一四修正のデュー・プロセス条項の範囲・機能を徹底的に検討した後でこのことを再確認した。問題は決着したのである。（*Id.* at 25-26.）

法のデュー・プロセスは、形式的または固定的なものでも限られた要件（narrow requirements）を伝えるものでもない。それは、われわれの自由社会の基盤（basis）であることを理由に裁判所が強制しなければならないそのようなすべての権利の簡潔な表現（compendious expression）である。しかし、基盤となる権利は、どの時代にあっても硬直化するもの（become petrified）ではない。合理的で正しいと思われる基準で徐々に進化することが、まさに自由社会の性質である。それは生きた原理を表わしているのであるから、デュー・プロセスは、ある時代に基本的権利の本質と考えられるものを永遠のカタログの中に閉じ込めないのである。

法執行の目的にとって何が基本的権利であるかにつき簡単に判断できる整然とした定式（tidy formula）に依拠するのは、デュー・プロセス観念のスケールを軽視することになる。裁判所がデュー・プロセス条項の適用に際して直面する問題の真の手掛かりは、これを限りに（one and for all）線がどこに引かれるのかということではない、そうではなく段階的で経験的な組入れと排除（inclusion and exclusion）の過程で裁判所がその線引きをすることである。これが当裁判所がはじめてこの問題を検討することを求められたときの見識（insight）であったし、当裁判所は各事案につき、概してこの見識に忠実であったのである。

警察による恣意的侵害に対する個人のプライバシーの安全――それが第四修正の核心である――は自由社会の基盤である、それは、それ故、〝秩序ある自由の観念〟に黙示されており、そのようなものとしてデュー・プロセス条項を介して州に適用できる。昼であれ夜であれ、法の権限なしに単なる警察の権限に基づいて、戸口をノックするのは、英語を話す人民の歴史および基本的な憲法上の文脈の中で大切にされている人間の権利の概念に矛盾するものとして非難されるべきであることについて最近の歴史の事件記録（commentary）を繙く必要はない。したがって、そのような警察のプライバシーへの侵害を州が積極的に（affirmatively）是認するのであれば、それは第四修正の保障に反することになろう。しかし、このような基本的権利を強制する方法は、異なった命令の問題を提起する。そのような恣意的行動はどのように阻止すべきであるのか、それに対しどのような救済手段が与えられるべきであるのか、権利を効果的なものとする方法は何か、これらはすべて独断的に答えられるべきことではない。（*Id.* at 27-28.）

当裁判所は【2】ウィークス判決において、違法な捜索・逮捕押収によって獲得された証拠の使用を第四修正は連邦の訴追において禁止していると判示した。この判断は一九一四年にはじめて下された。それは第四修正の明示の要件に由来するものではなかった。それは憲法の執行における議会のポリシーを明示する立法に基づいたものでもなかった、この判決は裁判所の解釈（judicial implication）の問題であった。この時以降その判断は度々適用されてきたのであり、われわれは断固としてそれを支持する（stoutly adhere to it）。しかし、当面の問題は連邦犯罪に対する連邦の訴追において不合理な捜索・逮捕押収によって獲得された論理的に関連する証拠は排除されるという理由だけで警察による恣意的行動から保護される基本的権利は、そのような証拠の排除を要求するのかどうかである。英語を話す人々の大半は実際、そのように獲得された証拠の排除をそのような保護の核心（vital）と考えていないことを認めるとき、そのような救済手段をこの権利の本質的構成要素（essential ingredient）として取り扱うことは躊躇されなければならない。【2】ウィークス判決に照らし各州がこの問題に加えた注意深い検討の中での各州の見解の相違（contrariety）は、とりわけ印象的である。ウィークス判決以前には二七州が違法な捜索・逮捕押収によって獲得された証拠の許容性に関して可決し、これら二七州のうち二六州はウィークス判決に反対し、一州（アイオワ州）だけがウィークス法理を先取りしていた。ウィークス判決以降、四七州がすべてウィークス法理に関して可決し、その四七州のうち二〇州はこの問題に関してはじめて可決し、そのうち六州はウィークス法理に従い、一四州はウィークス法理を退けた。現時点で三一州がウィークス法理を拒絶し、一六州がそれに同意している。この問題に関して可決したイギリスおよび英連邦内の一〇箇の管轄権において、違法な捜索・逮捕押収によって獲得された証拠を許容できないとするものは一切ない。（*Id.* at 28-30.）

証拠排除は実際上、不合理な捜索・逮捕押収を抑止する効果的方法であることを認めたとしても、一貫して強制されれば同様に効果的と思われるそれ以外の方法に州が依拠することをデュー・プロセス条項の保障する最低基準以下のものとして非難するのは当裁判所のすることではない。そのようなわれわれの見解に固執することに反対する有力な証言（weighty testimony）は、【3】デフォー判決でのカードウゾ裁判官の意見によって提供されている。

警察官によるこのような行動の発生は極めて僅かであるので懲戒処分の方法によるのではなく関連する証拠法則を無視することによって抑止的救済（deterrent remedy）を求めることはできないと考える州の経験を撥ねつける（brush aside）ことはできないというのである。（*Id.* at 30-32.）

われわれは、それ故、州犯罪に対する州裁判所での訴追において第一四修正は不合理な捜索・逮捕押収によって獲得された証拠の許容を禁止していないと考える。（*Id.* at 32-33.）

〈ブラック裁判官の同調意見〉　本件において申立人は、第四修正に違反した不合理な方法で行われた捜索・逮捕押収によって獲得された証拠に基づいて州裁判所で有罪とされたのであるから、連邦捜査官によってそのように獲得された証拠は連邦裁判所において被告人に不利に用いることはできないと主張する。第四修正はそれ自体そのように違法に獲得された証拠の使用をも禁止すると考えるのであれば、本件での原判決破棄に賛成すべきであろう。しかし、私は、「連邦の排除法則は第四修正の命令ではなく裁判所によって創出された証拠法則（judicially created rule of evidence）である」という本法廷意見の明白な含み（a plain implication）に同意するので、原判決維持に同調する。（*Id.* at 39-40.）

〈ダグラス裁判官の反対意見〉　私は、第四修正に違反して獲得された証拠は州の訴追においても連邦の訴追におけると同様に排除されなければならないとのマーフィ裁判官の反対意見に同意する。そのような証拠法則がなければ、第四修正は効果的な制裁とはなりえないからである。私はまた、この基準の下では本件での証拠は不当に許容されたものであり、有罪判決は破棄されなければならないとの彼の見解に同意する。（*Id.* at 40-41.）

〈マーフィ裁判官の反対意見〉（ラトリッジ裁判官同調）　第四修正の命令に実効性を与える種々の方法を想像で考案することはできる。しかし、当裁判所に現在利用できる救済手段は限られている。理想的な制度（ideal system）を立法化することはできない。われわれが通常の事案で捜索・逮捕押収条項を実施しようとするのであれば、三つの方法に限られる。すなわち、違法に獲得された証拠の裁判所による排除（judicial exclusion）、違反者に対する刑事訴追、および違反者に対する不法侵害訴訟（the action trespass）による民事訴訟、この三つである。

当裁判所は一九一四年の【2】ウィークス判決において全員一致で〝そのように押収された書簡や私的な文書が犯罪で訴追された市民に不利な証拠として使用されうるというのであれば、……第四修正の保護は無価値なものとなり、このような立場に置かれた者に関する限り、憲法が削除されたのと同様のことになろう〟と述べた。

当裁判所は本日〝その他の救済手段〟という魅力のない引用句（bland citation）でこれらの文言を書物から消し去る（wipes）。刑事訴追の可能性に関してはほとんど何も言う必要はない。自己監視（self-scrutiny）は高尚な理想事である。しかし、州検事に当の州ないしその同僚が命令した手入れ中に行われた悪意のない（well-meaning）捜索・逮捕差押条項違反についてその検事自身またはその同僚を訴追することを期待するというのであれば、その行き着く先（its exaltation reaches）は新しい高台である。（*Id.* at 42.）

第四修正の捜索・逮捕差押条項違反を抑止するには一つの救済手段しかないという結論は避け難い。それは違法に押収された証拠を排除する法則である。排除することによってのみ、熱心な検事に憲法違反は彼の役に立たないことを印象付けることができる。そしてこのことが痛感された（driven home）ときにのみ、警察官への指示の際に憲法の要求を遵守することの重要性を強調することを検事に期待できるのである。（*Id.* at 44.）

本日の判断は、おそらく、われわれの司法に対する国民の尊敬に悲劇的効果を与えるに違いない。当裁判所は今、本当にさもしい仕事（shabby business）、すなわち法の執行官（officers）の無法を認めているからである。（*Id.* at 46.）

【5】　ローチン胃ポンプ使用モルヒネ押収第一四修正デュー・プロセス違反事件判決（一九五二年）

本判決（Rochin v. California, 342 U.S. 165）は、被告人が麻薬売買をしているとの情報を得た保安官補三名が無令状で被告人の自宅に押し入ったところ被告人がカプセル状のものを嚥下したので被告人を寝室から連行し病院で医師に命じて胃ポンプを用いてモルヒネの入ったカプセルを吐き出させた一連の行為につき〝良心にショック〟を与え拷問にも等しいとして第一四修正のデュー・プロセスに違反するとしたものである。なお、全員一致の法廷意見の執筆はフランクファータ裁判官である。

【事　実】　本件申立人ローチン（X）が麻薬を売買しているとの情報を得たロス郡の保安官補（Pら）三名は一九四九年七月一日朝、Xが母親、同棲中の妻、および兄弟姉妹らと居住する二階建て住居に向かった。入口のドアが開いていたのでPらは中に入り、二階にあるXの部屋に通ずるドアを無理に開けた（forced open）ところ、Xがその部屋の中で衣類を一部まとったまま、妻が寝ているベッドの端に座っていた。ベッドの横にある〝ナイト・スタンド〟の上に二つのカプセルがあることにPらは気付いた。〝これは誰のものか〟と尋ねられたXはそのカプセルをつかみ取り口の中に入れた。争いが続きPらは〝Xに飛びかかり〟、口の中からカプセルを引き出そうとしたがXの抵抗を排するのに役に立たなかった。Xは手錠をかけられ、病院に連行された。Pの指示に応じた医師がローチンの意思に反してその胃の中に管を入れ、吐剤を無理に流し込んだ。この〝胃ポンプ（stomach pumping）〟の結果、胃の中のものが吐き出された。その吐物の中に二つのカプセルがあり、そのカプセルにはモルヒネが含まれていた。（*Id.* at 166.）

Xは一九四七年のカリフォルニア州健康安全法に違反し〝モルヒネ調剤（preparation of morphine）〟所持の罪で陪審員なしの公判に付された。Xは有罪とされ、六〇日間の拘禁刑を言い渡された。Xに不利な主たる証拠は二つのカプセルであった。それらは証拠として許容された。（*Ibid*）

控訴審裁判所は、Xの住居への違法な侵入およびXへの暴行、殴打、拷問等で警察官（Pら）は有罪であると認定したにもかかわらず、Xの有罪判決を維持した。三人の裁判官の一人は、本件記録によれば、ショッキングな一連の憲法上の権利侵害が明らかであると認めつつ、州最高裁判決に拘束されるとの理由で結論に同調した。カリフォルニア州最高裁は、Xの再審理（hearing）の申立てを却下した。

【判　示】　原判決破棄。　わが連邦制度においては、刑事司法の運営は圧倒的に各州の責任（care）に委ねられている。犯罪を定義する権限は議会にのみ属する。大雑把に言えば、合衆国における犯罪は、私権剥奪法や遡及処罰法を禁止する当初の合衆国憲法第一条第一〇節や第一三修正および第一四修正の制限に服するものの、個々の州法が犯罪とするところのものである。

したがって、第一四修正のデュー・プロセス条項によって保障されている権利の下での州の有罪判決を再吟味する際に、刑事法執行に対する州の責任に深く思いを致し、州裁判所の有罪判決を第一四修正のデュー・プロセス条項が認めている極めて狭い審査（the very narrow scrutiny）に服せしめるというわれわれの消極的な機能を十分抑制（due humility）して行使しなければならない。デュー・プロセスはそれ自体、歴史的産物であり、州の刑事司法制度の運用における州に対する破壊的ドグマ（a destructive dogma）とすべきではない。（*Id.* at 168）

しかしながら、デュー・プロセス条項の要請を受けて当裁判所は〝それが、たとえ極めて凶悪な（憎むべき）犯罪で訴追された人に対してであっても、英語を話す人々の正義の観念を表明している品位と公正の基準（those canons of decency and fairness）に反するか〟を確認しなければならない。このような正義の基準（these standards of justice）は、特効薬であるかのように、どこにでも権威的に（authoritatively）形成されるものではない。法のデュー・プロセスはカードウゾ裁判官が二度にわたり当裁判所を代表して述べているように〝わが人民の伝統および良心の中に根付いているため基本的なものとしてランク付けられている〟あるいは〝秩序ある自由の概念の中に黙示されている〟そのような個人の権利（those personal immunities）を尊敬する憲法上の保障として要約されるのである。（*Id.* at 169）

デュー・プロセス条項の曖昧な輪郭（the vague contours）に関しては全く自由な判断に委ねられているのではない（do not leave judges at large）。われわれの個人的で私的な見解の下にその輪郭を描き、その司法機能において裁判官を拘束する制約を無視することはできない。デュー・プロセスの観念は、変更不可能でも固定化されたもの（final and fixed）でもないが、理性および法的職業の伝統の中に深く根付いているのである。（*Id.* at 170-171）

デュー・プロセス条項の機能（faculties）は明確でなく曖昧（indefinite and vague）であるが、それを確定する方法は身勝手にできる（self-willed）ものではない。各事案においてデュー・プロセスは、科学の精神の下で追求される公平な調査（disinterested inquiry）、正確かつ公平に指摘された事実のバランスのとれた秩序、相争われている主張の公平な考慮、進歩する社会における継続性と変化の両者の必要性を、その場限りの気まぐれでないその両者の調整を十分に検討した上で、それらに基づいた判断を要求するのである。（*Id.* at 172）

これらの一般的考慮を本件状況に適用すると、「本件有罪が獲得された手続は余りにも精力的に犯罪闘争をすることについて口やかましい人の気分ないし個人的感傷を害する以上のものがあると結論せざるを得ない。これは良心にショックを与える行為である。」（we are compelled to conclude that the proceedings by which this conviction was obtained do more than offend some fastidious squeamishness or private sentimentalism about combatting crime too energetically. This is conduct that shocks the conscience.）違法にXの私室（privacy）に押し入り、彼の口をこじ開け、その中にあったものを取り出すために争い、彼の胃の内容物を無理矢理に引き出す――証拠を獲得するための政府の代理人（agents）によるこれら一連の手続は、冷徹な人の感覚であっても傷つけずにはおかない。これらはほとんど拷問ともいえる方法であり、憲法上の差異を認めることはできない（They are methods too close to the rack and the screw to permit of constitutional differentiation)。(*Id.* at 172.)

歴史的かつ生成的原理としての法のデュー・プロセスは定義困難であり、〝正義の感覚（a sense of justice）〟を傷つける方法によって有罪判決は言い渡しえないという以上に正確に表現することはできない。（*Id.* at 173）

本件において法律家のいわゆる〝物的証拠〟と供述証拠とを区別するのは、強制自白を排除する理由を無視することになる。州の刑事裁判における不任意な口頭自白の使用が憲法によって非難されるのは、単にそれらの不信用性を理由とするのではない。たとえそれらの自白の中に含まれている供述が独立して真実であることが確証されたとしても、それらはデュー・プロセス条項の下で許容できないのである。強制による自白は共同社会のフェア・プレイおよび品位の感覚を傷つける。それと同様に、面前にある裁判所によって当然非難された野蛮な行為を当裁判所が是認することは、このような野蛮な行為に法のマント（cloak）を着せることになろう。これほど法の信用性を傷つけ、そのことによって社会の気性を野蛮にするものはないであろう。（*Id.* at 174）

現にカリフォルニア州最高裁は、有罪を獲得するためのこのようなやり方を是認したのではなく、単にその裁量権を行使して有罪判決の再吟味を拒否したにすぎない。本件に関与したカリフォルニア州の裁判官はすべて極めて強い言葉でPらの本件行為を非難している。

Xの有罪判決はデュー・プロセス条項を傷つける方法によって獲得されたものであるから、原判決は破棄されなければならない。（*Id.* at 174.）

【6】 エルキンズ銀盆法理否定電話盗聴事件判決（一九六〇年）

本判決（Elkins v. United States, 364 U.S. 206）は、連邦捜査官によって行われたのであれば第四修正違反となる捜索中に州警察官によって獲得された証拠は、たとえその捜索・押収に連邦捜査官が参加していなくても連邦裁判所において許容できないとして、従前のいわゆる銀盆法理（silver platter doctrine）の有効性を否定したものである。

【事　実】　エルキンズ（X）らは、オレゴン州合衆国地方裁判所で電話盗聴（intercepting and divulging telephone communications）およびそのコンスピラシーの犯罪で正式起訴された。Xらは公判開始前にテープ盗聴記録および記録装置の証拠排除を申し立てた。それらの証拠は当初オレゴン州裁判所によって違法な捜索・逮捕押収とされた状況下にクラーク（Y）の家で押収されたものであった。なお、州警察官はXらに猥せつ映画を所持しているとの情報に基づいてその家の捜索令状を入手した。捜索の結果、猥せつ映画はなかったが、盗聴に使用されたと思われる機械装置（paraphernalia）が発見、押収された。M郡地裁は、捜索令状を無効とし、当該証拠の排除を命じた。しかし、これは州大陪審による正式起訴後のことだったので、州検事は起訴後の証拠排除をする地裁の権限を争ったため、巡回区裁判所で新たに証拠排除の申立てがなされた。同裁判所は、捜索を無効として排除の申立てを容れたため、州の訴追はその後取り下げられた。このような州の手続の途中で、連邦の捜索令状に基づいて行動した連邦捜査官は、州警察官が証拠物を保管していた地方銀行の貸金庫から本件証拠物（articles）を獲得した。州の事件が断念されて間もなく、連邦の起訴が行われ、本件訴追となったのである。

証拠排除の申立手続で地裁判事は、当該証拠物は違法な捜索・逮捕押収の結果として獲得されたものであると考えたが、本件捜査は結局州警察官によって行われたことを新聞で読むまで合衆国捜査官は情報を得ていなかったことを理由に排除の申立てを否認したため、これらの証拠物はXらに不利な証拠として許容され、Xらは有罪とされた。（*Id.* at 206-207.）

Xらの有罪判決は第九巡回区控訴裁判所によって維持された。同控訴審は、連邦捜査官による参加はなかったことを理由に州の捜索・押収が適法であったか否かを判断する必要はなかったとの地裁判事の見解に同意した。

【判　示】　原判決破棄。　この問題を歴史的観点で検討するための適切な出発点は、一九一四年に下された

【2】ウィークス判決である。被告人の第四修正の権利に違反して連邦捜査官によって獲得された証拠を連邦の刑事訴追において排除するルールを当裁判所が確立したのは同判決においてであった。同判決の根拠（foundation）は率直な言葉で説明された。すなわち、〝このように押収され保管された手紙や私的文書が犯罪で訴追されている市民である被告人に不利な証拠として用いられるのであれば、そのような捜索・逮捕押収から保護される権利を宣明する第四修正の保護は無価値なものとなり、このような立場に置かれた者に関する限り、憲法から削除されたのと同様のことになろう〟というのである。

ウィークス判決の排除法則は今日までほぼ半世紀にわたり疑問なしに支持されてきた。しかし、ウィークス判決はまた、控えめであるにもかかわらず明確に、他の証拠法則を明らかにした。被告人ウィークスに不利に用いられた証拠物の中には州警察官によって違法に押収されたものがあった。当裁判所は〝第四修正はそのような（州の）警察官の個々の不法行為に向けられていない。この限定は連邦政府およびその機関（agencies）に及ぶ〟との理由でかかる証拠の許容は誤りではなかったと判示した。ウィークス判決でのこの第二の決定（ruling）に関する限定的議論にもかかわらず、州警察官によって違法に押収された証拠を連邦の刑事裁判所において自ら利用する検察官の権利はその後三五年間疑問とされることはなかったのである。（*Id.* at 210.）

連邦刑事管轄権の拡大の時代に実践的な困難が生じるであろうことは、当時おそらく予想できなかったのである。いずれにせよ、困難は間もなく明らかとなった。そのような困難は犯罪活動の捜査・摘発の際に州と連邦の捜査官とが相互に協力するという全く推賞するに足る実務慣行から生じた。州警察官によって違法に押収された証拠が連邦の刑事訴追において提出されようとするとき、ウィークス判決の排除法則が適用されるような捜索、逮捕押収時に連邦捜査官の参加があったかの問題が不可避的に生じた。違法な州の捜索に連邦捜査官が参加したため押収された証拠は許容されないかの判断に連邦裁判所が直面する事案が生じ続けたのである。連邦捜査官による現実の参加がない場合であっても、州警察官の違法な捜索・逮捕押収が〝専ら合衆国のために〟行われたかを判断する際に、それに劣らない困難を裁判所が経験することになった。しかし、具体的な事案に適用されるときにはこのような困難は生じうるが、支配的原理は一九四九年まで明らかであると考えられたのである。

第四修正に違反して連邦捜査官によって押収された証拠は連邦の訴追において利用することはできなかった。不合理な捜索・逮捕押収の際に州警察官によって獲得された証拠は許容された。ウィークス判決が指摘したように、第四修正は〝そのような警察官の行為に〟〝向けられ〟ていなかったからである。しかし、連邦捜査官が州警察官による不合理な捜索・押収に参加していたのであれば、あるいは州警察官が専ら合衆国のために行動していたのであれば、当の証拠は連邦訴追において許容できなかった。（*Id.* at 208-213.）

このようなときに出されたのが一九四九年の【4】ウルフ判決である。ウルフ判決での最終的な判断――第一四修正のデュー・プロセス条項自体は州警察官によって押収された証拠に関して排除法則を採用することを州裁判所に要求していないということ――にわれわれは本件で直接的な関心はない。しかし、ウルフ判決が確立したその根底にある憲法原理ほど本件調査に関連性を有するものはありえない。連邦憲法は第一四修正によって州警察官による不合理な捜索・逮捕押収を禁止するということが、全員一致の同判決において明白に決定されたからである。〝警察による恣意的侵害からの個人のプライバシーの保護は、秩序ある自由の観念の中に黙示されており、そのようなものとしてデュー・プロセス条項を介して州に適用できる〟というのである。（*Id.* at 213.）

問題の解決が論理の原理によってのみ命じられるべきであるというのであれば、われわれの判断がどのようになるかは明らかである。「第四修正に違反して獲得された証拠と第一四修正に違反して獲得された証拠との間に論理的な区別を設けることは明らかにできないからである。憲法はいずれの場合にも同様に軽蔑（flouted equally）されている。被害者にとって彼の憲法上の権利が連邦捜査官によって侵害されたのかそれとも州警察官によって侵害されたのかは重要でない。」なお、第一四修正は州警察官による恣意的侵害から人のプライバシーの権利を保護することを当裁判所が確立するはるか前に、カードウゾ合衆国最高裁裁判官（当時州判事）は、連邦捜査官によって違法に獲得された証拠を排除するが州警察官によって違法に押収された証拠を同一の裁判所において許容するルールの基本的不調和（basic incongruity）を認識していた。〝現時点での連邦法則は余りにも厳格すぎるか余りにも手ぬるい（too strict ot too lax）かのいずれかである〟と指摘しているのである。（*Id.* at 215.）

排除法則は長年にわたり激しい論争の対象だった。賛否の両論の論争は幾度となく行われているのでそれを詳しく述べる必要はない。同規則に反対して述べられたことのほとんどはカードウゾ裁判官の〝お巡りがヘマをしたから犯人は釈放されるべきである（The criminal is to go free because the constable has blundered）〟という一文に結実されている。同じ論点はしばしば引用されているウィグモア教授の言葉の中でやや詳しく指摘されている。すなわち〝タイタス（Titus）、お前は富くじ（lottery）の罪を犯したことで有罪と認定された。フレヴィウス（Flavius）、お前は明らかに憲法に違反した。タイタスは犯罪の故に、そしてフレイヴィウスは法廷侮辱罪でいずれも投獄されるはずである。しかし、そうではない。われわれはお前たちを二人とも釈放しよう。われわれはフレイヴィウスを直接処罰しないが、タイタスの有罪判決を破棄することによって、処罰するのである。これが……付随的に憲法に対する尊敬を確保するわれわれの方法である。〟8 Wigmore, Evidence (3d ed. 1940), §2184.

これらの表現がいかに巧みであるにせよ、これらの異論は排除法則自体の基本的原理（basic postulate）に何ら答えていない。この法則は、回復することではなく阻止することを意図している。その目的は、抑止すること、それを無視する誘因（insentive）を除去することによって――憲法の保障に対する尊敬を唯一効果的に利用できる方法で強制することである。（*Id.* at 216–217.）

排除法則に従う州の住民は、違法に獲得された証拠を許容する州の住民よりも、違法な捜索・逮捕押収を受けることが少ないことを示す経験的統計はない。ないこと（negative）を立証するのは実際問題として決して容易でないので、決定的な事実に基づく資料（factual data）を集めることはほとんど期待できない。それと全く同一の理由で、刑事法の執行はどちらのルールの下でより効果的であるのかそれとも効果的でないのかを積極的に立証することもできない。

しかし、実践的種類の証拠は不足しない。連邦裁判所自体ほぼ半世紀もの間ウィークス判決の排除法則の下で機能してきたが、ＦＢＩがそのことによって無力となった、あるいは連邦裁判所における刑事司法の運営がそのことによって混乱したという指摘はない。さらに各州の経験は印象的である。半数以上の州が、その証拠がどのように獲得されたものであるにせよ、その証拠は自由に許容できるという法則を全面的に支持し続けている。他の州の多くは排除法則を全体として採用し、残りの州はそれを一部採用している。排除法則の方向への動きは不十分ながら見たところ不変（halting but seemingly inexorable）である。重要なことは、この問題を検討せざるを得なくなった排除法則（採用）の州のほとんどは、第四修正の下で連邦捜査官によって違法に獲得された証拠は州裁判所での訴追において排除されなければならないと判示していることである。カリフォルニア州での経験が極めて啓発的（illuminating）である。同州最高裁は長年にわたる先例を一九五五年に断固として放棄し排除法則を採用した。People v. Cohan, 4 4 Cal. 2d 434, 282 P.2d 905.〃他の救済手段では警察官側に憲法上の規定の遵守を確保することは完全に失敗したと結論せざるを得ない。行政、刑事または民事上の制裁も違法な捜索・逮捕押収を排除するのに効果的でなかったことを経験は示している。無辜の者が真犯人と同様に苦痛を受けて（suffer）おり、われわれが採用する法則がこれら無辜の者の権利に及ぼす効果に目を閉じることはできない〃というのである。（*Id.* at 220.）

これら個々の州の経験は印象的であるが、さらに印象的なのは本件で提示されている特定の文脈——連邦主義の検討に焦点が合わせられている文脈下での排除法則の採用に賛成していることである。健全な連邦主義のまさにその本質は、州裁判所と連邦裁判所の間の不必要な争いを回避することにある。しかし排除法則を採用する州で開廷する連邦裁判所が州警察官によって違法に押収された証拠を許容するとき、それ（連邦裁判所）は州のポリシーを無効にするだけでなく、とりわけ不適当かつ皮肉な方法でそのポリシーを失敗させることになる。違法に押収された証拠を許容することによって連邦裁判所は連邦憲法の遵守を確保しようとする州の努力を失敗させることになるからである。他方、排除法則を採用していない州においては、連邦裁判所は州警察官によって違法に押収された証拠を受け取ることを拒絶するから、州のポリシーとの衝突はない。われわれが本日取り扱う問題は、それぞれの方法で各州自身の制裁を発展、適用させる州の自由に全く影響を及ぼさない。（*Id.* at 221–222.）

以上の理由で、連邦捜査官によって行われたのであれば第四修正の下で不合理な捜索・逮捕押収を受けない被告人の権利（immunity）を侵害することになるであろう捜索によって州警察官によって獲得された証拠は連邦刑事裁判所において許容できないと判示する。（*Id.* at 224.）

【7】 マップ連邦排除法則適用州法違反猥せつ物所持事件判決（一九六一年）

本判決（Mapp v. Ohio, 367 U.S. 643）は、無令状の違法な捜索押収によって州警察官が被告人の住居から獲得した猥せつ物所持に関する証拠について連邦法上の排除法則は第一四修正のデュー・プロセス条項の内容としてすべての州に適用されるとして正面から【4】ウルフ判決を変更したものである。第四修正の規定自体が不合理な捜索・逮捕押収の結果獲得された証拠の排除を要求するかをめぐる問題が明確に論じられており、先例の整理としても大いに役立つ。

【事　実】　オハイオ州クリーヴランド市の警察官（Pら）三人は一九五七年五月二三日、〝最近の爆弾事件で手配中の人物が隠れておりかつ多量の賭博用具（policy paraphernalia）が秘かに保管されている〟との情報を得て本件上告人マップ（X）の同市住宅に到着した。彼女（X）とその娘は、二世帯住宅の上の階に住んでいた。Pらは同住宅に到着すると、ドアをノックして入室の許可を求めたが、Xは弁護士に電話した後で、捜索令状なしに彼らの入室を認めることを拒絶した。Pらは警察本部に助言を求め、同家屋の監視をすることにした。

Pらは三時間後に四名ほどの応援の警察官が現場に到着したとき、再び入室を要求した。Xが直ちに入口のドア付近に来なかったので、同住宅のいくつかのドアの少なくとも一つが無理矢理に開けられ、警察官が同住宅ホールに押し入った。その間にXの弁護人が到着したが、Pらは法律無視を続け（continuing in their defiance of the law）、Xに会うことも部屋に中に入ることも弁護士に認めなかった。三階から一階のドアに通じる階段の中ほどにいた彼女（X）は、捜索令状を見せるよう要求した。令状であるとされた一枚の紙を警察官の一人が握っていた。彼女はその〝令状〟をつかみ取り彼女の胸の中に入れた。争いが続き、Pらはその紙片を取り戻したが、その際の彼女の抵抗が〝敵対的（bellingerent）〟であったことを理由にXに手錠をかけた。警察官の一人は彼女をつかみ上げ（grabbed）〟その手をねじ上げた。彼女は悲鳴を上げ、痛いので離すよう懇請（pleaded）した。Xは手錠をかけられ、寝室のある二階まで強制的に連行された。Pらは衣服入れや引き出しのチェスト、クローゼットおよび若干のスーツケースを捜索し、写真帖をのぞき込むなどもした。Pらの捜索は、居間、台所、子供の寝室を含め二階に拡大された。建物の地階で発見されたトランクも捜索された。彼女が有罪とされた猥せつ物（obsene materials）所持に由来する証拠はこのような捜索の過程で発見された。

捜索令状は検察側によって公判中提出されず、未提出の理由の説明もなかった。Xはオハイオ州法に違反して故意に猥せつな（lewd and lascivious）書物および写真を所持・管理していたとして有罪とされた。オハイオ州最高裁は、彼女（X）の有罪判決は違法な住居の捜索中に違法に押収された猥せつな書物および写真を主たる証拠として言い渡されたものではあるが、これらの証拠は〝被告人に対する粗暴ないし攻撃的な物理的有形力の使用によって被告人の身体から採取されたものではなかったという事実を決定的〟と認め、有罪を維持した。(*Id.* at 643-645.)

【判　示】　原判決破棄。　(1)　当裁判所は七五年前の【1】ボイド判決において第四修正と第五修正を〝相互にほぼ〟併走している (running "almost into each other") とした上で、犯罪の本質を構成するのは人のドアを破壊し、引き出しをかき回すことではなく、人の身体の安全、身体の自由、および私的財産の奪うことのできない権利を侵害することである。しかし、彼を犯罪で有罪とする証拠として用いるために、彼自身の証言あるいは彼の私文書を強制的に奪うのは、[これら修正条項の] 非難に触れることである〟と判示した。そして当裁判所は同事件で押収された証拠の使用に言及し〝違憲〟であると結論したのである。第四修正と第五修正の中で具体化された概念の密接な関係 (close connection) は、ボイド判決裁判所が大いに注目したカムデン卿 (Lord Camden) の執筆した一七六五年の判決で早くも指摘されていた。カムデン卿は〝法は人に自己を告発 (accuse) することを義務付けていない。自己告発を強制し真犯人と同様に無辜の者をも困惑させることになる方法 (necessary means) は残忍かつ不当であるからである。証拠を求める捜索が許されないのも同一の原理に基づくものと思われる。無辜の者は真犯人と同様に困惑する (confounded) ことになるからである〟と指摘していたのである。

当裁判所は【1】ボイド判決後二〇年も経たないうちに言い渡した【2】ウィークス判決において、とりわけ憲法に違反して獲得された証拠の利用に言及し、次のように結論した。すなわち、〝このように押収された手紙や私文書が犯罪で告発された市民である被告人に不利な証拠として用いられうるというのであれば、そのような捜索・逮捕押収から保護される彼の権利を宣言する第四修正の保護は無価値 (of no value) となり、このような状態に置かれた者に関する限り、憲法から削除されたのと同様のことになろう〟と結論したのである。(*Id.* at 646-648.)

(2)　ウィークス判決が言い渡されて三五年後に当裁判所は【4】ウルフ判決で再び第一四修正のデュー・プロセス条項の機能 (operation) を介しての第四修正の州への効力を検討し、〝そのような警察のプライバシーへの侵入を州が積極的に是認するのであれば、それは第一四修正の保障に反することになろうと〃述べた。それにもかかわらず、当裁判所は〃警察による恣意的侵害に対する人のプライバシーの安全〃は〃秩序ある自由の観念に黙示されており、デュー・プロセス条項を介しそのようなものとして州に対し強制できる〃と宣言した後で、ウィークス判決の判断に〃断固として従う〃と表明し、ウィークス判決の排除法則は〃［第四修正の］権利の本質的構成要素として〃州に強いることはできないと判断した。デュー・プロセス条項によって州に強制できる止めぐつわ（curb）としてのプライバシーの権利に本質的なものではないとした当裁判所の理由は、事実に関する考察（factual considerations）に基づいていた。

当裁判所はウルフ判決において、ウィークス判決の排除法則の採用に関する〃各州の見解の不一致〃は〃とりわけ印象的〃であると述べた、そして、警察によるこのような違法行為の発生は非常に僅かであるので抑止的救済は必要でないと考える各州の経験を［各州の］関連証拠規則を無効とすることによって撥ねつけることはできないと述べた。しかし、一九四九年のウルフ判決以前の段階では各州のおよそ三分の二が排除法則の使用に反対していたが、その後この問題に判断を下した州の半数以上が、各州の立法または裁判所の判断によってウィークス判決のルールを全面的にまたは部分的に採用している。排除法則に従う各州の中でとりわけ重要なのはカリフォルニア州である。同州は、その最高裁によれば、〃他の救済手段では憲法上の規定の遵守（compliance）を確保できないことが完全に判明したことを理由にかかる結論に至らざるを得ない〃と結論した。証拠排除以外の他の救済手段は無価値で役立たなかったとのカリフォルニア州の経験は、他の州の経験によっても裏付けられている。（*Id.* at 650-652.）

同様に、時代は【3】デフォー判決の〃有力な証言（weighty testimony）〃に背を向けている（has set its face against）。同判決でカードウゾ最高裁裁判官（当時州判事）は、ウィークス判決の排除法則の採用を退けた際に〃現在の連邦法は余りにも厳格すぎるか余りにも手ぬるい（too strict or too lax）のどちらかである〃と述べた。この理由付けは、しかし、その後の種々の裁判所の判決によって大いに疑わしいものとなっている。これらの判決には、州捜査官によって憲法に違反して押収された証拠の連邦裁判所による利用を是認した〝銀盆（silver platter）〟法理を放棄した最近の【6】エルキンズ判決、このように違法に押収された証拠の利用を争う申立適格に関する従前の厳格な要件を緩和して違法に押収された〝家屋に合理的にいた者（legitimately on the premises）〟でもよいとした【8】ジョーンズ判決等が含まれている。

それ故、【4】ウルフ判決がプライバシーの権利の強制力（enforceability）を州に認めたにもかかわらずウィークス判決の排除法則を含めなかった根拠と考えられる事実に関する考察は、憲法問題（constitutional consideration）と基本的には関連しないとはいえ、今では支配的と考えることはできないのである。（*Id.* at 653.）

(3) 当裁判所は先の開廷期のエルキンズ判決においてウルフ判決の法理を注意深く再検討し、第一四修正のデュー・プロセス条項それ自体は州裁判所に排除法則の採用を要求するものではないとウルフ判決が宣言するまで、捜索・押収および許容性の問題に関する〝支配的原理〟は〝明確〟であったと指摘すると同時に、〝連邦憲法は州警察官による不合理な捜索・逮捕押収を禁止していることを確立したウルフ判決の基礎にある憲法原理〟は〝州で押収された証拠の連邦裁判所での許容性が当初立脚していた基盤（foundation）〟の土台をほり崩したと指摘した。それ故、違憲な捜索・逮捕押収によって獲得された証拠はすべて、その出所いかんにかかわらず、連邦裁判所において許容されないと判示せざるを得ないと結論したのである。われわれは本日再び、不合理な州の侵害から自由なプライバシーの権利に関するウルフ判決での憲法問題の提示を検討し、憲法に違反する捜索・逮捕押収によって獲得された証拠はすべて州裁判所において許容されないと判示する。（*Id.* at 654-655.）

(4) 第四修正のプライバシーの権利は第一四修正のデュー・プロセス条項を介して州に適用できると宣言したのであるから、連邦政府に対して用いられるのと同一の証拠排除の制裁が州に対して強制できることになる。当裁判所がウルフ判決において第四修正はデュー・プロセス条項を介して州に適用できると判示した時点で、当裁判所の判例は一貫して（steadfastly）連邦捜査官に関し第四修正はその規定に違反して押収された証拠の排除を含んでいると判示してきたのであり、【4】ウルフ判決もこの命題を〝断固として支持〟している。それ故、デュー・プロセスの実体的保護を、州であると連邦であるとを問わず、すべての憲法上不合理な捜索に拡大する際に、プライバシーの権利の本質的部分である排除の法理もまたウルフ判決によって認められた権利の本質的構成要素であると主張することは論理的にかつ憲法上必要であったのである。当裁判所自身、昨年の【6】エルキンズ判決によって排除法則の目的は〝それ（憲法上の保障）を無視する誘因を除去することによって抑止すること――唯一の効果的に利用可能な方法で憲法上の保障に対する尊敬を強制すること〟であると認めた。

プライバシーの権利は、〝自由社会の基本的原理（basic）〟とされる他の権利と著しく対照的である。当裁判所は、強制された自白によって有罪とされない権利等についてはその信用性を考慮することなしに連邦政府に対すると同様に州に対して厳格に強制することに躊躇しなかった。強制された自白に関わるとき、〝関連する証拠規則〟は〝警察によるそのような行為の偶発性（incidence）〟を考慮せずに無効（overridden）とされている。なぜ同一のルールが憲法に違反した書類、所持品等の押収によって強制された証言に相当するものに適用されるべきではないのか?、われわれは、連邦政府に関しては第四修正と第五修正、そして州に関しては法外な（unconscionable）プライバシーの侵害からの自由および強制による自白に基づいた有罪判決からの自由、これらは〝長年にわたる闘争後に[獲得された]人間性および市民の自由の原理〟の不朽性（perpetuation）において〝密接な関係〟を享受してきたことを認めている。それらは〝同一の憲法の目的――不可侵な人身の自由の大部分を維持することの補足的局面（supplementing phases）〟を表現している。各修正（条項）および各自由の哲学は、独立したものではないけれども、相互に補完（complementary）している。少なくともそれらが各領域においてともに保障しているのは、何人も違憲の証拠に基づいて有罪とされるべきではないということである。【5】ローチン判決一七三頁参照。(Id. at 655-657.)

(5)　さらに、排除法則は第四修正および第一四修正の両者の不可欠な構成部分であるというのは、従前の判例の論理的要求であるにとどまらず、まさに道理にも適っている(makes very good sense)のである。憲法と常識との間に争い(war)はない。現在、連邦検察官は違法に押収された証拠を利用することはできないが、通りを隔てた向こうの州検察官は利用できる。それ故、州は、違法に押収された証拠を許容することによって、連邦憲法への不服従を奨励するのに貢献する。さらに、【6】エルキンズ判決で指摘されたように、〃健全な連邦主義の本質はまさに州裁判所と連邦裁判所との間の不必要な争いを回避することにある。〃犯罪捜査のアプローチにおいて同一の基本的基準を相互に尊重する義務のあることを認めることによってのみ連邦と州の協力は促進されることになろう。(Id. at 657-658.)

カードウゾ最高裁裁判官(当時州判事)が述べたように、われわれの憲法上の排除法則の下では〃お巡りがへまをしたから真犯人は釈放されるべきである〃ということになるという論者もいる。確かにそのような結果となる事案は若干あるであろう。しかし、エルキンズ判決でわれわれが述べたように、〃他の考慮——司法の廉潔性の要請(the imperative of judicial integrity)がある。〃真犯人を釈放しなければならないとしても、彼を釈放するのは法である。政府が自らの法を遵守しないこと、さらに悪いことだが、それ自身の存在の憲章(charter)を無視することより以上に政府を早く崩壊させるものはない。

ブランダイス裁判官が一九二八年のオルムステッド判決の反対意見(Olmstead v. United States, 277 U.S. 438, 485)で述べたように〃われわれの政府は影響力のある偏在する教師(the potent, the omnipresent teacher)である。良きにつけ悪しきにつけ、それは手本を示して全ての人民を教育する。もし政府が法を破る者になれば、それは法に対する軽蔑をもたらす。それはすべての人に自己自身を法とするように仕向ける、それは無政府状態をもたらすことになろう。〃実際問題として、排除法則の採用は法執行を無能とすると軽々に考えることはできない。当裁判所は昨年のエルキンズ判決（前出）でこの問題を検討し、それとは反対の〃実用的証拠（pragmatic evidence of a sort）〃には事欠かないことを認めた。〃当裁判所は連邦裁判所自体およそ半世紀にわたりウィークス判決の排除法則の下で機能してきた。しかし、FBIがそのことによって無力化した（ineffective）とか連邦裁判所での刑事司法の運営がそのことによって混乱したと言われたことはなかった。さらに各州の経験は印象的である。排除法則の方向の動きは停止しているが〃明らかに不変である〃と指摘したのである。

第四修正の中に具体化されているプライバシーの権利が各州に対し強制可能であり、州警察官による乱暴なプライバシーの侵害から保護される権利は、それ故、憲法に由来する（constitutional in origin）ことが是認されたのであるから、かかる権利を空約束（empty promise）のままにしておくことはできない。われわれの判断は、理性と真実に基づいたものであり、憲法が個人に保障している以上のものを個人に与えるものではないし、正当な法の執行で警察官に与えられるものを警察官に与え、そして裁判所には真の司法の運営において必要とされる司法の廉潔性を与えるにすぎないのである。（*Id.* at 659–660.）

〈ダグラス裁判官の同調意見〉　私は法廷意見に加わったが、若干付言しておく。本件の刑事手続は無法な捜索押収とともに始まった。警察官は強制的に住居に押し入り書類を押収し、この証拠が後にその居住者（occupant）を犯罪で有罪とするために用いられた。彼女（X）はクリーヴランドのメゾネット式アパートの二階で一三歳の娘と一緒に住んでいた。一九五七年五月二三日午後一時三〇分ころ、三人の警察官がこのアパートに到着した、彼らはベルを鳴らした。上告人（X）は窓際に現われ、要件を尋ねた。彼らの後の証言によると、「最近」の爆弾事件に関連して手配されている男がその家の中に隠れているとの秘密情報（confidential source）を得て同アパートにやって来たのである。しかし、Xの問いかけに対し、彼らは質問したいと答えただけで、彼らが話したいとするその話題について述べようとはしなかった。

係争中の民事問題に関連してすでに弁護士を雇っていたXは、彼らを中に入れるべきかについて弁護士に尋ねたいと警察官に告げた。弁護士の助言に従って、彼女は警察官に彼らが有効な捜索令状を提示したときに限り、家の中に入れると告げた。二時間半にわたり警察は同家を包囲した。四時ころには警察官の数は少なくとも七人に増えた。Xの弁護人が現場に現われた、そして警察官の一人が彼に捜索令状があると伝えたが、その警察官はそれを見せることを拒否した。その代りにその警察官は裏口のドアの方に行き、まずそのドアを破って中に入ろうとした、うまくいかなかったので彼はドアのガラスを破り中に入り、内部からドアを開けた。二階の彼女の家につながる階段の上にいたXは、捜索令状を見せるように要求した。しかし、この警察官は、彼女の目の前に一枚の紙切れを振って見せただけで、それを彼女に見せることを拒否した。彼女はそれをつかみ取り、彼女のドレスの下に滑り込ませた。警察官は彼女を逮捕し、彼女からその紙片を取り戻し、他の警察官に彼女に手錠をかけさせた。彼女は二階の大きな方の寝室に連行され、ベッドに座るように強制された。その間、警察官らは家の中に入り、四部屋および地階を徹底的に捜索した。

捜索に関する証言にはほとんど争いはなかった。警察官は長時間家の外で待機し、すべてのドアを見張っていた。応援の警察官が一枚の紙片を持って到着し、大勢の警察官が家中を徹底的に探し回った。一方、Xは手錠をかけられたまま寝室に座らされていた。なお、このいわゆる令状は紛失していた。州側は公判でも証拠排除の審査手続でも、その存在、発付、その内容を立証しようとはしなかった。オハイオ州最高裁は〝被告人の住居について何らかの捜索令状があったかに関して重大な疑義がある、猥せつ物の捜索を許可する令状は明らかになかった〟と述べている。しかし、本件の基礎となる証拠がどこで発見されたのかに関する証言には矛盾がある。この争いの意味を理解するには、本件は四枚のパンフレットと若干の写真などすべてポルノと主張されていた故意の猥せつ物の所持の事案であることを理解しなければならない。

本件捜索に参加した警察官によれば、これらの資料（materials）は、その一部は上告人の衣服入れ、そして一部は彼女のベッド横のスーツケースの中で発見されたという。Xによると、これら資料の大半は地下のカード・ボックスの中で、一つは彼女のベッド横のスーツケースの中で発見された。最近まで彼女の家にいた下宿人（boarder）のもので、その下宿人は突然ニューヨークに出かけ、そこで勾留されたという。オハイオ州最高裁は、どちらの話が真実であるかにかかわらず、Xは起訴された制定法の下で有罪であるとした。（*Id.* at 668-669.）

なお、Xの主張によると、猥せつ物を制定法の意味で所持したり管理したことはなかった。これらの写真は彼女からその部屋の一室を借りていた男（前記下宿人）のものであり、彼がニューヨークに出かけたまま戻らず、部屋代の代金を支払わないことが分かったのでその部屋を彼女自身が使用することとし、彼の所有物を彼が取り戻しに帰ってくるまで一まとめにして預かっておくことにした。その際これらの猥せつ物を発見したが、彼が帰ってくるまで預かっておくつもりで他の所有物と一緒に一つの箱と彼女のスーツケースの中に一まとめにしておいたのであり、警察によって押収される以前にこれら写真の中を見たことはないと主張していた。State v. Mapp, 166 N.E. 2d 387, at 388 (1960).

オハイオ州最高裁は、たとえ有罪判決が違法な捜索によって獲得された書類に依拠したものであったとしても、有罪判決は維持できるとした。オハイオ州においては、違法な捜索押収によって獲得された証拠は、少なくともそれが〝被告人への乱暴ないし攻撃的な力の行使によって被告人の身体から採取されたものでない限り〟刑事訴追において許容できるとされているからである。われわれは【4】ウルフ判決において、第四修正は第一四修正のデュー・プロセス条項によって州に適用できると判示した。しかし、多数意見は、ウィークス判決の排除法則は州に要求されない、各州は彼らが選択するときにそのような制裁を適用できると判示した。かかる立場が勝利を得たのは当時の支持（necessary vote to carry the day）があったからである。しかし、それは理性ないし原理の声ではなかった。（*Id.* at 669.）

ウィークス判決で指摘されているように、第四修正に違反して押収された証拠が被告人に不利に用いられうるというのであれば、そのような捜索・逮捕押収を受けないことが保障されている彼の権利は無価値なものとなり、憲法から削除された（stricken）のと同様のことにもなる。ウルフ判決でのマーフィ裁判官の反対意見の表現を用いれば、われわれが違法に個人の住居に侵入する〝さもしいビジネス（shabby business）〟に対する憲法上の是認を州に認めたとき、われわれは第四修正の有意味な効力の多くを奪ったことになる。もちろん、他の理論的救済手段はある、その一つは、犯罪に対する警察官の訴追を含む警察の階級制度内部での懲戒処分（disciplinary action）である。ただ、マーフィ裁判官がウルフ判決で述べたように、〝自己監視（self-scrutiny）は高尚な理想ではあるが、州検察官に自己自身またはその同僚を州検察官またはその同僚が命令した手入れ中に生じた悪意のない捜索・逮捕差押条項違反（well-meaning violations）に対し自己自身または同僚を訴追することを期待するのであれば、そのような高尚な考え（exaltation）は新しい高台に達することになる。〟

唯一残った救済手段は、法を犯した警察官に対する住居の所有者による不法侵害訴訟（an action of trespass）である。マーフィ裁判官は、市民がそのような訴訟を維持することがいかに難しいかを示した。違法な捜索押収をする警察官に対する不法侵害訴訟はほとんど現実的でない救済手段（illusory remedy）であるというのが真実である。（*Id.* at 670.）

【4】ウルフ判決は一九四九年に言い渡された。その直接的な結果は、本日はじめてその終焉を告げる憲法論争の嵐であった。ウルフ判決が法に注入した不均斉（asymmetry）に終止符を打つには本件が適切な事案である。これが適切な事案であるというのは、本件で提示された事実は、人の身体を拘束する権限を有する人たちの無秩序な

傲慢さ（casual arrogance）を示しているからである。（*Id.* at 670-672.）

二　まとめ

以上、わが国でも著名な合衆国最高裁判例を中心に排除法則の成立に至るアメリカでの経緯を明らかにしてきた。ひとまずその意味内容を振り返りつつ、アメリカ判例法を取りまとめておく。

合衆国最高裁は一八八六年の【1】ボイド判決において、不正に関税を免れた板ガラス三五ケースの輸入との関連で先に輸入した板ガラス二九ケースの送状の提出および板ガラスの没収がボイドに命じられた事案で、提出命令の根拠となった一八七四年の修正関税法は合衆国憲法第四修正の不合理な捜索・逮捕押収の禁止および第五修正のいわゆる自己負罪拒否特権に違反するとした。同法は送状等の提出に応じなければ「自白したもの」と認める旨規定しており、これは「提出の強制に相当する」。そして一八七四年法は不正輸入者に対し、罰金または拘禁刑または両者を併科のうえ、そのような商品は没収されると規定する。これらは犯罪行為に特有の刑罰であり、「法律的には民事手続であるけれども事実上刑事手続」であるので、第四修正および第五修正が適用される。さらに所有者に私文書の提出を強制するのは「第五修正の自己に不利な証人となることを強要することであり、かつ第四修正の不合理な捜索・逮捕押収に相当する」というのである。そして一九一四年の【2】ウィークス判決において無令状捜索で被告人の住居から合衆国警察署長によって押収された書類等に基づき富くじ券頒布の目的での郵便の不正利用で合衆国地方裁判所で有罪とされた事案につき、このように押収された私文書等が被告人に不利な証拠として使用できるというのであれば、第四修正の規定は「無価値」なものとなるとしていわゆる排除法則を明らかにした。

このように第四修正の不合理な捜索・逮捕押収の禁止に反して獲得された証拠は連邦裁判所において排除される

ことが判例法上確立する。もっとも、排除法則に対する批判は根強く、このことを端的に示したのが【3】デフォー判決におけるカードウゾ・ニューヨーク州最高裁判事（後の合衆国最高裁裁判官）の有名な一文で、排除法則はつまるところ「お巡りがへまをしたから真犯人は釈放されるべきである」との主張に外ならないとして痛烈に批判したのである。もっとも、連邦法上の排除法則が州にも適用されることが確立する以前のことであるためウィークス判決に拘束されないと明示した上で排除法則の採用を否認するものであるが、その詳細な判示内容は比較衡量的手法とともに今なお熟読玩味に値する。

一九四九年の【4】ウルフ判決は、無令状で押収した日誌の記載等に基づき堕胎のコンスピラシーで医師ウルフが州裁判所で有罪とされた事案につき、ウィークス判決以降の各州の動向を慎重に検討しつつ、六対三で第一四修正のデュー・プロセス条項は不合理な捜索・押収によって獲得された証拠の州裁判所での使用を妨げないとした。その後、【5】ローチン判決では、無令状で寝室に押し入りカプセル状のものを飲み込んだローチンを病院に連行し胃ポンプを用いて内容物を吐き出させた一連の行為につき〝良心にショックを与える〟〝ほとんど拷問ともいえる方法〟であり、第一四修正のデュー・プロセス条項に直接違反するとした。同判決はその際、物的証拠と供述証拠とを区別するのは強制による自白排除の理由を無視することになるとして、強制による自白が共同社会のフェア・プレイおよび品位の感覚を傷つけるのと同様に本件での野蛮な行為を是認するのはそれに法のマントを着せることになるとして、両者の密接な関係を強調した。【6】エルキンズ判決では、州警察官による電話盗聴が無効とされた後で連邦捜査官が銀行の貸金庫で保管されていた本件証拠物を獲得し被告人が訴追された事案につき、ウルフ判決以降の各州の動向、とりわけ警察の違法行為を抑止するには排除法則しかないとした一九五五年のカリフォルニア州最高裁判決が〝極めて啓発的〟であるとした上で、州と連邦との捜査協力の必要性を強調し、たとえ連邦捜査官が違法な捜索押収に関与していなくても州警察官によって違法に獲得された証拠は連邦裁判所において許容できないとし、従前のいわゆる銀盃法理の有効性を否定した。

そして一九六一年の【7】マップ判決において、入室の許可に応じなかったのを無視して彼女（マップ）の住宅に押し入り内部を徹底的に捜索し発見・押収した証拠物を根拠に猥せつ物の所持等で有罪とされた事案つき、【1】ボイド判決以降の先例を精査した上で、排除法則が第一四修正を介して州にも適用される以上、「第四修正および第一四修正の不可欠な部分」である連邦法上の排除法則も州に適用されると判示し、【4】ウルフ判決を正面から変更したため、ここに排除法則がアメリカの全法域に適用されることが確立したのである。

第三節　申立適格

違法収集証拠であるとして証拠排除を主張できるいわゆる申立適格（standing）については、今日では侵害された捜索場所に客観的に合理的なプライバシーの期待を有する者に限定されることが判例上確立している。以下、ひとまず関連判例を検討した後、申立適格の経緯について簡単に取りまとめておく。

一　主要関連判例

【8】ジョーンズ友人宅滞在中押収物排除申立適格肯定麻薬事件判決（一九六〇年）

本判決（Jones v. United States, 362 U.S. 257）は、許可を得て友人のアパートに滞在中に押収された証拠物に対する証拠排除の申立てを連邦刑事訴訟規則の〝侵害された者〟に相当するとして肯定したものである。

【事　実】　被告人（X）は麻薬の捜索令状執行中の連邦麻薬捜査官（Pら）によってコロンビア地区のアパートで逮捕された。Pらがアパートの窓の外に少し突き出た鳥かごの中で麻薬および麻薬関連道具（paraphernalia）を発見したところ、Xは麻薬等は自分のものであり、かつ自分は同アパートに住んでいることを認めた。Xは公判で捜索令状は相当な理由なしに発付されたものであるとして麻薬等の証拠排除を申し立てた。政府側は、〝招待された者ないし客〟以上の利益をアパートに有していないことを理由にXの申立適格を争った。Xは直接尋問で、アパートは友人（Y）のものであるが、その友人からアパートの使用を認められ鍵を提供されていると証言した。反対尋問を受けたXは、アパートには衣類（スーツとシャツ）を置いてあるが使用料は一切支払っていない、Yは〝友人として〟アパートの使用をXに認めた、〝多分夜も〟そこで休んでいた、捜索当時Yは五日間ほどフィラデルフィアに出かけて留守だったと証言した。Xは有罪とされ七年の拘禁刑を言い渡された。公判裁判官は、Xには〝申立適格〟がないとの理由で証拠排除の申立てを否認した。控訴裁判所は、Xには申立適格がないとの地裁判断には同意したが、たとえ申立適格が認められるとしても証拠は合法的に押収されたものであるとして有罪判決を維持した。(*Id.* at 258-260.)

【判　示】　原判決破棄。Xの申立適格の問題は連邦刑事手続規則第四一条（e）を参照して決定されるべきである。同条は、〝違法な捜索・押収によって侵害された（aggrieved）者は、当の財産が押収された地域の地方裁判所に財産の還付および……令状なしに違法に押収された等の理由でその財産の証拠としての排除を申し立てることができる〟と規定する。

〝違法な捜索・押収によって侵害された者〟といえるには、その者は捜索・押収の犠牲者でなければならない。しかし、本件のような訴追には格別の問題が提示されてきた。〝申立適格〟を立証するために申立人は押収された財産を所有していたこと、または捜索された場所での実質的な占有的利益（a substantial possessory interest）を有していたことの立証が必要とされてきた。本件におけるような麻薬犯罪の告発は麻薬の所持という事実の立証だけで確証できるから、被告人は彼を有罪とするのに役立つ事実を述べなければならない。そのような被告人は、その場所（premises）での所持を主張するという刑事上底意のある立場（criminally tendentious position）に置かれることになる。証拠排除の申立てに関してなされた主張が公判で自己に不利に用いられうるという可能性に直面するばかりか、所持犯罪の起訴に対する防御を維持しつつ〝申立適格〟を立証しようとすれば偽証を犯すことにもなりかねないからである。

本件事案における被告人のジレンマは第二巡回区のL・ハンド（L. Hand）判事によって鋭く（pointedly）指摘されていた。すなわち〝規制財産（contraband property）の持主ないし所有者であることを認めることに人はたじろぎかねない（may wince）。持主の救済を希望すると同時にそのことによる危険を回避するためには曖昧な言葉（equivocation）では役立たないだろう。彼らが犠牲者として登場するのであれば、その役割を引き受けて疑問の余地なく詳細に犠牲者の役割を果たさなければならない。本件での申立人はかかる窮地に後ずさり（shrank from that predicament）しつつ、ジレンマの一方（one horn）を選択することを余儀なくされた〟というのである。Connelly v. Medalie, 5 8 F. 2d 629, 630 (1932).

ハンド判事のいうジレンマは解消不能（inescapable）ではない。それは〝申立適格〟の要件を前提としているが、それは絶対的（compelling）とは認められない。本件での被告人の申立適格を効果的に支持するのに役立つ二つの考え方がある。

第一、覚せい剤の所持またはその場所への利益を認めなかったため申立人は捜索を攻撃できないと判示するのは、矛盾する立場の利益（the advantage of contradictory position）を政府側に認めることになろう。申立人（X）の有罪は捜索時の覚せい剤の所持（possession）に由来する。しかし、その有罪判決が依拠する捜索の果実は、Xはそのとき当該覚せい剤を所持していなかったという理由に基づいて証拠として認められたのである。政府側は、それ故、かかる状況下において意図された救済策を被告人に否定しつつ、他方、不法な覚せい剤所持のために割り当てられた（meted out）ペナルティを被告人に科したことになる。このように正面から矛盾する権限の主張を是認することは、控えめにいっても、刑事司法の運営の礼節（amenities）に一致しない。Xの有罪の根拠とされた所持は、規則第四一条（e）の公正かつ合理的な概念の下で彼に中立適格を与えるのに十分である。（*Id.* at 263-264.）

第二、Xの証拠排除の申立てに関する証言は捜索によって〝侵害された者〟としてXがその場所に十分な利益を有していたことを明らかにしている。同証言は、捜索時にXはアパートの持主（Y）の許可を得てアパート内にいたことを確証した。政府側は、そのような利益では中立適格を認めるのに十分でないと主張する。政府側は、建物の持主だけが中立適格を付与されるということを争っていない。政府側の主張は、下級審での支配的な見解にほぼ従ったものである。下級審は〝客〟や〝招待客〟への中立適格を否定してきた。われわれは下級審の一連の判決から軽々に離脱しない。われわれは、しかし、私的な財産法の中でコモン・ローによって展開されてきた精緻な区別を不合理な捜索・押収を受けない憲法上の権利にかかわる法の中に導入するのは不必要かつ不賢明であることを確信する。（*Id.* at 265-266.）

効果的かつ厳格な刑法の執行による政府側の利益は、捜索場所に正当にいた者は何人であっても（anyone legitimately on premises）、その果実が自己に不利に用いられようとしているとき、排除の申立てをすることによってその合法性を争いうることを認めても、何ら損なわれることはない。このことは、むろん、不法な滞在のため捜索場所へのプライバシーを主張できない人を利することにはならない。Yの同意によってアパートにいたことを申立人（X）の証言は立証しているから、Xには証拠の排除の申立てをする権利があったことになる。（*Id.* at 267.）

【9】キャッツ第四修正違反公衆電話徒博情報傍受事件判決（一九六七年）

本判決（Katz v. United States, 389 U.S. 347）は、公衆電話ボックスの外に電子装置を設置したFBI捜査官が電話による徒博情報を傍受した事案につき、第四修正は場所ではなく人を保護するとした上で、本件盗聴は申立人が正当に依拠したプライバシーを侵害するとしたものである。

【事　実】　被告人（X）は電話で徒博情報をロスからマイアミおよびボストンへ伝達し連邦法に違反したとして八訴因で起訴され、カリフォルニア州南部地区地方裁判所で有罪とされた。政府側は公判で「公衆電話ボックスの外側に」盗聴器を設置してFBI捜査官が傍受したXの電話会話を証拠として提出することが認められた。控訴裁判所は、Xの占有する地域への〝物理的侵入（physical entrance）〟はなかったことを理由に、本件録音は第四修正に違反して獲得されたものであるとの主張を退け、有罪を維持した。（*Id.* at 348-349.）

【判　示】　原判決破棄。　「第四修正は、場所ではなく、人（people, not places）を保護する。」人が故意に（knowingly）公衆にさらすことは、たとえ彼自身の家や事務所の中のことであったとしても、第四修正の保護の対象ではない。しかし、彼が個人的なこと（private）として保持しようとしていることは、たとえ公衆に解放されている領域においてであっても、憲法上保護されうる。（*Id.* at 351-352.）

政府側は、Xが電話をかけていた電話ボックスは主にガラスで作られているのでXがその中に入った後でも外にいたときと同様に可視的（visible）であると主張する。しかし、彼が電話ボックスに入ったときに排除しようとしたのは侵入する目（intruding eye）ではなく招かれざる耳（uninvited ear）であった。彼は、人に見られうる場所から電話をかけていたにすぎず、そのように（招かれざる耳を排除）する権利を放棄していなかった。会社の事務室、友人のアパート、あるいはタクシーの中にいる個人と同様に、電話ボックスの中にいる個人は第四修正の保護に依拠できる。電話ボックスを占拠し、後ろのドアを閉め、電話のできる料金（toll）を支払う者は、彼が送話器に発する言葉は外部の世界に伝わらないと考える権利がある。憲法をそれより狭く解釈するのは、公衆電話が私的なコミュニケーションにおいて果たしてきた重大な役割を無視することになる。(*Id.* at 352.)

政府側は、しかし、本件での捜査官の行動は第四修正の要件によって吟味されるべきではないと主張する、彼らが採用した監視技術はXが電話をかけていた公衆電話ボックスへの物理的侵入とは関わりがなかったからであるというのである。しかし、このような考えはすでに廃棄された。実際、われわれは、第四修正は有体物の押収を規制するばかりか、財産法の下で不法行為ではない口頭供述の録音や傍受にも同様に及ぶことを明示してきた。このことが認識され、第四修正は不合理な捜索・逮捕押収から人——単なる〝領域(areas)〟ではない——を保護することが認識されると、第四修正の及ぶ範囲は一定の囲まれた場所(enclosure)への物理的侵入の有無いかんによるものでないことが明白となる。Xの言葉を電気によって盗聴・録音した政府側の活動は、Xがボックスを用いた際に正当にも依拠できたプライバシーを侵害したことになり、それ故、第四修正の〝捜索・逮捕押収〟に相当する。かかる目的のために用いられた電子装置がたまたま電話ボックスの壁を侵入しなかったという事実は憲法上意味を有しない。(*Id.* at 353.)

〈ハーラン裁判官の同調意見〉　法廷意見が述べるように、第四修正は〝場所ではなく、人を保護する。〟問題は、しかし、これらの人々にどのような保護を提供するのかである。一般的には、本件におけるように、この問題への回答は〝場所〟への言及を必要とする。以前の諸判例から浮かび出てくる私の理解するルールによれば、二重の(two fold)要件がある、第一、人が現実の(主観的な)プライバシーの期待を表明したこと、そして第二、そのプライバシーの期待は社会が〝合理的〟として是認する用意のあるものであることである。それ故、人の家は、彼がプライバシーを期待する場所である。しかし、彼が外部の者の〝明白な視野(plain view)〟にさらす物件、活動、または供述は〝保護〟されない。それらを彼自身のものとする(keep them to himself)という意図が表明されていないからである。他方、オープンの会話は立ち聞きされたとしても（being overheard）保護されない、このような状況でのプライバシーの期待は不合理であるからである。本件でのポイントは、電話ボックスが〝公衆に解放されている〟ということではなく、それはほんの一時の占有者の侵害からの自由の期待が合理的であると是認される一時的な個人的場所（private place）であるということにある。（*Id.* at 361.）

【10】シモンズ証拠排除肯定銀行強盗事件判決（一九六八年）

本判決（*Simmons v. United States*, 390 U.S. 377）は、二人組の銀行強盗事件に関して公判前の写真提示による犯人識別手続の合憲性が争われたが、共犯者の一人については証拠排除の申立てを否定した点において誤りがあるとして破棄した際に申立適格の要件について【8】ジョーンズ判決と対比しつつ詳細な判断を示したものである。

【事　実】　一九六四年二月二七日、二人組の男がシカゴの銀行に入った。その一人は出納係に銃を突き付け持参の袋を示し、その中に金を入れるように命じた、二人はおよそ五分間銀行内にいた。二人が逃げると銀行員の一人がその後を追いかけ、まさに走り去ろうとしていた一九六〇年型サンダーバードの助手席に座っている男の一人を目撃した。一時間内に警察がこれに似た車を突き止めたところ、被告人シモンズ（X）の義理の姉妹であるR夫人所有のものであることが判明した。R夫人は当日午後、その車を兄弟（Z）に貸したと警察に話した。当日午後五時一五分ころ、二人のFBI捜査官は同車が駐車していた場所から半ブロック先のZの母親M夫人宅に行った。無令状であったので、後に公判でM夫人が家宅捜索を許したかどうかが争われた。捜査官は捜索した家の地下室で二つのスーツケースを発見した。M夫人はいずれのスーツケースも知らないと述べた。一つのスーツケースの中に強盗時に用いられたのと類似の銃入れや袋、銀行から奪われたコイン・カードや紙幣の帯封（bill wrappers）などが入っていた。

ＦＢＩは翌朝、Ｚのもう一人の姉妹からＺとＸの写真を手に入れ、これを強盗を目撃した五人の行員に示したところ、五人はいずれもＸを犯人の一人として識別した。一～二週間後に五人のうち三人は、ガレット（Ｙ）の写真を見てもう一人の犯人であると識別し、残りの二人は、二人目の強盗犯人についてははっきりと見ていなかったので分からないと述べた。

Ｘ、ＹはＺとともに強盗罪で起訴された。Ｙは公判前に、自己に不利な物の入ったスーツケースから成る訴追側の証拠物の排除を求めた。Ｙはこのような申立適格を立証するために、そのスーツケースはＹが所有していたスーツケースとよく似ている、そしてスーツケースの中にあった衣類は自分のものであると証言した。地裁は証拠排除の申立てを退け、排除手続でのＹの証言は公判でＹに不利に許容された。（*Id.* at 381.）

公判で五人の証人は全員、Ｘを犯人の一人であると識別した、そのうち三人はＹをもう一人の犯人であると識別したが、残り二人はよく見ていなかったから分からないと証言した。陪審は三人全員を有罪とした。第七巡回区はＸとＹについては有罪を維持したが、Ｚについては「Ｚと本件強盗とを結びつける証拠が不十分であるとの理由で」有罪を破棄した。（*Id.* at 380-381.）

【判　示】　原判決破棄。　Ｍ夫人の自宅地下室で押収されたスーツケースおよびその内容物の証拠排除の申立に関してガレット（Ｙ）がした証言をＹに不利に許容することを政府側に許したのは、原判決を破棄すべき誤り（reversible error）であると主張されている。当裁判所は最近、〝排除法則は第四および第一四修正の本質的部分である〟と判示した。

しかし、われわれはまた、第四修正によって保障される権利は一身上の権利（personal rights）であること、そして捜索の押収によって自己自身の権利が侵害された者の事案（instance）にのみ、それらの権利は証拠排除によって強制しうると判示した。【8】ジョーンズ判決二六〇—二六一頁を見よ。一時期、第四修正の異議申立てをしようとする被告人は、自分が押収物の所有者であるか、または捜索された場所（premises）に財産上の利益を有することを立証することが要求された。われわれはこの申立適格の要件をジョーンズ判決において二つの方法で緩和した。第一、押収された証拠物の所持それ自体が被告人が起訴されている犯罪の本質的要素であるとき、証拠の許容性を争うために必要とされる占有上の利益（possessory interest）を被告人が有していることを政府側が否定することはできないと判示した。第二、申立適格を有するためには捜索場所に被告人が占有上の利益を有することは必要ではないと判示した。つまり捜索開始時にXがこれらの場所に正当に滞在しておれば、それで十分であるというのである。本件で申立人ガレット（Y）は正当にも、申立適格の要件は満たされなければならないとの前提に立っている。この前提に立った上で、かような要件を満たすためにYによってなされた証言は公判で有罪・無罪の問題に関してYに不利に許容されるべきではなかったと主張するのである。この主張に同意する。（*Id.* at 389-390.）

【8】ジョーンズ判決で明らかにされた申立適格法則の下では、非占有的犯罪に対する訴追においてであっても、申立適格を立証するために被告人の証言が必要となる場合がある。本件は、その一例として役立つ。スーツケース押収時にYは、M夫人の家にいなかったことは明らかである。スーツケースの証拠としての許容に異議を申立てるための最も自然な方法は、自分がそのスーツケースの持主であることを証言することだった。それ故、Y証言は第四修正の証拠排除の主張の不可欠な部分（integral part）と見なされるべきである。下級審によって確立された法則の下では、当該証言が後の公判で彼に不利な証拠として許容される危険を前提とすることによってはじめてYはかかる証言をすることができる。政府側が重要と考え公判で許容されることを求めている証拠と被告人を結び付けるこの種の証言は、被告人にとって極めて不利であることは間違いない。本件は再び、一つの例として役立つ。強盗の二、三時間後に銀行から奪われた帯封（wrappers）の入っているスーツケースの持主であることをYが認めたことは、疑いもなくYにとって極めて不利な証拠であった。この証言がなければ、Yがスーツケースの持主

であることを政府側が立証することは困難であったろう。(*Id.* at 390-391.)

ガレット(Y)のような被告人が直面するジレンマは、占有的犯罪にあってはとくに著しい、申立適格のために要求される証言自体が犯罪の要素を立証することになるからである。当裁判所は今まで、非占有的犯罪で訴追されたガレット(Y)のような被告人がジレンマから完全に解放される権利があるかについて正面から判断したことはなかった。下級審によって採用された法則は、被告人に第四修正の異議申立てをさせない要件を課すだけでなく、当裁判所がとくに敏感(sensitive)であった種類の要件を課している。申立適格を立証したい被告人は自分が述べた言葉が後に彼を罪に陥れるために用いられうる危険を負わなければならないからである。申立適格を立証するためになされた証言の許容性を認める裁判所は、証言は任意であるから第五修正の自己負罪条項の違反はないとしてきた。抽象論としては、そのとおりであろう。しかしながら、この理由付けの根底にある前提は被告人には選択(権)があるということである。すなわち、被告人は証言を拒絶して利益を放棄しうるというのである。得られる〝利益〟が権利の章典の他の規定によって提供される状況にこの前提が適用されると、まぎれもない緊張関係(undeniable tension)が創出される。それ故、本件においてガレット(Y)は弁護人の助言のもとに有効な第四修正の主張であると信じていることを放棄するか、それとも第五修正の自己負罪拒否の特権を放棄するかの選択を余儀なくされたのである。このような状況において、われわれは、一つの憲法上の権利が他の憲法上の権利を主張するために放棄されなければならないというのは耐え難い(intolerable)ことと考える。それ故、被告人が第四修正を根拠に証拠排除の申立てを裏付けるために証言するとき、彼の証言は公判で有罪の争点に関して彼に不利に許容できないと判示する。

以上の理由でわれわれは、シモンズ(X)に関する限り、控訴審の判断を維持する。ガレット(Y)に関しては原判決を破棄し、本件を控訴裁判所に差し戻すことにする。(*Id.* at 393-394.)

【11】オールダマン第四修正違反申立適格否定国防情報提供事件判決（一九六九年）

本判決（Alderman v. United States, 394 U.S. 165）は、第四修正違反の産物の排除は、当の捜索自体によって権利を侵害された者によってのみ主張できることであり、共同被告人や共謀者には格別の申立適格はないとしたものである。

【事　実】　オールダマン（X）とYの有罪判決が控訴審で維持され最高裁に継続中に政府側による盗聴器の設置が判明したため、本件有罪の裏付けとなる証拠が第四修正違反の違法な盗聴の結果であるかを判断する際に第一審によって従われるべき手続が問題となった。（*Id.* at 167.）

X、Yは、故人Zとともに殺人目的の脅迫（murderous threat）を州間通商において共謀したとして有罪とされた。これは控訴審で維持され、最高裁は上告受理の申立てを退けた。再審査の申立て中にXらは、シカゴのYの事務所に盗聴器が設置されていたことが最近判明したと主張した。違法な盗聴によりYの会話が傍受されていたことを政府側が認めたので、Xらに再審理が認められ、原判決が破棄差し戻された。（*Id.* at 167-168.）

X、Yは、合衆国の国防上の情報をソ連に伝達した共謀罪およびBをソ連のエージェントとして利用したとして有罪とされた。Bは連邦法（18 U.S.C.§951）の下での実体犯罪で有罪とされた。控訴審はこれを維持した。Xに続きBも、Xの事案での再吟味とほぼ同じ問題に限定して、上告受理の申立てが容れられた。各事案で上告受理の許可は次の質問に限定された。すなわち、申立人または共同被告人に対し第四修正に違反する電子監視（electronic surveillance）があったという前提で、①そのような電子監視の記録を公判裁判官による裁判官室での点検のために（in camera to inspection）提出されるべきであるか、もしそうであるなら、②どの範囲で、どのような基準によって公判裁判官は被告人にその記録を引き渡すのか、③申立人はそのような違法な監視から獲得された情報を不利に使用することに異議を申し立てる適格を有するかを判断するに当たり、いかなる基準が適用されるべきであるか。より具体的には、違法な監視が特定の被告人の家屋で（at the premises）行われたのであれば、(a)その被告人は、その家屋にいたかまたは傍受された会話の当事者であったか否かにかかわらず、違法な監視から得られたいかなる情報も彼に不利に用いることに異議を申し立てる適格があるのか。そして本件での検討は、(b)共同被告人は、その家屋にいたかまたは傍受された会話の当事者であったか否かにかかわらず、違法な監視から得られたいかなる情報も彼に不利に用いることに異議を申し立てる適格があるかに限定された。(*Id.* at 169-170.)

【判　示】　排除法則は第四修正に違反して被告人から押収されたいかなる証拠も刑事裁判から排除する。そのような証拠の果実も同様に排除される。第四修正は招かれざる耳に対しする保護を提供するから、違法に傍受されたのであれば、口頭供述およびその果実も排除の対象となる。【7】マップ判決や【2】ウィークス判決での被告人は捜索の犠牲者であった。しかし本件での各申立人は、彼を有罪とするために用いられた証拠のどれかが権限なき監視の産物であれば、何人の第四修正の権利が侵害されたかにかかわらず再公判が必要であると主張する。当該証拠が彼に対する違法な電子監視によって汚れていることを理由に彼に不利に許容できないというのであれば、彼の共同被告人または共同共謀者に対しても不許容とすべきであると主張する。

「このような第四修正およびそれを実施するために創出された排除法則の広範な解釈は明らかに判例と一致しないので、われわれはこれを退ける。確立した原理によれば、第四修正違反の産物の排除は、捜索自体によって自らの権利が侵害された者によって主張されるときに成功しうる。共同共謀者（co-conspirators）や共同被告人には特別な申立適格は与えられていないのである。」(*Id.* at 171-172.)

【12】ブラウン他州保管盗品排除申立適格否定盗品州間移送事件判決（一九七三年）

本判決（Brown v. United States, 411 U.S. 223）は、被告人が窃盗の共謀者の店で保管中の盗品が瑕疵ある令状によって捜索・押収された事案につき、被告人にはその押収された盗品につき正当なプライバシーの期待がないとして証拠排除を求める申立適格がないとしたものである。

【事　実】　ブラウン（X）はオハイオ州所在の家財道具会社のマネージャで倉庫の鍵を保管していた。Yは同社のトラック運転手であった。同社は一九六八年から六九年にかけて毎年六万ドルの損害を計上した。同社の取締（A）はXのポケットから一枚の紙片が滑り落ちたのを見つけた。それにはXの筆跡で商品リストおよび価格が書いてあり、その正当な最低価格は計六、四〇〇ドルであるにもかかわらず、二、二〇〇ドルと書かれていた。Aは警察に通報した。警察は直ちに倉庫の監視を開始した。一〇日後にXらは倉庫から商品をトラックに積み込んでいるのを観察された。警察はその現場を秘かに写真に撮っていた。Xらは商品を積み終えて走り去った。X、Yは警察に追跡逮捕され、権利告知後に、トラックとともに警察本部に連行された。トラックの商品は倉庫から合法的に持ち出されたものではなく、およそ六、五〇〇ドルに相当した。逮捕に続いて憲法上の権利を十分に告知された後でX、Yは各別に自白し、倉庫から商品を盗むことをZと共謀したこと、過去にも商品を倉庫から盗み、これらの商品を逮捕二か月前にケンタッキー州マンチェスターにあるZの店に運んだことがあると述べた。Xらはまた、それ以前にも盗んだ商品をZの店に配達し現金で売った（sold）とも述べた。そこでZの店が令状に従って捜索され、小売価格一〇万ドル以上の盗品が発見された。Zは捜索当時店にいたが、Xらはオハイオ州で身柄を拘束されていた。

公判開始前にX、Y、Zの三人はいずれも、Zの店で発見された盗品の証拠排除を求め、そして政府側はZの店に対する捜索令状に瑕疵があったことを認めた。地方裁判所はXらの証拠排除の申立てに関する審理を開いたが、XらはZの店ないし押収された盗品に財産的ないし占有的利益のあることを主張せず、またそのような利益のある証拠は地裁に提示されなかった。地方裁判所はZの申立ては認めたが、X、Yの申立ては認めなかった、Zは分離して審理された。

Xらの公判でZの店で押収された盗品が証拠として許容された。Xらの逮捕に至る経緯は目撃証人でもある警察官によって詳しく説明された。盗品積み込み中に撮られた二〇枚の写真は証拠として許容された。検察官は相互に犯罪に巻き込むX、Yの自白を証拠として提出した。Xらは有罪とされた。第六巡回区はこれを維持した際に、XらはZの店での商品に占有的ないし財産的利益を主張していなかったのであるから地裁決定は正しかったと述べ、瑕疵ある令状に従って押収された盗品がXらに不利に許容されたのは相当であると判示した。(*Id.* at 224-227.)

【判　示】　原判決維持。　Xらは【8】ジョーンズ判決に依拠してZの店での捜索・押収を争う〝自動的(automatic)〟申立適格を有すると主張する。ジョーンズ判決の法廷意見を執筆したフランクファータ裁判官は、ハンド判事の言葉を引用しつつ、被告人が押収の違法性を争うためには所持の主張に内在する〝ジレンマ〟を強調した。しかし、このようなジレンマはもはや現行の憲法解釈の下においては生じえない。ジョーンズ判決後の【10】シモンズ判決においてわれわれは、被告人が公判前の審理で証拠排除の申立適格を確立するためにしたいかなる証言も検察官は公判で被告人に不利に用いることができないと判示したからである。しかし、シモンズ判決でのわれわれの判断がジョーンズ判決の〝自動的〟申立適格を不必要とするかをここで判断する必要はない。本件ではジョーンズとは異なり、申立人(Xら)に不利な政府側の立証は捜索・押収時に獲得された証拠を申立人が所持していたことに基づいていない。押収された盗品は捜索の二か月前に申立人によってZに移送され〝売買〟されている。正式起訴状によって主張されているコンスピラシーおよび盗品の移送は注意深く捜索前の期間に限定されているのである。(*Id.* at 228-229.)

本件を判断するに当たり、それ故、本件のように(a)異議が申し立てられている捜索・押収時にその住居にいなかった被告人が、(b)住居での財産的ないし占有的利益を主張せず、(c)公訴犯罪事実の不可欠な要素としての捜索・押収時に押収された証拠の所持を含む犯罪で起訴されていなかった場合、捜索・押収に異議を申し立てる適格がないと判示することで足りる。公訴犯罪事実の一部として所持を主張すると同時に中立適格を立証するために十分な所持の否定を政府側に認める欠点（vice）は存在しない。政府側は〝相矛盾した立場を利用（taking "advantage of contradictory positions)〟しているとして非難されえないのである。

われわれは【8】ジョーンズ判決の〝自動的〟申立適格が依然存続することを保障するのではない。われわれは単に、本件のように被告人の自己負罪もなく訴追側の自己矛盾もない場合、このような〝自動的〟適格を認める理由はないというにすぎない。Xらは中立適格に関して十分な審理を与えられ、捜索された住居または押収された商品に何らの正当な利益も主張しなかった。また記録上、このような利益は明らかにされていなかった。控訴裁判所が正しく判断したように、Zの店を捜索するために用いられた瑕疵ある令状に異議を申し立てる適格はXらにはなく、他人の第四修正の権利に依拠できないとの控訴裁判所の判断は正しい。〝第四修正は一身上の権利〟であって、他の憲法上の諸権利のように代理して（vicariousy）主張できないのである。（*Id.* at 229-230.）

【13】　ラーカス逃走車輌同乗者申立適格否定強盗事件判決（一九七八年）

本判決（Rakas v. Illinois, 439 U.S. 128）は、強盗事件発生直後の逃走車を停止させて捜索したところ銃等が発見されたので逮捕され訴追された被告人が逃走車の同乗者にすぎなかったにもかかわらずライフル等の排除を求めた事案につき、【8】ジョーンズ判決の〝標的〟理論ではなく【9】キャッツ判決の示した〝正当なプライバシーの期待〟を有する者にのみ申立適格があるとして証拠排除の主張を退けたものである。

【事　実】　パトロール中の警察官（P）は強盗事件発生および逃走車の特徴を知らせる司令部からの通信を傍受した。間もなく逃走車と思われる車を発見したので追跡し、応援の車の到着後、Pらはこの車を 停止させ捜索することにした。車に乗っていた本件申立人ラーカス（X）らと女友達二人を車外に出るよう命じ、彼らが外に出たあと車の内部を捜索したところ、鍵のかかったグローブ・コンパートメントにライフル用弾丸の入った箱があり、前部座席の下にライフル銃を発見したのでXらを警察署に連行し逮捕した。

公判開始前にXらは、第四修正および第一四修正に違反したとして車から押収されたライフルおよび弾丸の排除を申し立てた。Xらは、車を所有しておらず単に同乗者にすぎなかったことを認めた。車の所有者が当時車を運転していた。Xらはまた押収された弾丸も銃身を短くしたライフルも自分のものであるとは主張しなかった。検察官は、車もライフルや弾丸もXらのものではなかったのであるから、Xらには車の捜索の合法性を争う適格がないと主張した。公判裁判所は検察官の主張を認め、証拠排除を退けた。イリノイ控訴裁判所はこれを維持した。（*Id.* at 130-132.）

【判　示】　原判決維持。　Xらはまず【8】ジョーンズ判決で明らかにされた申立適格法則の緩和ないし拡大を主張し、捜索の対象とされた（directed）いかなる刑事被告人もその捜索の合法性を争い、その捜索の結果得られた証拠の公判での許容に異議を申し立てる適格があると主張する。あるいは本件捜索時に〝正当にその場所（legitimately on the premises）に〟いたことを理由にジョーンズ判決の下で本件捜索に異議を申し立てる適格があると主張する。（*Id.* at 132.）

(1)　Xらによって示唆されている第四修正の事案での申立適格の拡大には応じられない。【11】オールダマン判決で述べたように、第四修正の権利は一身上の権利であって代理して（vicariously）主張しえないものである。第三者の家屋または財産の捜索によって得られた証拠の提出を介してのみ違法な捜索・押収による侵害を受けた者は第四修正の権利を侵害されていない。そして排除法則は第四修正の保障を実効的にする試みであるから、第四修正の権利が侵害された被告人にのみ同法則の保護を享受させるのが相当である。（*Id.* at 133-134.）

代理人による第四修正の異議申立ての主張に申立適格を付与することは必然的に排除法則のさらなる広範な発動（invocation）を意味する。オールダマン判決での法廷意見はこのような排除法則の拡大に警告していた。（*Id.* at 137.）

(2)　われわれがXの主張を受け入れるのであれば、【8】ジョーンズ判決の第四修正の分析の下で申立適格の使用を認めるのが相当ということになろう。Xの主張する標的理論の下では、争われている捜索・押収が特定の被告人の第四修正の権利を侵害したかという実体的問題を検討することなしに被告人に排除法則を援用する申立適格があるかを決定できる。しかし、われわれは標的理論を斥け第四修正の権利は一身上の権利であることを再確認したのであるから、それが有用な目的に役立つかどうかだけの問題が生ずる。

申立適格という観念に代えて、第四修正によって保障されている権利は一身上のものであるとの原理を厳格に適用しても、証拠が排除されなければならない新たな状況が生ずるわけではない。どちらのアプローチの下で検討しても結果は同一である。しかし、われわれは、申立適格の概念よりも第四修正の下での特定の被告人の権利の範囲に焦点を合わせる方法がベターと考える。これらの権利の定義は、申立適格の範囲（purview）内におくよりも実体的な第四修正の法の範囲内におく方がより適切であると考えるのである。

そうすると本件での問題は、争われている捜索・押収によって獲得された証拠の排除を求める刑事被告人の第四修正の権利が侵害されたかどうかである。この問題は、争われている捜索・押収は第四修正が目的とする刑事被告人の利益を侵害したかの判断を必要とする。（*Id.* at 138-139.）

(3)　われわれは、問題の捜索が違法なら被告人は第四修正の権利を侵害されたことになるという【8】ジョーンズ判決の結論を問題にしているのではない。それにもかかわらず、ジョーンズ判決で鋳造（coined）された〝正当にその場に（legitimately on premises）〟という文言は第四修正の権利の測定のためには余りにも広いゲージ（too broad a gage）を創り上げたと考える。例えば、文字どおり適用されると、この文言は、今までに会ったこともないような不意の訪問者が捜索時にたまたま台所にいたとしても、他人の家の地下の捜索への異議申立適格を認めることになる。同様に、捜索開始の一分前に来て捜索の一分後に帰った不意の訪問者も捜索の適法性を争うことができることになろう。最初の訪問客は地下室に絶対的な利益またはプライバシーの正当な期待を有していないであろうし、二番目の訪問客は家に何の利益も有していないであろうから、彼らに捜索の合法性に異議を申し立てることを認めても第四修正によって役立つ目的は何ら促進されない。

第四修正の利益の範囲を定義する際にわれわれは、ジョーンズ判決で明らかにされその後の判例で繰り返された見解に固執する。しかし、居住場所の捜索の有効性を争うためには正当にその場所におれば足りるとのジョーンズ判決での文言は、同事件での事実を越えてそのまま全面的に（in its full sweep）受け取ることはできない。（*Id.* at 142-143.）

【9】キャッツ判決が第四修正の保護の範囲を定義する際の指針を提供している。当裁判所は同判決において、警察官がコモン・ロー上の不法行為で有罪とされるのでなければ盗聴をしても第四修正に違反しないとの先例に由来する原理を否定し、第四修正の保護を主張する資格は侵害された場所への財産権によるのではなく、「第四修正の保護を主張する人が侵害された場所に正当なプライバシーの期待（a legitimate expectation of privacy in the invaded place）を有する」ことによると判示した。これに照らしてみると、ジョーンズは現に使用している家に正当なプライバシーの期待があり、それ故、これらの家への彼の利益がコモン・ローで認められた財産的利益でないとしても、これらの家への政府側の侵入に関して第四修正の保護を主張しうるという事実によって【8】ジョーンズ判決は最もよく説明しうるのである。（*Id.* at 143.）

われわれが本日明らかにする法理によって〝正当にその場所に〟いたという基準を放棄するに当たり、時の試練を経て機能してきたルールを捨て去ろうとするものではない。われわれはむしろ、表面上明白であるだけで、第四修正を適用する誠実な努力の中で直面しなければならない線引きの問題のすべてを薄いベニア板の下に隠している（underneath that thin veneer）文言への意図的な固執を避けようとするにすぎない。正当に場所にいることがプライバシーの期待に無関係であるとの主張として誤解されることを望まないが、それを支配的（controlling）なものと見なすことはできないのである。（*Id.* at 148.）

(4)　以上の分析によって判断すると、申立人（Xら）の主張は採用できない。彼らは車の中での財産的ないし占有的利益を主張せず、押収物への利益も主張していない。すでに指摘したように、彼らは車の所有者の許可を得て車の中にいたという意味で「正当にその場に」いたという事実は、彼らが捜索された車の特定の領域に正当なプライバシーの期待を有していたかどうかの判断に決定的でない。類似の状況下での住居において正当化されるのと同一のプライバシーの期待が車の中で保障されるかどうかは本件で決定する必要はない。しかし、本件でのXの主張は住居での類似の状況下においても失敗しよう。単なる同乗者にすぎなかった車のグローブ・コンパートメントやシートの下に正当なプライバシーの期待を有していたことをXらは立証していないからである。【8】ジョーンズ判決や【9】キャッツ判決とは事実関係が全く異なる。ジョーンズは友人のアパートの使用許可を得ていたばかりか鍵も持っていたことを捜索の当日認め、かつアパートを占有していた。友人の点を除くと、彼は完全なアパートの支配権を有し、他人を排斥できた。同じくキャッツ判決においても被告人は、電話ボックスを占有し他人を排斥するためにドアを閉めていた。ジョーンズとキャッツはそれぞれが異議を申し立てていた捜索・押収の対象である領域に正当にプライバシーを期待できたのであった。（*Id.* at 148-149.）

【14】サルヴッチ第四修正違反申立適格否定盗品小切手母親宅押収事件判決（一九八〇年）

本判決（United States v. Salvucci, 448 U.S. 83）は、令状による母親宅の捜索で発見・押収された盗品郵便物（小切手）につき被告人が令状の合法性を争った事案につき、【8】ジョーンズ判決の〝自動的〟申立適格を変更し、第四修正の権利を侵害された者に限り排除法則の利益を主張できるとした上で、本件では捜索場所への合理的期待が立証されていないので申立適格はないとしたものである。

【事　実】　サルヴッチ（X）とYは、連邦法（18 U.S.C. §1708）違反の盗品郵便物不法所持等で起訴された。起訴の根拠となった一二枚の小切手は「Yの母親が借りていたアパートの捜索の過程でマサチュセッツ州警察により押収された。」この捜索は令状に従って行われた。Xらは捜索令状発付の根拠となった宣誓供述書は相当の理由を疏明するのに不十分であるとして小切手の排除を求めた。地方裁判所はこの申立てを容れ、小切手の排除を命じた。Xには捜索の合憲性を争う〝申立適格〟はないと主張して政府側は再考を求めたが、地裁は排除命令を再確認した。

控訴裁判所は「被告人（Xら）には申立適格があり、捜索令状は憲法上不十分であった」と判示し、これを維持した。ジョーンズ判決の有効性については争われているが最高裁が判断を下すまでジョーンズ判決の自動的申立適格の法理は変更された考えることはできないとして、これを維持したのである。（Id. at 85-86.）

【判　示】　原判決破棄。　当裁判所は【8】ジョーンズ判決において、関連証拠排除の根拠として捜索の合法性を争う者に彼自身が財産侵害の犠牲者であることの立証を求めることは全く適切であるとし、他人の第四修正の権利侵害を代理して主張する試みは繰り返し当裁判所によって退けられてきた。ごく最近の【13】ラーカス判決においてわれわれは、第四修正の権利が侵害された被告人に限り排除法則の利益を認めるのが適切であると判示した。（*Id.* at 86-87.）

当裁判所は【8】ジョーンズ判決において、排除法則は違法な捜索・押収の被害者であった被告人を保護するために利用できるにとどめるべきであるとしたけれども、例外を設けることが必要と考えた。押収された証拠の所持が公訴犯罪事実の不可欠な要素である事案においては自己自身の第四修正の権利が侵害されたことを立証する義務はなく、その証拠の捜索・押収が違憲であることを立証することで足りると判示された。このような立証の下で排除法則は、被告人に不利な証拠の許容を阻止するために利用できることになる。(*Id.* at 87.)

当裁判所は、このような所持犯罪の訴追は当時確立していた第四修正の申立適格の原理からの離脱を必要とする〝特別な問題〟を提示しているとした。二つの事情がこのような例外を要求しているとされた。申立適格を立証するために被告人はしばしば〝被告人を有罪とするのに役立つ事実の立証を余儀なく〟される。当裁判所は、違法な捜索・押収によって第四修正の権利が侵害されたことを立証する義務から被告人を解放することによってこのジレンマを解消しようとした。当裁判所はまた、所持犯罪の訴追において排除法則を援用する被告人の申立適格を政府側が争うことを禁止する法則がなければ、政府側は〝矛盾した立場の利益〟を認められることになると指摘した。被告人は刑事責任の対象たる物品を所有していると主張すると同時に第四修正の保護を主張するためにはその物品を所持していないと主張する、このようなことは政府側に認めるべきではないというのである。かくして第四修正の主張に伴う自己帰罪のリスクを阻止すると同時に訴追側の自己矛盾の欠陥（vice）を阻止するために、当裁判所は自動的申立適格の法則を採用したのである。【12】ブラウン判決を見よ。(*Id.* at 87.)

【8】ジョーンズ判決以降に経過した二〇年の間に自動的申立適格のルールに導いた二つの理由も同様に時の影響を受けた。当裁判所は排除の申立ての裏付けのために被告人によってなされた証言は公判で彼の有罪の証拠として許容できないと判示した。【10】シモンズ判決。われわれは【8】ジョーンズ判決の当初の教義（tenets）が腐蝕（eroded）されてきただけでなく、この法則の保持を裏付けるそれに代る原理がないことを確信するに至ったのであ

る。（*Id.* at 88-89.）

(1)　【8】ジョーンズ判決で指摘されたジレンマは【10】シモンズ判決で解消された。被告人は第四修正の有効な主張であると信じていることを放棄するか、第五修正の自己帰罪拒否の特権を放棄するかの選択を余儀なくされる。一つの憲法上の権利が他の一つを主張するために放棄されねばならないということは耐えられない。それ故、被告人が第四修正を理由の証拠排除の申立てをするために証言したとき、その証言は公判で有罪の争点に関して被告人に不利に許容できないと判示されたのである。かくして【8】ジョーンズ判決の中心であった自己帰罪のジレンマは現行の憲法解釈の下ではもはや生じることはない。（*Id.* at 89-90.）

(2)　ジョーンズ判決で検察官は自己矛盾に陥っていたと結論するために当裁判所は当然ながら、Xの押収物の所持だけで刑事責任を立証するのに十分であり、第四修正の〝申立適格〟を立証するにも十分であるという無調査の前提（unexamined assumption）に依拠していた。この前提は当時は正しかったとしても、今では正しくない。違法な捜索で押収された物品の法律上の所有者は必ずしも第四修正を奪われたことにはならない。本日【15】ローリングズ判決（後述）で判示したように、押収物の法的所有は所有者が第四修正の利益を有するかどうかを決定するための代理人（proxy）ではない。財産権は個人の第四修正の権利が侵害されたかどうかの判断にあたり考慮すべき一つの要素であることは明らかであるが、財産権は当の裁判所の調査の始まりでも終わりでもない。当裁判所は【13】ラーカス判決において、違法な捜索は〝侵害された場所に正当なプライバシーの期待〟を有する人の権利を侵害するにすぎないと判示した。（*Id.* at 90-92.）

ジョーンズ判決において当裁判所は、所持犯罪で起訴された被告人に自動的申立適格が付与されるとしたばかりか、そうでないとしても、ジョーンズは捜索時に〝正当にその場所〟にいたから実際の申立適格があると判示した。当裁判所は【13】ラーカス判決において、これは第四修正の権利の測定としては余りにも広すぎるゲージを用いたと認め、このジョーンズ判決の第二の基準の相当性を退けた。ラーカス判決におけると同様にわれわれは再び、ジョーンズ判決の基準は第四修正の権利の測定に余りにも広いゲージを用いていると認める。われわれはそれに代えて、被告人は押収物に占有の利益を有していたかどうかだけでなく、彼は捜索場所にプライバシーの期待を有していたかを問題とすることによって〝第四修正の適用に注意深い努力〟を払わねばならない。（*Id.* at 92-93.）

被上告人（Xら）は、違法性を争うことのできる人の範囲を拡大することによって違法な警察の行為の抑止が最大限高められることを理由にジョーンズ法則の維持を主張する。このような見解はすでに【11】オールダマン判決等で明示に斥けられている。Xの抑止論の主張は所持犯の文脈においては何らの特別な効力を有しない。ジョーンズ判決の自動的申立適格は当裁判所の第四修正の管轄権でその有用性を果たしおえた（outlived）ことをわれわれは確信する。この原理は今では第四修正の権利が侵害されなかった者に棚ぼた（windfall）の利益を与えるにすぎない。排除法則の利用を第四修正の権利の侵害にさらされた被告人に限定する法則によって第四修正の価値は保持されるとの【11】オールダマン判決の見解にわれわれは固執するので、このような状況下に証明力ある証拠を排除することには応じられない。

Xらは自動的申立適格に依拠し、商品が押収されたZの母親の家の領域（areas）に正当なプライバシーの期待があったことを立証しようとはしなかった。それ故、その立証の機会をXらに与えるために差し戻すのが相当と考える。（*Id.* at 94-95.）

【15】ローリングズ申立適格否定訪問客規制薬物所持事件判決（一九八〇年）

本判決（Rawlings v. Kentucky, 448 U.S. 98）は、逮捕令状を得てMの自宅に赴いたところ本人は不在で同宿人（一人）のほか四人の訪問客がおり、マリファナの臭いがしたので捜索令状を入手する間、身体捜検に応じなかった三人

（X、Y、Z）を留め置き、四〇分後に捜索令状を得てYにハンドバックの内容物すべてを見せるように命じたところ、その中に規制薬物があり、Xがこれを自分のものと認めたためXを逮捕したという事案につき、Xにはその規制薬物につき正当なプライバシーの期待はないとして証拠排除の申立を退けたものである。

【事　実】　一九七六年一〇月一八日昼ころ、六人の警察官（Pら）は麻薬販売の容疑でMを逮捕するため令状を持ってケンタッキー州甲地のMの自宅に赴いた。警察の到着時に同家にはMの同居人（Z）と訪問客四人（X、Y、ほか二人）がいた。同家の捜索で何も見つからなかったが、マリファナの臭いがして寝室の一室の戸棚の上にマリファナの種があったので、少し相談後に警察官二人（P、Q）は捜索令状を入手するため立ち去った。その間に他の警察官四人は五人全員を居間に留め置き、身体捜検（body search）に応じた場合に限り、退室することを認めた。二人は身体捜検に応じたが、X、Y、Zは応じなかったため居間に留め置かれた（detained）。

およそ四五分後にPとQが同家の捜索を認める令状を持って戻ってきた。Pは令状をX、Y、Zに読み上げ、次いでポケットに入れていたカードから〝ミランダ〟警告を読み上げた。そのときコックス（Y）はその右側にいた本件申立人ローリングズ（X）と一緒にカウチに座っていた。二人の間にYのハンドバッグがあった。Pは前述の朗読後にXに近づき起立するように命じた。警察官Rはそれと同時にYに近づき、彼女のハンドバッグの内容物をカウチの前のコーヒー・テーブルの上にすべて投げ出すよう命じた。これらの内容物の中にLSD一八〇〇錠の入ったつぼ（jar）のほか規制薬物が入っていた。この内容物をテーブルの上に投げ出したとたんコックス（Y）はXの方に振り向き〝自分のものを取りなさい〟と言った。Pの命令で起立していたXは直ちに、その禁制薬物の所有者であることを認めた。この時点でPがXの身体を捜索し、Xのシャツのポケットの中にあった現金四、五〇〇ドルおよびXの横に置かれていたコート（sheath）の中で一本のナイフを見つけた。そこでPはXを正式に逮捕した。（*Id.* at 100-101.）

Xは、Yのハンドバッグの中から発見された規制薬物の販売意図での所持で起訴された。Xは証拠排除審理で、仕事を求めて、多分、地方大学に入るために逮捕の約一週間前に飛行機で甲地にやってきた、Yのハンドバッグの中で発見された薬物はそのとき持参したものであると証言した。そしてXは逮捕時、M、Zと家を共有していたスワンク（S）の客として同家に滞在していた。同家でのパーティで彼（X）はコックス（Y）と会った、そして翌週の少なくとも二晩はYの家のカウチで過ごしたと証言した。

X逮捕当日の朝、コックス（Y）は彼（X）を車に乗せてスワンク（S）の家で降ろし、Xは彼女（Y）が授業から戻るのをそこで待っていた。彼は規制薬物を緑色のバッグに入れて持っていた。Yが家に戻りXと会ったときXはそのバッグの内容物をYのハンドバッグの中に投げ込んだ。何が起こったかをめぐり争いはあるが、〝私に代ってこれを運んでくれないかと頼んだところ、彼女（Y）はイエスと言った〟とXは証言した。それからXはバスルームを使うために部屋を出た、そして戻ってきたとき、警察官がMを逮捕するために到着したことを知ったというのである。（*Id.* at 100–102.）

公判裁判所は、薬物と現金および警察が薬物を発見したときのXの供述排除を求めるXの申立てを否認した。令状によってYのハンドバッグを捜索する権限が警察に与えられていた、たとえハンドバッグの捜索が違法であったとしても、Xには捜索を争う〝申立適格〟はなかったというのである。そして最後に、公判裁判所は、現金とナイフを発見した捜索は〝緊急の状況下で〟許されるとした。裁判官による裁判の後でXは、LSDの販売目的での所持、およびメタフェタミン等規制薬物の所持で有罪とされた。

ケンタッキー州控訴裁判所はこれを維持した。XにはYのハンドバッグの捜索の適法性を争う〝申立適格〟は確かにあったとしつつ、警察はマリファナの臭いをかぎ、マリファナの種を見たとき同家にいた五人すべてを逮捕する相当な理由があったから同家にいた五人の身柄拘束およびその後の逮捕は合法であったというのである。ケンタッキー州最高裁はこれを維持したが、その理由付けは再びやや異なっていた。同最高裁によると、コックス（Y）のハンドバッグへの〝政府側の侵害から自由な正当ないし合理的な期待〟はなかったのでXには〝申立適格〟はなかったが、Xのポケットの中の現金を発見した捜索はYのハンドバッグの中にあった薬物の所有者であることをXが承認した後で行われたものであり相当な理由に基づいた合法な逮捕に伴うものとして正当化できるというのである。（*Id.* at 102-103.）

【判　示】　原判決維持。　Xは以下の三点につき争う。第一、コックス（Y）のハンドバッグの中に合理的なプライバシーの期待を有していたから、このハンドバッグ捜索の適法性を争うことができる。第二、Yのハンドバッグ内の薬物を自分のものと認めたのは身体捜検に同意しない限り家からの退去を警察が認めなかったときに始まった違法な留め置きの果実（the fruit of an illegal detention）であった。第三、現金とナイフを発見した捜索はそれ自体違法であったとXは主張する。（*Id.* at 103.）

(1)　申立人（X）にはコックス（Y）のハンドバッグの捜索の合法性を争うことができないと判示した際にケンタッキー州最高裁は、主として最近の【13】ラーカス判決での判断に目を向けた。同判決でわれわれは、捜索された領域に〝プライバシーの正当な期待〟を有していたとの被告人の主張の実体に直接焦点を当てる調査を支持し、違法とされる捜索に異議を唱えるための被告人の〝申立適格〟への別途の調査（separate inquiry）を放棄した。本件においてケンタッキー州最高裁は、X自身の証拠排除審理での承認を含めた状況の全体に目を向け、Xは〝彼の正当ないし合理的なプライバシーの期待がハンドバッグの捜索によって侵害されたことを十分に立証しなかった〟と判示した。

われわれは、本件記録はかかる結論を裏付けていると考える。むろん、Xには、Yのハンドバッグの捜索は違法であるということだけでなく、彼はそのハンドバッグに正当なプライバシーの期待を有していたことを立証する責任がある。【10】シモンズ判決三八九―三九〇頁。Xが数千ドルに相当する麻薬をYのハンドバッグに投げ入れたときXはその二、三日前にYと知り合ったばかりであった。争いのない証言によれば、その思いがけない引き渡し（sudden bailment）以前にXはハンドバッグへの接近を求めたこともなければ認められたこともなかった。Yのハンドバッグへの他の人物の接近を排除する権利はXにはなかった。それにもかかわらず、XはYのハンドバッグの中にあった麻薬の所有者であると主張したのであるから、彼のプライバシーの期待いかんにかかわらず、捜索を争う権利があるはずであるとXは主張する。同意できない。Xが麻薬の所有者であることは本件で考慮すべき一つの事実ではあるが、財産法の〝難解な（arcane）〟概念が第四修正の保護を主張する能力を規制すべきであるとの観念を【13】ラーカス判決は明確に退けている。ラーカス判決以降この二つの調査は一つの調査に合体（merge）している、すなわち、訴追側官憲が被告人によって保持されている正当なプライバシーの期待を侵害したかどうかである。要するに、Xには捜索時にYのハンドバッグの中への正当なプライバシーの期待がなかったとの下級裁判所の結論を覆す理由は認められない。（*Id.* at 104-106.）

(2)　次に家の占有者（五人）は警察によって違法に留め置かれた（detained）のであり、薬物の所有者であるとのXの承認はかかる違法な留め置きの果実であったとのXの主張につき検討する。いささか奇異なことだが、このような分析の下でこの問題の分析が必要と思われるにもかかわらず、マリファナの臭いをかぎマリファナの種を見るや直ちに五人の占有者を逮捕する権限が警察官にあったと結論したケンタッキー州控訴裁判所によって採用された分析を除き、下級審は一切この問題に正面から取り組まなかった。もっとも、この問題はケンタッキー州裁判所において適切に提示されており、かつ警察はその場所での捜索令状を獲得する間、Xおよびその仲間を家で違法に留め置くことによって第四修正および第一四修正に違反したと考えることはできる。

しかしながら、かような憲法違反があるとしても、Xの供述が違法な拘束の結果である場合を除き、Xの承認の排除は必要でない。【51】ブラウン判決――同判決でかような供述の許容性に対する〝なかりせば（but for）〟のアプローチは退けられた――で指摘したように〝違法に逮捕された者はしばしば当初の違法〟からの影響のない自由意思として自白を決意することがある。われわれは同判決において、かような供述がそれ以前の違法行為によって汚れているかを判断するための基準を設定した。すなわち〝自白が自由意思の産物であるかどうかの問題は各事案の事実に基づいて答えなければならない。ミランダ警告は確かに違法逮捕を利用して得られた自白であるかを決定する際の一つの重要な要因ではあるが、考慮すべき唯一の要因ではない。逮捕と自白との時間的接近性、介在事情の存在、そしてとりわけ、捜査官の違法行為の目的および悪質性、これらがすべて関連する。供述の任意性は最初の要件にすぎない。許容性を立証する責任はもちろん訴追側にあることを明らかにしたのである。（*Id.* at 106-107.）

下級裁判所はブラウン判決によって示唆された調査をしていないが、それにもかかわらずブラウン判決自体におけると同様に、決定が可能なほど十分詳細な記録は残されている。

第一、Xは負罪的供述をする寸前にミランダ警告を受けていた、これはブラウン判決が、問題の供述が違法な拘束を利用することによって獲得されたものであるかを判断する際に決定的ではないが重要であるとした一つの検討事項（consideration）である。第二、ブラウン判決は〝逮捕と自白の時間的近接性〟に注意するよう求めている。本件においてXとその仲間はおよそ四五分間留め置かれた。最も厳格な身柄拘束の条件の下ではこのような短い時間の経過では当初の汚れを除去するのに十分でないかもしれないが、この部屋の占有者が留め置かれた正確な状態を調べることが必要である。誰の話を聞いても（by all accounts）、退去のための身体捜検に同意しないことを選択した三人は居間に静かに座っていた、あるいは、少なくとも当初は家の一階を自由に動き回っていた。PとQが捜索令状を持って戻るまで留め置くと告げられると〝中に入りコーヒを飲み、着席して（Pらが戻るのを）待つことにした〟とSは述べている。Xの弁護人によって、有形力または暴力の行使があったかの質問を受けてSは、全くなかったと説明した。これらの諸事情は、当初の留め置きとXの自白との間に経過した比較的短時間の欠点を十分に補っている（outweight）とわれわれは考える。

第三、ブラウン判決は、当初の留め置きと争われている供述との間に介在した何らかの事情があるかを調査するよう示唆している。Xの承認はコックス（Y）のハンドバッグの中での彼の薬物の発見に即座に反応したものであることは明らかである。本件におけるかかる要素は、Xは〃当初の違法行為によって影響されない自由意志〃で行動したとの認定を支持するのに大きく傾いていることにほとんど疑問の余地がない。

第四、ブラウン判決は〃警察官の不法行為の目的および悪質性〃の検討を命じている。Xらを留め置いた警察官は一致して、家の中にあると考えたマリファナの持ち去りないし破壊を避けるためにかかる手段をとったこと、そして彼らに家の捜索を認める令状も五人の家の占拠者を捜索する権限を与えていたと信じていたと証言している。捜索令状を獲得するために麻薬活動の疑いある現場に人を一時的に留め置くことの合法性には疑問があり、警察官が得た令状の範囲に関する彼らの考えは最近の判例（Ybarra v. Illinois, 444 U.S. 85）の下では誤っていたといえるかもしれないが、本件での警察官の行為はXの供述の予防的な排除を必要とするほどの意識的かつ悪質な違法行為のレベルには達していない。

そして最後に、ブラウン判決は最初の要件としての当の供述の任意性の立証を要求しているが、Xは当裁判所においても他の裁判所においても、彼の薬物の所有権の承認は任意以外のものであったとは主張していない。それ故、Xの供述は最初の違法な留め置きでの違法行為による影響を受けていない自由な意思の行為であったことの立証責任をケンタッキー州側は果たしていたと考える。（*Id.* at 106-110.）

(3)　Xはまた、現金およびナイフを明らかにしたXの身体捜索は違法であったと主張する。しかし、州最高裁と同じく、この捜索はXの正式逮捕に伴うものと判示することに困難はない。Xはコックス（Y）のハンドバッグの中で発見された押収可能な薬物の所有権を認めたのであるから、警察にはXを逮捕する相当な理由のあったことは明らかである。(*Id.* at 110-111.)

【16】オルソン第四修正違反肯定逃走車運転強盗事件判決(一九九〇年)

本判決(Minnesota v. Olson, 495 U.S. 91)は、強盗殺人事件直後に不審車を追跡し犯人を逮捕したが放棄された逃走車の中から運転手の身元を示す証拠が見つかり行方を追っていたところ、ある女性への犯行告白を聞知した旨の通報が警察にあり、その女性の部屋に隠れていた被告人を逮捕して自白を得た事案につき、【13】ラーカス判決を引用しつつ、第四修正違反の主張を肯定したものである。

【事　実】　一九八七年七月一八日(土曜日)午前六時少し前、銃を持った一人の男がミネソタ州ミネアポリスにあるアモコのガソリンスタンドを襲い、マネージャに致命傷を負わせた。警察からの指令を傍受した警察官(P)はエッガー(Y)を疑った。Pとその相棒は直ちにYの家に向かって到着した丁度そのとき、一台のオールズモビルが到着した。オールズモビルの運転手が回避行動をとったため、車は制御できず回転横すべりして停まった。二人の男が車を乗り捨てて徒歩で逃走した。間もなくY——後に強盗犯人と判明した——が自宅で逮捕された。二人目の男は逃走した。

放棄されたオールズモビルの中から警察官は現金の入った袋と凶器を見つけた。彼らはまた、保証人(a secured party)としてロブ・オルソンの名前のある権利証書、ジョンソン通り三一五一番のR・オルソン(X)宛の手紙、ロブ・オルソンに二日前に出されたビデオテープ・レンタルのレシート等を発見し、ロバート・オルソンはジョンソン通り三一五一番に住んでいたことも確かめた。

翌朝、七月一九日(日曜日)、ダイアナ・マーフィと名乗った女性が警察に電話をかけ、ロブという名前の男がガソリン・スタンドでの殺人犯人が同乗した車を運転して現場を立ち去った、ロブは間もなくバスで町を離れる予定であると告げた。同一の女性が昼ころ再び電話をかけ、ロブという名の男がマリアという名の女性および二人の女性ルアーナ（A）とジュリー（B）にアモコの強盗事件で逃走車の運転手だったと告白した旨告げた上、AはBの母親であり、二人はノースイースト甲地二四〇六番に住んでいると述べた。二度目の電話を受けた当直の刑事は、A、Bを調べるため警察官を甲地二四〇六番に派遣した。警察が到着したとき、その住居はメゾネット式アパート（duplex）でAとその娘（B）は上階部分に住んでいるが家にいないことが分かった。警察は下の階に住んでいたAの母親ヘレン・ニーダホファ（C）に話しかけた。彼女は、ロブ・オルソンは下の階に住んでいたが現在このアパートにいないと述べ、オルソンが戻れば警察に電話することを約束した。午後三時、オルソン（X）逮捕のために逮捕命令（pickup order）ないし〝相当な理由による逮捕状（probable cause arrest bulletin）〟が発付された。警察官はメゾネット式アパートから離れて待機するように指示された。

午後二時四五分ころ、ニーダホファ（C）は警察に電話をかけ、オルソン（X）が帰っていると告げた。当直の刑事は、同家に赴きそこを包囲するよう警察官に指示し、次に電話でジュリー（B）にロブを家から外に出すように告げた際、男の声で〝俺は出かけたと言っておけ〟というのを耳にした。ジュリーはロブは出かけていてここにいないと述べた。そこで同刑事は午後三時、待機中の警察官に家の中に入るように命じた。警察官は許可を求めずに銃を抜いたまま上の階の部分に入り、押入れに隠れていたXを見つけた。逮捕後一時間以内にXは警察本部で負罪的供述をした。（*Id.* at 93-94.）

公判裁判所は、証拠排除審理を開き、被告人（X）の逮捕後の供述排除の申立てを否認した。Xは第一級謀殺罪の一訴因、武装強盗の三訴因、および第一級暴行の三訴因で有罪とされた。ミネソタ州最高裁はこれを破棄した。XにはA宅での無令状逮捕の合法性を争うのに十分なA宅での利益があった、無令状立入りを正当化する緊急状況はなかった、そしてXの供述はかかる違法性によって汚れており排除されるべきであると決定した上で、Aの供述を許容したのは合理的疑いを越えて無害ではなかったことを理由にオルソン（X）の有罪判決を破棄した。（*Id.* at 93-95.）

【判　示】　原判決維持。　一九八〇年のペイトン判決（Payton v. New York, 445 U.S. 573）において、被疑者を逮捕する相当な理由がある場合であっても、被疑者は逮捕令状なしに彼の家で逮捕されるべきでないと判示された。同判決の趣旨は、被疑者の身体を保護することではなく、治安判事の相当な理由の認定がない場合に立ち入らせないように被疑者の家を保護することであった。本件において下級審は、オルソン（X）は居住者（householder）と同様に取り扱われるべき建物（premises）と十分な関わりがあったことを理由に（X）の無令状逮捕は違法であったと判示した。

【9】キャッツ判決での判断以来、〝第四修正の保護を主張する資格は……第四修正の保護を主張する者は侵害された場所に正当なプライバシーの期待を有しているかどうかによる〟というのが法である。【13】ラーカス判決一四三頁。主観的なプライバシーの期待は社会が〝合理的として是認する用意のあるそれ〟であれば、正当である。キャッツ判決三六一頁。（*Id.* at 95-96.）

本件事実は【8】ジョーンズ判決での事実と類似する。ジョーンズ判決において被告人は捜索令状執行中に友人のアパートで逮捕され、そして相当な理由の裏付けを欠くとして令状の合法性を争った。〝正当にその建物〟にいたことを理由に、ジョーンズはアパートの捜索を争うことができると当裁判所は決定した。〝正当に建物［にいた］〟という基準は【13】ラーカス判決において広すぎるとして退けられたけれども、ラーカス判決裁判所はジョーンズ判決での事実に基づいた判示（the factual holding）を再確認した。それ故、【13】ラーカス判決は、泊り客としてジョーンズは建物に正当にいただけではなかったことを是認したのである。州側の主張する本件とジョーンズ判決との相違は、法律的には決定的でない。本件においてオルソンはメゾネット式住宅で一人でいたことはなかったし、鍵も与えられていなかった。他方、ジョーンズ判決においてアパートの持主は不在でジョーンズは鍵を持っていたのであるから他人を排除できたことを州側は強調し、これらの相違は決定的であると主張する。われわれは、しかし、ホストが不在で泊り客が鍵を持っているときを除き泊り客にはプライバシーの正当な期待を一切有しないと判示したものであるとして【13】ラーカス判決を解釈しない。

泊り客は彼のホストの家に正当なプライバシーの正当な期待を有していると判示するのは、われわれが共有する毎日のプライバシーの期待を是認するにすぎない。他人の家に宿泊するというのは、社会によって価値あるものとして是認されている古くからの社会的習慣である。ビジネスまたは娯楽で見知らぬところに旅するとき、両親、子供、あるいは町から遠く離れた親戚を訪問するときなどに、われわれは他人の家に滞在する。われわれはすべて、われわれの人生で何度もホストになったり客になったりする。どのような観点からしても、家の客は彼のホストの家で正当なプライバシーの期待を有していることを社会は是認しているとわれわれは考える。泊り客の観点から見ると、彼が他人の家に避難所（shelter）を求めるのは、彼にプライバシーすなわち彼とその所有物がホストおよびホストが中に入ることを認めた人以外によって乱されないそのような場所を提供するからである。われわれは眠っているときに最も攻撃されやすい（vulnerable）。われわれは毎日を公の場で過ごすこともできるが、われわれ自身の家で眠ることができないとき、それがホテルの部屋であるか友人の家であるかを問わず、眠るために他の個人の場所（private place）を求めるのは、このような理由による。社会は少なくとも、電話ボックスにおける――〝侵害からの自由の期待が合理的として是認されている一時的なプライベイトな場所〟キャッツ判決三六一頁（ハーラン同調意見）――と同様に、これらの場所に多くのプライバシーを期待しているのである。（*Id.* at 98-99.）

Aの家での被上告人（X）のプライバシーの期待は〝社会によって是認され認められている了解〟に根ざしたも

のであるから、それは正当であり、Xは第四修正の保護を主張できることになる。(*Id.* at 100.)

【17】カータ第四修正違反否定屋内観察薬物押収事件判決（一九九八年）

本判決（Minnesota v. Carter, 525 U.S. 83）は、排除法則の申立適格について侵害された場所に正当なプライバシーの期待を有する者に限られるとする【13】ラーカス判決に依拠した上で、その後の関連判例をも加味しつつ、本件での警察官の窓からの屋内の観察がたとえ〝捜索〟に相当するとしても、アパートへの正当なプライバシーの期待はなかったのであるから第四修正の禁止する不合理な捜索・押収ではなかったとしたものである。

【事　実】　ミネソタ州T市郊外で警察官（P）は、秘密情報提供者から得た内報（a tip）を捜査するため、あるアパートの建物に出かけた。情報提供者は、そのアパートの一階の窓のそばを歩いていると白い粉を袋に詰めている人たちを見たと述べていた。Pは閉っていたブラインドの割れ目からそのアパートの窓の中を眺め、数分間、袋詰め作業をしている人たちを観察した後で警察本部に知らせたところ、同本部は宣誓供述書作成の準備を開始した。一方、Pは他の警察官とともに先のアパートに戻ったところ二人の男が以前に確認しておいたキャデラックに乗って建物を立ち去るのを現認し、その車を停止させた。その車の中にカータ（X）とYの二人がいた。Yを車外に出すため車のドアを開けたときPは、車の床の上にあったチャックのついた黒の小物入れとハンドガン（後に実弾入りと判明した）に気付いたのでXとYは逮捕され、警察での翌日の車の捜索の結果、ポケットベル（pagers）、秤およびプラスチック製の二つ折りの袋（sandwich bags）の中でコカイン四五グラムが発見された。

車の捜索後、警察は先のアパート一〇三号に戻り居住者のZを逮捕した。令状に従った捜索の結果、台所のテーブル上にコカインの残滓とキャデラックの中で発見された袋に類似したプラスチック製の袋状のものが見つかった。X、Y、Zの三人は粉を袋に詰めていたのをPが観察した三人と同一人物であった。警察は後に、Zはアパートの賃借人であり、ＸとＹはシカゴに居住しコカインを袋詰めにするという目的だけでアパートに来ていたことを知った。ＸとＹはそれ以前にアパートに来たことは一度もなく、そのアパートにおよそ二時間半いたにすぎなかった。アパートの使用の謝礼としてＸとＹはＺにコカイン八分の一オンスを渡していた。

　ＸとＹは、ミネソタ州法違反の第一級規制薬物犯罪を犯すコンスピラシーおよび第一級規制薬物犯罪の幇助（aiding and abetting）で訴追された。彼らは、逮捕後にした負罪的供述のほか、アパートおよびキャデラックから獲得されたすべての証拠排除の申立てをした。薬物の袋詰め作業時のＰによる観察は第四修正違反の不合理な捜索・押収であり、このような不合理な捜索の結果として獲得されたすべての証拠は毒樹の果実として許容されないと主張したのである。ミネソタ州公判裁判所は、【16】オルソン判決での捜索とは異なりＸとＹは泊り客（overnight-social guest）ではなく州外の一時的な訪問者にすぎなかったことを理由に、政府側のアパートへの侵入に対し第四修正の保護を主張する資格はないと判示した。同裁判所はまた、Ｚの部屋のＰによる観察は第四修正の意味での捜索ではなかったと結論した。公判後、ＸとＹはそれぞれ両起訴犯罪で有罪とされた。ミネソタ州控訴裁判所は、ＸにはＰの行動に異議を唱える〝申立適格（standing）〟はなかったと判示し、別途申し立てられたＹの上訴では〝申立適格〟の問題に言及せずにＹの有罪判決を維持した。ミネソタ州最高裁は、裁判官の見解は分かれたが、【13】ラーカス判決を引用し〝侵害された場所へのプライバシーの正当な期待（legitimate expectation of privacy）〟があったことを理由にＸらには第四修正の保護を主張する〝申立適格〟があったと判示し、原判決を破棄した。同裁判所は、たとえ〝社会はコカインの袋詰めの仕事を価値あるものと是認しないとしても、財産の所有者または（建物の）賃借人が共通の仕事――それが違法活動であれ合法的活動であれ――をするために彼らの住居に人を招きいれるプライバシーの権利を社会的価値あるものとして社会は是認していると指摘し、Ｐの観察の結果として収集された証拠を排除する申立適格がＸらにあったと結論〟した上で、Ｐの観察は第四修正の下でのアパートの捜索に相当する

(constituted) とし、同捜索は不合理であったと判示したのである。(*Id.* at 85-87.)

【判　示】　原判決破棄。　ミネソタ州裁判所は、Xらには〝中立適格〟法理の題目 (rubric) の下でプライバシーの正当な期待 (a legitimate expectation of privacy) があったかを分析したが、これは当裁判所が二〇年前の【13】ラーカス判決で明示に退けた分析である。同判決でわれわれは、自動車の同乗者には、彼らがその自動車も当該証拠物も所有していなかった場合、その自動車から押収された負罪的証拠に対し第四修正の保護を主張できないと判示した。われわれの分析の中心は、被告人が彼の (他の誰のものでもない) 第四修正の違反を立証することができるかを判断するに当たり、〝これらの権利の定義は中立適格というよりは実体的な第四修正の範囲内 (within the purview) のものとして検討した方がより適切である〟という考えであった。それ故、われわれは、第四修正の保護を主張するためには捜索場所へのプライバシーの期待を彼が自ら (personally) 有していること、および彼の期待は合理的であることを被告人は立証しなければならないと判示したのである。

第四修正は、不合理な捜索・逮捕押収に対し自己の身体、住居、書類、および所持品の安全が保障される人民の権利は犯されてはならない、そして令状は、宣誓または確約 (affirmation) によって裏付けられた相当な理由に基づいて発せられ、かつ捜索される場所、および逮捕押収 (seized) されるべき人または物件を特定したものでなければならないと規定する。

第四修正は、彼らの身体および住居への不合理な捜索に対し人を保護する、それ故、第四修正は〝当の個人によって援用されなければならない一身的権利 (personal right)〟であることを示している。しかし、第四修正が人々を保護する範囲は、これらの人々のいる場所いかんによる (depend upon where those people are)。〝第四修正の保護を求める資格 (capacity) は、第四修正の保護を主張する者が侵害された場所へのプライバシーの正当な期待を有していたかどうかによる。(*Id.* at 87-88.)

第四修正の本文は、その保護は〃彼らの〃住居にいる人々にのみ及ぶことを示唆している。しかし、われわれは、状況いかんによっては、誰か他人の家であってもプライバシーの正当な期待を持ちうると判示してきた。例えば、【16】オルソン判決において、ある家の泊り客は第四修正の保護するプライバシーの期待を有すると判示した。〃泊り客はホストの家での正当なプライバシーの期待を有すると判示するのは、われわれすべてが共有する毎日のプライバシーの期待を是認するにすぎない〃とわれわれは述べたのである。【8】ジョーンズ判決でアパートの捜索から得られた証拠の排除を求めた被告人は、アパートの使用を友人から認められていた。そして彼はそのアパートに衣類を保管し、多分夜もそこで眠っていた、その当時彼はアパートの唯一人の居住者（occupant）だった。アパートの捜索は被告人の第四修正の権利を侵害したとのジョンズ判決の判示はなお有効ではあるが、〃捜索が行われた建物（on premises）に正当にいる者は何人であれその合法性を争うことができる〃との指摘は、【13】ラーカス判決において明示に否定された。それ故、ある家の泊り客は第四修正の保護を主張できるが、単に持主の同意を得て滞在しているにすぎない者は第四修正の保護を主張できない。（*Id.* at 89-90.）

本件でのXらは、明らかに泊り客でなかったが、仕事をするためには滞在が不可欠であったとはいえ、その家には数時間いたにすぎなかった。彼らがZと以前に関係があったとの示唆はない。また家族としての受入れの度合（a degree of acceptance into the household）を示す【16】オルソン判決での泊り客との関係に類似するものはなかった。アパートはZにとって居住場所であったけれども、被上告人（X、Y）にとっては単に仕事をする場所にすぎなかったのである。（*Id.* at 89-90.）

商業目的で使用される財産は第四修正の趣旨に照らし居住目的での財産とは異なるものとして取り扱われている。商業用の建物でのプライバシーの期待は、個人の家での類似の期待とは異なるし、現にそれよりも小さい。【16】オルソン判決での泊り客は他人の家での第四修正の保護を主張できる者の典型例であり、単に〃正当に建物にいる〃者はそのように主張できない者の典型例であると考えるのであれば、本件事案は明らかに、この両者の間のどこかに位置する。しかし、本件で行われた取引の純然たる商業的性質、建物での比較的短い滞在、被上告人と持主との間の以前の関係の欠如、これらはすべて、被上告人の状況は単に建物に滞在することを許されたにすぎない者の状況により近いとの結論に導く。われわれは、それ故、捜索が行われたとしても、それは彼らの第四修正の権利を侵害していなかったと判示する。被上告人にはアパートへのプライバシーの正当な期待はなかったと結論したのであるから、警察官の観察が〃捜索〃に相当するかを判断する必要はない。(*Id.* at 91.)

〈ギンズバーグ裁判官の反対意見〉（スティヴンズ、スータ両裁判官同調）　本判決は短期の滞在客の安全だけでなく家の居住者自身の安全の土台をほり崩している。私見によれば、家の所有者または賃借人が、会話のためであれ娯楽活動のためであれ、あるいは合法または違法な商売目的のためであれ、共通の試みを共にするために自ら(personally)客人を自分の家に招き入れるとき、その客は不合理な捜索・押収を受けないホストの避難場所(shelter)を共有するというべきである。

私は本件で、〃正当に建物にいる〃という【8】ジョーンズ判決での基準の復活を提案しているのではない。当裁判所は【14】サルヴッツイ判決で〃自動的中立適格法則〃を退けたのと同様に【13】ラーカス判決においてそのような決まり文句(that formulation)を退けているからである。第一、私が本件でやり遂げたい解決策(disposition)は、無比の家――法によって是認されたプライバシーの最も不可欠の要塞(bastion)――の重要性への反応(response)である。個人の住居は政府の侵害からの自由を通常人が期待する場所である。われわれの判例はこの基本的な第四修正の原理から逸脱したことはなかった。第二、住居自体の内部においても、私が固執したい立場は〃一度も会ったこともないし訪問を認めたこともない不意の訪問客に、その訪問客が捜索時にたまたま家の台所にいたのであれば、地下の捜索に異議を申し立てることを〃認めるものではない。さらに私が本件で主張するのは、彼女の家とその仲間のプライバシーを客人と共有することを選択する家の所有者の事案に限られているので、牛乳やピザの配達人のようなクラスルームでの仮定的問題には及ぼすつもりはない。

私の主たる関心は、自己の家およびそこでの交際を彼女が選択する人と共有するその個人の選択にある。われわれの従前の判決は、他人を排除する特権があることを一つの理由として人々は彼らの家でのプライバシーの合理的期待があることを示している。排除する権限は招き入れる権限を含む。われわれの第四修正の判決はこのような補足的特権（complementary prerogatives）を反映するものと解すべきである。

当裁判所のアプローチによれば、滞在期間や目的いかんを確かめずに彼女の家を他人に解放するとき、家の住居者は彼女自身のプライバシーを危険にさらすことになる。〝令状なしの家の内部の捜索・押収は緊急の状況がなければ不合理であると推定される〟のが今でも教科書の法である。現実の法はより不確かである。本日の判決は、一晩中そこにいない客の負罪的証拠を発見するために令状なしに警察が個人の住居をのぞき込むことを誘発しかねない。【13】ラーカス判決はかかる誘惑を自動車の捜索に関して黙許する。この危険を家の中に拡大する特段の理由（impelling reason）はない。（*Id.* at 107–108.）

法務長官（the Solicitor General）が認めたように、ホストおよび客の行為の違法性、すなわち彼らは犯罪のパートナーであったという事実は、このような分析を変えるものではない。例えば、【16】オルソン判決において、当裁判所の判決がその安全を保障した当の客は、警察が彼を捜索中に一晩滞在していた。この客の重大犯罪（第一級謀殺罪、武装強盗および暴行）との関わりにもかかわらず、この客にはホストの家での無令状逮捕を禁止する第四修正の保護が及ぶとされた。他の諸判決も同様に、被告人の行動の犯罪性にもかかわらず、第四修正の中立てを支持している。例えば、【9】キャッツ判決の指導的判例が、私見によれば、本件事案に対する鍵である。同判決でわれわれは、申立人が公衆電話ボックスにいた間に彼が賭博情報を伝達するのを政府側が電子録音したとき、申立人の第四修正の権利を侵害したと決定した。われわれは〝第四修正は、場所ではなく、人を保護することに留意し、そしてこの商売用の電話を電子監視したのが電話ブースの利用中に電話者が正当に依拠したプライバシーを侵害したことになる〟と判示したのである。本件での当裁判所の判断は【9】キャッツ判決で示された道筋から大きく方向を変えている。われわれが現に共通の試みに従事する人の建物に入るときよりも、表通りにある公衆電話ボックスから商売用の電話を人の家にかけるときの方がプライバシーの合理的期待が大きいということには同意できない。(*Id.* at 110-111.)

二　まとめ

合衆国最高裁は一九六〇年の【8】ジョーンズ判決において、捜索令状に基づきアパートで発見・押収された麻薬等が許可を得て同アパートに滞在中の被告人のものであることが判明したため、その排除が争われた事案につき、連邦刑事手続規則第四一条（c）の〝違法な捜索・押収によって侵害された者〟は何人であれ証拠排除の申立てをすることができるとして被告人には証拠排除を求める権利があるとした。次いで【9】キャッツ判決は、公衆電話ボックスの外側に設置した盗聴器による徒博情報の傍受は正当なプライバシーの権利を侵害し第四修正に違反するとした。〝第四修正は、場所ではなく、人を保護する。〟たとえ公衆に解放されている領域であっても、個人がプライベイトなこととして保持するとしていることは憲法上保護されうる。電話ボックスで排除しようとしたのは〝侵入する目ではなく招かれざる耳〟であったというのである。そして【10】シモンズ判決では、二人組の銀行強盗事件の逃走車が被告人の姉妹のものであることが判明しその供述から被告人の母親宅の捜索で地下室のスーツケースの中から銀行から奪われた紙幣の帯封のほか衣類などが発見されたところ後に被告人がその衣類は自分のものであると証言した事案につき、同証言を被告人に不利な証拠として政府側は利用できないとした。被告人は第四修正の排除法則の申立適格を立証するには当の押収物の所有者であると証言することによって第五修正の自己負罪拒否特権を放棄しなければならない。このように一つの憲法上の権利を主張するためには他の憲法上の権利を放棄しなければならないというのは耐え難いことであり認められないというのである。【11】オールダマン判決は、共同被告人や共謀者に申立適格は認められないとし第四修正の権利は一身上の権利であることを再確認した。

【12】ブラウン判決では、共謀者の店で保管中の盗品につき被告人は〝正当なプライバシーの期待〟がないとしてその排除を申し立てる適格はないとした。【10】シモンズ判決において申立適格を立証するためにした証言は被告人の公判で不利に用いられないことが明らかにされていると指摘した上で、第四修正は〝一身上の権利〟であり代理人によって主張できないとされたのである。そして【13】ラーカス判決では強盗事件の逃走車の同乗者にすぎなかった者には同車の中から発見・押収されたライフル銃等の排除を申し立てる適格はないとした。【8】ジョーンズ判決の〝正当にその場所に〟という文言は第四修正の権利の侵害を判断するには〝余りにも広いゲージ〟を創り上げたものであり、【9】キャッツ判決の〝正当なプライバシーの期待〟の基準が適切であるとした上で、同乗者にすぎなかった被告人には車のコンパートメントやトランクの中には正当なプライバシーの期待が認められないというのである。さらに【14】サルヴァッチ判決では令状によって母親宅の捜索で発見・押収された盗品郵便物（小切手）に関連して捜索の合憲性が争われた事案につき、ジョーンズ判決の核心であった自己負罪のジレンマはもはや生じないとした上で、被告人は母親の家での正当なプライバシーの期待を立証しなかったのであるからこの点につき立証の機会を与えるとして、【8】ジョーンズ判決に従って申立適格を認めた原判決を破棄差し戻した。また同日言い渡された【15】ローリングズ判決において、令状執行時の捜索で同じ家の訪問者の一人のハンドバッグの中にあった規制薬物の持主であることを認めたため逮捕された被告人が捜索の適法性を争った事案につき、【13】

ラーカス判決以降〝正当なプライバシーの期待〟が侵害されたかどうかが申立適格の判断基準であることが確立しているとした上で、ハンドバッグへの〝プライバシーの正当な期待〟はなかったとする原判決の結論を覆す理由は認められないとした。【16】オルソン判決では、被告人が逃走車運転の犯行を告白した女性宅に隠れていた被告人を逮捕し一時間後に自白が獲得された事案につき、第四修正の申立適格は〝侵害された場所に正当なプライバシーの期待〟を有していたかどうかによるとした上で、客人はホストの家での正当なプライバシーの期待を有していることを社会は是認しているから、前記女性宅への被告人のプライバシーの期待は〝社会によって是認されている了解〟に根ざしたものであり、被告人には第四修正の保護を主張できる権利があるとした。

そして最後に一九九八年の【17】カータ判決において、情報提供者の内報に基づいてあるアパートの中を閉っていたブラインドの割れ目から眺めたところ白い粉の袋詰め作業をしていた男たちを観察したので警察本部に連絡するとともに観察を続行し、間もなく車で二人の男がアパートから立ち去るのを現認したので停止させてドアを開けたところ床の上にハンドガンがあったので逮捕し、車の捜索の結果コカイン等を発見した事案につき、中立適格につき【13】ラーカス判決に依拠しつつ、その後の関連判例をも加味した上で被告人にはアパートの正当なプライバシーの期待はなかったのであるから、証拠排除の申立適格はないとした。

このようなジョーンズ判決以降の諸判例によって、今日ではプライバシーの合理的期待が侵害された者に限り、第四修正の排除法則を求める申立適格のあることが確立されるに至ったのである。

第四節　無害法理

排除法則は、とりわけ第四修正、第五修正または第六修正に違反して訴追側が直接・間接に獲得した証拠の公判での証拠排除を要求する。しかし被告人の第四修正ないし第六修正に違反して獲得されたものであるにもかかわらず公判で誤って許容された証拠については、無害の誤り（harmless error）の法理が適用される。この法理によれば、違法捜査によって汚れた証拠が誤って許容されたとしても、それが合理的な疑いを容れない程度に無害であれば、被告人の有罪判決は維持される。問題の証拠が被告人の有罪に寄与した合理的疑いがあると裁判所が判断したときにのみ、原判決は破棄されるのである。無害法理の目的は、被告人の有罪・無罪を事実に基づき決定するという刑事裁判の第一の目的を保持することであり、そして取るに足らない過誤の存在によって刑事司法手続が崩壊すること（subverted）を阻止することにある。(1) もっとも、その適用範囲については、憲法違反の場合には適用できないとする見解が極めて有力であった。少なくとも被告人の憲法上の権利が侵害された場合には、それ自体重大な瑕疵であり、救済の余地はないと考えられたからである。しかし、とくに一九六〇年代に入り、憲法上の権利の範囲が飛躍的に拡大されるに伴い、このような見解は維持し切れなくなる。そして合衆国最高裁は一九六七年の【21】チャップマン判決において、はじめて憲法上の瑕疵についても無害法理の適用を認める余地があることを認め、そして一九九一年の【22】フルミナンテ判決において、強制による自白が被告人の公判で誤って証拠として許容された明白な憲法違反の場合に無害法理の適用を肯定したのである。

以下、とりあえずフルミナンテ判決を理解する上で欠かせない主要な関連判例について、冒頭に簡単なコメントを付した後、事実関係を含めて詳しく紹介しておく。

一　主要関連判例

【18】ツーマイ市長兼任裁判官判決デュー・プロセス違反肯定禁酒法違反事件判決（一九二七年）

本判決（Tumey v. Ohio, 273 U.S. 510）は、市長の発した令状によって逮捕され禁酒法違反で起訴された被告人に対し、その市長一人が単独の公判裁判官として罰金刑等を支払うまで拘禁するとの有罪判決を言い渡した上、一切の上訴が認められず、市長の俸給の一部はその罰金刑によって支払われていたという事案につき、第一四修正のデュー・プロセスに違反するとしたものである。

【事　実】　ツーマイ（X）は、酒精飲料の不法所持の罪で逮捕されオハイオ州甲地の市長P（Mayor Pugh）の面前に引致された。彼（X）は同市長には彼を裁く資格はないことを理由に公訴棄却（dismissal）を申し立てた。市長はこの申立てを却下して手続を進め、起訴どおり、ハミルトン郡内で違法に酒精飲料を所持したとして被告人を有罪とし、一〇〇ドルの罰金刑を言い渡した上、その罰金および訴訟費用（costs）を支払うまでの投獄を命じた。彼が正式異議を申し立てたところ、ハミルトン郡裁判所は市長には資格がないとして判決を破棄した。州側がオハイオ州第一控訴地区控訴裁判所の再審理を求めたところ、同裁判所はハミルトン郡裁判所の判決を破棄し、市長の判決を維持した。そこで被告人は憲法上の根拠に基づいて、市長の裁判所（the Mayor's）および控訴裁判所の判決の破棄を求めたところ、州最高裁は、論議すべき憲法問題が含まれていないことを理由に右申立てを棄却した。その後同判決は、州最高裁長官によって認められた誤審令状（a writ of error）に基づいて合衆国最高裁に持ち込まれた。（*Id.* at 515.）

【判　示】　原判決破棄。　被告人（X）は甲郡市長によって発付された令状に基づき、オハイオ州甲郡の乙地で酒精飲料を不法に所持していた罪で逮捕・起訴された。同市長は同州禁酒法および甲郡条例（ordinance）の規定に従って行動した。市長には本件で行使した、判決が言い渡された者を罰金および訴訟費用を支払うまで投獄する権限がある。判決宣告時に、囚人は各一回の投獄につき一六〇セントの控除（credit）が認められていた。最近の改正によってこの控除は一回につき一ドル半に増額された。（*Id.* at 516.）

裁判官の資格（judicial qualification）の問題は必ずしも憲法上有効であるかの問題とは関わりがない。「しかし、裁判所の裁判官が彼の事案で被告人に不利な結論に達する際に直接個人的かつ実質的な金銭上の利益を有するそのような判決に被告人の自由・財産を委ねるのは間違いなく第一四修正に違反する。」

オハイオ州甲郡の市長は、裁判のため彼の面前にやって来た被告人を有罪とすることで、被告人が無罪とされたのであれば受け取ることがなかったであろう彼に科せられた一二ドルの訴訟費用を受け取るという直接の個人的金銭的利益を得ていた。これは例外なことではなく法および条例の通常の効果であった。州側代理人はこのことを否定せず、一般法則の例外として、この慣行の有効性を主張する。（*Id.* at 523.）

以上検討したことから、下位裁判官（inferior judge）が被告人を有罪としたときにのみその任務に対する支払いを受ける（is paid for his service）という制度は、通常科せられる費用が極めて少額なため無視することが相当である場合を除き、法のデュー・プロセスとして認められないので、コモン・ローにおいてもあるいはこの国においても一般的な実務慣行によって深く埋め込まれている（so embedded）ものではないと結論する。（*Id.* at 531.）

市長の判決の言い渡しに伴う金銭的利益が本件被告人にデュー・プロセスが否定されたとする唯一の理由ではない。公判は、陪審なしに再公判の機会もなしに市長の面前で開かれなければならなかった。市長は村の行政の長である。彼は市の財政に留意する仕事も担当している。他方、彼は、第一に、被告人は有罪であるかどうかを判断し、第二に、有罪と認定すれば、第一回目の犯罪に対しては最低一四〇ドル最高一〇〇〇ドルの間で、第二回目の犯罪に対しては最低三〇〇ドル最高二〇〇〇ドルの間で処罰の程度を決めるという司法上の権限ないし義務を有している。市長としての市の財政状況への利害（interest）およびそれに関する彼の責任からして、被告人に有罪判決および高額の罰金を科すことによって市の財政を援助する強い動機のある人物からの公正な裁判・公正な量刑を得ることはできないと被告人が危惧することは理由のあることといえるであろう。（*Id.* at 532-533.）

最後に、本件証拠は被告人が有罪であることを明らかに示しており、彼は最低額の一〇〇ドルの罰金刑を科せられたにすぎない。それ故、彼は有罪判決についても判決の額についてもデュー・プロセスの欠如を申し立てることができないと主張されている。彼に不利な証拠がどのようなものであれ、彼には公正な裁判官による裁判を受ける権利があった。彼は時宜を得た（seasonably）異議を申し立てたのであり、裁判の結果への直接の金銭的利益および村の財政上の必要性を補助するために被告人を有罪とし罰金刑を等級化する（graduate）ための職務上の動機（official motive）の両者が存在した市長には裁判官としての資格のないことを理由に裁判を中止させる権利があった。オハイオ州最高裁の判決を破棄し、差し戻さなければならない。（*Id.* at 535.）

【19】　ペイン長時間隔離後自白獲得デュー・プロセス違反肯定殺人事件判決（一九五八年）

本判決（Payne v. Arkansas, 356 U.S. 560）は、長時間にわたり一九歳の精神的に遅鈍な黒人少年を完全に外部から隔離の上、暴徒による暴行の可能性を示唆するなどして警察署内で獲得された自白を許容したのは第一四修正のデュー・プロセスに違反するとしたものである。

【事　実】　一九五五年一二月四日午後六時三〇分ころ、木材小売業者であるAの死体が事務所内で発見された。死因は頭部の殴打粉砕によるもので、現金箱から四五〇ドル以上の現金が紛失していた。以前に数週間Aに雇われたことのある一九歳の黒人少年で小学校五年生程度の教育しか受けていなかった被告人ペイン（X）が犯人として疑われた。Xは精神的に遅鈍で一五歳になっても小学校五年生のクラスに留まっていたが、年令を理由に七年生まで進級させられ間もなく退学していた。Xは当夜、自宅で任意の取調べを受けたが、翌一二月五日午前一一時ころ、令状なしに逮捕され、市拘置所（city jail）一階の独房に収容された。州法によると、重罪を犯したと疑うに足りる合理的理由があるとき、令状なしの逮捕は認められているが、逮捕後直ちに最寄りの治安判事の許に被疑者を出頭させなければならず、治安判事は被疑者に逮捕理由を告知し、弁護人の援助を受ける意思を確認の上、弁護人の援助を受ける合理的機会を与えなければならないと定めていた。Xは、治安判事の許に連行されることなく、州法の規定が順守されなかったことは認められている。

Xは一二月五日午後一一時の逮捕時から一二月七日午後に自白するまでの間、弁護人なしに、友人らとの面会も許されず、完全に外部から隔離されていた。面会を求めた家族は、「被疑者の取調べ中、何人であれ被疑者と話をさせるしきたりはない」ことを理由に追い返された。Xは電話の許可を求めたがこれも拒否された。(*Id.* at 562-563.)

Xは一二月五日に市拘置所に収容後、昼食は与えられず警察署長の取調べを受けていたため、当日の夕食も与えられなかった。翌一二月六日午前六時ころ、Xは朝食抜きで裸足のままで——Xのはいていた靴と靴下は血痕検査のために提出させられていた——さらに取調べを受け、うそ発見器にかけるため約四五マイル離れた乙市に連行された。Xはそこでも朝食を与えられないまま、州警察官に引き渡された。警察官はXをうそ発見器にかけた上で、取調べをしたが、その取調べ時間は記録上明らかでない。同日午後一時ころ、Xは靴を与えられ、二つのサンドイッチを与えられたが、このサンドイッチは逮捕後二五時間中にはじめて与えられた食べ物だった。彼は、同日午後六時三〇分ころ、元の甲市拘置所に送り返され、二階の独房に収容された。翌一二月七日朝、Xは朝食を与えられた。これは前日の乙地で与えられた二つのサンドイッチを除くと、逮捕後四〇時間中に与えられた唯一の食べ物だった。(*Id.* at 564.)

Xは後に証人台に立って、自白をするに至った状況について、次のように証言した。すなわち、〝私は二階に閉じ込められていました、署長のYがやって来て（一二月七日午後一時ころ）、お前はまだ事件のすべてを話していない〟と言いました、〝お前に会いたがっている者が外に四～五〇人いる、もしお前が私の部屋に来て、真実を話せば、彼らが入ってこないようにしてやる〟と言いました。署長はその時何と言ったのかと尋ねられるとXは、〝Y署長は外に四～五〇人がいてお前に会いたがっている、もしお前が自白をしたいというのであれば、彼らを中に入れないようにしてやると言いました〟と証言した。警察署長は反対尋問で、このような趣旨の供述をXにしたことを認めた。このような状況下に、Xは直ちに署長に自白することに同意した。そこで署長はXを私室（private office）に連行した。二人が部屋に入るとほとんど同時に、誰かがドアをノックした。署長はドアを開け、ドアを開けたまま部屋の外に出て、Xに聞こえるように〝Xは今自白することを決意した。そして私一人だけに自白したいと言っている〟と話した。どのような人たちが、また何人いるのかXには分からなかった。署長は部屋に戻り、Xを取り調べ始めた。Xは当該犯行を犯したことを口頭で自白した。そこで直ちに、州警察のP巡査部長とQ保安官の二人が入室を許された、そしてXはPの取調べを受け、当該犯罪に関してさらに詳細な供述をした。間もなく訴訟手続記録者（court reporter）が呼び入れられ、何人かのビジネスマンも入室を許された。そこでPはXを再び取り調べ、二人の質疑応答は先の記録者によって速記された。速記者による転写のあと、午後三時ころタイプ化された調書が部屋に送り届けられ、そして読み上げられたあと、Xが署名をし、先の警察官とビジネスマンが証人として署名した（witnesses）。このようにして〝自白〟が獲得されたのである。(*Id.* at 564-565.)

公判開始時に弁護人は、暴徒による暴行がありうるという署長の脅迫で頂点に達した強制によって獲得されたものであることを理由に、Xの自白排除の申立てをした。州法の規定によれば、かかる証拠排除の申立ては裁判官室で行われる、そこでは上述の事実はすべて争いなく認められた。さらにXは、自白は真実でないと証言した。そこで、なぜ真実でない自白をしたのかと問われて、Xは次のように答えた。すなわち、〝Y署長は外に四～五〇人いると言っていたし、もし自白をしなければ、彼らを中に入れると、そんな風に言っていたので本当に怖かった（I was more than afraid）〟からです。公判裁判官は、自白排除の申立てを却下し、自白は証拠として認められた。そして裁判所は、任意にされたものでないと認めれば自白を無視するようにと陪審に説示した。陪審は、第一級謀殺罪でXを有罪と認める一般的評決を下した上、電気イスによる死刑に値すると答申し、この答申に従って、死刑判決が言い渡された。（*Id.* at 566.）

そこでXは次の二点を主たる理由として、州最高裁に上訴した。すなわち、⑴強制かつ虚偽の自白排除の申立てを却下して自白を証拠として許容した公判裁判所の判断には誤りがあり、この誤りは第一四修正に違反してデュー・プロセスの保障なしにXの生命を奪うものである、⑵黒人が組織的に除外されていることを理由にした小陪審の選定の無効の申立て等を却下した公判裁判所の判断には誤りがあり、この誤りは、第一四修正に違反して法の平等保護およびデュー・プロセスに違反するというのである。しかし、州最高裁は、いずれも理由がないとして原判決を維持した。これに対し、Xが以上と同一の理由に基づき上告受理の申立てをしたところ、合衆国最高裁は「本件で提起された憲法問題は重要と思われる」ことを理由にこれを容れた。（*Id.* at 561.）

【判　示】　原判決破棄。　われわれはまず、Xの自白は強制によるものでありこれを証拠として許容したのは第一四修正に違反してデュー・プロセスを否定したものであるとの主張につき検討する。

強制――物理的であれ精神的であれ――によって獲得された自白を被告人の不利な証拠として州の刑事裁判で用いることは、第一四修正によって禁止されている。州の刑事法の執行は主として州裁判所に委ねられており、一般的には、事実に関する州裁判所の認定は、当裁判所の関心事ではない。しかし、被告人の自白は強制による産物であるという申立ての場合には、われわれ自身が記録を検討して、その申立てには理由があるか否かを判断しなければならない。したがって、記録に示された本件状況下にこの問題を検討することとする。(*Id.* at 561-562.)

Xは物理的な拷問を受けていないということは、当の自白が強制によるものであるか否かの問題に対する答えを提供するものではない。肉体の拷問と同様に、精神の拷問も存在する、個人の意思は恐怖によっても、暴力によると同様に影響されるからである。本件で争いのない証拠によれば、次のことが認められる。すなわち、精神的に遅鈍な一九歳の若者が、①令状なしに逮捕されたこと、②州法によって定められている治安判事面前での審理を拒否されたこと、③黙秘権および弁護人依頼権を告知されなかったこと、④三日間にわたり、弁護人も友人もなしに、面会を求めた家族も追い返されて、電話連絡が一度も許されないまま、外部から完全に隔離されていたこと、⑤長時間、食べ物を与えられなかったこと、そして最後に、⑥警察署長によって四～五〇人が外にいて会いたがっていると告げられたこと、そしてこれがXに恐怖感を呼び起こし、即座の自白をするに至ったことが認められる。一連の行動、とりわけこのような状況下で頂点に達した暴徒による暴行の可能性があるという脅迫の全体から判断すると、当該自白は強制によるものであり、それを陪審の面前で証拠として用いたのは〝正義それ自体の概念に不可欠な基本的公正さ〟を奪ったことになり、それ故、第一四修正によって保障されているデュー・プロセスの保障をXに否定したものであることは明らかである。(*Id.* at 566-567.)

訴追側は、自白を除外してもXの有罪判決を維持するに足る十分な証拠があったことを示唆している。しかしながら、本件におけるように、強制による自白が陪審の面前における証拠の一部を構成し、一般的な評決が下された場合には、陪審が当該自白をどれだけ信用し、それを重視したかは誰にも判断がつかない。そして当裁判所は、このような状況下においては一貫して「たとえ強制による自白を除外しても、有罪判決を裏付けるに十分な証拠があるとしても、異議申立てにもかかわらず、強制された自白を証拠として許容したのであれば、第一四修正のデュー・プロセス条項違反を理由に、その判決は無効になると判示」してきた。(*Id.* at 567-568.)

小陪審等での黒人の組織的排除が法の平等条項に反するとの主張については、この時点では判断する必要はない。新しい公判でこの問題が再び提起されるとは考えられないからである。(*Id.* at 568-569.)

【20】フェイ第四修正違反無害法理不適用落書事件判決（一九六三年）

本判決(Fahy v. Connecticut, 375 U.S. 85)は、憲法違反にはじめて無害法理の適用を認めた【21】チャップマン判決で先例として詳細に引用されている重要な関連判例である。

【事　実】　一九六〇年二月一日午前四時から五時までの間に、鉤十字章卍(swastikas)がN地区のユダヤ教会堂の壁および階段に黒い塗料で描かれていた。N警察署の警察官Pは午前四時四〇分ころ、右教会堂から一ブロックのところでライトをつけず走行中の車を見つけ、停車させたところ、被告人フェイ(X)が運転しており、アーノルド(Y)が助手席にいた。Pが深夜の外出の理由を尋ねたところ、二人はコーヒーを飲みに出かけて帰宅する途中であると答えた。Pがさらに車の中を検査したところ、前部座席の下に黒い塗料の入った缶と塗料刷毛があった。それ以上留め置く理由がなかったので、Pは二人を解放した後、Xの家まで車を追跡した。Pは同日朝、鉤十字章の落書き事件を知った。Pは直ちにXの家を訪ね、逮捕令状や捜索令状を申請も入手もしないまま、ガレージの中に入り、Xの車から塗料缶と塗料刷毛を持ち去った。およそ二時間後にPは他の警察官二人とともにXの家に戻り、有効な逮捕令状に従って、X、Yを逮捕した。(*Id.* at 87.)

Xらは州法に違反して、公共建築物を悪意で傷つけたとして、有罪判決の言い渡しを受けた。塗料入りの缶と塗料刷毛とが、公判で証拠として許容された。コネチカット州最高裁は、塗料等は違法な捜索・押収によって獲得されたものであるから、公判裁判所がそれを証拠として許容したのは誤りであるとしたが、憲法に違反して獲得された証拠についても州法上の無害法理が適用されることを理由に、Xらの有罪判決を維持した。(*Id.* at 85-86.)

【判　示】　原判決破棄。　本件事実の下では、違法な捜索・押収によって獲得された証拠が誤って許容された場合に〝無害の誤り〟の法理が適用されるかを判断する必要はない。憲法に違反して獲得された証拠が被告人の公判で誤って許容されたのは被告人に不利益（prejudicial）であったのであるから、そのような誤りは無害（harmless）とはいえず、有罪判決は破棄されなければならない。本件で、当該証拠がなくても被告人を有罪とするに足る十分な証拠があるかにわれわれは関心がない。問題は、本件で異議申立ての対象である証拠が被告人の有罪に寄与（contributed）したであろう合理的可能性があるかである。この問題を判断するには、本件事実を再検討する必要がある。

塗料および刷毛は、公判で証拠として許容された。われわれは、州最高裁と同様に、かかる証拠は違法な捜索・押収によって獲得されたものであるから、州への排除法則の適用を肯定した一九六一年の【7】マップ判決に従い、証拠として許容できないと考える。公判で提出された他の証拠および弁護活動への影響を検討すると、公判裁判所の誤りは被告人に不利益であり、無害とはいえないという結論は不可避と考えるのである。(*Id.* at 86-87.)

塗料等の物的証拠はそれ自体、負罪的であることは明らかである。さらにこれらの証拠は、本件犯行時ころ現場近くにXらがいたこと、およびXらの車の中に塗料が存在していたことに関する警察官Pの証言を補強するために用いられた。このことはPの証言によって明らかである。加えて、この違法収集証拠は、本件塗料および刷毛がユダヤ教会堂の落書き（markings）に用いられた塗料等に一致する旨の意見証言の根拠として用いられた。公判でN警察署の警察官Qは、ユダヤ教会堂の落書きを調べて黒い塗料で描かれたものと判断したと証言した。さらにQは、Xの家から違法に押収された缶の内容物を調べ、それが黒い塗料を含んでいたと判断したと証言している。さらに決定的（damaging）であるのは〝刷毛の幅と鉤十字章の線の幅とを測定するために〟違法に押収された刷毛をユダヤ教会堂まで持参したとのQの証言である。この証言に続いてQは、〝刷毛は線を描く際に用いられた塗料刷毛と同一のものであり両者は一致している〟旨証言したのである。それ故、裁判所は〝幅二インチの塗料刷毛はユダヤ教会堂に黒い塗料で描かれた落書きと一致している〟と認めた。この証言との関係でも、違法に押収された証拠を許容したことの被告人への不利益効果（the prejudicial effect）は明らかであった。（*Id.* at 88-89.）

公判で許容された他の負罪的証拠は、逮捕時にXがした不利益な事実の承認（admission）および警察署でした全面自白である。N警察署の警察官Rは公判で、寝ているところを起こされて逮捕された時の被告人（X）とのやりとりについて次のように証言している。すなわちユダヤ教会堂への鉤十字章の落書きの件で逮捕すると告げたところ、Xは〝あ、、あれのこと〟と言って、またベッドに戻ろうとしたと証言し、さらに警察署に到着後のやりとりについて、落書きの理由を尋ねたところ〝単なる冗談だよ〟と言ったので、さらにその理由を尋ねると〝抗議のためだ（for kicks）〟と答えた旨証言している。警察署ではさらに取調べがあり、Xは鉤十字章の落書きをしたことについては責任をとると述べ、さらに逮捕四時間後には、タイプ調書で二頁に及ぶ全面自白をしたのである。（*Id.* at 89-90.）

Xは逮捕時に、不利益な事実の承認をする以前に、警察がすでに塗料等を押収していたことを知っていたかは記録上明らかでない、しかし、訴追側は口頭弁論時に、Xは〝多分〟そのことを知らされていたであろうことを認めている。むろん、全面自白は被告人にとって決定的証拠であるから、被告人らは自白時に警察がすでに塗料等を押収していたことを知っていたことは疑う余地がない。しかしながら、被告人らは公判で違法な捜索・押収の問題を追及することを認められなかった。排除法則を州にも適用することを認めた一九六一年の【7】マップ判決以前のことであり、排除法則は当時のコネティカット州では適用されていなかったからである。それ故、違法に収集された証拠が不利益な事実の承認および自白の誘因であったとの主張をXは公判ですることができなかったのである。

Xは当裁判所に対し、もし新公判で本件捜索・押収は違法であることを争うことが認められれば、そのように主張したいと述べていた。このような主張は認められると考えてよい。当裁判所が過去において指摘したように、〝ある方法で獲得された証拠（の使用）を禁止する規定のエッセンスは、単にそのようにして獲得された証拠は裁判所の面前で用いられないというだけでなく、それはおよそ用いられてはならない〟のである。それ故、被告人には、その不利益な事実の承認は違法に押収された証拠との対決が誘因であることを立証する機会が与えられるべきであることになる。（*Id.* at 90-91.）

このような証拠の公判での弁護活動への重畳的な不利益効果（cumulative prejudicial effect）も無視することができない。塗料および刷毛が証拠として許容された後で、そしてそれが訴追側証拠を補強するために用いられた後で、さらに自白が証拠として提出された後で、被告人ははじめて証人台に立って、自分たちの行為を認めた上で、自分たちの行為は被告人らが訴追されている制定法上の重罪には当たらないことを立証しようとしたのである。むろん被告人の主張の正当性を認めるものではなく、これら一連の出来事は、誤って許容された証拠の被告人への不利益効果を示すものとして指摘するにすぎない。（*Id.* at 91.）

以上のことから、このような違法に獲得された証拠を誤って許容したのは被告人に不利益であったことは明らかである。それ故、これを無害の誤りであるということはできない。したがって、有罪判決を破棄差し戻すこととする。（*Id.* at 91-92.）

【21】チャップマン第五修正違反無害法理不適用殺人事件判決（一九六七年）

本判決（Chapman v. California 380 U.S. 18.）は、被告人が黙秘権を行使して証人台に立たなかったため検察官が不利益推認をするよう繰り返し陪審に求めた事案につき、不利益推認のコメントを禁止したグリフィン判決（後出）

に反するとした上で無害ではないとして被告人の有罪判決を維持したものである。ただ、本判決が脚注で、強制による自白の場合には無害法理は適用できない旨明示していたため、この点が【22】フルミナンテ判決で大きな争点となった。先の三判決とともに、フルミナンテ判決を検討する上で、欠かせない重要な先例である。

【事　実】　被告人エリザベス・チャップマン（X）は他の共犯者Yとともに、強姦、誘拐、および殺人の罪でカリフォルニア州裁判所で有罪とされ、彼女（X）は終身刑に、Yは死刑判決を言い渡された。公判当時、被告人が証言するか否かにかかわらず、被告人に不利な証拠ないし事実について被告人が証言による説明を怠れば、そのことについて裁判所および検察官は陪審にコメントすることができる旨憲法は規定していた。本件で被告人両名は証言しないことを選択したため、検察官は憲法の規定を大いに利用して、公判の当初から結審に至るまで、二人の沈黙に何度も執拗なまでに言及し、黙秘の事実から二人の有罪を推認するよう求めた。公判裁判官も陪審に対し、Xらの証言拒否から不利益を推認してよい旨説示した。ところが公判開始後、州最高裁への上訴以前に、合衆国最高裁が一九六五年のグリフィン判決（Griffin v. United States, 380 U.S. 609）において、第五修正の保障する自己に不利な証人になることを強制されない権利を行使したことで不利益（penalty）を課すものであることを理由に、カリフォルニア州憲法の右規定および実務を無効であると判示した。そこで州最高裁はXらの上訴の申立てを容れ、グリフィン判決を理由にXらはその黙秘に関する検察官らのコメントによって連邦憲法上の権利を否定されたことを認めた、しかし、その誤りによって誤判（miscarriage of justice）が生じたと裁判所が考える場合を除き、原判決の破棄を認めない州憲法上の無害法理の規定を適用して、原判決を維持した。（*Id.* at 18-20.）

【判　示】　原判決破棄。　われわれはXらによって、連邦憲法上の誤りはすべて有害（harmful）とみなされなければならないと判示するよう求められている。そのような判示（holding）をすれば、Xらの有罪判決は当然に破棄（automatic reversal）され、それ以上の詳論は不必要となる。しかし、そのようなルールの採用には応じられない（We decline to adopt any such rule）。五〇州のすべてにおいて制定法または判例法によって無害法理は認められている。合衆国は、ずっと以前に議会による制定法によって両当事者の実質的な権利に影響を及ぼさない誤りないし欠陥を理由に原判決は破棄できない旨のルールを確立した。これらのルールはすべて、連邦と州とを問わず、公判の結論を変える可能性がほとんどないような小さな過誤ないし欠陥を理由に有罪判決を破棄することを防止している限りにおいて、極めて有益な目的に役立っている。特定の事案においては、全く重要でなく取るに足らない（so unimportant and insignificant）誤りであるため、それらについては有罪判決を当然に破棄しなくても連邦憲法と一致して無害と見なされうる憲法上の誤りがある。（*Id.* at 21.）

憲法上の誤りについても無害法理の適用を認めるに当たり（in fashioning a harmless-constitutional-error rule）、極めて重要かつ説得力ある証拠ないし主張（argument）が、法律上は禁止されているにもかかわらず、有罪か無罪かの判断がつきかねる伯仲した公判の中に入り込むようなときには、無害法理は、極めて不公正かつ有害な結果をもたらしうることを認識しておかなければならない。無害法理の狙いは、可能な限り、不当な結果（the bad）を回避しつつその長所（the good）を保持するルールを作り上げることにある。（*Id.* at 22-23.）

連邦法則は〝実質的権利〟を強調し、カリフォルニア州憲法上の無害法理は〝誤判〟を強調する。しかし、カリフォルニア州最高裁は〝圧倒的証拠〟に関する裁判所の見解を強調することによって、このことをある程度中和化してきた。われわれは最近の【20】フェイ判決において、無害法理とは何かを判断した際に、この州最高裁のアプローチの方を選び、〝問題は、異議申立ての対象である証拠が有罪判決に寄与したであろう合理的可能性があるかである〟と指摘した。当裁判所の従前の判例の中には、例えば、【19】ペイン判決（強制による自白）、ギデオン判決（Gideon v. Wainwright, 372 U.S. 335）（弁護人依頼権）、ツーマイ判決（不公平な裁判官）のように、「公正な裁判にとって極めて基本的であるため、それを侵害すればおよそ無害の誤りとして取り扱うことのできない憲法上の権利があることを指摘した」ものがある。しかし、フェイ判決の上記指摘は、「憲法に違反する公判での誤りはすべて、当然に破棄される（automatically call for reversal）」という考えは誤っていることを示している。もっとも、フェイ判決は同時に、連邦法則と同じく、当事者の〝実質的な権利に影響を及ぼす〟誤りを無害としないという意図を強調しているのである。陪審に影響を及ぼし、訴訟の結論が異なりうるような関連性ある証拠を許容した誤りは、フェイ判決の下では無害であると考えることはできない。「異議申立ての対象である証拠は有罪判決に寄与した合理的可能性があるかどうか」に関するフェイ判決での指摘と、争われている誤りが有罪判決に寄与しなかった合理的な疑いを容れない程度の立証を要求することとの間にほとんど相違はない。それ故、「連邦憲法上の誤りが無害であると判示する前に、裁判所は合理的な疑いを容れない程度に無害であるとの考えを明らかにしなければならない。」この合理的疑いの基準はすべての裁判所に周知の基準であり、この基準の採用によってより有効な基準を提供することになると考えられるからである。（*Id.* at 23-24.）

以上の基準を適用すると、本件での誤りはXらにとって無害でなかったことには疑問の余地がない。この結論に至るには、弁護人が本件記録に従って編集し、本判決付録に引用されている検察官のコメントを一瞥するだけで十分である。検察官の弁論および公判裁判官の陪審への説示は、Xらの証言拒否から検察側に有利な推論を引き出すよう繰り返し強調されていた。本件では被告人に不利な合理的で強力な〝状況証拠のクモの巣（circumstantial web of evidence）〟が明らかにされていたが、「憲法の禁止するコメントがなければ、公平無私の陪審員であれば、無罪の答弁をしたこともありうる」事案であった。「このような状況下に、検察官のコメントおよび公判裁判官の説示はXらの有罪判決に寄与しなかったことを合理的な疑いを容れない程度に訴追側が立証したというのは全く不可能なことである。」憲法上の権利拒否の事実が機関銃のように繰り返し指摘されたのは、Xらの本件に関する説明を無価値なものとするためである。「無害といえないのは、強制による自白が被告人に不利な証拠として提出された場合に無害といえないのと同様である。Xらには、憲法に違反した不利益推認の圧力のない公判を受ける権利があることになる。」（*Id.* at 24-26.）

〈スチュアート裁判官の同調補足意見〉　州および連邦での種々な憲法違反の主張に関する一連の判例の中で当裁判所は断固として（steadfastly）〝無害〟であることを理由に憲法違反を無視してよいとする見解を退けてきた。不任意自白が公判で証拠として提出されたとき、当裁判所は常に、有罪に関する他の証拠を無視して、有罪判決を破棄してきた。そのような証拠を許容したことの誤りは無害であったとの主張は〝受け入れ難い考え（an impermissible doctrine）〟であるというのである。この結論は、その後も繰り返し認められており、自白が有罪判決に〝全く不必要であるときであっても、被告人には憲法上の侵害から免れた新しい公判〟を受ける権利があると判示されている。（*Id.* at 42-43.）

被告人が公判で弁護人を否定されたとき、われわれは、かかる憲法上の誤りが無害であるとの主張を検討することを拒否してきた。〝弁護人の援助を受ける権利は極めて基本的かつ絶対的であるから、その否定から生じた不利益の程度に関する細かな計算を裁判所にさせることは認められない〟というのである。これは、まさにギデオン判決（Gideon v. Wainwright）のポイントであった。公判前においても、弁護人が決定的段階で拒否されたとき、〝われわれは不利益が生じたかどうかを判断することをしなかった。〟公判裁判官の俸給の一部が有罪判決による財政的利益に依拠しているというのであれば、たとえ特定の不利益が立証されておらず、かつ被告人は明らかに有罪であるとしても、その有罪判決は破棄されなければならないと判示されている。【18】ツーマイ判決。

無害法理が将来において何らかの憲法違反に適用されても相当とされる可能性のあることを否定するものではないが、確立した先例から離脱して、明白なグリフィン判決違反に無害法理を適用するその理由を認めることはできない。明白なグリフィン違反を阻止するには当然破棄の法則が最も適切であると考える。（*Id.* at 44-45.）

【22】フルミナンテ強制自白無害法理否定義娘殺害事件判決（一九九一年）

本判決（Arizona v. Fulminante, 499 U.S. 279）は、憲法に違反して許容された強制による自白の場合にも無害法理を適用したものとしてわが国でも大いに話題になったが、[2] 合衆国最高裁内部でも事案の内容にも関連して同法理の適用につき激しい見解の対立があるものの、強制自白の内容や先例との関係についても正確に把握しておく必要がある。

【事　実】　一九八二年九月一四日早朝、被告人フルミナンテ（X）は、アリゾナ州M警察署に電話で一一歳の義娘Aが行方不明である旨通報した。Aの母親が入院していたので、その間XがAの世話をしていたのである。その二日後に、Aの死体がM市東部の砂漠地帯で発見された。彼女は至近距離から頭部に二発の銃弾が撃ち込まれており、頸部にひもが巻かれていた。死体の腐乱状態から、性的暴行を受けていたかを判断するのは不可能であった。Aの失踪およびXとの関係に関する供述、とりわけAに銃の使用方法を教えていた、Aとの関係は良好だったとのXの供述には幾多の矛盾があり、XはA殺害の容疑者となった。Xの妻（Aの母親）は、XとAとは当初から不仲で、Aに銃の使用方法を教えたことなどなかったと供述していた。しかし、Xと本件犯行とを結びつける証拠はなく、Xは間もなくアリゾナ州からニュージャージー州に移住した。

警察は本件殺人事件の捜査中に、Xが一九八二年九月一三日、銃器店でライフルとリボルバーを交換したことを知った。さらに警察は、Xには子供の純潔侵害（impairing the morals of a child）の罪での重罪判決や偽造裏書による小切手振出しの罪での有罪判決を含めた前科のあることを知った。そこで警察は、連邦当局に捜査によって判明した事実を通報し、Xは一九八二年一〇月二八日、ニュージャージー州ニューアークで重罪前歴者による武器の不法所持で逮捕された。Xはフェニックスの合衆国地方裁判所で同罪で有罪とされ、ミズリー州所在の連邦刑務所での二年以下の拘禁刑を言い渡された。Xは釈放後、再び他の武器の不法所持で逮捕され、あらためて二年の拘禁刑を言い渡された。

Xはニューヨーク州所在の連邦刑事施設で服役中、恐喝罪で六〇日間の拘禁刑に服していたサリボーラ（S）と親しくなった。Sは元警察官で、かつて組織犯罪とも関わりがあったが、当時はFBIに雇われた情報提供者（a paid informant）であった。Sは刑事施設内では組の者（masqueraded as an organized crime figure）と称していた。二人は親しくなり、一日に何時間も一緒に過ごすようになった。Sはその後、Xがアリゾナ州での子供殺しの容疑者であるとの噂を耳にした。そこでSはXとの会話中、何度かこの噂話を持ち出したが、Xは繰り返し否認した。SはこのことをFBI捜査官に伝達したところ、T捜査官は、その噂話についてさらに情報を収集するようSに指示した。

この頃、Sによると、Xが他の受刑者から〝ひどい目（rough）〟にあっていることを知ったので、施設内を散歩中に〝お前は例の噂のことで他の連中からひどい目にあいそうだ〟〝本当のことをいえば助けてやる〟と話しかけた。Xは一九八三年一〇月二〇日、義娘（A）をオートバイで砂漠地帯まで連れて行き、そこで首を締め、性的な暴行を加えて、さらに命乞いをさせた後、頭部に二発撃って殺害したことを認めた上、武器は現場近くの岩の中に隠したと述べた。

Sは一九八三年一一月二八日に釈放され、Xも翌八四年五月に釈放された。Sとその婚約者ドンナ（D）がXをバス停に出迎えた。Dが〝親類や友人で会いたい人がいますか〟と尋ねたところ、Xは〝アリゾナ州で娘を殺害したので、家には戻れない〟と答えた。SらはXをペンシルバニア州にいる友人の家まで送り届けた。Xは翌月、他の武器の不法所持でニューヨーク州で逮捕された。Xは一九八四年九月四日、A殺害の第一級殺人罪でアリゾナ州地裁に起訴された。

Xは公判開始前に、刑務所内でSにした供述および釈放後にDにした第二自白の証拠排除を求めた。「Sへの自白は強制されたものであり、第二自白は第一自白の〝果実〟である」というのである。公判裁判所は、自白は任意になされたものであるとして、この申立てを却下した。訴追側は両自白を公判で証拠として提出し、Xは一九八五年一二月一九日、第一級殺人罪で有罪とされた。公判裁判所は特別評決で、本件殺人は極めて残虐非道であり、減軽理由も認められないとして、Xに死刑判決を言い渡した。(*Id.* at 282-284. *cf.* State v. Fulminante, 778 F. 2d 602, 605-606.)

Xは州最高裁に上訴したが、その申立て理由は一八項目に上り、訴追側と弁護側——三人の公設弁護人——との間で、Sへの自白は強制の産物であるから第一四修正のデュー・プロセスに違反するかなど激しい論争が続けられた。州最高裁は当初、自白は強制によるものであることを認めつつ、Xに不利な圧倒的証拠があることを理由に、公判で自白を許容したのは無害の誤りであると決定し、被告人の上訴を棄却した。ところが、Xが七項目について「再考の申立て（Motion for Reconsideration）をしたところ、州最高裁はこの申立てを容れ、一九八五年の合衆国最高裁の【58】エルスタッド判決による限り、本件自白の許容は単なる無害の誤りであるとの主張を退けざるを得ない、合衆国最高裁が同判決で明らかにした法によれば、「無害の誤りの分析は強制による自白には適用できない」として、無害法理の適用については先の判決を訂正した上で第一審の有罪判決を破棄し、Sへの自白を使用することなしに再審理するよう命じたのである。(*Id.* at 284.)

これに対し、合衆国最高裁は、強制による自白が公判で誤って許容された場合にも無害法理が適用されるかをめぐり州および連邦の各裁判所において意見の相違があることを理由に、訴追側の上告受理の申立てを容れた。そして多数意見は、強制による自白も無害法理の分析の対象になることを認めつつ、アリゾナ州裁判所の判決を維持した。(*Id.* at 284-285.) 本判決での争点は、(1)Xの第一自白は強制によるものであるか、(2)強制による自白にも無害法理が適用されるか、そして(3)本件への適用いかんの三点である。(1)、(3)に関する法廷意見はホワイト裁判官が執筆したが、(2)についてはホワイト裁判官が同調せず、レンキスト首席裁判官執筆の反対意見が多数意見となるなど、やや複雑である。以下、右の三点について、順次検討しておく。

【判　示】　(1)　第一自白の任意性　　まず最初に、Xの自白を強制によるものであるとした点において下級裁判所は誤っているとの政府側の主張について検討してみよう。政府側は、Xの自白が強制によるものであるかどうかは全体の状況（the totality of the circumtances）によって判断すべきであるにもかかわらず、原審である州最高裁は〝なかせりせば〟という単なる因果関係の基準（a "but for" test）を適用してSの自白すれば助けてやるという約束がなければXは自白していなかったであろうと認め、自白の不任意性を判断したと主張する。しかし、アリゾナ州最高裁は「自白の任意性に関する判断は全体の状況下において吟味されなければならないと指摘し、その基準の下でXのSへの供述は強制されたものであると認定したのは明らかである。」アリゾナ州最高裁は全体の状況のテストを適用してSの自白は強制によるものであるかを判断する際に、種々の関連事実に焦点を合わせた。第一、子供の殺人犯であるとされていたので、Xは他の囚人から物理的迫害を加えられる危険があったと指摘し、さらにSはXがそのため〝ひどい目に〟あっていたことに気付いていたので、これを利用して娘殺害の自白を交換条件としてXを保護することを申し出た。その約束は「極度に強制的（extremely coerced）」であったとのXの主張に同意して、アリゾナ州最高裁は、「この自白は極度の強制の産物であり、自白しなければ被告人の生命は危うくなると考えてなされたものである。これは言葉のあらゆる意味で、まさに強制による自白である」と判示したのである。

問題は伯仲しているが、われわれはXの自白は強制によるものであるとの州最高裁の結論に同意する。アリゾナ州最高裁は、自白しなければ、Xは確実に物理的暴力が加えられるおそれ（a credible threat of physical violence）のあったことを認めた。当裁判所の判例は、強制の認定は政府側代理人（a government agent）による現実の暴行の有無によることは必要でなく、確実なおそれで足りるとしている。取調べをした警察官が被疑者（the accused）に対し、自白をすれば拘置所のドアの外にいる猛り狂った暴徒から保護してやると約束したことを理由に自白は強制によるものであると当裁判所が認めた一九五八年の【19】ペイン判決におけると同様に、本件でもXの友人（かつ政府側代理人）であるSの保護がなければ、物理的暴力を加えられるおそれがあったためXは自白するに至ったことをアリゾナ州最高裁は認めたのである。確実に物理的暴力を加えられるおそれがあったとのアリゾナ州最高裁の認定を受け入れ、Xの意思はそのような方法によって打ち負かされた（overborne）のであるから、その自白は強制の産物であるとの結論に同意する。（*Id.* at 285-286.）

(2) 無害法理の適用　憲法違反があったとしても必ずしも有罪判決が当然に破棄されることにはならないとの一般的法則を採用した当裁判所の画期的な一九六二年の【21】チャップマン判決以降、当裁判所は広範囲の憲法上の瑕疵に無害法理の分析を適用し、ほとんどの憲法上の瑕疵（most constitutional errors）は無害たりうることを認めてきた。（*Id.* at 306.）

これらの判例を結びつけている共通の糸は、いずれの判例も〝単なる公判上の瑕疵（trial error）〟――事件を陪審に提示する間に生じたもので、それ故、それを許容したことが合理的な疑いを容れない程度に無害であったかどうかを判断するために提示された他の証拠の文脈の下で量的に判断しうる瑕疵――に関わっていたということである。その無害法理をこのように多くの相異なる憲法違反に適用した当裁判所は、公判の中心目的は被告人の有罪・無罪に関する事実問題を決定することであるとの原理を保持するために不可欠であり、そして〝ほとんど不可避的な取るに足らない瑕疵の存在よりも公判の基本にある公正さに焦点をあわせることによって刑事手続に対する一般国民の尊敬心〟を高めうるとの信念に忠実であったのである。当裁判所は、チャップマン判決において「当裁判所の従前の判例の中には、例えば、【19】ペイン判決（強制による自白）、ギデオン判決（Gideon v. Wainwright, 372 U.S. 335）（弁護人依頼権）、【18】ツーマイ判決（不公平な裁判官）のように、公正な裁判にとって極めて基本的であるため、それを侵害すればおよそ無害の誤りとして取り扱うことのできない憲法上の権利のあることを指摘した」ものがあることを認めつつ、「憲法に違反する公判での誤りはすべて当然に破棄される（automatically call for reversal）」という考えの誤りを指摘したのである。（*Id.* at 307-308.）

ホワイト裁判官が反対意見において、先例拘束性の原理（the principle of stare decisis）からすれば、不任意自白は無害の分析対象にならないと結論したのは、まさにチャップマン判決での上記文言に基づいている。しかし、この文言からは、逆の結論が導かれるいくつかの理由がある。

まず第一、チャップマン判決はそのように指摘することによって（by its terms）、同判決でそのようなルールを採用したのではない。〝当裁判所の従前の判例〟云々という文言は、脚注に格下げされた判例（relegation of the cases）と相俟って、これら判例の判示内容に沿革的に言及したものと見る方がより適切である。このような見解は、不任意自白は無害の誤りの分析対象にならないとの命題に言及している判例である【19】ペイン判決での法廷意見を検討することによって、裏付けられる。当裁判所は同判決で、自白を除外してもXの有罪判決を維持するに足りる十分な証拠があったとの訴追側の主張に対し、本件におけるように、強制による自白が陪審の面前での証拠の一部を構成し、一般的な評決が下されたような場合には、陪審が当の自白をどれだけ信用し、それを重視したかは誰にも判断できない。そして当裁判所はこのような状況下においては一貫して、「たとえ強制による自白を除外したとしても、有罪判決を裏付けるに十分な証拠がありうるとしても、異議申立てにもかかわらず、強制された自白を証拠として許容したのであれば、第一四修正のデュー・プロセス条項違反を理由に、その判決は無効になると判示してきた」と指摘しているのである。本件で訴追側が主張するように、当裁判所がペイン判決で退けたのは、「後に【21】チャップマン判決で採用された無害の誤りの分析ではなく」、不任意自白以外の証拠で有罪判決を十分に維持することができるのであれば、有罪判決の維持を認めるというはるかに寛容なルールを退けたにすぎない。（*Id.* at 308-309.）

不任意自白の許容――古典的な公判での瑕疵――は、無害の誤りの分析対象にはならないとしてチャップマン判決の脚注で言及された他の二つの憲法違反とは明らかに異なる。これら判例にいう憲法違反の一つは、公判での弁護人依頼権が完全に否定されたものであり、他の一つは公平でなかった裁判官に関するものであった。これらは裁判組織の構成における構造的瑕疵（structual defect）であり、〝無害の誤り〟基準による分析対象にはならない。公判開始から終結に至るまでの刑事被告人のすべての行動が弁護人不在によって影響を受けることが明白であるのは、公正でない裁判官の公判での存在（the presence on the bench of a Judge）によって受けることが明白であるのと同じことである。（*Id.* at 309-310.）

「われわれが無害の誤りの分析対象となると判示してきた憲法違反と、対象にはならないと判示してきた憲法違反とを比較してみると、不任意な供述ないし自白は、前者のカテゴリーに属することは明らかである。不任意自白の許容は〝公判での瑕疵〟であり、その程度および態様において他のタイプの証拠を誤って許容した場合と類似する。」不任意自白の証拠上のインパクトは、第六修正に違反して獲得された自白、第四修正に違反して押収された証拠、あるいは第五修正に違反して公判での被告人の沈黙について検察官が不適切にコメントをしたときのインパクトと区別できない。不任意自白を誤って許容した事案を再検討するとき、上訴審は、その他の不当に許容された証拠の許容性を再検討するときと同様に、被告人に不利なその他の証拠を再検討して当の自白を許容したことが合理的な疑いを容れない程度に無害であったかどうかを判断する。（*Id.* at 310.）

不任意自白の許容は〝刑事手続を越える（transcends the criminal process）〟ような瑕疵であるということもできない。当裁判所は、その態様および重要性において類似であり、捜査官の同程度の違法行為に関わるその他の憲法上の権利侵害の事案に無害の誤りの分析を適用してきた。例えば、第六修正に違反して獲得された被告人の供述を許容した事案が無害の誤りの分析対象となることを認め、マサイア判決に違反して獲得された自白を許容した事案に合理的な疑いを容れない程度に無害であると判示し、証人台に立たなかった共同被告人の公判廷外の供述を許容した事案に無害の誤りの分析対象となる旨判示しているのである。いずれにせよ、第六修正に違反して獲得された自白と、第一四修正に違反して獲得された自白との間に有意味な区別をすることは不可能である。（*Id.* at 311-312.）もちろん、不任意自白は、とりわけ被告人に破壊的であるような特定の事案においては、公判の過程に劇的な効果を及ぼすことはありうる。しかし、このことは単に、そのような事案において不任意自白を許容したのは無害の誤りではなかったと裁判所が結論するであろうことを意味するにすぎず、無害の誤りの検討を回避する理由にはならない。アリゾナ州最高裁は、本件での最初の判決で、Xの自白を許容したのは無害の誤りではなかったと結論した。Xが刑務所から釈放後にした犯罪に関するより明確な第二自白には最初の自白による汚れがないと結論し、そして被害者の負傷状況などの物理的証拠や公判で提出された他の証拠とを検討した結果、第一自白を許容したのは合理的な疑いを容れない程度に無害であったと結論したのである。（*Id.* at 312.）

(3)　**本件への適用**　五人の裁判官は、強制による自白にも無害法理は適用されると判断したのであるから、そのような多数意見の判断に従ってXのSへの自白の許容性を判断することが必要となる。当裁判所には、記録に基づいて新たに無害の誤りの有無を判断する権限がある。そこでSへの自白を許容したことがXの有罪判決に寄与していないという立証責任を訴追側が本件で果たしたかどうかを判断しなければならない。（*Id.* at 294-295.）

自白は、他の証拠とは異なる。実際、〝被告人自身の自白は、被告人に不利に許容できる証拠の中でおそらく最も信用性がありかつ決定的証拠である。〟自白は陪審に強いインパクトを与えてきたことは間違いなく、そうであるから、われわれは、たとえ陪審に自白を無視せよとの明確な説示が与えられている場合であっても、陪審は自白を無視できるかに疑問を呈してきたのである。ブルートン判決でのホワイト反対意見（Bruton v. United States, 391 U.S., at 139-140）を見よ。被告人の供述の中には、他の証拠と結び付くことによってはじめて被告人に負罪的となるものがある、これに対し、被告人が犯罪の動機および手段を明らかにする全面自白は、その証拠だけに依拠して陪審が判断を下しかねない程のインパクトがある。本件でXがSにしたような強制による自白の事案においては、陪審への強いインパクトとともに、その自白は信用できない危険性があるため、それを吟味する上訴審は、自白を許容したことが無害であるかを判断する前に、特段の注意を払わなければならない。(*Id.* at 296.)

アリゾナ州最高裁は、無害法理が強制による自白に適用できると判断した当初の意見において、許容できるDへの第二自白はSへの第一自白と重なった (cumulative) いわゆる反覆自白であると認めた。同最高裁は、被害者の負傷状況に関する物的証拠や首に巻きつけられたひも、あるいは現場でのオートバイの痕跡などは、第二自白を裏付けていると指摘した。そして圧倒的証拠の存在を理由に、たとえ第一自白がなかったとしても、陪審には被告人を有罪とする同一の根拠となる証拠があると結論したのである。(*Id.* at 296-297.)

この証拠に関するわれわれの評価は全く異なる。われわれは記録を精査して、XのSへの自白を許容したことが合理的な疑いを容れない程度に無害の誤りであったことを立証する責任を訴追側は果たしていないとの結論に至った。この結論に達したのは、以下の理由による。

第一、記録によれば、公判裁判所も訴追側も、起訴の成否は陪審が第一自白および第二自白を信用するかどうかにかかっていることを認めていた。現場で発見された物的証拠や、その他の状況証拠だけではXを有罪とするには不十分であったから、自白なしにXが起訴されていたであろうということはありそうにない。現に、起訴状が提出されたのは犯行後およそ二年後のことであった。警察は当初からXを疑っていたのは事実であるが、検察官が陪審への冒頭陳述で認めたように、Xが起訴されたのは、Xが義娘殺害をSに自白し、そして後にSの妻であるDに自白したからである。そして検察官は最終陳述においても、この両自白に言及して〝多くの状況証拠はあるが、彼が本当に少女の頭部に銃を突きつけて、彼女を殺害した証拠であるとするには少し足りない〟ことを認めている。

(*Id.* at 297-298.)

第二、Dへの第二自白に対する陪審の評価は、第一自白の存在に大きく依存していることは容易に認められる。第一自白の公判での許容性が認められていなければ、陪審はDの話を信用できないとしていたであろう。XのDへの自白は、Xが刑務所から釈放された当日のこととされている。なぜアリゾナ州にいる家族の許に帰らずに、ペンシルバニア州にいる友人を訪ねるのかというDの一寸した質問に応じて、Dが今まで現実に一度も会ったことのないXが残虐な殺人を詳細に自白したというのである。Dは後にXの暴露に〝吐き気を催した（disgusted）〟と証言しているが、Xから聞いたことを当局に通報するなどのことは一切していない。事実、彼女は車の中にいてDとの会話をすべて耳にしていたSにもこの問題についてほとんど話していない。Sもまた、Xを車でペンシルバニアの友人宅に送り届けたことを当局に報告しているが、車の中にDがいたことも、DとXとの会話についても一切言及していないのである。一九五八年六月に当局から質問されてはじめて、Sは一年前のXのDへの会話を遅まきながら（belatedly）思い出したのであり、そのときこのことを当局に通報するかどうかをはじめてDに尋ねたというのである。(*Id.* at 299.)

陪審はまた、Dには夫（S）を助けるためにXの自白に関して嘘をつく動機があったと考えることもできた。Sは連邦当局から、情報提供に対する謝礼を含め、訴追免除や連邦の証人保護法の対象となるなど、相当な恩恵を受けていた。さらに陪審は、Xの自白を暴露したDの動機は有利な取扱いを受けたいとする願望によるものと認めたかもしれない。Dもまた後に、証人保護法の適用を受けることになったからである。(*Id.* at 300.)

第三、第一自白が許容されたため、Xに不利なその他の証拠もまた許容されることになった。例えば、訴追側は、XがSの保護を求めて自白した動機を説明するために、XはSの組織犯罪との関わりを知っていたことを示す証拠を提出した。自白がなければ、このような証拠は関連性がなく公判で許容されていなかったであろう。州最高裁は、Sの組との関わりを示す証拠はSの性格を反映していると認め、Sを弾劾するために用いることができると指摘した。しかし、この分析は、当該自白が証拠として認められていなければ、Sが証人台に立って証言する理由はないから、その証言を弾劾する必要もなかったという事実を看過している。(*Ibid.*)

最後に、われわれの本件での関心事は、自白を誤って許容したことのXの有罪判決への影響の有無にあるが、自白の存在によって、公判の量刑段階にも影響を及ぼしたことは明らかである。アリゾナ州法の下では、公判裁判官が量刑を言い渡す。本件では、〝公判で提出され証拠として許容された証拠に基づいて〟公判裁判官は、合理的な疑いを容れない程度に存在した唯一の加重理由、すなわち残虐無残な犯行であることを認めた。このような認定に矛盾しない状況証拠は存在するが、いずれも合理的な疑いを容れない程度にそのような認定をするには十分なものではない。(*Id.* at 301.)

Xは極めて残虐に行動したことを明らかにする際に、量刑裁判官は専ら、先の二つの自白に依拠していた。量刑裁判官は、Sへの第一自白がなくても、同一の結論に達していたといえるかもしれないが、合理的な疑いを容れない程度にそうであるとまではいえない。さらに、裁判官の証人Dへの信用性、したがって第二自白の信頼性に関する評価は、誤って許容された第一自白の補強的効果によって影響されていたであろうことは十分に考えられる。現に、自白が信頼できるかを判断する際に量刑裁判官が両自白の類似性に焦点を合わせていたという事実は、どちらかの自白だけでは、死刑判決の前提要件である合理的な疑いを容れない程度に加重理由のあることを認めるには不十分であったであろうことを示している。(*Id.* at 302.)

当裁判所の多数意見は、XのSへの自白は強制によるものであると判断し、そして多数意見は、この自白を許容したのは合理的な疑いを容れない程度に無害ではないと判断した。したがって、Xには自白を証拠として許容しない新しい公判を受ける権利があるとのアリゾナ州最高裁の結論に同意し、アリゾナ州最高裁の判決を維持することとする。（*Ibid.*）

二　まとめ

このように排除法則にも無害法理が適用されることは確立している。しかし、【22】フルミナンテ判決が正面から明白な憲法違反の事案でその適用を肯定したため、この点をめぐり活発な議論が展開されたのである。前述のように、フルミナンテ判決では⑴自白の任意性、⑵無害法理の適用、そして⑶本件事案への適用の三点が争われ、ホワイト裁判官執筆の法廷意見および反対意見にはいわゆるリベラル派のマーシャル、ブラックマン、スティヴンズの各裁判官が同調し、そしてレンキスト長官のそれにはオコーナ裁判官が同調しているが、他の三裁判官の見解は争点毎に分かれており、次図に見られるようにやや複雑である。

フルミナンテ判決の意義と問題点について若干の視点を指摘しつつ、以上に紹介した関連判例のまとめとしたい。

まず第一、フルミナンテ判決の最大の意義は、強制された自白が誤って証拠として許容されたという明白な憲法違反の事案に〝構造的瑕疵〟ではないとして無害法理の適用を肯定し被告人の死刑判決を維持したことにあるのは明らかであり、それだけに四裁判官の激しい反対意見が付されたのである。反対意見は「〝刑事事件における被告人は、その有罪判決が一部にせよその全部にせよ、不任意自白に基づいているのであれば、自白の真実または虚偽を考慮することなしにデュー・プロセスを否定されたことになるという自明の命題〟であると合衆国最高裁が今日まで考えていたことを放棄した」として多数意見を攻撃した。「ミランダ判決およびチャップマン判決の前後を問わず、刑事司法制度の基本的な教義（tenet）として被告人の強制された自白を被告人に不利な証拠として用いることを禁止してきた一連の一致した判例（the consistent line of authority）」に従うべきであるとした上で、チャップマン判決は「強制による自白を刑事事件で被告人に不利に用いること、被告人に弁護人を提供しないこと、そして偏見を抱いた裁判官の下で被告人を審理すること、このような三つの憲法上の瑕疵は無害の誤りに分類できないことをとくに指摘している」のであるから、この先例に従う限り、本件におけるような強制された自白に無害法理を適用する余地はないとして多数意見を激しく攻撃したのである。（*Id.* at 288, 295.）

争点	多数意見／少数意見	スティヴンズ	ブラックマン	マーシャル	ホワイト	スカーリア	スータ	ケネディ	オコーナ	レンキスト
自白の任意性	5／4	○	○	○	◎	○	×	×	×	×
無害法理の適用	5／4	×	×	×	×	○	○	○	○	◎
本件への適用	5／3	○	○	○	◎	×	△	○	×	×

◎法廷意見執筆者　○賛成　×反対　△表示なし

すでに詳論したように、チャップマン判決は脚注で、ペイン判決（強制による自白）、ギデオン判決（弁護人依頼権の侵害）、そしてツーマイ判決（不公平な裁判官による公判）の三つを例示して、これら三つの憲法違反については無害法理が適用できないことを明示している。しかしながら、ギデオン判決は被告人が国選弁護人の援助を受ける権利を当初から全面的に認められなかった事案につき、そしてツーマイ判決は、市長の発した令状によって逮捕され起訴された被告人が、その市長本人が公判裁判官として罰金刑等を支払うまで拘禁するとの有罪判決の言い渡しをした事案につき、いずれも第一四修正のデュー・プロセスに違反するとしたものである。したがって、同じくデュー・プロセス違反の事例であるとしても強制による自白に関するペイン判決とはやや趣を異にすることは否定できないように思われる。その限りにおいて、今回のフルミナンテ判決は「チャップマン判決が原判決の当然破棄に値するものとして例示」していた三項目の「一つを削除したこと」[3]は否定できない事実であるが、ペイン判決との相違を強調したレンキスト長官執筆の法廷意見も理解できないわけではないことを指摘しておきたい。

第二、右とも関連するが、とりわけ排除法則に関わるような事案については、事実関係を抜きにした抽象論ではなく、事実関係を正確に押さえた上で、その当否の判断をすることの重要性を指摘しておく。今回の強制による自白の使用に無害法理を適用したフルミナンテ判決についても、その強制の意味内容や先例を詳細に検討することなく、最高裁の保守化を論じても始まらない。【56】第二次ウィリアムズ判決ではいわゆる不可避的発見の例外がはじめて正面から肯定され被告人の有罪が確定するが、一九七二年の第一次ウィリアムズ判決（Brewer v. Williams, 430 U.S. 387）では「弁護権侵害を理由に州の上告を棄却して、実質的に有罪判決は無効」となったため、こんな事案でも有罪にならないのかと驚きを禁じえなかったとの指摘がある。(4) フルミナンテ判決についてもわが国ではおそらく同旨の思いを抱く人が大半と思われる。要するに、憲法違反の意味内容がわが国と全く異なるのであり、この点については後に詳論する。

第三、排除法則との関わりである。排除法則の主たる目的は違法捜査の抑止あり、これに対し、無害法理の背景には、判決に影響を及ぼさないことが明白な場合にまで原判決を破棄するのは訴訟経済上も合理的でないという考えがある。もっとも、排除法則も無害法理も、第一四修正のデュー・プロセス条項を介して第四修正ないし第六修正の権利保障が州にも直接適用されることになった結果、「刑事手続の適法性判断を憲法上の評価が左右するという事態が急増」し、被告人の「憲法上の権利の範囲が飛躍的に拡大」した背景下に生じたものであるという点で共通しているのである。(5)

（1）　The Exclusionary Rule ; Criminal Project, 83 The Georgetown Law Journal 665, at 836-837.
（2）　本判決につき、松尾浩也「強制による自白の使用は絶対的破棄理由か」法学教室一三一号六九頁、加藤克佳「強制された自白の許容とハームレス・エラー理論の適用」愛知大学法経論集一三三号二七頁がある。
（3）松尾・同七二頁。
（4）原田明夫「刑事訴訟法の理念と実務」ジュリスト一三七〇号八二頁。
（5）松尾・前掲注（2）七三頁、加藤・前掲注（2）三三頁。

第三章　排除法則の限定

このようにアメリカではウォーレン・コート（一九五三―六九年）下に〝デュー・プロセス革命〟が完成する。一九六一年の【7】マップ判決で第四修正がデュー・プロセスの内容として各州に適用できる以上、連邦の排除法則は州に適用できるとされ、ここに第四修正の排除法則がアメリカの全法域で一律に適用されることが確立する。他方、一九六六年のミランダ判決で第五修正の自己負罪拒否特権を十分に保障するためには身柄拘束中の被疑者取調べ時のミランダ警告が不可欠とされ、このミランダの排除法則（Miranda exclusionary rule）も確立する。さらに一九六七年の【47】ウェイド判決、【48】ギルバート判決で第六修正の弁護人依頼権を保障するために起訴後の被告人には面通しでの弁護人の立会いを求める権利のあることが確立するに至る。もっとも、その後、ミランダ法則に弾劾例外が肯定され、第四修正の排除法則についても【38】カランドーラ判決で大陪審手続に適用する必要はないとされ、【39】ストーン判決で第四修正違反を理由に人身保護令状による救済を求めることができないとされた。そして一九八四年の【40】レオン、シェパード判決では第四修正の排除法則にいわゆる善意の例外が正面から肯定されたのである。

そこで以下、周知の【25】ハリス判決ほかの弾劾例外に関する主要判例に続いて黙秘と弾劾に関する主要判例をいずれも時系列的にその判示内容を検討した後、排除法則の限定ないし修正に関するレオン、シェパード判決などを詳細に検討することとしたい。

第一節　弾劾例外

一　主要関連判例

【23】アグネヨ違法収集証拠弾劾例外否定覚せい事件判決（一九二五年）

本判決（Agnello v. United States, 269 U.S. 20）は、覚せい剤の譲渡等を禁止するハリソン法（Harrison Act）違反のコンスピラシーに関連して訴追側が被告人への反対尋問で覚せい剤を所持したことは一切ないとの証言を被告人から引き出した後で被告人の寝室からコカインの入った袋を別件で押収したことがあるとの警察官証言が被告人の法廷証言を弾劾するために利用できるかが争われた事案につき、そのような証拠は〝およそ用いられてはならない〟とする【41】シルヴァーソン判決の一文を引用して弾劾証拠としても利用できないとしたものである。

【事　実】　フランク・アグネヨ（X）とY、Z、V、Wの五人はハリソン法違反のコンスピラシーでニューヨーク州東部地区合衆国地方裁判所で正式起訴された。Xらはコカインを違法に譲渡することを共謀した（conspired）というのであり、告発された表題行為（the overt act charged）は、コカイン譲渡の目的でブルックリン・ユニオン通り一三八番にあるZの家に集まり、大量のコカインを同所に運び込みそれを譲渡したというものだった。陪審は被告人全員を有罪と認定し、巡回区控訴裁判所はこれを維持した。（*Id.* at 27-28.）

政府側提出の証拠によって以下の事実は十分に立証されていた。すなわち、国税庁係官（government revenue agents）に雇用されたAとBの二人は一九二二年一月一四日土曜日、アルバ（Z）の家に出かけ、覚せい剤を購入したいと申し出た。Ｚは若干のサンプルを提供した。翌週の月曜日に会うことで話がつき、彼らは約束の日時に再び会った。国税庁係官六人と警察官一人が家の外で二人を監視していた。間もなく、監視中の係官らは家の窓越しに、Ｘがいくつかの小さな包みを取り出してナポリターノ（Ａ）に渡し、ＡがＺに現金を手渡すのを現認した。取引の終了直後に係官らはＺの家に突入し、五人全員を逮捕した。取引が行われたテーブルの上にいくつかの包みがあり、Ｘのポケットにも他の包みがあった。それらの包みのすべてにコカインが入っていた。Ｚの身体が捜索され、ＡがＺに手渡した現金が見つかった。

政府側はその主張立証の一部として（as a part of its case in chief）、国税庁係官がＸらを警察署に連行している間、他の係官と市警の警察官はコロンビア通り一六七番に出かけて捜索し、Ｘの寝室でコカイン一袋を発見したことなどを明らかにした。この証拠は令状なしに行われた捜索押収によるものであるとの理由で排除された。アグネヨ（Ｘ）は直接尋問でセントリーノ（Ｖ）から包みを受け取ったことは認めたが、中味が何であるかは知らなかったと主張し、その中味がコカインであることを知っていたら運搬することはなかったと証言した。彼は反対尋問で、今までに覚せい剤を見たことは一切ないと言った。そこで検察官は、Ｘの家の寝室で押収したコカインの包みを提示し、それを見たことがあるかとＸに尋ねた。Ｘは見たことがない、自分の家の中で見たことは一切ないと主張した。訴追側は反証として、Ｘの寝室で発見されすでに証拠排除されていたコカインの包みを証拠として提出することが認められ、Ｘは有罪とされた。（*Id.* at 28-30.）

【判　示】　原判決破棄。　本件はフランク・アグネヨ（Ｘ）の家の捜索とそこで発見されたコカインの押収は第四修正に違反するか、そしてそのような捜索押収の結果得られた証拠を許容するのは第五修正に違反するかの問題に関わりがある。第四修正は〝不合理な捜索・逮捕押収を禁止し、第五修正は〝何人も……刑事事件において自己に不利な証人となることを強制されない〟と定めている。犯罪の遂行時に合法的に逮捕された人を捜索令状なしに同時に（contemporaneously）捜索し、犯罪に結び付く物を発見し押収するために逮捕がなされた場所を捜索する権利のあることは疑いない。

アルバ（Z）の家で行われた捜索・逮捕押収は当然、このような逮捕に通常伴うものである。しかし、このような権利は他の場所には及ばない。アグネヨ（X）の家は、逮捕が行われたZの家から数ブロック離れていた。その家に係官らが立ち入り捜索したとき「コンスピラシーは終了して」いた、そして被告人らは逮捕され他の場所で身柄を拘束されたのである。「このような捜索は逮捕に伴うものとして支持することはできない。」（*Id.* at 30-31.）

本件で提示された問題は今まで当裁判所によって直接判断されたことはないが、合法的に逮捕された場合を除き、捜索令状なしに人の家を捜索できないことは常に前提とされてきた。第四修正の保護はすべての者に——全く無実の者と同様に被疑者（accused）も——平等に及ぶ。令状なしに私人の住居を捜索することはそれ自体不合理であり、われわれの法が禁忌（abhorrent）することである。いかに根拠のあるものであるにせよ、捜し求められている物品が住居に隠されているという確信だけで、その場所を令状なしに捜索することは正当化できない。そのような捜索は、相当な理由を示す事実が疑いなく存在するとしても、違法であると判示されている。アグネヨ（X）の家の捜索およびコカイン袋の押収は第四修正に違反していた。（*Id.* at 32-33.）

第五修正は、適切に援用されると、第四修正の下での権利を侵害して行われた捜索または逮捕押収を介して獲得された証拠の使用によって罪を負わせられることのない（from incrimination）ことをすべての人に保障しており、このことは十分確立している。政府側によると、たとえ本件での捜索・逮捕押収が違法であったとしても、被告人はコカインの袋の還付を裁判所に申請していないのであるから、それは証拠として許容できるという。しかし、本件では捜索・逮捕押収が第四修正に違反することは争われていなかった。アグネヨ（X）はコカインの袋を所持したことはないと証言し、それが法廷に提出されるまで一切見たことはないと証言した。コカインが証拠として提出される前に、彼の家を捜索しコカインを発見したと政府側が主張することをXが知っていたことを示すものは一切ない。所持したことがないと主張している物品の還付を申請する義務が彼にあったと判示するのは不合理であろう。（*Id.* at 33-34.）

そして捜索・逮捕押収の証拠が反証として（in rebuttal）許容できるという主張は検討に値しない（without merit）。アグネヨ（X）は直接尋問において質問されなかったのでコカインの袋に関して証言しなかった。反対尋問で認められた質問に対する答弁の中で、Xはそれを見たことは一切ないと述べた。彼は当該捜索によって獲得されたと主張されている証拠に関して憲法上の権利を放棄したり反対尋問を正当化することを一切しなかった。【41】シルヴァーソン判決で指摘されたように〝ある方法での証拠の獲得を禁止する規定の本質は、そのように獲得された証拠は裁判所の面前で使用されてはならないというだけでなく、それはおよそ使用されてはならないということである。〟本件の捜索押収によって獲得された証拠を許容したのは誤っており、アグネヨ（X）の重要な権利を侵害した（prejudicial）ことになる。彼に対する判決は破棄され、新公判が認められなければならない。（*Id.* at 35.）

しかし、他の被告人に対する判決は維持される。捜索押収に関する証拠の提出は彼らの憲法上の権利を侵害していなかったので、彼らには新公判を要求する権利はない。アグネヨ（X）に対する判決は破棄し、他の被告人に対する判決は維持する。（*Id.* at 35-36.）

【24】ウォルダー第四修正違反弾劾利用肯定麻薬譲渡事件判決（一九五四年）

本判決（United States v. Walder, 347 U.S. 62）は、麻薬譲渡で起訴された被告人が政府側証人との麻薬取引の事実を否認した上、さらに麻薬関連犯罪に関与したことは一切ないと証言し、反対尋問に対しても同旨の証言を繰り返したため、政府側が二年前の被告人の自宅での第四修正違反の捜査に関わった警察官およびその際押収されたコカインを分析した化学者を証人として喚問したところ公判裁判官が陪審への注意深い限定説示の下にそれらの証言を許容した事案につき、第四修正の排除法則に弾劾例外を正面から肯定したものである。

【事　実】　ウォルダー（X）は一九五〇年五月、ヘロインの譲渡および所持でミズーリ州西部地区合衆国地方裁判所において正式起訴された。Xは、ヘロイン・カプセルは違法な捜索押収によって獲得されたものであるとしてそれを排除する申立てをした。この申立ては容れられ、間もなく政府側の申立てに基づきXに対する起訴は取り下げられた。(*Id.* at 62–63.)

Xは一九五二年一月、別件の四件の違法な覚せい剤の取引をしたとして再び正式起訴された。政府側の主張は、違法薬物を連邦捜査官の指示に従ってXから購入したと主張する二人の薬物常用者（drug addicts）の証言から成っていた。弁護側の唯一の証人は、X自身であった。彼はこの二人の情報提供者と覚せい剤の取引をしたことを否認し、直接尋問の最初に「私は今までに覚せい剤を誰かに売ったことは一切ありません」と答えた。

Xは、反対尋問でこの直接証言に言及した検察官の質問に答えて、今までに覚せい剤を購入したり譲渡したり所持したことは一切ないとの主張を繰り返した。そこで政府側は、一九五〇年にXの立会いの下に彼の家から違法に押収されたヘロイン・カプセルに関してXに質問した。XはXの家から覚せい剤が押収されたことを頑強に(stoutly)否認した。そこで政府側は、以前の違法な捜索押収に参加した警察官および押収されたヘロイン・カプセルを分析した化学者を証人台に立てた。公判裁判官はこの証拠を許容しつつ、被告人が訴追されている本件犯罪を犯したかを判断するために用いるのではなく、専ら被告人の信用性を弾劾するためにのみ用いられる旨陪審に注意深く説示した。被告人は有罪とされ、第八巡回区はこれを維持した。(*Id.* at 63–64.)

本件での唯一の争点は、覚せい剤を所持したことは一切ないとの被告人の直接尋問での主張によって以前に違法に押収されたヘロインを被告人の信用性を攻撃する証拠を用いるための門戸が開放されたことになるかであり、この問題は【2】ウィークス判決の法理の範囲に関する新しい局面を提起していることを理由に、合衆国最高裁は上告受理の申立てを容れた。(*Id*. at 64.)

【判　示】　原判決維持。　政府側は有罪判決を獲得するために第四修正違反の果実を用いることはできない、そのような証拠をその主張立証のために間接的に用いることもできない、違法に獲得された証拠から得た糸口(leads)を介して獲得された証拠によって有罪判決を裏付けることもできない。これらの方法はすべて違法であり、このような方法によって獲得された有罪判決は無効である。「違法に獲得された証拠を訴追側が積極的に利用できないというのは一つのことである。訴追側が違法な方法によって証拠を獲得するに至ったその違法な方法を被告人が自己自身の利益として自らの虚言に対する反証を防ぐ盾として自ら用いることができるというのは全く別のことである。そのようなウィークス判決の法理の拡大は第四修正の曲解といえよう。(It is one thing to say that the Government cannot make an affirmative use of evidence unlawfully obtained. It is quite another to say that the defendant can turn the illegal method by which evidence in the Government's possession was obtained to his own advantage, and provide himself with a shield against contradiction of his untruths. Such an extension of the Weeks doctrine would be a perversion of the Fourth Amendment.) (*Id*. at 64-65.)

本件状況を取り上げてみよう。被告人は訴追されている犯罪への関与を単に否認することを越えて、自ら進んで今までに麻薬を取り扱ったことも所持したことも一切ないとの全面否認をした。むろん憲法は被告人に自己に不利な告発に対処する十全な機会を保障している。彼は自由に自己に不利な要素をすべて否定できなければならず、違法に獲得した証拠であるためその主張立証のために (for its case in chief) 利用できない証拠を政府側が反証として提出することは認められない。しかし、そのことを越えて、政府側が彼の信用性を争い得ないことを奇貨として (in reliance on) 被告人が積極的に偽証に訴えることを正当化する余地はない。(*Id*. at 65.)

本件に関わる状況は、【23】アグネヨ判決によって提示された状況とは著しく対照的というべきである（to be sharply contrasted）。同判決で政府側は、汚れた証拠をその主張立証時に（in its case in chief）提出する試みが失敗した後での反対尋問において、〝今までに覚せい剤を見たことがありますか〟という広汎な質問を被告人にすることによってそれを秘かに引き出そう（tried to smuggle）とした。期待どおりの否認の答を引き出した後で政府側は、被告人の信用性を否定するために違法な捜索押収によって被告人の家で見つけられた覚せい剤の証拠を提出しようとした。その主張立証時に用いることができないのと同様に反対尋問でも政府側はこの証拠を用いることはできない（could no more work）と判示した際に当裁判所は、おそらく無意識に、われわれが本日到達する結論を予示（foreshadowed）していた。すなわち、〝捜索押収の証拠が反証として許容できるとの主張は検討に値しない。アグネヨは直接尋問において質問されなかったのでコカインの包みに関して証言しなかった。反対尋問で認められた質問に対する答弁の中で、彼はそれを見たことは一切ないと述べた。彼は当該捜索によって獲得されたと主張されている証拠に関して憲法上の保護を放棄したり反対尋問を正当化することを一切しなかった〟と指摘しているのである（*Id.* at 66.）

【25】ハリス第五修正ミランダ違反弾劾例外肯定ヘロイン譲渡事件判決（一九七一年）

本判決（Harris v. New York, 401 U.S. 222）は、ヘロイン譲渡で起訴された被告人が証人台に立っておとり捜査官に渡したのはふくらし粉にすぎなかったと証言したので逮捕後のミランダ違反供述を用いて同証言が弾劾された事案につき、ミランダ判決に違反して獲得された供述であっても被告人の法廷証言の信用性を攻撃するためには用いることができるとしたものである。

【事　実】　ニューヨーク州は被告人（X）をおとり警察官（P）に二度ヘロインを譲渡したとして告発した。

その後の陪審裁判でPは州側の主たる証人として二つの取引の詳細について証言した。Xは自己を防御するために証人台に立った。彼はPを知っていることは認めたが、一九六六年一月四日の取引については否認した。彼は一月六日にPに紙袋（glassine bag）の内容物を売却しようとしたことは認めたが、それはふくらし粉（baking powder）であり買手を騙す計画の一部であったと主張した。

反対尋問でXは、一月七日の逮捕直後にPに一定の供述——Xの公判証言と一部矛盾する供述——をしたかどうか尋ねられた。Xは反対尋問に答えて、検察官によって引用された質問もそれに対する答えもほとんど思い出せないと証言した。弁護人の要請によって、検察官が朗読した質問と答が記載されている供述録取書（the written statement）が控訴審での利用のために記録として残されたが、この供述録取書は陪審に示されなかった。

公判裁判官は陪審に、Xがしたとされるこの供述（録取書）はXの信用性を判断する際に考慮されてよいが、有罪の証拠として考慮されてはならないと説示した。陪審はXを起訴状の第二訴因で有罪と認定した。ニューヨーク州最高裁はこれを維持した。（*Id.* at 222.）

【判　示】　原判決維持。　公判で検察側は、Xがしたとされる供述はミランダ判決の下で許容できないことを認め、その供述を検察側の主張立証時に用いようとはしなかった。取調べ時の供述録取書は陪審に展示されなかったが、Xが身柄を拘束され取調べ（questions）が始まる前に国選弁護人依頼権（a right to appointed counsel）の警告がなかったことを示している。警察になされたこの供述は強制によるものであるとも不任意なものであるともXは主張していない。

「ミランダ判決の法廷意見の中には確かに弁護人不在中の供述（an uncounseled statement）の使用をいかなる目的のためであれ禁止していると解しうる若干の文言（some comments）がある。しかし、この問題の議論は当裁判所の判示にとって全く不必要であり、本件を支配する（controlling）ものとみなすことはできない。ミランダ判決は、身柄拘束中の被疑者が弁護人の立会いないし弁護人依頼権を効果的に放棄する前にした供述で訴追側が自らの主張を立証する（making its case）ことを禁止した。訴追側の主張立証時に（in the prosecution's case in chief）被告人に不利に許容できない証拠はいかなる目的のためであれミランダ判決は使用を禁止しているということにはならない、もちろん、当該証拠の信用性が法的基準を満たしている場合のことである。」

当裁判所は【24】ウォルダー判決において、訴追側の主張立証時に許容できない物的証拠を弾劾目的のために用いることを認めた。〝違法に獲得された証拠を訴追側は積極的に利用できないというのは一つのことである。訴追側が違法な方法によって証拠を獲得するに至ったその違法な方法を被告人が自己自身の利益として自らの虚言に対する反証を防ぐ盾として用いることができるというのは全く別のことである。そのような【2】ウィークス判決の法理の拡大は第四修正の曲解といえよう。〟〝訴追側が彼の信用性を争いえないことを奇貨として被告人が積極的に偽証に訴えることを正当化する余地はない〟というのである。（*Id.* at 223-224.）

なるほどウォルダーは、彼の直接尋問の中に含まれていた付随的事項に関して弾劾された。一方、本件での申立人（X）は、より直接的に公訴犯罪に関わる証言に関して弾劾された。当裁判所がウォルダー判決で到達したそれと異なる結論を正当化する原理上の相違があるということには納得できない。一月七日の出来事に関して自己自身のためにしたXの証言は、彼が逮捕直後に警察官にしたものとは著しく対照的であった。本件での弾劾手続はXの信用性を評価する際に陪審に有益であったことは疑いない、そしてそのような手続の利益（benefits）は、われわれの見解によれば、許されない警察の行為がそれによって推奨されるであろう思弁的可能性（the speculative possibility）を理由に失われるべきでない。排除法則には禁止された警察の行為を抑止する効果があると仮定したとしても、問題の証拠が検察側の主張立証時に（to the prosecution in its case in chief）利用できないとすることで十分な抑止効はある。

すべての刑事被告人には自己自身を弁護するために証言し、あるいはそのようにすることを拒否する特権が与えられている。しかし、かかる特権は偽証をする権利を含むと解釈することはできない。任意に証人台に立つことによって申立人（X）は、正直かつ正確に供述する義務を負ったのであり、そして検察側は本件で、当事者訴訟手続の伝統的な真実性の吟味方法を利用したにすぎなかった。例えば、被告人が殺人を全面的に自白し、そして彼の自白を不許容とする状況下で警察官を被害者の死体に導いたとせよ、被告人が証人台に立って警察官に暴露した事実または彼の自白の〝果実〟として発見されたすべての事実を否認した場合、彼の従前の供述および行為との対決からの免除を被告人（X）は要求するのであろうか。被告人による供述が誰か第三者に対してなされたのであれば、その供述は反対尋問と弾劾の方法によって陪審の面前に提示されえないと主張することはほとんどできないであろう。（*Id.* at 225-226.）

「ミランダ判決によって与えられた盾は、以前の不一致供述との対決の危険のない偽証を弁護として利用できる許可状であると曲解することはできない（The shield provided by Miranda cannot be perverted into a license to use perjury by way of a defense, free from the risk of confrontation with prior inconsistent utterances.）。」以前の矛盾供述を用いてXの信用性を弾劾したことは相当である。（*Id.* at 226.）

〈ブレナン裁判官の反対意見〉（ダグラス、マーシャル両裁判官同調）（ブラック裁判官は別途反対であるとするにとどまる）

申立人の直接証言を弾劾するために用いられた質問と答から成る供述は、Xに不利な州の主張を直接立証するためになされた申立人の証言の信用性を弾劾するために反対尋問において当該供述を使用することを憲法は州に禁止していると私は考える。【24】ウォルダー判決での判断は、当裁判所の判示と異なり、決定的でない。むしろ同判決は、私の結論を裏付けている。

(the State's direct case against petitioner) 証拠として憲法上許容できないことは認められている。自己自身の防御のために

【24】ウォルダー判決は、被告人（accused）の直接証言を弾劾するために汚れた証拠が用いられた事案でない。同判決では、公訴犯罪事実の付随的事項に関する被告人の証言を弾劾するために当該証拠が用いられた。ウォルダーはヘロインの購入および所持で一九五〇年に起訴されたが、違法に押収されたとして覚せい剤の使用排除の申立てが容れられたとき、訴追側は起訴を取り下げた。二年後にウォルダーは一九五〇年の事件とは全く関わりのない別件の覚せい剤違反で起訴された。自己の防御のために証人台に立って証言した彼は、今までに覚せい剤を所持したことは一切ないと直接尋問で述べ、反対尋問で警察官が二年前に彼の家から覚せい剤を押収したことも否認した。そこで政府側は、一九五〇年の押収に関わった警察官の一人の証言、すなわちウォルダーの家を急襲したときに覚せい剤を押収したことがあるという証言を提出することが認められた。しかし、当裁判所は注意深く、被告人の証言が被告人の直接証言を弾劾するために用いられた本件のような状況と区別していた。ウォルダー判決で弾劾のために用いられる証拠はそれ以前の一九五〇年の訴追に関わりがあり、一九五二年に審理された証拠とは直接関係がなかった。その証拠は今までにヘロインを所持したことは一切ないという被告人の直接証言の信用性を弾劾するためにのみ役立った。この証拠は公判中の正式起訴状での主張とは全く関係がなかった、ところが、本件で弾劾のために用いられた証拠は、起訴状の中で主張されているその譲渡（取引）の詳細に直接関わる供述であった。（*Id.* at 228.）

ウォルダー判決は憲法との関係（constututional specifics）を確認しなかったが、ミランダ判決は第五修正の自己負罪拒否特権との関係を確認し、この特権は州に対しても拡大された。何らの拘束なしに（unfettered）自己自身の意思を行使して供述する場合を除き黙秘する権利が保障されているときにのみ、この特権は満たされる。憲法上の特権の行使であるので自己自身の防御のために証言するかどうかの選択は、それ故、〝拘束なしに〟行使されなければならない。一九六五年のグリフィン判決（Griffin v. California, 380 U.S. 609）は、被告人が証人台に立たないことについての検察側のコメントやそのような沈黙は有罪の証拠であるとの裁判所の説示はかかる選択に〝足かせとなる（fetteres）〟ので許されないと判示した。それは特権の主張を高くつく（costly）とすることによって特権を傷つけている（cuts down）〟というのである。それと全く同じ理由で、憲法上の保障は証人台に立つ被告人を弾劾するために訴追側が汚れた供述を用いることを禁止する。すなわち、政府側の汚れた証拠の使用は〝その主張を高くつくものとすることによって特権を傷つけている〟からである。それ故、証人台に立つかどうかの判断が、公訴犯罪事実への関わりを否認する彼の直接証言を弾劾するために違法に獲得された以前の供述が提出されうる危険によって重荷となる（burdened）とき、被告人は〝拘束なしの〟選択を否定されたことになる。われわれはミランダ判決において〝自己負罪拒否の特権は、いかなる態様においても自己負罪を強要されないよう個人を保護する。被告人による単に免責を意図した供述（statements merely intended to be exculpatory）はしばしば公判での彼の証言を弾劾するために用いられている。かかる供述は、言葉のいかなる意味（any meaningful sense）においても負罪的であり、その他のいかなる供述に対しても要求される十分な警告と効果的な権利放棄なしに証拠として用いることはできない〟と述べているのである。（*Id.* at 229–231.）

不当な警察の行動を抑止するという目的は、われわれの当事者主義手続の廉潔性（integrity of our adversary system）を保護するというより大きな目的の一部にすぎない。この制度の〝本質的支柱〟は自己負罪拒否特権であり、この特権はわが国の誕生以降わが判例（jurisprudence）の中で中心的な場所を占めてきたのである。本日の判示がかかる目的の達成の土台を大きくほり崩すことをおそれる。当裁判所は本日、警察は外部から隔離された状況で（incommunicado）かつ弁護人なしに自由に被疑者を取り調べることができる、そして彼らがミランダ判決に違反して獲得したいかなる供述も州側の主張の直接の立証として（direct case）使用できないけれども、被告人が自己の防御のために証言するという無鉄砲（the temerity）なことをすれば、それは証拠として提出されうることを警察に知らせているのである。これは警察の捜査方法を憲法に従わせることで進歩を遂げてきたその大半を取り消す方向に大いに役立つ（goes far toward undoing）ことになろう。（*Id.* at 231–232.）

【26】ハス第五修正ミランダ違反供述弾劾例外肯定自転車窃盗事件判決（一九七五年）

本判決（Oregon v. Hass, 470 U.S. 714）は、被告人が証人台で本件窃盗は友人二人の犯行であると証言したので訴追側が逮捕直後に被告人は被害者宅および自転車の放置場所を指示しそこから自転車が発見された旨の警察官証言で弾劾した事案につき、【25】ハリス判決との実質的な相違はないとしてこれを肯定したものである。

【事　実】　一九七二年八月、オレゴン州甲地区の住宅ガレージから自転車（複数）が盗まれた。被上告人（X）は住民Aが所有する家のガレージから自転車を持ち帰ったとして第一級侵入盗（burglary）で起訴された。彼は他の窃盗事件に関しては告発されなかった。

窃盗事件の当日、オレゴン州警察官（P）は甲地区のナンバーをつけた自動車を追跡し、そこでハス（X）を発見、逮捕した。Xの公判でPは裁判官室で（in camera）次のように証言した。Xにミランダ警告を与えた後で自転車窃盗について尋ねると、Xは二台の自転車を持ち去ったことは認めたが、自転車の一台は元に戻し、他の一台は放置したと述べた。そこでXをパトカーに乗せ、自転車の放置場所に向けて出発した。その途中でXは〝厄介なことになった〟ので弁護士に電話したいと述べた。Pは警察署に着き次第弁護士に電話できると答えた。その後でXは雑木林のある場所を指示し、そこから放置された自転車が発見されたと証言したのである。Xが弁護人に電話したいと言った後でXによってなされた供述および自転車の放置場所についての彼の確認供述は許容できないと裁判所は決定した。そこで検察側は陪審員の前での主張立証時に、金が必要だったので二台の自転車を持ち帰った、そして一台は元に戻し、放置した他の一台は取り戻された（recovered）ことをハス（X）が認めた旨の証言をPから引き出した。

後に公判でXは証人台に立って、次のように証言した。すなわち、Xと二人の友人A、BがXのトラックに同乗し近くを乗り回していた。A、Bの二人がトラックを降りたので、Xは減速して通りをゆっくりと運転していた。Bが突然また現われ、一台の自転車をトラックの中に投げ込むとトラックの床にひょいと頭を下げた。最初はBが盗んだのか分からなかったが、ある父子の乗ったジープに追いつかれたとき息子の方がBを指さして〝あの男だ〟と叫んだ。そこでBは自転車をその父子に返した。Xがなお車を運転し続けていると、今度はAに出会った、地面に座っていたAは一台の自転車をトラックに投げ込んだ。AとBが何をしようとしていたのか分からなかったし、二台の自転車が住宅地のどこにあったかも知らなかったと証言したのである。そこで検察側は反証として、警察官Pを証人喚問した。Pは、自転車をそこから持ち去ったとする二軒の家をXが指示したと証言した。反対尋問でPは、二軒の家を指示する前に〝自転車が持ち去られた場所は知っているが正確な通りの住所は知らない〟とXが話したと証言した。

公判裁判所は、弁護側の要請により、P証言の中でXがPにしたとされる供述部分は〝被告人の有罪の立証として用いることはできません〟しかし〝この証言をXが証人台で証言したときの証人としての信用性に関して関係あるものとして考慮することはできます〟と注意した。Xは再び証人台に立って、Pが彼（X）を住宅地に連れて行った際にXが家（複数）を指し示したというP証言は〝誤っている（wrong）〟と述べた。

陪審は有罪の評決を下した。ハス（X）は二年間の保護観察および二五〇ドルの罰金を言い渡された、控訴裁判所は州の先例に従わざるを得ないとした上で、Xの信用性を弾劾するためにXのPへの供述を許容したのは不当であるとしてこれを破棄した。オレゴン州最高裁は四対三でこれを維持した。（*Id.* at 716-718.）

【判　示】　原判決破棄。本件は【25】ハリス判決での事実状況の変種（variation）を提供している。州警察官の拘束下にある被疑者が十分なミランダ警告を告知され、そして弁護人に電話をかけたいと述べたが、警察官から警察署に着くまで電話をかけられないと告げられて負罪的情報を提供したとき、被告人の証人台でのそれに反する証言を弾劾する証拠としてこのような負罪的供述を許容することは認められるか、それともそれは第四修正および第一四修正の下で許容されないのかという問題である。（*Id.* at 714-715.）

【25】ハリス判決において被告人は、おとり捜査官に二度にわたりヘロインを譲渡したとして二つの訴因で州によって告発された。州側は二つの取引の証拠を提出した。ハリスは自己の防御のために証人台に立った。彼は最初の取引を否認し、第二の取引は買い手を騙す計画の一部としてふくらし粉を利用したにすぎないと説明した。ハリスは反対尋問で、逮捕直後に一定の供述を警察官にしたことがあるかと尋ねられた。これに対してハリスは、検察官によって引用された質問も答も全く覚えていないと証言した。公判裁判所は陪審に、ハリスのものとされている供述は有罪の証拠としてではなく単に彼の信用性を判断する際に利用できるだけであると説示した。検察側は、その主張立証時にこの供述を利用しようとはしなかった。ハリスは国選弁護人依頼権を告知されていなかったので、それらの供述はミランダ判決の下で許容できないことを認めていたからである。バーガ首席裁判官は〝訴追側の主張立証時に被告人に不利に許容されない供述はいかなる目的のためであれミランダ判決は使用を禁止しているということにはならない、もちろん、当該供述の信用性が法的基準を満たしている場合のことである〟と述べた。〝ミランダ判決によって与えられた盾は、以前の不一致供述との対決の危険のない偽証を弁護として利用できる許可状であると曲解することはできない。〟したがって、ハリスの信用性が以前の矛盾供述を利用することによって弾劾されたのは相当であったというのである。（*Id.* at 720-722.）

ハリス判決の原理の適用に当たり、同判決と本件とに実質的な相違（valid distinction）は認められない。ハリス判決におけると同様に、訴追側の主張立証時にハスに不利に許容できない証拠は、その証拠の信用性が法的基準を満たしているという限りのことであるが、いかなる目的のためであれ禁止されるということはミランダ判決からは出てこない。抑止効があると仮定しても、問題の証拠は訴追側の主張立証時に訴追側が利用できないとすることで十分な抑止効がある。本件でもハリス判決と同様に、ミランダによって提供された盾は、以前の不一致供述との対決の危険を免れて自由に証言をする許可状であると曲解されるべきでない。

要するに、われわれの憲法によって提供されている保護を受けている捜索である限りにおいて、われわれは常に刑事事件での真実の探求（a search for truth）に従事（engaged）している。ハス（X）の警察官（P）への供述が不任意または強制されたものであるという証拠はないし、その示唆もない。彼が〝面倒なこと（trouble）〟になったと感じたのは当然のことだが、彼への圧力は同様の拘束下にある何人に対するそれより大きなものではなかった。

唯一考えられるハリス判決と本件との相違は、ハスに与えられたミランダ警告は相当であったのに対し、ハリスに与えられたそれには欠陥があったという事実にある。ハリスの事案と本件との不許容性（弾劾例外としても許容しない）の効果は同一である。すなわち弾劾証拠としても許容できないとするのは、被告人自身の口から出た弾劾証拠に困惑することなしに虚偽の供述をする憲法上の権利であると曲解する（pervert the constutional right into a right to falsify free from the embarrasment of impeachment evidence from the defendant's own mouth）ことになろう。

十分なミランダ警告が与えられ被疑者が弁護人を要求した後でも警察官がなお取調べを継続するとき、警察官には発見できるかもしれない弾劾材料によって失うものはなく何か得るものがあるということは認められうるかもしれない。しかし、このような思弁的可能性（speculative possibility）は、警告に欠陥があり、その欠陥が警察官に知られていない場合にはさらに大きい。いずれにせよ、利益衡量（balance）はハリス判決において下されたのであり、われわれにはこれを変更する気持はない（not disposed to change）。（*Id.* at 722–723.）

【27】ヘイヴンズ第四修正違反弾劾例外肯定コカイン密輸入事件判決（一九八〇年）

本判決（United States v. Havens, 446 U.S. 620）は、ペルーからのコカイン密輸入事件の被告人が証人台で事件との関わりを否定したため訴追側が反対尋問でTシャツ所持の有無について尋ねたところ〝知らない〟と答えたので通関時の違法な手荷物の捜索押収の果実であるTシャツが同証言の信用性を弾劾するために許容された事案につき、【23】アグネヨ判決から【26】ハス判決に至る先例に依拠して憲法に違反しないとしたもので、各先例の整理としても有用である。

【事　実】　インディアナ州弁護士である被告人（X）とYは、ペルーのリマからフロリダのマイアミ空港行き便に搭乗した。マイアミで税関職員はYの身体検査をし、上衣の下に着用していたTシャツに縫い付けられた仮ポケット（sewed into makeshift pockets）からコカインを発見した。YはXを巻き込む供述をしたので、すでに通関していたXが逮捕された。彼の手荷物が令状なしに捜索・押収された。薬物は見つからなかったが、YのTシャツに縫いこまれていた部分と一致する切り口のあるTシャツが押収された。捜索時に押収されたTシャツ等は公判前の証拠排除の申立てに基づき排除された。

二人は三訴因からなる正式起訴状で告発されたが、マクリード（Y）は、一つの訴因について有罪の答弁をしXに不利な証言をした。彼はとりわけ、Xが手を加えた（altered）Tシャツを彼の仮ポケットに縫い付けたと主張した。Xは証人台に立ってコカイン密輸入との関わりを否認し、彼の手荷物の中で発見されたTシャツはYのものであると政府の係官に告げたことも否認した。反証として税関職員は、証拠物件九号（Tシャツ）はXのスーツケースの中で発見された、そして彼のバッグの中で発見されたTシャツ（複数）は証拠物件九号を含めてYのものであるとXが主張したと証言した。このTシャツは証拠として許容され、この証拠はXの信用性を弾劾するためにのみ考慮されるべきであると陪審は説示された。

控訴裁判所は、【23】アグネヨ判決および【24】ウォルダー判決に依拠してこれを破棄した。違法収集証拠が弾劾のために利用できるのは直接尋問中に被告人によってなされた一定の供述と矛盾する証拠である場合に限られるというのである。(*Id.* at 622-623.)

【判　示】　原判決破棄。アグネヨ判決ではコカインの包みを譲渡したコンスピラシーで訴追された被告人は直接尋問で関係する包み(複数)を所持していたことは認めたが、その中に何が入っていたかは知らなかったと証言した。反対尋問で彼は覚せい剤を見たことを否認し、そして彼に提示されたコカイン――それは以前に彼のアパートから違法に押収された――を見たことも否認した。このコカインは反証の証拠として許容され、アグネヨは有罪とされ、この有罪判決は控訴審によって維持された。当裁判所はこれを破棄した。当裁判所は〝アグネヨは直接尋問でコカインの包みについて質問されなかったので証言しなかった〟と指摘し、〝当該捜索によって獲得されたと主張されている証拠に関して憲法上の保護を放棄したり反対尋問を正当化するようなことを一切しなかった〟と指摘した。当裁判所はまた【41】シルヴァーソン判決を引用して、違法に押収された証拠は〝裁判所の面前において用いられないということだけでなく、それはおよそ用いられてはならない〟ことを排除法則は要求していると述べたのである。

しかし、この後半の指摘はその後の判例において退けられ、【23】アグネヨ判決の適用範囲は限定されている。【24】ウォルダー判決では、違法捜査で獲得された証拠の使用は訴追側の主張立証時に(in the Government's case in chief)認められないが被告人の直接証言を弾劾するためには許容できるとされた。許容できないとするのはウィークスの排除法則を曲解することになろうとしてこの証拠が使用を是認されたのである。同様に【25】ハリス判決および【26】ハス判決では、ミランダ判決に違反して採取された供述は主張立証の一部として検察側が使用することはできないが、直接証言の中で被告人によってなされた供述を弾劾するためには許容できると判示された。ハリス判決はまた、別途許容できない証拠による弾劾の許可（permitted impeachment）は付随的事柄に限定されないことを明らかにした。

アグネヨ判決は反対尋問ではじめて引き出された証言の弾劾に関わりがあり、そしてウォルダー、ハリス、ハスの各判決では弾劾された証言は直接尋問での証言中に被告人によってなされたものであったというのは事実である。しかし、われわれの見解によれば、直接尋問での供述に限って弾劾されることを認める平板なルール（flat rule）はウォルダー、ハリス、ハス各判決の基礎にある理論的根拠（underlying rationale）を誤解している。これらの判例は、違法に獲得された証拠はおよそ利用できないとの【23】アグネヨ判決での指摘（statement）を否認（repudiate）しているからである。（*Id.* at 624-625.）

ハリスおよびハスの「両判決において当裁判所は、相当な質問に対して真実を供述する被告人の義務と同様に、刑事裁判において真実に到達することの重要性を強調した。違法に押収された証拠を被告人に不利に利用させないという被告人の憲法上の盾を〝以前の不一致供述との対決の危険のない偽証を弁護として用いる許可状であると曲解〟する観念を退けたのである。両判決はまた、憲法に違反して獲得された証拠を排除する法則の抑止機能は主張立証時での政府の使用を否認することによって十分に果たされうると判示した。」（*Id.* at 626.）

ハリス判決もハス判決も反対尋問ではじめてなされた虚偽証言の弾劾に関わりがなかった、しかし、これらの判決の理由付けは本件を支配する。真実への到達がわが法制度の基本的目標であることは否めない。われわれは繰返し、被告人が証言するときには正直に証言しその結果を甘受しなければならないと主張してきた。このことは、被告人が自己の意思に反して証言を強制されたときであっても真実である。被告人の正直に証言する義務は彼が反対尋問されるときにも彼を十分に拘束する。彼の自己負罪拒否の特権は相当な質問から彼を保護する盾でない。反対尋問に関して故意に嘘をつけば偽証罪の訴追にさらされることは明らかである。争われた証拠を訴追側がその主張立証を果たす（to make out its case in chief）ために用いることを禁止することによって排除法則の目的は十分に満たされるとこれらの判決で考えられたのである。

このような競合的利益の評価を再確認し、被告人の直接尋問によって合理的に（reasonably）示唆された相当な反対尋問に応じてなされた被告人の供述は、政府側の直接の主張立証時に（on the government's direct case）に、あるいは別途（or otherwise）有罪の実質的証拠（substantive evidence）として許容できない証拠であるにもかかわらず、政府側による相当な反対尋問（otherwise proper impeachment）にさらされると判示する。（*Id.* at 626-628.）

違法な捜索押収であることを理由にTシャツに関する政府側の質問は不相当な反対尋問であるとのXの主張を受け入れることはできない。Yは密輸入のためにTシャツを準備してXを手助けしたと証言した。Xは直接証言において、コカインが彼の身体にテープで張り付けられていたというYの以前の証言等を認めたが、〝Yとともにこの種の活動をしたこと〟を否認した。この証言は、Yのシャツとの結び付きを否認したものでありY証言と矛盾するものとして容易に理解できた。政府側が反対尋問において直接尋問での彼の答弁に注意を喚起し、次いでそのTシャツに手を加えて綿切れを縫い付けたのかと尋ねたことは全く合理的であった。これはXの直接証言から生じた反対尋問であり、それに続く弾劾はXの憲法上の権利を侵害しなかったのである。（*Id.* at 628.）

【28】　ジェイムズ被告側証人弾劾例外否定殺人事件判決（一九九〇年一月一〇日）

本判決（James v. Illinois, 493 U.S. 307）は、被告人は証人台に立たず家族の友人として喚問された証人が犯行当日の被告人の毛髪は黒色であったと証言したため同証言を弾劾するために犯行翌日の違法逮捕時に被告人から採取された「前日までの赤茶色の毛髪を黒色に染めた」との供述を利用できるかが争われた事案につき、被告人自身の矛盾証言に限定されていた従前の弾劾例外を被告側証人全員に拡大するのは伝聞法則の趣旨に反するとして、弾劾例外の拡大を阻止したものである。

【事　実】　一九八二年八月三〇日夜、パーティから帰宅途中のA少年ら八人が三人組の少年と出会い金銭を要求された。Aらが拒否すると三人組の一人が銃を取り出しグループに向けて発砲し、一人が死亡し一人が重傷を負った。警察官が到着すると、助かった少年たちが犯人の人相等について詳しい説明をした。その翌日、シカゴ警察のPら二人の刑事が一五歳のジェイムズ（X）を射殺事件の容疑者として拘束した。Xは母親の美容院のヘヤー・ドライヤーの下に座っているところを発見されたもので、そのときの毛髪は黒色で縮れていた。PらはXを警察の車に乗せ、以前の毛髪の色について質問した。Xは前日まで毛髪は赤茶色（reddish brown）で長くまっすぐ後にたらしていたと答えた。Pらは後に警察署で再びXに質問した。するとXは容姿（appearance）を変えるために黒色に染め巻き毛にしたと述べた。

州はXを殺人および殺人未遂で正式起訴した。公判前にXは、令状なしで逮捕する相当な理由が欠けていたことを理由に彼の毛髪に関する供述は第四修正違反の果実であると主張し、それら供述の排除を申し立てた。証拠排除の審理手続の後で公判裁判所はこの申立てを容れ、これら供述は公判で許容できないと決定した。

公判で八人グループの少年らのうち五人が州側証人として証言し、いずれも被告人を犯人と同一人物であると識別し、射殺に責任ある人物は赤茶色の毛髪をしており肩まで後にたらした長い〝バター〟スタイルだったと証言した。証人はいずれもその数週間前にパレードでXを見たことを思い出し、そのときのXは前述の毛髪の色で〝バター〟スタイルであったとも述べた。しかし法廷に出頭していた彼（X）の毛髪は黒色でナチュラル風であり、証人の記述とXの現在の容姿が食い違っていたにもかかわらず、A少年らはジェイムズ（X）が犯行現場にいて銃を発砲した人物であると明確に証言したのである。

Xは証人台に立たなかった。彼は家族の友人であるヘンダーソン（H）を証人として喚問した。Hは殺人事件の

郵便はがき

1 6 2 - 0 0 4 1

恐れ入ります
が郵便切手を
おはり下さい

(受取人)
東京都新宿区
早稲田鶴巻町五一四番地

株式会社
成文堂
企画調査係　行

お名前＿＿＿＿＿＿＿＿＿＿(男・女)＿＿＿＿歳

ご住所(〒　　　－　　　)

☎

ご職業・勤務先または学校(学年)名＿＿＿＿＿＿＿＿

お買い求めの書店名

〔読者カード〕

書名〔　　　　　　　　　　　　　　　　　　　　〕

小社の出版物をご購読賜り、誠に有り難うございました。恐れ入りますがご意見を戴ければ幸いでございます。

お買い求めの目的（○をお付け下さい）

1．教科書　2．研究資料　3．教養のため　4．司法試験受験
5．司法書士試験受験　6．その他（　　　　　　　　）

本書についてのご意見・著者への要望等をお聞かせ下さい

〔図書目録進呈＝要・否〕

今後小社から刊行を望まれる著者・テーマ等をお寄せ下さい

当日、Xを連れて高校の入学手続きをした、そのときのXの毛髪は黒色であったと証言した。そこで州側は、H証言の信用性を弾劾するために違法に獲得されたXの以前の供述を提出することを要求した。この当初に排除された供述は任意になされたものであると決定した後で、公判裁判所はXの異議申立てを却下した。そこでXの取調べをした刑事の一人が、殺人事件の当時赤茶色の毛髪をしていたが容姿を変えるために翌日毛髪を染めて縮れ毛にしたというXの以前の不利益な事実の承認（admissions）について述べた。Xは結局、殺人および殺人未遂で有罪とされ、拘禁刑二〇年を言い渡された。

イリノイ州控訴裁判所はXの有罪判決を破棄し、新公判を命じた。違法に獲得されたXの供述を弁護側証人の証言を弾劾するために許容することを排除法則は禁止しており、本件での憲法上の誤りは無害（harmless）ではなかったというのである。しかし、イリノイ州最高裁はこれを破棄した。被告人の代理人による（by proxy）偽証を抑止するために排除法則の弾劾例外を拡大して被告人自身以外の弁護側証人の証言を弾劾するためにも違法収集供述を提出することを州側に認めるべきであるとして、Xの有罪判決を回復するよう命じた。（*Id.* at 309-311.）

【判　示】　原判決破棄。　(1)　排除法則の弾劾例外は、検察側が被告人自身の証言を弾劾するために違法収集証拠を提出することを許している。イリノイ州最高裁は、この例外を拡大してすべての弁護側証人の証言を違法収集証拠で弾劾することを検察側に認めた。このような弾劾例外の拡大は排除法則の従前の適用事例の基礎にある価値の比較衡量（the balance of value）と矛盾していると認め、われわれはこれを破棄する。（*Id.* at 308-309.）

(2)　〝真実への到達がわが刑事司法の基本目標であることは否めない。〟しかし、憲法創始者（the Framers）によって受け入れられ（embraced）わが国の歴史を通じて大切にされてきた（cherished）他の価値を促進するために、このような真実の追求方法（means）が憲法上の種々のルールによって制限されている。第四修正に違反して押収された証拠を排除する法則は無法な警察行為を思いとどまらせる（discouraging）主要な方法として当初から承認され、それなしには不合理な捜索押収を禁止する憲法上の保障は単なる〝画餅（form of words）〟になると指摘されてきた。違法に獲得されたが証拠価値ある証拠の時折の排除はそれに優位する（overriding）憲法上の価値を保護するのに必要なコストであると古くから考えられてきたのである。しかしながら、当裁判所は、信用性があり証拠価値のある証拠が刑事裁判の真実追求（truth-seeking）機能を大いに促進し、かつそのような証拠を許容しても警察の不法行為（police misconduct）を促進する蓋然性（the likelihood）が思弁的可能性（speculative possibility）にとどまる場合に排除法則の例外を設けてきた。この法則の一つの例外は、被告人自身の証言の信用性を弾劾するという限定された目的のために検察官に違法収集証拠の提出を認める。〝当裁判所は【24】ウォルダー判決においてはじめてこの例外を是認し、今まで一度も麻薬を所持したことはないとの被告人の主張の信用性の土台をほり崩す（undermine）ために違法な捜索を介して獲得されたヘロインを証拠として提出することを検察官に認めた。【25】ハリス判決および【26】ハス判決において当裁判所はこの例外を適用し、ミランダ判決に違反して引き出された負罪的であるが任意かつ信用性ある供述を用いて被告人を弾劾することを検察官に認めた。最後に【27】ヘイヴンズ判決において当裁判所は、この例外を拡大して〝被告人の直接尋問の範囲内にあるとされる反対尋問でなされた質問に対する被告人の回答〟を弾劾するために検察官が違法に収集した証拠を提出することを認めたのである。

当裁判所はこれら一連の判例を通じて〝違法に収集〟された証拠は訴追側主張の直接の主張時に、またはそうでなくても有罪の実質的証拠として（on the government's direct case, or otherwise, as substantive evidence of guilt）許容できないとした。しかし、当裁判所は、被告人の証言を弾劾するためにそのような証拠の利用を認めるのは排除法則を〝偽証の許可状である〟と被告人に曲解させないことによって真実探求の目的を促進するとして、さらに当裁判所は、このような弾劾利用を認めても〝そのことによって許されない警察官の行為が助長されるという思弁的可能性〟が生じるにすぎないとして、排除法則の基礎にある価値衡量は被告人の証言の弾劾に及ぶ（covering）例外を正当化できると結論したのである。(*Id.* at 311-313.)

(3)　イリノイ州最高裁は本件で、【24】ウォルダー判決およびその後の関連判例（its progeny）でのわれわれの比較衡量的アプローチ（our balancing approach）によれば、弾劾例外の範囲を拡大して弁護側証人の信用性を弾劾するために違法収集証拠を検察官が利用するのを認めることは正当化できると判示した。同意できない。弾劾できる証人の種類（class）を被告人だけからすべての弁護側証人に拡大すれば、被告人と法執行官の両者の態度に影響を与える別異の誘因（different incentives）が生ずることになろう。このような拡大によって当初の例外の創出が促進したのと同じ範囲で真実探求機能が促進されることはないであろうし、他方、一般的な排除法則の抑止効の土台が大きくほり崩されることになろう。それ故、このような弾劾例外の拡大は排除法則の基礎にある目的を促進するよりもむしろそれを阻害すると考えられるからである。

これまでに是認されてきた例外は、違法収集証拠を用いての弾劾を検察側に認めることによって、被告人の偽証を暴露し偽証をした被告人を処罰（penalizes）する。それ故、被告人はまず最初に〝積極的に虚偽の証言をする〟ことを思いとどまることになる。しかしこの例外は、被告人が自己自身の利益のために正直に証言する余地を残している。すなわち、排除された証拠と直接矛盾するような供述を注意深く避けることによって被告人は、弾劾への門戸を開放することなしに証明力がありかつ自己の無実を晴らす（exculpatory）供述を陪審に提供できる。この例外は、それ故、一般に真実の証言を思いとどまらせることなしに偽りの証言を思いとどまらせることになる。(*Id.* at 313-314.)

これとは異なり、弾劾例外をすべての弁護側証人の証言に拡大しても、同一の有益な効果が生じることはないであろう。それより重要なのは、すべての弁護側証人の証言に及ぶものとして弾劾例外を拡大すれば、他人の証言を介して最上の弁護を――時には一切の弁護を――提出することを被告人がおじける（chill）ことにもなりかねない。

警察が違法に証拠を収集しているとき弁護人は、被告人が喚問するその他の点では（otherwise）有利な証人の証言を弾劾するためにその違法収集証拠が許容される可能性を公判開始前に考えておかなければならない。真実にして被告人に有利な証言を提供できる立場にある弁護側証人が弾劾のための証拠の提出が検察官に認められるそのような汚れた供述と十分緊張関係にある何らかの供述をするであろうことを被告人が危惧するのは当然のこと（reasonably fear）であろう。第一、自己の無実を晴らすために信用性があり証明力ある証言を提供する被告人は〃不承不承（reluctant）〃または〃敵対的（hostile）〃な証人を時には喚問する必要がある。そのような証人は矛盾供述（contradictory evidence）によって弾劾を招くことになるような供述を避けたいという被告人の関心事を共有しない。さらに被告人は、友好的（friendly）な証人であっても、単に注意力が不十分であるため、弾劾にさらされずに証言できると信じることができないことがしばしばある。このような懸念は、被告人が事前に相談する機会がごく限られていた証人を喚問しなければならない事例においてさらに高まる。このような理由でわれわれは種々の文脈下に、当事者は〃自己側証人が期待どおり証言するであろうことを無条件に確信できない〃ことを認めてきた。その結果、弾劾例外を拡大すれば、そうでなければ（otherwise）証明力ある証拠を提出できると考えられる証人を喚問することを被告人がおじけることにもなりかねないのである。（*Id.* at 314-316.）

このような現状認識（realization）によれば、被告人の証言を規制する現行の弾劾例外の基礎にある価値衡量が変化することになる。われわれの従前の判例は、違法収集証拠の排除を偽証の盾であると〃曲解（pervert）〃することを被告人に認めるべきでないということを明らかにしている。しかし、そのような証拠を他の証人を介して有意味な弁護を提出することを被告人に思いとどまらせるための剣として州が振り回すことも同様に相当でないのは明らかである。弾劾例外を拡大することによって生じうる冷却効果（the potential chill）に照らし、偽証を阻止ないし暴露することによって真相解明過程に付与される利益（the conceded gains to the truth-seeking process）は、それと同時に証明力ある証人の証言を失うことによってある程度相殺（offset）されることになろう。それ故、【24】ウォルダー判決およびその関連判例における被告人の弾劾を支える真相解明の理論的根拠（the truth-seeking rationale）は、それと同等の説得力があるとして（with equal force）、他の証人には適用されないのである。

さらに、現行の弾劾例外を拡大すれば、警察の不法行為に対する排除法則の抑止効を大きく弱めることになろう。違法収集証拠で被告人を弾劾することを検察官に認めると警察の不法行為を促進することになるという蓋然性を単に〝思弁的可能性〟であると当裁判所は特徴付けてきた。被告人がまず最初に公判で証言することを決意し、そしてうっかりと（inadvertently）違法収集証拠を許容する門戸を開放するというようなことはありそうにないと法執行官は考えるであろう。それ故、違法な方法によって証拠を獲得する警察官の動機は極めて弱い。

これとは異なり、弾劾例外をすべての弁護側証人に拡大すれば、違法収集証拠について検察側に期待される価値（the expected value）は大いに高まることになろう。第一、弾劾例外の拡大によってこのような証拠が用いられうる事案の数は飛躍的に（vastly）増加するであろう。多くの被告人は自ら証言しないし、多くの被告人は自己の利益のために数多くの証人を喚問するから、もちろん、証言する被告人より数が多い。さらに上述の冷却効果のために、違法収集証拠は検察側にとってより大きな価値がある。検察官の弾劾証拠へのアクセスは偽証を阻止するだけでなくまず最初に証人を喚問することを被告人に思いとどまらせ、そのことによって被告人の無実を晴らす多くの証明力ある証拠を陪審から遠ざけることになろう。このような二つの理由で警察官およびその上司（superiors）は、違法な方法で証拠を獲得すればデッキは大きく検察側の利益に傾くことを認識することになろう。それ故、このような違法収集証拠の利用を認めることによって警察の不法行為が促進される〝思弁的可能性〟ははるかに大きいことになる。（*Id.* at 317-318.）

このような方法で排除法則を限定すれば〝それを無視する誘因を除去することによって憲法上の保障に対する尊

敬を唯一効果的に利用できる方法で強制する〃排除法則の土台は大きくほり崩されることになろう。犯罪捜査の過程で国民の憲法上の権利が無視されることから国民を保護することに関わりがある限りにおいて「違法に収集された証拠の不許容性は、例外ではなくルールでなければならない（must remain the rule, not the exception）。」（*Id.* at 318-319.）

（4）　被告人の証言に限定した従前の弾劾例外の是認は、競合する価値の注意深い比較衡量（a careful weighing of the competing values）を反映している。従前の例外を拡大して、すべての弁護側証人の証言に及ぶとすれば、それと同等に真実解明機能を促進することにはならず排除法則の抑止効果の土台をほり崩すのは明らかである、従前の判例の中で引かれてきた線に固執する理由である。（*Id.* at 319-320.）

【29】　ハーヴェイ第六修正違反弾劾例外肯定婦女暴行事件判決（一九九〇年三月五日）

本判決（Michigan v. Harvey, 494 U.S. 344）は、アレインメント手続で国選弁護人選任後に被告人が警察官に二度目の供述をしたいが弁護人に話すべきかどうか分からないと言ったので警察官が弁護人に話す必要はないと告げて権利放棄後に詳細な供述を獲得したところ、被告人が後日証人台に立って第二供述にない自己に有利な証言をしたため先の供述が弾劾証拠として許容されるかが争われた事案につき、一九八六年のジャクソン判決（Michigan v. Jackson, 475 U.S. 625）は「第六修正に立脚するが、そのルーツはミランダ判決にある」とした上で、【25】ハリス判決等を引用し、本件でも同様に弾劾例外として許容できるとしたものである。

【事　実】　ハーヴェイ（X）はAへの強姦（一九八六年六月一一日）に関連する第一級の犯罪的性行為（criminal sexual conduct）の二つの訴因で有罪とされた。Xは一九八六年七月二日に身柄を拘束され、そして同日捜査官に供述をした。彼は後にアレインメント手続に付され、弁護人が選任された。彼は後に、他の捜査官（P）に二回目の供述をしたいが弁護人に話すべきかどうか分からないと告げた。全体の文脈は明らかでないが、〃弁護人はいずれにせよ供述のコピーを入手するから〃弁護人と話す必要はないとPはXに告げた。そこでXは権利放棄書に署名し、黙秘する権利、取調べ前および取調べ中に弁護人を立ち合わせる権利、そしていかなる取調べにも先立って弁護人を選任する権利を告知されたことについて頭文字（イニシャル）で署名した。彼が述べたことは裁判で彼に不利に用いられうる、そしていつでも彼の権利を行使して質問に答えたり供述をする必要はないと説明する権利放棄書の部分については署名に応じなかった。憲法上の権利を理解したかと尋ねられてXは肯定的に答えた。彼は次いで六月一一日の出来事について彼の立場からの詳しい供述をした。裁判官による裁判でAは証人台で、ハーヴェイ（X）が問題の当日午前二時三〇分に彼女の家を訪れ電話を借りたいと言った、Xは電話の受話器を置いた後、フォークと庭ばさみをAに突き付けたのでもみ合いとなったと証言した。Xは彼女の顔面を殴打しフォークと庭ばさみで脅かし、そしてついに彼女を台所の床に押し倒した。彼女が居間の方に走って逃げると、Xは先の武器を持って彼女を追いかけ彼女に服を脱ぐよう要求し、そして彼女に性行為を強制したというのである。

Xは自己を弁護するために証言し、その当夜の出来事についてA証言と異なる話をした。彼は午後九時にAの家に行き、そして情交（sexual favors）の代償にクラック・コカインを吸飲するように勧めた、彼女はこれに同意したが、コカインを吸飲した後、情交を拒否した。Xが彼女の家を立ち去らなかったので、Aがフォークを摑んで彼を脅かし乱闘となった。彼はフォークを取り上げ床に投げた。それから二人は居間に行き、そこでAは自ら任意に衣服を脱いだ。しかし、二人は性交はせず、Xは間もなく立ち去ったと証言したのである。

反対尋問で検察官は、彼（X）の証言を弾劾するために警察官Pに対するXの二回目の供述を利用した。その前に検察官は、この供述は〃ミランダ判決の要求に従って獲得されたものでなかった〃ので検察側の主張立証時に（in the case in chief）用いることはできないことを認めていた。しかし、当該供述は任意であったことを理由に【25】

ハリス判決の下で弾劾のためには使用できると主張した。弁護人は異議を申し立てなかった、そして公判裁判所は検察官の質問を認めた。そこで検察官はフォークを床に投げ捨てた等のXの主張がPへの供述では欠落していることを立証することによってXの供述の一部を弾劾した。公判裁判官は被害者Aの証言を信じ、Xを起訴どおり有罪と認定した。

ミシガン州控訴裁判所は有罪判決を破棄した。第二回目の供述がミランダ判決だけに違反して採取されたものであればXの証言を弾劾するために用いることができたであろうと指摘した上で、被告人の第六修正の弁護人の援助を受ける権利を侵害して獲得されたものであることを理由に、第二回目の供述は弾劾目的のためであっても許容できないと判示し、本件は〝被告人と被害者のどちらが信用できるかという信用性の争いに関わりがある〟ので、本件弾劾は合理的な疑いを越えて無害（harmless）であったとはいえないと結論したのである。ミシガン州最高裁は、三裁判官の反対意見があったものの、上告の許可を拒否した。（*Id.* at 346-348.）

【判　示】　原判決破棄。　当裁判所は一九八六年のジャクソン判決（前出）において、刑事被告人が一たん第六修正の弁護人依頼権を行使すれば、その後の同権利の放棄は警察の開始した会話に続いて確保されたものであれば無効と推定されるという予防法則（prophylactic rule）を確立した。このルールに違反して獲得された証拠は検察側の主張立証時に実質証拠として（as substantive evidence in the prosecution's case in chief）許容されないと判示したのである。本件で提示されている問題は、ジャクソン判決の予防法則に違反して採取された供述であっても被告人の虚偽ないし矛盾した証言を弾劾するために検察官は用いることができるかという問題である。検察側はそのように用いることができると主張する。（*Id.* at 345-346.）

本件を理解するには第六修正を取り巻く当裁判所の判例（the Court's jurisprudence）を検討する必要がある。第六修正の関連部分の文言は〝すべての刑事訴追において、被告人は自己の弁護のために弁護人の援助を受ける権利を有する〃と規定する。この権利の本質は、われわれが一九三二年のパウエル判決（Powell v. Alabama, 287 U.S. 45）で認めたように、弁護人と相談し彼（弁護人）に事件を調査させ公判のための弁護を準備する機会である。より最近、一九六四年のマサイア判決（Massiah v. United States, 377 U.S. 201）を嚆矢とし一九八五年のモウルトン判決（Maine v. Moulton, 474 U.S. 159）を介して拡大された一連の判例の中で当裁判所は、一たん正式な刑事手続が始まると第六修正は弁護人依頼権の明示の放棄なしに被告人から〃故意に採取された〃供述を検察側の主張立証時に許容することはできないと判示した。起訴後の取調べの果実が検察側の主張立証時に許容されるためには州は第六修正の弁護人依頼権について任意で理性的な放棄があったことを立証しなければならない。パターソン判決（Patterson v. Illinois, 487 U.S. 285, 292, and n. 4）。われわれは最近、被疑者がミランダ判決によって要求される警告に相当する警告を受けた後で弁護人依頼権を放棄するとき起訴後の取調べの趣旨に照らし第六修正の弁護人依頼権を知った上での理性的放棄は十分に可能であると判示した。パターソン判決（前出）。

当裁判所は一九八六年のジャクソン判決（前出）において、第六修正の弁護人依頼権を〃主張した（asserted）〃被告人（an accused）がその後に同権利を放棄したかを判断するための明確なルールを創出した。第五修正の文脈下に同一の〃予防法則〃を宣告した一九八一年のエドワーズ判決（Edwards v. Arizona, 451 U.S. 477）の理由付けを転用して（transposing）われわれは、被告人が弁護人の助言を要請した後で警察によって開始された取調べ（discussion）の中でなされたいかなる第六修正の権利の放棄も無効であり、そのような放棄に従って獲得された証拠は検察側の主張立証時に許容できないと決定した。（*Id.* at 348-349.）

本件ではXが問題の供述をしたとき彼は弁護人依頼権を有していたことに争いはない。さらにXと捜査官との会話は〃被告人が開始した取調べであると考えることはできない〃ことを理由に訴追側は、警察官はジャクソン法則に違反したことを認めている。そこで問題は、「ジャクソン判決に違反して採取された警察官への供述は被告人の公判での不一致証言を弾劾するために許容できるか」である。(*Id.* at 349.)

「ジャクソン判決は第六修正に立脚しているが、そのルーツは当裁判所のミランダ判決およびその後の判例での当裁判所の判断にある。」ミランダ判決は、もちろん、第五修正および第一四修正の下での権利を刑事被告人に助言することを要求し、その目的のために提案された今日では周知の一組の指示 (a now-familiar set of suggested instructions) を明らかにした。ミランダ法則は任意かつ信頼できる供述の排除を是認したけれども、当裁判所は第五修正の自己負罪拒否特権を保護するための〝予防基準 (prophylactic standards)〟を州に課したのである。【50】タッカー判決を見よ。エドワーズ判決 (前出) は〝被疑者が取調べ中に弁護人を同席させる権利を援用したとき、その権利の放棄は、たとえ彼が権利を告知されていたとしても、さらなる警察の開始した身柄拘束中の取調べに彼が応じたことを立証するだけで確証できないと判示し、ミランダ法則を保護するための重ね塗り (second layer) を付け加えた。それ故、エドワーズ判決は、被告人がそれ以前に主張したミランダの諸権利を放棄するように警察が被告人を追い込まない (prevent police from badgering) ことを目的としたもう一つの予防法則を確立したのである。

ジャクソン判決はエドワーズ判決の第五修正の分析を第六修正の中に重ねた (superimposed) にすぎない。身柄拘束中のいかなる取調べにも弁護人依頼権を保障する第五修正と少なくとも同等の保護 (at least as much protection) を第六修正の弁護人依頼権は提供していると当裁判所はジャクソン判決において論ずることによって、ある犯罪で告発されている被疑者が取調べの文脈の外で弁護人を要求するときエドワーズ判決の保護は適用されるべきであると結論したのである。このルールはエドワーズ判決におけると同じく、弁護人依頼権を主張する被疑者がその後の取調べにおいて任意にその権利を放棄することはない (unlikely) であろうという推測 (supposition) に立脚している。(*Id.* at 349-350.)

単なる予防的なミランダ法則に違反して採取された供述は訴追側の主張立証時に用いることはできないけれど

も、それらは被告人による矛盾証言を弾劾するために許容できる。憲法の保障およびそれに応じて裁判所によって創設された保護に違反して獲得された証拠を用いて刑事被告人に対する自らの主張を組み立てる（build its case）ことを検察側は認められていない。しかし、そのように獲得された証拠の弾劾目的のための利用は別の問題である。被告人が自己自身の利益のために証言する権利を行使すれば、彼はその代償として（reciprocal）本当に正直に供述する義務がある。われわれは一貫して、違法行為によって政府が証拠を獲得するに至ったその違法行為を自己の利益に用いることを被告人に許すような主張を退けてきた。（*Id.* at 349-351.）

信用性があり証明力ある証拠をいかなる目的のためにも排除することをわれわれが命令してきたのは、それが不任意供述に由来するときに限られている。New Jersey v. Portash, 440 U.S. 450. 459（1979）（強制された負罪的供述は弾劾目的のために許容できないとする）。関連性があり任意である被告人の供述の訴追側による利用を、とりわけ被告人の主張する違反が〝それ自体憲法によって保護されている権利ではなく〟憲法上の権利を保障するための手段（measures）であるとき、われわれが妨げたことは一切なかった。そのような事案においてわれわれは、刑事事件における真実の探求は排除法則の将来の違反を抑止する〝思弁的可能性〟に優ると判断してきたのである。

【26】ハス判決は一九七五年に言い渡されたものであるが、それとは別異に考えざるを得ない注目を引く新しい情報はない。

ジャクソン判決違反に対してはエドワーズ判決やミランダ判決違反とは異なる排除法則（a different exclusionary rule）が必要であるとXは主張する。アレインメント手続後の取調べは第六修正の憲法上の保障自体に結び付いているから両者には相違があるというのである。しかし、ある犯罪で訴追され弁護人を付された被疑者が任意に弁護人の不在下に警察官に供述することを自ら任意に選択することを第六修正は妨げていない。われわれはすでに一九八八年のパターソン判決（前出）において、正式起訴によって付与された第六修正の弁護人依頼権を被告人は警察の開始した取調べ中にその権利を知悉し理性的に放棄できると判示した。他の判決において弁護人を得た被告人は自ら弁護権を放棄できないと判示することにわれわれは応じなかったのである。（*Id.* at 352-353.）

Xの第二回目の供述を採取した警察官の行為は第六修正の憲法上の保障の〝核たる価値（core value）〟に違反したものであり、第二供述は弾劾目的のためにも使用できないとXらは主張する。被告人は弁護人の必要性に関して積極的に騙された（misled）のであるから彼の第六修正の権利の放棄は無効であるというのである。しかし、本件記録上、Xの放棄は十分に理解した上で任意になされたものであるかを判断することはできない、この問題に関する公判裁判所での証言はなかった。放棄の問題に関する公判記録での唯一の記述は、第二供述はXのミランダの権利に違反して採取されたとする検察官の譲歩（concession）だけである。要するに、この問題は本件で一切持ち出されていなかったのである。

Xの弁護人は第二供述を弾劾目的で使用されることに異議を申し立てなかったので、Xが伝統的な基準の下で任意に権利放棄をしたことを確証する証拠を提出する機会が州にはなかった。差し戻されたミシガン州裁判所は自由にその問題に関して審査をすることができる。放棄が任意であることを立証する責任は州側にある。（*Id.* at 353-354.）

二　まとめ

わが国では従来、とりわけ【25】ハリス判決の弾劾例外に関する、ブレナン裁判官のまことに激しい反対意見などをそのまま引照して排除法則の形骸化を強調する向きは多いものの、自らの意思で証人台に立った被告人の証言を弾劾することに限定されていることの意義については必ずしも十分に理解されていなかったように思われる。最も重要な【28】ジェイムズ判決の意義について触れた上で、右の点をやや敷衍しつつ、本節のまとめとしたい。

本判決の第一の意義は、合衆国最高裁が「一線を守り」弾劾例外の拡大を拒否したことにある。排除法則を「偽証の許可状と曲解してはならない」との最高裁の論理は、わが国とは異なり、被告人の証人適格を前提にしたものであるが、従前の弾劾例外に適用される限り必ずしも不当とは思われない。ところが、刑事裁判での真相解明機能の視点から被告人側のすべての証人の証言を弾劾するために違法収集証拠の利用を認めるとすると、被告人本人の場合とは異なり、適用場面が余りにも拡大されるため排除法則がほり崩されることとなる。「排除法則が例外ではなく原則である」以上、このような弾劾例外の無限定拡大が認められないのは当然のことといえよう。

第二、保守派の論客ホワイト裁判官がブレナン裁判官執筆の法廷意見に同調したことである。ホワイト裁判官は〝善意の例外〟を認めた一九八四年の【40】レオン、シェパード両判決で法廷意見を執筆し、内在的に信用性ある有体物（tangible evidence）を排除する「社会的コスト」は違法捜査抑止の利益に優ると述べていただけに、排除法則は違法捜査を抑止する上で重要な役割を果たしているとのブレナンの意見に同調した意義は大きい。しかも予想どおり、いわゆる保守派の四裁判官（レンキスト、オコーナ、スカーリア、ケネディ）が一致して反対意見であるのに対し、ホワイト裁判官が保守派の中で唯一人、法廷意見に同調して弾劾例外の拡大を阻止した点がとくに注目されているのである。Note, The Supreme Court, 1979 Term, 94 Harv. L. Rev. 77, at 87 (1980).

第三、弾劾例外についても抽象的にではなく各事案における事実関係を含めて具体的に理解しておくことの重要性である。アメリカでは、わが国とは異なり、第四修正を中心に各種排除法則が確立しているため証拠排除の適用範囲が非常に広い。そのためか、排除法則の各例外を精査すると、必ずしも不合理とは思われない事例が少なくない。また一たん自己の意思で証人台に立った以上、被告人であっても、他の証人と全く同様に、誠実に証言する義務があり、排除法則を「偽証の許可状と曲解してはならない」との弾劾例外の法理は、その限りにおいて必ずしも理解できないことではない。むろん、被告人自身の法廷証言に限定するにせよ、弾劾例外を認めれば、一切の拘束なしに証人台に立つか否かを自由に選択できる被告人の基本権行使が妨げられるばかりか、ハリス以降の弾劾例外の拡大適用により「最高裁は排除法則で警察官を監視し、弾劾例外で被告人を監視する体制を作り上げた」との批判はなお妥当する。ニューヨーク・タイムズ紙は翌一九九〇年一月一一日、一面トップの署名入り記事で、「最高裁五対四で公判での違法証拠の利用制限を再確認——ホワイト裁判官、均衡を破り排除法則有利に」の見出しの下にホワイト裁判官の写真を掲げて、本判決を詳細に報道している。すなわち、合衆国最高裁は保守派が多数を占めるに伴い、違法収集証拠の利用を肯定する例外を創設しており、このような最高裁の動向からして今回も「排除法則をさらに限定する」と予測する向きもあっただけに、いわゆる〝善意の例外〟判決の法廷意見を執筆するなど「排除法則の限定にあずかって力のあったホワイト裁判官」が他の三名のリベラル派の裁判官とともにブレナン裁判官執筆の法廷意見に同調したことは、「ブレナンの分析に同意したこと（subscribed）を示し」ており、このことがとくに注目されるというのである。しかし、いずれにせよ被告人の証人適格を肯定する法制度を前提にしており、この点においてもわが国とは異なることに留意を要する。

第四、アメリカでは全法域で、証拠物であると供述証拠であるとを問わず、捜査官の違法行為を通じて獲得された証拠についてはこれを排除するといういわば合一的な排除法則が確立している。そのため、第四修正違反の事案で認められたウォルダーの弾劾例外が第五修正のミランダ違反に関するハリス、ハス両判決で拡大適用され、そして第四修正違反に関するヘイヴンズ、ジェイムズ両判決でさらにその拡大適用が争われ、そして【29】ハーヴェイ判決において第六修正の弁護人依頼権侵害の事案に弾劾例外が肯定された。したがって、第四修正、第五修正、および第六修正の各排除法則のいずれについても弾劾例外が確立するに至ったのである。

そして最後に、合衆国最高裁はミランダ違反供述に弾劾例外を肯定したハリス判決の論理をなお貫徹しているが、信用性の基準を満たしている供述に限定していることはもちろん、ミランダの趣旨に反する不公正な供述の利用は第一四修正のデュー・プロセスに違反することが確立しているのである。この問題については節を改める。

第二節　黙秘と弾劾

一　主要関連判例

【30】ラッフェル不利益供述否認再公判証言弾劾肯定禁酒法違反事件判決（一九二六年）

本判決（Raffel v. United Sates, 271 U.S. 494）は、禁酒法違反のコンスピラシーに関するやり直しの裁判ではじめて証人台に立った被告人が捜索された飲み屋は被告人の店であることを認めた旨の訴追側証言に対しそのような供述をした覚えがないと証言したため第一回目の裁判でなぜ証人台に立たなかったのかその説明を求められた事案につき、被告人であっても一たん証人台に立った以上その他の証人と全く同様に無条件に反対尋問にさらされると判示したものである。

【事　実】　ラッフェル（X）は他の一人とともに禁酒法違反のコンスピラシーで訴追され二度審理された。最初の裁判で禁酒法担当捜査官（prohibition agent）は、飲み屋の捜索時にXが同所は彼の店であることを認めたと証言した。その最初の裁判でXは証人台に立たず、陪審は評決に至らなかった。第二回目の裁判で禁酒法捜査官が前回と類似の証言をしたところ、Xは証人台に立ってそのような供述をしたことを否認した。Xは第一回目の裁判で今回と同じ訴追側証人が同じ証言をしたことを認めた後で裁判所によって質問され、第一回目の裁判で証人台に立たなかったその理由について「弁護人の助言に従った」ことを明らかにした。第二回目の裁判で被告人は有罪とされた。第六巡回区控訴裁判所は誤審令状（writ of error）に基づき〝第二回目の裁判で自らを証人として提供した被告人ラッフェル（X）に対し最初の裁判で証人として証言しなかったことを明らかにさせたことは誤りであったか〟という本件の処理に必要な質問を合衆国最高裁に提出した（certified）。（*Id.* at 495-496.）

【判　示】　合衆国最高裁は「禁酒法の下での有罪判決の再審理に関し巡回区控訴裁判所によって提出された質問」に対し、次のように回答した。

第五修正は何人も〝刑事事件において自己に不利な証人となることを強制されない〟と規定する。〝犯罪で訴追された人は、自らの要請で資格ある証人となることができる、そしてそのような要請をしなかったことで自己に不利な推定をされることはない。〟証言をしない特権は放棄できる特権である。彼が自己自身のために証人台に立つと、他の証人と同じように反対尋問にさらされ、その信用性を弾劾するために尋問される。彼が知識を有する負罪的状況に関する証拠を否定も説明もしなければ、それは不利益な推論の根拠となり陪審はそのように説示されうる。カミネッティ判決（Caminetti v. United States, 242 U.S. 470）。彼の特権放棄は部分的でない。一たん免責の外套（cloak）を脱ぎ捨てると、反対尋問がいかに不都合ないし困惑的であっても、意のままにそれを取り戻すことはできない。それ故、被告人に尋ねられた質問が論理的に関連性があり、かつ反対尋問のルールの範囲内で正当であれば、それらの排除を要求する何らかの政策的理由（some reason of policy）がある場合を除き、それらは適切な質問であったことになる。（*Id.* at 496-497.）

犯罪で告発された人はすべて証言する際に、注意深く組み立てられた説示にもかかわらず、陪審が彼の沈黙から不利益な推認をすることを危惧していかほどかの圧力を受けている。彼は証人台に立つとき同一の圧力、すなわち、免責を部分的に利用するのではなく完全に証言する圧力を受けている。証言すれば十全に証言しなければならないというルールは、被告人が証言するか否かを判断する際に経験しなければならない避け難い当惑に何ら実質的なものを付加していない。自己負罪から身を守る保護手段は、自己のために証人となることを望まない人々のためにあるのであって、証人となることを希望する人々のためにあるのではない。その他の証人に要求するのと同様に自らを証人として提供する被告人に留保なしにそのようにすることを要求することには健全なポリシーがある。提出された問題に対する回答は〝ノー〟である。(*Id.* at 497-498.)

【31】ヘイル逮捕時黙秘再公判弾劾利用否定強盗事件判決(一九七五年)

本判決(United States v. Hale, 423 U.S. 171)は、強盗事件の被告人が逮捕時の所持金は妻からもらったものであると証言したため検察官が逮捕時に所持金の出所を警察官に尋ねられて答えなかったという事実を反対尋問で明らかにした事案につき、下級審に対する監督権を行使して、本件状況下に逮捕時の沈黙に言及することはその証拠価値よりも偏頗な影響の方が大きいとして、有罪判決を破棄したものである。

【事　実】　一九七一年六月一日、五人組の男に襲われ現金を奪われたとAが警察に通報した。彼は当初六五ドル奪われたと述べていたが、後に被害額を九六ドルに変更した。警察がAを伴って犯人探しに出かける準備をしていたところ、Aは二人の男に気付き、そのうちの一人が五人組の犯人の一人であると識別した。警察が追跡すると、二人の男は逃走したが直ちに捕えられた。被害者(A)は被上告人ヘイル(X)を強盗犯人の一人であると識別した。Xは逮捕され警察署に連行され、そして黙秘する権利を告知された。彼は身体を捜索されたところ、現金一五八ドル所持していた。「警察官が〝この現金をどこで手に入れたのか〟と尋ねたが彼は答えなかった。」

Xは公判で自己を防御するために証人台に立った。彼は問題の当日、靴屋でAに会ったことは認めたが、Aに出会った後で三人の男が近付いてきて、Aは金を持っているかと尋ねたので〝知らない〟と答え、その後、麻薬治療センター（a narcotics treatment center）に出かけたと証言した。彼の証言によると、彼は友人の一人と同センターを退去し、その後にその友人が麻薬を購入した。その取引の直後に警察官が彼らに近付いてきた。逃げたのは麻薬を所持している人物と一緒にいるのを見つかることをおそれたからであるというのである。彼はまた当日妻から送金為替（money order）購入のためおよそ一五〇ドル与っていたと証言した。この金の出所についてのXの説明を弾劾するために検察官は反対尋問で、逮捕時に警察に弁解情報（exculpatory information）を提供しなかったことをXに認めさせた。

Xは結局、コロンビア地区地方裁判所で強盗罪で有罪とされた。控訴裁判所は、Xの以前の沈黙についての質問はXの防御に許し難い偏見を抱かせることとなり（impermissibly prejudiced）ミランダ判決の下での黙秘する権利を侵害するものであるとして、これを破棄した。

【判　示】　原判決維持。（1）政府側は、主として【30】ラッフェル判決に大きく依拠して、本件での警察の取調べ中におけるXの沈黙はラッフェルの第一回目の裁判所での黙秘と同様に証明力（probative）があり、それ故、弾劾目的のために許容されるべきであると主張する。同意できない。ラッフェル判決の前提となる矛盾（the assumption of inconsistency）は本判決に欠けている。むしろ本件事案は一九五七年のグルーネヴァルト判決（Grunewald v. United States, 353 U.S. 391）の事案と極めて類似しているので、同判決の原理によれば、本件での原判決を維持せざるを得ない。（*Id.* at 175-176.）

（2）基本的な証拠規則によれば、証人の信用性を弾劾するために以前の不一致供述（prior inconsistent statements）を用いることができる。しかし予備的問題（preliminary matter）として、当の供述が本当に不一致である

（矛盾している）ことを裁判所は確信しなければならない。大抵の状況において、沈黙は非常に曖昧であるのでほとんど証明力（probative force）がない。非難に直面してなお沈黙に固執する場合には沈黙はより大きな証拠力（probative weight）を獲得する。そのような状況下での被告人（the accused）は真実でない告発に恐らく論駁するであろうからである。しかし、それは、当の状況下において異議を唱えるのが当然（natural）と考えられる場合に限られる。最初の対面状況は回答を当然に要求していると考えられると認めたのでラッフェル判決裁判所（Raffel Court）は被告人の以前の沈黙は許容できると判示したのである。しかし、逮捕された人の状況は非常に異なる。彼には供述する義務はないし、本件におけるように、彼には沈黙する権利があること、彼が何か供述すればそれは法廷で彼に不利に用いられるであろうことを忠告されているのである。

逮捕時および身柄拘束下の取調べ中、無辜の者も犯人である者も同様に——恐らくとりわけ無辜の者は——その状況が非常に威嚇的（intimidating）であるため沈黙を守ることを選択するかもしれない。種々の理由がかかる決意に影響する。このような状況下において被疑者（the suspect）は質問を聞きとれなかったり十分に理解できなかったかもしれないし、あるいは答える必要はなかったと考えたかもしれない。彼は不安からあるいは他人を罪に陥れることを好まないことから沈黙を維持したのかもしれない。あるいは逮捕された者は彼を取り巻く敵対的で恐らくは見慣れない雰囲気に単に沈黙で対応したのかもしれない。要するに、身柄拘束中の取調べに内在する圧力は大陪審面前での質問の圧力に優るのであり、沈黙の理由を明らかにすることの困難さを倍加（compound）する。（*Id.* at 176-177.）

(3)　警察の取調べ前の沈黙の証拠価値に関するわれわれの分析は、前出グルーネヴァルト判決で採用されたそれと類似する。同判決で国税庁での汚職を捜査している大陪審の面前で被告人は、答弁をすれば自己負罪となるおそれがあるとの理由で一連の質問に答えることに応じなかった。この証人ハルペリン（Y）は後に合衆国を詐欺したコンスピラシーで訴追された。公判で彼は自己自身の防御のために証言するために証人台に立った、そして無罪を主張した。反対尋問で検察官は、被告人を弾劾するために被告人が以前に第五修正を援用したことに関する証言を引き出した。当裁判所は、ハルペリンが出頭した大陪審面前を取り巻く諸事情によれば、彼が第五修正に依拠したことは正当であると結論した。グルーネヴァルト判決で当最高裁は、沈黙が後の弁明証言と矛盾しているかを判断するのに関連する三要素を明らかにした。すなわち①大陪審面前で無罪を繰り返し主張していたこと、②最初の取調べが行われた裁判所（tribunal）の密室的性質（secretive nature）、および③逮捕時に将来の被告人として申立人に焦点が合わされていたため彼自身に不利益な証拠を提供させるという目的で取調べを受けていたと彼が考えて当然であったこと、このような三要素を明らかにしたのである。

これらの要素を本件に適用すると、本件はグルーネヴァルト判決以上に証拠の排除が求められる事案であるのは明らかである。第一、ヘイル（X）は無罪の主張を繰り返していた、つまりX証言の中で彼の無罪の主張と矛盾するものは一切ない。第二、Xの取調べが行われた場所は密室であり、さらにグルーネヴァルト判決では存在していた公の仲裁人の存在のような最小限の安全装置（safeguards）が欠けていた。ハルペリン以上にヘイル（X）がそのような状況に脅威を感じていたことは十分にありうる。少なくとも彼は弁護人の立会いの下であるいは公開の法廷のようなより快適な（hospitable）環境下で供述をすることを願っていたであろう。第三、Xの〝被告人候補者（potential defendant）〟としての立場はYよりもさらに明白であった。Xは目撃証人の識別の対象であり犯罪を犯した容疑で逮捕されていたからである。（*Id.* at 178-179.）

（4）　逮捕時の沈黙の証拠は被告人の信用性についてさほど証拠価値がない（not very probative）ばかりか、それには大きな偏頗の可能性（a significant potential for prejudice）がある。陪審が被告人の従前の沈黙を担保される以上に重視するという危険がある。被告人に沈黙の理由を説明させても被告人が逮捕時に黙秘を続けたという事実から陪審が引き出す強力な消極的推認に打ち勝つことはありそうにない。

したがって、本件状況下において公判裁判所が警察の取調べ中のXの沈黙に関しXを反対尋問することを認めたのは偏頗な誤り（prejudicial error）であったと判示し、下級の連邦裁判所への監督権を行使して、ヘイルには新しい公判を求める権利があると結論する。（*Id.* at 180-181.）

〈ホワイト裁判官の同調意見〉　私が今もミランダ判決に熱狂的（enthusiastic）でないのは同判決が下された時に熱狂的でなかったのと同じである。しかし、逮捕された人が、ミランダ判決が要求するように、沈黙することができること、述べたことはいかなることでも彼に不利に用いられうること、そして希望すれば弁護人を付されうることを告げられたとき、逮捕時の彼の沈黙に注意を向けさせることを公判中に検察側に許し、その逮捕時に話す必要がないと告げられた事実について彼が話さなかったことを理由に彼の公判証言の真実性に関して不利益推認（an unfavorable inference）をすることができると主張するのはデュー・プロセスに合致（comport）しないと思われる。もちろんヘイルは本件で、彼の沈黙は、彼の言葉と同様に、公判で彼に不利に用いられうるということを告知されなかった。私はこのような理由で原判決を維持したい。（*Id.* at 182-183.）

【32】　ドイル・ミランダ警告後黙秘弾劾利用デュー・プロセス違反マリファナ譲渡事件判決（一九七六年）

本判決（Doyle v. Ohio, 426 U.S. 610）は、公判廷での被告人の弁明証言を弾劾するために検察官が反対尋問で逮捕時のミランダ警告後になぜ弁明供述をしなかったのかと質問した事案につき、このような被告人の逮捕後の沈黙の利用は第一四修正のデュー・プロセス条項に違反するとしたものである。

【事　実】　ドイル（X）とウッド（Y）の両人は地方麻薬取締局の情報提供者（A）にマリファナ一〇ポンドを譲渡した容疑で逮捕、起訴された。二人はオハイオ州甲郡裁判所での分離裁判でいずれも有罪とされた。二人の公判で提出された証拠は重要な点で同一だった。

検察側証人（複数）はマリファナ取引の通常の状況について説明した。長年にわたる犯罪歴のある周知のホームレス（street person）Aが麻薬捜査班に最近の問題に関して寛大な取扱いを受ける見返りとして麻薬の密売人を突き出し（setting up drug "pushers"）捜査に協力したいと申し出た。麻薬取締官は同意した。間もなくAからマリファナ一〇ポンドを〝買う〟約束ができたのでその支払いに一、七五〇ドル必要であるとの連絡があった。銀行は閉まっており時間的余裕がなかったので取締官は一、三二〇ドルだけ調達できた。Aはこの金を受け取り、二台の車に分乗した四人の麻薬取締官の監視下に取引場所に向かった。彼（A）は予定どおり、オハイオ州甲地のあるバーでXとYに会った。そこからAとYはAのトラックに乗り、オハイオ州乙地近くの町に向かった。一方、Xは車で立ち去り、マリファナを手に入れ乙地で彼らに合流することになった。麻薬取締官はAのトラックを追跡した。Xは乙地に到着すると、待っていたAのトラック（Y同乗）とともに麻薬取引が行われた駐車場に向かった。Aは自分の車（トラック）に乗り立ち去った。支払われた金が約束より四三〇ドル少ないことに気付いたXとYはAを探し始めた。彼らは間もなく麻薬取締官から連絡を受けた乙地警察によって停止を命じられた。麻薬取締官の一人（P）が現場に到着し、二人を逮捕してミランダ警告を告知した。令状に基づいて車の捜索をした結果、現金一、三二〇ドルが発見された。

X、Yの裁判で弁護人の麻薬取締官に対する反対尋問は「駐車場での限られた観察であったため取締官は誰一人として現実の取引を見ておらず、Aが恐らく取引後に包みを腕に抱えてXの車の横に立っていたのを見たにすぎなかった」ことの立証に向けられた。各被告人はそれぞれの公判で証人台に立って「最も重要な点、すなわち誰が彼（A）にマリファナを譲渡したかを除き」州側の主張を事実上すべて認めた。Xらの主張によると、AがXらをはめた（framed）という。当初の取決めによると、AがXにマリファナ一〇ポンドを譲渡することになっていた。X

はそれに必要な金を借りる目的で甲地のバーを立ち去った。しかし、車を走行中に一〇ポンドではなく一・二ポンドのマリファナだけが欲しくなった。乙地の駐車場での腕にマリファナを抱えたAとの取引の際に、Xは考え直したことをAに説明したところ、Aは怒って一、三二〇ドルをXの車に投げ込み、一〇ポンドのマリファナをすべて取り戻して立ち去った。Aを探そうとしたのは一体何の金かを聞き出すためであったというのである。(*Id.* at 611-613.)

Xらの本件出来事に関する説明は検察側にやや難しい問題を投げかけた。必ずしもありそうにない(implausible)ことではなく、それと矛盾する直接証拠はほとんどなかったからである。弾劾のための広範囲な反対尋問の一部としてかつXらの弁解説明を弱める(undercut)ために検察官は、Pが彼らを逮捕したとき、なぜはめられた話をしなかったかと尋ねた。〝この男の人(A)があなたの車の中に一、三二〇ドル投げ込んだことをなぜ話さなかったのか〟〝無実であるというのであれば、Pが現場に到着したとき、なぜそのことを話さなかったのか〟と質問したのである。裁判所はいずれの裁判においても検察官に対し、Xらの逮捕後の沈黙について陪審に話すことを許可した。(*Id.* at 610-614.)

各被告人は、とりわけ逮捕後の沈黙に関してXらを反対尋問することを検察官に認めた点において公判裁判所には誤りがあると主張して控訴した。控訴裁判所は有罪判決を維持し、オハイオ州最高裁はさらなる審査を否定した。(*Id.* at 615-616.)

【判　示】　原判決破棄。　州側は検察官の行動に対する正当化理由として必要性を主張する。その立場の裏付けとして反対尋問一般の重要性を強調し、捜査官がミランダ判決の命令に従わなかったために有罪の証拠として許容できないが弾劾目的のために逮捕後の供述の利用を認めた諸判例に依拠する。それ故、Xらの弁明供述の真実性に関して関連あるすべての情報を陪審に提示する必要性によって本件反対尋問が正当化できると主張するのである。

反対尋問の重要性にもかかわらず、ミランダ判決によれば、州側の立場は否定せざるをえない。ミランダ警告後（in the wake of）の沈黙は逮捕された者がこれらのミランダの諸権利を行使したことに外ならない。さらに、ミランダ警告には沈黙は刑罰を伴わないという明示の確約（assurance）はないというのは事実であるが、そのような確約は警告を受けるいかなる人にも黙示されている。そのような状況下において逮捕された人の沈黙を後に公判で提供された説明を弾劾するために用いることを認めるのは基本的に不公正でデュー・プロセスの剝奪であろう。【31】ヘイル判決の同調補足意見においてホワイト裁判官はこのことを巧みに述べている。すなわち、〝逮捕時に話す必要がないと告げられた事実について話さなかったことを理由に公判証言の真実性に関して不利益推認をすることができると主張するのはデュー・プロセスに合致しない〟というのである。逮捕時にかつミランダ警告後の被告人の沈黙の弾劾目的のための利用は第一四修正のデュー・プロセス条項に違反する。（*Id.* at 619-620.）

【33】ジェンキンズ自首前沈黙弾劾利用合憲正当防衛主張刺殺事件判決（一九八〇年六月一〇日）

本判決（Jenkins v. Anderson, 447 U.S. 231）は、被害者の刺殺は正当防衛であるとの被告人の証人台での証言を弾劾するために検察官が事件の二週間後にはじめて自首したという事実を指摘し法廷証言の信用性を弾劾した事案につき、【32】ドイル判決とは異なり、第五修正にも第一四修正のデュー・プロセスに違反しないとしたものである。

【事　実】　ジェンキンズ（X）は一九七四年八月一三日、Aを刺殺した。Xは二週間後に当局に自首し逮捕された。第一級謀殺罪の裁判でXは、A殺害は正当防衛であると主張した。彼の姉妹とその男友達が一九七四年八月一二日夜、Aともう一人の男に金員を強奪された。その強盗事件時に近くにいたXは、犯人をしばらく追跡してその居所を警察に報告したと証言した。Xの証言によれば、その翌日XがAに出会ったところ、Aは強盗事件につき警察に通報したことを詰問し、ナイフで彼を攻撃した。二人はもみ合いとなり、Xは逃走したというのである。反対尋問でXは、もみ合い中に〝そのナイフをできる限りAに突きさそう〟としたことは認めたが、専ら正当防衛でそのような行動をしたと主張した。検察官は、Xへの反対尋問および陪審への最終弁論においてXの逮捕前の沈黙に言及した。Xは少なくとも二週間沈黙していたことを指摘し、「Xは前夜の強盗事件に対する報復として本件殺人を犯したと主張したのである。」

Xは故殺（manslaughter）で有罪とされ州段階で確定した。そこでXは、検察官が逮捕前の沈黙に関して彼に質問したとき彼の憲法上の権利が侵害されたと主張し、ミシガン州東部地区合衆国地方裁判所に人身保護令状による救済を求めた。連邦治安判事（A Federal Magistrate）は人身保護の救済の申立ては却下されるべきであると結論した。第六巡回区控訴裁判所はこれを維持した。（*Id.* at 232-234.）

【判　示】　原判決維持。本件での問題は「被告人の信用性を弾劾するために逮捕前の沈黙を利用するのは憲法第五修正または第一四修正に違反するかである。」（*Id.* at 232.）

検察官は公判で、正当防衛で殺害したのであれば思い切って話していたであろうことを示唆することによってXの信用性を弾劾しようとした。検察官のこのような行動は第一四修正を介して州に適用される第五修正に違反するとXは主張する。第五修正は黙秘する権利を被告人に保障し、その権利を主張する被告人の黙秘に関してコメントすることを禁止する。本件においてXはもちろん、刑事手続を通じて黙秘しなかった。黙秘する代りに彼は自己を防御するために任意に証人台に立ったのである。

当裁判所は【30】ラッフェル判決において、自己を防御するために証言する被告人が彼の以前の沈黙によって弾劾されたとき第五修正は侵害されていないことを認めた。同判決での被告人は二回裁判を受けた。第一回目の裁判で捜査官は、ラッフェルは以前に負罪的供述をしたと証言した。最初の裁判が評決不能で行き詰った（deadlock）

後の第二回目の裁判で同じ捜査官は彼の証言を繰り返し、そしてラッフェルは証人台に立ってそのような供述をしたことを否認した。反対尋問の結果、ラッフェルが第一回目の裁判で証言していなかったことが明らかとなった。当裁判所は〝証言をしない免責（特権）は被告人が証人として自己自身を提供することによって放棄できる特権である〟ことを理由に以前の沈黙に関する調査は相当であると判示した。自己自身のために証人台に立つと、他の証人と同様に反対尋問にさらされる。被告人は〝他の証人と全く同様に彼の信用性を弾劾する反対尋問にさらされた〟として、ラッフェル判決裁判所は、以前の沈黙を理由とする弾劾の可能性は第五修正の権利行使への許し難い負担となるという主張を明示に退けたのである。(*Id.* at 235-236.)

当裁判所は同様に【25】ハリス判決において、ミランダ判決に違反して採取された供述であっても被告人の信用性を弾劾するために用いうることができると判示した。〝すべての刑事被告人には自己自身のために証言するかまたはそのようにすることを拒否する特権がある。しかし、かかる特権は偽証をする権利を含むと解釈することはできない。任意に証人台に立ったのであるから被告人には正直かつ正確に話す義務がある。そして訴追側は本件で当事者主義の伝統的な真実を吟味する装置を利用したにすぎなかった〟と判示したのである。

被告人は反対尋問のリスクを理由に証人台に立たない決意をすることができる。しかし、これは法廷戦術の選択である。被告人が一たん証言する決意をすると〝他の当事者の利益および真実を確証する司法裁判所の機能に対する考慮が関連することとなり、自己負罪拒否特権の範囲と限界を判断するという問題の比較衡量が支配する (prevail in the balance of considerations)〟ことになる。それ故、沈黙の外套を脱ぎ捨てるという被告人自身の決意の結果としての弾劾は刑事裁判の真実発見機能を高める。刑事被告人の信用性を弾劾するために逮捕前の沈黙を利用しても第五修正は侵害されない。(*Id.* at 236-238.)

われわれは【32】ドイル判決においてはじめて沈黙による弾劾は憲法に反することを認めた。同判決において被告人はマリファナの譲渡で逮捕されたときミランダ判決によって要求される警告を受けた。その当時、彼は警察に供述をしなかった。その後の公判で被告人は、はめられたと証言した。検察官は反対尋問で被告人は逮捕時沈黙していたことを明らかにすることによって被告人の信用性を弾劾した。検察官の行動は許容できると州側は主張したが、われわれは〝ミランダ判決によれば訴追側の立場は退けざるを得ない〟と結論した。〝逮捕時に話す必要はないと彼が告げられた事件の事実について彼が話さなかったことを理由に彼の公判証言の真実性に関して不利益な推認をすることができると主張するのはデュー・プロセスに合致しない〟と判示したのである。

本件において、従前の沈黙をXに促す訴追側の行動はなかった。供述しなかったのはXが身柄を拘束されてミランダ警告を与えられた前のことである。したがって、ドイル判決で存在した基本的不公正は本件に存在しない。われわれは、逮捕前の沈黙の利用による本件弾劾は第一四修正に違反しないと判示する。（*Id.* at 238-240.）

【34】アンダーソン・ミランダ警告後矛盾供述反対尋問合憲殺人事件判決（一九八〇年）

本判決（Anderson v. Charles, 447 U.S. 404）（*per curiam*）は、殺人事件の被害者の車を盗んだことに関する反対尋問において陪審に話したこととは異なる供述を被告人が直接尋問でしたその理由を検察官が尋ねた事案につき、任意に証人台に立った被告人に以前の矛盾供述について質問したにすぎないから、【32】ドイル判決とは異なり、沈黙の不公正な利用はないとしたものである。

【事　実】　チャールズ（X）は盗難車を運転中ミシガン州甲地で逮捕された。この車は一週間ほど前に乙地で絞殺体で見つかったA所有のものだった。Xは第一級謀殺罪で起訴された。ミシガン州W郡巡回裁判所での公判で訴追側はXを殺人事件に結び付ける状況証拠を提出した。Aの車を運転中に発見、逮捕されたXは、被害者との最終接触者の男が身につけていたのと類似の服を着ており、そしてある男を殺害し、その車を盗んだことを自慢していた。Ｐ刑事は、逮捕後直ちにＸを取調べミランダ警告後に盗まれた車について質問した。Ｐによると、Ｗ郡近郊のバス停からおよそ二マイルの乙地で車を盗んだとＸは述べたという。Ｘは自己自身のために証言し、直接尋問で乙地にあるＫタイヤ会社の駐車場で持ち主不明の車を盗んだと述べた。

反対尋問で次のような会話が交わされた。

問　さて、Ｋタイヤ会社ですが、この会社はバス停のすぐ隣にありますね。
答　そのとおりです。
問　そしてバス停とＫタイヤ会社はＷ郡刑務所のすぐ隣にありますね。
答　そうです。
問　そしてあなたがＷ群刑務所の中で立ったまま窓から外を眺めていたとき、あなたは窓越しにバス停とＫタイヤ会社を見ることができた、そうですね。
答　そのとおりです。
問　そして窓越しに外を眺めて、バス停とＫタイヤ会社を見る機会がたくさんありましたね。
答　そのとおりです。
問　その場所（駐車場）から車を盗んだという話をすることをＷ刑務所で思いついたのではありませんか。
答　いいえ、そのような話をしたのは、それが本当だからです。
問　それが本当であるというのであれば、あなたが逮捕されたとき、どこで車を手に入れたのかにつき誰にも話さなかったのはおかしいとは思いませんか。
答　いいえ、おかしいとは思いません。
問　おかしいとは思わないのですか。

答　私は車の窃盗ではなく殺人罪で起訴されていました。
問　それは最近の作り話（recent fabrication）ではないのですか。
答　いいえ、そうではありません。
問　あなたははじめて逮捕されたとき、P刑事に乙地で車を盗んだと言ったのではありませんか。
答　P刑事と話をしたことは一切ありません。
問　一切なかったのですか。
答　そうです。Q刑事とR刑事がそこにいてテープ録音されたとき以外はありません。

陪審はXを第一級謀殺罪で有罪とし、州段階でこれが確定した。そこでXはミシガン州東部地区合衆国地方裁判所に人身保護令状の申請をした。同地裁は令状発付を否認したが、第六巡回区控訴裁判所は、見解は分かれたが、検察官の質問はドイル判決の下でデュー・プロセスに違反するとしてこれを破棄したのである。（*Id.* at 404-407.）

【判　示】　原判決破棄。われわれは【32】ドイル判決において、ミランダ警告後の被告人の黙秘を理由とする弾劾を第一四修正のデュー・プロセス条項は禁止していると判示した。ミランダ警告は沈黙する権利のあることを告知し、少なくとも黙示に彼の黙秘は彼に不利に用いられないことを彼に保障していることを理由に、そのような弾劾は基本的に不公正であると結論したのである。

ドイル判決は、以前に矛盾供述をしたその理由を聞き出す反対尋問には適用されない。ミランダ警告を受けた後で任意に話す被告人は黙秘するよう勧められ（induced）なかったのであるから、そのような質問は黙秘を不公正に利用したことにはならない。彼の供述の内容に関して被告人は黙秘していなかったのである。前記引用の会話は、全体として見ると、Xの黙秘権行使に言及しているのではなく、彼の公判証言が本当であるのであれば、通りで車を盗んだのではなくタイヤ店の駐車場で被害者の車を盗んだことをなぜ警察官に告げなかったのかと尋ねているにすぎない。検察官の質問は黙秘から何らかの意味を引き出すことを意図したものではなく、以前の矛盾供述に対する説明を聞き出すことを意図したものであった。（*Id.* at 407–409.）

【35】フレッチャ正当防衛証言逮捕後沈黙弾劾合憲殺人事件判決（一九八二年）

本判決（Fletcher v. Weir, 455 U.S. 603（per curiam））は、被害者を刺殺後に逃走した上、逮捕時に弁明供述をしなかったにもかかわらず、公判で正当防衛であると被告人が証言したため検察官が反対尋問で以前に弁明供述等をしなかったことを明らかにした事案につき、【32】ドイル判決およびその後の関連判例と異なるとして憲法に反しないとしたものである。

【事　実】　ナイトクラブの駐車場での乱闘時にAがウィア（X）を地面に押さえつけたところ、Aは突然立ち上がり、刺されたと叫んだ、彼は結局、刺し傷が原因で死亡した。Xは直ちに現場を立ち去り、本件を警察に報告しなかった。故殺で起訴された公判でXは自己を防御するために証人台に立った。彼はAを刺したことは認めたが正当防衛であり、A刺殺は偶然であると主張した。この公判供述は、Xが刺殺につき弁明供述（exculpatory version）をした最初の機会であった。検察官は、逮捕されたとき警察官に弁明供述をしなかったことに関してXを反対尋問した。Xは結局、陪審によって第一級故殺で有罪とされ、州段階で確定した。

ケンタッキー州西部地区合衆国地方裁判所はXに人身保護令状を認め、第六巡回区控訴裁判所はこれを維持した。検察官がXの逮捕時の黙秘を弾劾目的のために利用したとき第一四修正によって保障されているデュー・プロセスをXは否定されたと結論し、警察が被告人にミランダ警告を読み上げた事案に限り【32】ドイル判決は適用されるとの主張を退けたのである。（*Id.* at 603–604.）

【判　示】　原判決破棄。反対尋問および虚偽弁護を暴露することの重要性を認識しつつ、われわれは【32】

ドイル判決においてミランダ警告によって奨励されたといえる（may well have encouraged）黙秘へのコメントを認めるのはデュー・プロセス違反になろうと判示した。本判決とドイル判決との重要な相違は、逮捕後の黙秘と逮捕との間にXはミランダ警告を受けたことが記録上明らかでないということである。控訴裁判所の多数意見はこの相違を認めたが、〝逮捕それ自体、黙秘することを被告人に黙示に促す州側の行為である〟として、本件状況に適用できるようにドイル判決を拡大しようとした。「このようなドイル判決の拡大解釈は同判決の理由付けによって支持されず、ドイル判決以降の判決にも反するとわれわれは考える。」（*Id.* at 604-606.）

逮捕後の黙秘を取り扱った事案である【33】ジェンキンズ判決においてわれわれは、黙秘は不利に用いられないであろうことを被告人に黙示に確約することによって訴追側が黙秘を促した（induced）事案であるとドイル判決を説明した上で、被告人に対し逮捕前に黙秘を促す訴追側の行動はなかったとコメントし、被告人が話さなかったのは身柄を拘束されミランダ警告を告知される前に生じたことであると指摘した。そして【34】アンダーソン判決においてわれわれは、〝ミランダ警告は黙秘する権利のあることを告知し、少なくとも黙示に彼の沈黙は彼に不利に用いられないことを保障している、ドイル判決は訴追側の確約を受けた後で維持された黙秘を刑事被告人に使用することを禁止している〟ことを理由に、弾劾のための黙秘の利用はドイル判決において基本的に不公正であるとされた旨説明したのである。（*Id.* at 604-606.）

【36】ウェインライト精神障害無罪抗弁逮捕後弁護人依頼権行使利用デュー・プロセス違反不法接触事件判決（一九八六年）

本判決（Wainwright v. Greenfield, 474 U.S. 284）は、証言台に立って精神障害を理由に無罪を主張した被告人を弾劾するために被告人が逮捕後に供述をする前に弁護人と相談する旨繰り返していたことを検察官が明らかにした事案につき、【32】ドイル判決とは事案を異にするが、その法理はそのまま適用されるとして第一四修正のデュー・プロセスに違反するとしたものである。

【事　実】　フロリダ州甲郡近郊の海岸近くの森で性的不法接触（sexual battery）事件が起こった。グリーンフィールド（X）が被害者（A）を解放した後で彼女（A）は事件を報告するため車で直接警察署に出かけた。彼女の犯人像の説明に基づいて警察官（P）は暴行（assault）発生の二時間後に海岸にいたXを犯人と確認、逮捕した。PはXに手錠をかけた後、ミランダ判決によって要求されている警告をXに告知した。Pは〝あなたには黙秘する権利があります。あなたが話したことは法廷であなたに不利に用いられることになる。あなたには弁護人と相談し、取調べ中に弁護人の同席を求める権利があります。弁護人を雇う余裕がないのであれば、あなたが望めば、いかなる取調べにも先立ってあなたを代理する弁護人が選任されます。いつでもこれらの権利を行使し、いかなる質問にも答えずいかなる供述もしないことをあなたは決意できます。あなたに説明したこれらの権利をすべて理解しましたか。これらの権利に留意してあなたは今わたくしに話をすることを望みますか〟と述べた。Xはこれに応じて、これらの権利を理解した、供述をする前に弁護人に相談したいと述べた。ミランダ警告は警察に向かう車の中でPによって繰り返され、そして警察署に到着した後でQ刑事によって再び反覆された。いずれのときもXは黙秘する権利を放棄することを希望するかと尋ねられたが、弁護人と相談したいと述べて権利放棄には応じなかった。

検察官はその主張立証時に（in his case in chief）、P、Q両刑事の証言を提出した。彼らは、Xが質問に答える前に弁護人と相談したいと述べたことについて説明した。二人の精神科医は、犯行当時のXは是非弁別ができない精神分裂症（paranoid schizophrenia）であったとの意見を述べた。弁論終結時に検察官は、PおよびQの証言を再吟味し、Xが繰り返し弁護人と相談せずに質問に答えることを拒否したことは精神障害の主張と矛盾する彼の理解力（degree of comprehension）を示していると主張した。陪審はXを有罪と認め、裁判官は終身拘禁刑を言い渡し、州段階で確定した。Xは、連邦地方裁判所に人身保護令状を申請した。治安判事は人身保護令状申請の却下を勧告し、地裁はこの勧告を受け入れたが、第一一巡回区控訴裁判所はこれを破棄し、【32】ドイル判決の下ではXには新しい裁判を受ける権利があると判示した。(*Id.* at 286-289.)

【判　示】　原判決維持。　Xは性的暴行 (sexual battery) の訴追に対し精神障害を理由に無罪の答弁をした。フロリダ州甲郡の巡回裁判所での公判で検察官は、ミランダ警告を受けた後での彼の黙秘は彼の正気を示す証拠であると主張した。本件で提示されている問題は、被告人の黙秘をそのように利用したのは【32】ドイル判決で解釈された第一四修正のデュー・プロセス条項に違反するかである。(*Id.* at 285.)

ドイル判決およびその後の判例は、ミランダ警告に黙示された確約を破るのは第一四修正のデュー・プロセス条項が要求する基本的公正を侮辱する (affront) ことを明らかにしてきた。われわれはまず最初に、本件では、ドイル判決およびその後の関連判例 (its progeny) とは異なり、黙秘は弾劾としてではなく検察側の主張立証時に積極的証拠として (as affirmative proof in the case in chief) 用いられたことを指摘しておく。(*Id.* at 289-291.)

「ドイル判決の判示のポイントは、逮捕された人に黙秘は彼に不利に用いられないであろうことを約束し、その後に彼の公判証言を弾劾するためにその黙秘を利用することによってその約束を破ることは基本的に不公正であるということである。」被告人の精神障害の抗弁に打ち克つために黙秘を利用することによってその約束を破ることも同様に不公正である。いずれの状況においても、州は憲法上の権利を保護するために警告を与え、これらの権利を行使しても刑罰を科せられないことを黙示に保障している。いずれの状況においても、州はその後に (then) 被告人の有罪を獲得する際に被告人がこれらの権利を行使したことを利用しようとする。黙示の約束、その違反、その結果としての刑罰は、いずれの状況においても同一である。(*Id.* at 292.)

ドイル判決においてわれわれは、ミランダ警告には〝沈黙は刑罰を伴わないであろう〟という憲法に根付いている（rooted）黙示の確約が含まれていると判示した。被告人を逮捕しミランダ警告後の黙秘を被告人の公判証言を弾劾するために利用することによってオハイオ州検察官はその約束を破ったというわれわれの結論は、被告人を逮捕しミランダ警告後の黙秘を被告人の正気を示す証拠としてフロリダ州検察官が利用することによって警察官のXへの約束を破ることは基本的に不公正であったという結論を導くことになる。（*Id.* at 295.）

【37】グリア逮捕後黙秘言及無害法理適用強盗殺人事件判決（一九八七年）

本判決（Greer v. Miller, 483 U.S. 756）は、三人組の強盗誘拐殺人事件に関与していないと直接尋問で証言した被告人に対し検察官が反対尋問で逮捕時にそのことを供述しなかった理由を尋ねたため弁護人が黙秘権侵害であるとして異議を申し立てたところ裁判官は一たんこれを却下したが直ちに検察官の質問を無視するよう陪審に説示した事案につき、本件では【32】ドイル判決違反はないとした上で、無害法理は適用されないとした控訴審判決を破棄したものである。

【事　実】　Aは一九八〇年、イリノイ州ジャクソンビルにある酒場を立ち去った後で強盗に襲われ殺害された。三人の男、すなわちウィリアムズ（Y）、アームストロング（Z）および本件上告人ミラー（X）が同事件で起訴された。Yは自白後に「Z、Xに対する各分離裁判での証言と引換えに彼（Y）に対する起訴の大半（most of the charges）を取り下げるという答弁合意（a plea agreement）をした。」（*Id.* at 758.）

ミラー（X）の公判でウィリアムズ（Y）は次のように証言した。すなわちYと彼の兄弟およびZが二月八日夜ある酒場でAと出会った。アームストロング（Z）がAに家まで車で送ると言った、そして彼らは午前一時三〇分ころ一緒に酒場を立ち去った。Yの兄弟が下車した後で、Zは車の後部座席にいたAを殴り始めた。男たちはYの両親の家に立ち寄り銃を手に入れた、そしてXが住んでいるトレーラー・ハウスまで車を走らせた。Xが加わり、人里離れた橋までさらに車を走らせた。そこに着くと三人の男はそれぞれ、先に入手した銃でAの頭部を撃ったと証言した。Xは証人台に立って、Y証言とは異なる供述をした。この犯罪には関与していない、ZとYがA殺害後に彼（X）の助言を求めてトレーラー・ハウスにやってきた、そしてAを殴打して金員を奪った後、犯行を隠すためにAを殺害したとZとYはXに告白したと証言したのである。

検察官は反対尋問で〝なぜあなたは逮捕されたときそのようなストーリーを誰にも話さなかったのか〟と質問した。弁護人は直ちに異議を申し立て、黙秘権侵害を理由に無効審理（mistrial）を求めた。公判裁判官は無効審理の申立てを却下したが、弁護人の異議申立てを支持し、当面（for the time being）検察官の質問を無視するよう陪審に説示した。検察官はこの問題をそれ以上追及せず、弁護人も最終弁論中にもこのことに言及しなかった。裁判官は〝検察官の質問を無視する〟よう陪審にあらためて説示した。ミラー（X）は殺人、加重誘拐（aggravated kidnapping）および強盗で有罪とされ、八〇年の拘禁刑を言い渡された。（*Id.* at 758-759.）

州側は控訴審において、たとえミラー（X）の逮捕後の黙秘に関する検察官の質問が【32】ドイル判決によって禁止されているとしても、一九六七年の【21】チャップマン判決の基準の下で無害であったと主張した。イリノイ州控訴裁判所はこの主張を退け、有罪判決を破棄した。イリノイ州最高裁はこれに同意せず、公判裁判所の判断を復活させた。検察官の質問は長期裁判の過程でなされた孤立したコメント（isolated comment）にすぎず、適切に許容された証拠はXの有罪を合理的疑いを越え十分に立証しており、コメントの誤りは有罪判決の破棄を必要とするものではないというのである。Xはイリノイ州中央地区連邦地方裁判所に人身保護令状を申請した。同地裁はこれを却下したが、第七巡回区はこれを破棄した。しかし全裁判官関与の判決で、Xは逮捕時にミランダ警告を受けていたことを理由に検察官の逮捕時の黙秘への言及は公平な裁判を受ける憲法上の権利を侵害したと認め、さらにその誤りは無害ではないと判示した。（*Id.* at 759-761.）

【判　示】　原判決破棄。本件でわれわれに提示されている問題は、刑事被告人の逮捕後の黙秘に関する公判での検察官の質問は被告人の有罪判決の当然破棄を必要とするかである。われわれは控訴審の見解に同意しない。(*Id.* at 758.)

われわれの分析の出発点は【32】ドイル判決である。当裁判所はドイル判決において〝逮捕時にかつミランダ警告後の申立人の黙秘の弾劾目的のための利用は第一四修正のデュー・プロセス条項に違反した〟と判示した。当裁判所はドイル判決の判示をその後のいくつかの判例で適用してきた。Xが本件でミランダ警告の〝黙示の確約〟を得たことには疑問がない。それ故、ドイル判決の前提要件は満たされていた。しかし、ドイル判決によれば、被告人の逮捕後の黙秘を〝弾劾目的で使用すること〟をデュー・プロセス条項は禁止する。〝[被告人の] 黙秘に陪審の注意を向けることを検察官に認めることがデュー・プロセスと調和しない〟のである。【33】ジェンキンズ、【34】アンダーソン判決、【35】フレッチャ判決、【36】ウェインライトの各判決を見よ。(*Id.* at 761-764.)

これらの判決とは異なり、公判裁判所は本件でXの逮捕後の黙秘に触れた唯一の質問に対する弁護人の異議申立てを明示に容れた。Xの黙秘に関してはそれ以上の質問も議論もなかった。そして裁判所は異議が認められた検察官の質問を無視すべきであることを陪審にとくに忠告したのである。ドイル判決での検察官とは異なり、本件での検察官はXの黙秘に関して〝弾劾すること〟もXの黙秘に陪審の〝注意を向けること〟も認められることはなかった。それ故、本件ではドイル判決違反は生じなかったことになる。(*Id.* at 764-765.)

検察官の質問はドイル判決違反にならないが、検察官が陪審の面前で不適切な質問をすることによってドイル判決のルールに違反しようとしたという事実は残る。当裁判所は検察官の不当な行動が公判に影響を及ぼし〝その結果たる有罪判決がデュー・プロセスの否定となるほどに不公正〟となりうることを認めてきた。【21】チャップマン判決の分析を適用したイリノイ州最高裁は、検察官の質問は合理的な疑いを越えて無害であったと認めた。われわれは、それ故、本件事実の下ではデュー・プロセス違反はないことを確信する。(*Id.* at 767.)

〈ブレナン裁判官の反対意見〉(マーシャル、ブラックマン両裁判官同調)　当裁判所は本日、**【32】**ドイル判決に違反することなしに検察官は被告人の逮捕後の黙秘に関してコメントできると判示する。当裁判所はドイル判決違反が生じたかの問題と同違反は合理的な疑いを越えて無害であったかの問題と混同することによって、このような驚くべき結論に至る。驚くべき結論であるというのは、それは下級審で確立していた実務からかけ離れて(radically departs)いるという理由によるだけでなく、本件で提示されていなかった問題に依拠しているからでもある。ドイル判決に関する基本的理解は〝ミランダ警告後の被告人の黙秘を検察官がコメントすることはできない〟ということだった。したがって、被告人は逮捕後の黙秘に検察官は〝注意を向けさせた〟ことを立証するだけでドイル判決違反を確証できたのである。このような判例および証人の信用性を弾劾するために被告人の逮捕後の黙秘を利用しようとの検察官の〝明白な〟試みに照らすと、本件を検討した五つの裁判所がドイル判決違反を認めたのは驚くべきことではない。(*Id.* at 769-770.)

本件は有害の可能性を如実に示している(illustrates)。州側が提出した被告人と本件犯罪を結び付ける唯一の証言はいわゆる共犯者(an alleged accomplice)のそれであった。とりわけ共犯者が寛大な取扱い(significant leniency)の約束の見返りを得ているとき、陪審は共犯者の証言の証拠価値を重視しない(reduce weight)ことが多い。本件での州側の主張立証(the State's case)は、陪審が被告人を信用するかいわゆる共犯者を信用するかにかかっていた。共犯者ウィリアムズ(Y)は被害者を殺害したことを認めていたけれども、州側は殺人、過重誘拐、および強盗の訴追を取り下げ、彼の証言の見返りに二年のプロベイションを言い渡すことに同意した。ミラー(X)は殺人罪で八〇年、過重誘拐で三〇年、そして強盗で八年の各刑を言い渡された。陪審は州とYとの間に〝取引(deal)〟が行われたことを知っていた。(*Id.* at 772-773.)

下級審はまた、一たん検察官が被告人の黙秘に陪審の注意を向けさせると、その害は容易に治癒されないことを認めてきた。第一、陪審は逮捕後の黙秘という事実に気付かされたのであり、それに続くより微妙な（subtle）攻撃のための基礎固めができていた（a foundation is laid）ことになる。例えば、検察官は最終弁論中にドイル違反を十分に活用した。共犯者（Y）が逮捕後に黙秘を維持しなかったのであるからその共犯者の証言は信用できると強調することによって、被告人（X）の逮捕後の黙秘に陪審が気付いていることを利用できたのである。すなわち検察官は〝われわれは進んで真実を話そうとしているこの男（共犯者）と、あなた方がそう言いたいのであれば、いわゆる取引をしました。この男は一九八〇年二月一〇日（犯行当日）後の本件との関わりの真実について語りました。確かに彼（Y）は細部については間違っていました。確かにYの供述は混乱しています。確かにYは彼らが最初にあの酒場を立ち去ったとき兄弟と一緒にいなかったと嘘をつきました。Yは殺人罪で起訴されました。しかし彼は逮捕後間もなく警察官に彼らのいうストーリーを語り、そして私のいう説明（account）をしました。これは捜査官によって事実上裏付けられています。あなた方がそれを取引と呼ぶとしても、そのことはひとまずおきます、問題は、取引があったにせよなかったにせよ、ランディ・ウィリアムズ（Y）は皆さんに真実を話したということです。詰るところ、重要なことは、誰が皆さんに本件のストーリーを話したのか、そして誰が皆さんに真実を話したのかです。ウィリアムズ（Y）を信用するかそれともミラー（X）を信用するか、それは皆さんの選択です。これはそれほど単純なことです。〟と陪審に述べたのである。

第二、〝治癒的〟説示自体がXの黙秘という事実への注目を促している。イリノイ州最高裁のサイモン裁判官はこの問題について、〝被告人の逮捕後の黙秘に関する検察官の不適切な指摘は、注意深い説示によっても、当然には匡正されない。本件のように専ら共犯者証言および状況証拠に依拠する伯仲した事件では、注意深い説示にもかかわらず、逮捕後の黙秘への言及は被告人に極めて不利益（prejudice）に働きうる〟と指摘している。

下級裁判所は、それ故、弁護人による異議申立てと裁判官による治癒的説示は黙秘へのコメントが無害の誤りであるかの問題とは関連性はあるが、そのコメントがドイル判決に違反するかの問題とは関連性がないと考えていたのである。このような問題は下級審においても当裁判所においても提出されていなかったのであるから、確立した実務からの急激な離脱はとりわけ不適切である。州側は控訴審において、逮捕後の被告人の黙秘への言及は不適切であろうことを認めていた。ドイル判決違反が存在すると仮定しても、上訴審での再審理の基準は無害の誤りの基準よりも寛大であるべきかの問題の再検討を当裁判所に求めていた。それ故、本件で判断された問題は〝再検討のために提示された問題に当然含まれ〟ていなかったのである。(*Id.* at 772-775.)

二　まとめ

このように合衆国最高裁は一九二六年の【30】ラッフェル判決において、禁酒法違反に関して第二回目のやり直し裁判ではじめて証人台に立って飲み屋の捜索時に同店は自分の店であるという供述をしたことがない旨証言した被告人に対する反対尋問で当初の裁判でなぜ黙秘したのかと質問することの適否に関する第六巡回区控訴裁判所の質問に対する回答として、証人台に立った以上、そのような反対尋問での質問は不当とはいえないと回答した。次に【31】ヘイル判決において逮捕時に被告人は所持金の出所について黙秘したが公判では証人台に立ってそれを明らかにしたため、検察官が反対尋問で逮捕時に弁明供述をしなかったことを認めさせた事案につき、【30】ラッフェル判決とは事案を異にするとした上で、身柄拘束中の取調べに内在する圧力を強調しつつ、下級審への監督権を行使して、取調べ中の沈黙に関して反対尋問を認めたのは誤っているとした。また同判決の同調意見でホワイト裁判官は「逮捕時に話す必要がないと告げられた事実について話さなかったことを理由に後の公判証言の真実性に関して不利益推認ができると主張するのはデュー・プロセスに合致しない」ことをとくに強調した。そして一九七六年の【32】ドイル判決において、公判廷での弁明供述を弾劾するために逮捕時の沈黙を利用するのはホワイト裁判官の前示同調意見で巧みに述べられているように第四修正のデュー・プロセス条項に違反するとされた。その後の諸判決はすべて【32】ドイル判決に従ってデュー・プロセスの有無を判断している。

まず【33】ジェンキンズ判決では事件の二週間後に出頭し本件刺殺は正当防衛であったと主張した被告人の信用性を弾劾するために逮捕前の沈黙を利用したのはデュー・プロセスに違反しないとし、【34】アンダーソン判決では被告人の公判証言を弾劾するためにそれと矛盾する陪審の面前での供述を利用した事案につき、基本的な不公正はないとした。ドイル判決とは事案が異なるというのである。次に【35】フレッチャ判決では、被害者を刺殺後逃走し逮捕時にも何ら弁明供述をしなかったにもかかわらず公判廷では正当防衛であったと主張したため検察官がそれを弾劾するため逮捕時の黙秘を利用した事案につき、ドイル判決およびその後の関連判例とは異なり、逮捕前の黙秘と逮捕の間にミランダ警告が介在していないとしてデュー・プロセスに違反しないとした。【36】ウェインライト判決では犯行時の被告人の正気を立証するためにミランダ警告後に被告人が権利放棄をせず弁護人に相談したいと繰り返し述べていたことを明らかにした事案につき、ドイル判決および関連判例とは異なり、黙秘は弾劾証拠としてではなく検察側の主張立証時の積極的証拠として用いられたことを強調した上で、被告人の精神障害の抗弁に打ち克つために約束を破り逮捕時の黙秘を利用することはドイル判決におけると同様に基本的に不公正であるとした。

そして最後に【37】グリア判決において、殺人事件への関与を否定した被告人に対し検察官が逮捕時にそのことを供述しなかった理由を尋ねたところ裁判官がこの質問を無視するよう陪審に説示した事案につき、検察官は被告人の黙秘を弾劾することも黙秘に注意を向けることも認められなかったのであるからドイル判決違反ではないとした上で、原判決は【21】チャップマン判決の無害法理を適用したのであるからデュー・プロセス違反はないとした。もっとも、反対意見が強調するように、被告人と本件殺人事件を結びつける唯一の証拠はいわゆる共犯者の証言であり、共犯者は被害者殺害の事実を認めていたにもかかわらず、法廷証言の見返りに二年間のプロベイションに処せられたにすぎず、他方、被告人ミラーは合計一一八年の拘禁刑を言い渡されたのである。アメリカでの有罪答弁の一端を垣間見せるものとして注目されてよい。

第三節　排除法則の修正

一　主要関連判例

【38】カランドーラ排除法則不適用大陪審証言拒絶事件判決（一九七四年）

本判決（United States v. Calandra, 414 U.S. 338）は、営業賭博容疑の捜索令状により被告人の会社事務所を捜索した際に目的の証拠物は一切発見されなかったが被告人が別途捜査対象となっていた高利貸事犯に関連すると思われる定期的支払いを記載したカードが見つかったのでこれを押収し、後に連邦法違反の高利貸事件を捜査する目的で設置された特別大陪審が先に押収した証拠物に基づいた質問をするために被告人を召喚したところ第五修正の自己負罪拒否特権を援用して証言が拒絶された事案につき、大陪審手続には排除法則の適用はないとして、被告人はそのような証拠物に基づいたいかなる質問にも答える必要がないとした原判決を破棄したものである。

【事　実】　連邦捜査官は一九七〇年一二月一日、J・カランドーラ（X）が経営するオハイオ州クリーブランド所在の甲会社の捜索令状を獲得した。この令状は違法な賭博営業の容疑に関連して発付されたもので、捜索の目的は賭博の記録および賭博用具（bookmaking records and wagering paraphernalia）の押収であることが明記されていた。令状の請求を裏付けるために提出された宣誓供述書（master affidavit）には、秘密情報提供者によるFBIへの供述が含まれていた。捜査官らは賭博用具は発見できなかったが、その一人（P）はAが定期的にXに支払っていたことを示す一枚のカードを見つけた。その捜査官は宣誓供述書の中で、オハイオ州北部地区合衆国検事局が法外な信用取引（extortionate credit transactions）に関わる連邦違反で捜査を開始していたこと、そしてAが当時捜査中の〝高利貸（loansharking）〟事件の犠牲者であることを知っていた旨証言し、Aの名前の記載あるカードは高利貸記録で、帳簿類や住所録を含むその他の物品とともに押収したと述べていた。

一九七一年三月一日、連邦法違反の可能性ある高利貸事件を捜査するためオハイオ州北部地区において特別大陪審が召集（convened）された。同大陪審は一九七〇年一二月一五日、Xの会社事務所の捜索時に押収された証拠に基づいて質問するためにXを召喚した（subpoenaed）。Xは一九七一年八月一七日、大陪審面前に出頭したが、第五修正の自己負罪拒否特権を援用して証言を拒絶した。そこで政府側は法の規定に従ってXに行為免責（transactional immunity）を認めるよう連邦地裁に要請した。Xは政府側の免責命令の申立てに関する審理の延期を要請し、認められた。Xはその後、捜索令状は不十分な宣誓供述書に基づいて発付されたもので無効であり、かつその押収も令状の範囲を逸脱したものであることを理由に、押収物の排除および還付を申し立てた。連邦地裁はXの答弁拒否の問題を審理し、一〇月一日、証拠の排除およびXへの還付を命じ、さらに排除された証拠に基づく大陪審のいかなる質問にも答える必要はない旨命じた。同裁判所は、捜索令状は相当な理由なしに発付されたものであり、かつその捜索は令状の範囲を逸脱していると認めたのである。第六巡回区控訴裁判所はこれを支持した。（*Id.*

at 340-341.)

【判　示】　原判決破棄。　(1)　大陪審制度は英米の歴史に深く根を下ろしている。大陪審の歴史的機能は今日まで残っており、犯罪が犯されたと信じる相当な理由があるかの判断、および根拠のない刑事訴追からの市民の保護の両者を含む大陪審の責任は存続している。伝統的に大陪審は刑事法違反を調査する広範な権限を与えられてきた。裁判官がその手続の監視役を勤めることはない。大陪審は秘密裏に協議し、その調査方針を単独で決定できる。大陪審は相当と考えると証拠の提出または証人の証言を強制できる、「その権限は一般に、刑事裁判の運営を規制する技術的な訴訟法上および証拠法上のルールによって規制されない。」

大陪審手続は、被告人の有罪・無罪を判断する当事者主義的審理（adversary hearing）ではない、それはある犯罪が犯されたか、そして刑事手続が開始されるかを判断するための一方当事者（ex parte）の捜査である。大陪審の捜査権限は、その責任が十分に果たされるべきであるというのであれば、広範でなければならない。大陪審の情報の入手源は広きにわたり、正式起訴の有効性は、検討された証拠の性質によって影響されない。それ故、一見して有効な起訴は、大陪審が不相当ないし不適格な証拠を根拠に行動したことを理由に、あるいは被告人の第五修正の自己負罪拒否特権を侵害して得られた情報を根拠にした場合であっても、争うことはできない。

個人を大陪審面前に出頭させ証言を強制する連邦裁判所の権限も確固として確立している。証言する義務もすべての市民が政府に負う基本的義務として古くから是認されてきた。証言の義務は時には厄介なもので本人を当惑させることにもなりかねない。それは証人の社会的・経済的地位を傷つける原因ともなりうる。しかし、証言の義務は〝司法の運営にとって極めて必要である〟ので証人のプライバシーへの個人的利害は社会の優越的利益（public's overriding interest）に譲歩しなければならないと考えられてきた。もちろん、証人を召喚する大陪審の権限も無制限なものではない。大陪審は、証人が自己負罪拒否特権と同一範囲の免責を付与されたときに限り、第五修正の主張を無視できるのである。同様に大陪審は人に自己に不利な書類の提出を強制できない。大陪審はまた、第四修正によって保護された正当なプライバシーの権利を侵害する権限はない。(*Id.* at 342-346.)

(2)　本件において控訴裁判所は、第四修正の排除法則は以前の違法な捜索・押収によって獲得された証拠に基づいた質問に答えることを証人に強制する大陪審の権限を制約しうると判示した。排除法則は、不合理な捜索・押収を受けないすべての市民の第四修正の権利を実効あるものとするために採用された。排除法則の目的は、捜索を受けた被害者のプライバシーに対する損害を回復することではない。排除法則の主たる目的は将来の違法な警察官の行為を抑止することであり、そのことによって不合理な捜索・押収を禁止する第四修正の保障を実効あるものとすることにある。要するに、排除法則は、被害者が受けた当事者の一身的な憲法上の権利というよりは、その抑止的効果により一般的に第四修正の権利を保障することを意図した裁判所により創り出された救済策である。(In sum, the rule is a judicially created remedy designed to safeguard Fourth Amendment rights generally through its deterrent effect, rather than a personal constitutional right of the party aggrieved.) (*Id.* at 348.)

その広範な抑止目的にもかかわらず排除法則は、あらゆる手続においてまたはあらゆる個人に対し、違法に押収された証拠の使用を禁止するものと解釈されたことは一度もない。いかなる救済的工夫についてもそうであるように、排除法則の適用は、その救済の目的に最も効果的に役立つと考えられる領域に限定されてきたのである。このようなアプローチに黙示されている比較衡量的手法 (balancing process) は、申立適格の要件の輪郭 (in the contours of the standing requirement) において明示されている。それ故、排除法則を援用する申立適格は、政府側が違法な捜索の犠牲者を罪に陥れる (incriminate) ような証拠の使用を求める状況に限定されている。このような申立適格のルールは、抑止の必要性、それ故、証拠排除の理論的根拠は政府の違法行為の結果が捜索の被害者に刑事制裁が科せられることになる場合に最も強いという認識を前提としている。(*Id.* at 347-348.)

(3)　排除法則を大陪審手続に拡大するかどうかを判断する際に、大陪審の歴史的役割および機能への考えられうる害悪（potential injury）とその文脈下において適用される排除法則の考えられうる利益とを比較衡量（weigh）しなければならない。大陪審は最終的に有罪・無罪を決定しないことを理由に、刑事裁判に適用される証拠法上および手続法上の制約に妨げられずにその捜査および弾劾主義的（its investigative and accusatorial）機能を追及することが伝統的に認められてきた。大陪審面前で排除法則を援用することを証人に認めれば、従前本案（merits）に関して公判に留保されてきた論点の判断を早める（precipitate adjudication）ことになり、大陪審手続を遅延させ混乱させることになろう。「要するに、大陪審証人に排除法則を援用することを認めることは大陪審の義務の効果的かつ迅速な遂行に不当に介入することになるとわれわれは考える。」

排除法則を大陪審手続に拡大することによって増大が見込まれる抑止効（any incremental deterrent effect）は精々不確かである。「違法に押収された証拠を刑事裁判から排除することで得られる警察の違法行為の抑止効がどのようなものであれ、排除法則の大陪審手続への適用はかかる目的を大きく促進するであろうというのは非現実的である。そのような拡大は、専ら大陪審捜査で使用するための証拠発見に意識的に向けられた警察の捜査だけを抑止するにすぎない。」専ら大陪審による正式起訴を獲得するために第四修正の要件を無視する誘因（inducement）は、捜索の犠牲者のその後の刑事訴追において違法に押収された証拠は許容されないことによって事実上否定される（substantially negated）。有罪判決が獲得できない場合に検察官が（陪審に）正式起訴を要請するというようなことはほとんど考えられないからである。われわれは、それ故、大陪審の役割を大きく阻害する犠牲を払って警察の違法行為の抑止に推測的かつ疑いもなく僅かの進歩を遂げる見解を受入れることには応じられない。（*Id.* at 349-352.）

(4)　被上告人（X）はまた、違法な捜索・押収から獲得された証拠に基づいた各質問はいずれも証人の憲法上の権利の独立した新たな侵害に相当すると主張する。通常、大陪審面前での証人にはプライバシーの権利はない。彼は第五修正の自己負罪拒否特権を援用できるが、その答弁によって不愉快な個人的事情が開示され困惑することになるとの理由で答弁を拒絶できない。それ故、Xの主張は、大陪審の質問は彼のプライバシーを侵害するものであるということだけでなく、これらの質問は違法収集証拠に基づいたものであるので別個の第四修正違反を構成するということであるに違いない。同意できない。

第四修正の目的は、人の住居、書類、ないし所持品のプライバシーへの不合理な政府の侵入を防止することである。非難される不法行為（wrong condemned）は、正当化できない政府のかかる個人の生活の領域への侵入である。本件で犯された不法行為は、相当な理由なしになされた当初の捜索によって十分に完了している。それによって獲得された証拠に基づいた大陪審の質問は「過去の違法な捜索・押収の産物の単なる派生的使用である、これらは新しい第四修正の新たな不法行為ではない。そのように違法に獲得された証拠の大陪審での派生的使用は禁止されるべきであるかどうかは、権利の問題ではなく救済の問題を提起するにすぎない。」（*Id.* at 353-354.）

刑事裁判の通常の文脈において、被告人は、違法な捜索・押収を介して獲得された証拠だけでなく、そのような証拠の派生的使用の排除を申請する権利を有する。排除法則の証拠禁止は、警察の違法行為を抑止する機能を十分に果たすことにあるというのであれば、そのような派生的使用にも及ばさなければならない。大陪審手続の文脈においては、被告人によって主張されている排除法則の先例のない拡大によってかかる制度に与える損害（damage to that institution）は、高められるかもしれない抑止効（any possible incremental deterrent effect）の利益に優る（outweighs）とわれわれは考える。われわれの結論は当然、違法な捜索・押収の過程で押収された証拠およびそれから派生した質問ないし証拠（違法な捜索の果実）の両者を支配する。これと同一の論理およびポリシーの考慮は、違法な捜索・押収の果実およびかかる証拠の派生的使用の両者に適用される。われわれはそれらを区別しない。（*Id.* at 353-355.）

〈ブレナン裁判官の反対意見〉（ダグラス、マーシャル両裁判官同調）　当裁判所は、第四修正の不合理な捜索・逮捕押収の事案における排除法則は大陪審手続に適用されないと判示する。同排除法則の主たる目的は〝将来の違法な警察の行為を抑止すること〟であり、同法則の大陪審手続への適用でかかる目的を大きく促進すると考えるのは非現実的であることを理由とする。このような排除法則の格下げ（downgrading）は同法則の歴史的目的および意図を故意に否定するのでなければ驚くべき誤解を示している。（*Id.* at 355-356.）

【39】　ストーン第四修正違反人身保護令状救済否定殺人事件判決（一九七六年）

本判決（Stone v. Powell, 428 U.S. 465）は、浮浪罪条例（Vagrancy Ordinance）違反で逮捕時の身体捜索で発見されたピストルに関する証言に一部依拠した州裁判所での殺人の有罪判決確定後に被告人が浮浪条例は違憲であり被告人の逮捕は無効であるとして連邦の人身保護令状による救済を申請した事案（A）および他の争点類似事件（B）につき一括して検討し、第四修正の排除法則は州裁判所で公正かつ十分な機会を与えられ有罪が確定した被告人の人身保護令状による救済には適用されないとしたものである。【40】レオン、シェパード判決につながるバーガ長官の同調意見およびホワイト裁判官の反対意見もあわせて紹介しておく。

【事　実】　A　被上告人パウエル（X）は一九六八年六月、カリフォルニア州裁判所での公判後に殺人事件で有罪とされた。一九六八年二月一七日深夜、Xと他の三人の仲間はカリフォルニア州甲郡所在の酒店に入った。そこでXは同店マネージャー（A）とワインの窃取をめぐり口論となり、それに続いた乱闘の際にXはAの妻を射殺した。一〇時間後に隣州のネバダ州ヘンダーソン市の警察官は市の浮浪罪条例違反でXを逮捕し、逮捕に伴う捜索で空薬莢六発を残した三八口径ピストルを発見した。

Xはカリフォルニアに移送され甲郡上級裁判所で第二級謀殺罪で有罪とされた。Pと酒店での共犯者（複数）が

Xに不利な証言をした。犯罪学者（criminologist）がXから発見されたピストルはAの妻を殺害した銃と同一であると証言した。公判裁判所は、浮浪罪条例は違憲であることを理由に捜索およびピストルの発見に関する警察官証言の排除を求めるXの主張を退けた。有罪判決は一九六九年一〇月、カリフォルニア州控訴裁判所によって維持された。警察官証言を許容したことが仮に誤っていたとしても、【21】チャップマン判決の下で合理的疑いを越えて無害であったので捜索・押収の合法性に関して判断する必要はないというのである。

Xは一九七一年八月、人身保護令状発付の申請書をカリフォルニア州北部地区合衆国地方裁判所に提出し、三八口径のピストルに関する証言は「違法な捜索の果実として排除されるべきである」と主張した。ヘンダーソン市浮浪罪条例は曖昧で違憲であり、Xを逮捕した警察官にはXがそれを犯したと信じる相当な理由がなかったと主張したのである。連邦地裁は、たとえ浮浪罪条例が違憲であるとしても、有効な逮捕に伴う捜索の果実の許容性を禁止するために排除法則を適用する必要はないとした上で、Xの逮捕に関する警察官証拠を許容したのは、たとえ誤っていたとしても、合理的な疑いを越えて無害であったとのカリフォルニア州控訴裁判所の見解に同意するとした。第九巡回区控訴裁判所は一九七四年一二月、これを破棄した。浮浪罪条例は曖昧で違憲であり、それ故、Xの逮捕は違法である、そして「当の証拠を排除しても、善意で法を執行した警察官に関しては抑止目的に役立たないけれども、排除すれば憲法に反する立法の制定を立法者が差し控えることになり（deterring）、公の利益に役立つ」と結論し、当該証拠はAおよびXの共犯者の証言を裏付けていたことを理由に、その証拠を許容したのは無害ではなかったと結論した。（*Id.* at 469-471.）

B　被上告人ライス（Z）は一九七一年四月、ネバダ州裁判所での公判後に殺人で有罪とされた。一九七〇年八月一七日午前二時五分、女性がオハイオ通り二八六七番で悲鳴を上げている旨の電話通報をオマハ警察が受けた。前記住所に派遣された警察官の一人が入口にあったスーツケースを調べたところ、それは爆発し、彼は即死した。

殺人事件の捜査は八月二二日ころ、ファシズム撲滅全国委員会（National Committee to Combat Fascism）のメンバーで一五歳のピーク（P）に的を絞り、同日午後Pの逮捕令状が発付された。捜査はライス（Z）を含む同委員会の周知の他のメンバーにも的をしぼった。Pを捜索中の警察は同夜一〇時三〇分、Zの家に出かけたところ、テレビと電気がつけられていたが何度ノックしても応答がなかった。警察官が入口を見張り続けている間に、ライス（Z）の所持すると考えられる爆発物および違法な武器を捜索するための令状が獲得された。Pは家にいなかったが、家に入った警察はすぐに、ダイナマイト、雷管、その他爆発物の製造に用いられる物質を一見して発見（in plain view）した。Pはその後逮捕され、八月二七日、ライス（Z）は任意出頭した。Zの着ていた衣服の化学的分析の結果、付着していたダイナマイト粒子が発見された。

Zはダグラス郡地裁において第一級謀殺罪で審理された。Pは公判でスーツケース爆弾を計画し、警察に電話をかけたことを認め、そして爆弾計画にZを巻き込んだ。補強証拠として州側は、Zの衣服の化学的分析結果のほか、Zの住居の捜索中に押収された物品を提出した。同裁判所はこれら証拠の排除を求めるZの申立てを却下し、ネブラスカ州最高裁判所は、ライス（Z）の家の捜索は有効な捜索令状に従ったものであると判示し、有罪判決を維持した。Zは一九七二年九月、有罪の根拠となった証拠は彼の家の違法な捜索の結果発見されたものであることを理由にネブラスカ地区合衆国地方裁判所に人身保護令状の申請をした。同連邦地裁は、捜索令状を裏付ける宣誓供述書には欠陥があり捜索令状は無効であると結論した。警察にはPが家にいると考える相当な理由がなかったのであるから逮捕令状による家への立入りは正当化できないとし、さらに本件状況は直ちに無令状捜索を正当化するのに十分な緊急性はなかったと結論したのである。第八巡回区は事実上これを維持した。（*Id.* at 471-474.）

これらの二判決（A、B）に対し、パウエル（X）とライス（Z）が投獄されている州刑務所長のストーンとウルフがそれぞれ、連邦人身保護令状の範囲および第四修正の副次的吟味への排除法則の役割に関する問題を提起し、両判決の再検討を求めた。(*Id.* at 474.)

【判　示】　原判決破棄。　(1)　「本件で提示された問題は、連邦裁判所は州の囚人により申請された人身保護令状の救済に関する判断を下すに当たり、それ以前に州の裁判所において彼の主張につき十分かつ公正に争う機会(an opportunity for full and fair litigation of his claim)が与えられているとき、憲法に反した捜索ないし押収によって獲得された証拠が彼の公判で提出されたという主張を連邦裁判所は救済すべきであるかである。」この問題は、刑事司法の運営にとって極めて重要である。(*Id.* at 468-469.)

(2)　人身保護令状は一八六七年に州の囚人に拡大された。一八七六年法の下で〝何人であれ、憲法、または合衆国の条約ないし法に違反して自由を制約されうるすべての事案〟において連邦裁判所には救済を与える権限が認められていた。〝管轄権(jurisdiction)〟の概念は人身保護令状の実体的範囲が拡大されるにつれてかなりの負担(strain)となったけれども、画期的な一九五三年のブラウン判決(Brown v. Allen, 344 U.S. 443, 482-487)で令状の範囲はさらに拡大された。しかし、一九六九年のカウフマン判決(Kaufman v. United States, 394 U.S. 217)以前には連邦控訴裁判所の大多数(substantial majority)は、捜索・押収に関する副次的再吟味の主張は連邦囚人による申立てに関しては不相当であると結論していた。連邦囚人には人身保護の代わりに現代的な有罪判決後の手続が利用できたからである。これらの判決を支持して主張された主要な理論的根拠は、「第四修正違反は第五修正または第六修正の権利の否定とは種類が異なる(different in kind)」ということだった。

カウフマン判決はこれらの理由付けを退け、〝連邦の人身保護の救済は憲法に違反して獲得された証拠が公判で彼らに不利に許容されないと主張する州の囚人に拡大される〟と指摘し、〝違法な捜索・押収を主張する連邦の囚人によるアクセスを州の囚人によるアクセスに類似の制限を設けずに連邦の副次的救済に限定する根拠はない〟と結論した。最近になり、最高裁は連邦の人身保護の管轄権の実体的範囲を再検討し、捜索・差押えの副次的吟味を

〝申立人が州裁判所で問題を提供する公正な機会が与えられ、かつその問題が決定されたかの問題に〞限定すべきであるとの見解が表明されたけれども、Schneckloth v. Bustamonte, 412 U.S. 218, 250 (1973)（パウエル同調意見）、当裁判所は、この問題を検討することなしに、そのような主張をする事案で管轄権を受け入れ続けてきたのである。(*Id.* at 478-480.)

カウフマン判決での連邦人身保護の範囲に関する議論は、第一四修正を介して州に適用される第四修正の実効性は囚人が違法な捜索・押収で獲得された証拠を根拠として州裁判所で有罪とされたとき人身保護の救済を必要とするという見解に立脚している。かかる見解の有効性について検討する機会が今までわれわれになかった。「検討した結果、第四修正の排除法則の性質と目的に照らし、このような見解は正当化されないと結論する。それ故、われわれは、州側が第四修正の主張につき十分かつ公正な審理（litigation）の機会を提供していた場合、憲法に違反した捜索・押収で獲得された証拠が彼の公判で提出されたことを理由に州の囚人に人身保護令状の救済を認めることを憲法は要求していないと判示する。」(*Id.* at 480-482.)

われわれの判決はしばしば〝司法の廉潔性の要請〞に言及（alluded）しているものの、それらは特定の文脈下に排除法則を適用すべきかの判断での限定的役割を示している。この正当化理由を論理的に拡張すれば、被告人による異議申立てが欠けているにもかかわらず、あるいは彼の同意にもかかわらず、違憲に押収された証拠を裁判所は排除することが必要となろう。それはまた違憲に押収された証拠の提出に異議を申し立てうる適格者の制限の要件の放棄が必要となろう。同様に、司法の廉潔性を促進する利益は、大陪審手続において違法に押収された証拠の使用を阻止しない。【38】カランドーラ判決。「裁判所は、もちろん、司法過程の廉潔性を保持することに関心がなければならないが、かかる関心は極めて証明力のある証拠を排除する正当化理由としては限定的な説得力（limited force）しかない。以前に彼の捜索・押収の主張に関して公判でかつ直接の吟味で十分かつ公正に検討する機会が与えられていた囚人によって連邦の人身保護の救済が求められる場合、このような正当化理由の説得力は最小となる。」(The force of this justification becomes minimal where federal habeas corpus relief is sought by a prisoner who previously has been afforded the opportunity for full and fair consideration of his search-and-seizure claim at trial and on direct review.) (*Id.* at 485-486.)

排除法則の主たる正当化理由は第四修正の権利を侵害する警察の行動の抑止である。それは捜索または押収の犠牲者のプライバシーに対する損害を救済することを目的としていない、いかなる賠償 (reparation) も遅すぎるからである。そうではなく〝(排除)法則は一般にその抑止の効果を通じて第四修正の諸権利を保護することを意図した裁判所により創り上げられた救済手段である。〟

カウフマン判決での判断は、上述のように、第四修正を実施する (implementation) には州の有罪判決の副次的再吟味に対する捜索・押収の検討を必要とするという見解を前提としている。しかし、排除法則の広範な抑止目的にもかかわらず、それは違法に押収された証拠の提出をあらゆる手続においてあらゆる人に対し禁止するものと解釈されたことは一切なかった。他のどのような救済的方法の事案におけるように、排除法則の適用はこの救済的目的に最も効果的に役立つと考えられるこのような領域に限られていたのである。それ故、大陪審手続への排除法則を拡大することをわれわれが拒否するのは、そのような拡大による大陪審の歴史的役割および機能への予想される損害と警察の違法行為を抑止する第四修正の実効性 (effectuation) への予想されうる貢献との比較衡量 (balancing) に基づいていたのである。【38】カランドーラ判決三四八頁、三五一～三五二頁。(*Id.* at 486-487.)

排除法則の特定の文脈における有用性に関する同一の実用主義的分析 (progmatic analysis) は、裁判所が自己を防御するために広範に証言した被告人の信用性を弾劾するために違法に押収された証拠の使用を政府側に認めた一九五四年の【24】ウォルダー判決で明白であった。当裁判所は、実際、排除法則によって保護される利益よりも偽証を阻止して裁判過程の廉潔性を確保する必要性の方が優っていると判示した。ウォルダー判決での判断は、排除法則の背後にあるポリシーは絶対的でないことを最も明白に暴露している。それらは競合するポリシーに照らして評価されなければならない。同判決で、公判での真実を判断する際の公の利益は排除法則の適用によって第四修正の保護になされうる貢献の増加（incremental contribution）に優ると考えられたのであった。これらの判決で働いている比較衡量（balancing process at work）は適格性の要件でも明示されている。排除法則を援用する申立適格（standing）は違法捜索の犠牲者を政府側が罪に陥れるために違法に押収された証拠を用いようとするときにのみ存在すると認められてきた。申立適格の要件は、捜索差押えの犠牲者以外の被告人に〝排除法則を拡大するさらなる利益〟よりもそれらの犯罪の被疑者を訴追し真実を示しているすべての証拠を根拠にして彼らを無罪または有罪とする公の利益へのさらなる侵害の方が優っているという見解に基づいている。（*Id.* at 488-489.）

(3)　次に本件で提示された特定の問題に移る。被上告人（X、Z）は、第一四修正を介して彼らに保障されている第四修正の権利の侵害を主張する。この問題は、州裁判所によって十分かつ公正な機会を提供されていた州の囚人は人身保護令状の吟味に対し再び彼らの申立てを主張できるかどうかである。その回答は、排除法則の有用性とそれを第四修正の権利主張の副次的吟味に拡大することとの比較衡量によって見い出されるべきである。（*Id.* at 489.）

公判での直接の吟味に対してであっても、排除法則を適用することのコストはよく知られている。公判での参加者の注目は、刑事手続での中心的関心事であるべき有罪・無罪の最終的問題から逸脱している（deviated）。さらに排除されるよう求められている物的証拠は典型的に信頼できるし、被告人の有罪・無罪に関する最も証明力ある情報である。それ故、排除法則の適用は真相解明の過程からそらされ（deflects）、しばしば真犯人を自由にする。排除法則の適用によって特定の事案における警察官によって犯された誤りを有罪である被告人に与えられた棚ぼた

(windfall) とするのは、司法の観念に本質的である均衡性 (proportionality) の考えと矛盾する。それ故、排除法則は第四修正の価値への尊敬を教育 (nurturing) することを介して違法な警察活動を一部抑止すると考えられているけれども、やみくもに (indiscriminately) 適用されるのであれば、法および司法の執行に対する尊敬の欠如を招くという逆の効果をもたらすことにもなりかねない (may well have the opposite effect of generating disrespect)。このような古くから認められてきた排除法則のコストは、犯罪の有罪判決が捜索・押収の主張が二つまたはそれ以上 (two or more tiers) の州裁判所によって誤って退けられたとの理由での破棄 (overturned) が副次的再吟味で求められているときに存在する。(*Id.* at 489-491.)

警察官によって第四修正に違反して獲得された証拠が公判で排除されるのは、将来の違反の割合が減少するであろうと考えられるからである。これを裏付ける経験的証拠がないにもかかわらず、排除の直接の効果はそれを無視する誘因を除去することによって第四修正に違反することを警察官は思いとどまるであろうと考えられてきた。(*Id.* at 492.)

しかし、副次的な再吟味で州の囚人の捜索・差押えの主張を検討することのさらなる貢献は、そのコストに比較して小さい。確かに、ごく僅かであるにせよ、第四修正によって保護される価値に気付かせることに役立つ (add marginally to awareness) かもしれない。しかし、たとえ捜索・押収の異議申立てが州の有罪に関する連邦の人身保護審査で提起することができないとしても、排除法則の全体としての教育的効果 (overall educative effect) が減少するであろうと考える理由はない。また、州裁判所で獲得され直接の (上訴) 審査で維持された有罪判決が被告人の投獄後しばしば長年月を経て生じる副次的手続において破棄されうるというさらなる危険があれば、公判での証拠排除の危険ないし直接審査での有罪判決の破棄によってすでに生じた一定の誘因の除去 (disincentive) が高まるであろうと考える理由もない。さらに高められた抑止の効果が孤立した事案 (isolated cases) で存在するであろうことは純理的に（rationally）考えうるとしても、第四修正の権利の促進という正当な目的の推進よりも、合理的な刑事司法制度にとっての他の重要な価値への承認されているコスト（acknowledged cost）の方が優っているのである。（*Id.* at 493-494.）

要するに、われわれは、州側が第四修正の主張につき全面的かつ公正な訴訟に対する機会を提供していた場合、違憲の捜索・押収で獲得された証拠が彼の公判で提出されたことを理由に、連邦の人身保護救済を州の囚人に認められないと結論する。この文脈において、排除法則の第四修正の実効性への貢献は、たとえあるとして、ごく僅かであり、かつ排除法則の適用の相当な社会的コストは一層強く存在するのである。（In sum, we conclude that where the State has provided an opportunity for full and fair litigation of a Fourth Amendment claim, a state prisoner may not be granted federal habeas corpus relief on the ground that evidenve obtained in an unconstitutional search or seizure was introduced at his trial. In this context the contribution of the exclusionary rule, if any, to the effectuation of the Fourth Amentment is minimal and the substantial societal costs of application of the rule persist with special force.）（*Id.* at 493-495.）

排除法則は一般的な憲法上の権利というより裁判所によって創り出された救済策であることをはっきりと再確認しておく、そしてわれわれは、人身保護手続において第四修正の異議申立てに適用されるべきであると求められたとき、排除法則の有用性はほとんどない（minimal utility）ことを強調しておく。要するに、われわれは、州の囚人が公判および直接再審査（上訴審）でその主張に関して十分かつ公正な審理の機会が否定されたとの立証がなければ、連邦裁判所は、第四修正の異議申立てに関する人身保護での審査に排除法則を適用する必要はないと判示するにすぎない。われわれの判決は、連邦裁判所にはそのような主張への管轄権を欠いているということを意味しない。排除法則の適用は、そのような立証と第四修正の両者があった事案に限定されることを判示するにすぎないのである。（*Id.* at 494 n.37.）

〈バーガ首席裁判官の同調意見〉　排除法則は古くから機能してきたので今ではその欠陥も明らかとなったように思われる。たとえ排除法則は限定的になお保持されるとしても、その適用範囲を修正する時期がやってきたと思われるのである。長年にわたり、社会へのコストおよび〝お巡りがヘマをした〟ときに信用性ある証拠が排除されるという奇妙な誤審（bizarre miscarriages of justice）によってもたらされたひずみ（strains）のため、当裁判所はそれと知りながら事実認定過程から真実を排除するその理論的根拠をめぐり揺れ動いてきたのである（to vacillate as to rationale for deliberate exclusion）。

排除法則を評価する際に、この法則は何を達成するのかを正確に心に留めておくことが重要である。その機能は単純で、事実認定過程からの真実の排除である。それ故、排除法則の効果（operation）と第五修正の強制的な自己負罪に対する保護とは異なる。脅迫的ないし強制的な取調べ後に得られた自白は内在的に疑わしい。被疑者の意思が打ち負かされ（overborne）てしまったのであれば、彼の身柄拘束中の不利益な事実の承認（admissions）の上には雲がかかっている、すなわち、そのような供述は本質的に信用性が欠如しているから排除されるのである。このことは信用できる（reliable）証拠――ピストル、ヘロイン入りの包み、偽造通貨、殺人の被害者の死体――には当てはまらない。このような証拠の信用性には疑問がない。その証拠価値には疑問の余地がないからである。コモン・ローの伝統では知られていなかったこのような驚くべき状況（remarkable situation）は、私文書への政府による侵害に対する保護を要求した事案にその起源を有する。【1】ボイド判決において当裁判所は、政府側による第四修正および第五修正違反を理由に私文書は許容できないと判示した。【2】ウィークス判決において当裁判所は、令状なしに行動した連邦公務員によって被告人の住居から押収された私的な書簡を排除した。両判決において当裁判所は、何を保護しようとしているのかにつき明確な見解を有していた。すなわち〝盗品ないし没収された物品または支払い義務を免れるために隠された物品の捜索・押収と、その中に隠された情報を得る目的ないし彼に不利な証拠として用いるために人の私的な書簡や書類の捜索・押収とは全く異なる事柄であると述べているのである。このような起源から、排除法則はその焦点が完全にずれてしまった（changed in focus entirely）、それは今ではほとんど専ら、所持が違法とされる物品や犯罪に用いられる用具（tools and instruments）を証拠から排除するために用いられている。われわれの憲法上のコースは非常に奇妙な針路（a most bizarre tack）をとってきたことは明らかである。（*Id.* at 496–498.）

排除法則は今日、警察官の違法行為を抑止するのに役立ちうることを根拠とする。ところが、このルールは古くから善意の誤りである純然たる技術的欠陥にも適用されてきた。司法の廉潔性の要請を含む、その他の理論的根拠による排除は、排除法則への批判的評価が高まるにつれ、ますます分析に耐えない。実際、司法の廉潔性の理由付けは完全に欠陥のあることが示されている。第一、中立人に適格性（standing）がなければ第四修正に違反して獲得されたにもかかわらず当該証拠は許容される。第二、このような法則はイギリスやカナダのような司法（judicial decorum）および公正さのモデルと考えられているコモン・ローの管轄権で順守されていない、それ故、不当に獲得された証拠の排除は〝司法の廉潔性〟のために必要であるという主張は受け入れ難い。排除法則は抑止の目的に役立つという立証もない。事実そのような抑止効があることを示す経験的研究はない。

私はかつて「警察の違法行為によって被害を受けた無実の人を保護するための何か有意味な代替方法（some meaningful alternative）が開発されうるまで、排除法則はその重大な欠陥にもかかわらず全面的に放棄される必要はないことを示唆した。」時の経過とともに今では、排除法則の継続的存在が合理的な代替物の展開を妨げていることは明らかである。その理由は実に単純である。排除法則が現在のような形で保持されている限り、新しい手続ないし救済策を発展させる誘因はほとんどないからである。（*Id.* at 498–500.）

ホワイト裁判官が反対意見で正しく述べているように〝排除法則は多くの刑事公判において真実への到着に対す

る無意味な障害物〃となっている。私文書を保護したことの当初の発端（its genesis）から排除法則は今では殺人または誘拐事件における伝統的な罪体（(corpus delict）を証拠から排除する地点にまで及んでいる。排除法則の適用範囲の拡大は、【3】デフォー判決でのカードウゾ裁判官の次のような不吉な予言（grim prophesy）、すなわち〝部屋が法に反して捜索され、殺された男の死体が発見された。発見の場所が立証されず、被告人と犯罪との結びつきが不十分であったとせよ。プライバシーは侵害されたとして殺人者は釈放されることになる〃をさらに一歩現実のものと（nearer fulfilment）しているのである。（*Id.* at 501-502.）

〈ホワイト裁判官の反対意見〉　州裁判の終局性を否定する議会の意図を示している現在の人身保護法の下では、ライス（Z）もパウエル（X）も人身保護令状の申請を退けられるべきではない。私は控訴審の判決を維持したい。しかし、排除法則の範囲を実質的に限定することにおいて四人またはそれ以上の裁判官の見解に加わらざるを得ない。（*Id.* at 536-537.）

「排除法則は大いに批判され完全に廃止すべきであるとの提案までなされてきたが、私は【2】ウィークス判決や【7】マップ判決を変更しようとは思わない。それにもかかわらず私は、自己の行為は現存の法に合致しているとの善意の考えで行動し、かつかかる考えに合理的根拠のある警察官によって問題の証拠が押収された多くの事案でその適用を妨げる程度にまでこの排除法則は実質的に（substantially）変更されるべきであると考える。」（*Id.* at 538.）

法を保持しそれを破る者を逮捕すると宣誓した警察官は、逮捕する相当な理由を判断しなければならない、すなわち、ある犯罪が犯された、そして特定の被疑者がそれを犯したと考える相当な理由があるかを判断しなければならないのである。時には歴史的事実に争いがあり、争いがなくても疑わしい場合がある。彼らが知る限り事実は明白であるが相当な理由（の有無）の判断が残されている状況もある。情報提供者に由来する受け売り情報（secondhand information）の信用性に関して特別な不安がある場合もある。繰り返し生じているこれらの状況下において、逮捕する相当な理由があると確信するとき警察官はおそらく逮捕するであろう。緊急の場合を除いて、彼の同僚または上司が多分その決定に関与するであろうし、相当な理由による無令状捜索は憲法または州法によって禁止されていないけれども、その警察官は令状を確保するだろう。そのような状況下で逮捕するのは、まさに共同社会がそのようにすることを警察官に期待しているからである。警察官も逮捕状を発付する裁判官も、被疑者に不利な明白な証拠が集められるまで被疑者の逮捕を遅らせる必要はない。そのようなことをすれば、その警察官は義務を怠っている（shirking）ことにもなりかねない。

　このような状況下における警察官の判断はその多くが正しいと考えられる。しかし、経験の教えるところによれば、公判裁判所または上級裁判所が、逮捕の理由が当の警察官にとってどれほど合理的であったとしても、相当の理由の問題に関して見解が分かれるような状況がある。問題の出来事が発生した後で、法が劇的にまたはほんの少し変わるという状況も生じうる。パウエル判決（A事件）の事案におけるように、一定の刑事法の下で逮捕する相当な理由があるにもかかわらず、その逮捕に伴い押収された証拠が他の犯罪の告発の裏付けとして提出されたとき、逮捕・押収の根拠とされたその法自体が違憲とされ、そして当の証拠が現行の排除法則の下で不許容と決定されるということもありうるのである。

　このような状況下において、当該証拠を排除したとしても、多少なりとも（in any appreciable way）排除法則の目的が促進されることはないであろう。そのようないずれの状況下においても警察官は、類似の状況下において行動するであろうし行動すべきであった合理的な警察官として行動するであろうことは痛いほど明らか（painfully apparent）であるからである。当該証拠を排除しても彼の将来の行動に全く影響しない。そのような事案においても警察官は誤っていたと裁判所が最終的に判断することになるというのは真実である。しかし、第四修正を含めた憲法の中で用いられている一般的な文言の下での憲法判断をする際に、彼自身もその同僚も合理的人間であると確信している裁判官の間で見解が分かれる余地が大いにある（much room for disagreement）ということもまた真実である。当裁判所が相当な理由の問題に関して四対五に分かれているときにはとりわけ、逮捕時に警察官は誤っていたあるいは不合理に行動したと結論することはできない（not tenable）。法執行官は判断を誤ったとはいえ、善意かつ合理的理由に基づいて行動したにもかかわらず彼らが押収した証拠が後に排除されるとき、証拠排除には抑止効がない。警察官は、彼らの義務を果たすのであれば、将来においても類似の状況下で類似の方法で行動するであろうし、現に実施されている排除法則の唯一の結果は、疑う余地なく証明力ある証拠を事実審判者から遠ざけることであり、訴訟の真実認定機能は大きく損なわれるか、あるいは裁判は完全に流産することになるからである。

このような状況下で当該証拠を許容したとしても裁判官は第四修正違反の加担者（participants）とはならない。第四修正違反があったとしても、その違反はすでに発生してしまったのであり、そして証拠は手元にある。さらに警察官によって行われた故意ではなく責任のない（faultless）誤りがあったにすぎない。当該証拠を排除しても被告人のすでに蒙った権利の侵害は治癒されない。逮捕は相当な理由に基づいて行われたにもかかわらず被告人が釈放された場合、無実が立証されたという理由だけで賠償を求める権利は連邦法の下では被告人にはない。民事責任に関する限り、誤ったが逮捕する相当な理由があると警察官が合理的に考えていた場合のルールは連邦法におけると同一であることに疑問の余地はない。（*Id.* at 536-541.）

刑事事件での被告人には、間違ったが善意のプライバシー侵害に対し損害賠償を求める権利がないのであれば、専ら被告人の利益のために当該証拠を排除することにはさらに意味がない。いずれにせよ、それはしばしば彼に取り返しを求める権利のない禁制品であり盗品である。彼は犯罪で訴追されたのであり、そしてそれはしばしば犯罪の道具であるにもかかわらず、彼に不利な証明力ある証拠の排除が求められているのである。このような状況下での被告人にはほとんど正当な権利（equity）はない。司法の構成物である排除法則は、本件のような事案に適用されると公の利益は大きく歪められる（shortchanges）ことになる。したがって、私はそれを修正したいのである。（*Id.* at 541-542.）

【40】レオン、シェパード第四修正違反善意例外肯定コカイン所持等事件判決（一九八四年七月五日）

本判決（Unite States v. Leon, 468 U.S. 897, United States v. Sheppard, 468 U.S. 981）は、有効な令状に基づき薬物等を押収したところ令状発付の根拠となった宣誓供述書が相当な理由を欠き無効であり令状も無効とされたため薬物等が違法収集証拠として排除されるかが争われた事案につき、正面からいわゆる善意の例外を肯定しその許容性を肯定したものである。

【事　実】　A（レオン関係）　一九八一年八月、秘密情報提供者がカリフォルニア州バーバンク市の警察に〝アーマンド（Armando）〟と〝パッチー（Patsy）〟という名の二人の男が同市甲地六二〇番の住宅で多量のコカインおよび睡眠剤（methaqualone）を売っているとの情報をもたらした。彼はまた、およそ五か月前に同所で〝パッチー〟が睡眠剤を売っているのを目撃し、大量の現金の入っている〝パッチー〟の靴箱を見たと告げた上、〝アーマンド〟とパッチーは彼らの住居に少量の薬物を、残りの薬物を同市の他の住居に保管していると述べた。

そこでバーバンク市警察はまず甲地住宅に、次いで他の住宅に焦点を合わせた大規模な捜査を開始した。甲地住宅で駐車していた車（複数）は、マリファナ所持で逮捕歴のある本件被上告人アーマンド・サンチェス（Y）および犯罪歴のないパッチー・スチュアート（Z）の所有するものであることが判明した。捜査中に警察官はマリファナ五〇ポンド所持で逮捕歴のある本件被上告人リカルド・デル・カスティヨ（W）の所有する自動車が甲地住宅に入るのを目撃した。その車の運転手は家の中に入り、間もなく小さな紙袋を抱えて走り去った。Wの保護観察（probation）記録から警察は雇い主としてその電話番号が記載されていた本件被上告人アルベルト・レオン（X）を突き止めた。Xは一九八〇年に薬物事犯で逮捕されたことがあり、その時の仲間の一人はこの国への薬物の輸入にXが大きく関与している旨警察に話していた。本件捜査が始まる前にバーバンク市の警察官は、Xがグレンデイル市の住宅に大量の睡眠剤を保管している旨情報提供者が同市の警察官に話していたことを知っていた。この捜査の過程でバーバンク市の警察官はバーバンクの乙地七一六番にXが住んでいることを知った。

警察官はその後、何人かの人物が甲地住宅に到着し、小さな包みを抱えて立ち去るのを観察し、丙地七九〇二番のコンドミニアムにおけると同様に二つの住宅（甲、乙）でもその他種々の重要な行動をしているのを観察した、そして被上告人（X）らの自動車による種々の関連行動を目撃した。警察官はまた、YとZが別々のフライトでマイアミ行きの飛行機に乗ったのを観察した。この二人は後に一緒にロサンゼルスに戻った際に、手荷物の捜索に同意し、その中からごく少量のマリファナが発見されたが、そのまま空港を立ち去った。これらの情報（宣誓供述書に要約されている）に基づいて、経験に富み十分訓練を受けたバーバンク市の警察官Pは、Xらの薬物の密輸入活動に関連すると思われる物品の広範囲にわたるリストを作り上げ、甲、乙、丙の各住宅、およびXらの自動車の捜索令状の申請を準備した。この申請書は地区検事局の何人かの検事補（several deputy District Attorneys）によって吟味された。

表面上（facially）有効な捜索令状が州上級裁判所裁判官（Superior Court Judge）によって一九八一年九月発付された。それに続く捜索の結果、乙、丙の各住宅で大量の薬物が、そして甲地の住宅で少量の薬物が発見された。その他の証拠も各住宅とZおよびWの各車の中で発見された。（*Id.* at 901-902.）

以上の事実をまとめると、次のようになる。警察官は情報提供者からY、Zが甲住宅で多量のコカイン等を売っている旨の情報を得て捜索中、甲住宅で駐車中の車がY、Zのものであることが判明した。その後、W所有の車が甲住宅を出入りするのを現認し、Wの保護観察記録から彼の雇い主がレオン（X）であり、Xが以前薬物事犯で逮捕された際に仲間が合衆国への薬物の密輸にXが関与している旨供述しており、Xが乙地住宅に住んでいることなども判明した。警察はその後複数の人物が甲住宅に出入りし、Z所有の丙地コンドミニアム内であるいはXらの自動車が関与する種々の不審な関連行動を観察した。Y、Zの二人は別々のフライトでマイアミに出かけ、その後一緒にロスに戻った際の手荷物検査（同意あり）でごく少量のマリファナが発見されるなどした。警察官Pは以上の事実を記載した詳細な宣誓供述書を作成し複数の地区検事補の吟味を得た上で、甲、乙、丙の各住宅およびXらの自動車の捜索令状を申請した。間もなく発付された令状に従って捜索したにもかかわらず、その後に宣誓供述書は相当な理由を疏明するには不十分であり捜索令状も無効とされたため、この第四修正違反の事案についての善意の例外が適用されるかが争われたのである。

被告人（X、Y、Z、W）はカリフォルニア州中央地区地方裁判所で大陪審によって正式起訴され、コカインの所持と頒布のコンスピラシーおよび種々の実体犯罪の訴因で起訴された。

Xは令状に従って押収された証拠の排除を申し立てた。Xは逮捕時に彼の身体で見つかった証拠および乙地の彼の住宅から押収された証拠の排除を申し立てた。Zの排除の申立ては彼女の住宅および丙地のコンドミニアムの捜索の果実、さらに彼女の住宅の捜索時に彼女がした供述に及んだ。Yは甲地の彼の住宅の捜索中に発見された証拠および彼がその後間もなくした供述の排除を求めた。彼はまたコンドミニアムから押収された証拠を排除するZの申立てにも加わった。Wは捜索で押収された証拠のすべての排除を求めた。Xらはまた各人の自動車の捜索時に押収された証拠の排除を求めた。（*Id.* at 903 n.1.）

地裁は証拠排除の審理で本件は伯仲した事案（a close one）であることを認めつつ、排除の申立てを一部認めた。宣誓供述書は相当な理由を疏明するには不十分（insufficient to establish probable cause）であるとしたが、Xら被上告人はいずれも捜索のすべてを争う申立適格（standing to challenge）はなかったことを理由に、必ずしも証拠のすべてを排除しなかったのである。政府側の要請に応じて裁判所は、警察官Pは善意で行動したことを明らかであるとしたが、第四修正の排除法則は捜索令状に依拠して合理的に善意で押収された証拠に適用されるべきでないという政府側の提言を退けた。地裁は政府側の再検討の申立てを認めず、第九巡回区控訴裁判所は、見解は分かれたが、これを維持した。（*Id.* at 903-904.）

B（シェパード関係）　Aの焼死体が一九七九年五月五日（土曜日）午前五時ころ、ボストンの甲地区の空地で発見された。検屍の結果、Aの死因は頭部の殴打に起因する複雑な頭蓋骨損傷によることが明らかとなった。捜査の結果、警察はAのボーイ・フレンドの一人であるシェパード（S）を取り調べることにした。Sは被害者と火曜日の夜に会ったのが最後であり、金曜日の午前九時から土曜日の午前五時まで地方の賭博場（gaming house）にいた、そのことを証明してくれる数名の知人がいるとしてその身元を明らかにした。その数名の人たちに警察が面接したところ、Sは当夜賭博場にいたが土曜日の午前三時ころ自動車を借りて二人の男を自宅に送り届けたことが明らかになった。通常わずか一五分程度の距離であったにもかかわらず、Sが車を返したのは午前五時ころだったというのである。

土曜日の朝、警察官らはSが借りた車の所有者を訪れた。彼は車の検査に同意した。後部バンパーの上とトランク部分に血痕と毛髪が見つかった。さらに警察官は、被害者の死体近くで発見されたのと類似の撚り合わせた針金（wire strand）がトランクの中にあるのに気付いた。車の所有者は、Sに車を貸す直前に車を利用したときトランクの中に物を置いたが、バンパーの上にもトランクにも汚れはなかったと述べた。

これまでの捜査で収集された証拠に基づいてQ刑事は、逮捕状およびSの住居の捜索令状の申請をするための宣誓供述書を作成した。宣誓供述書は以上の捜査結果を詳述し、〝アマレット（リキュール）五分の一ガロン瓶、マリファナ二袋、Aの所有物であるチャコール色の女性用ジャケット、Aの死体の上または上記サンダーバード（車）の中にあったのと類似する針金とロープ、被害者（殺害）に用いられたかもしれない鈍器、血痕が付着した男性用または女性用の衣服、被害者の指紋のついた可能性ある物〃の捜索をしたいと述べていた。なお、リキュールとマリファナが申請書に含まれていたのは、被害者（A）がSと会ってSの家に行く前にマリファナ二袋とアマレット一瓶を買ったとSが警察に話していたからである。P刑事はこの宣誓供述書を地方検事局の検事補（first assistant）および巡査部長（sergeant）に見せた。彼らは捜索および逮捕の相当な理由を説明していると結論した。（*Id.* at 984-985.）

日曜日だったので近くの裁判所が閉まっており、令状請求書の様式を見つけるのに苦労したが、乙地区で以前用いられていた令状の様式を見つけたところ、その様式は〝規制薬物（Controlled Substance）の捜索令状〃と記載されていた。Q刑事はこの様式を用いて上記宣誓供述書で請求されている捜索が認められるには若干の変更が必要であることを認識していたので、タイプ印刷の〝規制薬物〃というサブタイトルを削除し、印刷された乙地区を甲地区に代えた上、Sの名前と住所を空白欄にタイプするなどした。しかし、裁判官の署名があれば、それ自体が令状の申請になる様式の部分にあった〝規制薬物〃への言及は削除しなかった。Q刑事は、令状の申請を検討することに同意していた判事の自宅まで宣誓供述書および令状請求様式を持参した。同判事は宣誓供述書を審査し、請求どおり捜索を許可するであろうと述べた。Q刑事は先の令状請求の様式を差し出し、この様式は規制薬物用のものであると告げ、サブタイトルを削除した場所を判事に示した。同判事は、より適式な様式を探したが見つからなかったので適法な捜索令状とするために必要な変更をするとP刑事に告げた。次いで同判事はその様式を取り上げ、それに若干の修正を加え、令状に日付を入れ署名した。しかし、彼は、薬物事犯の捜索を許可している令状の主要部分（令状は違法な禁制薬物の所持・使用に関連して用いられる禁制薬物その他必要な用具の捜索を警察官に命じていた）を変更せず、宣誓供述書と一体とするために様式を変更することもしなかった。同判事は、この令状はその形式および内容において請求どおり捜索をするのに十分有効であると告げ、宣誓供述書および令状をQに返した。Q刑事はこの二つの書類を持って、他の警察官とともにシェパード（S）の住宅に向かった。それに続いた捜索の範囲は宣誓供述書の中で挙げられていた物品に限定され、いくつかの負罪的証拠が発見された。警察は、血痕の付着した一足のブーツ、コンクリートの床の上での血痕、血痕が付着したイヤリングや女性用レオタード、三種類の針金、そして後に被害者のものと一致した女性用のヘアーピースなどを発見した。シェパード（S）は第一級謀殺罪で起訴された。（*Id.* at 986-987.）

公判前の証拠排除審理で、公判裁判官は、本件令状は押収すべき物品を特定していなかったことを理由に、第四修正の命令に従っていないと結論した。同裁判官は、しかし、このような令状の欠陥にもかかわらずQは令状を執行する際に善意で合理的に有効な令状であると考えて行動したことを理由に、当の証拠は許容できると決定した。その後の公判でXは有罪とされた。

Sは欠陥のある令状に従って獲得された証拠は排除されるべきであると主張して上訴し、マサチュセッツ州最高裁はこれに同意した。本件捜索は合法であり裁判官によって発付された令状によって権限を与えられているものとPは善意で合理的に考えて行ったものであるけれども、合衆国最高裁は排除法則は善意の例外を是認していないことを理由に、その証拠は排除されなければならないと結論したのである。（*Id.* at 986-987.）

これに対し、合衆国最高裁は、政府側の上告受理の申立てを容れた。両事件ともホワイト裁判官が法廷意見を執筆し、その理由付けはレオン（A）判決において示されており、ブレナン反対意見（マーシャル同調）も同様である。以下、レオン判決（A）を詳しく紹介し、シェパード（B）判決についてはは簡単にその結論を紹介するにとどめる。（*Id.* at 986-987.）

【判　示】　原判決破棄。　A（レオン判決）「本件事案は、公正かつ中立の治安判事（detached and neutral magistrate）によって発付されたが最終的に相当な理由による裏付けがないと認定された捜索令状に合理的に依拠して行動する警察官によって獲得された証拠の検察側の主張立証（the prosecution's case in chief）での使用を妨げないように第四修正の排除法則は修正されるべきであるかの問題を提起している。この問題を解決するには、われわれは再び、一方において、警察官の不法行為を抑止し不合理なプライバシーの侵害への誘因（inducements）を除去するということ、他方において、真実を示すすべての証拠に基づいて刑事被告人が釈放または有罪とされる手続を確立するという、競合する目的の間に時には生じる緊張感を検討しなければならない。」（*Id.* at 900-901.）

(1)　政府側の上告受理の申立書は、捜索令状は相当な理由による裏付けを欠いているとの下級裁判所の決定に関する再審理の要求に同意せず（declined to seek review）、専ら〝その後欠陥ありとされた捜索令状に合理的に善意で依拠して押収された証拠の許容性を妨げないように第四修正の排除法則は修正されるべきであるか〟の問題に関して提示されたものであることを明示している。われわれは、このような修正の相当性（propriety）を検討するために上告受理の申立てを容れた。

「われわれは、第四修正の文脈における排除法則はその意図された機能を果たす能力を危険にさらすことなしに（without jeopardizing）若干の修正ができると結論するに至った。したがって、われわれは控訴裁判所の判決を破棄する。」（*Id.* at 905.）

(2)　当裁判所および個々の裁判官の意見の中での文言には、排除法則は第四修正の必然的結論（a necessary corollary）である、あるいは同法則は第四修正と第五修正の連結（conjunction）によって要求されることを示唆しているものがある。これら含意（these implications）について長く時間をとる必要はない。第五修正の理論は批判的分析または時の審査（the test）に抗し切れなかったのであり、そして第四修正は〝すべての手続においてまたはすべての人に対し違法に押収された証拠の提示を禁止していると解釈されたことは一度もなかった〟からである。

第四修正はその命令に違反して獲得された証拠の使用を妨げる明示の規定を含んでいない、そしてその起源および目的を検討すると〝過去の違法な捜索・押収の果実の使用は新たな第四修正の権利侵害（wrong）を生じない。〟同修正によって非難される権利侵害は違法な捜索・押収自体によって〝十分に達成された〟のであり、排除法則はすでに蒙った被告人の権利の侵害の治癒を意図したものではない。〟【39】ストーン判決（ホワイト反対意見）。それ故、この法則は、侵害された当事者の一身的な憲法上の権利というよりその抑止効を介して第四修正の諸権利を一般的に保護することを意図した裁判所により創出された救済策として機能するのである。

排除法則の制裁が特定の事案において適切に課せられているかどうかは〝同法則を援用する当事者の第四修正の諸権利が警察の違法行為によって侵害されたかの問題とは別個の争点〟である。前者の問題だけが現在われわれの面前にあり、それは最終的に欠陥ありと認定された公正かつ中立の治安判事によって発付された捜索令状に依拠して獲得された内在的に信用性ある物的証拠の検察側の主張立証での使用を妨げることのコストとその利益を比較考量することによって（by weighing costs and benefits）解決されなければならない。

第四修正の権利を守る（vindication）ため排除法則によって強いられる（exacted）重大な社会的コストは古くから関心の源であった。われわれの判例は一貫して、政府の清潔性の理想を押しつけるため（to enforce ideals of governmental rectitude）の排除法則の一徹な適用（unbending application）は裁判官および陪審の真実認定過程を受け入れられないまでに妨げていることを認めてきた。このような刑事司法制度への介入の好ましくない副次的結果（objectionable collateral consequence）は、有罪である被告人の中には解放されたり有利な司法取引の結果軽減された量刑を受けることがありうるということである。警察官がとりわけ客観的な善意で行動したとき、または彼らの侵害が小さかったとき、有罪である被告人に与えられた利益の大きさは刑事司法制度の基本的観念に反する。排除法則の無差別適用は、それ故、〃法および司法の運営に対する不信を生ずる〃ため、いかなる救済的工夫と同じく、この法則の適用は、その救済的目的が最も効果的に役立つと考えられる領域に限定されてきたのである。（*Id.* at 906-908.）

「当裁判所は、確かに、〃より効果的な制裁が欠けている場合に、第四修正違反が重大かつ故意であるような事案で、［訴追側の］立証から証拠を排除するという法則をなお継続して適用すること〃に重大な疑問があるとはしていない。それにもかかわらず、種々の文脈下――刑事裁判を含む――で発展されてきた比較衡量的アプローチは、〃捜索または押収が第四修正と一致しているとの合理的で善意の確信の下で獲得された証拠の提出を認めるため排除法則はより一般的に修正されるべきであることを強力に示している〃のである。（*Id.* at 908-909.）

【39】ストーン判決において当裁判所は、排除法則のコストを強調し、第四修正の主張を争う十分かつ公正な機会を提供されていた州の囚人は違法に獲得された証拠が彼の公判で提出されたことを理由に連邦の人身保護の救済を得ることはできないと判示した。刑事裁判以外の手続に排除法則を拡大する主張は同一の分析的アプローチの下で退けられている。例えば、われわれは【38】カランドーラ判決において、違法な捜索または押収から獲得された証拠に基づいた質問への答弁を拒絶することを大陪審証人に許すことに応じなかった。〃排除法則を大陪審手続に拡大することによって達成しうるかもしれない抑止効の増大は精々不確実である〃というのである。第四修正に違反して獲得され検察側の主張立証で許容できない証拠であっても、証人の直接証言を弾劾するために用いられうる。われわれは一九八〇年の【27】ヘイヴンズ判決において、検察側の主張立証ないしその他の有罪の実質的証拠として許容されない証拠であっても被告人の直接尋問によって合理的に示唆された相当な反対尋問に応じて被告人によりなされた供述を弾劾するために使用しうると結論するに至ったのである。

われわれはさらに、違法な逮捕から始まった因果の鎖を介して明るみに出されたいかなる証拠も不許容とするような画一的（*a per se*）ないしなかりせば（*but for*）のルールを採用することに応じなかった。【45】ワン・サン判決等を見よ。われわれはまた、たとえその身元が違憲の捜索で発見されたときであっても、証人の証言は許容しうると判示した。【52】チェコリーニ判決。要するに、当裁判所が特定の事案で排除が相当であるかを判断する際に適用してきた〝汚れの除去〟という考えは、特定の事案において〝違法な警察の行為の不利益な結果が極めて稀薄化したため排除法則の抑止効はもはやそのコストを正当化しないその点を明らかにしようとする試み〟である。かかる目的に照らし警察の不法行為の悪辣性の評価が重要なステップとなるのは驚くべきことではない。（*Id.* at 908-911.）

われわれは未だ、第四修正の排除法則に対するいかなる種類の善意の例外も認めていない。もっとも、当裁判所の裁判官は、排除法則の範囲の再検討を求めてきた。例えば、【39】ストーン判決でのホワイト反対意見等を見よ。しかし、長年の排除法則の経験を介して発展してきた比較衡量的アプローチは、本件で検察側によってわれわれに求められている排除法則の修正への強力な支持を提供している。後に検討するように、中立かつ公正な治安判事によって発付された令状に合理的に依拠する警察によって押収された信用できる物的証拠を排除するコストと利益に関するわれわれの評価は、このような証拠は検察側の主張立証において許容されるべきであるという結論に導くのである。（*Id.* at 913.）

(3)　合理的人間（minds）であっても特定の宣誓供述書が相当な理由を疎明しているとの問題に関して意見を異にすることはありうる、それ故、われわれは令状への優先権は治安判事の判断に大いに敬意を払うことによって極めて実効的となると結論してきた。治安判事への尊敬は、しかし、無限ではない。第一、治安判事の相当な理由の認定に敬意を払うということは判断の基礎となった宣誓供述書の故意または過失（reckless）による誤りの調査を妨げるものでないことは明らかである。第二、治安判事は〝中立かつ公正な機能を果たす〟のであり、単に警察のための盲判（rubber stamp）の役割を果たすために務めているのではないことに注意しなければならない。
第三、再審理裁判所は、〝相当な理由の存在を判断するための実質的根拠を治安判事に提供〟しない宣誓供述書に基づいた令状に敬意を払わない。他人の裸の結論に対する単なる追認であってはならない。たとえ令状の申請が骨組だけ（bare bones）の宣誓供述書以上のものによる裏付けがあるとしても、治安判事の相当な理由の判断は状況の全体の不相当な分析を反映していることを理由に、あるいは令状の様式が何らかの点で不相当であることを理由に、令状が無効であると結論できる。

これらの三つの状況の第一の状況においてのみ、しかしながら、当裁判所は捜索令状に従って獲得された証拠を排除するその理論的根拠（rationale）を説明してきた。すなわち、他の領域において当裁判所は、第四修正の利益が促進されるかどうかを判断せずにそのような証拠を排除してきた。排除の申立人がこれらの領域における裁判官や治安判事の行動への影響に依拠する限りにおいて、彼らの依拠は誤っている。第一、排除法則は、裁判官や治安判事の誤りを処罰するというより警察の違法行為の抑止を目的としている。第二、裁判官や治安判事は第四修正を無視する傾向がある、あるいはこれらの人たちの無法（lawlessness）のため極端な排除の適用が必要であることを示す証拠は存在しない。第三、そして最も重要なことは、令状に従って押収された証拠の排除は令状を発付する裁判官ないし治安判事に特段の抑止効があると考える根拠はなく、そのような根拠は一切提供されていないことである。裁判官と治安判事は、法執行チームの付属品（adjuncts）ではない。中立の司法職員として、彼らは特定の刑事訴追の結果に利害関係（stake）をもたない。排除のおそれは、それ故、大いに彼らを抑止するということが期待できないのである。（*Id.* at 914-917.）

相当な理由の裏付けのない欠陥ある令状に従って獲得された証拠を排除すれば、警察官は将来の令状申請において不相当な提示をしたり、治安判事探し（magistrate shopping）をせず、より慎重に令状の様式を吟味するようになるかもしれない。われわれは、しかし、そのような議論は推測的（speculative）にすぎないと認め、排除法則の目的を促進するであろうような異常な事案においてのみ令状に従って獲得された証拠の排除は命令されるべきであると結論する。われわれはしばしば、権利侵害をする警察官が自分たちの行為は第四修正に違反しないという客観的に合理的な考えに基づいて行動したとき排除法則に何らかの抑止効があるかを疑問としてきた。たとえ排除法則は警察の違法行為を効果的に抑止し、全体としての法執行官に第四修正に一致して行動する誘因を提供すると仮定したとしても、客観的に合理的な法執行活動を抑止することは期待できない。要するに、警察官の行動が客観的に合理的である場合、〝証拠を排除したとしても、多少なりとも排除法則の目的を促進することにはならない。警察官は合理的な警察官であれば類似の状況下で行動したであろうし行動すべきであるように当の警察官が行動していることは痛いほど明らかであるからである。証拠を排除しても、彼の将来の行動に全く影響を及ぼさないのである。〟

【39】ストーン判決（ホワイト反対意見）。

このことはとりわけ、客観的に善意で行動する警察官が裁判官または治安判事から捜索令状を獲得し、その範囲内で行動したときに真実である。そのような事案のほとんどにおいて警察官の違法行為はなく、それ故、抑止すべきものは何もない。警察官の主張は相当な理由を疎明しているかを判断し、もしそうであれば、第四修正の要求を満たした令状を発付するのは治安判事の責任である。治安判事の相当な理由の判断または令状の様式は技術的に十分であるとの彼の判断に質問することは、通常の事案において警察官に期待できない。警察官自身ではなく治安判事の誤りに対し警察官を処罰しても、第四修正違反を抑止するのに論理的にも役立つことはない。（*Id.* at 918-921.）

発付後に無効とされた捜索令状に客観的に合理的な信頼（reliance）をして獲得された証拠を排除することによってもたらされる取るに足りないまたは存在しない利益は、証拠排除の重要なコストを正当化できない。われわれは、しかし、警察官が令状を獲得してその文言を順守した事案での証拠排除は常に相当であると言っているのではない。治安判事の相当な理由の判断および彼が発付する令状の技術的十分性に関する警察官の信頼は、客観的に合理的でなければならない。そして令状の発付は相当であると信じる合理的根拠がないことが若干の状況下において存在することは明らかである。

それ故、令状を発付する裁判官または治安判事が宣誓供述者が虚偽であることを知っていたまたは知っているべきであった宣誓供述書における情報によって誤導されたのであれば、排除はなお相当な救済策である。このような状況下において合理的に十分訓練された警察官であれば、令状に信頼を置くはずはないからである。最後に、特定の事案の状況いかんによるが、令状が文面上（facially）明らかに欠陥がある場合——例えば、捜索すべき場所または押収すべき物を特定していない——法執行官はそれを合理的に有効であると考えることはできない。（*Id.* at 922-923.）

(4)　われわれが本日明らかにした原理を本件事案に適用すると、控訴裁判所の判決が維持できないのは明らかである。控訴審は現行の法的基準を警察官の令状申請に適用し、この申請は治安判事の相当な理由の判断の裏付けとはいえないと結論した。令状は発付されるべきではなかったと判断したのであるから控訴裁判所は、当裁判所が今までに是認していなかった第四修正の排除法則の修正を採用することには応じなかったのである。排除法則の修正はわれわれの従前の判決の中で強力な支持があるけれども、控訴裁判所の推賞するに足る自制（commendable self-restraint）は非難されるべきではない。われわれは今、排除法則の目的および警察官が発付後に無効とされた捜索令状を信頼した事案における排除法則の適用の相当性を再検討した。このような状況下に排除法則を適用したとしてもその目的はほとんど達成されないというのがわれわれの結論である。

警察官Pの令状申請は明らかに〝骨組だけの〟宣誓供述書よりはるかに多くのことによって裏付けられている。宣誓供述書は大規模な捜査の結果を述べており、控訴裁判所の分かれた意見が明らかにしているように、相当な理由の存在に関する思慮深くかつ能力のある裁判官の間での意見の不一致を生ずるに足りる証拠を提示していた。このような状況下において警察官が治安判事の相当な理由の判断を信頼したのは客観的に合理的であったといえるから、極端な排除の制裁は相当でない。したがって、控訴裁判所の判決を破棄する。(*Id.* at 925-926.)

〈ブレナン裁判官の反対意見〉（マーシャル裁判官同調）　排除法則の総合的な（overall）教育的効果を考慮すれば、個々の警察官が自分たちの行動は権限を与えられたものであると合理的だが誤った考えに基づいて行動したそのような状況においてであっても、排除法則を適用すれば、相当長期の抑止効があるものと期待されうる。このような状況下で証拠が一貫して排除されるのであれば、警察部門は警察官に令状を申請するときにはより注意深く相当な理由を疏明するに足る十分な情報を提供し、治安判事が署名した書類であれば、第四修正の要求に当然一致しているものと自動的に考えるのではなく発付された令状の様式により注意するように教育するよう求められるであろうことは間違いない。(*Id.* at 955.)

本日の判決の主要な結果は、治安判事の令状発付の決定はその後の司法審査を受けないということを治安判事に伝えることになる。このような令状に対する新しい善意の信頼の例外の創出は、令状申請を吟味する際に余り注意を払う必要はないことを治安判事に黙示に告げることになる。彼らの誤りは今後は事実上影響がないからである。彼らの令状発付の判断が正しければ証拠は許容される。その判断が正しくなかったが警察官が令状を善意で信頼したのであれば、その証拠はまた許容されるからである。治安判事は刑事裁判の結果に警察官と同一の関心を共有していないと指摘するのは正しいけれども、彼らはそれにもかかわらず、彼らの役割は注意深く令状申請を吟味するという重要な仕事を果たし続けるために少しは重要（o some moment）であることを認識させることが必要である。本日の判決は、このような誘因（incentive）を効果的に除去するものである。(*Id.* at 956.)

B（シェパード判決）　本件での唯一の問題は、警察官は彼らが行った捜索は有効な令状によって権限が与えられているかどうかである。彼らが行った捜索の権限は令状によって与えられていると信じていたことに争いはない。それ故、本件での唯一の問題は、警察官の誤った考えに客観的に合理的な根拠があったかである。公判裁判所も州最高裁の多数意見も客観的に合理的な根拠があったと結論した。われわれも同意する。（*Id.* at 988.）

本件において警察官らは、彼らに合理的に期待しうるあらゆる手段をとった。Q刑事は、地方検事局によって吟味され是認された宣誓供述書を準備した。彼はこの宣誓供述書を中立の治安判事に提示した。同判事はこの宣誓供述書によってシェパードの住居を捜索する相当な理由は疎明されていると結論し、申請どおりの捜索の権限を与えるとQに告げた。Qは次いで令状様式を提示し、変更する必要があるかもしれないと同判事に告げところ必要な変更はなされるであろうと告げられた。彼は次に同判事が若干の変更をするのを観察し、令状と宣誓供述書を受け取った。この時点で、合理的な警察官であれば、Qがしたように、この令状は宣誓供述書に挙げられている物品を捜索する権限を与えていると結論したことであろう。（*Id.* at 989.）

令状の様式に欠陥のあることをQは知っていたのであるから、必要な変更がなされたかを確かめるためにQはそれを吟味すべきであったとシェパードは主張する。しかし、この主張は、要請された捜索は認められるであろうし、必要な変更はなされるであろうという裁判官の保障をQは無視する義務があることを前提にしている。

要するに、本件での警察の行動は客観的に合理的で大部分誤りがなかったのは明らかである。令状発付に関しても憲法次元での誤りは犯されうるが、決定的な誤りをしたのは判事であり、警察官ではなかった。そのような変更はなされるであろうと保障したにもかかわらず判事はすべての必要な事務上の訂正（clerical corrections）をしなかったことを理由に証拠を排除しても、排除法則の意図した抑止機能に役立たない。したがって、連邦法は本件事案で争われた証拠の排除を要求しない。それ故、州最高裁判決を破棄し、本意見と矛盾しないさらなる手続のために差し戻す。(*Id.* at 989-991.)

二　まとめ

このように合衆国最高裁はバーガー・コート（一九六九〜八六年）の下で、排除法則の適用範囲を限定ないし修正する。まず【38】カランドーラ判決では、営業賭博容疑の捜索令状により被告人の事務所を捜索した際に別件の高利貸事件に関連する顧客の定期的支払いを示すカードを偶然発見、押収した。後に高利貸事件の捜査目的で設置された特別大陪審が右証拠に基づいた質問をするためにカランドーラを召喚したところ、彼は出頭したものの第五修正の自己負罪拒否特権を援用して証言を拒絶した上、右証拠物は違法な捜索・押収によって獲得されたものであるから、いかなる質問にも答える必要がないと主張した事案につき、排除法則は大陪審手続に適用されないとした。「裁判所によって創出された救済である」排除法則の適用は「その救済の目的に最も効果的に役立つ領域に限定されてきた」と強調した上で、排除法則の大陪審手続への拡大によって抑止効の増大が見込まれるとしても「不確か」であり、他方、大陪審の機能は大きく阻害される。このような排除法則の拡大による損害と利益を比較衡量すると、排除法則を大陪審証言に適用するのは相当でないというのである。

次に【39】ストーン判決では、条例違反で逮捕時の身体捜索で発見され押収されたピストルに依拠した州裁判所での有罪判決の確定後に前記条例は違憲・無効であるとして連邦の人身保護令状による救済が求められた事案につき、州裁判所で公正かつ十分な審理の機会が与えられ有罪が確定した者には人身保護令状による救済は認められないとした。排除法則は「裁判所により創出された救済手段である」ことをあらためて強調した上で、州側が第四修正の主張につき全面的かつ公正な審理の機会を提供していた場合、不合理な捜索・押収で獲得された証拠が公判で提出されたことを理由に、連邦の人身保護令状の救済を州の囚人に認めることはできない。排除法則をこの文脈に適用するとしても第四修正の実効性への貢献は、ごく僅かであり、一方、排除法則の適用による社会的コストは一層高いというのである。

そして最後に一九八四年の【40】レオン、シェパード判決において、情報提供者からコカイン密売等の情報を得て捜索を開始し、その後獲得した各種証拠をも加味した宣誓供述書を作成して裁判官に提示し発付された捜索令状に従って被告人の住宅等を捜索し多数の証拠物を発見し押収したところ後に宣誓供述書は相当な理由を疏明するには不十分であり捜索令状も無効とされた事案につき、いわゆる善意の例外が肯定された。【38】カランドーラ判決および【39】ストーン判決（とりわけホワイト反対意見）を繰り返し引用の上、排除法則は警察官の違法行為の抑止を目的としている、警察官の行動が客観的に合理的と認められる場合、証拠を排除しても排除法則の目的に役立つことはない、このことは客観的に合理的に行動した警察官が裁判官から捜索令状を獲得しその範囲内で行動したとき真実であるというのである。

このように排除法則自体は判例上確立したものの、大陪審証言への拡大は否定され、連邦の人身保護令状による救済も第四修正違反の主張につき十分かつ公正な審理が提供された有罪判決に対しては認められないとされた。そして第四修正の排除法則にいわゆる善意の例外を肯定した【40】レオン、シェパード判決は、警察官が裁判官の発付した捜索令状の有効性を善意でかつ客観的合理的に信じてその令状で認められている範囲で行動した事案につき、他の合理的な警察官であってもそのような立場に置かれたのであれば同一の行動をとるであろうことは間違いないのであり、当該証拠を排除しても将来における抑止効は認められないとしたものであるとはいえ、正面から第四修正の排除法則を修正したものであることは間違いない。前述のように、第五修正に由来するミランダの排除法則についても同様である。もっとも、合衆国最高裁は一九九三年のウィズロウ判決（Withrow v. Williams, 507 U.S.

680, 113 S. Ct. 1745）において、第四修正の排除法則とは異なり州段階で確定判決を経た受刑者もあらためて連邦の人身保護令状による救済を求めることができるとして【39】ストーン判決の拡大適用を否定するなどの新しい動きがある。これらの点について後に詳論する。

第四章　排除法則と毒樹の果実

排除法則の目的は法執行官の憲法順守を確保することにある。犯罪捜査を任務とする捜査官が、その職務の遂行に当たり違法行為を利用する場合、民事法の責任追及だけでは制裁として不十分である。排除法則はこのような犯罪捜査の分野における違法行為を抑止するに役立つだけでなく、国民が法を順守する誘因（incentive）として役立つ。排除法則の究極の目的はいわば法の支配の貫徹にある。排除法則は被告人に利益を与えるが、もちろんそれは遺憾な副次的結果（a regrettable by-product）にすぎない。排除法則の唯一の目的は自由社会を維持するために憲法規範の順守を求めることにあり、刑事訴追においては訴追側に捜査官の違法行為によって得たいかなる利益をも享受させないことによって、この目的を達成しようとする。それ故、排除法則は違法行為を介して（during）獲得された証拠だけでなく、「違法行為の故に（because of）発見されたそれ以前のすべての証拠に保護マント（protective mantle）のおおいを投げかける」のである。(1) もっとも、第二次的証拠以下の〝果実〟をも完全に排除することが論理的であろうが、(2) 訴追側が違法捜査の〝汚れを除去し（untainted）〟いわば〝果実の毒抜き（unpoisoning the fruit）〟(3) に成功する場合もあるから、このような派生的証拠を「永久に利用不能」とするのは相当でない。(4) 違法捜査の抑止が必要であり社会的にも望ましいにしても、違法捜査の被害者に絶対的な訴追免除を与えて犯人を野に解き放つことは「余りにも高価な支払い」を伴うからである。〝毒樹の果実〟排除の例外を検討する際の最も重要な判断基準は、「このような第二次的証拠を許容すれば将来における警察官の違法行為を助長することになるか」である。「直接のないし第一次世代の証拠を排除するだけで捜査官の違法行為抑止という排除法則の目的は十分に達成しうるか、それとも健全な抑止政策は〝毒樹〟の利用をすべて禁止するのか」[5]の判断が必要というのである。

そこで以下、毒樹の果実に関する主要な最高裁判例について時系列的に紹介した上で、問題点を正確に理解するためにも有益かつ著名な下級審判例にも少し触れつつ、あらためて三例外の意味内容およびその相互関係について検討することとしたい。ラ・フェイヴも指摘していることだが、毒樹の果実排除の例外法則は第四修正、第五修正、第六修正の各文脈下において適用されるため複雑であるが、時系列的に順次検討した方が分かり易いからである。

（1）Robert F. Maguire, *How to Unpoison the Fruit—The Fourth Amendment and the Exclusionary Rule*, 5 5 J.Crim.L. & Criminology, and P.S. 507, at 508（1964）.
（2）Robert M. Pitler, "*The Fruit of the Poisonous Tree" Revisited and Shepardized*, 56 California L.Rev.579, at 586（1968）.
（3）Maguire, *supra* note 1, at 307.
（4）*Id.* at 308-309.
（5）Pitler, *supra* note 2, at 588-589.

第一節　主要関連判例

【41】シルヴァーソン父子第四修正違反押収物提出命令拒絶法廷侮辱事件判決（一九二〇年）

本判決（Silverthorne Lumber Co., v. United States, 251 U.S. 385）は、違法に押収した書類を一たん本人に還付したが、

その間に写真撮影等によってその内容を知っていたのであらためてその知識に基づいて正式起訴がなされて原本の提出が命じられた事案につき、【2】ウィークス判決に反するとしつつ、排除法則に〝独立入手源〟の例外のあることをはじめて明示したものである。なお、法廷意見の執筆はホウムズ裁判官である。

【事　実】　ある事件での告発に基づき正式起訴されたシルヴァーソン父子は一九一九年二月二五日早朝、自宅で逮捕され、数時間留置された。二人が留置されている間に合衆国警察署長（marshal）らは何の権限もなしに、二人の経営するシルヴァーソン木材会社の事務所に出向き、そこで発見された書類等をすべて押収した。違法に押収された記録等の還付請求がなされたが、検察官は問題の押収物はすでに大陪審の許にある等を理由に反対した。その後、重要書類を写真に撮り、またはコピーして獲得された知識に基づいて新しい正式起訴がなされた。地方裁判所は、一たん原本還付を命じたが、写真およびコピーを保管した（impounded）上で、原本提出を命ずる罰則付召喚令状（subpoena）を発付した。この提出命令が拒絶されると、裁判所は、憲法上の権利を侵害して書類等が押収されたことを認めながら、右召喚令状に従うよう命じた。合衆国憲法第一四修正の下での権利を侵害していること等を理由にこの命令が拒絶されると、裁判所は、「シルヴァーソン木材会社に対し法廷侮辱を理由に二五〇ドルを科し、フレデリック・シルヴァーソン（子）に対し法廷侮辱の命令に恭順の意思を示すまで（until he should purge himself）拘禁を命じた。」シルヴァーソン父子による法律違反事件に関する証拠として用いるためにシルヴァーソン木材会社の前記関連記録等の大陪審面前への提出命令を拒絶したことが法廷侮辱罪に当たるというのである。

（*Id.* at 390-391.）

【判　示】　原判決破棄。　訴追側は違法な押収行為であることを認めつつ「それがなければ獲得されていなかったであろう方法によって得られたその知識自体を利用する権利はあると主張するが、これほど露骨な主張（more nakedly）はない。」もとより本件押収は違法（an outrage）であり、訴追側は今ではこれを遺憾とする。しかし、還付する前に書類等を調べてそれをコピーすることはできる、そしてこのようにして獲得された知識を利用して所有者に対し正式手続において原本の提出を求めることはできる、つまり憲法の保護は物理的所持に及ぶが、禁じられた行為をすることによって訴追側が追求の対象に関して入手できる利益（advantage）には及ばないというのである。

「われわれの意見によると、かような主張は法でない。（ウィークス判決で指摘したように）それは第四修正を空文化することになる。ある方法による証拠の獲得を禁止する規定の本質は、単にそのようにして獲得された証拠は裁判所の面前で用いられてはならないということだけでなく、それはおよそ用いられてはならないということである。もちろん、このことは、このようにして獲得された事実は神聖にして近よるべからざるものとなるという意味ではない。もし、それら（の事実）に関する知識が独立の源から得られるのであれば、それらは他の事実と同様に立証されてよい。しかし、訴追側自身の違法行為によって得られた知識は、本件で主張されているような方法で訴追側がこれを用いることはできない。（The essence of a provision forbidding the acquisition of evidence in a certain way is that not merely evidence so acquired shall not be used before the Court but that it shall not be used at all. Of course this does not mean that the facts thus obtained become sacred and inaccessible. If knowledge of them is gained from an independent source they may be proved like any others, but the knowledge gained by the Government's own wrong cannot be used by it in the way proposed.)」(*Id.* at 392.)

【42】第二次ナードン違法盗聴会話排除酒精飲料密輸入事件判決（一九三九年）

本判決（Nardone v. United States, 308 U.S. 338）は、電話の違法盗聴から判明した証人の証言につき、はじめて〝毒樹の果実〟という言葉を用いて【41】シルヴァーソン判決を再確認しつつ、排除法則に〝稀釈法理〟の例外のあることを明示したものである。なお、法廷意見の執筆はフランクファータ裁判官である。

【事　実】　アルコール飲料の密輸等で起訴された被告人（X）らは、連邦捜査官が電話盗聴によって入手した会話を主たる証拠として合衆国地方裁判所で有罪とされ、控訴審もこれを維持した。しかし、合衆国最高裁は一九三七年の第一次ナードン判決（Nardone v. United States,302 U.S. 379）で、一九三四年の連邦通信法第六〇五条違反を理由にこれを破棄差し戻した。訴追側は新公判で、盗聴によって入手した被告人らの会話内容それ自体でなく右会話から判明した知識すなわち同一内容の証人の証言を証拠として提出し、これが決め手となり被告人は再び有罪とされた。控訴審はこれを維持し、連邦通信法第六〇五条の範囲を第一次ナードン判決での局面に限定し「違法盗聴の利用によってアクセス可能となった証言」をも排除するのは議会の意図ではないとした。このような情報を明らかにすることは、盗聴された電話会話を明らかにすることではないというのである。（*Id.* at 339-340.）

【判　示】　原判決破棄。われわれは本件で、一定の方法での証拠獲得をとくに禁止する（問題を）取り扱っている。下級審の結論によれば、第六〇五条の適用範囲は禁止された盗聴によって傍受された言葉だけが排除され盗聴の派生的な利用はすべて（every derivative use）認められることとなる。このような第六〇五条の解釈によれば、第一次ナードン判決の基礎にあるポリシーは大部分台無しになろう。同判決は単なる技術的な文言の細かな解釈の産物ではない。【41】シルヴァーソン判決で指摘されたことは、異なる文脈ではあるが、本件にもあてはまる。すなわち、〝ある方法による証拠の獲得を禁止する規定の本質は、単にそのようにして獲得された証拠は裁判所の面前で用いられてはならないということだけでなく、それはおよそ用いられてはならないということである。〟（*Id.* at 340-341.）

本件でも、同判決におけると同様に、不当に獲得された事実は〝神聖にして近よるべからざるものとなる〟わけではない。〝もし、それらの（事実）に関する知識が独立の源から得られるのであれば、それらは他の事実と同様に立証されてよい。しかし、訴追側自身の違法行為によって得られた知識は“単にそれが派生的に用いられるという理由だけで訴追側はこれを用いることはできない。”「手の込んだ複雑な議論によって、違法な盗聴によって得られた情報と訴追側の立証との因果関係が立証されるかもしれない。しかしながら、良識の問題としては、そのような関係が極めて稀薄なためその汚れが除去されていることもありうる。（Sophisticated argument may prove a causal connectin between information obtained through illicit wire-tapping and the Government's proof. As a matter of good sense, however, such connection may have become so attenuated as to dissipate the taint.）このような状況に対処する賢明な方法は、経験ある裁判官の権限に委ねられるべきである。むろん、盗聴は違法に行われたことを公判裁判官の満足するまで立証する責任はまず被告人側にある。一たんこれが立証されると——本件で明白になされたように——公判裁判官は被告人に、被告人に不利益な証拠の重要部分は毒樹の果実（a fruit of the poisonous tree）であることを立証する機会を与えなければならない。このことは他方、訴追側に、訴追側の証拠は独立の源を有することを公判裁判所に納得させる十分な機会を与えることになる。（*Id.* at 341.）

【43】ライオンズ反覆自白許容デュー・プロセス違反否定殺人放火事件判決（一九四四年）

本判決（Lyons v. Oklahoma, 322 U.S. 596）は、逮捕直後の自白は強制によるものとして排除されたが、その後の第二自白時にも当初の自白排除の原因となった違法な強制の誘因の影響が残っているかをめぐり争われた事案につき、以前の強制の影響は第二自白以前に消失していたことを理由に、これを許容しても第一四修正のデュー・プロセス条項に反しないとしたものである。

【事　実】　一九三九年一二月三一日夕方、A夫妻と四歳の子供の三人が自宅で殺害された上、家屋とともに焼かれた。間もなく被告人（X）と共犯者に嫌疑がかかり、翌四〇年一月一一日、Xは警察官Pらによって逮捕された。Xは逮捕直後に甲刑務所（the jail）で二時間の取調べを受け、一一日間も同刑務所に収容された後、郡検察官事務所で取り調べられた。この取調べは夕方六時三〇分ころに始まり翌朝二時から四時までの間続けられ、自白が獲得された後、乙刑務所で今度は刑務所長Qによって第二自白が獲得された。この第二自白の二日後に、乙刑務所の看守に対し口頭による第三自白がなされた。この第三自白は、異議なく公判で証拠として許容された。本件で争われたのは、第一自白獲得時の取調べを理由に第二自白の証拠としての許容性を否定できるかである。（*Id.* at 598.）

Xは逮捕時、二一～二二歳で、教育の程度は明らかでないが、第二自白に署名していた。知能の異常さを示す証拠はない。Xは鶏泥棒と不法侵入で二度刑務所に入ったことがある。Xには公判および公判前に弁護人が付されていたが、それは自白後のことであった。「Xの妻と家族は、Xの逮捕と第一自白との間にXを訪れた。一月一一日の逮捕時と最初の取調べ時の警察官による物理的虐待（physical abuse）に関するXの証言がある。Xの姉妹はその後間もなく刑務所にいるXを訪れ、Xの身体への暴行の跡と目のまわりの黒あざに関して証言した。」Xによると、右暴行にあわせて、自白しない限り、さらに物理的危害を加える旨の脅迫が加えられたという。Xらの証言は取調べに参加した警察官によって全面的に否認された。

この一一日後に第二自白の取調べが行われた。ここでも暴行の有無に関して争いがある。一一人ないし一二人の捜査官が一晩中、狭い検察官事務所を出入りした。Xによると、Xは再び暴行を受けたという。郡検察官、検察官補、看守、ハイウェイ・パトロール巡査を除き、Xの非難した関与者はすべて暴力を否認した。利害関係のない証人（複数）が捜査官の供述――それは同人が暴力行使に関わりのあることを示していた――に関して証言し、そして検察官は、反対尋問で被告人の非難に沿う（gave color）言葉を用いた。取調べは午前二時三〇分まで続けられて口頭の自白が獲得されたこと、そしてXの自白を引き出すために取調官が被害者の遺骨の入った鍋（pan）をXの膝の上に置いたことについては争われていない。このときに獲得された自白は証拠として提出されていないので、これらの出来事と本件との関係は、乙刑務所でのその後の自白が不任意であることを立証するのに役立つかどうかである。

一月二三日早朝の口頭自白後にXは犯行現場に連行され、犯行時に用いた道具についてさらに取調べを受けた。Xは午前八時三〇分ころ刑務所に連れ戻され、しばらく一人で放置された後、正午すぎに近くの町に連行された。後に同日、副保安官と民間人がXを乙刑務所に連行し、そこで同日八時から一一時までの間にXは第二自白に署名した。この第二自白を証拠として許容することに対して、たとえこの第二自白獲得時に強制力が用いられていなかったとしても、以前の取調べ時に受けた暴力的な取扱いによって植え付けられた恐怖心（the fear instilled）はなお十分に強制的に作用するため第二自白の排除を必要とするとの理由に基づいて異議が申し立てられた。公判裁判官は、オクラホマ州の慣行に従って、検察官と被告人双方の意見を聴いた上で、被告人の有罪・無罪の判断を陪審に委ねた。しかし、第二自白は以前に受けた暴力的な取扱いによって生じた恐怖心に由来するとの被告人の主張についてはとくに触れることはなかった。Xは州地方裁判所で有罪とされ、刑事控訴裁判所もこれを維持した。（*Id.* at 599-601.）

【判　示】　原判決維持。　本件で自白を獲得するために不当な手段が用いられたが、その自白は公判で用いられなかった。後に他の場所で異なる人物の同席の下で、Xは再び犯罪に関する事実を述べた。不任意自白は、もちろん、違法な圧力、暴力または脅迫（fear or threats）と同時に、またはそれに引き続いてなされうる。その後になされた自白はそれ自体任意であるかの問題は、それを取り巻く状況から推論しうる強制的行為の影響がなお残存する（the continuing effect of coercive practices）かに関する推論にかかっている。自白の任意または不任意の性格は、被告人（the accused）が自白をする時点で、疑われている犯罪への加担を自白しまたは否認する〃精神的自由〃を有していたかどうかに関する結論に基づいて判断される。

本件争点は結局、乙刑務所での自白は甲刑務所での出来事の不可避的結果（unavoidable outgrowth）であるかどうかである。「第一四修正は、禁断の誘因が理由で（because of forbidden inducements）自己の有罪を認めた被告人に対し、いかなる状況下においても彼のその後の自白を公判で用いられないように保護するものではない。後の自白の許容性は同一の判断基準（the same test）――すなわち、それは任意であるか――に依拠する。もちろん、以前の供述が強制によって被告人から獲得されたという事実は、後の自白の性格を評価する際に考慮されるべきである。以前の虐待の影響が非常に明白であるため、それが被告人の精神を支配し後の自白は不任意であるという結論以外の推論は禁じられるということはありうる。以前の自白と後の自白との関係が前者の事実によって後者の性格が支配されているといえるほど密接でなければ、推論は事実認定者の役割であり、そのような不確かな状況下においては、自白は任意のものとして許容されるとの事実認定者の結論はデュー・プロセスを否定するものであるということはできない。オクラホマ州刑事控訴裁判所は、本件において、以前の強制の影響は第二自白以前に消失した（dissipated）との判断は証拠によって正当化されると決定したのであり、われわれは、これに同意する。（*Id.* at 602-604.）

われわれの見解によれば、甲刑務所での以前の出来事によって、後の乙刑務所での自白は虐待によってもたらされたものであるとの結論が必然的に（unescapably）導き出されることになるものではない。乙刑務所での自白は早朝の供述とはまる一二時間離れている。それはXを保安官の管理から刑務所長の管理に移した後でなされた。甲刑務所での取調べ時に一時同席していた一人が乙刑務所での取調べ時に同席していたのは事実であるが、その人物は甲刑務所での取調べ時にXを虐待したとされる人の中には含まれていなかった。Xは刑務所長Qに引き渡され、供述すれば不利益な証拠として用いられること、そして任意に希望しない限り供述する必要はないことをQから告知された後、何らの強制も脅迫もなしに間もなく進んで（readily）自白したことを示す同席者の供述もあった。Xは同刑務所の以前の在院者として、刑務所長とは面識があった。Xはそこで虐待を受けるおそれは過去において一切なかったと証言していた。Xは二〜三日後に全く強制のない状況下において現場検証以来（from his own locality）面識のあった刑務所の看守長に、明白に殺害を認めたという事実は、自己の有罪をすっかり打ち明けることが賢明であるとXが判断したこと、そしてQへの自白は任意であることを強く示している。（*Id.* at 604-605.）

第一四修正は、〝まさに正義という概念に不可欠な基本的公正さ〟を無視するような方法で行われた刑事裁判を州裁判所で受けることのないよう保障するものである。強制された自白は基本的な正義の基準になじまない（offensive）というのは、拷問によって獲得された供述は文明化された裁判所（civilized forum）が有罪を推認する前提とはなり得ないからである。第一四修正は、陪審の評決における単なる誤りを、たとえその誤りが自白の任意性に関わるものであるとしても、再審査しない。Xの甲刑務所での自白に一部依拠した有罪の推論はXに公正な裁判を否定するほど極めて非論理的かつ不合理であるということはできない。（*Id* at 605.）

【44】ベイア反覆自白許容軍務違反事件判決（一九四七年）

本判決（United States v. Bayer, 331 U.S. 532）は、軍人の誠実義務違反のコンスピラシーに関して第二自白が違法な第一自白の〝果実〟であるかが争われた事件で、第二自白時の身柄拘束は〝管理上の制約〟にすぎなかったことなどを理由にその毒樹性を否定したものである。第一自白を袋から出された猫に喩えた一文は有名で、現在に至るまで繰り返し引用されている。

【事　実】　ベイア兄弟（X、Y）は、毛織物の製造業を営む資産家で地域での評判もよかった。Xには三人の息子がおり、いずれも兵役に服していた。Aはその一人で、余り頑健とはいえなかった。Bはベイア兄弟の甥だった。A、Bの二人は一九四二年一二月一五日、合衆国空軍の兵籍に編入され、間もなくニューヨークのロング・アイランドにあるM部隊の司令部に配置された。一九四三年一月、Yはニューヨークのナイトクラブで M部隊に駐屯する二将校と知己になり、卸売価格での制服の提供を申し出るなどした。その後さらに親交を深めた結果、二人を介して交遊関係がさらに広がり、ラドヴィッチ少佐（Z）とも親交を重ねた。同年四月、A、BはZの指揮する部隊に転属した。Xらは将校らに種々の贈物をした。中でもZは、Xらの会社に度々電話するなどして、ゴルフ・クラブ、旅行カバン、劇場チケットなど多くの贈物を得た。同年七月ころ、将校らがXから多数の贈物を受け取っているとの噂が流布したため、ZはA、Bを再転属させねばならない旨Xに伝えた。XはM地区に留まらせることを希望したので、ZはM地区の医療班にA、Bを転属させた。この後、XはZにおよそ二千ドル支払った。A、Bは一九四三年八月、再び海外勤務の必要ある空挺工兵部へ転属させられた。憂慮したXらが強力に働きかけた結果、Zの助力でA、Bを余剰員として国内勤務だけの空輸部隊に転属させることとなり、同年一一月二二日、A、Bを一たんZの部隊に配置替えのあと、空輸部隊に転属させることに成功した。間もなくXは、Zに五千ドル手渡した。

Zは中国・ビルマ戦線で殊勲を立て帰国後の一九四四年八月九日、ニューヨークのM部隊への出頭を命ぜられ、出頭すると直ちに逮捕された。そして九月一六日までのおよそ五週間にわたり、軍病院の精神病棟に監禁され、厳しい監視下に置かれた。Zはその間、電話を含め外部との連絡を一切認められず、また弁護人との接見も拒否された上、軍法会議にかけられることもなく、罪状認否のため治安判事（magistrate）の下に引致されることもなかった。「そのような拘束下に、Zは一九四四年九月五日ないし九月六日、最初の自白をした。」九月一六日以降はM部隊での単なる行政拘束を受けるにとどまり（under only administrative restriction）、一九四五年一月二日以降は基地司令官の許可の下に外出することも認められた。このような状況下にZは、「一九四五年三月一五日と一七日、ＦＢ

Iの特別捜査官に対しニューヨーク市にある合衆国裁判所で」第二回目の自白をした。この自白は「X、Yから受け取った七千ドルを考慮してA、Bらを転属させた」ことをやや詳しく述べたものであるが、第一自白とほぼ同一の内容だった。(*Id.* at 534-539.)

X、Y、Zの三名は、Xの子息（A）およびX、Yの甥（B）の二人を非戦闘部隊に配置勤務させるなど便宜を図ることを共謀し、XとYがZに多額の金銭等を贈り、Zがこれを受理したとして合衆国軍人の公正かつ誠実な軍務に関して合衆国を欺罔したコンスピラシーで起訴された。Zは金銭の受理は認めたが、X、Yに説得されて収受したものであると主張し、コンスピラシーを否認した。X、Yも金銭の支払いは認めたが、Zに強要されたものであり、自分たちはむしろ被害者であると主張した。(*Id.* at 533.)

四四年九月の第一自白はマクナブ判決（McNabb v. United States, 318 U.S. 332）に違反するため証拠として提出されなかった。そこで四五年三月の第二自白が毒樹の果実として排除されるかが争われた。ニューヨーク州南部地区合衆国地方裁判所は、第二自白は任意にされたものであるから、許容できるとした。陪審は全員を有罪と認定した上で、最も寛大な刑に処するよう（the highest degree of clemency）勧告した。X、Y、Zはそれぞれ一年、二年、一年六月の各実刑判決が言い渡され、全員が控訴した。第二巡回区控訴裁判所は一九四六年八月一四日、第二自白は第一自白の〝果実〟であるから、第一自白と同様に排除されるとした。「マクナブ判決で認められた違法性の汚れは、自白に至る前の身柄拘束が二日間ではなく一か月以上にも及んだ本件に明白に（decidedly）存在する」、検察官はこの九月の自白を提出しなかったが、裁判所は両方の自白を検討し、重要な点で両自白に矛盾はないと指摘した。「このような事実によれば、第二自白は明らかに以前の自白の果実（the fruit of the earlier one）であり、それは同様に許容できない」というのである。(United States v. Bayer, 156 F.2d 964, at 969-970.)

【判　示】　原判決破棄。　ビルマ戦線で殊勲をあげて帰国した当時二四歳のラドヴィッチ（Z）は一九四四年八月九日、M部隊への出頭を命ぜられ、直ちに逮捕され、精神病棟で拘禁された。このような拘束下の同年九月五日ないし六日、彼は最初の自白をした。この自白はマクナブ法則の下で許容できないので証拠として提出されていない。一九四五年三月一五日と一七日にFBI捜査官Fにした第二自白は許容されたが、控訴裁判所は【41】シルヴァーソン、【42】ナードン両判決を引用して、それ（第二自白）は〝明らかに以前の自白の果実〟であるとして、同様に許容できないと判示した。

Zはこの第二自白をした当時、なおM部隊にいたが、許可なしに基地からの外出は認められないことを意味する〝管理上の制約（administrative restrictions）〟下に置かれていたにすぎなかった。F証言によると、ZはFBI捜査官（複数）と種々の会話をした。Zは当初の供述に含まれていなかった若干の事実について任意に話した。「この三月のZとの会合（meeting）は全体のストーリーを一つの供述にまとめ上げることであった。FはZに、その供述はZに不利益な証拠として用いられることを警告した。Zは第二自白をする前に、最初の供述の提出を求め、それに目を通した。三月の第二自白は〝補充（supplementary）〟と明示され、〝基本的（basically）〟に先の自白と同一であったが、より詳細であった。検察官は第一自白の提出を拒否し、それは証拠として提出されなかった。そして裁判所はこの供述を検討して、両供述には大きな矛盾がないことを認めたのである。（*Id*. at 539-540.）

「もちろん、被疑者が自白をすることによって一たん猫を袋から外に出してしまうと、その（自白）の動機がどのようなものであれ、その後は自白をしたことによる心理的かつ実際的な不利益を免れることはできない。彼は猫を袋に戻すことはできない。秘密は永久に外に出てしまったのである。（Of course, after an accused has once let the cat out of the bag by confessing, no matter what the inducement, he is never thereafter free of the psychological and practical disadvantages of having confesses. He can never get the cat back in the bag. The secret is out for good.）このような意味において、後の自白は常に第一自白の果実とみなすこともできよう。しかし、当裁判所は今まで、自白の使用を阻げる状況下で一たん自白をすれば、そのような事情が除去された後でも自白者は永久に有用な自白をすることができないとまで判示したことは一度もない。控訴裁判所が依拠したシルヴァーソン、ナードン両判決は、自白ではなく全く別のカテゴリーの証拠を取り扱ったものであり、この問題を規制しない。本件での第二自白は、第一自白から六か月後になされた。Ｚが受けていた唯一の束縛は、許可なしに基地を離れることができないということだけだった。このような軍隊内での自由の制約及び軍紀の維持は、正しい警告後に任意になされた自白を不利な証拠として許容できないとするに十分であるといえないことは明らかである。」(*Id*. at 540-541.)

【45】ワン・サン第四修正違反果実排除麻薬隠匿事件判決（一九六三年）

本判決（Wong Sun v. United States, 371 U.S. 471）は、多数の関係者が入り混じっているため難解な判じ物（Chinese puzzle）といわれるほど複雑であるが、簡単な麻薬譲渡の事案で包括的な毒樹の果実論を展開しつつ、〝独立入手源〟、〝稀釈法理〟の例外のあることを明示した指導的判例である。なお、法廷意見の執筆はブレナン裁判官である。

【事　実】　サンフランシスコの連邦麻薬取締官（Ｐら）は一九五九年六月四日午前二時ころ、かねて監視中のＡを適法に逮捕し、その供述から同人所持のヘロインは甲通りの洗濯屋ジェイムズ・トイ（Ｙ）から前夜譲り受けた旨の供述を得た。Ｐらは同日午前六時ころ、Ｙの店に赴きベルをならすと、Ｙが現れ、クリーニングなら八時に来て欲しいと言ってドアを閉めようとしたので、Ｐが麻薬捜査官のバッジを示して身分を明らかにしたところ、Ｙはドアを閉め裏の居間の方へ走っていった。そこでＰらは、ドアを押し開け、妻子が寝ている寝室まで追跡してピストルを抜きＹを逮捕し、住居内を捜索したが、麻薬は発見されなかった。麻薬取締官の一人が「Ａは君からヘロインを買ったと言っている」と告げると、Ｙは「自分は麻薬を売ったことは一度もないが、麻薬を持っている人物なら知っている」と述べた上で、その男の名前はジョニー・イー（Z）で「Zは一オンスのヘロインを持っていた」旨供述し、前夜Zの家の寝室で二人で一緒にヘロインを吸引したことなどを明らかにした。Pらは、Yの供述からZの家を突き止めその家の中に入ると、Zは寝室にいた。若干のやりとりの後「Zは机の引出しから合計一オンス弱のヘロインの入った数個の包みを取り出し、それを手渡した。」ZはYとともに麻薬取締官事務所に連行された。Zは、ヘロインはYともう一人の中国人が持ちこんだ旨供述し、この中国人はワン・サン（X）であることを明らかにした。PらはYの指示したアパートでXを逮捕し、アパート内を徹底的に捜索したが、麻薬は発見されなかった。

YとZは同年六月四日、Xは翌六月五日、いずれも麻薬取締法違反の罪で予備審問を受けた後、保証誓約書（recognizance）を提出して身柄を釈放された。三人は二、三日後、身柄不拘束のまま個別に取調べ（Xは任意に出頭）を受けた。X、Yは任意に相手を巻きこむ供述をしたが、いずれも供述録取書に署名することを拒否した。Aは、X、Yの公判で証言しなかった。訴追側はZを主たる証人として喚問したが、Zは自己帰罪拒否特権を行使して証言を拒否した上、取締官にしたとされる供述を全面的に否認した。Zは結局、免責された。その結果、任意提出されたZ所持のヘロインも、その入手先はX、Yである旨のZから引き出された供述も一切証拠として提出されなかった。（*Id.* at 475-477, at 493-497.）

XとYは、連邦覚せい剤取締法違反の二訴因で、カリフォルニア州南部地区合衆国地方裁判所で陪審なしに審理され、コンスピラシーの第一訴因では無罪とされたが、違法に輸入されたヘロインを故意に搬送・隠匿したとの実体犯（substantive offense）の第二訴因では有罪とされた。第九巡回区控訴裁判所も、これを維持した。本件では、⑴寝室で逮捕時のYの口頭供述、⑵Zから領置したヘロイン、⑶Yの公判前の無宣誓供述、⑷Xの同じく公判前の無宣誓供述の各許容性が争われた。裁判所は、いずれもこれを肯定し、XとYの逮捕は違法であるとしつつ、「右証拠の四標目はいずれも違法逮捕の〝果実〟ではない、それ故、証拠として許容したのは相当であると判示して」これを維持したのである。(*Id*. at 477-478.)

【判　示】　原判決破棄。　(1)　**逮捕時のトイ（Y）供述**　寝室でのY供述は、それが取締官の違法な行為の〝果実〟であると判断されると排除される。住居の神聖および身体の不可侵性に関する基本的な憲法上の保障を実効あるものとするために、当裁判所はほぼ半世紀前の【2】ウィークス判決において、違法な捜索を通じて押収された証拠は違法捜索の被害者に不利益な証拠とすることはできないと判示した。証拠排除は、かような侵害の直接の産物と同様に間接的なものにも及ぶ。【41】シルヴァーソン判決を執筆したホウムズ裁判官は、広範な排除法則のポリシーを簡潔に示した。すなわち、〝ある方法による証拠の獲得を禁止する規定の本質は、単にそのようにして獲得された証拠は裁判所の面前で用いられてはならないということだけでなく、それはおよそ用いられてはならないということである。もちろん、このことは、このようにして不当に獲得された事実は神聖にして近よるべからざるものとなるという意味ではない。もしそれら（の事実）に関する知識が独立の源から得られるのであれば、それらは他の事実と同様に立証されてよい。しかし、訴追側自身の違法行為によって得られた知識は、本件で主張されているような方法で訴追側が用いることはできない〟というのである。(*Id*. at 484-485.)

排除法則は伝統的には、違法な侵入を通じて、またはその直接的な結果として獲得された物理的有体物を公判で用いることを禁止した。一九六一年のシルヴァーマン判決（Silverman v. United States, 365 U.S. 505）における当裁判所の判示によって、第四修正はより伝統的な〝書類および所持品〟の押収と同様に、口頭供述の盗聴をも保護することが明らかにされた。それ故、本件での捜査官の行動のような違法な家屋への立入りと権限なき逮捕から直ちに派生する口頭供述は、不当な侵入の通常の有体的な果実に劣らず捜査官の違法行為の〝果実〟である。また排除法則の政策的論拠によっても、物的証拠と口頭による供述証拠（verbal evidence）との間に何ら論理的区別は認められない。口頭による証拠の場合に排除法則を緩和するとその危険は余りにも大きく、かような区別をすることはできない。

訴追側は、寝室での取締官に対するYの供述は違法と考えられる侵入と密接に結びついてはいるものの、それにもかかわらず〝その間に介在した自由意思の行為〟の産物であるから許容できると主張する。しかしながら、このような主張は本件の状況の説明として不十分である。六～七名の取締官がドアを押し開け、妻子が寝ている寝室までYを追跡した。Yは直ちに手錠をかけられ逮捕された。このような状況下において、Yの応答は最初の違法侵入の汚れを除去するに足りる自由意思の行為である（sufficiently an act of free will to purge the primary taint of the unlawful invation）と推認することは不合理である。（*Id.* at 485-486.）

(2)　イー（Z）提出のヘロイン　Y供述が排除されるのであれば、Y供述に基づき警察がその所在を突き止めたZから入手した麻薬も排除されるかを検討してみよう。検察官は公判裁判所に対して明確に〝トイ（Y）の協力がなければ麻薬は発見されていなかったであろう〟と述べている。したがって、本件は、当裁判所が【41】シルヴァーソン判決で想像したような訴追側が〝独立の源から〟当該証拠を知っていたことを理由に排除法則が適用されないという事案ではない。また本件は、当裁判所が【42】第二次ナードン判決で指摘した警察の違法行為と争われている証拠の発見との関係が〝稀薄なためその汚れが除去された〟という事案でもない。「警察官の違法行為がなければ明るみに出なかったであろうということだけで、すべての証拠を〝毒樹の果実〟であると考える必要はない。むしろ、このような事案におけるより適切な問いかけは、最初の違法行為が立証されたとしても、異議申立の対象たる証拠がかかる違法行為を利用して得られたものであるか、それとも最初の汚れを除去したものと認めるに足る手段により得られたものであるかどうかである。（We need not hold that all evidence is "fruit of the poisonous tree" simply because it would not have come to light but for the illegal actions of the police. Rather, the more apt question in such a case is "whether, granting establishment of the primary illegality, the evidence to which instant objection is made has been come at by exploitation of that illegality or instead by means sufficiently distinguishable to be purged of the primary taint.）本件麻薬は〝かかる違法行為を利用して得られたものである〟ことは明らかであり、それ故、それらはYに不利益な証拠として用いることはできない。」（*Id.* at 487-488.）

(3)　トイ（Y）の供述調書　残された唯一の問題は、Yの無署名供述の検討である。供述時にYは保証誓約書を提出して釈放されていたという事実に照らして、同供述が違法逮捕の果実であるかを判断する必要はない。われわれは、Yの寝室での供述もZの手渡した麻薬もYに不利益な証拠として許容すべきではないと結論したので、Yの有罪を維持する唯一の証拠はワン・サン（X）の無署名供述である。われわれは、Xの供述（調書）におけるYへの言及部分はYの承認を補強する証拠として許容できないと結論する。（*Id.* at 488.）

「逮捕後になされた公判廷外の供述は、原供述者の犯罪仲間（declarant's partner in crime）に不利益な証拠として公判で用いることはできないということはわが判例上十分に確立している。」われわれは、共犯者の供述（自白）は（それだけで被告人を）有罪とするのに十分ではないとしても、（被告人の自白を）補強するためにこれを用いる（serve）ことができるかという、本件で提示されている問題について今まで正面から判断したことはなかった。われわれは、公判廷外の供述の使用を規制する法則が許容性のそれである限りにおいて、異なる結論に至る根拠（warrant）はないと考える。「他の共謀者の伝聞供述（co-conspirator's hearsay statements）は、コンスピラシーの存続中にかつそれを推進するためになされた場合を除き、いかなる目的のためであれ、およそ被告人に不利益な証拠として許容できない、これがわれわれの従前の判例の趣旨である。」かくして、Yに関する唯一可能な補強証拠の源が除去されたから、Yの有罪判決は破棄されなければならない。（*Id.* at 490-491.）

(4)　ワン・サン（X）の供述調書　Xの無署名自白は、違法逮捕の果実ではない、それ故、公判で許容されたのは相当である。証拠によると、Xは適法なアレインメント後に保証誓約書を提出して釈放され、そして数日後に任意に出頭して供述をしたのであるから、逮捕と供述との関係は〝極めて稀薄となり汚れは除去されている〟。供述（調書）が無署名であるという事実は、その信用性には関係があるとしても、それを不許容とするものではない。（*Id.* at 491.）

Zが提出したヘロインはYに不利益な証拠として許容できないとの判示は、Xに関して同様の結論を強いるものではない。Yに関して右麻薬の排除が必要とされたのは、Yから違法に入手された情報との汚れた関係に基づいている。ところが、ヘロインの押収はXのプライバシーないしその住居を侵害していない。Xはその利用に異議を申し立てることはできない。しかし、Xの供述はY自身の供述調書における不利益な事実の承認を補強するために許容できないのと全く同じ理由で、Yの供述調書におけるXへの言及部分はXの不利益な事実の承認を補強するために許容できない。かくして、Xの供述を補強できる唯一の証拠はこのヘロインだけである。しかし、公判裁判官がXを巻きこむYの供述調書の内容を補強証拠として考慮しなかったかどうかは本件記録からは確証できない。それ故、Xには新公判を求める権利があるということになる。（*Id.* at 491-493.）

【46】ウェストオーヴァ反覆自白排除銀行強盗事件判決（一九六六年）

本判決（Westover v. United States, 384 U.S. 494）は、ミランダ判決で争点類似事件として一括審理された四判決の一つであるが、州の強盗事件で逮捕され十分な権利告知なしに地元警察に自白した後で同一の取調室で連邦の強盗事件に関して十分な警告後に自白した事案につき、被疑者が「当初の環境から時間も場所も離れた」場所で取調べを受けたという事案ではないとして、自白調書の許容性を否定したものである。

【事　実】　被告人（X）は一九六二年三月二〇日午後九時四五分ころ、二件のカンザス市での強盗事件での容疑者としてカンザス市の地方警察に逮捕され、カリフォルニア州での重罪犯罪で手配中の人物でもある旨のＦＢＩからの報告書も受理された。地方警察はＸを警察署に連行した上、州の事件で面通しを実施し、午後二時四五分ころ、逮捕手続をした。カンザス市警察は逮捕当日の夜、Ｘを取り調べた。Ｘは容疑を一切否認した。警察官は翌日の午前中再びＸを取り調べた。正午少し前に警察官らはＦＢＩに、Ｘの取調べが終了したこと、そしてＦＢＩがＸの取調べを続行できることを知らせた。Ｘが地方警察によって権利に関する何らかの警告を受けたことを示すものは記録上一切ない。ＦＢＩの特別捜査官二人は正午ころ、カリフォルニア州での銀行強盗事件等に関してカンザス市警察の取調室で取調べを継続した。Ｘは二時間ないし二時間半後に、二つの銀行強盗のそれぞれにつき、捜査官の一人が取調べ中に用意した各別の自白調書に署名した。公判で捜査官は、Ｘに供述する必要のないこと、Ｘがしたいかなる供述も不利益に用いられうること、そして弁護人と接見する権利のあることを告知した旨証言した。Ｘは連邦裁判所で陪審による審理を受け、カリフォルニアの強盗事件で有罪とされた。Ｘの自白調書は証拠として提出された。Ｘは各事件につきそれぞれ一五年の拘禁刑を言い渡された。第九巡回区控訴裁判所は一九六五年三月一一日、これを維持した。(*Id*. at 494-495.)

【判　示】　原判決破棄。　本件事実の下では、Ｘが本件供述をする前に十分に理解して理性的に黙秘権および弁護人の援助を受ける権利を放棄したものと認めることはできない。ＦＢＩ捜査官が取調べを開始した時点で、Ｘは一四時間余にわたり身柄を拘束されており、その間、十分に取調べを受けていた。ＦＢＩの取調べはカンザス市警察による取調べの終了直後に開始され、そして地方警察署本部において行われた。「二人の法執行官は法律上は独立したもので、かつ彼らがＸをその廉で取り調べた犯罪は別個のものであったけれども、Ｘへの効果 (impact) は継続中の取調べの効果と同一であった。」ＦＢＩの取調べ以前に何らかの警告が与えられたとの証拠はないし、ＦＢＩが取調べを開始した後で明示の権利放棄があったとの証拠もない。本件記録は単に、地方警察の取調べに引き続いてXの身柄がFBIに引き渡されて間もなく、Xが事実たしかに自白したことを示しているにすぎない。FBI捜査官は取調べ開始時に警告を与えていた。「しかし、そのような事実にもかかわらず、ウェストオーヴァ（X）の観点からすると、かかる警告は取調べ過程の最後になされた（from Westover's point of view the warnings came at the end of the interrogation process）のと同じであった。このような状況の下で、憲法上の権利の放棄は考えられない。」（*Id.* at 495-496.）

「われわれは、法執行当局は他の当局によって一定期間身柄を拘束されて十分な警告なしに取調べを受けたいかなる個人をも取り調べることができないといっているのではない。もし被疑者（an accused）が時間も場所も最初の環境から離れたところで（removed both in time and place）第二の官憲によって身柄を拘束され、それから十分な権利告知を受け、それを行使する機会が与えられたというのであれば、異なった事案が提起されていたことになろう。」しかし、本件では、FBIの取調べは同一の警察署において――同一の強制的環境下において――州の取調べに引き続いて直ちに行われた。それ故、Xからの自白獲得に際して、連邦官憲は地方官憲の身柄拘束中の取調べによって加えられた圧力の受益者（beneficiaries）であった。このような状況の下では、警告を与えたというだけでは特権を保護するのに十分ではなかったということになる。（*Id.* at 496-497.）

【47】ウェイド第六修正違反犯人識別証言原則排除強盗事件判決（一九六七年）

本判決（United States v. Wade, 388 U.S. 218）は、銀行強盗で起訴された被告人（X）を弁護人に連絡することなく面通しを実施し参加者全員に強盗と同様にテープ片を顔につけさせて〝金を袋に詰めろ〟などと言わせたところ、目撃者の銀行員A、Bの二人がXを犯人と識別し、後の公判でもXを犯人と指示してXが有罪とされた事案につき、原審と同じく第六修正の弁護人依頼権に違反するとしたものである。ただ、原審の第五巡回区控訴裁判所がすでに選任されていた弁護人の立会いなしに面通しを実施した点で第六修正の弁護人依頼権に違反するとして法廷での犯人識別証言を排除した上で新公判を命じたのに対し、本判決は面通し時の弁護人立会権の意義を強調しつつ、法廷での犯人識別証言も〃独立入手源の例外〃等に該当する場合には許容されるから、この点につき審理を尽くさせるために差し戻した点で異なる。なお、法廷意見の執筆はブレナン裁判官である。

【判　示】　原判決破棄。(1)「本件での問題は、すでに選任されていた弁護人への連絡なしに、その立会いを欠いたまま実施された犯人識別のための起訴後公判前の面通しで被告人（the accused）が証人の観察に供されていたことを理由に、公判に付された被告人を犯人とする公判廷での識別（証言）を証拠から排除すべきかどうかである。」（*Id.* at 219-220.）

(2)　権利の章典の起草者は、単に“法律問題”についてのみ依頼者に助言するにとどまり〃事実問題〃への責任を回避するという当時のイギリスにおける支配的な実務慣行の下での役割よりも大きな役割を弁護人に期待した。イギリスから独立時の一三州のうち少なくとも一一州の憲法は、明示または黙示にこの区別を廃止しており、このように事実問題と法律問題との区別を廃止することの必要性については一致していた。すなわち英領植民地一三州は、被告人が一人で訴追側に抵抗しなければならないとすると、その運命はあらかじめ定められてしまうことを認識していたのである。被告人に自己を防禦するための弁護人の援助を保障する第六修正の適用範囲には、このような背景が反映している。権利の章典採用時には、今日見られるような組織的な警察力はなかった。被告人は自己に不利な検察官および証人と対決し、そして証拠は専らその公判自体において組み立てられた（marshalled）。これに対し、今日の法執行の機構は、公判前手続での訴追側と被告人との決定的な対決（critical confrontation）をもたらし、そこでの結果が被告人の運命を決することになるため、公判自体は単なる形式と化した。このような現代における刑事訴追の現実を認識して、わが判例は第六修正の弁護人の保障を解釈して訴追の〃決定的〃段階に適用してきた。この保障は〝すべての刑事訴追において、被告人は、自己を防禦するために弁護人の援助を受ける権利がある〟とする。この平易な保障の文言には、有意味な〝防禦〟を確保するために必要なときにはいつでも弁護人の援助を受ける権利のあることが含まれているのである。(*Id.* at 224-225.)

われわれは早くも一九三二年のパウエル判決(Powell v. Alabama, 287 U.S. 45)で、アレインメントから公判に至るまでの時期は〝おそらく手続きの最も決定的な時期〟であり、〝憲法の保障が空虚な権利でないというのであれば、被告人が弁護人の導きの手を必要とする時期〟であることを認めた。一九六四年のエスコビード判決(Escobedo v. Illinois, 378 U.S. 478)で、われわれは再び弁護人の存在の必要性を指摘し、ついに一九六六年のミランダ判決において、弁護人の立会権を含む身柄拘束中の取調べのための法則が確立されたのである。正式であると否とにかかわりなく、訴追のいかなる段階においても、法廷の内外を問わず、弁護人不在のため被告人の公正な裁判を受ける権利が侵害されうる場合には、被告人は一人で訴追側に抵抗する必要のないことが保障されている。これがこの原理の中心点である。このような決定的な対決の場において、公判自体と同様に弁護人が立ち会うことによって、被告人の利益はわが対審的刑事訴追理論(our adversary theory of criminal prosecution)と一致して保護されることとなる。(*Id.* at 225-227.)

(3)　訴追側は、本件面通しを検察官の証拠収集の単なる準備手段にすぎないとし、被告人の指紋、血液サンプル、衣服、毛髪等の組織的ないし科学的分析のようなその他の種々の準備手段と異ならないと主張する。われわれは両者には相違があるため、このような(後者の)準備手段を被告人に弁護人の立会いを求める権利がある決定的段階と性格付けることはできないと考える。科学技術の知見は十分に利用可能であり、技術上の差異はほとんどないから、訴追側の専門家証人に対する通常の反対尋問および自己側の専門家証人による証拠の提示を介して、被告人には公判で訴追側の主張に対し有意味な対決(meaningful confrontation)をする機会がある。それ故、かかる分析時に弁護人を立ち会わせる権利を否定しても、第六修正に違反しない。かかる段階で弁護人が不在であったとしても、被告人の公正な裁判を受ける権利が侵害される危険はほとんどないから、それらは決定的段階ではない。(*Id.* at 227-228.)

「しかし、犯人識別証言を引き出すために訴追側が強制する被告人と犯罪の被害者ないし証人との対決には、公正な裁判を実質的に――時には決定的に――侵害する無数の危険と可変的要素が充満している。目撃証人による犯人識別の気まぐれさは周知である。刑事法の記録には多くの誤った犯人識別の事例がある。フランクファータ裁判官はかつて、〝たとえ矛盾していないときであっても、犯人識別証言にいかほどの価値があるのか。第三者の識別は周知のように信用できない。かような証言の危険性は英米の裁判記録において多くの事例によって証明されている。これらの事例は最近のものであって、昔の残酷な刑事手続に由来するものではない〟と述べた。サッコ・ヴァンゼッティ事件三〇頁（一九二七年）。犯人識別の誤りに由来する誤判率が高いその主たる要因は、訴追側が公判前の犯人識別のため被疑者を証人に対面させるその方法に内在する暗示の度合いである。ある論者は、犯人識別証人への不当な暗示の影響が他のどの単一の要因よりもより多く誤判の原因である、それはおそらく他のどの複合要因よりも多くこのような誤りの原因であることを指摘している。暗示は意識的にまたは無意識的に多くの微妙な方法でなされうる。そして被疑者にとっての危険は、証人の観察の機会がごく僅かで、それ故、暗示を受けやすいときに最大となる。さらに、証人が一たん面通しで被疑者を選び出してしまうと、後に前言を取り消すことはほとんどない、このことは一般的な経験に属する事柄である。このため、同一性の争点は事実上、公判前にその場で直ちに(there and then) 決定されることになる。」(*Id.* at 228-229.)

「暗示の危険はいずれの対面方式にもあり、目撃証人の犯人識別に内在する危険性を高めていることは明らかである。しかし、密室での取調べの場合と同様に、面通しその他の方法による犯人との同一性識別のための対面

(identification confrontation) の際に生じたことを描写するのは至難である。被告人側が公判で面通しによる犯人識別のやり方を裁判官や陪審に対し再現できるのは稀である。被告人と一緒に面通しに参加する者は警察官であることが多い。いずれにせよ、参加者の名前が記録され公判で明らかにされることはほとんどない。客観的な観察への障害は、被害者が証人であるときに増大する。面通しは強姦や強盗の訴追でも広く実施されており、これには被害者の当然の怒りが復讐心や恨みの動機を掻き立てるという特有の危険がある。いずれにせよ、証人も面通し参加者も被疑者に偏頗な状況に警戒的であるとはいえない。さらに面通しの公正さに関する公判での被疑者の抗議もまず失敗すると思われる。陪審の選択肢は、被告人の裏付けのない主張か、面通しに参加した警察官のそれかの二つに一つである。要するに、面通し時に生じた何らかの不公正を公判で効果的に再現できないために、被告人は証人の法廷での犯人識別の信用性を有意味に攻撃する唯一の機会を奪われたことになる。」(*Id.* at 229-232.)

不当な影響の可能性は、われわれが本日判断を下す三事件での以前の犯人識別を取り巻く状況によって示されている。証人は法廷で椅子に座り、面通しのための集合を待っていた。法廷は廊下に面しており、その廊下は開かれたドア越しに証人に見えていた。銀行の出納係Aは、被告人ウェイド(X)がFBI捜査官の監視下に〝廊下に立っている〟のが見えたと証言した。他の事件の五〜六人の被告人がその後廊下に現われた。支店長代理Bは、すでに以前に銀行に入ってきた人物であると識別していた人物によく似た人物が捜査官の拘束下に廊下にいるのが見えたと証言した。ギルバート事件(後出)での面通しは講堂で実施され、およそ一〇〇名の証人がお互いの面前で被告人ギルバートが起訴されている州および連邦の強盗事件について、てんでに(wholesale)被告人ギルバートを強盗犯人であると識別した。これは暗示の危険を孕むといわれている手続である。そしてストーヴァル判決(Stovall V. Denno, 388 U.S. 293)で生じた犯人識別による暗示の欠陥は、警察官と手錠でつながれている被疑者一人を証人に提示したことにある。提示された人物が警察官によって犯人であると信じられているということほど明確に証人に暗示を与える状況を想像するのは難しい。それ故、以上に概観した若干の判例は、刑事被告人に極めて不公正な危険を孕む手続きが存在することを明らかにしており、秘密下での暗示的影響をあばき出せないでいる多くの被告人の窮状を強く示唆している。われわれは、このような危険は意図的に被告人への偏見を狙った警察での手続の結果であると考えるのではない。そうではなく、これらの危険は、目撃証人による犯人識別に内在する危険性および公判廷の犯人識別の文脈に内在する暗示性に由来すると考えるのである。(*Id.* at 233-235.)

「被告人の有罪判決が事実上、被告人が公判で効果的な吟味にさらすことのできない公判前の疑わしい犯人識別の果実である法廷での犯人識別に基づきうる限りにおいて、被告人は自己に不利な証人と対決する権利の不可欠な保障方法である反対尋問の権利を奪われたことになる。そして反対尋問は公正な裁判に対する貴重な保障方法であるとはいえ、正確性および信用性を絶対的に保障するものと考えることはできない。かくして、多くの可変的要因や危険が存在する本件文脈においては、最初の弁護方針はまず、面通し自体における不公正を阻止し、目撃証人による犯人識別の危険性を減少することでなければならない。被告人の運命を決める裁判が法廷におけるそれではなく、公判前の犯人識別のそれであってよいという理由はない。」(*Id.* at 235.)

「公判前の面通しには、意図的であると否とを問わず、公判で再現することのできない重大な偏頗の可能性があることは明らかである。そして弁護人の立会いそれ自体がしばしば偏頗を除去し、公判での有意味な対決を保障するものであるから、被告人ウェイド(X)にとって本件起訴後の面通しは、訴追の決定的段階であったことには疑問の余地がない。弁護人の立会いを要件とすると、迅速な犯人識別が妨げられ、対決が妨害されるとの懸念が表明されている。第一の点に関しては、本日の二事件では弁護人がすでに選任されており、いずれの事件においても弁護人への連絡は対面を不当に遅らせることになるとの主張がなされていないことを指摘しておく。そして弁護人が司法過程を妨害することを懸念して弁護人依頼権を認めないのは、当裁判所が第六修正に関する判例で認めてきた基本的前提に反する。われわれは身柄拘束中の取調べ時の弁護人の立会いに関するミランダ判決で、類似の論理を退けた。われわれの見解によると、弁護人が正当な法執行を妨害することはほとんどありえない。むしろ逆に、訴追側の犯人識別証拠への汚れの混入を防止することによって、法執行は促進されうる。かような帰結は、犯人が有罪判決を回避するのに役立ちうるのではなく、単に正しく本人（the right man）が法に照らして処罰されることを保障するのに役立ちうるにすぎない。」（*Id.* at 236-238.）

(4)　本件のように、面通しでの犯人識別供述それ自体の許容性が問題でない場合には、法廷での犯人識別を画一的に排除する法則は正当化できない。法廷での犯人識別の許容性を問題とすることなく、単に面通し自体での犯人識別に関する証言だけを排除する限定的な法則では、弁護人依頼権は空虚なものとなろう。面通しは、本件におけるように、被告人を犯人とする証人の識別を将来の参考に結晶化しておくために（to crystalize the witnesses' identification of the defendant for future reference）極めて頻繁に用いられている。面通しでの犯人識別がこのような効果をもつことはすでに指摘した。そこで訴追側は、証人の明確な法廷での犯人識別に依拠し、公判前の犯人識別に言及しないことがある。とすると、弁護人は、被告人ウェイド（X）の弁護人が陥ったような窮地――面通し時に不公正があれば、それは明確な法廷での犯人識別を攻撃できる唯一の方法であることを認識しつつ、手探りでその不公正を発見して暴露しなければならない、しかし他方、訴追側証人の以前の犯人識別を明らかにして暴露すれば、同証人の法廷での犯人識別を補強することになるという窮地――に陥る。面通し時に立ち会うことによって弁護人は、面通しによる犯人識別を攻撃するだけでなく、同様に法廷での犯人識別をも攻撃することが可能となる、したがって、弁護人依頼権侵害の効果を面通し自体での犯人識別供述の排除だけに限定するのは、弁護人依頼権の決定的要素を無視することになる。（*Id.* at 239-242.）

われわれは、このような状況下において適用されるべき適切な基準は〝最初の違法行為が明らかにされたとしても、現在の異議申立ての対象たる証拠がかかる違法行為を利用して得られたものであるか、それとも最初の汚れを除去したものと認めるに足る方法により得られたものであるかである〃という【45】ワン・サン判決で引用されたそれであると考える。この基準を本件文脈に適用するには、種々の要因の検討が必要となる。例えば、以前に当該犯罪行為を観察する機会があったか、面通し前に述べた人相の特徴と被告人の実際の人相との間に何らかの相違があるか、面通し前に他の人物を識別したことがあるか、被告人の面通し前に写真で被告人を識別しているか、以前の機会に被告人を識別できなかったことがあるか、当該犯罪行為と面通しによる犯人識別との間の時間的間隔いかんなどである。

控訴裁判所がこの適切な基準を適用して二証人の法廷での犯人識別を排除したかは疑わしい。法廷での犯人識別が独立の源を有するかどうかは本件記録では判断できない。これは公判での争点ではなかった。それ故、われわれは、法廷での犯人識別は独立の源に基づくものであるか、あるいは、いずれにせよ当該証拠の提出は harmless error であるかを決定するための審理を行うことを条件に、有罪判決を取り消すことが相当な手続であると考える。(*Id.* at 242.)

【48】ギルバート第六修正違反犯人識別供述確認証言排除強盗事件判決（一九六七年）

本判決（Gilbert v. California, 388 U.S. 263）は、ウェイド判決の事案と同様に、起訴後公判前に弁護人に連絡することなく複数の銀行強盗等に関し一〇〇人もの目撃証人の面前で面通しを実施したところ、証人等は互いに識別できた人物の番号を呼ばわり合いつつX（被告人）を識別し後の公判でも犯人として識別した事案につき、【47】ウェイド判決の法理を適用し、訴追側が違法な面通しによる汚れのないことを立証しない限り、法廷での犯人識別証言も毒樹の果実として排除されるとしたものである。なお、本件では被告人の有罪認定段階および同一陪審による量刑手続段階で目撃証人らは、公判前の面通しでもXを犯人と識別した旨証言したため、弁護人はいずれも第六修正に違反する面通しでの犯人識別供述であるから、法廷での犯人識別証言も排除すべきである等主張していた。

【判　示】　原判決破棄。　**(1)**　公判裁判官は、第六修正主張の当否（merits）について判断することなく、たとえ第六修正に違反するとしても、いずれにせよ被告人ギルバート（X）には法廷での犯人識別（証言）を証拠排除する権利がないことを理由に、Xの申立てを退けた。被告人側はその後、法廷での直接尋問の際に、Xを犯人と識別した他の二人の目撃証人から面通しでもXを犯人と識別した事実を引き出した。被告人側は量刑手続段階で、面通しでXを犯人と識別した他の八人の目撃証人の証言に異議を申し立てたが容れられなかった。（*Id.* at 271.）

法廷での犯人識別証言は違法な面通しによって汚れておらず、独立の源に由来することをまず最初に判断することなし、それらを許容したことには憲法上の誤りがあった。われわれは**【47】**ウェイド判決で、被告人を識別証人の観察に供してする起訴後公判前の面通しは刑事訴追の決定的段階であり、弁護人への連絡なしに弁護人不在のままで警察が実施するそのような面通しは第六修正の弁護人依頼権を被告人に否定するものであるから、面通しに参加した証人による法廷での犯人識別（証言）の許容性が公判で問題となると判示した。

しかしながら、ウェイド判決におけると同じく、本件記録では、有罪認定と量刑手続の二段階での法廷における犯人識別（証言）が独立の源に由来するかどうかを十分に判断することができない。それ故、法廷での犯人識別（証言）には独立の源があること、またはそれを証拠として提出したことが無害の誤り（harmless error）であることを立証する機会を訴追側に与えることを条件に、Xには有罪判決の取り消しを求める権利だけがあることになる。（*Id.* at 272.）

(2)　「面通しでXを犯人として識別した旨の証人の証言の許容性に関しては、全く別途の考慮が必要となる。このような証言は違法な面通しの結果で〝最初の違法行為を利用して得られた〟ものである。それ故、このような証言には独立の源があることを立証する機会が訴追側に与えられる権利はない。決定的な面通し時における被告人の憲法上の弁護人立会権を法執行当局に尊重させるためには、このような証言に関する画一的排除法則（a *per se* exclusionary rule）だけが効果的な制裁たりうる。現在実施されている面通しに内在する公正な裁判への危険を回避するために十分な立法規制がない場合には、憲法上疑義ある慣行を抑止するという期待（desirability）が関連証拠の排除という不都合（undesirability）に優越する。」

以前の面通しで被告人を犯人と識別した旨証人が証言することによって同人の法廷での被告人を犯人とする識別の陪審への影響が大きくなり、被告人の公正な裁判を受ける権利が一層侵害されることを考慮すると、かかる結論は支持できる。それ故、州最高裁が〝合理的な疑いを容れない程度に無害であるとの考えを表明できる〟場合を除き、Xには差戻審で新公判を求める権利があることになる。（*Id.* at 272-273.）

【49】ハリソン反覆証言不許容殺人事件判決（一九六八年）

本判決（Harrison v. United States, 392 U.S. 219）は、重罪謀殺罪（felony murder）で起訴された被告人の身柄拘束中の三つの自白がいずれも証拠として許容された後で被告人が証人台に立って被害者の死亡は銃の偶発によるものであると証言したにもかかわらず有罪と認定され、これに対し控訴裁判所が被告人の自白は違法に獲得されたもので許容できないとして有罪判決を破棄し、そして差戻審において再度有罪とされた事案につき、被告人の以前の公判での法廷証言は違法収集自白の果実であるとして有罪判決が再び破棄されたものである。

【事　実】　ハリソン（X）は重罪謀殺でコロンビア特別区において陪審による裁判に付された。訴追側は公判でXが警察による身柄拘束中にしたとされる三つの自白を提出した。これらの自白が証拠として許容された後でXは証人台に立って、被害者の死亡に至る出来事に関するX自身の解釈（version）について証言した。陪審はXを有罪と認定したが、控訴裁判所は、Xの自白はいずれも違法に獲得されたものであるので許容できないと判示し、Xの有罪判決を破棄した。三つの自白の実質（substance）は、Xと他の二人は強盗の目的で銃で武装したまま被害者の家に行った、そして立入りに抵抗した被害者が殺害されたというものだった。ところが法廷では、Xと仲間の二人は銃を質入（pawn）しようと考えて被害者の家に出かけ、そしてXが点検のために銃を被害者に見せていたところ、被害者が誤って（accidentally）殺害されたと証言したのである。

差戻審で検察官はもちろん、そのいわゆる三個の自白を証拠として提出しなかったが、Xの以前の公判での証言——Xが殺人の現場で手に銃を持っていたという証言——を陪審に読み上げた。この証言は、Xが以前の公判で証人台に立って証言せざるを得なくなったのは本来許容できない三個の自白が彼に不利な証拠として提出されたからであるとの弁護人の異議申立てにもかかわらず、読み上げられ、Xは再び有罪とされ、控訴審はこれを維持した。（*Id.* at 221.）

【判　示】　原判決破棄。被告人（X）の以前の法廷証言は後の手続において彼に不利な証拠として用いられうるかという一般的な排除法則の問題を本件で論ずる必要はない。しかし、本件でXは、訴追側が不当に（wrongfully）獲得した三個の自白を証拠として提出した後ではじめて証言したのであるから、そのように獲得された自白の使用を禁止するのと同一の原理が、その自白によって強制された証言——言い古された比喩によれば、毒樹の果実——の使用をも禁止することになる。〃ある方法での証拠の獲得を禁止する規定の本質は、そのようにして獲得された証拠は裁判所の面前において使用できないというだけでなく、それはおよそ使用できない〃からである。（*Id.* at 222.）

Xの以前の法廷証言は彼に不利な証拠として用いうると結論した際に控訴審は、〃無罪放免（acquittal）を得ようとする意識的で戦術的な判断〃に基づいて証人台に立ったことを重視した。しかし、この指摘は的を外れている。

「問題は、Xが意識的に証言する決意をしたかどうかではなく、なぜ証言をしたかである。もし彼が現に違法に獲得され、それ故、不当に提出された自白の衝撃に打ち克つためにそのようにしたというのであれば、彼の証言は自白自体を不許容とするのと同一の違法行為によって汚れていたことになる。」なお、Xの法廷証言は〝違法に採取された自白を不当に証拠として許容したことによって誘発されたとしても〟排除されるべきでない、そのような排除により達成されうる抑止効があるとしても、警察官、検察官、および公判裁判官の道に新しい障害物を置くことによって促進されることは何もない、反対意見は、このように主張する。「しかし、違法収集証拠の排除を正当化する理由は、抑止だけではない。それは〝司法の廉潔性（judicial integrity）の命令〟でもある。」違法に収集された自白およびその結果として獲得された証言を排除しても、訴追側が犯罪を捜査し訴追する正当な方法の妨げにはならない。それとは逆に、訴追側の違法な活動に結び付きうる証拠の排除は、もし訴追側が自ら法を守ってさえおれば実現していた（prevailed）であろう状況を回復するにすぎないからである。（*Id.* at 224.）

残された問題は、Xの法廷証言は訴追側の不当な違法収集自白の利用によって事実強いられた（impelled）かどうかである。もちろん、前の公判でXを証人台に立たせることになった多くの要因（many considerations）を解明することは困難である。しかし、訴追側は違法に獲得した自白を陪審の面前に提示したことによって、もし彼の許容できない自白が用いられなかったとすれば、Xが現にしたような証言をすることはなかったであろうという立証をXに要求することはできない。かつてカードウゾ裁判官が指摘したように、〝行為の源泉（springs）は微妙で多様である。〟それら（源泉）に介入する（meddles）者は、彼が解放した（released）源泉はその他すべてのものを排除するほどに効き目があったというような余りにも微妙な立証を要求することはできない。Xから違法に収集した自白をXに不利な証拠として用いることによって訴追側は〝源泉を開放〟したのであるから、Xの証言はそのような違法行為によって誘発されたものでないことを立証しなければならないことになる。（*Id.* at 224-225.）

本件では、そのような立証はなされなかった。被告側弁護人は陪審への冒頭陳述で、Xは自らの防禦のために証人台に立って証言しないであろうと告げていた。Xの自白が証拠として許容された後ではじめてXは証人台に立ったのである。それ故、Xの自白の利用がなかったのであれば、Xは全く証言することはなかったであろうことは明らかである。しかし、Xの自白が用いられたか否かを問わずXは証言することを決意したであろうとしても、Xは犯罪現場にいて致命的な一弾が発砲されたとき銃を所持していたことを認めていたであろうということにはならない。それとは反対に検察官がXの自白を陪審の面前に提示することがなかったのであれば、証言台でこれほどXに不利な証言はなされなかったであろうということの方がより自然な推論（natural inference）である。〝もちろん、被告人が自白をすることによって一たん猫を袋から外に出してしまうと、その動機がどのようなものであれ、その後は自白をしたという心理的かつ実際的な不利益を免れることはできない。彼は猫を袋に戻すことはできない。秘密は永久に外に出てしまったのである。〟そのような意味において、彼の後の自白は常に最初の自白の果実とみなすこともできよう。（*Id.* at 225 n.14.）

それ故、Xの証言は〝最初の汚れを除去し〟その根底にある違法行為と〝区別するに足りる方法によって〟得られたものであることが立証されなかったことになる。したがって、原判決は破棄されなければならない。（*Id.* at 225–226.）

【50】タッカー第五修正ミランダ違反後獲得証人許容強姦事件判決（一九七四年）

本判決（Michigan v. Tucker, 417 U.S. 433）は、国選弁護人請求権の告知のみを欠く不十分なミランダ警告後に被告人（X）がアリバイ証人Aの存在を主張したところ、Aが逆にXに不利な証言をした事案につき、ミランダ違反供述は弾劾例外を肯定した「【25】ハリス判決の論理は本件にも適用される」として、Aの証言を許容してもミランダに違反しないとしたものである。なお、法廷意見（八対一）の執筆はレンキスト裁判官である。

【事　実】　一九六六年四月一九日の朝、四三歳の女性が自宅で身体を縛られ、猿ぐつわをはめられた半裸かつ重体の状態で発見された。彼女は強姦され激しく殴打されていたためか、事件について話すことができず、その後も思い出すことができなかった。発見者である友人Bが医師と警察に連絡しようとしたところ、家の中にいる一匹の犬に気付いた、被害者は犬を飼っていなかったので、このことは彼の注意を引いた。連絡を受けた警察官Pがこの犬の後を付けたところ、タッカー（X）の家に辿り着いた。この犬はXの飼っている犬であることが判明したので、PはXを逮捕し警察署に連行した。PはXに対し、本件被疑事実が何であるか知っているか、弁護人を必要とするか、憲法上の諸権利を知っているかと尋ねたところ、Xはそのすべてを肯定し、弁護人を必要としないと答えた。Pはさらに、Xの供述は公判で不利益な証拠になることを告知したが、自ら弁護人を依頼する余裕がない場合は無料で国選弁護人を選任できることまでは告知しなかった。Pが事件当夜の行動について尋ねると、Xは友人Aと一緒に過ごし、夜遅く帰宅し就寝したと述べた。そこで警察官がAに会ってXの右供述について確かめたところ、Aは同夜Xと一緒にいたことは認めたものの、Xは比較的早い時間に帰ったと述べた。さらに翌日Xに会うと顔に引っかき傷があったので、手強いやつをつかんだのかと聞いたところ、Xがまあそんなところだと答えたので、それは誰だときくと、「先のブロックに住んでいる女で、未亡人だ」と答えたと述べた。Xは強姦罪で起訴されたが、その公判開始前にミランダ判決の言い渡しがあった。（*Id.* at 435-437.）

公判開始前に弁護人は、ミランダ違反を理由にAの証言排除を申し立てた。取調べ中のX自身の供述は排除されたが、Aの証言排除の申立ては認められず、Aは公判廷で警察官への供述と同旨の証言をした。Xは強姦罪で有罪とされ、州段階ではこれが維持された。連邦地裁は人身保護令状によるXの救済を認め、Aの存在は不十分なミランダ警告後のXの供述に基づき判明したものであるから、Aの証言は許容できない、第五修正を保護するには本件のような毒樹の果実にも排除法則を適用することが必要であるとして、九〇日以内に再審理を受ける場合を除き人身保護令状の発付を認める旨決定した。第六巡回区連邦控訴裁判所もこれを維持した。(*Id.* at 437-438.)

【判　示】　原判決破棄。

Xの本件不服申立ての唯一の論拠は、弁護人を雇う余裕がなければ無料の弁護人すなわち国選弁護人を付ける旨の告知がなかったという点にある。要するに、自己負罪拒否特権は「十分なミランダ警告なしになされた供述に由来する証拠はすべて、その後の刑事裁判において排除される」ことを要求しているというのである。この問題については二つの見地から、すなわち、まず本件警察官の行為はXの自己負罪拒否特権を「直接侵害したのか、それともこの特権を保護するために展開された予防法則（prophylactic rules）だけを侵害したのか」を考察し、次に右取調べに由来する本件証拠は排除されなければならないかを考察するのが相当である。(*Id.* at 438-439.)

「当裁判所はミランダ判決においてはじめて、自己負罪条項が警察署における取調べに適用されること、そして伝統的な原理の下では任意的性格を有するものであるにもかかわらず、被告人の供述が公判で排除されうることを明らかにして……今日では一般にミランダ法則として周知の一連の明確な防禦指針（a set of specific protective guidelines）を確立した。」しかし、当裁判所は「かかる手続上の保護手段はそれ自体憲法によって保護される権利ではなく、自己負罪拒否特権の保障を確保するための手段であることを認識していた。……ミランダで示された保護手段は、〝憲法上の拘束服（straitjacket）を創造〟したものではなく、強制的な自己負罪を拒否する権利に対する実践的な補強物（practical reinforcement）を提供しようとしたものである。」(*Id.* at 443-444.)

警察官の本件行為は、ミランダ以降、第五修正に結びつけられてきた手続上の保護手段をXに十分に利用させなかったにすぎない。Xにはいわゆる国選弁護人請求権を除き他の三つの権利はすべて告知されている。またXは、弁護人の立会いは必要でないと答えており、Xの供述を不任意であるというのは困難である。当裁判所はミランダ判決において、ミランダ違反の供述は「公判での訴追側の主張を積極的に立証するために用いることができない」と判示した。本件でも、犯行時にはAと一緒にいた旨のX自身の供述は排除されている。もっとも、一九六三年の【45】ワン・サン判決は「被告人の第四修正の権利を現実に侵害した警察官の行為の〝果実〟は排除されなければならない」と判示したが、前述のように、本件争点である警察官の行為は「Xの自己負罪拒否特権を侵害したものではなく、この特権を保護するために当裁判所がミランダで示した予防準則（prophylactic standards）を逸脱したにすぎない。」（*Id.* at 444-446.）

一九七四年の【38】カランドーラ判決で判示したように、「排除法則の第一の目的は、将来の違法な警察官の行為を防止し、そのことによって不合理な捜索押収を禁止する第四修正の保障を実効あるものとすることである。」本件で警察官が国選弁護人請求権を告知しなかったのは、ミランダ判決以前のことで、エスコビート判決により確立された法原理に指導される時期であったからである。警察官は、Xに弁護人との接見希望の有無を尋ね、Xにその意思のないことを確かめている。さらに、X自身の供述は排除されている。「このような供述を排除することによって、将来の警察官の違法行為の抑止にいかほどかの効果が認められるとしても、証人Aの証言を同様に排除することによって抑止の効果が高められるとは思われない。」（*Id.* at 446-448.）

不任意供述の場合には、信用性に欠ける証拠の法廷への顕出防止が第二の理由として指摘される。しかし、本件では、かような問題は一切存在しない。より重要なことは、訴追側が法廷に提出した証拠は「Xによる有罪の自白ではなく、Xによる免責的供述ですらなく、身柄拘束の圧力を受けていない第三者の証言であった。XがX自身の国選弁護人請求権（his right to appointed counsel）を告知されなかったという理由だけで、Aの証言が信用できないとする理由のないことは明らかである。」Aは公判廷で証人として喚問され、弁護人による反対尋問にさらされている。（*Id.* at 448-449.）

要するに、Aの証言排除に関するXの主張は説得的でなく、むしろAの証言を許容すべしとする主張こそ強い説得力がある。「諸利益を比較衡量するとき、われわれは、いかなる司法制度の下においても、当事者が提示を求めているところの関連性があり信用性があると認められる証拠をすべて事実認定者の用に供する強い利益を考慮しなければならない。本件においても、ミランダ以前の法則が刑事被告人に与えていた保護に照らして、犯罪者の効果的訴追という社会の利益を考慮しなければならない。」(*Id.* at 450.)　さらに、すでに一九七一年の【25】ハリス判決で指摘したように、ミランダは法的基準を満たしている信用性ある証拠を一切排除するものではないから、この「ハリス判決の論理は、本件にも同様に適用される。」(*Id.*at 452.)

【51】ブラウン第四修正違反後ミランダ警告後獲得供述排除殺人事件判決（一九七五年）

本判決（Brown v. Illinois, 422 U.S. 590）は、違法逮捕後にミランダ警告の告知を受けて被疑者が自白した事案につき、違法逮捕と自白との時間的接着性、その間の介在事情の存否、とりわけ捜査官の意図などを考慮して自白の許容性を判断すべきであり、ミランダ警告だけで右の因果関係後の稀釈化を認めることはできないとしたもので全員一致の判決である。

【事　実】　被告人（X）は一九六八年五月一三日の夕暮れ時、自宅アパートの裏口に通ずる階段を昇り終えたところで、ドア越しに見知らぬ男がピストルを向けているのに気づいた。その男は〝動くな、逮捕する〟と言った。やはり銃を持った他の男が、Xの背後に来て、逮捕する旨の言葉を繰り返した。午後七時四五分ころのことである。二人の男は、シカゴ警察署のP、Q両刑事であることが後に判明した。「二人はXのアパートに押し入り、捜索し、Xを逮捕したこと、これらはすべて相当な理由もなく、令状もなしに行われたことに争いがない。」二人は後に「Aという名の人物の殺人事件の捜査の一環としてXを取り調べる目的で逮捕した」と証言した。Aは一週間前の五月六日、あるアパートの一室で三八口径のピストルで射殺されていたのが発見された。その後間もなく、P刑事は被害者の兄弟からXの名前を聞き出したが、被疑者としてではなく単に被害者の知人としてXの身元が明らかにされたにすぎなかった。

五月一三日の逮捕の当日、P、Qは Xの写真を持参し、もう一人のR刑事とともに、午後三時ころそのアパートに到着した。Rが階下の表入口を見張っている間、P、QはXのアパートに押し入り、捜索した。Pは裏口近くに身を潜め、開け放たれた窓越しに監視していた。Qは表入口近くに座っていた。Qは後に証拠排除手続で、しばらくして裏階段を誰かが昇ってくるとP刑事が言ったので、裏口に通ずるドアの背後に回ったところ、〝動くな、逮捕する〟とのP刑事の声が聞こえ、Xが後ろずさりしているのが見えたので、その背後に回り、逮捕すると告げた旨当時の状況を明らかにした。二人がXにピストルを突き付けている間に、Rがアパートに入ってきた。Xは壁に向って立つように命じられ身体を捜索されたが、武器等は発見されなかった。Xは名前を尋ねられたが、ブラウンであることを否認したので、PはXに持参の写真を示し、A殺人の容疑で逮捕すると告げ、手錠をかけてパトカーに連行した。

二〇分後に警察署に到着すると、Xはテーブルと四脚の椅子しかない二階の取調室で手錠を外され、PらがA殺人事件の記録を入手するまでの間、一人で放置された。間もなく、Pらは記録を持参し、それをXの前の机の上に広げた。Pらは、Xにミランダ警告の後、賭博場（poolroom）でのいかさま賭博（the cheated at dice）に怒ったXが天井に向けてピストルを一発ぶっ放したことはすでに分かっていると告げた。Xは〝あのことを知っているのか〟と答えた。天井から入手された弾丸はAの死体から取り出された弾丸と比較するため犯罪捜査研究所に持っていったと告げると、Xは、〝そのことも知っているのか〟と応じた。「この時点で――午後八時四五分ころ――Pは、A殺人について話したいかと尋ねた。Xは話したいと答えた。その後二〇分ないし二五分の間、XはPの質問に答え、Qがこれをタイプした。」

この取調べは二頁の供述録取書に取りまとめられており、その中でXは「Yという名の男と一緒に五月五日夕方、Aを訪問したこと、三人でしばらく飲酒してマリファナを吸引したこと、YがXに銃を突き付けステレオのヘッドフォーンのコードでAの手足を縛るように命じたこと、そしてYがXから受け取った三八口径のピストルを用いてAを射殺したことを認めた。この供述書はXによって署名された。

P、QはXを連れて午後九時三〇分ころ、Yを探しにシカゴ周辺に出かけたが、探し出せなかった。Pらは警察署本部へ出向いてYの写真を入手しようとしたが入手できなかったので、午後一一時ころ再びYを探しに出かけたところ、交差点を横断しているYを発見し、逮捕した。四人は一二時一五分ころ、警察署に戻った。Xは再び取調室に連行されコーヒーをもらった後、検察官が到着した午前二時ころまでほとんど一人で放置された。検察官はミランダ警告をして、半時間ほどXと話し合った。訴訟手続記録者（court reporter）がやって来たので、再びミランダ警告が告知され、検察官はミランダ・カードを読み上げ、殺人罪での起訴は間違いないとXに告げた。Xは「第二回目の供述をした、これは殺人の事実関係につき先の第一回目の供述と本質的に一致していた。」供述録取書は午前三時ころ完成したが、Xは署名を拒否した。一時間後にXは母親に電話した。逮捕後一四時間を経過した午前九時三〇分、Xは治安判事（magistrate）の許に引致された。（*Id.* at 592-596.）

XとYは六月二〇日、大陪審によりA殺害の罪で起訴された。Xは公判開始前に、前述の二つの供述の証拠排除を申し立てた。逮捕および拘置は違法であり、それに続く二つの供述はいずれも憲法上の権利を侵害して獲得されたものであるというのである。この申立ては却下され、公判が始まった。訴追側は二つの供述を証拠として提出した。「Q刑事は、第一供述の内容に関して証言したが、書面（供述録取書）自体は証拠とされなかった。第二供述が提出され、その全文が陪審に朗読された。」Xは公判当時二三歳だった。陪審はXを殺人で有罪と認定し、Xは一五年以上三〇年以下の拘禁刑が言い渡された。

イリノイ州最高裁判所は有罪判決を維持した。相当な理由を欠く逮捕であるとしたが、〝最初に警察官によって、次に合衆国検察官によってミランダ警告を告知されたことによって、違法逮捕と当該供述との間の因果関係が遮断され（served to break）、被告人の供述時における行為は違法な侵害の当初の汚れを除去するに足りる自由な行為である〟と結論し、第二供述を証拠として許容した点に巡回区裁判所の誤りはないと判示したのである。（*Id.* at 596-597.）

【判　示】　原判決破棄。⑴　当裁判所は【45】ワン・サン判決で、違法な捜索・逮捕押収後に入手された供述その他の証拠が排除されるべきかが問題である場合に適用される原理を明らかにし、トイの供述およびイーから入手した禁制品は捜査官の違法な行為の果実であり証拠として許容すべきでないとした。〝介在した独立の自由意思の行為〟の結果ではなく、〝違法な侵入の当初の汚れを除去するに足りる自由意思の行為〟ではないというのである。しかし、ワン・サンの供述に関しては、ワン・サン自身が釈放されたその数日後に任意に出頭して供述したことに照らして、Xの違法逮捕とその供述との関係は十分に稀釈されており〝汚れは除去されている〟と判示した。警察官の違法行為がなければ明るみに出なかったであろうということだけですべての証拠を〝毒樹の果実〟であると考える必要はない。このような場合におけるより適切な問いかけは、最初の違法行為が確証されたとしても、現在異議の対象となっている証拠はその違法行為を利用して明らかになったのか、それとも最初の汚れを除去したものと認めるに足りる手段により得られたものであるかであると判示したのである。

それ故、ワン・サン判決で適用された排除法則は主として（primarily）第四修正の権利を保護するためのものであり、第五修正の特権の保護は、当裁判所の関心事ではなかった。Xらの供述が任意であるかの問題が検討された限度で、〝当初の違法な侵入の汚れを除去するに足りる自由意思の行為であったか〟を判断するためのものにすぎなかった。当裁判所はワン・サン判決で、トイに有利な排除法則の適用は、捜査官の違法行為を抑止し、憲法に違反して獲得された証拠の使用を裁判所に禁止するという点で第四修正を保護するものであることを強調した。「このような抑止効および司法の廉潔性への配慮（these considerations of deterrence and judicial integrity）は、今日では、当裁判所のむしろ一般的な傾向となっている。すなわち、排除法則はその広汎な抑止目的にもかかわらず〝あらゆる手続において、またはあらゆる人物に対し違法に獲得された証拠の使用を禁止するものであると解釈されたことは一度もなかった〟のである。」（*Id*. at 598-600.）

(2)　イリノイ州裁判所は、ブラウン（X）の供述は違法な逮捕を利用（exploitation）して獲得されたものであるかの問題を解決せず、ミランダ警告はそれ自体で当該供述は違法逮捕の最初の汚れを除去するに足りる自由意思の産物であることを保障すると考えた。ワン・サン判決はもちろん、ミランダ判決以前に言い渡されたものである。

当裁判所は、ミランダ警告を第五修正の権利を保護するための〝予防法則（prophylactic rule）〟であり、〝手続的保障（procedural safeguards）〟であると指摘してきた。この警告の機能は第五修正の自己負罪拒否特権の保障に関わりがあり、ミランダ警告なしに獲得された供述の排除は、第五修正の権利を告知せずに不利益供述を採取することを抑止するのに役立つとされている。当裁判所はほぼ九〇年前の【1】ボイド判決において、第五修正と第四修正との〝密接な関係（intimate relation）〟を指摘したが、ミランダ警告は第四修正違反を抑止する方法であると考えられたことはなかった。本件におけるように、〝第四修正で非難されている不合理な捜索・逮捕押収はほとんど常に、第五修正の下で非難されうる被告人に不利益な供述を強要する目的で行われる〟ので、両修正条項の下での諸権利はしばしば一体化（coalesce）している。「しかしながら、第四修正を実効あるものとするのに有用とされる排除法則は、第五修正の下で奉仕するそれとは異なる利益や政策に奉仕する。第四修正の排除法則はあくまでも違法な捜索・押収に向けられたものであり、たまたま果実として不利益な証言を産み出すような違法捜索に向けられたものではない。要するに、ミランダ警告なしになされた自白の排除は第五修正を実効あるものとするのに必要と考えられているのであって、第四修正を保護するのに十分であるとされているのではない。ミランダ警告を受けずになされた自白を排除しても、第四修正違反を抑止するのに十分ではない。それ故、たとえ本件での供述が第五修正の下で任意であると認定されたとしても、第四修正の問題点は依然残っている。違法逮捕とその後になされた供述との因果の鎖を遮断するためには、その供述が第五修正の任意性の基準を満たしているだけでなく、それが〝当初の汚れを十分に除去するに足りる自由意思の行為〟であることをワン・サン判決は要求している。それ故、ワン・サン判決は、第五修正とは異なる第四修正の政策と利益に照らして供述の許容性を判断することを命じているのである。」(*Id.* at 600–602.)

「ミランダ警告それ自体で、第四修正違反がどれほど理不尽かつ意図的 (how wanton and purposeful) であるとしても、憲法に反する逮捕の汚れを除去するのに足りるというのであれば、排除法則の効果は事実上薄められよう。単にミランダ警告を与えるという便法を用いさえすれば、令状なしにまたは相当な理由なしに行われる逮捕から派生した証拠が公判で許容されるということになれば、そのような取調べないし捜査が助長されかねない。警告さえあれば事実上〝すべて治癒 (cure-all)〟できるということになれば、第四修正違反を回避するいかなる誘引も骨抜き (eviscerated) にされ、違法な捜索・逮捕押収を禁止する憲法の保障は言葉だけのもの (a form of words) と成り下がろう。」むろん、訴追側が本件で主張するように、違法に逮捕された者が、当初の違法に影響されない自由意思の行為によって自白を決意することはできる。しかし、「ミランダ警告それだけで (*alone* and *per se*)、その行為を常に違法行為と自白との因果関係を十分に遮断する自由意思の産物であるとすることはできない。」(*Id.* at 602–603.)

われわれはイリノイ州裁判所が採用したと思われる画一的法則 (*per se* rule) を退けるが、他方、それに代わりうる画一的法則ないし〝なかりせば (*but for*)〟の法則の採用にも応じない。X自身もそこまでの要求をしていない。

「ある自白が【45】ワン・サン判決での自由意思の産物であるかの問題は、各事件の（個別的）事実に基づいて答えられなければならない。ただ一つの事実が決定的でない。人間の精神の動きは極めて複雑で、違法行為の可能性は余りにも多様であるため、そのような魔よけテスト（talismanic test）に依拠して第四修正の保護を是認することはできない。ミランダ警告は確かに、違法逮捕を利用して自白が獲得されたかを判断する際の一つの重要な要素である。しかし、それは考慮されるべき唯一の要素ではない。逮捕と自白との時間的近接性（temporal proximity）、介在事情の存在（the presence of intervening circumstances）、とりわけ警察官の違法行為の目的と悪質性（purpose and flagrancy）がすべて関連する。供述の任意性は最初の要件（a threshold requirement）である。そして許容性の立証責任は、もちろん、訴追側にある。」（*Id.* at 603-604.）

(3)　われわれは、問題の証拠はワン・サン判決の下で許容されることを立証する責任を訴追側は果たしていないと結論する。ブラウン（X）の最初の供述と違法逮捕との時間的間隔は二時間弱で、何らかの意味ある介在する出来事もなかった。Xの立場は本質的にはワン・サン判決でのトイのそれに類似していた。Xの供述は、ワン・サン判決を変更した場合にのみ許容されうる。このようなことには応じられない（We decline to do so）。第二供述は明らかに、第一供述の結果であり、その果実であったのである。

さらに、本件での違法性は十分に意図的（a quality of purposefulness）であった。逮捕が相当でなかったのは明らかであった、すなわち、二人の刑事は法廷証言で、二人の行動の目的は〝捜査〟のためであり〝取調べ〟のためであったことを繰り返し承認しており、逮捕が相当でなかったことは事実上認められていた。刑事たちは何か見つかるのではないかと考えて、このような証拠漁りを始めた（embarked upon this expedition for evidence）のである。Xを逮捕した方法は、Xを驚かせ、おびえさせ、混乱させることを狙っていたふしが見られる。もっとも、われわれの判示は限定的なものであることを強調しておく。ミランダ警告は、それ自体で、ワン・サン判決の下で常に違法逮捕の汚れを除去すると考えた点において、イリノイ州裁判所は誤っていたと判断するにとどまる。(*Id.* at 604-605.)

【52】チェコリーニ第四修正違反後獲得証言稀釈法理適用大陪審偽証賭博事件判決（一九七八年）

本判決（United States v. Ceccolini, 435 U.S. 268）は、第四修正違反で判明した被告人関与の賭博行為に関する証人の証言につき、当初の違法行為と証言との関係は汚れを除去するほど十分に稀釈されているとして稀釈法理を適用したものである。

【事　実】　パトロール中の警察官Pは一九七四年一二月一八日、一服するためニューヨーク北部のT市にある被告人（X）の経営する花屋にたまたま立ち寄り、かねて知り合いの女店員Aと雑談中、現金のはみ出た封筒がレジの引出しの上にあるのに気づいた。「Pはそれを取り上げ無断で中味を調べてみると、現金だけでなく賭博の番号札（policy slips）が入っているのを発見した。彼はそれをレジに戻し、見たことをAに告げずに、封筒は誰のものかと尋ねた。封筒はXのものであり、ある人物（Z）に手渡すよう指示されているとAは答えた。」

Pは翌日、このことをT市の刑事らに知らせたところ、刑事らはこれを賭博捜査に従事していたＦＢＩの捜査官Qに伝えた。「Qはおよそ四か月後、Aの自宅でおよそ半時間、母親と姉妹の立会いの下でAから事情聴取した。」Qは身分を明らかにし、AがXの店で働いていることは地元警察から聞いたと伝えた上で、仕事中にXの行動に関して得た情報があれば教えていただければ有難いと言った。Qは当時、「Pの行動は完全に合法である」と考えており、「Pに関わる出来事についてはとくに言及しなかった。」Aは、大学で政治学を勉強しており、喜んで協力すると述べた後で、Pが店に立ち寄った一二月一八日の勤務中の出来事について話した。なお、ＦＢＩは一九七三年の下半期、T市での賭博活動を洗っており、監視対象のひとつが被疑者の一人（Z）がしばしば出入りしていたXの花屋であった。同年十二月には捜査は縮小され「花屋の監視は中止されていたが、Xが賭博に従事していることを示すZとXとの会話が一九八四年一二月三日、地方警察官によって傍受されていた。」
　チェコリーニ（X）は一九七五年五月、大陪審面前に喚問され、花屋でZに賭博番号札を渡したことは一切ないと証言した。ところが、Aがその翌週、Xの証言とは全く異なることを証言したため、間もなくXは偽証罪で起訴された。Xは陪審による裁判を受ける権利を放棄した上で、賭博番号札とA証言の証拠排除を申し立てた。ニューヨーク州南部地区合衆国地方裁判所はXを一たん有罪と認定したが、それに続いて、〝毒樹の果実〟であるとの理由でA証言排除のXの申立てを容れ、有罪を破棄した。「彼女（A）は〝違法捜査の結果としてはじめて訴追側の注目を引いた〟のであり、A証言は違法捜査がなかったとしても確実に入手されていたであろうことを立証する責任を訴追側は果たしていない」というのである。第二巡回区控訴裁判所は、「警察官Pの憲法に反する捜索からA証言に至るまでの道筋は一直線でかつ途切れていない（both straight and uninterrupted）」との理由で、この決定を維持した上で、さらに本件記録によれば、「Pが賭博番号札を発見していなかったとしても、問題の証拠は現に進行中の捜査によって不可避的に発見されていたであろうとはいえない」と結論した。（*Id.* at 269-273.）
【判　示】　原判決破棄。　(1)　Pの賭博番号札の発見からXの偽証罪での公判におけるA証言に至る〝道路（road）〟は、断続的に通じている（traveled periodically）文字どおり無数の道路の一つである。第四修正での憲法問題は「警察の違法行為と争われている証拠の発見との間の関係は、その汚れを除去するほど稀釈化されているかどうか」であると【45】ワン・サン判決で指摘された。この問題は当裁判所の【42】第二次ナードン判決で法廷意見を執筆したフランクファータ裁判官の次の一文に由来する。すなわち、〝不当に獲得された事実は〝神聖にして近よるべからざるものとなる〟わけではない。それらに関する知識が独立の源から獲得されるのであれば、他の事実と同様に立証されてよい。しかし、それが単に派生的に用いられるという理由だけでは、訴追側は自らの不法行為によって獲得された証拠を用いることはできない。〟〝手のこんだ複雑な議論は、違法盗聴によって得られた情報と訴追側証拠との因果関係を立証するかもれない。しかしながら、良識の問題としては、そのような関係が極めて稀薄化しているため、その汚れが除去されていることはあり得る〟というのである。もちろん、このことは、このような状況下での因果関係の問題は「物理学で適用されているような種類の分析だけで判断すべきでない」ことを明らかにしているにすぎない。問題は「論理的意味での因果のみを根拠に判断することはできず」、当然、他の諸要素も同様に関わりがある。ナードン以降の諸判例は排除法則の基本的教義（fundamental tenets）を明らかにしており、そこから因果の調査に関連する諸要素が導き出されうる（can be divined）。

これらの諸判例の分析によれば、生命ある証人の証言（live-witness testimony）は、それと第四修正との結びつきがどれほど密接なものであるとしても、排除すべきでないとする訴追側の絶対的法則（a *per-se* rule）の主張は退けられることになる。「われわれはまた、供述証拠も物的証拠に劣らず〝果実〟であるとするワン・サン判決の判示を再確認するが、ワン・サン以降の諸判例は〝排除法則の下にあるポリシーは物的証拠と供述証拠との間の論理的区別をしていない〟とのワン・サン判決の指摘を大きく制限（significantly qualify）している。諸判例を検討すれば、むしろ、少なくとも本件におけるように、そのいわゆる〝毒樹の果実〟が生命ある証人の証言であるばかりか、ワン・サンとは異なり、その証人が被疑者（a putative defendant）でない場合には、その道路が断続的でなければその長さは重要でないと結論した点で控訴裁判所は誤っていることが確信できる。道路の長さは重要と考えられるからである。」（*Id.* at 273-275.）

あらゆる手続においてあらゆる人に対して排除法則が適用されたことは今まで一度もない。排除法則は大陪審での手続には適用されず、弾劾例外として用いられることは認められており、排除法則の申立て適格の要件も制限されている。「排除法則が確実に適用される状況においても、われわれは、物であれ生命ある証人の証言であれ、違法逮捕とともに始まった因果の鎖を介して何とか（somehow）明るみに出た証拠をおよそ許容しないとする〝絶対的ないしなかりせばの法則〃の採用を拒否してきたのである。」

このような比較衡量（balance）に照らして生命ある証人の証言に対する排除法則の適用基準を考えると、証人の行使した自由意思の程度は、無関係ではないと結論せざるを得ない。このことは、【45】ワン・サン判決や【51】ブラウン判決のように、争われている証拠が逮捕後の被疑者によってなされたときには間違いなく真実であり、被疑者でない者によってなされた証言についてはなお一層（*a fortiori*）真実である。自由に証言したいという証人の意欲（willingness）が強ければ強いほど、証人が合法的手段によって発見される可能性は大きくなり、それとともに証人を発見するために違法な捜索をする誘因は小さくなる。証人は、ソファをめくったりファイリング・キャビネットを開けるまで目に触れない銃や書類とは異なる。証人は自己自身の意思で出頭し、証拠を提出することができるし、そしてしばしばそうする。正しく判断すれば、汚れを除去するのに必要な自由意思の程度は、他の種類の証拠よりも生命ある証人の証言の事案において、より多く見い出されるように思われる。当初の証人への質問の時間、場所、および方法いかんによれば、いかなる供述も真に証人の私心のない思考と協力願望の産物であることもありうる。そして証人発見に導いた違法は証人の証言意欲に何ら意味ある役割を果たしていないことがしばしばある。〃生命ある証人の提供は機械的に違法に押収された生命のない証拠物と同視すべきではない〃のである。

特定の文脈での排除法則の有用性を判断する際に関連性があるだけでなく、すべての生命ある証人——たとえ被疑者であっても——の証言を典型的な証拠書類の排除と区別する他の要素は、そのような証言を排除すれば、たとえその証言が当初の違法捜索の目的またはそのことによって発見された証拠とどれほど無関係であったとしても、関連性があり重要性もある事実に関して証人に証言させることが永久にできなくなるということである。知識を有する証人を公判で証言させないルールは、マコーミック教授の言葉によれば〃真実解明への重大な障害〃である。それ故、一世紀にわたり、法的な発展過程はこれらの障害物を除去する方向に進んできたのである。類似の状況下でのそのような証言の永久的な使用不能によって生ずる莫大なコストに言及して、われわれはとくに、〝その使用を禁止する状況下で一たん自白をすれば、その自白者はそのような状況が除去された後でも永久に使用可能な自白をすることはできない〟と判示することを拒否してきた。【44】ベイア判決。これと同一の理由に基づいて、当裁判所は不十分なミランダ警告後になされた被告人の供述によってその身許が明らかとなった証人の証言を公判で許容した。【50】タッカー判決。要するに、生命ある証人の証言排除のコストは大きいので、違法行為とこの種証言とのより密接でより直接的な関係が必要とされるのである。このことは、もちろん、生命ある証人の証言は常に、または通常、無生物たる証拠より信用できる、またはより依拠できるということではない。（*Id.* at 275-278.）

(2)　上述した原理に照らして本件を検討した結果、われわれは、稀釈の程度は違法行為と証言との関係を除去するに足るほど十分でないと判示した点で控訴審は誤っていると考える。本件証言は証人自身の自由意思によるもので、警察官の賭博番号札発見の結果として警察当局によって強要されたり、唆されて（induced）したものでないことは証拠によって十分示されている。賭博番号札もAへの質問時に用いられていない。違法捜索と証人との当初の接触との間に、そして他方、後者と公判での証言との間にもかなりの時間が経過している。Aが公判で証言した特定の知識は、論理的にはPの賭博番号札発見にまで遡りうる（traced）が、Aの身許も、AとXとの関係も本件を調査した者たちには周知であった。さらに、Pが違法賭博に関わりある物的証拠発見の意図で店に入り、あるいは封筒を拾い上げたことを示す証拠は一切ない。ましてや、PがXに不利な知識を有する証人を見つける意図で店内に入ったとの指摘はない。このような状況下での排除法則の適用は、Pのような捜査官の態度に何らの抑止ともならない。そのような推測的でほとんどゼロの抑止効を確保するために永久にAを沈黙させるコストはあまりにも大きく、公平な法執行制度の耐えうるものではない。（*Id.* at 279-280.）

【53】 ダナウェイ第四修正違反後ミランダ警告後獲得供述排除殺人事件判決（一九七九年）

本判決（Dunaway v. New York, 442 U.S. 200）は、違法な身柄拘束後にミランダ警告をして獲得した供述および現場図面につき稀釈法理の適用を否定したものである。

【事　実】　一九七一年三月二六日、ニューヨーク・ロチェスタにあるピザ店の経営者が強盗時に殺害された。同年八月一〇日、地元ロチェスタ警察のP刑事は同僚警察官から、被告人（X）を本件犯罪に巻き込む手がかりを有する情報提供者がいるとの連絡を受けた。そこでPは、その手がかりを有するとされる情報源――押込み強盗で公判待ちの未決拘禁者――を取り調べたが、Xを逮捕するに足りる情報を得ることができなかった。それにもかかわらず、Pは他の刑事にXを逮捕（pick up）し、連行するように命じた。三人の刑事は八月一一日朝、Xが隣家にいることを突き止め、身柄を拘束した。Xは警察車両で警察本部に連行され、取調室でミランダ警告後に取り調べられた。Xは弁護人依頼権を放棄し、間もなく本件犯罪への関与を認める負罪的供述（複数）をし、さらに犯行現場の図面を描いた。なお、第一供述は警察署に到着後一時間以内になされ、Xは翌日より詳細な第二供述をした。Xは強盗未遂および重罪殺人の訴因での公判で、右供述および図面の証拠排除を申し立てたが却下されて有罪とされ、州最高裁も有罪判決を維持した。これに対し、合衆国最高裁は上告受理の申立てを容れ、原判決を無効とし、【51】ブラウン判決に照らし、さらに審理を尽くすよう命じて事件を差し戻した。

ニューヨーク州最高裁判所（New York Court of Appeals）は差戻しを受けて、郡裁判所にXの身柄拘束に相当な理由があったかなどの事実関係を審理するよう命じた。郡裁判所はXの逮捕には相当な理由を欠いており、ミランダ警告はその汚れを除去するものではないとして被告人側の証拠排除の申立てを容れた。上訴部（Appellate Division）では見解が分かれたが、これを破棄した。相当な理由を欠いた逮捕であったことを認めつつ、「たとえXの拘置（detention）が違法であったとしても、その違法拘置の汚れは十分に稀釈されているため、Xの供述と図面は許容できる」というのである。州最高裁は上訴受理の申立てを却下した。(*Id.* at 202-205.)

【判　示】　原判決破棄。　Xの逮捕は違法であるが、それにもかかわらず、このような憲法に違反する警察の行動とXの違法な拘置を介して獲得された負罪的な供述および図面との間の関係は、Xの供述と図面の公判での使用が認められるほど十分に稀釈化されているかの問題が残されている。ニューヨーク州裁判所は一貫して、適切なミランダ警告は告知されており、Xの供述は第五修正の趣旨に照らし任意であると判示している。しかし、【51】ブラウン判決は、排除法則は第四修正を実効あるものとするために用いられるとき、第五修正の下で排除法則が奉仕するそれとは異なる利益および目的に奉仕することを明らかにし、それ故、〝ミランダ警告だけで、そしてミランダ警告なしにされた自白を排除するだけで、十分に第四修正違反を抑止することにならない〟と判示した。したがって、適切なミランダ警告後の自白は、第五修正の目的にとって〝任意〟と認められるが、この種の〝任意性〟は、第四修正の分析にとって単に〝最初の要件〟であるにすぎない。

当裁判所はブラウン判決でワン・サン判決に従い、絶対的ないし〝なかりせば〟の法則を退け、被告人ブラウンの供述は違法な彼の逮捕を利用することによって獲得されたものであるかが問題であるとした。ブラウン判決が〝違法行為と自白との間の因果関係〟に焦点を合わせているのは、第四修正を実効あるものとするために排除法則を用いる背後にある二つの政策を反映している。違法な押収と自白との間に密接な因果関係があるとき、当初の証拠の排除は将来における警察の類似の違法行為を抑止するのに役立つだけでなく、そのような証拠の使用は裁判所の廉潔性を損なうことに(compromised)なろうからである。【51】ブラウン判決は、違法逮捕を利用して自白が獲得されたものであるかどうかを判断する際に考慮すべき若干の要素、すなわち、逮捕と自白との時間的近接性、介在状況の存在を指摘し、そして許容性の挙証責任は、もちろん、訴追側にあるとした。そして当裁判所は、訴追側はこの挙証責任を果たしていないと結論した。すなわち、逮捕と自白との間に経過した時間は二時間弱であり、何らかの意味ある介在事情もなかった。さらに相当な理由なしの逮捕は、〃何か発見されるかもしれないと考えて〃された〃証拠漁り〃であったという点で明らかに意図的であったと判示したのである。(*Id.* at 216-218.)

「本件における状況は、事実上、ブラウン判決での状況の複製品(replica)である。」Xは何か見つかるのではないかとの期待の下で相当な理由なしに逮捕(seized)され、何ら意味ある介在の出来事なしに自白した。それにもかかわらず、上訴部の三人の裁判官は、警察はXを脅したり虐待するなどしていない、さらに警察官の行為は被告人の第五修正及び第六修正の権利を十分に保障していたとの理由で、ブラウン判決と区別しようとした。これは第五修正の目的のための〃任意性〃とブラウン判決で確立された〃因果関係〃とを混同するものである。第五修正の要件を満たしているというのは、ブラウン判決によって要求された第四修正の〃最初の〃要件にすぎない。Xの違法拘置とXの自白との関係を遮断する介在するような介在する出来事はなかった。このような場合にXの自白を許容すれば、〃第五修正の手続的保護の下で(汚れた)手を洗うことができると考えて、法執行官は安全無事に第四修正に違反できる〃ことを確信することになろう。(*Id.* at 218-219.)

【54】クルーズ第四修正違反被害者証言独立入手源適用強盗事件判決(一九八〇年)

本判決(United States v. Crews, 445U.S. 463)は、公園トイレ内での強盗事件の被害者証言につき、違法逮捕後の写真面割りおよび面通しで被告人を犯人として識別したことを指摘しつつ、〃独立入手源〃法理を適用して許容したものである。なお、法廷意見の執筆はブレナン裁判官である。

【事　実】　一九七四年一月三日朝、女性Aがワシントン記念公園内の地下婦人用トイレで若い男に銃を突き付けられ金銭を奪われた。その男はトイレの四インチほどのすき間から中をのぞき込み一〇ドルを要求し、Aが拒否すると、男はドアの上のピストルを指さし要求を繰り返した。そこでAが一〇ドル渡すと、男はさらに一〇ドル要求した。Aが空の財布を示してもうお金はないと言うと、男はトイレの中に押し入り、Aに性的な接触行為（sexual advances）をしたが、Aが抵抗したため、男は二〇分間トイレから出ないように命じて立ち去った。Aは二〇分後にトイレから出て「直ちに警察に本件を通報した。」同月六日、二人の女性B、Cが同じトイレでほぼ同じような方法で男に襲われ現金を奪われた。二人が警察に通報した犯人の人相は最初の被害者Aの通報した犯人の人相と一致し、三人はいずれも、犯人は細身で中背の若い黒人であると述べた。

三日後の一月九日、公園警察の警察官Pは、現場近くで不審な被告人（X）を見かけ、強盗犯人の手配書（look-out）の人相に似ていたので、相棒のQとともにXに近づいた。質問に対しXは名前を告げ、一六歳であると答え、なぜ学校にいかないのかと尋ねられると、学校から抜け出してきた（ずる休み）と答えた。PらはXに、Xが容疑者の人相に似ていると告げたが、それ以上質問をしなかった。Xは立ち去ることを許され、近くのトイレに入っていった。丁度その時甲を見かけたので、Pは甲に話しかけた。甲は一月三日の強盗事件当日、若い男が現場の公園周辺を徘徊していた旨警察に通報した旅行ガイドである。Pは甲に、Xがトイレを出るときその人相をよく観察して欲しい旨要請した。甲はXを見て、ためらいがちではあったが（tentatively）強盗事件当日現場付近にいた人物であると識別した。Pらは右の情報を得たので、再びXに近づき、Xを留め置いた（detained）。およそ一〇ないし一五分後に強盗事件担当捜査官Rが到着し、Xのポラロイド写真を撮ろうとしたが、悪天候のため強盗事件の被害者に見せるのに適当な写真を撮ることができなかった。「そのため学校をずる休みした疑いがある（a suspected truant）」との形式的な理由でXは身柄を拘束された。Xは公園警察本部へ連行され、そこで警察官は簡単な質問をして適当なXの写真を撮り、学校に電話し、そしてXを釈放した。Xは正式に逮捕されず、何らかの犯罪で告発されることもなかった。Xの警察での身柄拘束の時間は一時間を越えなかった。

翌一月一〇日、最初の強盗事件の被害者AにXの写真を含めた八枚綴りの写真帳を見せたところ、Aは直ちに彼女を襲った強盗犯人の写真であるとしてXの写真を選び出した。Aは以前に被疑者の可能性ある人物の一〇〇枚以上の写真を見せられたが、犯人の写真であると識別した写真は一枚もなかった。一月一三日、他の被害者Bも同じようにXの写真を選び出した。Xは再び身柄を拘束され、裁判所の命令による面通しが二月二一日に実施された。被害者A、BはXを再び犯人と識別した。三人目の被害者Cは、写真面割りにも面通しにも参加しなかった。(*Id.* at 466-468.)

大陪審は一九七四年二月二二日、武器を用いた強盗等の罪でXを起訴した。Xは、学校のずる休みを理由とする身柄拘束は強盗事件の捜査のための証拠を入手する口実にすぎなかったとして、犯人識別に関するすべての証言の排除を申し立てた。公判裁判所は、三人の被害者、捜査官、およびXの証言を聞いた後、一月九日の公園警察本部でのXの身柄拘束は相当な理由なしの逮捕に当たると認め、したがって「右逮捕の産物である写真および面通しでの犯人識別は公判で証拠として提出できないと決定した。しかし、被害者が公判でXを犯人と識別できたのは、その間に介在した犯人識別による汚れのない独立の記憶に基づいたものであるので、その証言は許容できると結論した。」

公判廷で三人の被害者はいずれも、Xが強盗犯人であることは間違いないと証言した。陪審は四月二三日、最初の強盗事件についてのみ有罪と認定し、Xは四年間の保護観察に処せられた。控訴審での唯一の争点は「最初の強盗事件の被害者の法廷での犯人識別供述の許容性であった。」コロンビア地区合衆国控訴裁判所は裁判官全員関与の判決で、Xの有罪判決を破棄し、被害者Aの法廷での犯人識別証言の証拠排除を命じた。すなわち法廷での犯人識別供述が排除されるべきか否かの判断基準は当該証拠が【45】ワン・サン判決の意味する〝最初の違法行為〟を捜査官が〝利用〟して得られたものかどうかでなければならず、違法な捜査官の行為と(本件で)争われている証言の獲得とに因果関係があるかどうかである。Xの違法な逮捕がなければ、その後の被害者証人による犯人識別および本件訴追に繋がったところの写真を入手できなかったであろうから、法廷での証人Aによる犯人識別証言は、少なくとも間接的には、捜査官の違法行為の産物である。本件では、排除法則の周知の三つの例外、すなわち〝独立入手源〟〝不可避的発見〟〝稀釈法理〟のいずれの例外も適用できないから、証人Aの法廷での犯人識別証言は、Xの第四修正の権利侵害の産物として排除されるべきであると判示したのである。(*Id*. at 468-471.)

【判　示】　原判決破棄。

【45】ワン・サン判決は、第四修正違反から派生的に獲得された証拠は被告人に不利益な証拠として許容できるかを判断するための指導原理を詳論した。すなわち〝証拠排除(exclusionary prohibition)はこのような侵害の直接的な産物と同様に間接的なものにも及ぶ。〟その後の判例が確認したように、証拠排除の制裁は憲法違反のいかなる〝果実〟にも適用される、すなわち、そのような証拠が違法捜査の際に実際に獲得された有形の物理的素材(tangible, physical, material)であると、違法な(捜査)活動の過程で観察された品物(items)ないしは耳にした音声であると、違法な逮捕や身柄拘束中に獲得された被疑者の自白ないしは供述であるとを問わないというのである。(*Id*. at 470.)

しかしながら、典型的な〝毒樹の果実〟の事案では、争われている証拠は最初の第四修正違反後に警察官によって獲得されたものであり、そして裁判所に提示された問題は、違法行為に続く因果の連鎖が極めて稀薄化したか、あるいは何らかの介在事情によって遮断された結果、当初の違法行為によって付着した当該証拠の〝汚れ〟が除去されたかどうかであった。それ故、多くの判例は、争われている証拠は違法な訴追側の活動の産物であることを前提にしている。われわれが誤っていると認定するのは、控訴裁判所はかかる前提を本件事実に適用しているからである。Xを犯人と同一人物であるとする被害者の法廷での識別供述には、三つの顕著な要素がある。第一、被害者は自分と犯人との間に生じたことに関して証言し、そしてXをその犯人と同一人物であることを識別するために法廷に出頭している。第二、被害者には以前の刑事上の出来事に関する知識があり、そしてそれを再構成して犯行時の自己の観察からXを犯人と識別する能力がある。そして第三、Xは物理的に（physically）法廷に出頭している。その結果、被害者は彼（X）を観察し、彼の様子と犯人のそれとを比較することができる。本件では、この三要素はいずれもXの第四修正の権利侵害を〝利用することによって明らかにされた〟ものでないというのがわれわれの結論である。（*Id.* at 471-472.）

本件で強盗の被害者がXの公判で法廷に出頭しているのは、警察の違法行為の産物ではない。彼女は襲われた直後に当局に通報し、犯人の人相を十分に説明している。しかもその翌日、彼女は警察署に出かけて犯人の疑いある者の写真を見ている。そして彼女は任意に、その後もずっと、警察の捜査に協力している。かくして本件は、違法捜査ないし被疑者の違法逮捕の結果はじめて証人の身元が明らかとなった、あるいはその協力が得られるようになったという事案ではない。本件では、警察官の違法行為があったはるか以前に被害者の身元は知られていた。それ故、彼女の在廷は何ら第四修正違反に由来するものではない。「違法逮捕も被害者の正確な犯人識別証言の能力に影響を与えていない。被害者は強盗時の自らの観察に基づき心の中に犯人像を描いていた。彼女は公判で、この記憶にある顔を思い出し、これと被告人の姿とを比較し、そして明確に彼を強盗犯人であると識別したのである。この過程にはXの違法逮捕によって影響を受ける部分はない。毒樹の〝言い古された比喩〟の言い回しによれば、本件で毒が注入されたのは、証拠の蕾が開花してからのことである。すなわち公判で供せられた果実には毒はない。(In the language of the "time-own metaphor" of the poisonous tree, the toxin in this case was injected only after the evidentiary bud had blossomed ; the fruit served at trial was not poisoned.)」要するに、被害者が法廷で彼女を襲った犯人を識別できたのは、彼女がかかる犯人識別能力を開発したそのずっと後で行われた検察官の違法行為の結果でもなければ、違法行為によって先入観を抱いたからでもない。（*Id.* at 472-473.）

【47】ウェイド判決は、〝独立の起源（independent origins）〟の基準を適用する際に考慮すべきいくつかの要因を

挙げている。われわれは、本件で公判裁判所の判断を支持する以下の事情をとくに重視する。すなわち、被害者は彼女を襲った人物をごく近くの極めて明るいところでかつ混乱もなく（with no distractions）一〇分から一五分間見ていた。Xは被害者が強盗の直後に述べていた人相と酷似していた。被害者はX以外の者を犯人と識別したことはなかったが、暗示的でない公判前の犯人識別手続では躊躇なくXを二度選び出した。そして被害者が最初にXを見たときと被害者が最初にXを犯人と識別したときとの間には一週間しか経過していない。証人が公判廷外の面割り手続（confrontation）でXを二度犯人と識別したという事実を一つの理由として掲げたのは、これらの犯人識別に別途独立の証拠価値を与えるという意味ではない。そのようにすることは違法に獲得された証拠の利益を訴追側に否定するという排除法則の目的を侵害することになる。「証人のXを犯人とする識別能力は警察の違法行為以前に遡り、それ故、法廷での証人の犯人識別供述には〝独立の源（independent source）〟があることを示している限りにおいて、公判廷外での正確な犯人識別には、意味があるとするにとどまる。」（*Id.* at 474 n.18.）

【55】　テイラー第四修正違反後ミランダ警告後獲得自白排除強盗事件判決（一九八二年）

本判決（Taylor v. Alabama, 457 U.S. 687）は、第四修正違反後にミランダ警告をして獲得した自白につき、【53】ダナウェイの複製品であるとしてこれを排除したものである。

【事　実】　アラバマ州モントゴメリーの雑貨店が一九七八年に強盗に襲われた。この地域では強盗事件が多発していたため、警察は強盗犯人を検挙すべく徹底的な捜査を開始していた。他の事件で身柄を拘束されていた者が、被告人（X）が強盗事件に関わっていることを聞知した旨警察官に告げた。この人物は今まで同種の情報を提供したことがなく、右情報を聞知した場所も本件犯罪の詳細も伝えることができなかった。要するに、右情報だけでは、令状を入手しまたはXを逮捕する相当な理由として不十分であった。ところが右情報を根拠に、二人の警察官は令状なしにXを逮捕し、雑貨店での強盗事件に関連してXを逮捕したと告げて捜索した上、警察署に連行しミランダ警告を告知した。警察署でXは、指紋を採取されミランダの諸権利を告知されて取り調べられ、面通しが実施されたが、被害者はXを犯人と識別できなかった。警察官はXに、採取された指紋と雑貨店で犯人の一人が触れた品物に残されていた指紋とが一致したと告げた。「Xの愛人と男友達が面会した。その後間もなく、Xは権利放棄書面に署名し、自白調書に署名した。」右書面および自白調書は証拠として許容された。

Xは公判で、本件での無令状逮捕には相当な理由を欠いており、警察署への連行は不任意なものであるから、「自白はかかる違法逮捕の果実として排除されねばならない」と主張し、証拠として許容することに異議を申し立てた。公判裁判所はこの異議申立てを却下し、Xは有罪とされた。アラバマ州刑事控訴裁判所は、本件事実は一九七九年の【53】ダナウェイ判決と実質的に区別できないから右自白は証拠として許容されるべきではないと判示して、これを破棄したが、アラバマ州最高裁は、逆にこの控訴裁判所の判決を破棄した。(*Id.* at 689-690.)

【判示】　原判決破棄。⑴　本件は、Xの自白は違法逮捕の果実として排除されるべきかという限定的な問題を提起している。アラバマ州最高裁は右証拠を許容したのは相当であると判示した。この判断は、【53】ダナウェイ判決、【51】ブラウン判決と矛盾しているので、これを破棄する。(*Id.* at 689.)

⑵　ブラウン、ダナウェイの両判決では、警察官は相当な理由なしに被疑者を逮捕した。被疑者は警察署本部に連行され、ミランダの諸権利を告知され、取り調べられ、逮捕の二時間後に自白した。当裁判所は、違法逮捕とその後の自白との間の因果関係が介在する出来事によって遮断された結果、その自白が〝最初の汚れを除去するに足りる十分な自由意思の行為〟であると考えられる場合を除き、違法逮捕後の身柄拘束下の取調べを介して獲得された自白は排除されるべきであるとの理由で、当該自白は公判で証拠として許容されないと判示した。当裁判所は、当該自白には違法逮捕の汚れが除去されているかを判断する際に考慮すべき若干の要素を指摘した。すなわち、そ

れらの諸要素とは〝逮捕と自白との時間的近接性、介在事情の存在、そして、とりわけ警察の違法行為の目的と悪質性〟であり、もちろん、訴追側は、自白が許容される立証責任を負うというのである。当裁判所は両判決で、ミランダ警告が与えられ、そして了解されたという意味で、その自白は第五修正の趣旨から〝任意〟といえるとしても、そのような事実だけでは違法逮捕の汚れを除去するに足りる十分なものではないことを明確に確立（firmly established）した。このような状況下において、第五修正の趣旨に照らし任意性が認められるというのは単に第四修正の分析の最初の要件にすぎない、ミランダ警告を第四修正違反を治癒する〝魔除け（talisman）〟とみなすことになると、違法な捜索・逮捕押収を禁止する憲法上の保障は単に〝形式的な言葉〟に成り下がると判示したのである。（*Id.* at 690-691.）

「本判決は【51】ブラウン、【53】ダナウェイ両判決の複製品（replica）である。Xは、相当な理由なしに、何か出てくるであろうとの期待の下に逮捕され、その後間もなく、何ら意味ある介在する出来事なしに自白した。訴追側のこれと反対の主張は説得的でない。訴追側は、まず自白と逮捕との時間的近接性に焦点を合わせる。違法逮捕と自白との間は本件では六時間であった、一方、ブラウン判決やダナウェイ判決では、負罪的供述は二時間後に獲得されたと主張する。しかしながら、本件のように、Xが警察に身柄を拘束され、弁護人を付されることなく、何度も取り調べられ、指紋を採取され、面通しにかけられたという場合には、二～三時間の相違というのは重要でない。」

訴追側は、違法逮捕と自白との関係を遮断するに足りるいくつかの介在する出来事を指摘する。Xは三度にわたりミランダ警告を与えられたというが、ミランダ警告の告知を理由とするのは誤っている。訴追側はまた、Xは自白する前に愛人と男友達が面会したことを指摘する。この主張も奏功しているとはいえない（fares no better）。警察官およびXによれば、これら二人の面会人はXが取り調べられていた取調室の外側にいた。Xは権利放棄書に署名した後で、この二人の面会人に会うことを認められた。この五分ないし一〇分間の面会——その後Xは直ちに、強盗事件については一切知らないとの供述を撤回して、自白調書に署名した——が果たして、どれほど客観的に注意深く考え自由意志を行使して自白を選択するXの能力に寄与（contributed）したのかが説明されていない。このような訴追側の主張は、この面会時にXの愛人は感情的に動転していたとのXの一貫した主張に照らすと、とりわけ疑わしい。（*Id.* at 691-693.）

訴追側は、Xが逮捕後取調べ中に逮捕令状が発せられたことを他の重要な〝介在する出来事〟であると指摘する。警察はXの身柄拘束中に、Xの逮捕直後に採取された指紋と雑貨店の商品に残されていた指紋とが一致していると判断して、これに基づいて逮捕状が発せられた。しかし、この逮捕状の発付は、Xの自白が違法逮捕の果実であるか否かの問題とは関連性がない。本件では、逮捕状は一方的に（*ex parte*）、犯罪現場で発見された指紋と逮捕直後に採取された指紋との比較に基づいて発付された。当初の指紋はそれ自体、Xの違法逮捕の果実であり、それを用いてXから自白が引き出されたものである。それはまたXが取り調べられている間に申請され発付された逮捕状の根拠であったという理由だけで、違法逮捕と自白との間の関係を十分に遮断し〝稀釈〟すると考えることはできない。

訴追側は最後に、警察官の本件行為は悪質なものでも意図的なものでもないと主張する。しかし、本件と【53】ダナウェイ判決とに重要な差異があるとは思われない。本件では、ダナウェイ判決におけると同様に、警察官は、裏付けのない情報に基づいて、相当な理由なしに捜索目的での逮捕（investigatory arrest）をなし遂げ、何か見つかるであろうと考えてXを不任意に警察署に連行した。警察はXに物理的な虐待を加えていない、あるいは自白は〝任意〟であるという事実は、当初の逮捕の違法性を治癒するものではない。（*Id.* at 693-694.）

【56】 第二次ウィリアムズ第六修正違反不可避的発見肯定強姦殺人事件判決（一九八四年）

本判決（Nix v. Williams, 467 U.S. 431）は、第六修正の弁護人依頼権を侵害して獲得された供述に由来する被害者の死体およびその状態に〝不可避的発見〟の例外を正面から肯定したものである。わが国ではまま誤解されているが、本判決はミランダ違反の事案ではない。ただ、事案の残虐性等から「合衆国最高裁はこの機会を利用してかねて議論の多いミランダの法理それ自体を変更するのではないか」と観察する向き（Phillip E. Johnson, *The Return of the "Christian Burial Speech" Case*, 3 2 Emory Law Journal 349, at 352 (1983)）もあり、ミランダ変更の好機であったにもかかわらず、一九七七年の第一次ウィリアムズ判決（Brewer v. Williams, 430 U.S. 387）はミランダ判決に言及せずマサイア判決（Massiah v. United States, 377 U.S. 201 (1964)）の活性化をはかることによって、第六修正違反を理由に当該供述を排除しつつ、脚注でその〝果実〟については許容される余地のあることを指摘していた。なお、法廷意見（七対二）の執筆はバーガ首席裁判官である。

【事　実】　一〇歳の少女（A）が一九六八年一二月二四日、両親に連れられアイオワ州M市のYMCAの建物で兄の出場するレスリングを観戦中、トイレに立ったまま行方不明になった。ほどなくウィリアムズ（X）が毛布にくるんだ大きな包みを抱えてロビーに現れ、近くにいた一四歳の少年に出入り口のドアを開けてもらい、外に停めてあった車の前部座席にその包みをおいて車で走り去った。少年はその際〝包みの中に二本の足があり、そしてそれは細くて白かった〟ことに気づき後にこれを報告した。翌日、M市から東一六〇マイル離れたD市で放置されたXの車が見つかり、その後、AおよびXの衣類各数点とXが大きな包みをくるむのに用いたと見られる軍隊用毛布がM市とD市の間にあるグリネル（G）近くの州間高速道路八〇号線の休憩所で見つかったため、誘拐の容疑でXに対し逮捕状が発付された。なお、Xは強姦事件で無罪判決後に送致された精神病院を抜け出し、YMCAの建物に住みこんでいた。アイオワ州捜査当局は一二月二六日、M市と八〇号線の休憩所の間のどこかにAまたはその死体が放置されていると判断し、大規模な捜索を開始した。二〇〇人ものボランティアがこれに参加し、Gの東二一マイルの地点で各組に分かれて、八〇号線の南北各数マイルの地点をも含めた捜索を開始した。捜索隊は、Gの所在するP郡からJ郡へと次第に東へと移動したが、廃屋、溝、暗渠等、子供の死体を隠しうるすべての場所をチェックするよう指示されていた。

一方、M市の弁護士甲は一二月二六日朝、M市の警察署を訪れ、Xから長距離電話があったのでD市の警察署に出頭するよう助言した旨報告した。Xは同日朝、D市の警察署に出頭し、直ちに逮捕状記載の罪名で記帳され、ミランダ警告を告知された。D市の警察がX出頭の事実をM市の警察に連絡したところ、甲弁護士はまだ同所にいたためXと電話で話をすることになった。甲はXに対し、D市の警察幹部とリーミング刑事（Detective Learning）の面前で、M市の警察官がXの身柄を引き取りに行くが警察官はXを取り調べたり手荒く取り扱ったりしないと告げ、そしてM市に到着して自分（甲）と相談するまでAのことについては一切警察官に話してはならない旨助言した。その結果、甲弁護士とM警察との間で、L刑事ほか一人がXの身柄を引き取りに行く、LらはM市に直行し、その間Xに質問しない旨合意された。XはD市の裁判官の面前で逮捕状記載の事実につきアレインメントに付され、ミランダの権利告知後に拘置された。この手続の際（甲弁護士が手配した）乙弁護士も、M市で甲弁護士と相談するまで一切供述しないようXに助言し、Xの身柄を引き取りにきたLに対しても、Xが甲弁護士と相談するまでA失踪に関して一切質問しないように繰り返した。

リーミング刑事らは正午ころ、D警察署に到着し、Xの身柄を引き取ると、再び一六〇マイル離れたM市に向かった。この間、Xは弁護人不在中に取調べに応ずる旨の意思表示をしたことはなく、むしろ何度も〝M市について甲弁護士に会えば、あなた方にすべてを話す〟旨述べていた。L刑事は、Xには精神病歴があり、かつ極めて信仰が厚いことを知っていた。LとXは間もなく、宗教問題を含めいろいろなことについて話し始めた。そのうちにL

は、D市出発後ほどなくXを〝師（Reverened）〟と呼びかけて、次のように話しかけた。これが後に〝教会葬の話（Christian burial speech）〟として有名になった会話（取調べ）である。「このあたりで少し考えて欲しいことがある。……この天気の状態をみて欲しい。今雨が降っている、みぞれまじりだ。……視界は悪く、間もなく暗くなる。今夜は数インチの雪が降るとの予報が出ている。あの女の子の死体の隠し場所を知っているのは君だけだ、死体に雪が積もれば君でも分からなくなるだろう、M市への途中で丁度そのあたりを通るから、車を停めて死体を捜し出すことができる、クリスマス・イブに誘拐されて殺されたあの女の子のご両親に子供のための教会葬をしてあげたらどうだろう（the parents of this little girl should be entitled to a Christian burial for the little girl）か。吹雪の後では探し出すことはできなくなるだろう。……答えて欲しいというのではない。よく考えて欲しいだけだ」と語りかけたのである。護送車がD市から一〇〇マイル離れたGに近づくと、Xは、Aの靴を見つけたかと尋ね、L刑事が知らないと答えると、靴を捨てたという場所に案内したが、靴は見つからなかった。さらにXは、毛布を見つけたかと尋ね、毛布を処分したという場所にも案内したが、何も見つからなかった。この時点でLらの一行は捜索をしていた警察官らと合流した。M市に近づくと、Xはそれ以上の会話をしないままL刑事らを子供の死体のある場所に案内することに同意した。捜索を指揮していた捜査官は午後三時に捜索の中止を命じた。Aの死体は州間高速道路八〇号線の南二マイルにある道路横の排水溝の暗渠近くで発見された。そこは捜索予定地で、捜索隊の一組はその二・五マイルのところに迫っていた。（*Id.* at 434-436.）

Xは一九六九年二月、第一級謀殺罪で起訴された。被告人側は、リーミング刑事の違法な話しかけによって得られた供述の〝果実〟であることを理由に、被害者Aの死体およびこれに関連する一切の証拠の排除を申し立てた。公判裁判官は弁護人依頼権の放棄を理由にこれを却下し、Xの有罪は州段階で確定した。これに対し、被告人側が合衆国地方裁判所に人身保護令状による救済を求めたところ、同裁判所は、Xの供述は弁護人の援助を受ける権利を侵害して得られたもので、さらにエスコビード判決およびミランダ判決にも違反して不任意になされたものであり、権利放棄の事実も認められないとしてこれを容れ、そして第八巡回区控訴裁判所も、不任意の点については言及しなかったものの、これを維持した。合衆国最高裁はミランダ違反等の主張については判断を回避しつつ、五対四で本件事案とマサイアの事案とに「憲法上の差異は認められない」とした上で、第六修正の保障する弁護人の援助を受ける権利を侵害してリーミング刑事はXから負罪的供述を得たことになるとの判断を示し、これを維持した。ただ、法廷意見は脚注で、Xの負罪的供述以外の証拠が〝毒樹の果実〟として排除されるかの問題に触れるものではないことをとくに付言し、ウィリアムズ（X）の負罪的供述それ自体もウィリアムズが警察官を被害者の死体のあるところに案内したとするいかなる証言も憲法上証拠として許容できないが、死体の発見場所およびその状態に関する証拠は、たとえウィリアムズから負罪的供述が引き出されていなかったとしても、いずれにせよ死体は発見されていたであろうという理論に基づいて許容されることはありうる旨付言した。(*Id.* at 436-437.)

一九七七年のアイオワ州地方裁判所での第二次裁判で訴追側は、Xの供述を証拠として提出せず、Xが警察官をAの死体のあるところに案内したことを立証しようともしなかった。「しかしながら、発見時のAの死体の状態、Aの衣服数点およびその写真、そして死体に関する死後の医学的科学的な検査結果は許容された。」公判裁判所は、たとえXが警察官を被害者の死体のあるところに案内していなかったとしても、捜索が中止されていなければAの死体は間もなく（within a short time）現に発見されていたのと本質的に同一の状態で発見されていたであろうことを訴追側は証拠の優越（a preponderance of the evidence）によって立証したと結論した際に、氷点下の気温であったため組織の腐敗の進行が遅れたであろうことを指摘した。陪審は再び、Xを第一級謀殺罪で有罪と認定し、Xは終身刑の言い渡しを受けた。アイオワ州最高裁は、排除法則には〝仮定的な独立入手源〟の例外がある旨判示した上で、警察官の本件行動は悪意によるものではないこと、たとえXが警察官を子供の死体のあるところに案内しなかったとしても、死体はその状態が大きく変化する前に捜索隊の合法的活動によって不可避的に発見されていたであろうことを訴追側は証拠の優越によって立証したと結論し、これを維持した。

これに対し、Xは一九八〇年、アイオワ州南部地区合衆国地方裁判所に人身保護令状による救済を求めた。同裁判所は州裁判所と同様に、死体は不可避的に発見されていたであろうとの理由で、これを却下した。ところが、第八巡回区控訴裁判所はこれを破棄し、そして全裁判官関与の裁判では可否同数で再審理を否定した。同裁判所は、〝不可避的発見〟の例外を適用するには、アイオワ州最高裁が正しく指摘したように、警察官は悪意で行動したものではないこと、そして当該証拠は憲法違反がなくとも発見されていたであろうことの立証が必要であるとした上で、本件では悪意の不存在の立証がなされていないとして、これを破棄したのである。（*Id.* at 437-439.）

【判　示】　原判決破棄。　**(1)**　アイオワ州最高裁が正しく指摘したように「連邦および州裁判所の〝圧倒的多数（vast majority）〟は排除法則による不可避的発見の法理による例外を認めている。われわれは今、排除法則に対するこのいわゆる終極的ないし不可避的発見の例外（the so-called ultimate or inevitable discovery exception to the exclusionary rule）を採用して、これを適用するよう求められているのである。」

ウイリアムズ（X）は、死体（発見）の場所およびその状態に関する証拠は〝毒樹の果実〟である、すなわち子供のご両親に〝教会葬〟をさせてあげて欲しいとのリーミング刑事の懇願――当裁判所はすでにこの懇願を取調べに相当すると判示した――の〝果実〟ないし産物であると主張する。Xは、争われている本件証拠を許容することは、それが不可避的に発見されていたであろうと否とを問わず、第六修正に違反すると主張する。Xはまた、仮に不可避的発見の法理が憲法上許容できるというのであれば、警察官の善意の立証がその前提でなければならないと主張するのである。（*Id.* at 440-441.）

(2)　訴追側の違法行為の汚れた〝果実〟であるとして裁判所に証拠排除を要求する法理の起源は、一九二〇年の

【41】シルヴァーソン判決にある。当裁判所は同判決で、排除法則は違法に獲得された証拠それ自体のみならず、最初の証拠に由来するその他の負罪的証拠にも適用されると判示した。しかし、その判示は注意深く限定されていた。そのような情報は自動的に〝神聖にして近寄るべからざるもの〟となるわけではなく〝(それらの事実)に関する知識が独立の源(independent source)から得られるのであれば、それらは他の事実と同様に立証されてよい〟ことを当裁判所は強調しているからである。一九六三年の【45】ワン・サン判決は、排除法則を警察官の違法行為の間接的な産物ないし〝果実〟である証拠に拡大したが、そこでも当裁判所は再び、警察官の違法行為がなければ(but for the illegal actions)明るみに出なかったであろうということだけで、すべての証拠を〝毒樹の果実〟であると考える必要はないとした。

むしろ、このような事案におけるより適切な問いかけは、最初の違法行為が立証されたとしても、異議申立ての対象たる証拠が、かかる違法行為を利用して得られたものであるのか、それとも〝最初の汚れを除去したものと認めるに足る手段によって得られたものであるかである〟と指摘して、違法に獲得された証拠であっても必ずしも常に排除される必要のないことを強調した。それ故、当裁判所は、控訴裁判所が地裁判決を破棄して主張するような善意の要件を明確に否定したのである。シルヴァーソン判決とワン・サン判決はいずれも第四修正違反に関するものであるが、「〝毒樹の果実〟の法理は第四修正違反の事案に限定されない。当裁判所はこの法理を第六修正違反の事案についても第五修正違反の事案と同様に適用している。」一九六七年の【47】ウェイド判決を見よ。第五修正の文脈におけるこの独立入手源法理の適用は、一九七二年のカステイガー判決(Kastigar v. United States, 406 U.S. 441)によって再確認されている。(*Id.* at 441-442.)

排除法則を警察官の違法行為の果実である証拠に拡大する核心的根拠は、当裁判所が一貫して主張してきたように、警察官による憲法や制定法上の保護の侵害を抑止するためには、このように明らかにドラスティックで社会的にコストの高いやり方が必要であるということにある。当裁判所は、有罪であることに間違いない人物をそれぞれの罪で処罰しないという高価な社会的損失にもかかわらず、このような（憲法上の）保護を確保するためにはこのような（警察官による）侵害の結果押収された証拠を排除しなければならないとの議論を受け入れてきたのである。「この原理によると、訴追側は違法行為がなかった場合における立場と比較して（違法行為によって）より有利な立場に置かれてはならない（the prosecution is not to be put in a better position than it would have been in if no illegality had transpired）ということになる。」（*Id.* at 442-443.）

これに対し、派生的証拠を分析すると、以前の警察官の誤りないし違法行為だけを理由に訴追側はより不利な立場（a worse position）に置かれないように保障されていることが分かる。独立入手源の法理は、憲法違反から完全に独立した方法によって発見された証拠の採用を認める。この法理は不可避的発見の法理と密接に関連しているが、本件では適用されない。なるほどウイリアムズ（X）のリーミング刑事への供述の結果、警察は子供の死体を発見したが、これでおしまいということにはならない。「独立入手源法理は、警察の誤りないし違法行為がなかった場合における立場と比較して警察をより不利な立場ではなく（not a worse）それと同一の立場に置くことによって、警察の違法行為を抑止するという社会の利益と犯罪に関するすべての証明力ある証拠を陪審に提示するという公共の利益とが適正に釣り合うことを教えている。」

なお、排除法則に対する終極的ないし不可避的発見の例外法則は、一九六七年の【21】チャップマン判決のいわゆる無害法理の目的と密接に関連している。この法理は〝裁判の結果にほとんど影響を及ぼさないような誤りないし欠陥を理由とする有罪判決の破棄を阻止する限りにおいて、極めて有用な目的に役立っている。〟不可避的発見の法理の目的は、警察官の違法行為がなくても獲得されていたであろう有罪判決の破棄を阻止することにあるからである。争われている証拠に独立の入手源があるとき、このような証拠を排除すれば、何らの誤りないし違法行為がなかった場合における立場と比較して警察をより不利な立場に置くこととなろう。たとえ違法行為がなかったとしても警察はその証拠を獲得していたであろうから、不可避的に発見されていたであろう証拠を排除すれば訴追側はより不利な立場に置かれるという点において、「これら二つの法理には機能的類似性（a functional similarity）がある。」それ故、独立入手源の例外は本件における証拠の許容性を正当化しないが、その論拠は排除法則に対する終極的ないし不可避的発見の例外と完全に合致しており、その採用を正当化するのである。（*Id*. at 443-444.）

(3)　排除法則の適用を求める事案は〝争われている証拠が何らかの意味において訴追側の違法行為の産物であることを前提にしている〟ことは明らかである。むろん、これで問題はおしまいということにはならない。「もし訴追側が、合法的手段――本件ではボランティアの捜索――によって当該情報は終極的ないし不可避的に発見されていたであろうことを証拠の優越（a preponderance of evidence）によって立証できるのであれば、違法捜査抑止の原理はほとんどその根拠がなくなるから、当該証拠は許容されてしかるべきである。」

Xは、アイオワ州裁判所が採用した証拠の優越という基準は一九六七年の【47】ウェイド判決と矛盾すると主張する。当裁判所は同判決で公判廷での犯人識別に対する明白かつ説得的な独立の源のある証拠を要求した際に、弁護人不在の公判前の犯人識別供述は〝将来の参考のために被告人を犯人とする証人の識別供述を結晶化させる〟ことに効果的であることを重視した。当裁判所はまた、面通しで起こりうる不公正が〝公判廷での明確な犯人識別供述を攻撃する唯一の方法となりうる〟ことを指摘し、公判廷での犯人識別が面通しでの犯人識別と関わりのない（unaidid）独立の記憶に基づいたものであるかどうかの判断の困難性を認めた。「これに対し、不可避的発見は推測的要素を含まず、容易にそれを確証または弾劾できる立証済の歴史的事実に焦点を合わせている（no speculative elements but focuses on demonstracted historial facts capable of ready verification on impeachment）から、証拠排除手続における通常の立証責任からの離脱を必要としないのである。」（*Id*. at 444-445.）

(4)　本件で訴追側は悪意の不存在を立証しなければならないという控訴裁判所の課した要件は、何ら違法な警察活動がなかったとしても警察は入手していたであろう関連性がありかつ疑問の余地なく真実であるものを陪審に提示しないという態度を裁判所にとらせることとなろう。もちろん、このような見解は、違法行為がなかった場合における立場と比較して警察をより不利な立場に置くこととなる。そして同様に重要なことは、この見解は真実を追求する司法の運営において真実を排除するという莫大な社会的損失を全く考慮していないことである。当裁判所の従前の判例の中で、このような形式的で的はずれで、かつ過酷でもあるアプローチを支持するものはない。

控訴裁判所は、もし悪意の不存在の要件を課さないとすると〝巧妙に第六修正を侵害しようとの誘惑が大きくなり、排除法則の抑止効は大いに減少する〟と結論した。われわれはかかる見解を退ける。違法に証拠を獲得する機会に直面した警察官が、探し求めている証拠が不可避的に発見されるであろうかどうかを判断できる立場にあるということは、たとえあるとしても稀なことである。他方、当該証拠は不可避的に発見されるであろうことに気付いている場合、警察官は問題となりうる方法をとることを回避しようとするであろう。このような状況下において、証拠を獲得するために疑わしい〝近道〟をしてもほとんど得るところはないからである。証拠を違法に獲得する重要な動機に欠けていることは、終極的ないし不可避的発見の例外が警察の違法行為を促進する可能性を減少させる。このような状況下においては、排除法則の社会的犠牲は、善意の要件を課すことによって産み出されるかもしれない何らかの抑止への利益をはるかに凌駕している。(*Id.* at 445-446.)

(5)　Xは、弁護人の援助を受ける権利を放棄していないから、争われている証拠が適正に許容されたかを判断する際に裁判所は競合する価値を比較衡量することはできないと主張する。その主たる目的が警察の違法行為を抑止することにある第四修正の文脈における排除法則とは異なり、第六修正の排除法則は公平な裁判を受ける権利および事実認定過程の廉潔性の保護を目的とすると論じて、このような利益に関わる場合には、任意性がないと考えられる（Xの）応答を通じて獲得された証拠を排除するという社会的損失は当該証拠を排除すべきであるかを判断する際に関連性がないと主張するのである。同意できない。

不可避的に発見されていたであろう物的証拠を排除しても刑事裁判の廉潔性ないし公正に付加するものは何もない。第六修正の弁護人依頼権は、提出された証拠の信用性が反対尋問で吟味される当事者手続（adversary process）を保持することによって、不公正を防止する。ところが本件では、リーミング刑事の行為は問題の証拠——子供の死体と発見時のその状態、死体にあった数点の衣類、および検屍——の信用性を何ら損なう（impugn）ものではなかった。リーミング刑事がウイリアムズ（X）の人間としての当然の本能（decent human instincts）に訴えたときに警察の車の中に弁護人がいたとしたら、証拠としての死体の信用性に何らかの影響を及ぼしたであろうと真面目に主張する者は一人もいないであろう。このような状況下における証拠排除は、裁判過程の簾潔性を何ら促進しないばかりか刑事司法の運営に全く受け入れ難い負担を課すこととなろう。

証拠は不可避的に獲得されていたであろう、それ故、警察の違法行為にかかわりなく許容されていたであろうことを訴追側が立証できるのであれば、裁判過程の公正を確保するためにかかる証拠を陪審に提示しないという合理的根拠はない。このような状況下においては、訴追側は公判で何ら利益を得たわけでもなく、そして被告人は何ら偏頗な取扱いを受けたわけでもない。実際、証拠を排除すれば、訴追側は何ら警察の違法行為がなかった場合に占めていたであろう立場と比較してより不利な立場に置かれることとなり、対審制度は損なわれる（undermine）こととなろう。不可避的発見は受け入れ難い価値衡量であるとのXの主張には理由がない。

故カードウゾ裁判官は半世紀以前の【3】デフォー判決で、排除法則の下では〝お巡りがヘマをしたから犯人が釈放される〟という含蓄のある指摘をした。彼はさらに検討を進め〝下っ端の警察官が熱心さの余りまたは無分別によって極めて凶悪な犯罪の犯人に免責を与えることができるようになる〟場合には、排除法則は〝社会に量り知れない影響を及ぼすことになろう〟と述べた。そしていつの日か裁判所は、排除法則をその論理の限界にまで推し進め、またはその限界を越えて、殺人の被害者の死体に関する証言を死体が発見された方法を理由に排除することになろうと推測したのである。カードウゾ裁判官のこの予言は一九六二年のある判決（Killough v. United States, 315 F.2d 241, 245）で的中した。しかし、本件のように、問題の証拠は警察の誤りないし違法行為と関係なく不可避的に発見されていたことであろうという場合には、汚れが生ずるほどの関係はないから、当該証拠は許容されるのである。（*Id.* at 446-448.）

(6)　控訴裁判所は、ボランティアの捜索隊は終極的ないし不可避的に被害者の死体を発見していたであろうとの認定が証拠によって十分支持できるかを検討する必要はないとした。しかし、それぞれ独立して証拠を再吟味した三つの裁判所はいずれも、子供の死体は捜索隊によって不可避的に発見されていたであろうことを認めた。Xはこれらの認定を争い、本件記録によれば、Xが警察官を死体のあるところに案内したP郡に至るまでのあと二・五マイル捜索の努力は続けられていたであろうというのは事後的な合理化にすぎないと主張する。

ウイリアムズ（X）の第二次裁判開始前の証拠排除手続でこのような主張がなされたとき、訴追側は、子供の死体を捜索するためおよそ二〇〇人のボランティアを組織し指揮したアイオワ州刑事捜査当局のR捜査官の証言を提出した。Rは〝すべての道路、溝、暗渠をチェックするよう〟指示した、ハイウェイの地図を碁盤目状に分けて五～六人のボランティアを一チームとし、各チームに一つの碁盤目状の地域を分担させた、Xの協力がなく捜索が中断されることがなければ、捜索隊は同じ捜索方法によりP郡までの捜索を続行していたであろうと証言した。捜索が続けられておれば、あと三～五時間で死体が発見されていたであろうとの証言もあった。すなわち、死体は捜索隊がとくに注意して捜索するように指示されていた場所の一つの近くで発見されたのである。以上の記録によると、捜索隊が現に死体のあった場所に近づきつつあったことは明らかである。われわれは先の三つの裁判所とともにに、Xが警察官を死体のあるところに案内することがなければ、ボランティアの捜索隊は捜索を再開していたであろうことを確信する。(*Id.* at 448-449.)

〈ホワイト裁判官の補足意見〉　私は法廷意見に完全に同調するが、スティヴンズ裁判官の見解の多くは的外れであることを指摘しておきたい。リーミング刑事が「法の要求を無視しようとした」あるいは「法を順守する代わりに手続上の近道をとることを決意した」というのはとうてい正当化できない。彼は、同じ状況下におかれた他の警察官が行動するように行動し、当時の法に従って行動したのである。

〈スティヴンズ裁判官の補足意見〉　本件は少なくとも三つの理由で異例である。すなわち、① 事実関係が極めて悲劇的であること、② 本件には明白な憲法上の権利侵害が存在すること、③ 警察官が法の要求を無視しようと決意したときにもたらされる社会的損失を端的に示していることである。

犯罪の性格が裁判過程に影響を及ぼすことは否定できないが、「不可避的発見」の法理を暗に認めたのは第一次ウィリアムズ判決の多数意見にほかならない。本日採用した法則は困難な事件に伴う圧力の産物ではないのである。本件は「警察官が明示の約束に反して弁護人不在中の内在的に強圧的な状況を巧妙に利用した」事件であった。第六修正は、被告人の有罪判決は訴追側の一方的な捜査や判断ではなく対審手続の産物であることを保障するものである。第一次ウィリアムズ判決が、対審的手続の継続中にその手続の外で被告人から巧妙に負罪的供述を引き出すことによってリーミング刑事は〝マサイア判決の明白な法則〟を侵害したと判示した。〝教会葬の話〟は、憲法の命ずる対審を打ち砕き、それを一方的な糾問的手続で代替しようとするものにほかならなかった。被疑者の死体が不可避的に発見されていたであろう場合にそれを証拠として許容しても、その裁判が糾問的手続の産物であることを意味しない、違法行為による汚れがないからである。それ故、リーミング刑事の善意・悪意は全く関連性がない。本件は、憲法違反時にすでに捜索が開始されていたことを示す証拠を訴追側が提出していたから、訴追側が推定によって憲法違反の責任を回避しうるような事案ではない。私は、証拠が不可避的に発見されていたであろうことを訴追側は明白かつ説得的な証拠ではなく証拠の優越によって立証すれば足りるとの多数意見に同意する。不可避的発見の認定は「客観的に確証または弾劾しうる現に進行中の捜索の範囲に関する客観的証拠に基づいている。」それ故、通常とは異なる立証の負担は必要とされないのである。

多数意見は証明力ある証拠を排除する〝社会的損失〟に言及している。私見によれば、より関連性ある損失は法を順守する代わりに手続上の近道をとることを決意した警察官によって社会に課せられたそれである。リーミング刑事がＤ市に到着するまでの一時間程度を待とうとせず近道をとった結果はどのようなものであったか、それは不必要で費用のかかる一五年間の長期にわたる訴訟であった。

〈ブレナン裁判官反対意見〉（マーシャル裁判官同調）　われわれは一九七七年の第一次ウィリアムズ判決において、被告人の第一級謀殺罪での有罪判決は第六修正および第一四修正の保障する弁護人の援助を受ける権利を侵害して得られた供述に一部基づいているから破棄を免れないと判示した。われわれは同時に〝ウィリアムズの負罪的供述それ自体もウィリアムズが警察官を被害者の死体のあるところに案内したとするいかなる証言も憲法上証拠として許容できないが、死体の発見場所およびその状態に関する証拠は、いずれにせよ死体は発見されていたであろうという理論に基づいて許容されることはありうる〟旨指摘したのである。

「本日の判決が排除法則に対する〝不可避的発見〟の例外を採用する限りにおいて、それは単に一九二〇年の【41】シルヴァーソン判決においてはじめて当裁判所が認めた〝独立入手源〟の例外に類似する法理を認めたにすぎない。当裁判所はとりわけ、憲法に違反して獲得された証拠であっても、もしそれが憲法違反発生時にすでに開始されていた独立の捜索によって不可避的に同一の状態で発見されていたであろうという場合には公判で許容しうると結論しているのである。すべての連邦控訴裁判所は本件以前にこの争点に言及しているが、このような状況下における排除法則に対する〝不可避的発見〟の例外は憲法の要求に合致していることに同意する。」

しかしながら、排除法則を骨抜き（emasculate）にしようとする熱心さのあまり、当裁判所は〝不可避的発見〟の法則とそれが派生したところの〝独立入手源〟の例外との重要な差異を看過している。正しく適用された場合、〝独立入手源〟の例外は当該証拠が完全に合法的手段によって実際に獲得された場合に限り、訴追側がその証拠を利用することを認める。それ故、それは排除法則が確保しようとする憲法上の保護を侵害するものではない。〝不可避的発見〟の例外も同様に憲法と両立しうるが、重要な一点においてその縁者（its next of kin）と異なる。すなわち、公判で提出されようとしている証拠は現実に独立の源から獲得されたものではなく、独立の捜索が続行されていたと認められた場合に当然の事柄として（as a matter f course）発見されていたであろうというものである。

私見によれば、このような相違に鑑みると、高度な立証責任を果たしてはじめて訴追側はこのような証拠の利用を認められるというべきである。「不可避的発見の例外は当然、独立入手源法理の適用の前提となる現実的な事実認定（factual finding）とは種類を異にする仮定的な事実認定（hypothetical finding）を伴う。この仮定的事実認定を独立入手源法理に機能的に相当する状況に限定することを確保し、そして排除法則の奉仕する基本権を十分に保護するために、私は、訴追側がこの争点に関する立証責任を果たしたと結論する前に明白かつ説得力ある証拠（clear and convincing evidence）を要求したい。」【47】ウェイド判決を見よ。立証責任を強化することは、事実認定者に判決の重要性を印象づけることに役立ち、かくして違法収集証拠が許容される危険が減少される。それ故、法廷意見に加わることができないのである。（*Id.* at 458-460.）

【57】セグーラ第四修正違反後捜索令状執行発見物独立入手源適用麻薬事件判決（一九八四年）

本判決（Segura v. United States, 468 U.S. 796）は、アパートへの当初の違法立入り時に現認された証拠ではなく、それ以前の情報に基づいて違法立入り後に入手した有効な令状に従ってはじめて発見された証拠物について独立入手源の法理を適用したものである。なお、法廷意見の執筆はバーガ首席裁判官である。

【事　実】　ニューヨーク麻薬捜査機動班（New York Drug Enforcement Task Force）は一九八一年一月、被告人セグーラ（X）および被告人マリーナ・コロン（Y）がニューヨークのアパートで大規模なコカイン密売をしているとの情報を得て、同班捜査官（Pら）が両名の監視を開始した。Pらは同年二月九日、XがZと会っているのを観察し、三日後の二月一二日午後五時ころ、XとZがクイーンズ地区にある簡易レストランに入り、その間、YがZの車の中で待機中のWに大きな包みを手渡したのを現認した。ZとWはその後直ちにレストランを出てアパートに向かった。Pらは追跡して五時三〇分ころ、二人がWのアパートに入る寸前に停車を命じたところ、Wの所持する紙袋に白い粉の入った袋があったので両名を逮捕した。この白い粉は後にコカイン〇・五キログラムであることが判明した。ミランダの権利告知後、Zは捜査官に協力することに同意した。Zは、コカインをXから買ったことを認め、そして捜査官が現認したとおり、Yから簡易レストランで引渡しを受けたことを認めた。当初は一キログラム買う予定であったが、全部売れそうになかったので半分にした、コカインが捌けたかどうかを確かめるために午後一〇時ころにXから電話が入ることになっている、〇・五キロのコカイン完売の場合には、さらに〇・五キログラムの引渡しを受ける約束であると述べた。

Pらは同日午後六時三〇分から七時の間に合衆国検察官からX、Y両名を逮捕する許可を得た際、「時間が遅いのでXらのアパートに対する捜索令状は翌日まで入手できないだろうから、証拠隠滅を防ぐため建物の確保に着手せよ」と指示された。Pらは同日午後七時三〇分ころ、アパートに到着し非常階段からアパートの三階の部屋を監視していたが、中には人の気配もなく人の出入りもなかったので一〇時三〇分ころ、非常階段を降りて外から監視することにした。間もなく一人で帰ってきたXは、午後一一時一五分、アパートのロビーに入ったところで逮捕された。Pらは渋っていたXをアパート三階の部屋に連行し、ドアをノックしたところ、女性（後にYと判明）が出てきたので「許可を求めることも許可を得ることもなく」Xとともに室内に入り、部屋にいたYら四人を逮捕した。そして捜索令状は申請中であると告げた後、直ちに室内の安全確認を実施したところ、秤等の薬物調剤用器を一見して発見したが、そのまま一切手を触れずに放置しておいた。その後、Yを逮捕して捜索したところ、同女の財布の中に実弾入りピストルと二千ドル余の現金があったので、全員をDEA本部に連行後、捜査官二人が室内に留まり捜索令状を待つことにした。「行政手続上の遅延（administrative delay）」のため、治安判事に令状申請書が提出されたのは翌日の午後五時となり、発付された令状が執行されたのは、Pらの当初の立入りからおよそ一九時間後の翌日午後六時ころであった。捜査官が右令状に基づいて室内を捜索したところ、コカイン三ポンド、Y逮捕時に発見されたY所有のピストル用の実弾一八発、五万ドル余の現金、そして薬物取引記録等を発見したので、前夜の安全確認時に一見して発見した物品とあわせて押収した。（*Id.* at 799-801.）

ニューヨーク州東部地区合衆国地方裁判所での公判開始前に、Xらはアパートで押収された証拠の排除を申し立てた。同地裁は、Xの申立てを容れ、アパートへの当初の立入りを正当化する緊急状況はなかったので本件立入りは違法である、したがって、その後のYの逮捕や薬物用調剤器具等の押収も違法であるから、いずれも違法な捜索の〝果実〟であるとしてこれらの証拠を排除した。「その後に発付された令状の有効性は認めつつ、違法なアパートへの立入りとその〝占拠〟がなければ、Yは薬物を除去ないし隠匿していたかもしれず、その場合には令状による捜索時にはそれらはアパートにはなかったことになろうからであると論じ、有効な令状の下で押収された薬物も〝毒樹の果実〟であると判示したのである。」これに対し、第二巡回区控訴裁判所は「当初の無令状立入りが緊急状況によって正当化されない」ので本件立入りは違法であるという点についてはこれを維持したが、「当初の立入りの翌日に執行された有効な令状の下で押収された証拠の排除を要求する判示部分については、捜査官の立入りがなければ、当該証拠は破壊されえたであろうという理由だけで排除するという判断は余りにも慎重にすぎ相当でない（prudentially unsound）」としてこれを破棄差し戻した。差戻審の地方裁判所はこれに従い、Xらをコカイン譲渡のコンスピラシー等で有罪とし、第二巡回区控訴裁判所もこれを維持した。（*Id.* at 802-803.）

【判　示】　原判決維持。　**(1)**　「本件争点の解決には、二つの別個の問題を検討する必要がある。すなわち、第一、家屋への立入りとその内部の安全確認は、アパートの中にあるすべての内容物につき、その発見の有無にかかわらず、許すことのできない押収といえるか。第二、立入り後の翌日に発付された有効な令状によるアパートの捜索時にはじめて発見された証拠は当初の違法な立入りの〝果実〟として排除されるべきかどうかである。」（*Id.* at 798.）

控訴裁判所は、Xらのアパートへの無令状立入りを正当化する緊急状況はなかったとの判示を維持した。この争点はわれわれに提示されていないので、捜索は違法であったとの裁判所の判示をわれわれが問題にする理由はない。しかし、それに続くアパートでのXらの占有利益（possessory interest）への介入は別の事柄である。この最初の問題に関してわれわれは、仮に捜査官が家屋を内部から確保したときにXらのアパートの内容物をすべて押収したとしても、かかる押収は第四修正に違反しなかったと結論する。相当な理由のある捜査官が建物の中に入り、そして相当な理由の下にその内容物に合法的な占有的利益を有する占有者を逮捕・拘束し、本件での関わりのあった時間だけ（for no more than）、他の捜査官が善意で、令状入手の手続きを進めている間に（in the process of obtaining a warrant）、現状を維持するために内部から建物を確保している場合は第四修正の不合理な捜索・逮捕押収の禁止に違反しないと判示する。

当初の立入りの違法性は、後にみるように、第二の問題に関しては関連性がない。この第二の問題を解決するためには、当初の立入りが現在争われている証拠の発見を汚れたものにしたかどうかの判断が必要となる。「この争点に関してわれわれは、アパートへの立入り以前に捜査官に知られていた情報に完全に依拠して発付された有効な捜索令状に従って、その翌日アパートで引き続き行われた捜索時に発見された証拠は違法な立入りの〝果実〟として排除する必要はないと考える。令状および令状発付の根拠となった情報はそのような（当初の違法な）立入りとは関係がない、それ故、【41】シルヴァーソン判決の下での当該証拠の独立の源（an independent source of the evidence）を構成しているからである。」（*Id.* at 798-799.）

控訴裁判所は、負罪的証拠の許容性に限定された控訴で（原判決を）一部維持、一部破棄した。同裁判所は、当初の無令状の立入りは緊急状況によって正当化されない、そして当初の立入り時に一見して発見（in plain view）された証拠は排除されなければならないとの地方裁判所の判示を維持した。「控訴裁判所の判示のこの側面に言及する必要はないし言及もしない。われわれの関心はただ、有効な令状執行時に押収された証拠の排除は第四修正の要求ではないとの控訴裁判所の判断が正しいかどうかにある。」（*Id.* at 802.）

(2)　まず最初に、本件の限定的かつ正確な問題に焦点を合わせることが重要である。すでに指摘したように、「本件での唯一の争点は、当初の立入り時に観察されず、そして立入りの翌日に有効と認められる捜索令状の下で捜査官によってはじめて発見されたその他の物品は排除されるべきかどうかである。」

排除法則は違法な捜索押収の直接的結果として獲得された第一次証拠のみならず、後に発見された違法行為の派生物である証拠、すなわち〝毒樹の果実〟にも及ぶ。排除法則は憲法に違反する行為の〝直接的産物と同様に間接的なものにも〟及ぶのである。違法な捜索・逮捕押収の直接的結果として獲得された証拠は当然に排除される。その後に獲得された証拠は〝汚れている〟以前の違法行為の〝果実〟であると主張されたときに解決すべき問題は、争われている証拠が〝（当初の）違法行為を利用して得られたものであるか、そうではなく最初の汚れを除去したものと十分に認めるに足りる方法によって得られたものであるか〟である。警察の違法行為と証拠の発見・押収との関係が〝汚れを除去するほどに稀釈している〟のであれば、その証拠は排除されるべきでないということは六〇年以上前から十分に確立している。例えば、警察が当該証拠の発見に対する〝独立の源〟を有していたのであれば、それは排除されるべきでない。要するに、訴追側が〝独立の源から〟当該証拠についての知識を有していたという場合には排除法則の適用はない。このことは、われわれの従前の諸判例から明らかである。(*Id.* at 804-805.)

(3)　捜査官がアパートに立ち入り、そして家屋を確保したとき、彼らは第四修正の意味において、コカイン、現金、実弾、および薬物記録を押収したことになる (effected a seizure) のかを判断する必要はない。第四修正はその文言上、〝不合理な〟捜索・逮捕押収を禁止するにとどまる。Xらの主張するように、捜査官はアパートの全体およびその内容物を押収したと仮定したとしても、この押収は本件の全体の状況下で不合理でなかった。(*Id.* at 806.)

当裁判所は今まで、犯罪活動に関する証拠が家屋にあると信ずべき相当な理由が捜査官にあるとき、証拠の除去ないし破壊を阻止するための家屋の一時的確保が第四修正に違反するかどうかを検討する機会がなかった。しかしながら、われわれは二つの判例、すなわちミンシー判決 (Mincey v. Arizona, 437 U.S. 385) および【15】ローリングズ判決において、少なくとも捜索令状が申請中に現状を維持するためになされたときには、このような状況下での建物の確保は第四修正に違反しないことを暗示した。われわれは、それ故、捜索令状申請中に証拠の破壊ないし除去を阻止するために、相当な理由に基づいて住居を確保することそれ自体は、住居ないしその中味の不合理な押収ではないと考える。(*Id.* at 809-810.)

本件では、捜査官には立入り前にXらのアパートで犯罪となる薬物活動が行われていると信ずるに足る相当な理由があった。現にXらは、相当な理由については争っていない。捜査官は数週間にわたりXらの監視を続け、そしてXらがアパートを出てコカインを密売するのを観察した。そのような長期にわたる監視中になされた観察とは全く別に、Zは二月一三日の逮捕後、Xらが当日早くZにコカインを提供したこと、Xが申し出たコカインをすべて購入したのではないこと、そしてXは多分アパート内にまだコカインを所有しているであろうことを捜査官に告げたのである。このような情報に基づいて、治安判事（magistrate）は捜索令状を発付した。その有効性は地方裁判所も控訴裁判所も認めており、本件で提示されていない。

もちろん、その開始時においては相当な理由に基づいているが故に合理的な押収が、その継続の結果として、あるいは別の理由で不合理なものとなることはありうる。本件では、令状入手の遅延のため、アパートの占拠は一晩中、さらに翌日まで続いた。このような令状入手の遅延は不幸なことではあるが、都会では異常なことではない、つまり、このこと自体は悪意を示すものではない。そして捜査官が悪意で、故意に令状入手を遅らせたという指摘はない。捜査官の説明によると、捜査官は令状入手の仕事にとりかかる前に、まず逮捕した人物に対する手続の仕事に専念したからであるという。本件事案が示しているように、アパートの所有者が問題の期間中ずっと捜査官の拘束下にあったことに照らして、後者を優先すべきであると捜査官が考えたのは不合理なことではない。（*Id.* at 810-813.）

(4)　Xらはまた、たとえ当該証拠は当初の違法な立入りと家屋の占拠によって〝押収された〟第一次証拠として排除されないとしても、かかる違法な立入りから派生した〝果実〟として排除されるべきであると主張する。しかし、当初の立入りが違法であるか否かは争われている証拠の許容性には関連性がない、当該証拠がそれに基づいて押収された令状には独立の源があったからである。本件ではかかる独立源の故に、派生的ないし〝毒樹の果実〟としての証拠排除は認められない。

「令状入手の根拠となった情報は、Xらの当初の立入りから派生したものではないし、いかなる点においても立入りとは関係がなかった。すなわち、当該情報は立入り以前に十分捜査官に知られていた。当初の立入りないしアパートの占拠時に得られた情報は、令状入手のために必要ではなく、捜査官によって用いられてもいない。それ故、捜査官がアパートへの立入り前に入手していた情報は、現在争われている証拠の発見および押収への独立の源であったということには疑問の余地がない。この証拠は、立入りの翌日、有効な令状の下で行われた捜索時に発見された、すなわち、それはかかる捜索の産物であって、以前の立入りとは全く関係がない。有効な捜索令状は、立入りから生じた何らかの〝汚れ〟を証拠から除去するに足る十分な手段であったのである。」(*Id.* at 813-815.)

反対意見は、捜査官がアパートへの立入りをせず、その代わりに外部から建物を確保しておれば、Yやその友人は警戒して (alerted)、令状が発付される以前に当該証拠を除去ないし破壊していたであろうという点で、当初の立入りおよび家屋の確保は当該証拠発見の〝なかりせば〟の原因であると主張する。反対意見にはこのような〝理由づけ〟が含まれるが、Xらはこのような主張をしていない。控訴裁判所はこのような主張を〝余りにも慎重にすぎ相当でない〟として、〝完全に推測的な仮定〟に基づいていることを理由に退けた。われわれは、Yとその仲間が当該証拠を除去ないし破壊したであろうとの地方裁判所の指摘は単なる推測にすぎないという控訴裁判所の見解に全面的に同意する。「さらに重要なことであるが、われわれは、すでに莫大な犠牲を社会およびわが司法制度に強いている排除法則を、反対意見がわれわれに求めているように、さらに犯罪活動を〝保護〟するために拡大することを拒否する。」

捜査官がアパートへの立入りをしていなければ、Xらは当該証拠の除去ないし破壊を準備していたかもしれない、その意味において、捜査官の行為は証拠発見の〝なかりせば〟の原因であると考えることは可能である。しかし、この点でわれわれは、〝手のこんだ複雑な議論は (違法行為) によって得られた情報と訴追側証拠との因果関係を立証するかもしれない〟という【42】第二次ナードン判決でのフランクファータ裁判官の警告を想起し、そして裁判所は〝良識の問題としては、そのような関係が極めて稀釈化しているためその汚れが除去されている〟かどうかを検討すべきであるとの彼の忠告を想起するのである。反対意見の実体は、証拠を破壊する〝憲法上の権利〟があるということである。かかる考えは、論理およびコモン・センスに反する。われわれは、コカイン、金銭記録、そして弾丸は証拠として正当に許容されたという控訴裁判所に同意する。(*Id*. at 815-816.)

【58】エルスタッド反覆自白許容不法侵入事件判決(一九八五年)

本判決(Oregon v. Elstad, 470 U.S. 298)は、逮捕状による自宅での逮捕時に自白を得たものの、その後連行した警察署ではじめてミランダ警告後に第二自白を得た事案につき、ミランダ法則は第五修正の特権を保護するための〝予防法則〟にすぎないことを強調した上で、第五修正の排除法則は第四修正の排除法則とは異なるから【45】ワン・サン判決の拡大は相当でないとしてこの第二自白を許容したものである。

【事　実】　オレゴン州甲地で一九八一年一二月、G夫妻の家に何者かが不法侵入し、装飾品など一五万ドル相当のものがなくなっていた。右不法侵入(burglary)事件の目撃証人が、G夫妻の息子の友人で近所に住む当時一八歳の被告人(X)が関与している旨甲郡の保安事務所に通報した。そこでP、Q両刑事は、逮捕状を入手してXの家に赴き、母親の案内でXの部屋に入ると、Xはベッドで横になりステレオを聞いていた。Pらは、Xに服を着て居間に来るように伝え、そしてPは母親を台所に招き、近隣の不法侵入事件でXへの逮捕状が出ている旨告げた。その間、QはXと居間に留まっていた。Qは後に、〝私はXと一緒に居間で椅子に腰かけていました、P刑事と私の二人がどうしてここにいるのか分かるかと聞くと、Xは分かりませんと答えました。そこでグロス(G)という名の人を知っているかと聞くと、はい、知っています、確かに知っていますと述べ、さらにGの家で不法侵入があったことを耳にしているとつけ加えました。この時点で君はその事件に関わりがあるのではないかと尋ねると、はい、私はそこにいました(Yes, I was there.)とXが答えた〟旨証言した。

Xは保安官本部に押送された。およそ一時間後にPは「はじめて標準のカードを読み上げミランダの諸権利を告知した。」Xは諸権利を理解していると述べ、これらの権利に留意しつつ、Pらに話したい旨答えた。XはG一家が町を離れていたことを知っており、数人の知人をGの家に案内して壊れたスライド式のガラス戸から中に入る方法を教えて謝礼をもらったと説明するなど、全面的な供述をした。この供述はタイプで書面にされた。Xはこれを検討し、P、Qとともに署名した。その後、Xは〝家を出た後、知人のロビーと私は車に戻り、ロビーは私にマリファナを少し（a small bag of grass）くれた〟という一文を付加した。Pらが自白の強要も約束も一切しなかったことはX自身が認めている。（*Id.* at 300-302.）

Xは第一級不法侵入罪（first-degree burglary）で起訴された。Xには公判で私選弁護人が付いた。Xは陪審による裁判を放棄し、巡回区裁判官によって審理された。「Xは直ちに、口頭供述および署名入りの自白の排除を申し立てた。【44】ベイア判決を引用して、家での取調べに応じてした供述によって〝猫は袋から出てしまった〟と主張し、【45】ワン・サン判決を引用して、その後の自白は汚れており〝毒樹の果実〟であると主張したのである。」裁判官は、〝私はそこにいた〟旨の供述はミランダの諸権利が告知される前になされたものであるから排除されなければならないが、「保安官事務所に到着後に採取された自白調書は証拠として許容できる」とした。すなわち、右供述は権利を放棄して任意になされたものであるから、その以前のXと刑事との間の短い供述による汚れは一切ないというのである。Xは結局、有罪判決の言い渡しを受け、五年の拘禁刑と一万八千ドルの賠償金（in restitution）の支払いを命じられた。

Xはワン・サン、ベイア両判決に依拠して、オレゴン州控訴裁判所に控訴した。同控訴裁判所は、本件での決定的な憲法上の問題は〝証拠として許容できない供述と自白調書との間に生じた出来事の流れの中で後者の供述をそれ以前に生じた効果から絶縁し（to isolate）十分に遮断（sufficient break）するものがあったかである〟とした上で、

Xの有罪判決を破棄した。すなわち、〝現実の強制がなかったにもかかわらず、憲法に違反して獲得された供述の強制的影響は依然残っている。Xの心の中では、自白をしたことによって彼の運命は定められていたからである。このインパクトが除去されてはじめてその後の自白は許容できる。それが除去されたかを判断する際に、時間の経過および当初の状況からの場所の変更が最も重要な検討事項である。〟二つの出来事――第一自白と第二自白――の時間的間隔は短いから〝猫は完全に袋から外に出てしまったのでその後の自白はなお強制的な影響を受けている〟というのである。そしてオレゴン州最高裁は訴追側の再審査の要求を却下した。(*Id.* at 302-303.)

【判　示】　原判決破棄。**(1)**　「自白調書の排除を求める被告人（X）の主張は、主として比喩（metaphor）に基づいている。一つの比喩は、第四修正の文脈に由来する周知のもので、Xの自白は、その廉潔性（integrity）、任意性、および証拠価値いかんにかかわらず、ミランダ違反の〝汚れた毒樹の果実〟として排除されるとする。他の比喩は、一たん〝猫が袋から外に〟出てしまうと自白は真に任意といえるかを問題とする。これらの比喩は、いずれも文脈から離れて用いると、誤解を招きかねない（can be misleading）。このような比喩は、第四修正の排除法則の役割と第五修正の強要された自白の使用禁止に関するミランダ判決の機能との根本的相違を曖昧にするものであるから、用いられるべきでない。被告人側は本件で、ミランダ警告の不告知は当然に、警察の憲法上の権利侵害と同一の結果を生み出すこととなり、ミランダ警告を受けずにした供述（unwarned statement）に続いて発見された証拠は〝毒樹の果実〟として排除されねばならないと主張する。われわれは、このような見解はミランダ警告によって提供された保護の性質を取り違えており、それ故、警察がミランダ警告を告知しなかったことの帰結を誤解している（misreads the consequences）と考える。」(*Id.* at 303-304.)

(2)　ミランダ以前には、被疑者の身柄拘束中の供述はデュー・プロセス条項の意味で〝任意に〟なされたかどうかによってのみ判断された。しかし、ミランダ判決で当裁判所は、身柄拘束中にかつ適切な警告なしになされた供述は第五修正によって保護されると考えることによって、伝統的なデュー・プロセス条項の下では許容されたであろう多くの供述の排除を要求した。第五修正は、もちろん、非供述証拠には関わりがないし、また捜査官による強制以外の源に由来する道徳的・心理的な自白への圧力にも関わりがない。任意の供述は、依然として法執行において適切な構成要素（proper element）である。当裁判所が先の開廷期に一九八四年のクォーリズ判決（New York v. Quarles, 478 U.S. 649）において指摘したように、予防的なミランダ警告（prophylactic Miranda warnings）は〝それ自体、憲法によって保護される権利ではなく、自己負罪拒否特権が保護されることを保障するための手段にすぎない〟のである。（*Id.* at 304-305.）

Xの自白はそれ以前にミランダの諸権利を告知されなかったことによって汚れており、〝毒樹の果実〟として排除すべきであるとのXの主張は、憲法違反の存在を前提にしている。この言葉の修辞的表現（this figure of speech）は【45】ワン・サン判決に由来する。第四修正に違反した捜索の結果発見された証拠および証人は証拠から排除されねばならないと同判決で判示された。このワン・サン法理は、第四修正違反が自白のときにも同様に適用される。違法逮捕後の身柄拘束中に入手された自白は、介在する出来事によって違法逮捕と自白との因果関係が遮断され、その自白が〝第一次の汚れを除去するに足りるほど十分な自由意思の行為である〟場合を除き、排除されることは確立した法である。しかし、クォーリズ判決（前出）、【50】タッカーの両判決でわれわれが説明したように、手続上のミランダ違反は重要な点において、伝統的に〝果実〟排除の広い適用を命じてきた第四修正違反とは異なる。第四修正の排除法則の目的は、その果実にどれほど証明力があるにせよ、不合理な捜索を抑止することである。排除法則は、第四修正を実効あるものとするために用いられるとき、第五修正の下で排除法則が奉仕するそれとは異なる利益と政策に奉仕する。第四修正違反によって自白が〝汚れた〟ものとなる場合は、第五修正の趣旨からする任意性の認定は、自白が許容されるかを判断する際の単なる最初の関門（threshold requirement）にすぎない。

(*Id.* at 305-306.)

ミランダの排除法則（Miranda exclusionary rule）は第五修正に奉仕し、そして第五修正自体よりも広く適用される（sweeps more broadly）。第五修正違反がなくとも発動（triggered）されうるのである。第五修正は訴追側が強制による自白を訴追側の主張立証として用いること（use by the prosecution in its case in chief）だけを禁止する。ミランダ警告の欠如は強制の推定を生む。したがって、そうでなければ第五修正の下で任意な警告を受けずにした供述が、任意であるにもかかわらず、ミランダ判決の下で排除されなければならないのである。しかし、ミランダの前提は、訴追側の主張立証のために用いることは反証不能（for purposes of the irrebutable prosecution in chief）として禁止されているが、明らかに任意性に疑いのない供述であっても、当該供述およびその果実が内在的に汚れているとして廃棄されることを要求するものではない。ミランダ判決に違反して採取されたものは訴追側の立証から排除されなければならないというのは事実である。しかし、それにもかかわらず、強制が推定されるにせよ、反対尋問において弾劾目的で使用することは禁止されていない。当裁判所は一九七一年の【25】ハリス判決で、自白を不許容とされた被告人は、そのことを理由に、それ以前の供述との対決を安全に免れ、発見されたすべての事実を自白の〝果実〟であるとして否定し、そして自白の任意性は全く関連性がないとする主張を憲法の途方もない拡大（extravagant extention of the constitution）であるとして退けた。（*Id.* at 306-307.）

当裁判所は【50】タッカー判決で、十分なミランダ警告なしに被疑者から採取された供述の結果その身許が明らかとなった訴追側証人の証言について【45】ワン・サン判決の果実理論を拡大適用して排除すべきかどうかを問われた。当裁判所は、警告を欠いた取調べは被告人の憲法上の権利を侵害したものではなく、特権を保護するためにミランダ判決で確立された単なる予防準則を逸脱したにすぎないと結論した。もちろん、ミランダ警告なしになされた自白は排除されなければならないが、第三者である証人の証言を証拠として提出するのは被告人タッカーの第五修正の権利を侵害していないことを当裁判所は認めたのである。この理由付けは、そのいわゆる非強制的なミランダ違反の〝果実〟が証人でもなく証拠物でもなく被疑者自身の任意の証言であるときにも、同様に適用できるとわれわれは考える。一たん警告があると、被疑者は当局に供述すべきか否かの判断に際して、自らの意思を自由に行使できる。当裁判所がしばしば指摘するように、〝生命ある証人は違法に押収された生命のない証拠物の提供と機械的に同一視されるべきでない。〟生命ある証人は個々の人間としての人格を有し、その属性たる意見、知覚、記憶、そして意欲（volition）が相互に働き、いかなる証言をするかを判断することになる。

「単にミランダ警告が告知されなかったということだけで、現実の強制または被疑者の自由意思を行使する能力の土台をほり崩すような状況が伴っていないにもかかわらず、捜査手続が汚れたものとなり、その結果、その後の任意かつ熟知した上での権利放棄は、明確に期間を定められないまま無効であるという考えはミランダ判決の不当な拡大である。ミランダ判決は警告を受けずになされた自白の排除を要求しているが、その後の供述の許容性は、このような状況下においては熟知した上で任意になされたかどうかによって判断されるべきである。」（*Id.* at 308-309.）

(3)　正しく警告された後での自白はそれ以前に警告はなかったが明らかに任意性ある自白がなされていたという理由で排除されるべきかを検討した裁判所の多数は、出来事の流れの遮断に関する【46】ウェストオーヴァ判決の要件は相当でないことを明示または黙示に認めている。ミランダ警告は重要な情報を伝達しているから、その後、特権を行使して沈黙すべきかの被疑者の選択は通常、〝自由意思の行為〟と考えられるべきである。そうであるにもかかわらず、オレゴン州裁判所は、いつまでも消えない微妙な強制の形相（a subtle form of lingering compulsion）、つまり猫を袋から外に出してしまったことによって自らの運命が決定されたという確信の心理的インパクトを明らかにした。しかし、任意ではあるが警告を受けずになされた自白の心理的インパクトに憲法上の含みを与えることになると、たとえ第五修正の禁止する強制がいずれの自白にもおよそ関わりがない場合であっても、警察は被疑者から十分に熟知した上での協力を得ることができなくなる。【44】ベイア判決で指摘されたように、〝被疑者が一たん猫を袋から外に出してしまうと、その動機がどのようなものであれ、その後、自白をしたことによる心理的かつ実際的な不利益を免れることはできない。彼は猫を袋に戻すことはできない。秘密は永久に外に出てしまったのである。そのような意味において、後の自白は常に最初の（自白の）果実とみなすこともできよう。しかし、当裁判所は今まで、自白の使用を禁止する状況下で一たん自白をすれば、そのような事情が除去された後でも自白者は永久に自白をすることができないとまで判示したことは一度もない〟のである。警察が途方もない取調べの方法で被疑者から全面自白を許容したような極端な事案（【43】ライオンズ判決）においても、自白の強制の効果は時とともに除去しうることが前提とされている。（*Id.* at 309-311.）

当裁判所は今まで、任意にされた有罪であることを示す秘密の暴露（disclosure of a guilty secret）の心理的インパクトは強制に相当する（qualifies）とか、その後の十分に熟知した上での放棄の任意性を損なうと判示したことは一度もない。オレゴン州裁判所は第五修正の強制に関するこのような拡大した見解を採用することによって、ミランダ警告なしの質問に応じた被疑者に対し、その後の熟知した上での権利放棄の効果を免責する。かかる免責は合法的な法執行に高いコストをもたらす一方で、自己に不利な証言を強制されない個人の利益にほとんどいかなる保護も与えない。

肉体的暴力または被疑者の意思を打ち砕くために周到に計算された方法に由来する直接的結果と、本件のようにミランダ警告はなかったが強制のない質問に応じて自由になされた〝有罪の秘密〟の暴露という不確実な結果（uncertain consequences）との間には、大きな相違がある。自白によって生じた心理的不利益と最終的な協力をする決意との因果関係は精々推測的であって、被疑者が供述するに至った動機は何であるかを明確に指摘するのは難しい。われわれは、当初の供述獲得時に故意の強制または不当な戦術がなければ、ミランダ警告を受けずに自白をしたという単なる事実だけで強制が推定されることはないと結論する。任意の供述ではあるがミランダ警告を受けずにそのような供述をした被疑者へのその後のミランダ警告の告知は通常、それ以前の供述の許容性を妨げる状態を除去するのに十分であるとすべきである。このような状況下において、事実認定者は、被疑者は権利を放棄するか援用するかの理性ある選択をしたと合理的に結論することができる。(*Id.* at 312-314.)

(4)　遅れたとはいえ、被告人の権利に関する朗読が完全であったことは否定できない。印刷されたミランダ・カードが大声で朗読され、それに対するXの応答も記録されている。本件不法侵入への関与を供述する前に、Xは熟知の上で、任意に黙秘権を放棄したことに疑いがない。Xのそれ以前の供述が、第五修正の意味において任意であったことも疑問の余地がない。最初の合法的質問はX自身の家の居間で行われ、少し離れた台所には母親がいた。本件には強制を示すものは一切ない。警察官も最初の自白を利用して権利放棄を迫ったことはなかった。(*Id.* at 315-316.)

(5)　ミランダ判決の命令および強制による証言を禁止する第五修正の目的は、訴追側の主張立証においてミランダ警告なしに獲得された供述の使用を禁止することによって(by barring use of the unwarned statement in the case in chief)本件状況下において十分達成されていると認められる。任意で熟知して放棄された後で獲得されたその後の供述に〝汚れ〟を付与しても、それ以上の目的に役立つことはない。われわれは本日、ミランダ警告の告知はなかったが強制的でない質問に一たん応じた被疑者は、そのことによって適切なミランダ警告後に権利を放棄して自白をすることができなくなるとはいえないと判示する。(*Id.* at 316-317.)

【59】マリ第四修正違反発見物独立入手源適用可能麻薬事件判決（一九八八年）

本判決（Murray v. United States, 487 U.S. 533）は、当初の違法立入り時に一見して発見した証拠およびその後に当初の違法立入りと全く関係のない情報に基づいて入手された令状に基づいて発見された証拠の両者について、その令状が当初の違法立入りから完全に独立して申請・発付されたというのであれば、独立入手源法理の適用を否定する理由はないとした上で、この点について判断させるため原審に差し戻したものである。

【事　実】　DEA（連邦麻薬取締局）とFBIの各捜査官は、マリ（X）、カータ（Y）およびモスカテイヨ（Z）らが違法な麻薬取引に従事しているとの情報を得て監視中の一九八三年四月六日午後一時四五分ころ、Xがトラックを運転し、Yが緑色のキャンピングカーを運転して南ボストンのとある倉庫に出入りするのを現認し、間もなく右トラック等の引渡しを受けて運転中のZらを追跡し逮捕後に車の内部を捜索したところマリファナを積んでいることが判明した。一方、右情報の連絡を受けた別の捜査官（Pら）は同倉庫に集合し、ドアを開けるよう求めたが応答がなかったのでドアを無理矢理こじ開けて中に入ったところ、一見して多くの袋（後にマリファナ入りと判明）を発見したが、これには全く手を触れずに外に出て、その後令状を入手するまで再び中に入らず倉庫を監視するにとどめた。令状申請時に捜査官は、当初の違法な立入りには一切言及せず、立入り時に観察したことにも一切言及しなかった。当初の立入りからおよそ八時間後の午後一〇時四〇分ころ、令状が発付されると捜査官は直ちに倉庫内に立ち入り、大量のマリファナ入りの袋二七〇個と顧客名簿などを押収した。

違法な薬物の所持等のコンスピラシーで起訴されたXらは、「捜査官は令状裁判官に以前の無令状立入りについて報告しなかったから捜索令状は無効である」として倉庫内で発見された証拠の排除を申し立てた。地方裁判所は、Xらの申立てを却下した。第一巡回区控訴裁判所も、本件は一見して確認された禁制品の発見がその後の令状入手とそれに続く上首尾の捜索とが全く無関係であることが想像しうる限り最も明白な事案であり（This is as clear a case as can be imagined)、違法な倉庫への立入りと争われている証拠の発見との間に因果関係はなかったのであるから、証拠排除を退けた地方裁判所の判断に誤りはないとした。(*Id.* at 535-536.)

【判　示】　原判決破棄。　(1)　【57】セグーラ判決においてわれわれは、警察官が私人の家屋へ違法な立入りをしても、その後に当初の立入りとは全く関係のない情報に基づいて入手された捜索令状の執行時にその住居で発見された証拠を排除する必要はないと判示した。本件においてわれわれは、独立に入手された捜索令状に従って獲得された証拠であると再び仮定した上で、それ以前の違法な立入り時に一見して発見(in plain view)・観察されたそのような証拠は排除されなければならないかの問題に直面している。(*Id.* at 535.)

(2)　排除法則は、有体的なものであれ証言的なものであれ(both tangible and testimonial)、違法捜索との結びつきが〃汚れを除去するほど稀釈されている〃その時点まで、第一次証拠の産物または違法捜索の間接的結果として獲得された派生的証拠の提出を禁止する。「今世紀の最初の四半世紀における排除法則の展開とほぼ時を同じくして、われわれは〃独立入手源(independent source)〃として知られている法理を明らかにしてきた。」この法理は、第四修正違反を介して獲得された証拠だけでなく、第五修正違反や第六修正違反を介して獲得された証拠についても適用されるが、最近の【56】第二次ウィリアムズ判決において次のように指摘された。すなわち、〃警察の誤りないし違法行為がなかった場合における立場と比較して警察をより不利な立場ではなくそれと同一の立場に置くことによって、警察官の違法行為を抑止するという社会の利益と犯罪に関するすべての証明力ある証拠を陪審に提示するという公共の利益とが適当に釣り合うことになる。争われている証拠に独立の入手源がある場合に、当該証拠を排除することは、何らの誤りないし違法行為がなかった場合における立場と比較して警察をより不利な立場に置くこととなろう〃というのである。本件争点はこの法理の適用範囲をめぐるものである。Xらは、この法理は独立した合法的な捜索時にはじめて獲得された証拠にのみ適用されると主張する。訴追側は、違法捜索時にまたはその結果支持できると考える。(*Id.* at 636-537.)

として最初に発見されたけれども、その後に最初の違法行為による汚れのない活動から独立して獲得された証拠にもこの法理は適用されると主張する。われわれは、先例およびポリシーの両者からすれば訴追側の主張の方がより支持できると考える。(*Id.* at 636-537.)

われわれの判例は、〝独立入手源〟という概念をより一般的（general）な意味で、かつより特定的（specific）な意味で用いてきた。より一般的な意味では、違法な証拠収集活動による汚れのない方法で獲得されたすべての証拠を許容する。それ故、捜査官が違法な立入りによって①②の事実に関する知識を獲得したが、〝独立源〟に由来する③の事実は許容すべきである。われわれは【57】セグーラ判決で、この文言をこのように用いた。同判決では、捜査官は被告人のアパートに違法に立入り、そして捜索令状が入手されるまでそこに留まっていた、彼らがアパートで待機中に発見した証拠物の許容性は争点ではなかったが、汚れのない有効な捜索令状の執行中にはじめて発見された証拠は〝独立源〟に由来することを理由に許容できると判示されたのである。(*Id.* at 537-538.)

しかしながら、この独立入手源という文言の元来の用法はより特定的であった。それは元来、ホウムズ裁判官によって、違法に獲得された証拠と同一の汚れのない捜索によって獲得された証拠という特定のカテゴリーに関連する排除法則の文脈において適用された。すなわち〝ある方法による証拠の獲得を禁止する規定の本質は、単にそのようにして獲得された証拠は裁判所の面前で用いられてはならないということだけでなく、それはおよそ用いられてはならないということである。もちろん、このことは、このようにして得られた事実は神聖にして近よるべからざるものとなるという意味ではない、もし、それら（の事実）に関する知識が独立の源から得られるのであればそれは他の事実と同様に立証されてよい〟というのである。第一巡回区が指摘したように、〝古典的な独立入手源の状況においては、違法な源を介して得られた情報は独立源を介して得られるときはきれいに獲得されたものと考えられる〟というのである。われわれは最近の第二次ウィリアムズ判決（前出）において、この独立入手源法理の適用を第六修正の文脈で考えた。被告人の弁護人依頼権を侵害して得られた負罪的供述の結果、警察官は被害者の死体に到着した。死体は独立源を介しても同様に発見されたものではなかったので、独立入手源法理それ自体は適用されなかった。しかしながら、それにもかかわらずわれわれは、被害者の死体に関する証拠は許容できると判示した。捜索がすでに進行中であったので、違法に獲得された供述によって死体が発見されたことを理由に捜索が中止されることがなかったとしても、その捜索によって死体は不可避的に発見されていたであろうからである。「この〝不可避的発見（inevitable discovery）〟の法理は明らかに、当初違法に獲得された証拠に独立入手源の法理を有効に適用できることを理由に当該証拠を許容しつつ、捜索が続行されて実際に死体を発見していた場合に当該証拠を排除するというのは意味をなさない（make no sense）からである。不可避的発見の法理は、明確な要件を伴うと、実際には独立入手源法理の一変型（extrapolation）である。汚れた証拠は独立源を介して現に発見されたのであれば許容されるというのであるから、それが不可避的に発見されていたであろうというのであれば、それは許容されるべきである。」（*Id.* at 538–539.）

Xらの主張によると、当初の違法捜索中に発見されたが独立の合法的な捜索によってその後に獲得された証拠を排除する政策的根拠（policy basis）は、そのように排除しなければ、警察の違法捜索への抑止効がすべて除去されるばかりか、それが積極的に促進されかねないという。Xらは、その誘因を次のように考える。すなわち、法執行官は、住居内にあると見込まれているものが実際にそこにあることを確かめるために日常的に令状なしに立ち入ることになろう。もしそこになければ、彼らは令状取得の時間や煩わしさを節約することになる。もしそこにあれば、彼らは令状を入手し、そして違法な立入りにもかかわらず当該証拠を利用できることになるというのである。われわれは、その誘因をこのようには（incentives differently）考えない。捜索令状を入手するに足りる相当な理由のある捜査官は、まず違法な方法で住居内に立ち入るというのは馬鹿げている。そのようなことをすれば、現認の有無を問わず、住居内のすべての証拠が排除されるという危険を冒すことになる、そのような行動をすることによって、捜査官は相当な理由のあることを治安判事に納得させるという通常の負担に加えて、違法な立入りから獲得された情報は法執行官の令状請求の決定に影響を与えず、それを許可した治安判事の決定にも影響を与えていないことを公判裁判所に納得させるというはるかに厄介な負担を負うことになるからである。また捜索令状を入手するに足る相当な理由のない捜査官には違法な立入りをする特段の誘因はない、どのようなものを発見したにせよ、それは治安判事の面前で相当な理由を立証するために用いることはできないからである。(*Id.* at 539-540.)

(3)　上述のことを本件に適用すると、次のようになる。マリファナが倉庫内にあるという知識は確かに違法な立入り時に獲得された。しかし、それはまた令状に従った立入り時にも獲得された。もし後者の獲得は最初の立入りの結果でなかったというのであれば、独立入手源法理の適用を否定する理由はない。「排除法則を援用すれば、警察(および社会)は違法行為がなかったならば置かれていたであろう同一の立場ではなく、より不利な立場に置かれることになろう(not in the same position they would have occupied if no violation occurred, but in a worse one.)からである。」

われわれは、このことは物的証拠であるマリファナ入りの袋についても当てはまると考える。それを排除することが無意味であるのは、【56】第二次ウィリアムズ判決において捜索が中止されず、そして実際に死体を見つけていた場合に、死体の上で発見された物的証拠を排除するのが無意味であるのと同じである。独立入手源の法理は、訴追側は自らの違法活動から利益をうけるべきではないとしつつ、他方、違法活動がなければ置かれていたであろう立場よりも不利な立場に置かれるべきではないというポリシーに依拠している。後の合法的捜索が以前の汚れた捜索から純粋に独立している限りにおいて、独立入手源法理の適用を否定する理由はない。(*Id.* at 541-542.)

それ故、最後の問題は、令状に従った捜索が本件争点である情報および物的証拠に関する純粋に独立した入手源であったかどうかである。捜査官の令状請求の決定が当初の立入り時に観察したことによって促進された、あるいは立入り時に入手された情報が治安判事に提示されてその令状発付の決定に影響したというのであれば、事情は異なり、独立入手源があったとはいえない。この点に関して控訴裁判所は、本件は一見して発見された禁制品がその後の令状の申請およびそれに続いた上首尾の捜索と全く無関係であったことが想像しうる限り最も明白な事案であり、違法な立入りと争われている証拠の発見との間には因果関係がなかったのであるから、証拠排除を退けた地方裁判所に誤りはないと述べている。しかし、地方裁判所は、たとえ先に倉庫に立ち入ることがなかったとしても捜査官は令状を請求していたであろうことを明示に認定しなかった。訴追側もこのことを認めている。確かに地方裁判所は、無令状立入りの目的の一部は〝考えられうる決定的証拠の隠滅を防止するため〟であったと判示しているので、立入りをした捜査官は令状による合法的な捜索によって〝決定的証拠〟を入手する計画を立てていたと推論することはできよう。しかしながら、かかる推論は、地方裁判所の事実認定は独立入手源（あり）の決定に相当するとの結論を正当とするほど十分に明白なものではない。（*Id.* a 542-543.）

したがって、令状による権限ある倉庫の捜索は上述した意味で争われている証拠の独立入手源に基づいたものであったかどうかを判断させるために地方裁判所に差し戻すという指示つきで、原判決を無効とし、本件を控訴裁判所に差し戻すこととする。（*Id.* at 543-544.）

【60】　ホートン一見発見（プレイン・ヴュー）法理肯定強盗事件判決（一九九〇年）

本判決（Horton v. California, 496 U.S. 128）は、武装強盗事件に関して強奪品のみの捜索を認めていた捜索令状を執行中に一見して発見した武器を押収したためその適法性が争われた事案につき、従前争いのあった〝偶然性〟の要件を不要としても第四修正に違反しないとしたものである。

【事　実】　本件申立人（X）はサンホセのコイン・クラブ会計係（A）に対する武装強盗で有罪とされた。Aが同クラブ恒例のショウのあと帰宅し、ガレージに入ると二人の覆面をした男に声をかけられた。その一人は機関銃を持ち、他の一人は気絶銃（stun gun）といわれる電気ショックを与える道具を持っていた。二人はAに電気ショックを与え、手錠をかけて宝石および現金を奪った。その間に交わされた会話での特徴ある声からAは後にXを犯人の一人と確認した。Aの識別は現場から立ち去る強盗犯人たちを見た証人およびコイン・ショウにXが参加していたことを示す証拠によって補強された。

熟練の警察官である巡査部長（P）がこの犯罪を捜査し、強盗の強奪品（proceeds）および強盗に用いられた武器に対してXの家を捜索する相当な理由があると判断した。Pの捜索令状のための宣誓供述書は強奪品だけでなく武器をも記載している警察の報告書に言及していたが、治安判事によって発付された令状は明示された腕輪（rings）など強奪品の捜索だけを認めていた。この令状に従って、PはXの住居を捜索したが、盗品は見つからなかった。「しかし、捜索の過程でPは一見して視界に入った武器（weapons in plain view）に気付いたので、それを押収」するとともに機関銃、三八口径の銃、二丁の気絶銃、手錠のキー、サンホセ・コイン・クラブの広告用パンフレット、および若干の衣類を押収した。Pは「腕輪等を探している間、Xを本件強盗に結びつける他の証拠を発見することにも関心があった」と証言した。押収された証拠は偶然に（inadvertently）発見されたのではなかったのである。（*Id.* at 130-131.）

公判裁判所はXの住居で発見された証拠の排除を否定し、Xは陪審によって有罪とされた。カリフォルニア州控訴裁判所は、押収された証拠は捜索令状に掲げられていなかったのであるから一九七一年の合衆国最高裁クーリッジ判決（Coolidge v. New Hampshire, 403 U.S. 443）に従って排除する必要があるとのXの主張を退け、これを維持した。クーリッジ判決でスチュアート裁判官の主張した〝プレイン・ヴュー〟法理に関する偶然性の制約の議論は他に三人の裁判官の同意を得たにすぎなかったので州を拘束しないことを一九七二年のカリフォルニア州最高裁判決は指摘しているというのである。カリフォルニア州最高裁はXの再審理の申立てを退けた。(*Id.* at 131.)

これに対し、合衆国最高裁は、カリフォルニア州裁判所の〝プレイン・ヴュー〟法理の解釈は他の裁判所の見解と矛盾していること、そしてこの未解決の問題は重要であることを理由に上告受理の申立てを容れた。(*Id.* at 132.)

【判　示】　原判決破棄。(1)　本件でわれわれは、クーリッジ判決(前出)において、検討されたが最終的に解決されなかった争点を再度検討する。すなわち、一見して直ちに発見(in pain view)された犯罪に関する証拠の無令状押収は、当該証拠の発見が偶然で(inadvertent)でなかったのであれば、第四修正によって禁止されるかどうかである。われわれは、偶然性(inadventency)が多くの正当な〝プレイン・ヴュー〟押収の特徴であるとしてもそれは必要不可欠な要件ではないと結論する。(*Id.* at 130.)

(2)　〝プレイン・ヴューによる〟押収を指導する一般的基準は一九七一年のクーリッジ判決(前出)で明らかにされた。警察官が逮捕の過程で被告人の住宅の車道で明確に現認できる状態で(in plain view)停車していた二台の車を押収したのは第四修正に違反すると当裁判所が判示したため、そのうちの一台の車から電気掃除機(vacuum sweeping)をかけて発見された微量な火薬(gun powder)は被告人に不利な証拠として提出されなかった。訴追側は車の押収およびその後の警察署での捜索を〝プレイン・ヴュー〟法理を含めた理由で正当化しようとした。それ以前の初期の判例で展開されたこの法理の範囲は、次のスチュアート裁判官の意見の三文節の中でよくまとめられている。

すなわち、〝若干の状況下において令状なしに一見して直ちに視界に入った(in plain view)証拠を押収できることは十分に確立している。しかし、圧倒的多数の判例において警察官によって押収されたいずれの（any）証拠も、少なくとも押収時において、一見して視界に入っていることに留意することは重要である。〝プレイン・ヴュー法理の適用可能な一例は、Pが特定の物のために一定の領域を捜索する令状を有し、そしてその捜索の過程において負罪的性格を有する他の物件に出会わす状況である。……そして現行法の下で合理的にその範囲が制限されている逮捕に伴う捜索時に目に触れた（comes into view）物は令状なしに押収しうる。最後にプレイン・ヴュー法理は警察官が被疑者に不利な証拠を探しているのではないにもかかわらず、負罪的なものに偶然（inadvertently）出会わす場合に適用される。〟〝プレイン・ヴュー判例に共通しているのは、警察官はそのいずれの事案においても侵害に対する以前の正当化理由があり、その侵害の過程の中で被疑者に不利な証拠に偶然出会わした（came inadvertently across）ということである。……むろん、当初の正当化理由の拡大は、警察官にとって面前に証拠のあることが直ちに明白（immediately apparent）である場合にのみ正当である。すなわち、プレイン・ヴュー法理は、何か負罪的なものが出てくるまで一つの物から他の物へと一般探索的な捜索（a general exploratory search）に拡大して用いることはできない。〟次いでスチュアート裁判官はこの法理にその理論的根拠として黙示に認められているとする二つの制限を指摘した。すなわち、第一、〝プレイン・ヴューだけ（alone）では証拠の無令状捜索を正当化するのに十分でない。〟そして第二、〝はっきりと見えた（in plain view）証拠の発見は偶然によるもの（inadvertent）でなければならない〟と指摘したのである。（*Id.* at 134-136.）

スチュアート裁判官のプレイン・ヴュー法理の分析は多数意見とならなかった。そして当裁判所の大多数（plurality）はそれ以降、この議論は〝拘束力ある先例ではない〟ことを明らかにしてきた。それにもかかわらず、この判決は拘束力ある先例である。本件に関わりのある第二の制限について論ずる前に、なぜ第一の制限が当裁判所の判断を裏付けているかを説明することが必要である。（*Id.* at 136.）

警察官がそこから当該証拠を一見して眺めうる（could be plainly viewed）場所に到着する際に第四修正に違反していなかったということは、むろん、負罪的証拠の有効な無令状押収に対する当然の属性（前提）（essential predicate）である。さらに無令状押収を正当化するには二つの追加的要件がある。第一、当該物品が一見して発見されたものであるだけでなく、その負罪的性格が即座に明らか（immidiately apparent）でなければならない。それ故、クーリッジ判決において車は明らかに一見して発見されたが、その証拠価値は電気掃除機で車の内部が一掃され顕微鏡検査されるまで不確かであった。第二、警察官は物を明確に見ることのできる場所に合法的にいただけでなく、当該目的物にアクセスする合法的権利を持っていなければならない。いずれにせよ、われわれは、偶然性の欠如（the absence of inadvertence）は当裁判所がクーリッジ判決において訴追側の〝プレイン・ヴュー〟の主張を退けたことにとって本質的ではなかったと確信する。（*Id.* at 136-137.）

(3)　スチュアート裁判官は、押収物を具体的に記載していなければならないという有効な令状の憲法上の明示の要件違反を回避するには偶然性の要件は必要不可欠であると結論した。彼の説明によると〝プレイン・ヴュー〟による押収は当初に有効な（それ故、限定的な）捜索を一般的な捜索にするのではない。しかし、発見が予期されている場合、警察官が前もって証拠の場所を知っていて、それを押収する意図を有している場合は、状況は全く異なる。当初の侵害が特定の目的物に言及していない令状に基づいていたものであれば、警察がその場所を知りかつそれを押収する意図があったとしても、押収すべきものの特定を要求する明示の憲法上の要件を侵害することになるというのである。（*Id.* at 137-138.）

ホワイト裁判官がクーリッジ判決の一部同調、一部反対意見で示した仮定的事案は教訓的である。すなわち〝ライフルに対する住居の捜索令状を警察官が入手したとせよ、ライフル捜索の範囲内で住居に滞在している間に警察官はいずれも寝室の中ではっきりと見えた（in plain sight）殺人の被害者の二枚の写真を発見したとせよ、また一枚の発見は偶然だったが、他の一枚の発見は予期されていたとせよ。当裁判所は二枚の写真のうちの一枚だけの押収を認めることになろう。しかし第四修正の価値への小さな（minor）危険という点から見るとこれら二枚の写真には明らかに相違はない。所有物への介入は、いずれにおいても同一であり、警察官が見ることを期待していた写真に関する警察の評価はもう一枚に関する評価と同様である〃というのである。

偶然性の要件は警察が一般的な捜索をしたり、特定の令状を一般令状に変えたりすることを防ぐために必要であるとの指摘は説得的でない、そのような利益は押収場所および押収物を〃とくに記載していない限り〃令状は発付されないとの要件によって達成されているからである。一たんこれらの命令が満たされ、そして警察には合法的にアクセスする権利があれば、証拠発見が偶然でなければならないということを要件とすることによって第四修正の利益がさらに促進されることにはならない。（*Id.* at 138-140.）

本件において令状に武器の記載が欠如していることによって捜索の範囲は少しも拡大されなかった。現に、もし令状記載の三つの腕輪と他の物品が最初に発見されておれば――あるいはXがそれらを所持していて令状に応じて直ちに提出しておれば――武器の捜索はありえなかった。再びクーリッジ判決におけるホワイト裁判官の一部同調、一部反対意見は有益である。すなわち、〃ライフルに対する令状を入手している警察はライフルがあると思われる場所だけを捜索することができる、そして一たんライフルが発見されると捜索を中止しなければならない。偶然の法則は警察が合法的に探す場所の数を何ら減少しないのである。〃（*Id.* at 141.）

本件において申立人（X）の家から押収された物品は、有効な令状によって認められた合法的な捜索時に発見された。それら物品が発見されたとき、それら物品が負罪的証拠であることは捜査官にとって直ちに明らかであった。警察は盗品の捜索令状入手するためだけでなく、さらに武器およびハンドガンが警察の捜索中の犯罪で用いられたことを信ずべき相当な理由もあった。捜索は令状によって認められた、すなわち、本件押収はプレイン・ヴュー法理によって是認されたのである。(*Id.* at 142.)

〈ブレナン裁判官の反対意見〉(マーシャル裁判官同調)　私はスチュアート裁判官がクーリッジ判決においてプレイン・ヴュー法理を正しく詳論したことをなお確信する。偶然発見の要件を除外(eschewing)する際に多数意見は、令状は捜索する場所だけでなく押収する物をも特定しなければならないという第四修正の明示の命令を無視している。私はこのような第四修正の書き換え(rewriting)に反対する。(*Id.* at 142.)

【61】ハリス第四修正違反後ミランダ警告後獲得供述許容殺人事件判決(一九九〇年)

本判決(New York v. Harris, 498 U.S. 14)は、逮捕する相当な理由がありながら令状を取得せず住居に立ち入りミランダ警告後に入手した自白につき、【51】ブラウン判決とは異なり【54】クルーズ判決に類似しているとしてこれを許容したものである。

【事　実】　ニューヨーク市警は一九八四年一月一一日、アパートで殺害されていた女性の死体を発見した。種々の事実から被告人ハリス(X)が同女を殺害したと信ずるに足る相当な理由があった。その結果、三人の警察官は同年一月一六日、身柄を拘束するためXのアパートに赴いたが、逮捕状を取得していなかった。警察官らは到着すると、銃とバッジを示しながら、ドアをノックした。Xは警察官を招き入れた。警察官は室内で一度、ミランダの諸権利を読み上げた。Xは了解したと告げ、取調べに応ずることに同意し、この時点で女性殺害を認めたとされる。Xは警察署に連行され、再びミランダの諸権利を告知され、そして自白調書に署名した。警察はその後、三度目のミランダ警告を読み上げ、Xが取調べの中止を求めたにもかかわらず、Xと地方検事との間の負罪的な取調べ状況(incriminating interview)がビデオ・テープに撮られた。

公判裁判所は第一供述と第三供述を排除したが、警察署での第二供述は許容できると結論し、Xは裁判官による審理（bench trial）の結果、有罪とされた。上訴部もこれを維持したが、ニューヨーク州最高裁判所（New York Court of Appeals）は、見解が分かれたものの、これを破棄した。警察官の居宅への立入りにXは同意しておらず、無令状逮捕は一九八〇年のペイトン判決（Payton v. New York, 445 U.S. 573）に違反するとした上で、【51】ブラウン判決を適用して「警察署での第一供述と逮捕との関係は十分に稀釈化されていないことを理由に、第二供述は違法な逮捕の果実として許容できない」と判示したのである。（*Id.* at 15-17.）

【判　示】　原判決破棄。　本件での唯一の争点は、警察が令状なしにかつ同意もなしにXの住居に立入ることによってペイトン判決に違反していることを理由に、ハリス（X）の第二供述――警察署でなされた供述録取書――は、排除されるべきかどうかである。Xを自宅で令状なしに逮捕したのは、ペイトン判決に照らして、第四修正に違反するのは明らかである。しかし、従前の諸判例において強調されているように、〝物的証拠であれ生命ある証人の証言であれ、違法逮捕とともに始まった因果の鎖を介して明らかになった証拠はおよそ許容できないとする画一的ないしなかりせばの法則の採用をわれわれは拒否してきた。〟われわれは本件文脈の下で、排除法則を適用することを拒否する。ペイトン判決の目的は家屋の物的完全性（physical integrity）を保護することであり、相当な理由がある場合に、Xのような被疑者の住居外での供述を保護することではないからである。（*Id.* at 16-17.）

逮捕する相当な理由がある限り、公の場所での無令状逮捕が警察官に認められることは早くから確立している。それにもかかわらず、ペイトン判決は「家の入り口に一線を引いた。」令状はないが相当な理由に基づいて住居内で一たん被疑者を逮捕すると、その後の身柄拘束は依然として違法であるとする根拠はない。「警察官にはある犯罪でXを逮捕する相当な理由があったのであるから、Xが警察署に連行されミランダ警告を与えられ、そして供述を認めたとき、Xは違法に身柄を拘束されていなかったことになる。」第四修正の趣旨からすると、警察官がXを玄関の上がり口のところで逮捕し、証拠を捜索するための違法な住居への立入り後に警察署でXを取り調べたときに生ずる法律問題と全く同一である。同様に警察官がXの住居へ無令状で立ち入ったが、彼を発見できなかったため、帰宅した彼を路上で逮捕したような場合に、相当な警告後に彼がした供述が許容されることには疑問の余地がない。それ故、本件は、【51】ブラウン判決【53】ダナウェイ判決【55】テイラー判決とは異なる。これら三判決では、警察には逮捕する相当な理由がなかったとして、その違法逮捕に続いて被告人から獲得された証拠が排除されたのである。(*Id.* at 17-19.)

警察署で採取されたXの供述は、違法な身柄拘束の産物ではなかったし、住居で逮捕されたことの産物でもなかった。本件は、【54】クルーズ判決の事案に類似している。われわれは同判決で、被告人が違法に逮捕されたにもかかわらず、被害者の法廷での犯人識別供述を排除することを拒否した。当該証拠は被告人の第四修正の権利(侵害)を利用して得られたものではないから、第四修正違反の〃汚れ〃が十分に稀釈されたため証拠の提出を認めることができるかを判断する必要はなかった。本件でも同様に、警察にはXを逮捕する以前にXを取り調べる十分な理由があった。それ故、彼のその後の供述は、Xの住居への違法な立入りを警察が利用したものではなかったのである。(*Id.* at 17-19.)

住居外でなされたXの供述を排除したとしても、Xの住居内での逮捕を違法とする目的に何ら役立つことはないであろう。またXのような供述を排除したとしても、抑止効はほとんど高まることはないであろう。Xのような立場にある被疑者を逮捕する相当な理由がある場合には、いずれにせよ取り調べることができるのであるから、被疑者を取り調べるためにペイトン判決違反をする必要はない。それ故、ペイトン違反後に獲得された警察署での供述を排除したとしても、警察官への行動への抑止効はほとんどない。警察に被疑者を逮捕する相当な理由がある場合には、住居外で被告人によってなされた供述を訴追側が使用することは、たとえその供述がペイトンに違反して行われた住居内での逮捕後に採取されたものであるとしても、排除法則によって禁止されていないことになる。(*Id.*

at 20-21.)

【62】ディカソン触感確証（プレイン・フィール）法理肯定麻薬事件判決（一九九三年）

本判決（Minesota v. Dickerson, 508 U.S. 366）は、挙動不審者を停止させて捜検時にポケットの中に小さな固まりを感知し着衣の上から感触を確かめたところクラック・コカインであると確信したのでポケットに手を入れてその固まりを取り出したところコカインの入ったプラスチック袋を発見し逮捕した事案につき、一般論としていわゆるプレイン・フィール法理（plain feel doctrine）の例外をはじめて肯定しつつ、本件でのその適用を否定したものである。

【事　実】　一九八九年一一月九日夕方、ミネアポリスの警察官二人がパトロール・カーに乗り（in a marked squad car）同市北部地区をパトロールしていた。午後八時一五分ころ、警察官の一人（P）はモーガン北通りのアパートから被告人（X）が出てくるのに気付いた。同警察官は、以前に同アパートの玄関での麻薬売買の苦情に対応したことがあり、その場所で何度か捜索令状を執行した経験もあったので、そのアパートを悪名高い〝クラック・ハウス〟と考えていた。公判裁判所によって認められた証言によると、Xは警察官の方へ歩き始めたところパトカーに気付き、警察官の一人と目が合うと突然立ち止まり、反対方向に歩き始めた。疑念が生じたので、この警察官が観察していると、Xは向きを変えてアパートの建物の反対側の路地に入って行った。Xの明らかに逃避的な行動に加えてコカインの取引場所として周知の建物を立ち去ったばかりであるという事実に基づいて、警察官（Pら）はXを停止させてさらに捜査することにした。Pらはパトカーを路地の方に寄せて、Xに停止を命じて軽くたたく捜検（pat down search）に応ずるよう命じた。武器は見つからなかったが、捜検をした警察官はXのナイロン製ジャケットの中にある小さな固いもの（small lump）にとくに興味をもった。同警察官は後に〝彼の身体の前部を少し軽くたたいたとき（pat searched）何か固いもの、小さな固いものが前ポケットにあるのを感じました。それを指で調べると、それは滑り落ちました、そしてセロファンに包まれたクラック・コカインの固まりのような感触でした（it felt to be a lump of crack cocaine）〟と証言した。そこで同警察官はXのポケットの中に手を差し入れクラック・コカイン一グラム半の入った小さなプラスチック製袋を取り出した。Xは逮捕され、規制薬物所持でH郡地方裁判所で起訴された。（*Id.* at 368-369.）

公判前にXはコカインの排除を申し立てた。公判裁判所は、まずXが犯罪活動に従事しているかを調べるためにXを停止させたPらの行為は一九六八年のテリー判決（Terry v. Ohio, 392 U.S. 1）の下で正当であったと結論した。同裁判所はさらにXが武器を携帯していないかを確認するために捜検した（frisking）ことは正当であると認めた。公判裁判所は最後に〝プレイン・ヴュー〟法理と類似するとしてPのコカインの押収は第四修正に違反しなかったと認めた。Xは有罪と認定された。

ミネソタ州控訴裁判所は、これを破棄した。Xの停止と捜検はテリー判決で合法であるとの公判裁判所の見解に同意したが、コカインを押収した点でテリー判決によって認められている限度を越えたと結論し、プレイン・フィールの例外（the plain feel exception）を採用することに応じなかったのである。ミネソタ州最高裁はコカインの押収は違憲であると認め、これを維持した。同裁判所は、〝触覚（the sense of touch）は視覚（the sense of sight）より内在的に直接的でなく、より信頼できない〟し、〝触覚は第四修正の核である個人のプライバシーへの侵害がより大きい〟という理由で、〝プレイン・ヴュー法理を触覚に拡大すること〟明示に拒絶した。同裁判所はさらに〝たとえわれわれがプレイン・フィールの例外を是認したとしても、本件での捜索は適切でないであろう（would not qualify）〟と指摘し、被告人の捜検はテリー判決の下で認められていることをはるかに越えているとした。捜検をした警察官が被告人（X）のジャケットの中にある固いものが禁制品であることを確認したのは武器でないことを確信した後のことであったというのである。(*Id*. at 369-370.)

【判　示】　原判決維持。　**(1)**　われわれは本件において、第四修正は保護的な捜検中に警察官の触覚により発見された禁制品の押収を認めるかどうかを検討する。(*Id*. at 368.)

(2)　第一四修正によって州に適用できる第四修正は、〝不合理な捜索・逮捕押収〟を受けない権利を保証する。当裁判所は再三、〝裁判官または治安判事による事前の認可なしに司法手続の外で行われた〟捜索・逮捕押収は、〝特に確立し十分正確に記述された若干の例外を除き、第四修正の下で一律に(*per se*)不合理である〟と指摘してきた。そのような例外の一つが一九六八年のテリー判決(Terry v. Ohio, 392 U.S. 1)で認められた。同判決は〝警察官がその経験に照らし犯罪活動が進行中との結論に合理的に導かれる異常な行動を観察した場合〟その不審人物を停止させ、その嫌疑の確証または払拭のために〝合理的に調べる〟ことができると判示した。テリー判決はさらに、〝その疑わしい行動の人物が武装しており、当の警察官ないし他の者に直ちに(presently)危険であると信じることが正当化されるとき〟その警察官は〝その人物が現に武器を携行しているかを判断するために〟軽くたたく捜検(patdown)をすることができると判示した。

本日提起されている問題は、身体を軽くたたく捜索(pat-down　search)中に発見された脅威的でない禁制品(nonthreatening contraband)を警察官は押収できるかである。この答えは明確であり、警察官の捜索がテリー判決によって示された限界にとどまっている限り、彼らはそのようにできると考える。(*Id*. at 372-373.)

警察官は少なくとも若干の状況下においてテリー判決型の合理的な捜索の執行時に発見された禁制品を押収できることをわれわれはすでに判示してきた。例えば、一九八三年のロング判決(Michigan v. Long, 463 U.S. 1032)において、車を溝に突っ込み酒酔いの影響下にある疑いあることが明白な男に近付いた警察官は、その男が車を路傍から元に戻そうとしたとき、自動車の床の一本のナイフに気付いた。警察官はその男を停止させ、捜検後に車の内部を調べ助手席のコンパートメントの捜索中に、マリファナの入った開いた小物入れを発見したのでそれを押収した。当裁判所はこの捜索押収の有効性を支持した。当裁判所はまず、正確な事実に基づいて運転手が武装しており危険であると信じる合理的な疑惑を警察官が抱いた路傍での出会いの文脈下において運転者の身体の武装に対するだけでなく車の助手席のコンパートメントの武器についても保護的な捜索をすることができる、もちろん自動車の保護的な捜索は、〝武器が保管されまたは隠されている領域に限定されなければならない。〟と判示した。当裁判所は次に、〝テリー型の正当な自動車内部の捜索を行っている間に、警察官が武器以外の禁制品を発見した場合、その禁制品を無視することを要求されない、そして第四修正はこのような状況下においてその証拠排除を要求しない〟と判示した。

当裁判所はロング判決において、〝プレイン・ヴュー〟法理の下での当裁判所の諸判決に言及することによってこの後者の判示を正当化した。プレイン・ヴュー法理の下では、警察官が目的物を観察できる位置に合法的にいて、その目的物の負罪的性格が直ちに明らかであり、かつ警察官がその目的物にアクセスする合法的な権利を有しているのであれば、彼らは令状なしにそれを押収できる。【60】ホートン判決を見よ。しかし、目的物のさらなる捜索を行わなければ一見して直ちに発見した（in plain view）目的物が禁制品であると信じる相当な理由が警察官にない――例えば、その負罪的証拠の性格が明白でない――のであれば、プレイン・ヴュー法理によってその押収を正当化できない。（*Id.* at 374-375.）

この法理は、合法的な捜索中に触覚により警察官が禁制品を発見する事案に類推適用できるのは明らか（an obvious application by analogy）であるとわれわれは考える。プレイン・ヴュー法理の理論的根拠（rationale）は、禁制品がむき出しのまま放置（is left in open view）され、そして合法的に見晴らせる位置（lawful vantage point）から警察官によって観察されたのであれば、プライバシーの正当な期待への侵害はなかったのであり、それ故、第四修正の意味での〝捜索〟はないというのである。同じことは禁制品の触覚による発見（tactile discoveries of contraband）についてもいえる。警察官が合法的に被疑者の外の衣服を軽くたたいて（pats down）、その輪郭ないし質量（contour and mass）から直ちにその正体（its identity）を明らかにできる物体に触れたのであれば、武器に対する警察官の捜索によってすでに是認された以上の被疑者のプライバシーの侵害はなかったのである。その物体が禁制品であれば、その無令状押収はプレイン・ヴューの文脈に内在するのと同一の実際的考慮によって正当化されることになろう。（*Id*. at 375-376.）

ミネソタ州最高裁は二つの理由、すなわち、第一、触感は視覚より内在的に直接でなくより信頼できないという考え、第二、触感は第四修正の中核にある個人のプライバシーへのはるかに大なる侵害であるという考えに基づいてプレイン・ヴュー法理との類似を退けた。われわれの見解はやや（somewhat）異なる。第一、テリー判決自体、触感によって押収を裏付けるのに十分に信頼できる物体の性質を明らかにできることを示している。テリー判決のまさにその前提は、警察官は触覚によって武器の存在を発見できるということであり、そしてテリー判決はまさしくそのような押収を支持したのである。警察官が禁制品を視覚によって発見したか触感によって発見したかにかかわらず、当該物品を押収する前にそれが禁制品であることを信じる相当な理由のあることを警察官に求めるのは、余りにも推測的な押収（excessively speculative seizures）からの保護（ensures against）を第四修正に要求するものである。

州最高裁の第二の関心事——触覚は視覚よりもプライバシーの侵害は大きい——は、同裁判所が懸念する侵害はすでに合法的な武器に対する捜索によって是認されていたという事実に照らし、相当でない。その正体がすでに知られていた物品の押収はさらなる（新しい）侵害ではない。したがって、被疑者のプライバシーの利益は、視覚を介して明確に発見された禁制品の押収を禁止する絶対的法則によって促進されない。（*Id*. at 376-377.）

(3)　被上告人（X）は、テリー判決の下で彼を停止させ捜検した警察官（P）の行為は正当であるとの認定を争っていない。それ故、当裁判所での決定的問題は、当の捜索をしたその警察官がXのジャケットの中にある固いもの（lump）が禁制品であると信ずる相当な理由を獲得していたか、テリー判決によって示された合法的な限界内で行動していたかである。州地方裁判所はこの点に関して正確な認定をせず、Xのポケット中に〝プラスチックで包まれた小さな固い物体（hard object）を感じた〟後で警察官は〝その物体はクラック・コカインであると考えた〟と認定したにすぎなかった。警察官は〝この固いものが武器であるとは一切考えなかった〟という認定は控訴審で維持された。ミネソタ州最高裁は〝記録の精査〟後に警察官が直ちにその固まりをクラック・コカインであると認識したという証言は虚偽であると判示した。すでに武器が入っていないことを知っていた被告人のポケットの中身を警察官が強く握り、滑らせる等の操作（squeezing, sliding and othewise manipulating）後にその固いものがクラック・コカインであると警察官は判断したと結論したのである。

州最高裁の本件記録の解釈の下では、警察官は本件においてテリー判決の下で認められた〝厳しく限定された〟武器に対する捜索の限界を越えたと判示した点において正確であったことは明らかである。本件におけるように〝ある物件に対する有効な捜索を執行する警察官が他の異なる物件を押収する〟場合、当裁判所は当然のことながら（rightly）〝警察官が令状または緊急性によって提供された一定の権限をほしいままに物を捜し回って押収する（rummage and seize at will）一般令状に相当するものに拡大する危険に敏感であった。〟本件でのXのポケットには武器が入っていないと結論した後での警察官の継続的なポケットの捜索（exploration）は、警察官および近くにいるその他の者の保護のためにテリー判決の下で認められた〝捜索の唯一の正当化理由〟とは無関係であった。それ故、それはテリー判決が是認することを明示に拒絶し、われわれがその後の判決において非難し続けてきた類の証拠漁りの捜索（evidentiary search）に相当する。（*Id.* at 377-378.）

繰り返すが「プレイン・ヴュー法理との類似性は適切（apt）である。」当裁判所は一九八七年のヒックス判決（Arizona v. Hicks, 480 U.S. 321）において、他の証拠に対する有効な捜索を執行中に警察官によって発見された盗品であるステレオ設備の押収を無効と判示した。警察は合法的に建物内にいたけれども、彼らがステレオ設備が禁制品であると信じる相当な理由を獲得したのは、一連の番号を読み取るためにその設備を動かした後のことであった。その後のステレオ設備の押収はプレイン・ヴュー法理によって正当化できなかった。当裁判所の説明によると、ステレオ設備の負罪的性格は直ちには明らかでなかった。その設備が盗品であると信じる相当な理由はさらなる捜索――同設備の移動――の結果として生じたからであるというのである。この判決の事実は本件の事実と非常に似ている。本件での警察官はXのジャケットの中にある固いものを感触する位置にいたけれども、テリー判決はXのジャケットに手を置く権限を是認しているにすぎないことを理由に下級審は、その物体の負罪的性格は直ちには明らかでなかったと判断したのである。それはテリー判決またはその他の令状要求の例外によって認められていないさらなる捜索を行った後で警察官ははじめてその物件は禁制品であると判断したのである。このようなXのポケットのさらなる捜索は憲法上無効であるので、それに続いたコカインの押収は同様に違憲であったことになる。【60】ホートン判決一四〇頁。（*Id.* at 378-379.）

〈レンキスト首席裁判官の一部同調、一部反対意見〉（ブラックマン、トーマス両裁判官同調）　法廷意見の(1)(2)には加わる。しかし法廷意見とは異なり、ミネソタ州最高裁の判決を無効とし、本件を同裁判所に差し戻したい。（*Id.* at 383.）

【63】ディカソン第五修正ミランダ法則憲法判例確認強盗事件判決（二〇〇〇年）

本判決（Dickerson v. United States, 530 U.S. 428）は、ミランダ違反供述にはじめて一九六八年の合衆国法典第一八編第三五〇一条（18 U.S.C.§3501）を適用した第四巡回区判決について、ミランダ判決を変更しようとした第三五〇一条は違憲立法であるとした上で、これを破棄したものである。なお、法廷意見の執筆はレンキスト首席裁判官である。

【事　実】　一九九七年一月二四日、ピストルと黒革のバッグを持った男がバージニア州A地区の旧市街（Old Town）にある甲銀行からおよそ八七六ドルを奪い逃走した。目撃者によると、男は銀行を出て通りを走り抜け、コロンビア地区の車輌ナンバーD五二八六の白い車のトランクに何かを入れた後、助手席に乗り逃走したという。その後の調査で、逃走車はメリーランド州在住の被告人（X）所有のものであることが判明した。同年一月二七日、およそ一〇人のFBI捜査官と地元警察刑事がXの住居地に赴いたところ、Xのアパート前の道路に車輌ナンバーD五二八六の白い車が駐車していた。特別捜査官Pはドアをノックし、身分を明らかにして、銀行強盗事件を捜査している旨告げた後、ワシントンDCのFBI事務所への同道を求めた。Xは同意したが、寝室からコートを持参することの許可を求め、ベッド上の大量の現金をコートのポケットに押し込みつつ、アトランタ市での賭博で得た金であると説明した。アパート内を捜索したいとの要請を拒絶した後、XはPらと一緒にFBI事務所に向かった。数人の捜査官は、Xのアパート周辺に留まった。

FBI事務所で、Xは、特別捜査官Pと地元の刑事Qの取調べを受けた。Xは強盗事件との関わりを否認したものの、当日朝レストランを探しに旧市街に出かけたことは認め、甲銀行近くで偶然出会わした旧知の男性（Y）の要請に応じてメリーランド州S地区まで車を走らせ、酒店近くで彼を降ろしたと主張した。Pは取調室を出て、Xのアパートの捜索令状を入手するため合衆国治安判事Kに電話した。PとKの会話はテープ録音されていたため、次のことに争いはない。すなわち、Pは、ピストルを用いた強盗がXの車に乗り逃走したことを含め強盗の犯行状況を説明した後、Xが五五〇ドル以上の現金を所持しており当日一三五〇ドルの滞納家賃を家主に支払っていたこと、さらにXは犯行時に甲銀行近くにいたことを認めている旨報告した。そしてPは、Xに帰宅を認めれば銀行強盗に関する証拠を隠滅するおそれがあるとして、電話による令状（telephonic warrant）発付を請求した。Pの宣誓供述書に基づいて、〝問題の銀行強盗事件に関する証拠がXのアパートに存在すると考えられる相当な理由がある〟ことを確信したとK判事が述べたため、Pは、令状に捜索物の特定につき「銀行強盗事件に関する証拠」、令状発付の時間を午後八時五〇分と記載した上、K判事の指示に従い、Pの名前に続いてK判事の名前を記した。Pは、Xのアパート近くに待機している地元の警察官（R）に電話で捜索令状が発付された旨告げ、Rらは直ちにXのアパートの捜索に着手した。

　Pは取調室に戻ると、アパートの捜索開始をXに伝えた。間もなくXは、PとQに話をしたいと述べ、一連の銀行強盗事件で逃走車の運転手であったことを認めた後、Yが実行犯である旨供述した。一九九七年一月二四日、二人（X、Y）で旧市街まで車で出かけたと述べ、甲銀行近くで車を停めたところ、Yが車から降り暫くして戻ってくるとトランクに何かを入れた後、車に乗り込み、二人で現場を立ち去ったというのである。Xはさらに、後にアパートの捜索で発見されたピストルと染色された現金（dye-stained money）をYから受け取ったことを認めた。その後Xは正式に逮捕され、間もなくYも逮捕された。Yは逮捕時に、ジョージア州で一六件、バージニア州で甲銀行を含め三件、メリーランド州で四件の銀行強盗を働いたことを認めた上、メリーランドおよびバージニア州での各銀行強盗事件でXが逃走車を運転していたことも認めた。Xのアパートの捜索の結果、ピストル、染色された現金、おとり紙幣（bait bill）、弾丸、マスク等が見つかり、また一見して若干の覚せい剤（drugs）が発見された。さらに後に令状を得てXの車を捜索した結果、黒の皮袋と染色された現金を洗浄するのに用いる薬品も見つかった。Xは連邦の大陪審により、銀行強盗のコンスピラシーのほか、銀行強盗等で起訴された。（United States v. Dickerson, 166 F.3d 667, 673-674.)

Xは一九九七年五月一九日、「①FBI事務所でのXの供述、②Xの供述の結果発見された証拠、③Xのアパートを捜索して獲得された物的証拠、④Xの車を捜索して獲得された物的証拠」の以上四点をすべて排除する申立書を提出し、バージニア州東部地区合衆国地方裁判所で同年五月三〇日、右証拠排除の申立ての審理が行われた。Pは、Xが自白する前にミランダの諸権利を告知したと証言し、捜索令状を入手して〝間もなく（shortly after）〟Xは自白したと証言した。これに対し、Xは、ミランダの諸権利を告知される前に自白したと証言し、捜索令状発付を知らされて「およそ三〇分後に」自白したと証言した。

地方裁判所は七月一日、甲銀行強盗事件に関する「X自身およびYを巻き込むXの供述」はミランダ警告なしに身柄拘束中の警察の取調べに応じてされたものであると認め、これを排除した。Xの法廷証言はPのそれよりも信用できるとし、令状入手後〝間もなく〟ミランダ警告をした旨のP証言は、捜索令状（八時五〇分に発付）および権利告知書（九時四一分執行）と矛盾しており、その信用性の土台をほり崩す証拠もあることを理由に、〝Xは供述を完了するまでミランダの諸権利を告知されなかった〟と認定したのである。しかし、同地裁は、Xを逃走車の運転者とするYの供述排除の申立ては退けた。「ミランダ違反供述の結果発見された証拠は、第五修正のデュー・プロセス条項の意味において不任意であるときに限り排除されうる」と指摘し、Xの供述は任意であるからその結果発見された証拠は公判で許容できると結論した。しかし、アパートの捜索時に発見された物的証拠については、捜索の対象物の特定が不十分であり、捜査官は〝悪意で令状を執行〟したとして排除した。車のトランクの中から発見された証拠物については、対象物が特定されており、目撃証言の裏付けもあるとして、証拠排除の申立てを退けた。（*Id.* at 674-676.）

訴追側は一九九七年七月一五日、この証拠排除命令に対し、再考の申立てをした。その申立書にはQ、R両刑事の宣誓供述書が含まれていたが、訴追側はさらに「ディカソン供述は任意であるから、合衆国法典第一八編第三五〇一条の命令の下で許容できると主張した。」地裁は八月四日、再考の申立てを却下した。そこで中間上訴（interlocutory appeal）の申立てがなされた。（*Id.* at 676.）

これに対し、第四巡回区控訴裁判所は一九九九年二月八日、連邦法域での自白の許容性はミランダ判決ではなく第三五〇一条によって規制されるとし、さらに令状の特定性の要件は十分満たされている上、捜査官も善意で令状を執行したとしてXのアパートから発見された物的証拠の許容性を肯定し、いずれについても地裁の決定を破棄した。上記の諸判例――【50】タッカー判決、【58】エルスタッド判決等――に照らすと、〝ミランダ警告を告知しなかったこと自体は憲法違反でないことは十分に確立している〟ので、ミランダ判決において最高裁によって創出された反証不能の推定――警告なしに獲得された自白は不任意と推定される――は、なおさら（a *fortiori*）憲法上の要求ではないことになる。したがって、議会は当然、ミランダによって創出された決定的な推定（conclusive presumption）を立法によって廃棄する権限を有していることになる。関連判例を包括的に検討した結果、第三五〇一条は合憲であると確信し、「連邦裁判所における自白の許容性は、司法上創出されたミランダ法則よりもむしろ第三五〇一条によって規制される」と判示したのである。（*Id.* at 692.）

【判　示】　原判決破棄。　**(1)**　われわれは一九六六年のミランダ判決で身柄拘束下の取調べ中になされた被疑者の供述を証拠として許容できるとするには、その前に若干の警告がなされなければならないと判示した。ミランダ判決に続いて、合衆国議会は、そのような供述の許容性は任意にされたか否かによる旨の第三五〇一条を制定した。「われわれは、ミランダ判決は当裁判所の憲法判断（a constitutional decision）であるので、議会の制定法によって事実上それを変更することはできないと考える。そしてわれわれ自身がミランダを変更することには応じられない（decline to overrule Miranda ourselves）。」それ故、ミランダ判決および当裁判所のミランダ関連判例（its progeny）が州裁判所および連邦裁判所における身柄拘束下の取調べ中にされた供述の許容性を規制することになる。（*Id.* at

431-432.)

(2)　ミランダ判決以前には、被疑者の自白の許容性は任意性の有無という判断基準の下で判断された。この判断基準のルーツは、コモン・ローで発展した。英国の裁判所、次いで合衆国の裁判所は、強制による自白は内在的に信用できないことを認めた。時を経てわれわれの判例は、任意の自白は証拠として許容できるとされる憲法上の根拠は第五修正の自己負罪拒否の権利と第一四修正のデュー・プロセス条項であることを認めるようになった。例えば、一八九七年のブラム判決（Bram v. United States, 168 U.S. 543）（任意性の判断基準は、何人も刑事事件において自己に不利な証人となることを強要されないことを命じている第五修正のこの部分（that portion）によって規制されていると指摘する）、一九三六年のブラウン判決（Brown v. Mississipi, 297 U.S. 278）（内在的強制によって獲得されたものであることを理由にデュー・プロセス条項の下で有罪判決を破棄した）を見よ。(*Id.* at 432-433.)

ブラム判決はブラウン判決およびその関連判例より前に言い渡されたにもかかわらず、二〇世紀の三〇年代半ばまで判例は主としてデュー・プロセスの観点に依拠し、〝ブラウン判決と一九六四年のエスコビード判決との間に下されたおよそ三〇件の相異なる事案で〟デュー・プロセスの任意性テストが適用されてきた。このデュー・プロセスの判断基準は、〝被疑者の性格および取調べの詳細を含む自白を取り巻くすべての事情の全体〟を検討し、〝自白に付随するすべての事情が検討されなければならない〟というのである。われわれは、このデュー・プロセスの法理（due process jurisprudence）を放棄したことは一切ない。それ故、不任意に獲得された自白は依然として排除されることになる。しかし、マロイ（Malloy v. Hogan, 378 U.S. 1）、ミランダの両判決は、被疑者の負罪的供述の任意性を判断する際に焦点となる調査方法を大きく変えてしまった（changed the force of much of the inquiry）。マロイ判決でわれわれは、第五修正の自己負罪条項は第一四修正のデュー・プロセス条項の中に組み込まれている、それ故、州に適用されると判示し、マロイ判決に続いて、ミランダ判決を言い渡したのである。(*Id.* at 433-434.)

(3)　われわれはミランダ判決で、近代的な警察での身柄拘束中の取調べの到来とともに、強制によって獲得された自白への関心が高まったことを指摘した。警察での身柄拘束中の取調べは、その性質上、個人を孤立させ、強制することになるので、〝たとえ拷問などを用いることがなくても、身柄拘束中の取調べという事実それ自体が個人の自由への重い足かせとなり、個人の弱点につけ込むことになる〟と指摘した。われわれは、身柄拘束中の取調べに内在する強制力は任意な供述と不任意な供述との境界線を曖昧にし、それ故、個人の意思が〝自己負罪を強要されないという第五修正の下での特権と合致〟しない危険性を高めることになると結論した。したがって、われわれは、〝法執行官および裁判所に対し順守すべき具体的な憲法上の指針を提供した〟のである。これらの指針は、被疑者の身柄拘束中にされた供述の証拠としての許容性は、警察官が被疑者に四つの警告を告知したか否かによって判断されることを明らかにした。(*Id.* at 434-435.)

(4)　議会はミランダ判決の二年後に第三五〇一条を制定した。それは要するに、任意性の有無を自白の許容性の試金石としミランダ警告の欠如は決定的要因でないことを明示しているのであるから、「議会はそれを制定することによってミランダ判決を変更しようとした」との控訴裁判所の見解には同意する。「ミランダ判決と第三五〇一条との矛盾は明らかであるから、議会にはこのようにミランダを変更する憲法上の権限を有しているかを検討しなければならない。議会にそのような権限があるのであれば、自白の許容性を全体の事情から総合的に判断するという第三五〇一条のアプローチがミランダの警告の要件に優るとしなければならない、そして権限がないというのであれば、第三五〇一条はミランダ判決のより特定した要求に屈服しなければならない。」(*Id.* at 435-437.)

当裁判所は連邦裁判所に対する監督権を有しているから、この権限を用いて、これら裁判所を拘束する証拠法則や手続法則を規定できる。しかし、非憲法的な〝連邦裁判所に対する手続や証拠規則〟を創出し強制する裁判所の権限は、議会の関連法規がない場合に限られる。議会は、憲法の要求ではない証拠や手続法則を改廃する最終的な権限を保持している。「しかし、議会は憲法を解釈し適用するわれわれの判例を立法によって廃棄することはできない。それ故、本件は、ミランダ判決裁判所（Miranda court）は憲法上の法則を宣明したのか、それとも単に監督権を行使して議会の命令を欠いている証拠（法）を規制したにすぎないのかの判断にかかっている。」控訴裁判所はこの点を認識して、ミランダ判決の憲法上の地位を判断するためにミランダおよびその関連判例を精査した。われわれがミランダ警告の要件に若干の例外を創出してきたこと、そしてわれわれが繰り返し〝予防的なもの（prophylactic）〟であり〝それ自体憲法によって保護された権利ではない〟としてミランダ警告に言及してきたという事実に依拠して、控訴裁判所は、ミランダで明らかにされた保護策（protections）は憲法によって要求されたものでない（not constitutionally required）と結論したのである。（*Id.* at 437-438.）

(5)　判例の中には控訴裁判所の見解を裏付ける文言のあることは認められるが、その結論には同意できない。「他の側面――ミランダは憲法判断（a constitutional decision）である――に関する要素の中で最も重要なこと（first and foremost of the factors）は、ミランダ判決および争点類似事件の二判決はいずれも、州裁判所――すなわち、アリゾナ、カリフォルニア、ニューヨークの各州裁判所――での手続にミランダ法則を適用したということである。そのとき以来われわれは一貫して、ミランダ法則を州裁判所で生じた訴追に適用している。州裁判所での手続に関するわれわれの権限は合衆国憲法の命令を実施することに限定されている。」なお、ミランダ判決の憲法上の根拠（Miranda's constitutional basis）に関するわれわれの結論は、ミランダ違反の主張を人身保護令状手続において連邦裁判所に提起することをわれわれが確定囚（prisoners）に認めてきたという事実によってさらに補強される。人身保護手続が利用できるのは、〝ある人が合衆国の憲法または法律または条約に違反して身柄を拘束されている〟という主張に限られている。「ミランダ法則は連邦の法律または条約に基づいたものでないことは明白であるから、ミランダ違反の主張に対する保護令状の審査を認めるわれわれの判例は、ミランダにも憲法上の起源（of constitutional origin）のあることを明らかに前提としている。」（*Id*. at 438-439.）

「ミランダの法廷意見それ自体、まず最初に〝自己負罪拒否特権を適用する際の若干の問題点をいま少し解明し、そして法の執行機関および裁判所に順守すべき具体的な憲法上の指針（concrete constitutional guidelines）を示すために上告受理の申立を容れたと述べている。事実、多数意見には憲法上の法則（a onstitutional rule）を宣明しようと考えていたことを示す文言が充満（replete with statements）している。現に、当裁判所の最終的結論は、ミランダ判決で当裁判所の面前で（審理された）四事件において獲得された警告を欠く自白は〝特権保護のための憲法上の基準に合致しない状況下で被告人から獲得された〟ということであった。なお、その後のわれわれの判例の多くも、ミランダ判決の憲法上の基盤（Miranda's constitutional underspinnings）に言及している。」（*Id*. at 439-440.）

ミランダには憲法上の根拠がある（constitutionally based）というわれわれの結論の裏付けは、強制的な自己負罪を禁止する憲法上の権利を保護するための立法活動をミランダ判決裁判所が促しているということの中にも見い出される。警察での身柄拘束中の取調べに内在する〝強制的な圧力〟を論じた後でミランダ法廷は、〝こうした圧力と戦い、自己負罪拒否特権を行使する十分な機会を与えるために、被疑者は自らの権利を効果的に告知され、かかる権利の行使は十分に尊重されなければならない〟と結論した。しかし、同裁判所は、〝議会または州によって考案される特権を保護するための代替案〟を予知できないことを強調した。したがって、同法廷は、特定のミランダ警告とは異なるが、被疑者に黙秘権を告知し、それをいつでも行使できる機会を保障する点で少なくとも同等に効果的な立法上の措置を憲法は妨げていないと述べている。なお、控訴裁判所は、ミランダ判決はいかなる意味においても〝憲法上の拘束服〟を創出するものではないとの文言に一部依拠している。しかし、ミランダでの意見を再吟味すると、この主張（this claimer）は、第五修正の権利を保障する上で効果的な手続を憲法は要求していないという意味ではなく、警察官による特定のミランダ警告の実施は憲法上の要求ではないことを示しているにすぎないのは明らかである。(*Id.* at 440.)

控訴裁判所はまた、ミランダ判決以降の諸判例がミランダ判決の例外を認めてきたという事実に依拠する。しかし、われわれはまた一九七六年の【32】ドイル判決や一九八八年のロバソン判決 (Arizona v. Roberson, 486 U.S. 625) においてミランダ法理の適用を拡大している。これらの判決は、ミランダは憲法上の法則ではないとしたものではなく、憲法上の法則も不変 (immutable) ではないという原理を示しているにすぎない。控訴裁判所はまた、一九八五年の【58】エルスタッド判決でわれわれが〝ミランダの排除法則は第五修正よりもその適用範囲が広い (sweeps more broadly)〟と述べたことも指摘する。「われわれの同事案での判断は、第四修正の事案で発展した伝統的な〝果実〟理論の適用を否定したものであり、ミランダは非憲法的な判決であることを立証するものではない、単に第四修正の下での不合理な捜索は第五修正の下での警告なしの取調べと異なるという事実を認めているにすぎない。」(*Id.* at 441.)

カッセル教授はアミカス・キュリーとして、第三五〇一条は、強制による自白を阻止する上で同等に効果的であるとのミランダの立法上の代替物の要件に合致していると主張する。ミランダ判決が言い渡された当時よりも乱暴な警察官の行為に対し利用できる救済策は多いとのアミカス・キュリーの主張には同意する。しかし、これらの付加的な救済策が第三五〇一条を補うから憲法上の最小限の要求を十分に満たしているということには同意できない。ミランダ判決は身柄拘束下の被疑者に黙秘権を警告し、その権利の行使は尊重されることを被疑者に保障する手続を要求している。上述のように、第三五〇一条は取調べ前の警告の実施を被疑者の自白の任意性を判断する単なる一要素とみるアプローチに賛成して、そのような取調べ前の警告の要件を明示に避けている。アミカス・キュリーの引用する付加的な救済策は、われわれの見解によれば、第三五〇一条と相俟っても、それらをミランダ判決によって要求された警告に十分に代替するものではない。

反対意見は、それ以外のいかなるものも憲法上の要求を満たすのに十分でないという意味で、ミランダ警告は憲法によって要求されていると判示するのでない限り、当裁判所が第三五〇一条を違憲と判示するのは司法機関としての権限を越えている（judicial overreaching）と主張する。しかし、このことを判断するためにミランダ判決で指摘した以上のことを述べる（go farther than Miranda）必要はない。ミランダ判決で当裁判所は、伝統的な全体の事情のテストに依拠すると身柄拘束中の不任意自白を看過する危険があり、自白が有罪を立証するための主張立証として提出（offered in the case in chief to prove guilty）されると、この危険は受け入れ難いほど大きくなると指摘し、全体のテスト以上の何かが必要であると結論したのである。上述のように、第三五〇一条は全体のテストを十分なものとして復帰させている。第三五〇一条は、それ故、ミランダ判決が法である限り維持できない。（*Id.* at 441-443.）

(6)　ミランダの理由付けおよびその結果としてのミランダ法則に同意するか否かにかかわらず、もし第一審としてこの争点に言及するとすれば、今ではミランダを変更することに先例拘束性の原理が大きく立ちはだかっている。先例拘束性は絶対的な命令ではないが、憲法事案においても、この原理は極めて説得力を有しているので、先例からの離脱をするには特段の正当化理由（special justification）による裏付けのあることが必要とされてきた。ミランダを変更するこのような正当化理由があるとは思われない。警告がわが国の文化の一部となったといえるまでにミランダ判決は日常の警察実務に溶け込んでいる。われわれは、その後の判例によって先例の原理上の基盤（doctrinal underpinnings）を侵害されてしまったとき先例を変更してきたが、そのようなことがミランダ判決に生じているとは思われない。仮に多少あるとしても、ミランダ以降の判例は、警告なしの供述は訴追側の主張立証の証拠（evidence in tne prosecutions case in chief）として用いることはできないというミランダ判決の核たる部分（the decision's core ruling）を再確認する一方で、ミランダの法執行へのインパクトを減少してきたのである。ミランダ法則のマイナス面（disadvantage）は、自己の〝権利〟を熟知している被告人の決して不任意とはいえない供述であっても、排除されることになり、その結果、犯人たる被告人が釈放されかねないということである。しかし、経験の示すところによれば、第三五〇一条が復活を求めている事情の全体のテストはミランダ判決よりも法執行官がそれに従い、裁判所が一貫した方式でそれを適用するのは難しい。ミランダ警告を告知すべきという要件は、もちろん、任意性の調査を不要とするものではない。しかし、一九八四年の判例（Berkemen v. McCarty, 468 U.S. 420）で述べたように、〝法執行官がミランダの命令に従ったという事実があるにもかかわらず、自己負罪供述が強要されたと被告人がもっともらしい主張（colorable argument）をするという事案は稀である。〟（*Id.* at 443-444.）

(7)　以上を要するに、われわれは、議会が立法によって廃棄することのできない憲法上の法則をミランダは表明したものであると結論する。先例拘束性の法則に従い、われわれがミランダを変更することには応じられない（we decline to overrule Miranda ourselves）。したがって、控訴裁判所の決定（judgment）を破棄する。（*Id.* at 444.）

【64】マッカーサ第四修正違反否定立入禁止トレーラー内薬物発見事件判決（二〇〇一年）

本判決（Illinois v. McArthur, 531 U.S. 326）は、捜索令状を取得するまでマリファナ隠匿の疑いある被告人の家屋への立入りをおよそ二時間にわたり禁止し、その後発付された令状を執行してマリファナ等を発見し押収したところ違法な捜索の〝果実〟であるとして証拠排除が求められた事案につき、第四修正に違反しないとしたものである。

【事　実】　Aは一九九七年四月二日、夫の妨害を受けずに持ち物を自宅トレーラーから運び出したい旨告げて警察官二人（P、Q）にトレーラーへの同道を要請した。P、Qは同日午後三時一五分ころ、Aとともにトレーラーに到着した。Aは中に入り、Pらは外に留まっていた。Aは持ち物をかき集めた後、外のポーチにいたPに話しかけ、チャック（X）がカウチの下に薬物を隠しているのを見たので、トレーラーを調べてみるよう勧めた。Pは、ドアをノックし、Aから聞いたことを告げ、トレーラー内の捜索の許可を求めたところ、Xはこれを拒絶した。そこでPは、Aを同道して捜索令状を請求するようQに命じるとともに、すでに外のポーチに出ていたXに対し、一人で中に入ることはできない旨告げた。Xはその後、二、三度（タバコを取りに、あるいは電話をかけるために）トレーラー内に入ったが、いずれの時もPは中に入りXのすることを監視していた。Qは午後五時ころ、捜索令状を入手した。彼はトレーラーに戻り、他の警察官とともにトレーラー内部を捜索し、ソファの下からマリファナ等を発見、押収した。

Xは、いずれも軽罪であるマリファナ（二・五グラム）の所持等の罪で起訴された。Xは、「マリファナ等は違法な警察の捜索（search）の果実である」としてその排除を求めた。公判裁判所は、Xの証拠排除の申立てを容れた。イリノイ州控訴裁判所はこれを維持し、イリノイ州最高裁は、訴追側に上告の許可を認めなかった。（*Id.* at 328-330.）

【判　示】　原判決破棄。　ある男がその家屋内にマリファナを隠匿していると信ずるに足る相当の理由のある警察官が、捜索令状を請求する間、およそ二時間にわたり、その男の家屋への立入りを認めなかった。われわれは、警察官は合理的に行動したと結論する。彼らは第四修正の要求を侵害していない。（*Id.* at 328.）

(1)　〃不合理な捜索・逮捕押収〃を禁止する第四修正の中心的要件は合理性のそれ（one of reasonableness）である。かかる要件を実効あるものとするために、当裁判所は第四修正を解釈し、警察官によるプライバシーの利益への侵害行為をコントロールすることを目的としたルールを確立してきた。その一つが令状主義の要件である。われわれは、例えば、一九八三年のプレイス判決（United States v. Place, 462 U.S. 696, 701）において、中立の治安判事が相当な理由があると認めて発付した令状によらない限り、人の財産の捜索は〃通常、第四修正の意味において不合理〃であると指摘してきた。われわれは、しかし、令状主義の要件には例外のあることを明らかにしてきた。法執行の必要性、プライバシーの期待の減少、侵害程度の軽微等を直視して、ある種の一般的または個別的な状況の下では、令状によらない捜索または逮捕押収が合理的となりうることを認めてきたのである。例えば、相当な理由の裏付けのある場合の自動車の捜索（Pennsylvania v. Labron, 518 U.S. 938, 940-941（*per curiam*））、飲酒運転検問所での無差別停止（Michigan Dept. of State v. Sitz, 496 U.S. 444, 455）、合理的嫌疑に基づく荷物への一時的捜索（temporary seizure）（前出プレイス判決）、捜索令状執行中に逃亡を阻止し、警察官を保護するために逮捕令状なしに被疑者を一時的に留め置くこと（temporary detention）、合理的な嫌疑に基づいた一時的停止と武器の限定的捜索である。Terry v. Ohio, 392 U.S. 1, 27（1969）.

本件状況下での無令状捜索はそれ自体（*per se*）、不合理であったということはできない。それは切迫した法執行の必要性、例えば、緊急状況があったとする説得的主張に関わりがある。状況の緊急性があれば、令状なしの一時的捜索が認められ、遅延によって重大な危険が生じる場合には令状なしの被疑者および武器の捜索が合理的とされる。遅延によって証拠が消滅する場合には無令状のアルコール濃度のための血液検査が合理的とされているのである。Schmerber v. California, 382 U.S. 757, 770-771（1966）. さらに本件での問題の制約は、必要性に即して（was tailored）、時間および範囲が限定され、家屋自体への侵入は回避されている。したがって、われわれは、不合理性の絶対的ルール（a *per se* rule）を採用するよりも、プライバシー関連の関心事と法執行関連の関心事とを比較衡量して、本件侵害が合理的であるかを判断することとする。

以下の諸状況に照らし、それらを総合的に検討した結果、われわれは、本件での制約（restriction）は合理的であり、それ故、合法的であると結論する。第一、警察官にはXのトレーラー内に犯罪である禁制品の証拠、すなわち違法な薬物があると信ずる相当な理由があった。第二、警察官には、Xを制約しなければ、捜索令状を持参するまでの間に、Xはその薬物を破壊するであろうと考える十分な理由があった。第三、警察官は、法執行の必要性と個人のプライバシーの要求とを調和させる合理的な努力を払ってきた。令状入手前にトレーラーを捜索したり、Xを逮捕したりせずに、一人で家屋に立ち入ることだけを禁止したにすぎなかった。第四、その制約は限られた時間、すなわち二時間にすぎなかったのであり、これは令状を入手するために合理的に必要な時間と考えられる。（*Id.* at 331-333.）

(2)　本件制約は合法であるとのわれわれの結論は、当裁判所の判例においても十分な裏付けがある。当裁判所は一九八四年の【57】セグーラ判決において、合法的な令状に基づいたアパートの捜索によって発見されたが、警察官がアパート内に違法に立ち入り一九時間にわたり占拠した後で発見された薬物の許容性を検討し、警察官が合法的に行動していたとしても、有効に発付された令状に従って当該薬物を発見し押収できたことを理由に、その許容性を肯定した。当裁判所は他の状況下においても、令状を入手するまでの間、証拠を保持する必要がある場合に、一時的な制約を是認している。合理的理由の裏付けがあり、かつ警察官が合理的な期間内での令状獲得の努力をしている間に、証拠の滅失を防止するための一時的な捜索が違法と判示した判例は見当たらない。（*Id.* at 333-334.）

われわれはまた、Xないし下級審が提示した相殺事項（countervailing considerations）は説得的でないと考える。Xは、本件での有罪判決は犯罪に対するものであり、他方、Xを家屋の外に留め続けた制約は重大であると主張するが、この区別は重要でない。本件証拠は〝拘禁刑を科せられる（jailable）〟犯罪に関するものであった。〝州犯罪の分類は各州で大いに異なることに照らすと、一定の犯罪に付与される刑罰は、同犯罪を犯した容疑で個人を逮捕するその州の利益の最も明白かつ調和した指標（indication）を提供している。同一の理由付けは、Cクラスの軽罪には列車内や列車のプラットフォームでの飲酒することなど種々の犯罪が含まれている本件に適用される。本件で問題となった一時間家屋に立ち入らせない措置は、警察官が無令状の逮捕や捜索をするために家屋自体に立ち入ることと比べるとそれほど侵害的（intrusive）でない。（*Id.* at 335-336.）

以上を要するに、ある家屋に犯罪の証拠である禁制品があると信じる相当な理由があったため、その家屋の居住者を何らの制約なしに自由にしておくと、当該証拠を破壊するであろうと本件での警察官は合理的に信じたのである。そして限定的かつ法執行の必要性を確保するためにプライバシーの利益を保護しつつ、合理的な範囲内で制約を課したのであり、かかる制約は第四修正の要求を満たしていることになる。(*Id.* at 337.)

〈スティヴンズ裁判官の反対意見〉　イリノイ州議会は二・五グラム以下のマリファナの所持をCクラスの軽罪に分類した際に、個人使用のための少量のマリファナ所持は特段重要な公益(public policy)を構成しないとの政策判断をしたのである。本件犯罪は、公道で家畜に餌を与えたり二一歳以下の者に刺青をする(tattooing)ことなどと同様に、Cクラスの軽罪とされ、三〇日以下の拘禁刑(jail sentence)を科されるが、このような薬物の少量所持者の摘発と訴追はイリノイ州では重要な法執行事項とはされていない。多数意見が説明するように、本件での本質的問題は〝プライバシー関連の関心事と法執行関連の関心事〟との比較衡量に関わりがある。本件事実の下では、多数意見はこの比較衡量を誤っていると私は考える。「本件判決に関与したイリノイの陪審員はいずれも、このような軽微な犯罪の訴追より普通の市民の家屋の神聖さ(sanctity)により大きな価値を認めたのである。彼ら(イリノイ州の陪審)は、かかる家屋の利益は、粗末な小家屋であれ、中古のトレーラーであれ、あるいは豪壮な大邸宅であれ、最も重要な憲法上の保護に値すると判断したのである。」彼らの分析に従って、私は原判決を維持したい。(*Id.* at 338-340.)

【65】カウプ違法逮捕後獲得自白排除殺人事件判決(二〇〇三年)

本判決(Kaupp v. Texas, 538 U.S. 626)(*per curiam*)は、自宅から警察署への連行後に少女殺害犯の自白を突き付けられるなどして同事件への関与を認めたため、それが許容され有罪とされた事案につき、【51】ブラウン判決に照らし、右関与自白は違法逮捕を利用して得られたものであるとしたものである。

【事　実】　一九九九年一月に一四歳の少女(A)が失踪した後、ハリス郡保安官事務所は、Aは異父兄(half

brother）Yと性関係があり、その兄（Y）はAの失踪当日、当時一七歳の本件申立人カウプ（X）と一緒にいたことを知った。そこで保安官補（P）は一月二六日、YおよびXを警察本部で取り調べた。Xは協力的で立ち去ることを許されたが、Yはポリグラフ検査に失敗（三度目）した。結局、Yは妹（A）を刺殺し、その死体を排水溝に放置したと自白すると同時に同犯罪にXを巻き込んだ。

刑事らは直ちにXを取り調べるために令状を得ようとしたが失敗した。それにもかかわらずピンキンズ刑事（P）は〝カウプ（X）を捕まえ（get Kaupp in）てYの自白を突き付ける〟ことを決意した。二人の私服刑事と二人の制服警官を伴ってPは、一月二七日午前三時ころXの家に赴いた。Xの父親が彼らを中に入れた後、Pは、少なくとも二人の他の警察官と一緒にXの寝室に行き、懐中電灯で起こし、身分を明らかにし、〝「警察署に」行って話をする必要がある（we need to go and talk）〟と言った。Xは〝分かりました（Okay）〟と言った。そこで二人の警察官はXに手錠をかけ、裸足でボクサーパンツとTシャツを着たままのXを家から出し、パトロール・カーに乗せた。警察官との同道を自由に拒否できるとXが告げられたことを示すものを州側は記録上一切示していない。

彼らはXにYの自白を突き付ける前に被害者の死体が発見された場所に五分ないし一〇分停止し、次に保安官事務所に行った。そこで彼らはXを取調室に連れて行き、手錠を外し、ミランダの権利を告知した。XはAの失踪との関わりを否認したが、一〇分から一五分の取調べでYの自白を告げられ、当該犯罪に少し関与（some part）したことを認めたが、致命傷を与えたことを認めず、殺したことを自白することもなかった。「違法逮捕の果実として彼（X）の自白」を排除する申立てが失敗した後で、Xは有罪とされ五〇年の拘禁刑を言い渡された。

控訴裁判所は、自白を獲得するまで逮捕は行われていなかったとして有罪判決を維持した。同裁判所は〝行って話をする必要がある〟とのPの話に〝分かった〟と答えたときにXは同行に同意したとし、その後の手錠、パトカーへの移動などに不同意の意義を認めなかった。警察官がXに対して行った押送時の手錠は安全確保のため〝通常〟同保安官事務所で行われているものであり、Xの立場にある合理的な人であれば手錠をかけられたことが移動の自由への大きな障害であるとは考えないであろうし、Xは施錠時に何らかの方法で抵抗しなかったと指摘したのである。テキサス刑事控訴裁判所は裁量的上訴を認めなかった。（*Id.* at 629.）

【判　示】　原判決破棄。　第四修正と第一四修正の意味での人の逮捕押収（seizure）は、〝出会いをとり囲む状況のすべてを考慮して、警察官の行動が合理的な人に警察の存在を無視して自分の仕事にとりかかる自由がないと伝えたであろうときに生じる。この基準（test）は一九八〇年のメンデンホール判決（United States v. Mendenhall, 446 U.S. 544）でのスチュアート裁判官の意見に由来する。同判決で、〝人が立ち去ろうとしなかった場合であっても〟〝数人の警察官の脅威的な存在、警察官による武器の表示、市民との物理的接触、あるいは警察官の要求に応ずることが強制であることを示す言葉の使用や声の調子〟を含め、逮捕押収を示唆しうる状況が示されていた。（*Id.* at 629-630.）

逮捕押収の中には相当な理由以下の基準で正当化されうるものがあるけれども、われわれは、〝第四修正違反の主張に対し、相当な理由または司法権限を欠く……被疑者の住居から警察署への不任意の移動、そして捜査目的でのそこでの留置（detention）を支持したことは〟一切なかった。そのような取調べのための警察署への不任意な移動は、相当な理由に基づいてのみ合憲とされうる逮捕である。

州側は本件で相当な理由のあったことを主張していない。上述の基準をそのまま適用すれば、Xは異論の余地なく（beyond cavil）第四修正の意味で逮捕されたことを示している。一七歳の少年が少なくとも三人の警察官によって午前三時ころ起こされ、その三人のうちの一人が〝署に行って話をする必要がある〟と言った。彼は手錠をかけられ靴もはかずに一枚の下着を着用したままパトカーに乗せられ、犯罪の現場に、次いで保安官事務所に連行され、そして取調べのために取調室に入れられた。【53】ダナウェイ判決での事実よりもさらに強くXは逮捕されていたことになる。Pに対するXの〝分かりました〟は、このような状況下でのXの同意を示していない。PはXに選択の余地を与えず、一群の警察官が深夜に若者をベッドから起こして〝署に行って話をする必要がある〟と告げたのは〝行く〟以外の選択の余地を示していない。保安官事務所は〝日常的に〟警察官の安全のために手錠をかけて被疑者を押送している、あるいは手錠の使用にXが抵抗しなかったというのは、第四修正の保護の放棄にはならない。(*Id.* at 621-622.)

Xは取り調べられる前に逮捕されていたのであり、そして州側は、その時点でXを留め置く (detain) 相当な理由が保安官事務所にあったことすら主張していないのであるから、十分に確立している先例によれば、自白が〝違法な侵害の当初の汚れを除去するに足りる自由意思の行為〟であったのでない限り、当該自白は排除されることになる。関連する検討すべき事柄は、ミランダ判決の順守を含め、逮捕と自白との時間的接着性、介在状況の存在、とりわけ、警察の不法行為の目的と悪質性である。(*Id.* at 632-633.)

本件記録によれば、これらの検討事項の中で一つだけ――ミランダ警告の告知――が州側の主張を支持している。そしてわれわれは【51】ブラウン判決において、〝ミランダ警告だけで、違法行為と自白の間の因果関係を常に遮断することはできない〟と判示したのである。他の諸要素はすべて反対の方向を示している。手錠をかけての住居からの移動と取調べのわずか一〇分ないし一五分後の自白との間に実質的な時間が経過したことを示すものはない。その間、Xは半裸のまま多くの警察官による物理的拘束下にあり、警察官の何人かは逮捕する相当な理由のないことにも気付いていた。事実、州側は、違法逮捕とXの自白との間に〝何らかの意味ある介在事情〟のあったことすら主張していない。州側が本件記録で明らかにされていなかった証言を提出し州側の立証責任を果たさない限り、本件自白は排除されなければならない。(*Id.* at 633.)

【66】 チャベス第五修正ミランダ違反後獲得供述憲法侵害否定発砲事件判決（二〇〇三年）

本判決（Chavez v. Martinez, 538 U.S. 760）は、警察官の強制的取調べがあったとしても、その間に採取された供述が刑事事件において供述者本人に不利な証拠として用いられていない限り、第五修正の自己負罪拒否特権に違反せず、取調べ前にミランダ警告を欠いても憲法上の権利侵害はないとしたものである。

【事　実】　警察官二人（Q、R）は一九九七年一一月二八日、住宅地域の空き地付近である人物を麻薬捜査関連で取調べ中、空き地を横切る暗い小道に接近してくる自転車に気付き、乗っていたマルチネス（X）に自転車から降りて、両足を広げ両手を頭の上に置くように命じた。QはXの身体捜検でウェストバンドにナイフを発見したので、Rに注意するようにと声をかけながら、Xの両手を頭の後から下に引っ張り手錠をかけようとすると、Xはそれを振り切った。QはXに組み付き、乱闘が続いた。XがQのピストルを奪って二人に突き付けたかについては争いがあるが、Qが「銃を奪われた」と叫んだことについては争いがない。Rは銃を抜いて数発Xに向け発砲し、その結果、Xは失明の上、下半身不随の重傷を負った。QらはXを逮捕した。

パトロール隊所属の上司であるチャベス（P）が間もなく医療補助員とともに現場に到着した。Pは病院まで同道し、Xを取り調べた。その取調べは、医師らの退室要求を無視して実質延べ一〇分間ほど続けられた。Xは当初、〃知らない〃〃死にそうだ〃〃息苦しい〃などと答えていたが、「警察官のホルダーから銃を奪い取り、警察官に向けたこと」を認めた上で、ヘロインを常時使用していたことも認めた。Xは〃治療を終えるまで話したくない〃と言ったが、Pは取調べを続けた。「その取調べのいかなる時点においてもXはミランダ警告を告知されなかった。」

Xは犯罪で起訴されることはなく、その供述はいかなる刑事事件においても自己に不利益な証拠として用いられなかった。それにもかかわらず、チャベス（P）の本件行動は〃何人も刑事事件において自己に不利な証人となることを強制されない〃第五修正の権利を侵害し、「強制的取調べを受けない第一四修正の実体的デュー・プロセスの権利」を侵害したと主張して、Xはいわゆる一九八三条訴訟（1983 litigation）を提起した。合衆国地方裁判所は正式事実審理を経ない判決（summary judgment）で、Pの条件付免責抗弁（qualified immunity defense）に関するXの主張を容れた。第九巡回区控訴裁判所はこれを維持し、〃たとえXの供述が刑事手続において本人に不利な証拠として用いられなかったとしても〃Pの強制的取調べ自体が第五修正の権利侵害であると判示し、さらに、〃警察官が強制的行為によって自白を獲得したときは、その自白が後に公判で用いられたかどうかにかかわりなく、警察官は第一四修正を侵害したことになる〃とした上で、Xの主張する第五修正と第一四修正の権利は「連邦法によって明確に確立している」と結論した。（*Id.* at 763-765.）

【判　示】　原判決破棄。(1)　警察官は条件付免責を受ける権利があるかを決定する際に、まず当の警察官の行為が憲法上の権利を侵害したかどうかを判断しなければならない。もし憲法上の権利を侵害していないのであれば、そのような権利が〃明確に確立〃しているかを判断する必要はない。

(2)　第五修正は〃何人も刑事事件において（in any criminal case）自己に不利な証人（witness against him）となることを強制されない〃と規定する。〃刑事事件〃とは少なくとも法的手続の開始を意味する。〃刑事事件〃が始まるその正確な時を決定する必要はない。警察の取調べが〃事件〃に相当しないのは、訴え提起以前の民間の調査員の諸活動が〃民事事件〃に相当しないのと同じである。もちろん、警察の取調べによって強制された供述は公判で被告人に不利な証拠として用いることはできないが、刑事事件においてその供述が使用されると自己負罪条項違反が生ずるのである。「Xは本件において、その供述が刑事事件において自己に不利な証拠として許容されたことは一切ないのであるから、第五修正の自己負罪条項に違反して自己に不利な証人とされたことは一切ないことになる。Xは宣誓下に、〃自己告発か、偽証か、法廷侮辱罪かの残酷な三者択一（the cruel trilemma of self-accusation, perjury, contempt)〟にさらされたこともなかった。自己負罪条項の文言によれば、強制的な取調べがあればそれだけで憲法に違反するとの第九巡回区の見解は支持できない。」

さらに第九巡回区のアプローチは、当裁判所の判例法とも調和しない。証人が自ら証言した刑事事件の標的でない限り、訴追側は証人に対し、法廷侮辱罪の制裁の下に、公判または大陪審の面前で証言することを強制できることは十分に確立している。当該供述ないしその供述から派生した証拠が刑事事件において本人に不利に用いられない限り、負罪的証言を強制できることは古くから認められている。これらの判例は、強制された供述が刑事手続において当の証人に不利に用いられない限り、単に強制されたというだけでは自己負罪条項に違反しないことを示している。

マルチネス（X）が〝刑事事件において自己に不利な証人となることを強制〟されなかったのは、法廷侮辱罪の制裁の下に証言を強制される免責証人（immunized witness）と同じである。免責証人はその供述が自己に不利に用いられないことを知っているのに対し、Xは多分知らなかった。しかし、そのことによって、免責証人の供述はXの供述ほど強制されていない、そして強制的な警察の取調べがあればそれだけで第五修正の自己負罪条項に違反するという第九巡回区の結論が支持できるということにはならない。さらに強制的な警察の取調べを受けた者は、その後のいかなる刑事裁判においても、彼らの不任意供述ないしその供述から派生した証拠を使用されないという保護を自動的に受ける。これらの保護は、一九七二年のカスティガ判決（Kastigar v. United State, 406 U.S. 441）によって命じられている使用および派生的使用免責（the use and derivative use immunity）の範囲と事実上同一である。（*Id.* at 767-770.）

「われわれは第五修正の文脈において、自己負罪条項によって保護される核心の憲法上の権利を擁護することを意図した予防法則を創設（created prophylactic rules）してきた。」これらの法則の一つが、たとえ非刑事事件においいてであっても、証言が強制される以前に将来の刑事手続における使用および派生的使用からの免責が当の証言に認められない限り、負罪的証言の強制から証人を保護する証拠法上の特権である。しかしながら、裁判所によって創り出された予防法則（judicially crafted prophylactic rules）の侵害が何人の憲法上の権利も侵害しないのと全く同様に、憲法上の権利の擁護を意図した法則は憲法上の権利それ自体の適用範囲には及ばない（do not extend the scope of the constitutional right itself）。それと同様に、自己負罪条項によって保護される権利の侵害を阻止するための予防方法としてのミランダの排除法則（Miranda exclusionary rule）が確立しているのである。したがって、本件でPがXにミランダ警告をしなかったのは、Xの憲法上の権利を侵害しておらず、一九八三条訴訟による損害賠償請求の根拠たりえない。そしてXが自己に不利な証人となることを強制された〝刑事事件〟が存在しないのであるから、第五修正違反の主張は無効である。強制があれば、それだけで自己負罪条項に違反するとの第九巡回区の見解は、第五修正の文言の裏付けを欠いており、判例法とも調和しない。（*Id.* at 770-773.）

(3)　本件での損害賠償請求の申立ては、第五修正ではなくチャベス（X）との出会いからPによる取調べに至る警察官による法外な特定の行為の非難（the particular charge of outrageous conduct）に基づいてなされなければならない。この申立ては、一九八三条訴訟として提起しうる憲法上の申立てとして是認されるべきであるというのであれば、実体的デュー・プロセスに確実な根拠のあるもの（sound in substantive due process）でなければならない。したがって「Xが実体的デュー・プロセス違反に対する損害賠償責任を請求できるかどうかは、差戻審で取り扱われるべき問題である。」（*Id.* at 779-780.）

【67】　サイバート反覆自白排除殺人放火事件判決（二〇〇四年）

本判決（Missouri v. Seibert, 542 U.S. 600）は、警察官がかねてから警察の方針に従ってミランダ警告をしないで自白を得て小休止後に、今度はミランダ警告を告知して得た同趣旨の自白についてその許容性が争われた事案につき、その許容性を否定したものである。なお、相対的多数意見（スティヴンズ、キンズバーグ、ブライア各裁判官同調）の執筆はスータ裁判官で、ケネディ裁判官が結論としてこれに同調したため、五対四で原判決が維持された。

【事　実】　被告人（X）は、脳性小児麻痺で睡眠中に死亡した二歳の息子（A）に床ずれがあることから育児放棄（neglect）で訴追されるのをおそれた。彼女（X）のいるところで、他の息子二人とその友人二人は、Xの育児放棄の疑いを回避するため、家族の移動住宅（mobile home）に火を放ちAの死体を火葬にすることによってA死亡の周辺事実を知られないよう計画すると同時に、家族と同居している精神障害者Bを移動住宅に放置することを計画した。

Xの息子（Y）とその友人の一人が住宅に火を放ち、Aは死亡した。警察は五日後の午前三時、火傷の治療を受けていた病院で眠っているXを起こした。警察官（P）は彼女（X）を逮捕時に、ミランダ警告を差し控えよというミズーリ州ローラ地区での警察の指示に従った。Xは警察署へ連行され一五分ないし二〇分間、取調室で一人にされた後、Pはミランダ警告をせずに三〇分ないし四〇分間、彼女の腕を強く握りながら〝Aも眠っている間に死ぬはずだったんだね〟と繰り返しながら取り調べをした（questioned）。XがついにAも火事で死ぬはずであったことを知っていたことを認めた後、取り調べは二〇分間中断され、彼女はコーヒーとタバコを与えられた。それからPは、テープ・レコーダのスイッチを入れてミランダ警告後に彼女から署名入りの権利放棄書を手に入れた。彼は〝いいかね（OK?）、われわれはしばらく一二日の水曜日に起こったことについて少し話をした、そうだったね〟と言って取調べを再開した。そしてミランダ警告前に彼女から得た供述を彼女に突き付け、あらためて〝ドナルド（A）の件に関して諒解（understanding）していた〟ことを繰り返し確認したのである。

Xは、A死亡への関与を理由に第一級謀殺罪で訴追された後、ミランダ警告前の供述およびミランダ警告後の供述の両者の証拠排除を求めた。Qは証拠排除手続で、ミランダ警告を差し控えることを意識的に決意（conscious decision）し、「まず質問をし、次に警告を与え（question first, then give the warnings）、それから彼女からすでに一度提供されたのと同じ答えを獲得するまで質問を繰り返すという自分が教えられたとおりの取調べ技術を用いた（resorting to）」と証言した。そしてXのミランダ警告後の供述の大部分は〝ミランダ警告前に獲得された情報の繰り返し〟であったことを認めた。（*Id.* at 604-606.）

公判裁判所は、警告前の供述を排除したが、ミランダ警告の朗読後になされた応答を許容し、そして陪審はXを第二級謀殺で有罪と認めた。ミズーリ州控訴裁判所は、本件は【58】エルスタッド判決と異ならないとして、これを維持した。これに対し、ミズーリ州最高裁は全裁判官関与の判決で、〝取調べがほぼ連続的であった本件状況下において無効な第一回目の供述の産物であることが明らかな第二回目の供述は排除されるべきであった〟と判示し、原判決を破棄した。ミランダ警告が意識的に差し控えられたのではなかった【58】エルスタッド判決とは異なるとして、Pのミランダ警告の意識的省略（omission）はXからミランダの諸権利を熟知した上で放棄する機会を奪うことを意図したものであり、ミランダを迂回して巧みに回避する方策（achieve an "end run"）を警察官に許すことはミランダ違反を促進させることになるというのである。（*Id.* at 606-607.）

【判　示】　原判決維持。(1)　本件は、自白が獲得されるまで黙秘権および弁護人依頼権の告知をしないとする身柄拘束中の取調べに対する警察の処方（a police protocol）をテストする。そのような供述はミランダ判決違反であるので一般に許容されないけれども、警察官はそれに続いてミランダ警告を与えて取調べを続け被疑者から再度それと同一の話題を話すよう仕向け（leads the suspect to cover the same ground）ており、本件での問題は、この繰り返された供述（the repeated statement）の許容性である。このような取調べでミランダ警告なしに獲得された自白後の中程（the midstream）における警告の朗読ではミランダの憲法上の要件に効果的に従うことはできないから、このような状況下で警告後に繰り返された供述は許容できない。（*Id.* at 604.）

(2) われわれはミランダ判決において、警察の取調べ状況の事後的な司法調査の困難性を認識し、〝身柄拘束中の取調べに内在する強要（coercion）は任意供述と不任意供述との境界（line）を不鮮明にする（blurs）。〟それ故、自己負罪拒否特権が順守されない〝危険を高める〟と認めた。それ故、〝伝統的な全体の状況の判断基準〟では不任意な身柄拘束中の自白が発見されないという受け入れ難い大きな危険があることにわれわれの関心が向けられたのである。

したがって、強要された自白の危険性を減少させ、自己負罪拒否特権の要求を満たす（implement）ために、当裁判所はミランダ判決において〝被疑者は適切かつ効果的に彼の諸権利を告知されなければならない、そしてこれらの権利の行使は十分に尊重されなければならない〟と結論した。ミランダ判決は、身柄拘束中の自白の公判での許容性を被疑者への権利に関する警告を前提条件としたのである。すなわち、身柄拘束中の取調べをする前に指示された警告を与えて権利放棄を獲得しなかったのであれば、獲得された供述の排除が命じられることになる。逆に、警告を与えて権利放棄を得れば、許容性の事実上のチケット（virtual ticket）が作り出された（produce）ことになり、任意性をめぐる争いは有効な権利放棄の認定とともに終了する。〝法執行当局がミランダの命令を遵守したという事実にもかかわらず被告人が負罪的供述は強制によるものであるとのもっともらしい主張（a colorable argument）ができる事例は稀である。〟供述するか黙秘するかの現実の選択を認める状況下でミランダ警告が習慣的に与えられなかったのであれば、このような通常の結論（this common consequence）は全く通常のことといえなくなろう。（*Id.* at 608-609.）

(3) もちろん、古いやり方を好む人はいる。ミランダ判決に続いて議会はこのような旧制度（old regime）を復活させることを要求する法律（18 U.S.C.§3501）を制定するまでした。もっとも、この法律は長年にわたり休眠状態

(dormant) にあったが最終的に発動され、【63】ディカソン判決で争われた。そしてディカソン判決はミランダを再確認し、ミランダは憲法上の性格 (its constitutional character) を有する判決であるので制定法に勝る (prevailed against) と判示したのである。

警告なしの取調べに続いて警告後の取調べを行うという取調べ技術は「ミランダ判決に対する新たな挑戦」である。このような実務の頻度に関する統計資料はないが、これはミズーリ州ローラ地区に限られたことではないという。同地区警察署の一人の警察官は、取調べによって自白を引き出すまでミランダ警告を差し控えるという戦術は、彼自身の警察署だけでなく、すべての警察官訓練制度においても推進されていると証言した。この警察官の証言と一致して、例えば、警察法協会 (Police Law Institute) は二〇〇三年のイリノイ刑事法協会マニュアルで〝警察官は二段階の取調べ (a two-stage interrogation) を行うことができる。……ミランダ警告以前の取調べ中のいかなる時点においても、通常は被逮捕者が自白した後で、ミランダ警告を読み上げ、警察官は権利放棄をするか尋ねることができる。被逮捕者がミランダの諸権利の放棄をすれば警察官はその後のいかなる負罪的供述についても後に公判で繰り返すことができる〟と指導している。(*Id.* at 609-610.)

(4)　このようにして獲得された自白が提出され異議が申し立てられたとき、ミランダ判決と最初の取調べとの相容れない目的 (the confliction objects) に注意しなければならない。ミランダ判決は、〝自由で合理的な選択ができない〟取調べ実務に言及し、被疑者は〝適切かつ効果的に〟憲法の保障する選択(権)について告知されなければならないと判示した。最初に取調べをする目的は、被疑者がすでに自白した後で、ミランダ警告を与えるのにとりわけ好都合な時 (opportune time) までそれを延ばすことによってミランダ警告を効果のないものとすることである。〝ミランダ判決の非難 (strictures) を満たすために必要な魔よけの呪文 (talismanic incantation) はない。〟それと同様に、単なる連禱 (litany—ミランダ警告) の朗読だけですべての想像しうる状況下においてミランダを満たすのに十分であると考えるのは馬鹿げている。

〝問題は、ミランダ判決によって要求される諸権利の警告が被疑者に合理的に伝えられているかである。〟取調官が先に取調べをしてその後に警告をするときの最初の問題（threshold issue）は、それ故、このような状況下での警告はミランダ判決が要求するような機能を効果的（effectively）に果たしていると認めることが合理的であるかである。たとえそれ以前に供述をしていたとしても彼には供述を中止する選択権があることを警告は被疑者に合理的に伝えることができるのか？。すでに取調べを受けた被疑者がミランダ警告によってそのような選択のできる立場に置かれたことになるのでない限り、事後の正式な警告をミランダ判決に従ったものとして受け入れたり、取調べの第二段階を最初の第一段階での無警告で許容できない部分（segment）とは異なるものと取り扱うことを正当化する理由はない。（*Id.* at 611-612.）

なお、Xの主張によると、彼女の第二自白は第四修正の文脈下に【45】ワン・サン判決によって展開された〝毒樹の果実〟の比喩で知られている法理の下で証拠から排除されるべきであるという。しかし、当裁判所は【58】エルスタッド判決において、ミランダ警告をせず、それに続いたミランダ警告後の自白の許容性を分析した際に、ワン・サンの果実論（Wong Sun fruits doctrine）を退けた。〝何らの現実の強要その他被疑者の自由意思の能力の土台をほり崩すことを意図した状況を伴わず単にミランダ警告をしなかったということだけでは〟〝捜査の過程が極めて汚れているため、その後の任意かつ告知され上での放棄は無限の期間（some indeterminate period）効果がなくなる〟というものではないと判示された。ミランダ警告を受けずになされた不利益な事実の承認（the unwarned admission）は排除されなければならないことをミランダ判決は要求しているけれども、このような状況におけるその後の供述の許容性は専らその供述は熟知してなされたかどうかによるべきである。無警告だが強制的でない取調べに一たん応答した被疑者は、そのことによってミランダ警告を与えられた後で諸権利を放棄して自白することはできないとはいえないと判示されたのである。(Id. at 612 n.4.)

どのような客観的基準であれ、それを本件で明らかにされた状況に適用すると、取調べによって自白を無事獲得するまでミランダ警告を差し控えるというテクニックを取調官が採用するのであれば、時間的に接着し内容も類似する連続的な取調べに対する防御準備を被疑者がする上で効果的でないということになろう。結局、まず最初に取調べをする目的は、Xが最初に諸権利を理解しておればしないであろう自白を獲得することにある。この根底にある理に適った仮定(the sensible underlying assumption)は、警告を与える前にすでに一つの自白を手中にしているので取調官はほとんどトラブルなしに同一のもの(duplicate)を得ることが期待できるということである。取調べに続いて、そして自白をした直後にはじめて警告を耳にしても、被疑者は沈黙する権利が本当にあるとはほとんど考えないし、ましてや警察官が同一の話題(ground)について再び彼に話し始めるとそのような考えに固執するということはあり得ない。さらに悪いことには、先にした供述は除外することを被疑者に明示しないで、〝あなたの話すことはすべて不利な証拠として許容される〟と告げることは、その後の沈黙は役に立たず、彼が先に述べたことはすべて不利に用いられるという全く合理的な推論を導くことになる。それ故、ミランダ警告が一組の連続した(coordinated and continuing)取調べの最中に挿入されると、それらは誤解(misleading)をもたらし、被告人から権利の性質およびその放棄の結果を理解するのに不可欠な知識を奪うことになる。それと同様に、統合され近接して行われた二つの取調べの洪水(two spates)を、単にミランダ警告がその真中に入れられたことを理由に、独立に評価される独立の取調べであるとして取り扱うのは通常、非現実的であろう。(*Id.* at 613-614.)

(5)　最初に取調べの戦術に続いた取調べの最後で繰り返された自白は【58】エルスタッド判決の下では許容できるとミズーリ州側は主張する。しかし、この主張は同判決の価値を誤って理解(disfigures)している。エルスタッド判決で警察官は、侵入盗の若い被疑者の身柄を拘束するために被疑者の家に赴いた。逮捕の前に一人の警察官が被疑者の母親と話をした。他方、その間にもう一人の警察官が被疑者を居間でしばらく留め置いている間に、その若い男が不法侵入に関わりがあると〝感じた〟と述べると、被疑者は現場にいたことを認めた。当裁判所は居間での小休止（pause）は〝被疑者を取調べるためでなく母親に彼の逮捕理由を告げるためであった〟と指摘し、そこでの出来事には〝強要の特徴〟は一切なかったと述べた。その後の警察署での組織的な取調べの最初に被疑者はミランダ警告を与えられて全面的な自白をした。エルスタッド判決は、〝袋から出た猫〟の理論を退け、警察官に対する最初の応答と二回目の応答との因果関係は推測的であり稀釈していると考えた。警察署での取調べのための機会は家での短い会話とは全く別の新しい経験として捉えることは不合理ではなかった。被疑者の立場にある合理的な人であれば、警察署での取調べを新しい異なる経験として考えることができたのであるから、ミランダ警告は以前の不利益な事実の承認を続けるかどうかの選択を提示するものとして意味あるものとすることができたのである。（*Id.* at 614-615.）

これに対し、本件での事実は全く異なり、いずれの客観的基準によっても、ミランダ警告の土台をほり崩すことを意図した警察の戦術が明らかにされている。ミランダ警告を欠いた取調べが警察署の中で行われ、取調べは組織的、徹底的であり、心理的技術が用いられた。警察が取調べを終了した時、まだ話していない可能性のある負罪的供述はほとんど残されていなかった。警告後の取調べが始まったのは最初の取調べから一五分ないし二〇分の休憩後のことであり、警告のなかった取調べと同じ部屋で行われた。最初の局面を指導した同一の警察官がミランダ警告を朗読したとき、Xが述べたことは彼女（X）に不利に用いられうるとの助言は先に引き出された負罪的供述（第一自白）にも適用されるという誤った考えは無効である（no counter）とは一切いわなかった。警察はとりわけ、彼女の以前の供述は用いられえないということを助言しなかったのである。引き続いて行われた取調べは先の取調べと応答の継続にすぎないという考えは、警察官Rがすでにされていた自白（第一自白）に言及することによってさらに強められた。これら二つの取調べ（sessions）を継続的なものと見るのが合理的であったろうし、先に述べたことを第二回目の段階で繰り返すことを拒否することは反自然的であったろう。このような諸事情によれば、被疑者の立場にある合理的な人であれば供述をなお継続するかに関して選択する権利を有しているとのメッセージを伝えられていると考えることはないであろう、それほどまでにミランダ警告の効果に挑戦（challenge）するものと見なされなければならない。（*Id.* at 616-617.）

(6) 【63】ディカソン判決が制定法によって達成することができないと判示したことをミランダ判決の実質を奪い取ることを目的とした（dedicated to draining）取調べ教育の指図（training instruction）によって達成することはできない。最初に取調べの戦術は強要による自白が許容されるリスクを減少させようとするミランダの目的を効果的に妨げるおそれがあること、そして後に与えられた警告はその目的に役立ったという結論を本件の事案の下で合理的に支持することはできない。Xのミランダ警告後の供述は許容できないことになる。（*Id.* at 617.）

〈ケネディ裁判官の同調個別意見〉　本件で用いられた取調べ技術はミランダ判決を巧みに免れる（circumvent）ことを意図している。それはミランダ警告の土台をほり崩し、その意味を曖昧にする。相対的多数意見（the plurality opinion）がこのような技術（technique）を利用することによって獲得された供述は許容できないと結論したのは正しい。注意深く説得力のある相対的多数意見にほぼ（much）同意するけれども、私のアプローチは若干の点において異なるので、以下の個別意見（separate opinion）を書くこととする。（*Id.* at 618.）

【68】パターネ第五修正ミランダ違反供述後発見証拠物許容迷惑行為禁止事件判決（二〇〇四年）

本判決（United States v. Patane, 542 U.S. 630）は【67】サイバート判決と同じ日に言い渡されたもので、元ガール・フレンドへの迷惑行為で逮捕され保釈中に接触禁止命令違反で再逮捕された際に、不十分なミランダ警告のまま採取された供述に基づき発見された物的証拠（銃）の許容性を否定した原判決を破棄差し戻したものである。なお、本判決はトマス裁判官の判決文にはレンキスト長官とスカーリア裁判官が同調するにとどまったが、ケネディ裁判官がオコーナ裁判官とともに結論に同調したため、五対四で原判決が破棄された。

【事　実】　パターネ（X）は二〇〇一年六月、前ガール・フレンド（A）への迷惑行為で逮捕された。Aへの接触を一切禁止する一時的な禁止命令（temporary restraining order）を条件として保釈金を積んで釈放されたにもかかわらずAに電話をかけようとして禁止命令に違反したことが明らかとなったので、コロラド州スプリング警察の警察官（P）は二〇〇一年六月六日、この問題の捜査を開始した。郡の保護監察官は同日、アルコール・タバコ火器局（ATF）の係官に重罪で前科のあるXがピストルを違法に所持している旨通報した。同係官はこの情報を、ATFと緊密に連絡を取りあっている刑事（Q）に伝達した。PとQの二人はXの家に赴き、Aへの接触の有無について質問した後でXを禁止命令違反で逮捕した。QはミランダのCの諸権利をXに告知しようとしたが、黙秘する権利以上のことを告知しなかった。この時点でXがそれを遮り自分の権利は知っていると言い張ったので、ミランダ警告を最後まで告知しなかったのである。Qが次いでピストルについて尋ねると、Xは当初その問題について語ることを嫌がっていたが結局、ピストルは寝室にあると告げ、ピストルを回収する（retrieve）ことを認めた。Qはピストルを発見、押収した。（*Id.* at 634-635.）

大陪審は重罪犯人による火器所持違反でXを正式起訴した。地方裁判所は、禁止命令違反でXを逮捕する相当な理由がなかったとしてXの火器排除の申立てを認めた。これに対し、控訴裁判所は、相当の理由に関しては地裁の決定を破棄したが、火器の排除命令は維持し、【58】エルスタッド、【50】タッカーの両判決は【45】ワンサン判決の毒樹の果実論を本件に適用することを妨げている（foreclose）との訴追側の主張を退けた。これらの訴追側引用の判例は、ミランダ判決は議会が立法によって無効とできない憲法上のルールを宣告した【63】ディカソン判決と矛盾しているというのである。(*Id.* at 635-636.)

【判　示】　原判決破棄。　(1)　われわれは本件で、ミランダ警告はなかったものの被疑者の任意の供述に基づいて発見された物的な果実の排除が必要とされるかを判断しなければならない。【58】エルスタッド、【50】タッカー両判決での判示は、啓発的 (instructive) と考えるが、控訴裁判所の見解は【63】ディカソン判決以降、この問題に関して分かれていた。ミランダ法則は自己負罪条項違反を防止しようとする (protects against) ものであり、負罪条項は任意の供述に由来する物的証拠の公判での提出に関わりがないのであるから、われわれは本件で提示された問題を消極的に解する。(*Id.* at 638, 634.)

後に説明するように、ミランダ法則は自己負罪条項違反を防止するために採用された予防法則である。自己負罪条項は、しかし、任意の供述に由来する物的な果実を証拠として許容することに関わりがない。したがって、ミランダ法則をこの文脈に拡大する正当化理由はない。そして自己負罪条項が何よりも (primarily) 刑事裁判 (criminal trial) に焦点を合わせているのと全く同様に、ミランダ法則も刑事裁判に焦点を合わせているのである、ミランダ法則は、警察の行為規範 (a code of police conduct) ではないので警告しなかったということだけで警察は憲法（またはミランダ法則にも）違反したことにはならない。このような理由で、【45】ワン・サン判決などの諸判例で詳論された排除法則は適用されないのである。したがって、控訴裁判所の判決を破棄し、さらに手続を尽くさせるために差し戻す。(*Id.* at 636-637.)

(2)　合衆国憲法第五修正の自己負罪条項は〝何人も刑事事件において自己に不利な証人となることを強制されない〟と規定する。本件においてこの条項の正確な範囲を決定する必要はない。当面の目的として、自己負罪条項によって提供された保護の核心 (core protection) は刑事被告人に不利な証言を公判で彼に強制することの禁止であると指摘すれば十分である。この条項は、任意供述の結果として獲得された非証言的証拠の提出によって侵害されえない。

確かに当裁判所は、自己負罪拒否の中核部分を保護することを意図した予防法則を是認し適用してきた。【66】チャベス判決を見よ。当裁判所は同様にミランダ判決において、身柄拘束中の取調べに内在する強制の可能性によって被疑者の自己負罪拒否特権が侵害される危険が容認できない程に高まると結論した。このような危険を防止するためミランダ法則は、特定の警告がなければ、訴追側の主張立証のために（for purposes of the prosecutor's case in chief）一般に反証不能とされる強要の推定（a presumption of coercion）を創設したのである。しかし、これらの予防法則は必然的に自己負罪条項の現実の保護を越えて広がる（sweep beyond）ことから、これ以上の拡大は、強制的な自己負罪を禁止するのに必要があると認められる場合に限りいおいて正当化されなければならない。現に当裁判所は、自己負罪拒否特権を保護するのに必要と認めた場合であってもミランダの拡大を退けてきた。例えば、公共の安全の例外を認めた一九八四年のクォーリズ判決（New York v. Quarles, 467 U.S. 649）（〝公共の安全への脅威となる状況下での質問に対する答弁の必要性は、第五修正の自己負罪拒否特権を保護する予防法則の必要性に優る〟と結論する）を見よ。

現に強要された証言の果実が公判で用いられないのとは異なり、ミランダ警告なしに採取された供述が公判で被告人の証言を弾劾するために用いられるのはこのような理由による。ミランダ法則はより一般的に〝［同法則に従わずに採取された］供述およびそれらの果実は内在的に汚れているとして排除される（discarded）ことまで要求していない。〟このような全面的な排除法則（a blanket suppression rule）は〝信用性ある証拠を確保するという第五修正の目標（goal）〟に言及することによっても抑止の理由付けによって正当化されえない。さらに、自己負罪条項はそれ自身の排除法則を含んでいる。第四修正が不合理な捜索押収を禁止するのとは異なり、何人も自己に不利な証人となることを強制されないと規定する第五修正は自己執行（self-executing）である。われわれは繰り返し〝強制的な警察の取調べを受ける者は、不任意自白（またはその供述に由来する証拠）の使用から自動的な保護（an automatic protection）を受ける〞と説明してきた。【66】チャベス判決。この明示の文言による保護は、ミランダ法則のこれ以上の拡大に反対する強力な理由（strong presumption）である。

最後に、「【63】ディカソン判決の中には、憲法上のルールを宣言したものとしてのミランダの性格付けを含め、これらの従前の〔判例の〕指摘を変更するものは一切ない。」現に当裁判所は〝当裁判所のその後の判例は、警告のない供述は訴追側の積極的証拠として使えないというミランダの核心の判断を再確認しつつ、その一方で、正当な法執行へのミランダ法則のインパクトを減少させてきた〞ことを指摘した。このようなミランダに関する説明（description）、とりわけ訴追側の主張立証での警告なしに獲得された供述（unwarned statements）の使用に関する強調は、われわれがなお自己負罪条項の保護に焦点を合わせていることを明らかにしている。当裁判所が【50】タッカーおよび【58】エルスタッドの両判決を含むミランダ関連判例に依拠していることは、これらの判決が継続してなお有効（continuing validity）であることを示している。要するに、ディカソン判決の中には、われわれの見解を問題とするものは一切ないのである。（*Id.* at 640-641.）

(3)　われわれの従前の判例もまた、単なるミランダ警告の欠如それ自体は被疑者の憲法上の権利ないしミランダ法則にも違反しないという関連問題を明らかにしている。このことはディカソン判決以前の多くの判例において極めて明らかであり、われわれはディカソン以降もこの見解に従ってきた。このことは、もちろん、自己負罪条項によって保護される権利の性質に由来する。それは〝基本的な公判での権利（a fundamental trial right）〞である。

したがって、ミランダ判決によって要求される完全な警告の一式（full panoply warnings）を被疑者に提供することを怠ったとしても、あるいは故意にそれを提供しなかったとしても、そのことによって警察は被告人の憲法上の権利（またはミランダ法則）を侵害したことにはならない。侵害の可能性（potential violations）は、仮にあるとしても、ミランダ警告なしに獲得された供述が公判で証拠として許容されたときにのみ生じる、そして、その時点で〝そのような供述の排除はミランダ違反に対する完全かつ十分な救済〟となる。それ故、第四修正の下での不合理な捜索やデュー・プロセス条項または自己負罪条項の直接的侵害とは異なり、単なるミランダ警告の欠如に関しては、抑止するものは一切ない。それ故、【45】ワンサン判決の〝毒樹の果実〟理論を適用する理由はない。(*Id.* at 641-642.)

(4)　本件において控訴裁判所は、ディカソン判決に依拠して、警告を受けずになされた供述は被疑者の憲法上の権利を侵害するとの立場を採用した。しかし、ディカソン判決がミランダを憲法上の法則として性格付けたことによっても、自己負罪条項とそれを保護するために裁判官が創造したルールを維持する必要性は減少しない。「Xのピストルのような、任意供述の非証言的果実 (nontestimonial fruit) の提出は、自己負罪条項とは関わりがない。そのような果実を許容しても、被告人の強制された供述が刑事裁判において彼に不利に用いられる危険は生じない。ミランダの予防法則をこの文脈に拡大する正当化理由はない。」(*Id.* at 642-643.)

これと同様に、任意ではあるが警告を受けずになされた供述を採取することによって警察は自己負罪条項を侵害することはできないのであるから、控訴審が考えたように、法執行への抑止効に言及することによっても排除法則は正当化されえない。単にミランダ警告を欠いたということだけで【45】ワンサン判決を適用しないというわれわれの判断は、【50】タッカー、【58】エルスタッド両判決が言い渡されたときになお健在 (sound) であったのであるから、本件事案にワンサン判決を適用することには応じられない (decline to apply)。

控訴審は、本件において、自白のような供述 (confessional statement) と物的証拠との実際上の相違はほとんどないという事実を重視した。この両者の相違は、ポリシーの問題としてほとんど意味をなさないというのである。しかし、ポリシーは別にして、われわれは憲法上の文言である〝証人という語句は自己負罪条項の範囲を証言的証拠に限定している〟と判示してきた。憲法自体がこのような区別をしているのである。第四修正の保護は〝身体、家屋、書類および所持品〟に及ぶのに対し、自己負罪条項は〝自己に不利な証人〟となることを被告人に強制することだけを禁止している。そして現に強制された供述の物的果実（physical fruit）の排除を当裁判所は要求しているというのは確かに真実であるけれども、十分なミランダ警告なしに獲得された供述は自己負罪禁止特権を保護するのに必要とされるときに限り、強制されたものと推定されることが想起されなければならない。この推定をこれ以上拡大することには応じられない。（*Id.* at 642-644.）

〈ケネディ裁判官同調意見〉（オコーナ裁判官参加）　非証言的な物的果実（本件でのピストル）を許容しても、強制された負罪的供述が公判で被疑者に不利益な証拠として許容されるという危険はない。しかし多数意見とは異なり、刑事がパターネに十分な警告を与えなかったことがミランダ法則違反と性格付けるべきか、また未警告供述が後に公判で提出されない限り〝抑止効がある〟かについて判断するのは不必要と考える。以上の所見を述べて、当裁判所の判決（judgment）に同調する。（*Id.* at 640-645.）

〈スータ裁判官反対意見〉（スティヴンズ、ギンズバーグ両裁判官同調）　「多数意見は繰り返し、第五修正は非証言的証拠に言及していないと述べているが、これはポイントを外れた誇張である。本件で真に提示されている問題は、身柄拘束下の取調べの前にミランダ警告を省略する誘因を警察官に与えないように裁判所は毒樹の果実論を適用すべきかどうかである。」本件には、警察官がエルスタッド判決で犯したぶざまな誤り（bumbling mistake）との類似性がある。ミランダ判決を無視する者に証拠法上の利益（evidentiary advantage）を与えることの結果に目を閉ざすことによって、多数意見は取調官がミランダ法則を無視する重要な誘因を付加している。（*Id.* at 645-646.）

ミランダ判決は、内在的に強制的性格を有している身柄拘束中の取調べから得られた自白の任意性を判断するのは内在的に困難であるという洞察（insight）に基づいていた。警察が強制的雰囲気を除去する（counter）ことを目的とした指示どおりの警告を与えなければ、身柄拘束中の自白は許容できない、それ以前に要した時間や難しい任意性の判断をする必要はないというのである。もちろん、証拠排除の代償はある。しかし第五修正はその代償に値するので、極めて正当な理由（a very good reason）がなければ、ミランダの論理に従うべきである。ミランダ違反は、強制の推定をもたらす。そして第五修正の強制的自己負罪拒否の特権は派生的証拠の排除にまで及ぶ。このことが本件の結論（the end）とされるべきである。（*Id.* at 646.）

ミランダの排除法則（the Miranda exclusionary rule）に若干の例外が認められているという事実は、本件では重要でない。【25】ハリス判決で警告を受けないでなされた供述の弾劾証拠としての許容性を正当化したのは司法過程の廉潔性であった。しかし、パターネの証拠排除の申立てを〝偽証の許可状と曲解する〟もの、あるいは〝伝統的な当事者主義の真実究明装置〟の障害となるものと考えることはできない。警察官らがパターネにミランダ警告を与えなかったことが公共の緊急性その他危急の状況によって正当化されるという主張もない。ある個人の供述を獲得する前にミランダ警告を告知しなかったということは適切な警告後の供述の許容性を必ずしも禁止するものではないけれども、このルールは一たん押収された物的証拠に適用されないことは明らかである。（*Id.* at 646–647.）

〈ブライア裁判官反対意見〉　スータ裁判官の反対意見およびサイバート判決での私の同調意見での説明と類似の理由で、本件文脈に当裁判所がサイバート判決で採用したのと近似する〝毒樹の果実〟のアプローチを拡大したいと考える。このアプローチの下では、ミランダ警告の欠如が善意の例外によるのでない限り、未警告の取調べに由来する物的証拠を裁判所は排除することになる。下級審は善意または悪意に関して明示の認定をしていないので、そのような判断のために本件を差し戻すべきである。（*Id.* at 647–648.）

第二節　毒樹の果実排除の例外

このように合衆国最高裁は一九二〇年の【41】シルヴァーソン判決で、違法収集証拠は「およそ用いられてはならない」としつつ、それが「独立の源から得られる」場合には排除する必要はないとし、そして一九三九年の【42】第二次ナードン判決ではじめて〝毒樹の果実〟という言葉を用いて、排除法則は間接的な派生的証拠にも及ぶことを強調しつつ、違法捜査と当該証拠との関係が「極めて稀薄なためその汚れが除去されている」場合にはいわば因果関係が遮断されているとして〝稀釈法理〟の例外のあることを明らかにした。一九六三年の【45】ワン・サン判決は、右二判例に依拠しつつ包括的な〝毒樹の果実〟論を展開し、身柄釈放後に任意に出頭して自白した被告人の自白調書については違法逮捕との関係は「極めて稀薄となり汚れは除去された」としてこれを許容したが、残りの証拠については訴追側による違法捜査の利用を強調していずれも例外に該当しない毒樹の〝果実〟であるとしてこれを排除した。そして一九八四年の【56】第二次ウィリアムズ判決は「独立入手源の例外との機能的類似性」を強調しつつ、〝不可避的発見〟の例外を正面から肯定したため、ここに毒樹の果実排除の三例外が確立するに至ったのである。

以下、右三例外に関する主要な最高裁判例をあらためて個別的に検討した後、若干の下級審判例を紹介しておく。反覆自白およびミランダ違反供述に由来する物的証拠たる果実の問題については節を改める。

一　独立入手源

(1)　独立入手源の例外自体は排除法則の成立とほぼ同時期の【41】シルヴァーソン判決で事実上確立し、その後も繰り返し確認されているが、この法理が実際に適用された事例は比較的新しい。合衆国最高裁は一九六一年のコステヨ判決（Costello v. United States, 365 U.S. 265）で、禁酒法時代の一九二五年の帰化申請時に違法な酒の密輸入業者であることを秘して職業は不動産業である旨悪意による虚偽の陳述をしたことを理由とする被告人（X）の帰化取消訴訟において、Xは一九四三年に大陪審面前で検察官の質問に答えて酒の密輸入業者であったことを認めたが、州の係官がそれ以前に違法な電話の盗聴をして関連情報を入手していたため〝毒樹の果実〟としてXの不利益な事実の承認を排除すべきかが争われた事案につき、右盗聴以前にもXは一九三九年の大陪審面前証言などで同旨承認を繰り返していると指摘した上で、独立入手源法理の適用を肯定した。「盗聴の結果、Xの大陪審面前への喚問が早められたのは事実である。しかし〝毒樹の果実〟の法理は違法な官憲の行為から直接ないしその結果として入手した証拠を排除するが、〝独立の源〟から入手した証拠を排除しない」「Xがそのために正直に答えざるを得なくなったところの検察官手持ちの知識はいずれもそのような独立の源に由来し、かつ盗聴とXの承認との関係は極めて稀薄化しているため承認の排除を必要としない」と判示したのである。(*Id.* at 280.)

一九六七年の【47】ウェイド、【48】ギルバートの両判決では、起訴後公判前の面通しは〝決定的段階〟であるから被告人には第六修正の弁護人の援助を受ける権利が保障される、このような憲法上の権利を侵害して弁護人の立会いなしに得られた面通しでの犯人識別供述は違法行為の直接の産物であるから一切許容されず、これに引き続く公判廷での犯人識別証言も毒樹の果実として排除されるとのいわゆるウェイド＝ギルバート法則を明らかにした上で、「法廷での本件犯人識別が面通しでの犯人識別以外の被害者の観察に基づくものであることを明白かつ説得的に」訴追側が立証したときはこの限りでないと判示し、この点につきあらためて審理するよう指示して原判決を破棄差し戻した。そして一九八〇年の【54】クルーズ判決では、公園トイレでのわいせつ事件等の被害者Aらの通報をうけて張込み中、その三日後に現場近くで人相の酷似した挙動不審者（X）を見かけたので高校のずる休みを理由に違法に連行して写真等を撮影していったん釈放後、Aらに写真帖を見せると犯人としてXの写真を抜き出したので捜査官はXを逮捕し、面通しを実施したところAらは再び犯人としてXを識別し、その後の公判でも犯人に間違いないと証言した事案につき、「被害者（A）は強盗時の自らの観察に基づき心の中に犯人像を描いていた、彼女は公判で、この記憶にある顔を思い出し、それと被告人（X）の姿とを比較して明確に彼を強盗犯人であると識別した。この過程にはXの違法逮捕によって影響を受ける部分はない」「Xを犯人とする証人の識別能力は警察官の違法行為以前に遡り、したがって法廷での彼女の犯人識別には〝独立の源〟あることになる」と判示し、違法逮捕後の面割りに引き続く公判廷での犯人識別証言につき直接〝独立入手源〟の法理を適用してこれを許容した。

なお、独立入手源法理の分かり易い事例は、未成年の少女Aが被告人のアパートの違法な捜索で発見された事案で被告人との性交渉（carnal knowledge）を肯定するA証言が許容された一九六二年の州最高裁オブレスキー判決（State v. O'Bremski, 70 Wash. 2d 425, 423 P.2d 530）である。被告人のアパートの違法な捜索以前にAの両親がAの失踪を警察官に届けており、かつ警察の情報提供者がすでに被告人のアパートにAがいることを突き止めていたため、A証言には違法な捜査による汚れがないとして許容されたのである。

(2)　独立入手源の例外は、捜査官が違法捜査とは全く関係のない独立の源から当該証拠を現実に入手していた場合にこれを許容するのであるから、捜査官は違法行為を「利用」したことにはならず、排除法則と矛盾しない。これに対し、不可避的発見の例外は別名「仮定的独立入手源の例外（the hypothetical independent source exception）ともいわれるように、独立入手源の例外と密接に関連しているが、両者には現実的事実認定と仮定的事実認定という決定的相違のあることは否定できない。ところが、合衆国最高裁は一九八八年の【59】マリ判決において、独立の捜査によって不可避的に発見されていたであろう場合に当該証拠を許容しつつ現に独立の捜査によって発見された場合にこれを排除するという論理は成り立たないとして、【57】セグーラ判決の独立入手源の例外を拡大適用したのである。

二　不可避的発見

不可避的発見の例外法則の採用自体は下級審がほぼ一致して肯定しており格別目新しさはない。もっとも、前述のように、大方の予想に反して一九七七年の第一次ウィリアムズ判決（Brewer v. Williams, 430 U.S. 387）は一九六四年のマサイア判決（Massiah v. United States, 373 U.S. 201）の活性化をはかることによって原判決を破棄差し戻したのである。わが国では第二次ウィリアムズ判決につき、ミランダ法則の保障する「弁護人依頼権侵害になるとした」事案であるとの誤解があることもさることながら、明文規定のある第六修正の弁護人依頼権とミランダ判決によって創設された第五修正の弁護人依頼権はその適用範囲等が異なるし、前者の意義を再確認する上でも重要と思われるので、この点につきやや詳しく補足しつつ、わが国でも話題の不可避的発見の例外を正面から肯定した【56】第二次ウィリアムズ判決の意義についてあらためて考えてみたい。

(1)　第一次ウィリアムズ判決において被告人（X）は一九六九年二月、第一級謀殺罪で起訴された。被告人側は、リーミング刑事の違反な話しかけによって得られた供述の〝果実〟であることを理由に、被害者（A）の死体およびこれに関連する一切の証拠の排除を申し立てた。公判裁判官は弁護人依頼権の放棄を理由にこれを退け、X

の有罪は州段階で確定した。これに対し、被告人側が連邦地方裁判所に人身保護令状による救済を求めたところ、同裁判所は、Xの供述は弁護人の援助を受ける権利を侵害して得られたもので、さらにミランダ判決にも違反して不任意になされたものであり、また権利放棄の事実も認められないとしてこれを容れ、そして第八巡回区連邦控訴裁判所も、不任意の点については言及しなかったものの、これを確認した。合衆国最高裁は「本件で提起された憲法問題を検討するために」上告受理の申立てを容れ、五対四で本件事案とマサイア判決（前出）の事案とに「憲法上の差異は認められない」とした上で、第六修正の保障する弁護人の緩助を受ける権利を侵害してXから負罪的供述を得たことになる旨判示し、これを維持した。その要旨は、およそ次のとおりである。

地方裁判所の本件での判断はそれぞれ独立した三つの理由に基づいている。控訴裁判所はこのうちの二点を理由にこれを確認した。われわれは、そのうちの一つの理由だけを本件で検討すれば足りると結論した。とりわけ、憲法上の強制的な自己帰罪拒否の特権の確保を目的とした原理であるミランダ判決の法理を本件で再検討する必要はない。Xの負罪的供述は事実不任意になされたとの地方裁判所の決定を吟味することも同様に不必要である。原判決はいずれにせよ、Xは第六修正の弁護人の援助を受ける憲法上の権利を奪われたとの理由で維持されなければならないことは明らかであるからである。（*Id.* at 397-398.）

「本件においては、護送車がD市からM市に向けて出発する以前にXに対し司法手続が開始されていたことは疑いない。Xを逮捕するための令状が発付され、Xがこの令状に基づいてD市の法廷で裁判官の面前でアレインメントに付され、そしてXは裁判官の命令によって刑務所に拘禁された。訴追側もこの点については争っていない。またリーミング刑事が、あたかも正式にXを取り調べるかのように――多分それよりも効果的に――慎重かつ意図的にXから情報を引き出そうとしたことについてもさしたる疑問がない。リーミング刑事はM市へ向けて出発する以前に、D市では乙が、そしてM市では甲がそれぞれXの弁蓑人として選任されていたことを熟知していた。ところが、リーミング刑事は故意に、Xが弁護人と隔離されている間にできるだけ多くの負罪的情報をXから獲得しようとしたのであり、現にXの公判時の証言でこのことを認めている。」(*Id.* at 399.)

「かようにして、本件の状況はマサイア判決で提示されたそれと憲法上の差異は認められない。マサイア判決では負罪的供述は被告人から秘かに引き出されたものであり、この点で本件と異なるが、このことは憲法上重要でない。ひとたび対審手続(adversary proceedings)がある個人に開始されると、訴追側がその個人を尋問しようとする場合にはその個人には弁護人の援助を受ける権利(legal representation)がある。これがマサイア判決の明確なルールである。かようにして、Xは第六修正及び第一四修正によって保障されている弁護人の援助を受ける権利を有していたという結論になる。」(*Id.* at 400-401.)

アイオワ州(下級)裁判所はいずれも、Xは弁護人の緩助を受ける憲法上の権利を否定されたことを認めたが、護送車がD市からM市へ向っていくその途中でXはかかる権利を放棄したと判示した。州最高裁はこの決定を確認した際に〝憲法上保護された権利放棄を立証するための全体の状況の基準〟を適用して……Xは憲法上の権利を〝放棄したとの結論は十分に維持するに足りる〟とした。これに対し、連邦地方裁判所は人身保護令状請求手続において、アイオワ州裁判所は誤った憲法上の基準を適用したとした上で、〝放棄を判断するための正しい基準の下では放棄を支持する証拠はない〟と結論し、控訴裁判所もこの地方裁判所の理由づけを是認した。(*Id.* at 401-403.)

なるほどXは、弁護権の告知を受け、かつこれを理解していたように思われる。しかし、放棄の事実を認定するには単に理解していたというだけでは足りず、それを放棄したこと(relinquishment)の立証が必要である。Xが当局との交渉時に一貫して弁護人の助言に頼っていたということは、Xがかかる権利を放棄したとのいかなる主張をも反駁するものである。Xは自首する前に長距離電話をかけて甲(弁護士)に相談し、アレインメント後においても乙(弁護士)の助言を求めた。一貫してXは、M市で甲に会うまでいかなる供述もしないようにと助言されていたのである。M市で甲と会った後ですべて話す旨の護送車でのXの供述は、いかなる尋問にも先立って弁護人の立会いを求めるとのX自身の明確な意思表示であった。Xの明示かつ黙示の弁護権の主張があったにもかかわらず、リーミング刑事はXから負罪的供述を引き出そうとしたのである。リーミング刑事はこの努力をするに当たり、Xに弁護人の立会いを求める権利のあることを告知せず、そしてXがこの権利を放棄することを希望するかどうかを確認する何らの努力もしていない。かくして、本件におけるこのような状況の下では、Xが弁蓬人の緩助を受ける権利を放棄したと認定する合理的根拠は存在しないということになる。(*Id.* at 403-405.)

なお、地方裁判所は、本件は〝(Xの)負罪的供述以外の何らかの証拠が毒樹の果実として排除されなければならないかの争点に触れるものではない〟と述べている。われわれもまた、この争点に言及する理由(occasion)はない。「ウィリアムズ(X)の負罪的供述それ自体もウイリアムズが警察官を被害者の死体のあるところに案内したとするいかなる証言も憲法上証拠として許容できないが、死体の発見場所およびその状能に関する証拠は、たとえウィリアムズから負罪的供述が引き出されていなかったとしても、いずれにせよ死体は発見されていたであろうという理論に基づいて許容されることはありうる。」(*Id.* at 406 n.12.)

(2)　【56】第二次ウイリアムズ判決において訴追側は、Xの供述を証拠として提出せず、Xが警察官をAの死体のあるところに案内したことを立証しようともしなかった。しかしながら、発見時のAの死体の状態、Aの衣服数点およびその写真、そして死体に関する死後の医学的化学的検査結果は許容された。公判裁判所は、たとえXが警察官を被害者の死体のあるところに案内していなかったとしても、もし捜索が中止されていなければAの死体は間もなく現に発見されたのと本質的に同一の状態で発見されていたであろうことを訴追側は証拠の優越(a preponderance of the evidene)によって立証したと結論した。死体は現に発見されたのと本質的に同一の状態で発見されていたであろうと認定した際に同裁判所は、氷点下の気温であったため組織の腐敗の進行が遅れたであろうことを指摘した。陪審は再びXを第一級謀殺罪で有罪と認定し、Xは終身刑の言渡しを受けた。アイオワ州最高裁は再びこれを維持し、排除法則には〝仮定的な独立入手源〟の例外がある旨判示した。すなわち〝被告人側が警察官側に違法行為のあったことを立証した後では、訴追側は証拠の優越によって、①警察官は問題の証拠発見を急ぐため悪意で行動したものではないこと、②問題の証拠は合法的手段によって発見されていたであろうことを立証する責任がある〟とした。そしてアイオワ州最高裁は、警察官の本件行動は悪意によるものではないこと、たとえXが警察官を子供の死体のあるところに案内していなかったとしても、死体はその状能が大きく変化する前に捜索隊の合法的活動によって不可避的に発見されていたであろうことを訴追側は証拠の優越によって立証したと結論したのである。(*Id.* at 437-439.)

Xは一九八〇年、アイオワ州南部地区合衆国地方裁判所に人身保護令状の発付を求めた。同裁判所は、州裁判所と同様に、死体は捜索隊によって本質的に発見時におけると同一の状態で不可避的に発見されていたであろうと結論して、Xの申立てを退けた。ところが、第八巡回区連邦控訴裁判所はこれを破棄し、そして全裁判官関与の裁判では可否同数で再審理を否定した。同裁判所は、排除法則には「不可避的発見」の例外があること、この例外を適用するためには、アイオワ州最高裁が正しく指摘したように、警察官は悪意で行動したものではないこと、そして当該証拠は憲法違反がなくとも発見されていたであろうことの立証が必要であるとして原判決を破棄した。(*Id.* at 440-441.)

これに対し、合衆国最高裁は「たとえ憲法や制定法の規定に違反する行為がなかったとしても、終局的ないし不可避的に発見されていたであろうという理由に基づいて被害者の死体の発見およびその状態に関する証拠が許容されたことは相当であるかどうかを検討するために」訴追側の上告受理の申立てを容れ、原判決を破棄したのである。(*Id.* at 434.)

(3)　すでに詳論したように第二次ウィリアムズ判決の最大の意義は、合衆国最高裁が第六修正違反事件につきはじめて正面から排除法則に対する「不可避的発見」の例外を肯定しその要件を明らかにしたことにある。本判決が指摘するように、連邦控訴裁判所はすでに一致して「不可避的発見の法理」を採用しており、また合衆国最高裁も第一次ウィリアムズ判決の脚註で、「死体の発見場所およびその状態に関する証拠は、たとえウィリアムズから負罪的供述が引き出されていなかったとしても、いずれにせよ死体は発見されていたであろうという理論に基づいて許容されることはありうる」旨指摘していたため、本判決はある程度予想されたことであるが、合衆国最高裁が全員一致で「不可避的発見」の例外法則自体は憲法に違反しない旨判示した意義は大きい。法廷意見は、独立入手源法理との「機能的類似性」を指摘しつつ証拠発見の不可避性については証拠の優越の立証で足りるとした。これに対し、ブレナン反対意見は「不可避的発見の例外の仮定的事実認定を独立入手源法理に機能的に相当する状況に限定する」ためには〃明確かつ説得力ある証拠〃(clear and convincing evidence) による不可避性の立証を必要とすべきであると主張するにとどまり、不可避的発見の例外自体は「憲法の要求に合致することに同意」しているのである。

このような状況下に合衆国最高裁は一九八四年の【57】セグーラ判決において、当初の違法立入り時に一見して現認された証拠ではなく、その後に有効な令状に従ってはじめて発見された証拠について、違法立入り以前に捜査官が入手していた情報に基づいて宣誓供述書を作成し捜索令状が発付されたのであるから、右令状には独立の源があり〃汚れ〃が一切ないことを理由に「独立入手源」の例外にあたるとしてこれを許容した。ところが、一九八八年の【59】マリ判決では、当初の違法立入り時に一見発見した証拠およびその後に入手した捜索令状に基づいてはじめて発見された証拠の両者について、令状が当初の違法立入りから完全に独立して申請・発付されたというのであればこれを許容しても排除法則に反しないとして、「独立入手源」の法理を拡大適用したのである。注目されるのは、同判決が、独立入手源法理との「機能的類似性」を指摘しつつ不可避的発見の合憲性を肯定した第二次ウィリアムズ判決を逆に引用して、「独立した捜索が中止されずに続行されておれば死体は不可避的に発見されていたであろう場合にこれを許容しながら、独立した捜索が続行されて現に死体が発見された場合に排除するというのは理解できない」として、仮定的な不可避的発見の場合に当該証拠を許容するというのであれば、現実の証拠発見の場合に許容するのは当然であるから、不可避的発見の論理は本件に一層あてはまるとして当該証拠を許容していることである。いずれにせよ、両者の関係は密接にならざるを得ないわけで、従来少なくとも理論的には峻別されていた不可避的発見の例外と独立入手源との区別がやや曖昧になったことは否めず、この点がとくに注目されているのである。

(4)　この点に関し興味深い一九四三年の第二巡回区ソウマ判決（Somer v. United States, 138 F.2d 790）を紹介しておく。この判決は、はじめて〝独立入手源法理〟に関連させつつ〝不可避的発見の法理〟を明らかにした高名なハンド裁判官執筆の連邦控訴審判決として現在に至るまで引用されている著名なものである。

連邦税務署職員および警察官（Pら）は密造酒醸造の疑いで被告人（X）のアパートを捜索し現に稼動中の蒸留器を発見したので在宅の同人の妻（A）にXの居所を尋ねると、品物を配達に行き外出中であるが間もなく帰宅する旨の返事を得たので、この情報を信頼してアパートの外の通りで待機していたところ、Xはおよそ二〇分後に自動車で帰ってきた。自動車の前部座席に「グラニュー糖」と明示された包みを見かけたので尋ねてみると、Xは自分の所有物であることを認めた。さらにアルコールの匂いがしたので自動車の中に何かあるのかと尋ねてみると、Xは「あります」と答えて後部座席からアルコールの入った水差しを取り出して見せた。そこでPらはXを逮捕し、砂糖およびアルコールを押収した。公判裁判官は「アパートの捜索・押収の結果獲得された証拠および情報については本件捜索の違法を理由にすべて排除したが、自動車およびXの身体の捜索の結果押収された証拠物についてはは

（適法な逮捕に伴うものとして）証拠排除の申立てを退けた。」これに対し、Xは、Aの情報はアパートの違法捜索中に得られたものであるから、Xの身体及び自動車の中から発見された証拠物も排除すべきであると主張して控訴したところ、第二巡回区は要旨、次のように判決して、原判決を破棄差し戻した。（*Id.* at 791.）

Pらは X の逮捕およびその捜索時に、X の妻（A）が P らにした供述だけに基づいて行動したのではなかった。P らはアパートに赴く以前にすでに X の行為につき——P らはその情報の入手源およびその詳細については明らかにすることを拒否しているが——〝信頼できる情報〟を得ていた。P らがアパートで知ったこととは別に、この情報が一部、X の逮捕および押収の基礎にあると考えられる。アパートで知ったことを信頼せずアパートの到着以前に入手していた〝信頼できる情報〟だけに依拠していたとしても、P らは合法的に自動車を捜索することができたともいえる。すなわち、かかる情報は家屋の捜索をするのには十分といえないとしても、自動車を捜索するには十分といえるからである。しかしながら、本件捜索がこのような情報のみに基づいてなされていたのであれば合法といえたかもしれないとしても、本件捜索は現にそのような情報のみに基づいてなされたわけではない。X の居所は捜査官に知られていなかった。捜査官はアパートで X の帰りを待っていたかもしれないし、どこか別の所に X を探しに出かけたかもしれない、あるいは通りに出かけて現に X を逮捕したその場所で X を逮捕していたかもしれない。捜査官が通りに出かけていなければ、X を現行犯逮捕し本件証拠物を押収することはなかったであろう。本件記録の示すように、捜査官の行動を決定したのはほかならぬ違法に入手した情報であった。それ故、本件押収は、捜査官が使用することを禁止されている情報に起因することになるから、それ自体【41】シルヴァーソン判決ほかで十分確立している法の下では違法となる。（*Id.* at 791-792.）

「本件命令は破棄を免れないが、そうであるからといって本件押収が必然的に無効となるわけではない。さらに調査すれば、X の妻（A）が彼ら（P ら）にした供述とは全く独立して、捜査官は現に彼らがしたのと全く同様に、通りに出かけていって、Xを待ち構え、そしてXを逮捕していたであろうことが明らかになるかもしれない。このことを裁判官に納得させることができれば、捜査官は本件情報を必要としなかったことになるから、本件押収は合法となりうる。」それ故、本件を破棄差し戻し、上記に従い本件争点の再検討を訴追側に許すこととする。(*Id.* at 792.)

三　稀釈法理

(1)　合衆国最高裁は一九二〇年の【41】シルヴァーソン判決で、違法収集証拠は「およそ用いられてはならない」としつつ、事実上〝独立入手源〟の例外のあることを認め、一九三九年の【42】第二次ナードン判決においてはじめて〝毒樹の果実〟という言葉を用いて排除法則は間接的な派生的証拠にも及ぶことを強調しつつ、「違法捜査と当該証拠との関係が極めて稀薄なためその汚れが除去されている」場合にはいわば因果関係が遮断されているとして〝稀釈法理〟の例外のあることを明らかにした。そして一九六三年の【45】ワン・サン判決は、身柄釈放後に任意に出頭して自白した被告人の自白調書については違法逮捕との関係は「極めて稀薄となり汚れは除去された」としてこれを許容したが、残りの証拠については訴追側による違法捜査の利用(exploitation)を強調していずれも例外に該当しない〝果実〟であるとしてこれを排除した。

合衆国最高裁はその後、【51】ブラウン判決で、違法逮捕後にミランダ警告の告知を受けて自白した事案につき、とりわけ捜査官の意図などを考慮して当該自白の許容性を判断すべきであって、ミランダ警告の告知だけで右の因果関係の稀薄化を認めることはできないと判示した。そして【53】ダナウェイ判決および【55】テイラー判決でこれを適用ないし再確認し、いずれも当該自白を排除した。他方、【52】チェコリーニ判決では違法な捜索によって判明した証人の証言につき、証人の積極性等を理由に〝稀釈法理〟を適用してこれを許容し、そして【61】ハリス判決では住居内で違法逮捕後の警察署での第二自白につき、ブラウン判決等と異なるとして、毒樹の果実として排除されない旨判示したのである。これをやや敷衍してまとめると次のようになる。

合衆国最高裁は、【51】ブラウン判決で、殺人事件に関して取り調べる目的で被疑者の留守中に捜査官が令状なしにその住居に入り込み、間もなく帰宅した被疑者を逮捕連行し、警察署に連行のうえミランダ警告後に自白を採取したため、毒樹の果実であるとしてその自白の許容性が争われた事案につき、ミランダ警告だけで違法逮捕の〝汚れ〟が除去され自白との因果関係が稀釈化され遮断されたと考えることはできないとした。ミランダ警告は違法行為を稀釈する上で重要なものであるが、あくまでも一つの要素にすぎず、違法逮捕と自白の時間的接着性、介在事情の存否、とりわけ捜査官の目的・悪質性などを考慮すべきであって、本件ではこのような自白の許容性に関する訴追側の立証責任が果たされていないというのである。そして【53】ダナウェイ判決では、他事件の被疑者から関連情報を得たものの未だ逮捕令状を申請するに足りる情報でなかったにもかかわらず被疑者を取調べの目的で逮捕し、警察署でミランダ警告後に強盗殺人等の自白および犯行現場の図面を獲得した事案につき、ブラウン判決の事案の〝複製品〟であるとして、当該自白を排除した。また一九八二年の【55】テイラー判決でも、不確かな情報に基づいて被疑者を逮捕し警察署で指紋採取の上ミランダ警告後に自白を獲得した事案につき、ブラウン、ダナウェイ両判決の事実上の〝複製品〟であるとして、当該自白を排除した。

他方、【52】チェコリーニ判決では、警察官がたまたま立ち寄った被告人経営の花屋のレジで現金のはみ出た封筒を見かけたので無断でその中味を確かめる——この点が第四修正違反とされた——と現金のほかに賭博番号札が入っていたため女店員に封筒の持ち主を尋ねたところ被告人の物であることが判明し、その六か月後に被告人は大陪審面前で賭博への関与を否定し、右女店員は逆に被告人の関与を肯定する証言をしたため、その証言の〝汚れ〟

が争われた事案につき、現に生命ある証人の証言であることを強調しつつ、警察官の意図など他の諸要素をも考慮して、当初の違法行為と右証言との関係は汚れを除去するほど十分に稀釈されているとした。そして一九九〇年の【61】ハリス判決では、殺人事件で逮捕する相当な理由があった警察官が住居に立ち入り被告人を逮捕し警察署でミランダ警告後に自白を採取した事案につき、右身柄拘束を違法とした上で、逮捕と自白との関係は十分に稀釈されていないとした原判決とは異なり、被告人を住居外で逮捕する相当な理由があったのであるから「合法的に身柄を拘束されていたことになる」ことを理由に、警察署での自白は許容できるとした。

(2)　下級審は稀釈法理の例外についても当然ながら、ブラウン判決などで示された最高裁の判断基準に従って、各事案に即してその適用の有無を判断しているが、職務質問に伴う停止・捜検（investigative stop and frisk）の合憲性を肯定した一九六八年のテリー判決（Terry v. Ohio, 392 U.S. 1）など関連判例の理解が前提となる事例が少なくない。この点でも興味深い一九九三年の第一〇巡回区ピーターズ判決を紹介しておく。この判決（United States v. Peters, 10 F.3d 1517）は、走行中のトラックを停止後に同意を得て捜索した結果、麻薬物運搬の嫌疑が晴れたにもかかわらず、なお嫌疑を抱き続けた警察官の連絡を受けた国境警備隊の警察官がそれ以上の合理的嫌疑が欠けていた状況下に再び再度の停止後に同意を得て捜索するとともに負罪的供述を獲得した事案につき、第二回目の停止命令は第四修正に違反するとした上で、その同意も【51】ブラウン判決の四要件を満たしていないとして〝毒樹の果実〟であるとして排除したものである。

【事　実】　アリゾナ州警察の警察官（P）は、パトカーの前方でトラックが車線をはみ出して走行しているのに気付き、同乗者二人（X、Y）に道路脇に寄せて停止するよう命じた。Pは運転免許証の提示を求め、パトカー内でコンピュータにかけたところ、何ら異常はなかった。Xらからナイジェリア出身の兄弟で留学中の学生である旨の供述を得たが、二人の極度に落着きのない態度から麻薬運搬の嫌疑を抱き、無線で麻薬犬の派遣を要請したが成功しなかった。そこでPは車線はみ出し運転で警告書を手渡した後、トラック内の捜索の同意を求めたところ、Xは積極的に応じ、直ちに同意書に署名した。トラック内には衣類等が乱雑に積み込まれているだけで薬物などはなかったが、Xらの落着きのない態度から、薬物を運搬しているものとPは直感で確信した。そこでPは、Xらに運転再開を認めた後、このことを上司に伝えたところ、その上司（Q）はDEA事務所に報告した。DEAは、ニューメキシコ州の国境警備隊の警察官（R）にこの問題を委ねることとし、トラックと運転者の特徴等を伝えた。Rは電話でDEA捜査官とQからさらに詳細な情報を得て車を捜索しても薬物は発見されなかったにもかかわらず、Pがなお嫌疑を抱いていることを知った。そこでRは、トラックの通過時間を計算し、その予定時間にハイウェイの通過場所（A地）に向かった。

Rは西方向に走行中、東方向に走行中の黒人二人の乗ったトラックに気付いたので、直ちに分離帯を横断しトラックまでおよそ二〇〇ヤードのところで東方向のハイウェイに合流した。Rが追いつくために加速すると、トラックは急に車線を右から左に変えた。車のナンバーを確認して間もなく、Rは応援の警察官と麻薬犬の派遣を求めた後、パトカーをトラックの運転席の横につけて凝視すると、運転者（X）は固くハンドルを握ったまま前方を直視し、同乗者（Y）も横目でRを眺めながらやはり前方を直視していた。極度に落着きのない態度から停止を命じ、助手席の方に近付いて質問すると、二人はバージン諸島生まれの米国市民であると答えた。先のPから得た情報と矛盾していたのでRは〝国籍〟等につきさらに質問を続けた。他方、要請に応じて現場に到着した警察官（S）は、Xに質問し、同意を得てトラック内の捜索を開始した。この間に麻薬犬が到着した。YはRの質問に対し、社会保障（Social Security）ナンバーを思い出せないと答えた。しかし、社会保障証の有無を確かめるとしてYが財布を開けたとき、明らかに偽造らしき社会保障証のあることに気付いたRは、Yの同意の下に財布を調べたところ、偽造の社会保障証があることが判明したので、Yを逮捕した。偽造の社会保障証が発見された旨告げると、Xはナイジェリアからの違法入国の外国人であることを自白したので、直ちに逮捕された。トラックの徹底的な捜索の結果、偽造の身分証明書等が発見されたが、麻薬は発見されなかった。（*Id.* at 1519-1520.）

地方裁判所がXらの負罪的供述および偽造証明書の証拠排除の申立てを退けた後、Xらは有罪の答弁をしたが、控訴申立て権を留保していたので、Xらへの停止命令は相当な嫌疑なしに行われたものであり、Xらのトラックに対する捜索の同意は任意になされたものとはいえないとして控訴した。

【判　示】　原判決破棄。　一九六八年のテリー判決（Terry v. Ohio, 392 U.S.1）は〝特定の確実な事実〟に基づき犯罪活動の容疑者を限定的に〝逮捕押収（seizure）〟する権限を法執行官に認めた。RがXらのトラックを道路脇に寄せるよう命じたとき逮捕押収がなされたことに争いはない。それ故、問題は、第二回目の侵害（intrusion）を正当化するに足りる嫌疑を提供する合理的で客観的な確実な根拠をRが有していたかどうかである。この問題の決定は、全体の事情を検討して下される。（*Id.* at 1521.）

本件でPはXらに嫌疑を抱き、麻薬の捜索をする決意をしたが、それは専らXらの落着きのない態度を理由とする。PはXらの運転免許証をチェックし、いずれも有効であることが判明した。彼は車の捜索を行ったが、負罪的証拠を発見できなかった。「Xらの拘束を続ける理由がなくなったのでPは車の走行の継続を認めた。この時点で落着きのない態度は嫌疑の根拠として検討され尽くした（exhausted）のである。」Xらの〝疑いある（suspicious）〟行動が再び始まったとの理由で第二回目の停止を命じたのはテリーの教えに反する。要するに、本件記録上、Rが合理的嫌疑に基づいて、車の停止を命じたとの訴追側の主張を裏付ける根拠はない。Xらの第二回目の停止は法律問題として第四修正に違反したことになる。

「本件停止命令は違法であるから、われわれは次に、その後の負罪的供述および捜索への同意は違法停止の果実ではなく、〝当初の汚れを十分に除去するに足る方法〟によって獲得されたことを訴追側は立証したかどうかを判断しなければならない。」【51】ブラウン判決で最高裁は、違法な押収後に警察官に対しなされた供述が許容できるかを判断するために四つの要素を明らかにした。すなわち、①被疑者は当該供述をする前にミランダの諸権利を告知されたか、②当供述と第四修正違反との時間的接着性、③その間の介在事情の有無、④そして警察官の違法行為の目的と悪質性である。Xの負罪的供述は〝毒樹の果実〟として排除されるべきであった。ブラウンの判断基準の四要素からこのような結論に至らざるを得ない。Xらは供述をして同意する以前にミランダの諸権利を告知されなかった。その供述および捜索への同意はXらが違法に道路脇に寄せさせられた直後に獲得された。この間に負罪的供述が違法な停止の産物でなかったことを示す介在事由はなかった。最後に、Rの行動は嫌がらせ（harassment）に酷似する。最初の捜索によってXらの嫌疑が晴れたにもかかわらず、不明確な他の警察官（P）の〝直感〟に基づいてRが行動したのは、第四修正の下での悪質な違法行為（flagrant misconduct）である。要するに、Xの負罪的供述の排除の申立てを退けた点において、地裁は誤りを犯したことになる。（*Id*. at 1522-1523.）

第三節　反覆自白

このように合衆国憲法第四修正に違反した違法な捜索・逮捕押収後のミランダ警告は、その後に獲得された自白との関係を稀釈するものでないことは確立している。ミランダ警告は重要不可欠ではあるが、あくまでも一つの要因にすぎず、自白と違法行為との時間的接着性、介在事情の存否、とりわけ捜査官の意図・悪質性など他の諸要因をも十分に検討して、違法行為の自白への影響は遮断されているため両者の関係は稀釈していることを訴追側が立証してはじめて当該自白は証拠として許容されるというのである。問題は、ミランダ警告なしに自白を獲得し、その後にミランダの諸権利を告知して権利放棄の同意を得た上で獲得した自白の許容性である。このミランダ警告後のいわゆる反覆自白の許容性に関しては、ミランダ警告の欠如それ自体は第五修正に直接違反するものではないことを理由に、権利を熟知して任意になされたものである以上、これを許容してもミランダに違反しないことは確立している。この反覆自白の許容性の問題に関しては一九八五年の【58】エルスタッド判決が指導的判例であり、またミランダで一括審理された四事件の一つである【46】ウェストオーヴァ判決もこの問題に言及しているが、それに劣らず重要なのが【43】ライオンズ、【44】ベイア両判決である。

以下、各判決をあらためて簡単にとりまとめた後、若干の下級審判例を紹介しておく。

一　最高裁判例のまとめ

合衆国最高裁は一九四四年の【43】ライオンズ判決において、親子三人殺しの嫌疑で逮捕後の第一自白は強制によるものとして排除したが、第二自白は第一四修正のデュー・プロセス条項に反しないとした。第二自白は、第一自白から一二時間後に別の場所で別人の以前から面識のある刑務所長に黙秘権を告知された後で何らの強制もなしに自ら進んで任意になされたものであり、以前の強制の影響は自白以前に消失していたとの原審判断に誤りはない。被告人の第一自白に一部依拠した有罪判決はデュー・プロセスに反した公正な裁判を否定した極めて不合理なものということはできないというのである。次に一九四七年の【44】ベイア判決において、合衆国軍人の公正かつ誠実な軍務違反のコンスピラシーに関する事件で、マクナブ判決に違反して自白を採取しその六か月後に再び自白を獲得したため、この第二自白も毒樹の〝果実〟として排除されるかが争われた事案につき、第二自白時の身柄拘束は単に〝管理上の制約〟にすぎなかったことなどを理由にその毒樹の果実性を否定した。ただ、その際、「被疑者が自白をすることによって一たん猫を袋から外に出してしまうと猫を再び袋に戻すことはできず秘密は永久に知られたことになる」と指摘したが、同判決は続いて「このような意味において後の自白は第一自白の果実とみなしうる」としつつ、一たん自白をした以上、第一自白の許容性を否定する状況が除去されても、証拠として許容できる有用な自白をすることは永久にできないとまで判示したことは一度もないことを強調しているのである。

そして一九八五年の【58】エルスタッド判決は、近隣の家屋への不法侵入事件に関連して逮捕状の取得後に自宅で簡単な第一自白を採取し、その後連行した警察署ではじめてミランダ警告後に詳細な第二自白を獲得した事案につき、ベイア判決に依拠して第二自白の許容性を否定した州判決に対して、ミランダ警告はそれ自体〝憲法によって保護される権利ではない〟、第五修正の特権を保護するための〝予防法則〟〝予防準則〟にすぎないことを強調し、第五修正の排除法則は第四修正の排除法則とも異なるからワン・サン判決の拡大適用は相当でないとしてこれを破棄した。他方、一九六五年の【46】ウェストオーヴァ判決は、州事件で逮捕され十分な権利告知なしに地元警察に自白した後で同一の取調室で連邦の強盗事件等に関してミランダ警告後にFBI捜査官に自白した事案につき、両事件は別個のもので取り調べた捜査官も法律上は独立しているが、被告人の立場からすると、全く同一の取調べであることを強調しつつ、被疑者が「時間も場所も当初の環境から離れた」ところで十分な権利告知後に取調べを受けていたという事案ではないとして、連邦事件に関する自白調書の許容性を肯定した原判決を破棄した。

二　下級審判例

下級審判例は反覆自白については、【44】ベイア判決に触れつつ【58】エルスタッド判決の判断基準に従って、各事案に即してその許容性を判断しているが、ミランダ関連判例の理解が前提となる事例が少なくない。とりあえず、エルスタッド判決を正確に理解する上でも有益と思われる下級審判例二件を反覆自白の問題に絞り紹介しておく。

(1)　マーチン第一一巡回区判決（一九八五年）　本判決（Martin v. Weinwright, 770 F.2d 918）は、取調べ中止を求めたものと解しうる被告人の意思表示の真意を確かめずに取調べを続行して第一自白を獲得し、その一週間後に同一の強姦殺人等に関する第二自白を獲得した事案につき、第一自白はミランダに違反するが任意になされた第二自白を毒樹の果実の法理の下で不許容とするのは相当でないとしたものである。

【事　実】　一九七七年六月二五日午後一〇時直前、二人組の男——後に被告人マーチン（X）とYであることが判明した——がコンビニ店に入り、同店で働いていた女子学生（A）にナイフを突き付け、およそ九〇ドルの現金とケース入りのビール二箱を奪うとともに、Aを同店から誘拐した。二人組はAをXのシャツで目隠しして車に乗せ、Xのアパートに連行後、Aに性的虐待を加えた。Xらは遠隔地で釈放すると告げ、Aをアパートの外に連れだし、甲地近郊に到着した。XはAを下車させ歩くように命じた。Yによると、Aをロープで絞め付け窒息死させようとしたが、死んだと思った度毎にAが息を吹き返したので、ナイフで何度も首を刺した旨XがYに話したという。検屍の結果、Aは刺し傷が原因で死亡し、その直前に抵抗したことなどが明らかとなった。七月四日午後、XとYは、A殺害とは無関係の七六年七月三日に発生した売春婦に関わる性的虐待等の事件で合法的に逮捕された。Xは後に当日（七月四日）遅く、警察の取調べ中にAを殺害したことを自白し、七月一一日に再び右殺害につき自白した。

Xは第一級謀殺等の罪で起訴された。「Xの共犯者であるYは当初、Xと同じ罪で起訴されたが、警察官および検察官との合意に従って、第二級謀殺罪で有罪の答弁をして、Xの公判で訴追側に有利に証言した。」七月四日の自白および七月一一日の自白排除の申立ては退けられた。陪審はすべての訴因につきXを有罪とし、死刑を勧告した。公判裁判所はXに死刑の判決を言い渡し、州段階でXの死刑判決が確立した。Xはフロリダ州南部地区合衆国地方裁判所に人身保護令状発付の申立てをした。同地裁は、これを拒否したが、Xの死刑執行の二四時間延期を認め、控訴許可証（certificate to appeal）を発付した。第一一巡回区は、本控訴の結論が出るまでの間、Xの死刑執行を延期した。（*Id.* at 921-922.）

【判　示】　原判決維持。　Xは、七月四日の自白および七月一一日の自白の許容性を争い、両自白が公判で許容されたのは誤っているから第一級謀殺罪の有罪判決は破棄されなければならないと主張する。「われわれは、両自白は本当に憲法上欠陥があるか、あるとすれば、謀殺罪の有罪判決は破棄を要するかを判断しなければならない。」（*Id.* at 922.）

①　Xは七月四日の自白はミランダ判決に違反して獲得されたと主張する。Xは七月四日午後二時三〇分ころ逮捕され、午後七時五五分まで中断をはさみながら取調べを受けた。取調べ開始前にミランダの諸権利が朗読され、Xがこれを放棄したことに争いはない。しかし「Xはある時点で、〝今日は話したくない、翌日まで取調べを中止してもらえないかと尋ねた。」Xの取調べをした二人の刑事はいずれも証拠排除手続で、〝明日まで待ってもらえないか〟とXが言ったのではないかとの質問に対して、〝覚えていないがいったかもしれない〟など曖昧な答弁に終始しつつ、取調べを中止せずに続行したことを認めた。

最高裁はミランダ判決で、警察が身柄拘束中の取調べを行うときに従うべき指針を明らかにした。警察は今日では周知の一連の警告を与えなければならないだけでなく、被疑者の取調べを中止する権利を誠実に尊重（scrupulously honor）しなければならない。最高裁は一九七五年のモズリー判決（Michigan v. Mosley, 423 U.S. 96）で、被疑者の取調べ中止権を深化させ、〝取調べを中止させる権利を行使することにより、被疑者は取調べの開始時間、取調べ事項、そして取調べの継続時間を支配できる〟ことを明らかにした。「ミランダ、モズリー両判決の原理を本件事実に適用すると、Xの取調べを中止させる権利は七月四日の取調べ中に〝誠実に尊重〟されなかったという結論になる。なるほどXの〝明日まで待ってもらえないか〟という要請は取調べを中止させる権利を曖昧に行使したものであり、Xはこれ以上の質問に答えることを明確に否定しなかった。それにもかかわらず、P刑事の取調べの継続は適切でなかった。」本件での唯一の適切な方法は、Xが本当に取調べ中止権を行使するつもりであるかを確かめることであった。それにもかかわらずP刑事は、〝さあ、続けよう〟と言って取調べを継続したのである。このようなやり方は、ミランダ、モズリー両判決に違反するため、七月四日の自白は許容できないことになる。(*Id.* at 922-923.)

② ある自白が強要ないし不当な誘因によって獲得されたかは、各事情をすべて検討することによって判断されなければならない。「公判で訴追側は、証拠の優越によって争われている自白は任意であることを立証しなければならない。副次的審査 (on collateral review) では、不任意性の立証の負担は人身保護令状の申請者にある。それ故、われわれは、七月四日の自白を取り巻く全体の事情に目を向け、当該自白は不任意であるとのXの主張には記録の裏付けがあるかどうかを判断しなければならない。」七月四日の取調べ方法のすべてを是認するわけではないが、比較衡量すると (on balance)、七月四日の自白に先立つ取調べは決して理想的とはいえないが、警察官によって用いられた不適切な方法はいずれも不任意であるとの認定を必要とするほど内在的に強制的なものではなかった。「Xの七月四日の自白は、ミランダ判決の下で許容できないが、任意になされたものであった。」(*Id.* at 924-928.)

③ 次に、七月四日のミランダ違反によって七月一一日の自白はいわゆる〝毒樹の果実〟の理論の下でまたは〝袋から猫を出した〟ルールとして知られる理論の下で自動的に許容できないかを決定しなければならない。最高裁は最近、一九八五年の【58】エルスタッド判決でこれらの問題に正確に言及した。最高裁はエルスタッド判決で、〝毒樹の果実〟の法理は憲法違反にのみ適用される、しかしながら、ミランダの排除法則は第五修正自体より

も広く適用され、第五修正違反がなくとも発動されうると指摘した。そして最高裁は「単にミランダ警告が告知されなかったというだけで、その後の任意かつ熟知した上での権利放棄は明確に期間を定められないまま無効であるという考えはミランダの不当な拡大である。ミランダは警告を受けずになされた自白の排除を要求しているが、その後の供述の許容性は、このような状況下においては熟知した上で任意になされたかどうかによって判断されるべきである」と結論した。要するに、以前の警告を受けずになされた自白が任意性の基準（test）を満たしている限り、その後の自白は〝毒樹の果実〟理論の下で自動的に不許容とはならないというのである。本件はエルスタッド判決の事案とは異なるが、同一の理由付けが当然に適用される。エルスタッド判決におけるように警察官は本件でミランダの技術的な要求を侵害したが、第五修正自体を侵害しなかった。七月四日の取調べと関連した〝現実の強制〟がなかったのであるから、〝毒樹の果実〟法理は適用されない。（*Id.* at 928.）

【44】ベイア判決に由来するもので、ある犯罪について自白することによって一たん〝猫を袋から外に出した〟被告人は、その後は自白をしたことによる心理的かつ実際的な不利益を免れることはできないという考えに基づいている。彼は猫を再び袋の中に戻すことはできないというのである。最高裁はエルスタッド判決において、このように〝猫を袋から外に出す〟ルール（the "Cat Out of the Bag" Rule）の広範な解釈を明確に退けた。重要な問題は、実際、第二の供述は任意になされたかどうかである。警告を受けずになされた自白だが強制的でない質問に一たん応じた被疑者は、そのことによって必要なミランダ警告を受けた後で権利を放棄して自白をすることはできないということにはならないと判示したのである。エルスタッド判決におけるように、第一自白は、技術的なミランダ違反を介して獲得されたものであるが、任意になされたものであった。被疑者の取調べを中止させる権利を尊重しなかったこととミランダ警告を与えなかったこととを別異に取り扱う理由はない。七月四日のミランダ違反によって、

七月一一日の自白が自動的に排除されることにはならない。(*Id.* at 928-929.)

④　次に七月一一日の自白それ自体ミランダ違反によって獲得されたものであるとのXの主張について検討する。七月一一日の取調べ時の録音テープによると、P刑事が取調べ開始時に、〃では、憲法上の権利を告知する。私に供述しなくてもよい、私に供述しないように勧めている弁護人がいるが、君自身の意思で私に供述しようとしている、それは君が供述したいからだ、そういうことかね〃と尋ね、Xはこれに対し、〃そうです(right)〃と答えている。P刑事は証拠排除手続で、取調べ開始時に以上のほかの警告を与えたことはない、十分なミランダ警告を与えた唯一の機会は一週間前の七月四日であったと証言した。七月一一日にも十分なミランダ警告を告知することがベターなやり方であることは疑いないが、Pが再び警告を与えなかったことによって、当該自白がミランダの下で許容できなくなるということにはならない。Xは、七月四日の取調べ以前に十分な警告を受けてミランダ警告を熟知して放棄した。Xはこれらの権利をなお熟知していることを示した。七月一一日に完全なミランダ警告を与えることは、不必要な繰り返しにすぎない。七月一一日の自白はミランダに違反して獲得されたものではないということになる。(*Id.* at 929-930.)

(2)　メデイロス第九巡回区判決（一九八九年）　本判決(Medeiros v. Shimada, 889 F.2d 819)は、殺人現場を立ち去った車と類似の車を運転していた被告人(X)への職務質問時に被告人が当の犯人であることを認め(第一自白)、病院で怪我の治療中にXが自ら積極的に繰り返し犯人であることを認め(第二自白)、そして警察署ではじめてミランダ警告をしたものの、Xの痛み止めの治療薬が欲しい旨の希望を無視して取り調べたところXが再び自白(第三自白)をした事案につき、たとえ第一自白がミランダ違反として排除されたとしても、第二自白は許容できると判示したものである。

【事　実】　一九七九年六月一三日、Aがハワイのホノルルにある酒場の外で至近距離から銃で撃たれて死亡した。その直後に警察官（P）は、目撃証人の通報した車と類似した車に乗っていた被告人メディロス（X）を停止させた。Xの目は赤く、アルコールの臭いがした。Xが停車の理由を尋ねたので、Pは酒場で射殺事件があり、Xの車が現場を立ち去った車に似ていると答えた。「Pは次いで、ミランダ警告を告知せずに、どこから来たのかと尋ねると、Xはその酒場からやって来たと答え、自ら進んで（spontaneously）射殺事件に関し犯人であることを認めた（第一自白）。」

Xは逮捕され、警察署に連行された。所定の手続の後、警察官P、Qらは、Xの左目の裂傷の治療のためXを病院に搬送するよう指示された。その治療前および治療中に、Pらの働きかけがなかったにもかかわらず、XはPらに対し自ら進んで何度も自身の罪を認める供述（一括して第二自白という）をした。〝あいつが俺を殴ったから射殺した。あいつは俺の一五歳になる娘を売春させた〟と喚きながら供述をした。その際、QはXに対し、〝この時点で供述すべきでない〟と伝えたが、ミランダ警告を朗読しなかった。Xはこの指示に従わずに、〝あいつが俺を殴ったから、俺はあいつを撃った、あいつは女のあそこ（her ass）を売り物にしている〟と喚き続けたので、Pは再びそれ以上何も話さないようにXに告げたが、ミランダ警告を読み上げることはしなかった。その直後、Xはまた〝俺はあいつを殺した、あの黒人を殺してやった。あの黒人の畜生め〟などと喚き始めた。Xはこれらの供述を第一自白のおよそ三〇分後にした。警察官Rは翌朝、Xにミランダ警告をした。Xは権利放棄後に、背中が痛いので痛み止めの薬を処方して欲しいと言った。Rはこの要請を拒否し、Xは三度目の負罪的供述（第三自白）をした。

州裁判所の公判裁判官は、Xの申立てを容れ、ミランダ違反を理由に第一自白を排除し、Xが要請したにもかかわらず痛み止めの薬を処方しなかったことを理由に、任意になされたものとはいえないとして第三自白を排除したが、Qらにした第二自白の排除の申立てを退けた。Xは結局、裁判官による裁判を受け、故殺罪で有罪とされ、二〇年の拘禁刑を言い渡された。Xの有罪判決は州段階で確定した。

Xはその後、ハワイ地区合衆国地方裁判所に人身保護令状の発付を求めた。同地方裁判所は、ワン・サン判決に依拠して第二自白は当初の汚れが除去されていると結論し、第一自白をした心理的負担から第二自白をせざるを得なかったとの主張についてもエルスタッド判決に依拠して第二自白は任意になされたものであるから、第一自白の汚れがないとして、Xの申立てを退けた。これに対し、Xが控訴した。第九巡回区は、要旨、次のように判示し原判決を維持した。(*Id.* at 821-822.)

【判　示】　Xは第二自白をしたとき警察に身柄を拘束されていたが、警察官はその時点でXの取調べをしなかったことは明白である。それ故、ミランダ警告は必要でなかったのであるから、第二自白の許容性に関する主たる争点は、Xは第二自白を任意にしたかである。警察の取調べはなかったこと、そしてXの酩酊状態はその自由意思を打ち砕くに十分なものではなかったことを考慮すると、Xの第二供述を不任意なものとすることのできる唯一の源は、第一自白で〝猫を袋から出してしまった〟ということの心理的影響(the psychological impact)である。最高裁は一九四七年の【44】ベイア判決において、「被疑者が自白をすることによって一たん猫を袋から外に出してしまうと、その(自白)の動機がどのようなものであれ、その後は自白をしたことによる心理的かつ実際的な不利益を免れることはできない。彼は猫を袋に戻すことはできない。秘密は永久に外に出てしまったのである。このような意味において、後の自白は常に第一自白の果実とみなすこともできよう。しかし、当裁判所は今まで、自白の使用を阻げる状況下で一たん自白をすれば、そのような事情が除去された後でも自白者は永久に有用な自白をすることができないとまで判示したことは一度もない」ことを認めた。最高裁はこの分析を【58】エルスタッド判決で適用した。エルスタッド判決の基礎となった事実は本件の争点とは異なっていることは認められるが、エルスタッド判決は本件を支配するのと同一の根本的な憲法原理に基づいている。それ故、Xの第二自白の任意性を判断する際の指針としてエルスタッド判決に目を向けることとする。(*Id.* at 822-823.)

エルスタッド判決は、〝ミランダ警告の欠如は強制の推定を生む〟、そして〝その結果、そうでなければ第五修正の意味において任意な警告を受けずになされた供述が任意であるにもかかわらず、ミランダの下で証拠から排除されなければならない〟ことを認めた。しかし、エルスタッド判決裁判所はさらに検討を加え、「単にミランダ警告が告知されなかったということだけで、現実の強制又は被疑者の自由意思を行使する能力をほり崩すような状況が伴っていないにもかかわらず、捜索手続が汚れたものとなり、その結果、その後の任意かつ熟知した上での権利放棄は、明確に期間を定められないまま無効であるという考えはミランダの不当な拡大である」と判示した。最高裁は、猫を袋から一たん外に出してしまうと、いつまでも消えない微妙な心理的強制の形相の生ずることは認めつつ、被疑者の当初の負罪的供述が技術的にはミランダに違反するけれども、任意である場合、なお強制的効果が推定されるとする（for presuming coercive effect）正当化理由はないとして、その後の供述の任意性は、警察の活動の全過程および〝全体の事情〟の評価によると結論した。

「本件で警察活動の全過程および全体の事情を考慮した後、われわれは、Xの第二回目の供述は任意になされたものと結論する。第一自白当時の事情は、第二自白時にはもはや存在していなかった。身柄を拘束されてはいたが、Xは立会いの警察官による誘導も質問もなしに自ら進んで第二回目の負罪的供述をした。Pらはその時点においてもXを取り調べなかった。それどころか（反対に）Qらは繰り返し、それ以上供述しないようにXに告げていた。さらにこれら警察官は、当初にXを停止させ最初の負罪的供述を聞いたのと同じ警察官ではなかった。さらに、これらの警察官は、Xが以前に負罪的供述をしたことを知らずに、単に護衛役を勤めたにすぎず、被疑者の捜査や取調べに関わっていなかった。それ故、他の負罪的供述を獲得するために密かに警察官が第一の供述を利用することはありえなかったのである。」第一自白と第二自白との間に経過した三〇分という時間は、すでに自白したことによる心理的強制力を十分に除去するものとはいえないかもしれないが、本件では、エルスタッド判決と同様に「第一自白は〝強制的〟と考えられない別の場所でなされた。」さらに、Xは第一自白から第二自白まで引き続き身柄を拘束されていたというだけでは、不任意性を立証するのに十分でない。〝個人が身柄を拘束されている間の第五修正の特権の根本的意味は、警告と弁護人なしに警察に話すことが認められるかということではなく、彼を取り調べることができるかである。〟Xは任意に供述することを選択したのであるから、第二自白は許容できるという結論になる。(*Id.* at 824-825.)

第四節　憲法違反と物的証拠の許容性

合衆国最高裁は一九六六年六月一三日のミランダ判決で、ミランダを含む四つの争点類似事件につき単一の判断基準を示しいわゆるミランダ法則(Miranda rule)を明らかにした上で、いずれの自白も合衆国憲法第五修正の自己負罪拒否特権を保護するための「憲法上の基準に合致しない状況下」で被告人から獲得されたものであるから排除を免れないとした。ミランダ判決は「任意にされた供述はいかなるものであれ、第五修正の禁ずるものではなく、その許容性に本判決の影響を受けない」として、身柄拘束中の取調べを一切禁止し、その間の自白をすべて排除する趣旨ではないことをとくに断っているものの、自白に至る全体の事情を総合的に勘案して任意性が認められれば自白を許容する伝統的ないわゆる事情の総合説的アプローチ(totality of the circumstances approach)を完全に否定し、ミランダの権利告知を取調べの絶対的前提要件としたものであることは明らかである。したがって、ミランダ法則に違反して獲得された自白は毒樹として絶対的に排除されるが、その後にあらためて正確なミランダ警告後に獲得された自白については、前節で検討したように、反覆自白としてその許容性が判断されることになる。問題は、毒樹たるミランダ違反供述に由来する物的証拠の許容性であり、この点については争いがあったが、合衆国最高裁は二〇〇三年の【68】パターネ判決でこれを肯定した。以下、本判決を理解する上で不可欠な先例をあらためて簡単に検討しておく。

一　米連邦議会の対応

米連邦議会はミランダ二年後の一九六八年に「犯罪防止および街路の安全に関する包括法を制定し、その中に自白の許容性に関する第三五〇一条（18 U.S.C. §3501）を規定した。それによれば、自白は「任意にされたものであると認められる限り」、証拠として許容されることになり、黙秘権等の不告知、あるいは被逮捕者の治安判事（magistrate）等への引致の遅延は決定的ではなく、任意性判断の一つの要素にすぎないとされた。したがって、同条の意図は、黙秘権等の告知を自白の許容性の絶対的前提要件とするミランダ法則、および被逮捕者を「不必要な遅滞（unnecessary delay）」なしに治安判事等への引致を要求する法律に違反して得られた自白を任意性の有無を問わず一律に排除するマクナブ＝マロリ法則（McNabb＝Mallory Rule）を廃棄しようとするものであることは明らかであった。もっとも、この規定自体は、大方の予想に反し、いわば凍結状態にあり直接適用されることは一度もなかったものの、その後もミランダ判決については批判が絶えなかったのである。

二　ミランダ判決と憲法

(1)　ミランダ判決はウォーレン・コート（一九五三ー六九）の代表的判例といえるが、その後のバーガ・コート（一九六九ー八六）下に「ミランダ違反は憲法違反ではない」としてその適用範囲を限定する判例が相次いだ。合衆国最高裁は一九七一年の【25】ハリス判決で、ミランダ違反供述であっても、被告人の法廷証言の信用性を弾劾するためには利用できるとした。自らの意思で証人台に立った被告人には正直かつ正確に証言する義務があり、ミランダの排除法則を「偽証の許可状と曲解してはならない」というのである。また【50】タッカー判決では、不十分なミランダ警告後に強姦事件の被告人がアリバイ証人の存在を主張したところ同証人が逆に被告人に不利な証言をした事案につき、「ハリス判決の論理は本件にも適用される」として右証言を許容してもミランダに違反しないとした。「被告人の第四修正の権利を現実に侵害した警察官の行為の〝果実〟は排除されなければならない」が、本件での警察官の行為は「被告人の憲法上の自己負罪拒否特権を侵害したものではなく、かかる特権を保護するためにミランダが示した予防準則を逸脱したにすぎない。ミランダ判決は法的基準を満たしている信用性ある証拠を一切排除するものではないとの「ハリス判決の論法は、本件にも同様に適用される」というのである。そして【58】エルスタッド判決は、被疑者の自宅で逮捕令状執行時に不法侵入事件への関わりを認める供述を得て警察署に連行しミランダ警告後に再び自白を得た事案につき、第二自白を許容してもミランダに違反しないとした。第二自白は以前のミランダ違反供述によって「汚れているから〝毒樹の果実〟として排除されねばならないとの主張は憲法違反を前提としている」が、ミランダ警告の欠如それ自体は第五修正違反でない。「タッカー判決の理由付けは、強制的ではないミランダ違反のいわゆる〝果実〟が証人でもなければ証拠物でもなく被告人自身の任意の証言であるときにも同様に適用できる」というのである。

このように合衆国最高裁はミランダ判決は憲法に直接由来するものではなく第五修正の特権を実効あるものとするための単なる予防法則にすぎないとして、その適用範囲を限定する。もっとも、ミランダ判決自体は一九八〇年代に入ると判例として確立するに至り、このことを端的に示したのが一九八〇年のイニス判決（Rhode Island v. Innis, 446 U.S. 291）でのバーガ長官のミランダ支持の表明である。驚いたことにはバーガ長官がその同調補足意見でにわかに「私は今さら、ミランダを変更したり非難したりする気はない」と述べて、ミランダ支持を明らかにしたのである。

(2)　このような状況下に合衆国最高裁は二〇〇〇年六月の【63】ディカソン判決において、ミランダ違反供述にはじめて合衆国法典第一八編第三五〇一条を適用した第四巡回区控訴裁判所の判決に対し、「合衆国法典一八編第三五〇一条を可決しミランダ判決を立法によって変更しようとした議会の試みは憲法違反であったか否か」を検討するために上告受理の申立を容れ、第三五〇一条は違憲立法であるとした上で、ミランダ判決を再確認した。ミランダ法則に同意するか否かにかかわらず、ミランダを変更することに先例拘束性の原理が大きく立ちはだかっている。例えば、イニス判決（前出）でのバーガ補足意見（〝ミランダの意味は合理的に明らかとなり、法執行の実務はその枠組に順応した。私は今さらこの時点で、ミランダを非難する気もなければ、それを拡大する気もない〟）を見よ。先例拘束性は絶対的な命令ではないが、「先例からの離脱をするには特段の正当化理由による裏付けが必要とされてきた。」われわれは、その後の判例が先例の原理上の基盤を侵害してしまったとき、先例を変更してきたが、そのようなことがミランダ判決に生じているとは思われない。仮に多少あるとしても、ミランダ以降の判例は、警告なしになされた供述は訴追側の主張立証における証拠（evidence in the prosecutions case in chief）として用いることはできないというミランダ判決の核たる部分を再確認する一方で、ミランダの法執行へのインパクトを減少してきたというのである。

ところで、【68】パターネ判決は、ガールフレンドへの接触禁止命令違反で逮捕しミランダの諸権利を告知し始めたところ、黙秘権告知の時点で被告人（X）がそれを遮り自分の権利は知っていると言い張ったのでミランダ警告を最後まで告知せず、次いで予め情報を得ていたピストルについてXに尋ねると、ピストルは寝室にあると告げられてピストルを押収した事案につき、地方裁判所は、禁止命令違反でXを逮捕する相当な理由がなかったとして

Xの火器（ピストル）排除の申立てを容れた。そして控訴裁判所は、相当の理由に関しては地裁の決定を破棄したが、訴追側引用の【58】エルスタッド、【50】タッカー両判決は二〇〇〇年のディカソン判決と矛盾しているとして火器排除の命令は維持したのである。

これに対し、合衆国最高裁は、この問題に関して控訴裁判所の見解はディカソン判決以降分かれていると指摘した上で、ミランダ法則は自己負罪条項違反を防止しようとするものであり、ミランダ警告はなかったが任意の供述に由来する物的証拠が公判で提出されても、負罪条項はそのこととは関わりがないから、本件で提示された問題を消極に解すると判示した。エルスタッド判決が明示するようにミランダ法則は、〝「同法則に従わずに採取された」供述およびそれらの果実は内在的に汚れているとして排除されることまで要求していない。〟このような全面的な排除法則（a blanket suppression rule）は〝信用性ある証拠を確保するという第五修正の目標〟に言及することによっても抑止の理由付けによっても正当化されえない。そして「ディカソン判決の中には、憲法上のルールを宣言したものとしてのミランダの性格付けを含め、これらの従前の指摘を変更するものは一切ない。」「タッカー判決およびエルスタッド判決を含むミランダ関連の先例に依拠していることは、これらの判決がなお有効であることを示している」というのである。さらに「Xのピストルのような任意供述の非証言的果実（nontestimonial fruit）の提出は、自己負罪条項とは関わりがない。そのような果実を許容しても、被告人の強制された供述が刑事裁判において彼に不利益な証拠として用いられる危険は生じない。ミランダの予防法則をこの文脈に拡大する必要性はない」と結論したのである。

第五章　アメリカ法鳥瞰（ラ・フェイヴ）

以上、排除法則と毒樹の果実排除をめぐる主要な合衆国最高裁の関連判例をほぼ網羅的に紹介してきたが、正確を期すためもあり、ラ・フェイヴ等の体系書（Wayne R. LaFave, Jerald H. Israel, Nancy L. King, Criminal Procedure (Fourth Edition) 2004.）に従って、その内容を確認・補足しつつ、アメリカ法の全体像を鳥瞰しておく。なお、タイトルの区分けは少し変更した。

第一節　申立適格

一　一身的権利のアプローチ

(a)　**捜索、自白および犯人識別**　当該証拠が憲法に違反して獲得されたことを理由に証拠排除の申立てが刑事裁判所においてなされるとき、申立人は違法性を主張し排除法則の救済を求める相当な当事者であるかの問題が争点となりうる。この問題は通常、その当事者には異議を申し立てる〝申立適格（standing）〟があるかの問題として性格付けられている。

救済を求める当事者は、そのことによって不利益（an adversary interest）を受けなければならない。違法に押収された証拠が不利に用いられる被告人には確かにその資格がある。その不利益は、第三者の誰かの権利への侵害ではなく申立てをしている当の本人の権利に対する侵害によるものであることが必要である。このことは、証拠排除審理手続の文脈で生じる種々の憲法問題に関しては一般的に真実である。例えば、第四修正の主張に関わるとき、誰か第三者に向けられた捜索・逮捕押収の結果収集された証拠の使用による不利益（prejudice）を被告人が主張するだけでは十分でない。彼は捜索・逮捕押収の犠牲者でなければならない。【8】ジョーンズ判決。この申立適格のルールは、抑止の必要性、それ故、証拠排除の理論的根拠（rationale）が政府側の不法行為によって当の捜索の犠牲者に刑事制裁が科せられることになる場合に最も強くなる。このような理由付けの下で誰を〝捜索の犠牲者〟と見なすべきかが長年にわたり困難かつ刺激的（provocative）な問題とされてきた。合衆国最高裁の現在の見解によると、被告人は第四修正の申立適格を有するかを確証するためになされるべき基本問題は、被告人が争点とすることを望んでいる行為は彼のプライバシーの合理的な期待（his reasonable expectation of privacy）に対する侵害に関わるものであるかどうかである。【15】ローリングズ判決、【13】ラーカス判決。

申立適格の問題は自白に関してはめったに生じない。確立した証拠法則によれば、当該自白は、通常、自白した本人に対してのみ不利益な証拠として許容されるからである。中立適格の問題は、違憲の犯人識別手続に関しても余り生じない。（*Id.* at 496–498.）

(b)　**居住用建物**（residential premises）　捜索された家屋に占有的利益（posessory interest）を有する者は、捜索時にその場所にいなかったとしても、その捜索を争う申立適格を有する。このような者には、家やアパートの賃借人（tenants）ないしそれを継続して合法的に占有している者、ホテルやモーテル等で部屋を借りている者などが含まれる。配偶者や子孫などその建物に定期的に住んでいる家族は本質的に同一の申立適格がある。捜索された建物自体へのこのような利益を立証すれば申立適格の確証として十分で、被告人は警察官によって押収された特定の物品に利益を有するという立証をする必要はない。【11】オールダマン判決を見よ。(*Id.* at 499.)

しかし、居住用建物に関して申立適格を獲得できる他の方法が【8】ジョーンズ判決において是認された。同判決で捜索時に他人のアパートにいた被告人は、そのアパートの使用を認め鍵を渡してくれたのはアパートの所有者である友人であると証言した。最高裁は借家人と客との相違を明らかにしつつ、捜索時に〝何人であれ正当に建物(anyone legitimately on premises)〟にいた者は申立適格を有すると判示した。裁判所はその後、捜索時にいた客にはジョーンズ判決の下で申立適格はあるが、この申立適格は捜索時にいなかった客には及ばないと判示してきた。しかし【13】ラーカス判決において最高裁は、〝ジョーンズ判決での判示はジョーンズが現に使用している建物に正当なプライバシーの期待を有していたため、たとえこれらの建物での彼の利益がコモン・ローで承認されていた財産上の利益でなかったとしても、これらの建物への政府側による侵害に対し第四修正の保護を主張できたという事実によって最もよく説明できた〟との見解に基づき、〝正当に建物〟にいたというそれまでの決まり文句(formulation)を放棄した。

ラーカス判決はジョーンズ判決での結論を疑問としなかったことが強調されなければならない。ジョーンズはアパートの鍵を与えられ友人のアパートに一人でいたのであるから、アパートを完全に支配しており他の者をそこから排除できたと指摘しているからである。しかし、最高裁は【16】オルソン判決において、たとえ客がそのような完全な支配と管理を欠いているときであっても、ホストは通常、彼らの客のプライバシーの利益を尊重するのが一般的なルールであることを理由に、泊り客にはホストの家での正当なプライバシーの期待があると判示した。

オルソン判決の論理を短期の滞在客に拡大適用するかにつき下級審は分かれていた。しかし、【17】カータ判決において裁判官の多数は、他人の建物での中立適格を社会生活上の客（a social guest）に認めるためにはその客は必ずしも泊り客でなくてもよいとの見解を受け入れた。しかし、カータ判決での被上告人は、借家人と一緒にコカインを袋詰めにしている作業中に違法な捜索によって観察されたのであり、裁判官の構成が異なるもう一つの多数意見は、本件で従事されていた純然たる商売上の取引、家にいた比較的短い時間、および被上告人らと家の持主との間にはそれ以前の関係がなかったことに照らして、中立適格はないと判示している。

客には確かに中立適格があるとしても、どのような種類の第四修正違反があれば、その客には中立適格があることになるのかの問題が残されている。そのような客には彼自身の逮捕につながるホストの建物での違法な無令状の立入りに異議を唱える中立適格のあることは明らかかと思われる。それがまさに【16】オルソン判決の状況であったからである。そのような客には自己の所持品の違法な捜索に関しても中立適格があることも明らかかと思われる。オルソン判決は客のプライバシーの期待を〝彼および彼の所有物がホストおよびホストが家に入ることを認めた者以外によって妨げられない場所〟という文言で表現しており、そして【13】ラーカス判決において最高裁は〝そのような訪問客は、彼ら自身の財産が捜索中に押収されたのであれば、証拠の押収ないし捜索の合法性を争うことができない〟という意味ではないことを強調しているからである。（*Id.* at 500-501.）

(c)　**ビジネス用建物**（business premises）　ビジネス用建物の捜索を争う中立適格に関する問題については、前項と類似の分析が相当である。前述のように、中立適格の根拠としての〝正当にその建物に〟いたという基準は最高裁（【13】ラーカス判決）によって退けられた。それはビジネス用建物に関する分析として有意味な根拠では一切なかったのである。（*Id.* at 503-504.）

(d)　**乗物**　〝捜索が行われた場所である建物〟に正当にいたことを根拠として中立適格を認める【8】ジョーンズ判決の結果、所有者の同意を得て車を運転する者、および許可を得てその車にいる乗客にも、同様に、車の捜索に異議を唱える申立適格を認める裁判所の判決が出されることになった。しかし、最高裁は【13】ラーカス判決において、押収物への所有権を主張していない同乗者には申立適格がないと結論した。もっとも、この判断は〝単なる同乗者〟には申立適格がないことを意味するものとして受け取られるべきでない。ラーカス判決での同乗者が銃および弾丸の所有者であると主張しなかったことは極めて重要である。警察官が車の停止を命じ同乗者を車外に出したことが違法でなかったとしても、車の中にある所持品への捜索に関してはむろん同乗者には申立適格がある。(*Id.* at 504-505.)

二　その他の申立適格の根拠

(a)　**〝自動的 (automatic)〟申立適格**　【8】ジョーンズ判決において、麻薬が発見された場所(アパート)の捜索時に一人の招待客(an invitee)として滞在していたにすぎない被告人にはそのアパートの捜索に異議を申し立てる適格はないとされた。最高裁は同判決において〝有罪の根拠として矛盾した立場の利益(the advantage of contradictory positions)を得ることを政府側に認める〟のは相当でないであろうことを示唆した。

最高裁は八年後の【10】シモンズ判決において、申立適格を立証するには負罪的証言をしなければならないというジレンマに直面した被告人の問題を再び取り上げ、やや異なった解決策を示した。被告人ガレットは、警察官が他の人物から押収したスーツケースおよびその中で発見された負罪的証拠の排除を申し立てた。申立適格の立証が失敗した際に彼は、スーツケースは彼が持っていたスーツケースに類似しており、その中に入っていた衣類は彼のものであると証言した、この証言は後に公判で彼に不利な証拠として許容された。最高裁は、非占有的犯罪である銀行強盗で起訴されていたのであり、持主に関するこのような証言は〝彼が申立適格を立証しうる最も自然な方法〟であったことを理由に、彼はジョーンズ判決のルールから利益を受けることができなかったと指摘して、原判決を破棄した。このような証言は任意であり、それ故、第五修正の自己負罪拒否特権に違反して得られたものでないとの主張に対し、最高裁は次のように答えた。すなわち、「しかしながら、この理由付けの根底にある前提は、被告人には選択の余地がある、つまり彼は証言を拒絶して利益を放棄することができるというのである。この前提が、得られるべき利益が権利章典の他の規定によって提供されるそれである状況に適用されるとき、否定できない緊張関係（deniable tension）が生ずる。それ故、本件においてガレットは、彼が弁護人の助言の下に有効な第四修正の主張であると信じたことを放棄するか、それとも法的効果において自己負罪拒否特権を放棄するかを余儀なくされたのである。このような状況下において、一つの憲法上の権利が他の（憲法上の）権利を主張するために放棄されるべきであるというのは耐えられない（intolerable）ことである。」それ故、被告人が第四修正を根拠として当該証拠の排除を求めて中立適格を立証するために証言するとき、その後の公判において彼が異議の申立てをしない限り、彼の証言を有罪の問題に関して彼に不利な証拠として許容することは認められない。

ジョーンズ判決の自動的中立適格は【10】シモンズ判決で効力を失ったかの問題が生じたが、これに対し、最高裁は【14】サルヴッチ判決において最終的にこれを肯定するに至った。（*Id.* at 505–506.）

(b)　〟標的（target）〟中立適格　例えば、Xが武装強盗で逮捕された、そして間もなく、警察官が同犯罪に関してXに不利なさらなる証拠を獲得する意図でXの妻に対する違法な捜索をしたとせよ、あるいは、あるアパートに隠れていたことが知られていた強盗犯人Yを警察が探しており、警察はアパートからアパートへと尋ね回り、ついにその最後のアパートでYを見つけたとせよ、捜索の〟標的〟であったことを理由にXやYは、これら違法な捜索に異議を唱える中立適格はあるか。最高裁は【13】ラーカス判決においてこの問題に直面した、そして「排除法則は第四修正の保障を実効あるものとする試みであるので、第四修正の権利が侵害された被告人だけが同法則の保護からの利益を認めるのが相当である」と結論した。(*Id.* at 507.)

(c) **〃派生的(derivative)〃申立適格**　一九四八年のマクドナルド判決(MacDonald v. United States, 335 U.S. 451)において、マクドナルド(X)の賭博用具の証拠排除の申立てが却下された後でXとワシントン(Y)は富くじの経営で有罪とされた。最高裁はこれを破棄し、Yには申立適格がなかったことを前提にしつつ、押収物件が彼に不利に許容されない新公判を受ける権利があるとし、その財産がマクドナルドに還付されておれば公判で用いることはできなかったであろうことを理由に、Xの申立適格の却下はYにも同様に不利な誤りであったと説明した。しかし、最高裁は一九六二年の【45】ワン・サン判決においてマクドナルド判決に何ら言及せずに、被告人ワン・サンには共同被告人トイに関して排除された麻薬の排除を求める権利はないと判示した。そして【11】オールダマン判決において最高裁は、〃第四修正は一身上の権利であるとの一般的なルールに固執し、被告人の権利を保護するために他の被告人に不利な証拠を排除する必要はない〃と結論した。

派生的申立適格はいわゆる〃共謀者の例外(co-conspirator exception)〃を採用する一連の判例と区別しなければならない。同例外の下では共謀者はコンスピラシーに監督的役割(supervisory role)ないし当の捜索押収に関わりのある財産に共同支配権を有しているのであれば、第四修正の正当なプライバシーの期待を有するものと見なされる。しかし、一九九三年の判決(United States v. Padilla, 508 U.S. 77)において最高裁は全員一致で、かかる見解を退けた。申立適格の問題として支配するのはプライバシーの期待および財産上の利益であると指摘し、〃刑事コンスピラシーへの関与者はそのような期待ないし利益を有するかもしれないが、コンスピラシーそれ自体はそれらに何かを付加することも減じることも一切ない〃と判示したのである。(Id. at 508.)

(d) **申立適格の廃止**　一九六一年の【7】マップ判決において全法域での排除法則の適用が確立する前にカリフォルニア州最高裁は、捜索・押収に関する排除法則を採用し、その後間もなく、被告人はすべての状況下において中立適格を有するであろうと判示し、この結論は一九五五年の判決（People v. Martin, 4 5 Cal. 2d 755, 290 P. 2d 855）において、排除法則の論理的帰結であると理由付けられた。しかし、合衆国最高裁は【11】オールダマン判決において、排除法則の裏付け（underpinnings）に関するマップ判決での分析と酷似（very similar）しているにもかかわらず、州最高裁判決のアプローチを採用しなかった。中立適格の廃止によって〝排除法則の抑止目的〟は促進されうるという事実があるにもかかわらず、〝他の被告人への排除法則の拡大による追加的利益によって犯罪の被疑者を訴追し真実を示しているすべての証拠を基礎にして彼らを無罪または有罪とする公益へのさらなる侵食が正当化されるであろうことに確信がない〟というのである。

【11】オールダマン判決の中立適格へのアプローチは、警察の違法行為を現実に招きかねないとして批判する論者もいるが、この問題は〝標的〟中立適格の是認によっても処理されうると反論されている。いずれにせよ、中立適格の全面的廃止は、犯罪者の犯罪はその被害者の第四修正の権利を侵害したにすぎない行為によって発見されたことを理由に当の犯罪者を釈放しなければならないというような、排除法則を時には奇妙な結果に追いやることになろう。（*Id.* at 508-509.）

第二節　毒樹の果実論

一　概　要

最も簡単な排除法則の事案では、争われている証拠は当初の逮捕、捜索、取調べ、面通し行列その他の犯人識別手続との関係で明らかに〝直接的〟ないし〝第一次的〟証拠である。当該証拠が被疑者と被害者ないし証人との対面時に生じる犯人識別供述（identification）、取調べに応じてなされた自白ないし不利益な事実の承認、あるいは捜索または逮捕によって獲得された物的証拠であるときなどがそうである。しかし、争われている証拠が〝第二次的〟ないし〝派生的〟な性格であることも稀でない。このことは、例えば、自白が違法な逮捕後に獲得されたとき、物的証拠が違法に獲得された自白の後で突き止められたとき、公判廷での犯人識別供述が違法に行われた公判前の犯人識別供述に続いて行われたときに生ずる。このような状況下においては、派生的証拠がそれ以前の憲法その他の違反によって〝汚れて〟いるかを判断することが必要である。フランクファータ裁判官によって造り出された語句（the phrase coined）を用いれば、当該証拠は〝毒樹の果実〟であるかを判断しなければならない。上述の例から明らかなように、〝毒樹〟は違法な逮捕または捜索であることも、違法な取調べ手続または違法な犯人識別手続（practices）であることもありうる。

〝汚れた〟理論の起源（genesis）は一九二〇年の【41】シルヴァーソン判決にある。連邦捜査官がシルヴァーソン親子から若干の書類を違法に押収し、地裁がこれらの書類の還付を命じた後で検察官は、それと同一の書類の提出を被告人に命ずる罰則付召喚令状を大陪審に発付させたという事案であった。この召喚令状は無効であると判示した際に合衆国最高裁は、次のように宣明した。すなわち、〝ある方法での証拠の獲得を禁止する規定の本質は、そのようにして獲得された証拠は裁判所の面前で使用できないということだけでなく、それはおよそ使用してはならないということである。もちろん、このことは、このようにして獲得された事実は神聖なものとなり近付きえないということを意味しない。もしそれらの知識が独立の源から得られるのであれば、その他のものと同様に立証しうる。しかし、訴追側の不法行為（wrong）によって得られた知識は主張されているような方法によって訴追側によって利用することはできない〟と宣明したのである。

一九三九年の【42】第二次ナードン判決において最高裁は、〝直接的な方法による使用を禁止するが……その間接的な使用を規制しないのであれば、倫理的基準および個人の自由の破壊と矛盾することになろう〟と指摘し、違法な盗聴によって獲得された情報の使用を検察側に認めることを拒絶した。この判決は、〝因果関係が極めて稀薄になったため汚れが除去されうる〟ことを理由に、たとえ〝独立入手源〟がなかったとしても争われている証拠は許容しうることを権威的に（authoritatively）認めることによって〝稀釈〟法理を確立した。それ故、その後の【45】ワン・サン判決において、派生的証拠に関して答えられるべき問題は〝最初の違法行為が確証されたとしても、現に異議申立ての対象である当該証拠は、そのような違法行為の利用によってまたは最初の汚れを十全に除去したと認められる方法によって明らかにされたものであるか〟であると指摘されたのである。最高裁は最近の判例において、稀釈があったのかなかったかの判断にどのような要因が関わっているかに関心を有している。（*Id.* at 509-510.）

二　〝なかりせば〟の否定

【45】ワン・サン判決において最高裁は、〝警察の違法行為がなければ明らかにならなかったであろうという理由だけで〝すべての証拠を〝毒樹の果実〟と判示することに応じなかった。それ故、最高裁は、被告人ワン・サンが釈放され、その後任意に警察署に出頭してきたことを理由に、以前の逮捕がなければ彼は警察署に出頭することはなかったであろうことに疑問はないけれども、ワン・サンの自白は違法逮捕によって汚れていないと判断した。しかし、当該自白はなぜ排除されないのか、その自白が逮捕に帰因することは極めて明白であり、それ故、その自白を許容することは第四修正違反からの利益を訴追側に認めることになるのではないかと問うことは全く相当なことと思われる。

果実の完全な排除は、明白な競合的利益（competing considerations）に照らし、行き過ぎ（excessive）であろう。証拠排除は真犯人（the guilty）を有罪とする社会の利益を妨げるからである。それ故、最高裁が〝なかりせば（but for）〟の基準を退けたのは、パウエル裁判官が【51】ブラウン判決での同調意見で指摘したように〝ある状況下での第四修正の排除法則の厳格な固執は、排除法則の抑止目的によって正当化できるコストよりも法執行の正当な要求の方により大きなコストを課すことになることを認識〟しているからである。（*Id.* at 510.）

三　稀釈法理

第二次ナードン判決でもワン・サン判決でも最高裁は、〝稀釈関係〟の基準について詳述しなかった。それ故、どのような事実が〝稀釈〟の判断に関連性を有するのかはもちろん、下級審に何を精査することを期待しているのかが不確実である。しかし、この場合も、排除法則の抑止機能の見地から考えることが有用である。〝汚れの除去(dissipation of the taint)〟という観念は、違法な警察の行動の有害な(detrimental)結果が極めて稀釈されたため排除法則の抑止効がもはやそのコストを正当化しないその地点を見定め(mark)ようとする。要するに、稀釈関係(attenuated connection)の基準の根底にある目的は、抑止原理の漸減的回復地点(the poin of diminishing returns)を見定めることである。裁判所がその地点を見失うと、その結果は不幸となりうる。このことは、【51】ブラウン判決以前には珍しくなかったミランダ警告だけで違法逮捕と自白との間での必要とされる稀釈が提供されるという事例が示している。このようなアプローチの下では排除法則の効果は大いに薄められる(substantially diluted)ことは明らかであるから、それは抑止機能の意味での稀釈ではない。

もちろん、そのような地点に関する控訴裁判所の判断は、種々の副次的問題に関する裁判所の見解によって形成(informed)されることになろう。毒樹の理論に関する指導的な最高裁判例の多くにみられる多数意見、同調意見、および反対意見によって明らかにされているように、裁判官はこの問題に関してかなり異なった見方をしているのである。(*Id.* at 510-511.)

四　独立入手源

最高裁は【45】ワン・サン判決において、訴追側が〝独立の源から〟当該証拠を知っていたとき〝排除法則は適用されない〟との命題を【41】シルヴァーソン判決から引用した。このことは普通に適用されると、たとえ〝なかりせば〟の基準に合致していないとしても、当該証拠は明らかにそれ以前の違反の果実ではないことを意味する。

このような汚れた理論への〝独立入手源〟の制限は疑いもなく正しい。警察官が個人の権利を侵害することで利益を受けてはならないということと、このような違反をすれば、たとえ合法的に獲得されていた証拠によって彼の有罪が立証されうるとしても彼を法の及ばないところにおくこととは全く別のことである。

有用な実例は、一四歳の少女が被告人のアパートの違法な捜索によって発見されたという一九六二年のオブレムスキー判決（State v. O'Bremski, 70 Wash. 2d 425, 423 P. 2d 530）によって提供される。被告人が彼女と性交（carnal knowledge）したとの少女の証言にはアパートの捜索以前の独立入手源があったことを理由に、それは汚れていないと判示された。つまり、捜索に先立って少女の両親が彼女の失踪を警察に通報しており、かつ警察の情報提供者が彼女が被告人のアパートにいることをすでに突き止めていたからである。このような出来事の流れに照らすと、オブレムスキー判決は難事件でない。しかし、当初の違法行為後に独立証拠の存在が見つかるとき、かかる状況は注意深く吟味されなければならない。

他の厄介な独立入手源の問題は、警察には(1)捜索令状を獲得する相当な理由があり、(2)その後に令状なしに家屋に立ち入り、現にそこで禁制品を発見し、そして(3)次いで家屋を立ち去り、以前に入手していた相当な理由に基づいて違法な立入り時に得た情報には言及せずに令状を獲得し、そしてその令状を持って家屋に戻り、同令状の執行として禁制品を押収する場合に生ずる。【59】マリ判決において控訴裁判所は、そのような事例が以前にあったことを前提に、独立入手源の法理が適用されると判示した。最高裁はさらに事実認定を尽くさせるためにこれを破棄したが、もし捜査官の令状獲得の判断がそれ以前の違法な立入り時に見たことによって〝促進され（prompted）〟なかったのであれば、すなわち、たとえ彼らが以前に建物に立ち入ることがなかったとしても、捜査官は令状を請求していたであろうと下級審が認定するのであれば、独立入手源法理が適用されることに同意した。反対意見は、このような決定をすれば、令状を得るという〝不便で時間のかかる仕事〟に取りかかる前に禁制品が現にそこにあることを確認する目的で違法に家屋に立ち入ることを捜査官に奨励する（encourage）ことになりかねないと主張した。これに対し、多数意見は、次のように答えた。すなわち、われわれは、誘因（incentives）をそれとは異なって（differently）考える。捜索令状を獲得するに足る相当な理由のある警察官が、まず違法な方法で家屋に立ち入るというのは馬鹿げているであろう。そのようにすることによって彼は、現に見たもの見ないものを含め、その建物で発見したすべての証拠が排除されるというリスクを負うことになろう。彼の行動によって、相当な理由のあることを治安判事に説得する通常の負担に加えて、違法な立入りから得られた情報は令状を申請する法執行官の判断にもそれを許可する治安判事の判断にも何ら影響を与えていないことを公判裁判官に説得するというはるかに厄介な負担が付加されることになると答えたのである。（*Id.* at 511-513.）

五　不可避的発見

しかし、多くの裁判所によって〝毒樹の果実〟を処理する際に用いられてきた他の理論がいわゆる〝不可避的発見（inevitable discovery）〟のルールである。このルールはある意味で〝独立入手源〟理論の変種（variation）である。しかし、問題は、警察が汚れのない入手源に基づいて現にある証拠を獲得したかどうかではなく、それ以前の憲法違反によって発見された証拠は合法的かつ不可避的に発見されていたであろうという点で異なる。有用な実例（useful illustration）は、一九四三年の第二巡回区ソーマ判決（Somer v. United States, 138 F.2d 790）によって提供される。連邦捜査官Pらが被告人XのアパートXを違法に捜索し稼動中の蒸留器を発見したので在宅の同人の妻にXの居所を尋ねたところ、〝品物〟を配達に行き外出中であるが間もなく帰宅する旨の返事を得た。そこでPらが表通りで待っていると、Xが二〇分ほどして車で帰ってきたのでXを逮捕し、車の中からアルコールの臭いがしたので車を捜索し違法な酒を押収した。控訴裁判所は、Ｐらにはアパートを捜索する前であっても車を捜索する相当な理由が十分にあったかもしれないと指摘したが、さらに、次のように付け加えた、すなわち、たとえそのような報告に基づいてなされたのであれば捜索は合法であったとしても、そのようなことはなされなかった。ソーマの居所はＰらに知られていなかった。ＰらはアパートでＸの帰りを待っていたかもしれないし、どこか別の所に彼を探しに出かけたかもしれない、あるいは表通りに出て行って、そして現にＰらが逮捕した場所でＸを逮捕していたかもしれない。Ｐらが表通りで待つことをしていなかったのであれば、Ｘを現行犯で逮捕したり、問題の証拠を押収することはなかったであろうと付け加えたのである。それ故、同裁判所は、〝さらに調査した結果、Ｘの妻がＰらにした供述とは全く独立して、捜査官（Ｐら）は表通りに出かけていってソーマを待ち続け、現に彼らがしたのと全く同様に、彼を逮捕していたであろうこと〟を差戻審で立証した場合を除き、当該証拠は排除されなければならないと結論したのである。

不可避的発見のルールは推測に基づいており、証拠が合法的な方法によるよりも違法行為によって容易に発見されるであろうとき常に近道（shortcut）を取ることを警察に奨励するにすぎないとして反対する者もいる。これらの関心は明らかに正当であるけれども、このルールそれ自体ではなく全く考えられない事例への適用に向けられている。排除法則の目的の一つはそのような近道を防止することであるから、警察官が問題の証拠の発見を促進するために悪意で行動しなかったことが明白であるときに限り不可避的発見の例外は適用されるべきであると主張されていた。そのような限定は、一九七四年の第六巡回区グリフィン判決（United States v. Griffin, 502 F.2d 959）によって示されているように、とりわけ第四修正の令状主義の要件の迂回（by passing）を防ぐために必要と考えられていた。同判決では、一人の捜査官が捜索令状を得るために派遣された後で他の捜査官らが令状なしに中に入り捜索し、その後に仲間が令状を持って現場に到着した、このような状況下において訴追側の〝不可避的発見〟の理論を受け入れることは第四修正の捜索令状の要求を骨抜きにする（emasculate）のに役立つであろうと裁判所は結論したのである。

しかし、最高裁は【56】第二次ウィリアムズ判決において、不可避的発見の法理を適用するためには訴追側は悪意の不存在を立証しなければならないとの下級審の判示を退けた。そのような要件は、違法な警察の活動がなければ警察に利用できるであろう関連性があり明らかに信用性ある証拠を陪審から隠してしまう立場に裁判所を置くこととなり、もし違法な行為がなされていなければ置かれていたであろう立場より警察をより悪い立場（worse position）に置くことになるであろうと説明したのである。最高裁はさらに、偶然その後に拡大されたマサイア判決違反に関わりのあった同判決において、捜査官が不可避的発見を予想（contemplates）しているとき、当該証拠を獲得するために疑わしい〝近道〟をとることから得る利益はほとんどないとした。

もちろん、不可避的発見の法理の適用が認められるためには、独立の合法的な捜査手続の実施は不可避的であったということだけでなく、その手続によって憲法に違反して現に発見されたのと同一の証拠の発見に不可避的に導かれていたであろうことも訴追側は立証しなければならない。〝不可避的発見〟はこの意味で、生じていたかもしれないということだけでなく確定的に（definitely）生じていたであろうことを意味する。しかし、第二次ウィリアムズ判決において、訴追側が証拠の優越（a preponderance of the evidence）によって不可避性を立証すれば憲法の要求は満たされるとして、より高度の立証責任、すなわち明確にして確信ある証拠（clear and convincing evidence）は憲法上要求されていないと判示された。下級審は一般に、他の捜査手続が実施されており、かつ成功したであろうことを確証する一定の証拠——通常は警察官による証言——を訴追側が提出することを求める。しかし、若干の事例においては、他の手続を採用しておれば成功するであろうことが極めて明白であれば、裁判所の告知（judicial notice）として不可避的発見の法理を裁判所は適用することになろう。（*Id.* at 513-515.）

第三節　違法な逮捕・捜索の果実

一　自白

そうでなければ別途許容される（otherwise admissible）自白は先行する違法な逮捕の果実として排除されなければならないかの問題は、【45】ワン・サン判決においてはじめて最高裁によって取り扱われた。連邦捜査官はトイの洗濯屋に押し入り彼を居間――そこには彼の妻子が寝ていた――まで追跡し、銃を突き付けて彼を取り押さえ手錠をかけた。その後トイは、イーという名の男を巻き込む負罪的供述をした、捜査官は次いでイーから薬物を取り戻した。イーはその薬物をトイとワン・サンから入手したと述べた。この二人はその後逮捕され、告発後にそれぞれ誓約書（recognizance）を提出して釈放された。その後ワン・サンは、負罪的情報の提供を差し控える権利（his right to withhold）のあること、および弁護人の助言を受ける権利のあることを捜査官から告知されて、取調べを受けた後で自白した。最高裁は、トイの不利益な事実の承認は彼の家屋での違法な逮捕の果実であったと結論し、その承認は〝その間に介在した独立の自由意思の行為〟であるとの訴追側の主張に答えて、上述の事実を指摘し、このような状況下でのトイの承認は最初の違法な侵入の汚れを十分に除去するに足る自由意思の行為であると推認することは合理的でないと述べた。他方、ワン・サンの自白とそれより先の彼の逮捕との繋がりは、彼が身柄の拘束から解放された後で自白するために任意に出頭したことを理由に、その当初の汚れを除去するほど十分に稀釈されているとした。

より典型的な事例は、【51】ブラウン判決において検討された。違法な逮捕に続いて被告人Xは警察署に連行されミランダ警告を告知された、そしてXは、逮捕後二時間以内に負罪的供述をした、最高裁はまず、ミランダ警告があればそれだけで逮捕と自白との因果の鎖を断ち切るとするイリノイ州裁判所の絶対的ルール（*per se* rule）を退け、ある供述がミランダ判決の下で任意であったという事実だけでは自白を汚れていないとすることはできないと説明した。第四修正違反の逮捕がどれほど理不尽かつ意図的なものであったとしても、ミランダ警告それ自体で違憲の逮捕の汚れが稀釈されるというのであれば、排除法則の効果は大きく薄められよう。第四修正違反を回避する誘因は、いわば万能薬（cure-all）であるミランダ警告をすることで骨抜きとなるであろうし、違法な捜索・逮捕押収を受けない憲法上の保障は単なる〝画餅（a form of words）〟になるというのである。

最高裁はブラウン判決において絶対的ルールの採用に応じなかった。そしてそのような汚れの問題は、各事案の事実に基づいて（on the facts）答えられなければならないと結論した。供述の任意性は最初の要件（a threshold requirement）である。任意性が認められなければ、その供述は果実の分析に訴えることなしに排除されうるのであるから、このことは明らかである。任意性を前提にすると、種々の要素が検討されなければならない。すなわち、(1)ミランダ警告が告知されたか（繰り返しになるが、もし告知されなかったのであれば、果実問題に到着することなしに排除される根拠となろう）、(2)逮捕と自白との時間的接着性（temporal proximity）、(3)介在事情（intervening circumstances）の存在、(4)捜査官の不法行為の目的および悪質性（flagrancy）である。このことは、本件での自白は毒入りの果実（poisoned fruit）であることを意味する。それは逮捕の二時間後に何ら重要な介在事情なしに獲得されたのであり、そして逮捕は明らかに違法であり、〝何か出てくるであろうことを期待して〟行われたからである。（*Id.* at 515-516.）

なお最高裁は、その後、二〇〇三年の【65】カウプ判決において(1)手錠をかけて被告人Xを自宅から連行したこと取調べの僅か一〇分ないし一五分後の自白との間に何ら実質的な時間の経過はなかった、⑵Xの拘束に関わりのあった六人の警察官のうちの何人かは逮捕する相当な理由のないことに気付いていた、⑶訴追側は違法逮捕とXの自白との間に意味ある介在事情の存在を主張すらしていなかったことを強調し、【51】ブラウン判決の諸要素を適用して被告人の自白を以前の違法な逮捕の果実であると認めた。(*Id.* at 516 n.3.)

逮捕と自白との間の単なる時間の経過だけで自白の汚れがなくなる可能性を高めるという最高裁のブラウン判決での前提は正しくない。違法な身柄拘束が中断されずに継続されたのであれば、それはさらに圧迫的(oppressive)となるからである。それ故、下級審判例が示しているように、時間的接着性はブラウン判決の公式に含まれている諸要素の中で重要性が最も小さい要素(the least important factor)であると考えるのが相当である。逮捕と自白との間に短時間しか経過していないということは、その自白が汚れていると判示することの裏付けとしてしばしば依拠されているけれども、時間の経過それ自体で自白を違法逮捕から独立したものとすることはできない。

ブラウン判決の〃目的および悪質性〃の要素は、確かに正当な検討事項である。違法捜査の抑止というポリシーを最高のものとするためには、第四修正の排除法則は悪辣な捜査官の活動が発生した事案において最も厳格に適用されるべきであるからである。しかし、不当な動機の立証は内在的にとりわけ困難であることに照らし、そうでなければ許容できない自白は、第四修正の悪質かつ意図的な違反が立証されなかったという理由だけで証拠として許容すべきであるということを意味しない。下級審は、明確な正当化理由なしに逮捕が地引網的作戦(dragnet operation)の一部として、または違法逮捕が自白を獲得するために利用されたことが明らかな場合、その汚れを認めている。(*Id.* at 515.)

いわゆる毒樹が相当の理由なしになされた逮捕であった事案で適用された【51】ブラウン判決のアプローチは、

【25】ハリス判決——毒樹は相当な理由による屋内での逮捕であったが、ペイトン判決(Payton v. New York, 445 U.

S. 573）の要求する逮捕状がなかった事案――で適用できないと考えられた。最高裁はその代わりに、五対四で画一的法則を採用することに応じなかった。すなわち、警察官に被疑者を逮捕する相当な理由がある場合、たとえ当該供述がペイトン判決に違反して家屋の中でなされた逮捕後に獲得されたものであるとしても、被告人によって家屋の外でなされた供述を訴追側が利用することを排除法則は禁止していないというのである。多数意見の理由付けによると、(1)ハリスがいったん家から隔離されたのであるからその継続的な身柄拘束は合法である、したがって、警察署でなされた供述は違法な拘束の産物でない、(2)当該供述は同様に、どこかほかの場所でなく家屋の中で行われた逮捕の果実でない。ペイトン判決の令状の要求は〝家を保護するために課せられたものであり〟、それ故、警察がその他の場所ではなくハリスの家の中でハリスを逮捕したときに収集した負罪的証拠の排除によって正当化される（vindicated）というのである。（*Id.* at 517.）

自白はそれ以前の違法捜索の果実であったと主張されている事案については解決がより容易である。負罪的証拠が違法な捜索で発見されたとき被告人が立ち会っていた、あるいは被告人は警察官が違法に押収した証拠を警察官によって突き付けられていた（confronted）というような典型的な事案では、警察官がそれに続いて当該証拠あるいはそれに関連する犯罪について被告人に質問したとき〝違法行為の利用〟があったことは明らかである。猫が袋から外に出たという認識は被疑者に話すことを奨励する点において重要な役割を果たすから、自白がいつ違法な逮捕の果実となるかを判断するために【51】ブラウン判決で用いられたさらに微調整された評価（the more fine-tuned assessment）は、〝毒樹〟が違法な捜索であるとき、通常、不必要である。

このような事案でミランダ警告が告知されたとしても、因果の鎖を断ち切れないことは明らかである。被告人が突き付けられた証拠は違法に獲得されたものであるか、あるいはそれは公判で許容されるであろうかについてミランダ警告は告知していないからである。治安判事または弁護人（counsel）が被告人に対し明確に、この証拠は違法に押収されたものであるので当該証拠もその果実も彼に不利に用いられないと現に告知していたのであれば、そのことで違法逮捕の汚れは除去されることになろう。ここでもまた、自責その他によるものであるとして、被告人の自白をそれ以前の警察の違法行為の果実でないとする判断は正しくない。より説得的であるのは、少なくとも若干の状況下において、被告人はすでに警察の手中にある合法的に獲得された他の証拠によっても同様に影響を受けていたのであるから、当該自白はそれ以前の違法な捜索の産物ではないという主張である。(*Id.* at 517-518.)

二　捜　索

違法な逮捕に続いて捜索が行われる典型的な事案では、果実の問題は生じない。身体およびその周辺領域の捜索が一九六九年のチャイメル判決 (Chimel v. California, 395 U.S. 752) の下で逮捕に伴うものとしてのみ正当化される場合、それに先行する逮捕が違法であったのであればその捜索で発見された証拠はむろん排除されなければならない。これは派生的というより直接的証拠であるので、毒樹の果実論の限界について考慮する必要はない。

しかし、逮捕と捜索の関係が直接的でないとき、果実の問題が確かに生ずる。この種の一つのタイプは、先に違法な逮捕があり、後の捜索は逮捕に伴うものとして正当化できるが、その間に有効な逮捕が介在していたと主張される事案である。一九七六年の第五巡回区ウォーカー判決 (United States v. Walker, 535 F.2d 896) が典型例である。被告人は警察官Pによって違法に留め置かれ (detained)、その後に警察官Qが現場にきて被告人を逮捕すべき証拠を発見し現に逮捕した、そしてその後に被告人の身体から証拠が発見されたという事案である。〝デイヴィス (P) によるウォーカー (被告人) の逮捕は仮に違法であるとしても、Qによって押収された証拠は最初の逮捕を利用して発見されたものでないことは明らかである〟と裁判所は判示したけれども、これは精々疑わしい結論 (at best questionable result）である。相当な理由の立証を目的とした捜査が行われている間に不十分な証拠に基づいて被疑者の逮捕押収（seizure）を奨励する（encourage）ことにもなりかねないからである。（*Id.* at 518.）

このような状況にやや関連するが、おそらく結論を異にするのが【57】セグーラ判決である。警察が令状なしに建物に立ち入り、そこにいた人物を逮捕し、数時間後に令状が入手され執行されるまで、その現場に留め置いたという事案である。主張された〝毒樹〟は当初の違法な立入りと建物の占拠であった、最高裁は捜索令状を執行した後で獲得された証拠の排除は必要でないと判示した。令状の入手のための宣誓供述書（warrant affidavit）は違法な立入り前に得られていた情報だけに基づいたものであり、かつ違法な立入りがなければ当該証拠は除去ないし破壊されていたであろうという可能性は〝単なる推測〟にすぎないというのである。四人の反対意見は、〝そのような結論は無令状でかつ明らかに不合理で不必要な建物への侵入に対する積極的な誘因を提供する〟ものであると激しく主張した。後の有効な令状の執行を容易にするという目的で違法に建物に押し入っても、その違法行為は令状の執行時にはじめて発見された証拠に効果は及ばないことを警察官は今では知っていることになるからであるという。しかし、そうといえる（so remains）かは明らかでない、最高裁がとくに退けたのは、違法な立入り・押入り（entry / impoundment）と後の令状執行の効果との結び付き（link）であったため、セグーラ判決の範囲は限定されているからである。（*Id.* at 519.）

三　逮　捕

警察が違法捜索によって、ある人物が犯罪を犯した相当な理由となる証拠を発見したのであれば、このような情報に基づいたその人物の逮捕は明らかに汚れている、それはむろん、先行する捜索に関して異議を申し立てる適格が被逮捕者にあった限りにおいてである、しかし、単にそのような以前の違法捜索があったということだけで、その後の逮捕は当然に汚れている（taint）ということにはならない。逮捕が違法な捜索とは別個の事実に基づいている（a sufficient factual basis）と認められることがあるからである。先の事件での理由付けは、この場合にも適用される。それ故、例えば、逮捕する相当な理由となる情報を合法的に得ている警察は、違法に獲得された情報をも有しているという理由だけでは、その人物を逮捕することを妨げられない。（*Id.* at 521.）

四　識別証拠

違法な逮捕に続いて獲得された識別証拠（identification evidence）、例えば、指紋、写真、直接対面（face-to-face confrontation）は逮捕の汚れた果実であるかは、別の問題である。例えば、被告人が武装強盗の容疑で違法に逮捕され、その後に面通し行列に付され、そして強盗の被害者によって強盗の犯人であると識別（identified）されたとせよ。その被害者が後に公判で証言するために喚問されたならば、彼は警察署での識別供述について証言し、あるいは法廷で被告人を犯人と識別することができるか。

警察署での識別供述に関して、この種の証拠はそれ以前の違法逮捕の果実とみなされるべきでないとする若干の判決がある。被害者と被告人との対面はいずれにせよ後の機会に不可避である、あるいは証人は単に犯罪当時の自己の記憶を適用しているにすぎないことを理由に、違法逮捕は識別供述とは因果的に結び付かないというような批判に耐えない分析（not withstand analysis）に基づいて説明されている。しかし、通常の状況下での正しい見解は、警察署での面通し行列は違法逮捕の直接の結果であるから、そこでの識別供述は「違法な毒樹の果実である」ということである。しかし、当然にそうであるというのではない。この場合に必要とされるのは、違法逮捕と自白との結び付きを分析した【51】ブラウン判決で用いられたのと本質的に同じ分析である。

ブラウン判決は三つの要素、すなわち〝時間的接着性〟〝介在事情の存在〟および〝警察官の違法行為の目的と悪質性〟を列挙した。〝時間的接着性〟の要素は比較的重要でない、それ故、識別供述が逮捕直後に行われたのかその後に行われたのかで大きな相違はない。〝目的および悪質性〟に関しては〝識別供述を得る目的での悪質で違法な逮捕〟はなかったというだけでは汚れを除去しない。どのような介在事情があれば汚れが除去されるかに関しては、治安判事の面前への出頭とか、被告人が真に任意で面通しに参加することを選択したなどの事情があれば、若干の状況下において満たされよう。

公判前の識別供述が以前の違法逮捕の果実であった、それ故、排除されなければならないと結論できる事例を考えてみよう。同一証人による公判での識別供述についてはどうか。最高裁は【47】ウェイド判決で類似の問題に取り組んだ。そこでの問題は、弁護人の立会いを拒否したため違法であった先の警察署での識別供述後の法廷における識別供述の許容性であった。そして法廷での識別供述が違法行為の果実であるかは〝違法行為を利用することによって最初の汚れを除去したものと認めるに足る方法によって得られたものであるか〟によると結論された。

下級審は、法廷での識別供述が第四修正に違反して被告人が拘束されている間に行われたことを理由に汚れていた以前の識別供述の果実であるかを判断する際にこれと同一のアプローチを用いてきた。この立場の正確性は【54】クルーズ判決において最高裁によって確認された。同判決で最高裁は、被害者の公判での識別供述には三つの異なる要素、すなわち(1)被害者は現に在廷していること、(2)被害者は犯罪を再現し犯行時の観察から被告人を同一人物と識別する知識および能力を有していること、および(3)被告人は物理的に法廷にいること、このような三つの要素があると指摘した。そしてこれらの三要素はいずれも、被告人の第四修正の権利の侵害を利用したものではなかったと結論した。〝第一の要素に関しては、被害者の身元と協力は警察の違法行為の産物ではなかった、そして第三の要素に関しては、違法な逮捕それだけでその後の訴追の妨げとなる、あるいは有効な有罪判決に対する防御となると考えられたことは一切ないことを理由に、被告人自身は排除される果実でなかったと判断した。第二の要素に関しては、〝違法逮捕は被害者の正確な識別能力に影響していないし、……本件での毒は開花したあとで注入されたものであるから公判で用いられた果実には毒がなかった〟と結論したのである。(*Id.* at 521-522.)

指紋による識別（fingerprint identification）に関して、最高裁は一九六九年のデイヴィス判決（Davis v. Mississippi, 394 U.S. 721）においてこの問題を取り扱った。レイプ捜査の一環として行われた地引き網的検挙（dragnet roundup）の一部として違法に逮捕されたときに採取された被告人の指紋が、犯罪現場にあった指紋と一致した事案である。この指紋は違法逮捕の果実として排除されうると判示した際に最高裁は、指紋は内在的に信用できるので汚れという概念は指紋には及ばないとの州側の主張を退けた。同一の理由付けで、筆跡標本のような信用できるその他の識別証拠も同様に違法逮捕の果実であると判示されてきた。(*Id.* at 523-524.)

識別証言が識別された人の〝違法逮捕の果実〟であるという稀な事例を除いて、目撃者による識別証言の許容性に反対する憲法上の根拠は長年にわたり指摘されていなかった。しかし、最高裁は一九六七年になって、そのような証言が時には首尾よく排除の対象となりうる二つの憲法上の根拠を認めた。まず【47】ウェイド判決において、起訴後の面通しにおける弁護人不在によって面通しでの識別供述に関する公判での証言は不許容となると判示し、それ以前の識別供述の〝果実〟である公判での識別証言も不許容となると判示した。しかし、最高裁はその後ウェイド判決を限定的に解釈しているため、同判決は限定的な効果を有するにとどまっている。次にストーヴァル判決（Stovall v. Denno, 388 U.S. 293）において最高裁は、〝不必要に暗示的な識別供述〟はデュー・プロセスの否定に相当するとした。しかし、ストーヴァル判決も同様に限定的に適用されている。(*Id.* at 382.)

ウェイド判決で命じられた手続に従わずに、弁護人不在で公判前の識別供述が行われたとすると、このような被告人の第六修正違反の効果（consequence）はどうか。公判前の識別供述に関する証言は公判で許容できないというのが一つの効果である。そのような証言は当初の違法行為を直接に利用した結果であり、訴追側はそれには独立の入手源があることを立証することはできない。そのような証言に関する画一的な排除法則だけが効果的な制裁となりうる。最高裁が【48】ギルバート判決で説明したように、公判前の識別供述に関する証拠が公判で許容されたのであれば、その後の有罪判決は〝合理的な疑いを越えて無害（harmless）であると上級審が宣明できる場合を除き〟破棄されなければならない。

公判前に不当に行われた犯人識別手続で被告人を犯人と識別した証人のその後の公判での識別証言の効果はどうか。最高裁がウェイド判決で明言したように、これは〝毒樹の果実〟の問題である。この問題に関して一般に取られているアプローチに従って、〝当初の違法が確証されたとしても、異議申立ての対象となっている証拠はその違法を利用することによって明らかとなったのか、あるいは当初の汚れを十分に除去する方法によって得られたものであるか〟の判断を必要とする。（*Id.* at 394-395.）

五　証人の証言

【52】チェコリーニ判決では、花屋を訪れた警察官がたまたま目にした封筒を取り上げるとその中に現金と賭博票（policy slips）があったので同店の従業員であった友人（A）に尋ねたところ、その封筒は店の経営者である被告人のものであることを知らされた。この情報がＦＢＩに伝達され、その四か月後に捜査官が先の賭博票の発見には触れずに彼女（A）に被告人の行動について尋ねた。彼女は極めて協力的で、店に賭博票を置いたことはなかったという大陪審での証言を理由とする偽証罪での被告人の公判で被告人に不利な証言をした。最高裁は、生命ある証

人の証言は第四修正違反との繋がりがどれほど密接であろうとも排除されるべきでないとの訴追側の〝画一的〟排除の主張を受け入れることに応じなかった。しかし〝排除法則の根底にあるポリシーは物的証拠と供述証拠との間の理論的区別をしない〟というそれ以前の【45】ワン・サン判決での宣明を明確に放棄した（did renounce）のである。（*Id.* at 524-525.）

第四節　違法に獲得された自白の果実

一　〝毒樹〟としての自白

初期のコモン・ローでは被告人から獲得された自白の不許容性は、その自白の結果として獲得された他の証拠の許容性に影響（effect）を与えなかった。この立場の理論的根拠は、被告人の供述はその不信用性を理由としてのみ排除されるのであるから、それ自体そのような欠陥のない他の証拠の排除にまで拡大する理由はないということであった。

デュー・プロセスを理由に自白を排除する初期の最高裁判例も自白の不信用性に焦点を合わせた、それ故、そのような憲法違反によって獲得されたものではあるが信用できる果実は、それとの結びつきがどれほど密接なものであれ、許容できると考えられていた。しかし、このようなデュー・プロセス論が他の関心事を含む（encompass other concerns）まで拡大されるにつれて、このルールは疑問とされるに至った。それにもかかわらず裁判所の中には古い見解に固執するものもあったが、それよりも筋道の立った（better reasoned）判例は、警察の違法行為の間接的産物であっても、われわれのフェアプレイや品位の感覚に反するものは排除されなければならないとの理由で、それとは逆の結論に達した。最高裁は未だこのような立場を明示に採用したことは一切ないが、それは疑問の余地なく正しい。このことは、不任意自白はそれに続くすべての証拠の排除の原因となるという意味ではなく、先に論じた毒樹の果実の理論（fruit-of-the-poisonous-tree doctrine）は、そのような自白にも適用されるという意味にすぎない。

ミランダ判決に違反して獲得されたにすぎない自白に関しては、同判決で採用された取調手続に警察が従うことを確保するための予防的排除法則（the prophylactic exclusionary rule）は多くの点で第四修正の排除法則に似ている。それ故、捜索・押収の事案で展開された毒樹の果実論が適用されることになろう。しかし、この点に関して完全な合意があったことはない。ある見解によれば、被告人の供述がミランダ判決の手続に違反して得られたときよりもそれが公判で彼に不利に用いられるときに第五修正違反が生じるということを意味するものとしてミランダ判決を解釈するのであれば、当該自白によって発見された物的証拠も排除されることになるという。これと全く正反対にあるのが、ミランダ違反で汚れた自白の副産物を排除する必要性は果実法理と全く別個に存在するという見解である。第五修正に組み込まれた（built-in）排除法則は、古くからこのような強制された証言の使用を防ぐものとして解釈されてきたという点で異なるというのである。（*Id.* at 526.）

最高裁はミランダ判決以降ほぼ二〇年間、この問題について十分に触れなかった。ミランダ判決自体、検察側が公判で被告人は彼の諸権利を放棄したことを立証しない限り、〝取調べの結果として獲得された証拠は彼に不利に用いることはできない〟と述べている。しかし、これは傍論（obiter dictum）と考えられる。ミランダ判決で検討されたいくつかの判例の中には、自白それ自体の証拠の許容性以外に関わりのあるものは一切なかったからである。

同様に厄介（puzzling）なのは、十分なミランダ警告を与えられなかった被告人の取調べによってその身許が明らかになった証人の証言の許容性を取り扱った【50】タッカー判決である。被告人の自白は許容できないがその証言は許容できると判示した際に最高裁は、ミランダ警告を〝それ自体憲法によって保護された権利ではなく〟〝自己負罪拒否特権を保護する〟ことを意図した単なる〝予防法則〟にすぎないと考えた。弁護人をかかえる余裕がなければ無料の国選弁護人が付されることだけを警察官は告げなかったのであるから、ミランダからの逸脱は僅かであったことを指摘し、警察官の行為は被告人に自己負罪を強制されない特権を奪ったのではなく、ミランダ判決以降その自己負罪拒否の権利に結び付けられていた手続的保護の必ずしもそのすべてを利用させなかったにすぎないと述べた。それ故、憲法違反はなく、証人の証言が〝果実〟となりうる〝毒樹〟はなかったのであるから憲法違反はなかったと判示したため、【45】ワン・サンの毒樹の法理は事実上（in effect）廃棄（dismissed）されたのである。それ故、タッカー判決をミランダ違反によって得られた自白は〝果実〟とはなりえないとの命題を支持するものと解することはできるが、同判決の他の側面からすると、これは極めて問題のある解釈であることになる。第一、タッカー判決においてミランダ判決は技術的に適用されたけれども、取調べはミランダ判決以前に行われていた、それ故、省略されたミランダ警告を与えたことの責任に警察が気付かなかったときのことであった。このような状況下での果実の排除は過酷（harsh）であったことになろう、第二、タッカー判決でのいわゆる果実は、たとえ第四修正の文脈下におけるものであったとしても、最高裁がそれ以降、許容性にとりわけ好意的な証人の証言であったことである。

それにもかかわらず最高裁は【58】エルスタッド判決において、そのようなタッカー判決の限定的な解釈を退け、強制的でないミランダ違反のいわゆる果実が証人でも証拠物でもなく被疑者自身の任意の証言であるときであっても、タッカー判決の理由付けは同様に（equal force）適用できると判示した。同判決では二人の警察官が最初にミランダ警告を与えることなしに被告人の自宅で被告人を取り調べた。被告人と不法侵入（burglary）事件との関わりを確信していると警察官が述べたとき、彼は〝はい、私はそこにいました〟と答えた。この供述がミランダ判決の下で排除されることについては争われなかった。しかし、被告人は再び警察署で取り調べられ、その警察署でミランダ警告を与えられ、そして権利を放棄した後で、彼は不法侵入との正確な関わりを説明する広汎な供述をした。この供述は毒樹の果実として排除されるべきであると弁護人は主張したが、エルスタッド判決の多数意見は、果実法理は適用されないと判示したのである。

最高裁の指摘によると、果実の法理は不合理な捜索の抑止を目的とする第四修正の排除法則の文脈下で展開されたものである。他方、第五修正の目的は、強制された供述の使用を禁止することであった。さらに被告人が依拠するミランダの判断（ruling）は、ミランダ警告なしに身柄拘束中の取調べを介して得られた供述は強制されたものとする反証不能の前提（an irrebuttable presumption）を確立することによって、第五修正自体よりも広く適用される（sweeps more broadly）。ミランダ判決のこの予防的要素は、訴追側がミランダ警告を与えずになされた供述を自らの主張立証（in its case in chief）として使用することを禁止する以上には及ばない。ミランダ警告なしになされた供述であっても、任意なものであれば、弾劾目的のために使用することをミランダ判決は禁止していないと判示されてきたのである、それと全く同様に、供述の獲得時にミランダ判決に従っており、かつ警告を与えられずにしたそれ以前の供述が任意である場合、その後に獲得された供述の使用を禁止すべきでない。ミランダの予防的な保護装置の侵害それ自体は、適切に警告がなされた後での供述を不任意とする強制的雰囲気を生じさせていない。関連する調査は、〝周囲の状況および被疑者に関する警察の行動の全過程〟を検討して、〝第二の供述も任意になされたものであるか〟であると最高裁は指摘したのである。

違法に獲得されたこのような自白の一つは、マサイア判決の下での弁護人依頼権違反によって獲得された自白である。そのような状況下において弁護人の権利を剝奪（deprivation）した時点で憲法違反が生じているのは明らかであり、それ故、そのような自白は果実の分析のための〝毒樹〟に相当しうると結論されうる。最高裁は【56】第二次ウィリアムズ判決において、再公判で死体の場所および状態に関する証拠が被告人の弁護人依頼権を侵害することによって得られた被告人の自白の果実であるかを判断する必要があるとしたとき、ほぼこのことを（as much）承認したのである。（*Id.* at 527-528.）

この点に関する若干の疑問がミランダ判決は憲法上のルールであることを明示した【63】ディカソン判決によって生じたが、当該自白が自白者本人に不利に許容されない限り、ミランダに違反して獲得された自白に関しては自己負罪特権違反は生じないとの【66】チャベス判決での相対多数意見（plurality）の結論によって緩和された。次いで【68】パターネ判決においてミランダの果実としての物的証拠の問題（the physical-evidence-as-Miranda fruit issue）が直接提示された。そして最高裁は五対四の判決で三つに分かれた。三人の裁判官は、ミランダ警告を与えなかったこと自体は被疑者の憲法上の権利の侵害に当たらない、抑止するものは何もないのであるから単なる警告の欠如に関して〝果実〟法理を適用する理由はないとした。二人の裁判官は、物的証拠の重要な証拠価値およびそれを許容してもミランダ警告のなかった供述が許容される危険はないという事実に照らし、このような問題を検討するのは不必要であると考えた。主要な反対意見（main dissent）は、自己負罪拒否特権は〝派生的証拠の排除に及ぶ〟し、ミランダ違反は〝強制の推定を生ずる〟とし、身柄拘束中の取調べの結果として生ずる自白の任意性の評価をする困難から裁判所を解放するために本件文脈下にも適用すべきであることを強調した。最高裁は後に【67】サイバート判決において、最初の自白を毒樹の果実として取り扱わないとする方法で【58】エルスタッド判決のインパクトを限定した。サイバート判決は、取調べによって自白を獲得するまで黙秘権および弁護人依頼権を告知しないとする身柄拘束中の取調べに対する警察の取決め（protocol）に関わりがあった。

相対的多数意見が指摘するように、最高裁はサイバートの第二自白は排除されなければならないと判示したが、第二自白は第一自白の果実であったことを理由としたものではなく、ミランダ警告が与えられたのはミランダの要求を〝効果的に機能〟させない状況下においてであり、第二自白それ自体がミランダ判決の下で排除されるミランダ警告を与えられずにされた自白（an unwarned confession）に相当することを理由とする。（2005 Pocket Part for use in 2005–2006, at 14-15.）

二　捜　索

自白が不任意であった場合、下級審は果実法理（fruits doctrine）の下で、自白と物的証拠の獲得との結び付きが密接で直接的であれば違法に獲得された自白を介して得られた物的証拠を排除できると判示してきた。自白によって逮捕・捜索の相当な理由が生じるとき、被告人の供述によって物的証拠がある場所に存在することが示されたため警察がその場所でそれを発見するとき、あるいは違法な取調べに対する被疑者の直接的反応の一部として物的証拠が警察に提供されたときがそのような場合である。

最高裁は【56】第二次ウィリアムズ判決において、第六修正の弁護人依頼権に違反して獲得された供述によって警察が物的証拠に導かれた事案に不可避的発見の法理を適用した。本判決の論理的意味は、当該証拠の発見が果実法理を不適用とする制約の一つ、例えば、不可避的発見の法理に該当しない限り、第六修正の下で許容できない供述を介して発見された物的証拠に果実法理は適用されるということである。（*Id.* at 529.）

三　自白

同一の当事者から違法に獲得された以前の自白の結果として獲得できた自白の許容性に関し、一つのアプローチが【43】ライオンズ判決に反映されている。被告人から強制的に自白が獲得されたが、一二時間後に別人の面前でかつ甲刑務所（jail）から乙刑務所（prison）に移送された後で被告人は二回目の自白をしたという事案である。最高裁はこの判決において、後の第二自白の許容性は同一の基準――それは任意であるか――によると明示した上で、〝以前の暴行の効果が極めて明白であるため後の自白は不任意であるという以外のいかなる推論も禁止されることはありうる〟が、本件はそのような事案でないとした。毒樹の果実の法理には一切言及されなかったのであり、適用されないことも全く明らかであった。最初の自白時の出来事――自白それ自体でない――が第二自白をもたらしたかが問題であり、第一自白の第二自白へのインパクトではなく、以前の強制的な取扱いの効果がなお継続しているかどうかが問題とされたのである。

【44】ベイア判決において下級審は、被告人に不利に用いられうるという警告が先行していたが、第一自白は彼に不利に用いられえないと告知されずに被告人がそれを繰り返した（reread）後でした第二自白を排除するために毒樹の果実法理を適用した。しかし、最高裁はこれを破棄した。同判決の多数意見はまず、被告人がいったん猫を袋から外に出すと再び袋に戻すことはできないけれども、このことは〝その利用を妨げる状況下で自白をすれば、そのような状況が除去された後でも永久に自白者は有用な自白をすることはできない〟ことを意味しないと指摘した。この結論には反対できない。しかし、最高裁の従前の判例は〝自白を取り扱っておらず全く別のカテゴリーの証拠を取り扱っているのでこの問題を支配しない〟ことを理由に、下級審は本件で果実論を不当に用いたとする一

文についてはやや疑問がある。下級審の中にはベイア判決を限定的に解釈して反覆自白（successive confessions）に果実理論を適用し続けるものがあるけれども、このような解釈は【58】エルスタッド判決以前であっても重大な疑問にさらされていたのである。

任意でなかった当初の自白に関わる【44】ベイア判決後の一連の判例で最高裁は、第二自白が第一自白の果実であるかどうかではなく、【43】ライオンズ判決で指示された問題——何が任意であるか——を提示していた。決定的問題は、第一自白を不任意とした強制的な取扱いから得られた後の自白の効果を遮断するに足る〝出来事の流れの中断〟があったかである。このアプローチは、時間的な稀釈、介在事情、および当初の自白を不任意とした強制的取扱いの〝悪質性〟のような果実分析と同一の多くの要素に注目しているけれども、第二供述をする個人の意思（willingness）への当初の自白のインパクトをあまり強調していないのは明らかである。

この二つのアプローチの相違は、【58】エルスタッド判決で痛感（brought home）させられた。最高裁は同判決において、ミランダ判決に違反して獲得された第一自白に続いた第二自白の許容性を判断するのに果実理論を適用することを明示に退けた。決定的問題は、第二自白が任意であるかであり、第四修正の排除法則を判断するために展開された果実論の下での第一自白に結びつきうるかではないと指摘したのである。最高裁は今まで袋から外に出た猫の理論の下ですべての第二自白を画一的に排除することを拒否してきたけれども、この点に関し、当初の自白がミランダ違反だけを理由に排除できる場合には第二自白をそのように排除するつもりはないと指摘した。ミランダ警告はないが完全に任意である供述から生ずる心理的強要（psychological compulsion）は余りにも思弁的かつ弱いものであり、ミランダ警告後に獲得された第二自白の排除を正当化しない。被告人は第二自白の前に第一自白は排除されうることを告知されていなかったというのは事実であるけれども、未だかつて〝被告人が彼の判断のすべての結果を知らなかったということだけでその任意性を無効とするという理論を受け入れたことは一切ない。〟警察官はミランダ警告なしになされたそれ以前の承認を利用して被疑者（suspect）に黙秘権を放棄するように圧力をかけようとしたことはなかったのであり、被疑者の以前の供述の非許容性に関して法的アドバイスを与えることを彼らに期待されるべきではないというのである。（*Id.* at 529-530.）

四　証人の証言

【49】ハリソン判決は三つの要素に関わりがあった。すなわち、被告人がしたとされる三個の自白が公判で提出された後ではじめて彼は証人台に立って不利益な事実の承認をしつつ、彼の立場から事件について語った。有罪判決はマクナブ、マロリー両判決に違反して自白が獲得されたことを理由に破棄され、やり直し裁判で訴追側は最初の公判での証言を提出し、彼は再び有罪とされた。最高裁は六対三でこれを破棄した際に、次のように説明した。すなわち、最初の公判における陪審への冒頭陳述で弁護人は、被告人は自己の防御のために証言しないと宣明した。自白が証拠として許容された後ではじめて被告人は証人台に立った、それ故、彼の自白が使用されていなければ被告人は全く証言することはなかったであろうことは明らかである。しかし、たとえ自白が用いられたか否かを問わず被告人は証言することを決意したとしても、犯罪現場にいたことを認めかつ致命弾が発射された銃を所持していたことを認めたであろうということにはならない。もし検察官が被告人の自白を陪審の面前に提示していなければ、被告人は証人台の証言でこれほど不利な承認（testimonial admission）をしていなかったであろうというのがより自然的な推論である。それ故、被告人の証言は、最初の汚れを除去するに足るその基礎にある違法性を十分に断ち切る方法によって獲得されたものであることは立証されなかったというのである。

最高裁は【49】ハリソンにおいて、他の証人による証言が果実であるかの問題は将来の判断に留保しておくと述べた。この問題は後に、不完全なミランダ警告後に被告人がした供述から訴追側が公判で証人として使用できる人物が特定されたという事案に関する【50】タッカー判決で持ち出された。最高裁はこの証言を排除できる果実として取り扱うことには応じなかった。しかし、すでに述べたように、タッカー判決から一般的な結論を引き出すことは不可能である。いずれにせよ、発見された証人の証言は、遅かれ早かれその身許が標準的な捜査手続によって独立に判明したであろうことが裁判所に明らかであるのであれば、〝不可避的発見〟のルールの下で許容されると判示されることになろうからである。(*Id.* at 530-531.)

第五節　違法収集証拠の利用

一　弾　劾

種々の排除法則の下で申立適格のある被告人からタイムリーな申立てに基づいて憲法違反があったと認められれば、その違法の果実は排除されなければならないので、被告人の公判で証拠として提出できない。しかし、若干の例外があり、その一つが弾劾目的のための使用に関する。この例外の範囲は長年にわたり拡大され続けてきた。そのことは「この分野における最高裁判例を簡単に時系列的に眺めることによって(by a brief chronological look)最もよく理解できる。」

この一連の判例の一番手は【23】アグネヨ判決である。コカイン譲渡のコンスピラシーで起訴された被告人は直接尋問でコカインが入っているとは知らずに包みを受け取ったと証言し、そして反対尋問で覚せい剤（narcotics）を今まで見たことは一切ないと述べた、そこで政府側は、被告人の部屋から違法に押収したため政府側の主張立証（the government case in chief）時の証拠から排除されたコカイン入りの缶が反証としての提出が認められた。最高裁は全員一致で〝ある方法で獲得した証拠を禁止する規定の本質は、そのように獲得された証拠は裁判所の前で用いられないということだけでなく、それはおよそ用いられてはならない〟という【41】シルヴァーソン判決の一文に依拠して、これを破棄した。やや類似の【24】ウォルダー判決が最高裁に到着するまでにおよそ三〇年経過した。同判決で被告人は、直接尋問および反対尋問で覚せい剤を購入したり譲渡したり所持したことは一切ないと証言した。そこで訴追側は、その二年前に彼の家から違法に押収されたヘロインに関して質問することによって被告人を弾劾することが認められた。最高裁は、覚せい剤を取り扱ったことも所持したことも一切ないと主張して自己に不利な要素のすべてを否定した場合、被告人は弾劾されずに排除法則を用いて〝彼の虚偽証言と矛盾する供述を防ぐ楯とする〟ことはできないとして、この手続を是認した。

第二の事案は【25】ハリス判決である。被告人が訴追の対象である覚せい剤譲渡を直接尋問で否認した後で、警察官にした被告人のミランダ違反供述に言及することによって被告人の信用性を弾劾することが検察官に認められた。最高裁は五対四の判決で、ウォルダー判決での被告人は〝副次的事柄に関して弾劾された〟のに対し本件被告人は〝起訴犯罪により直接関わる証言に関して弾劾された〟のであるが、このことは〝原理上の相違〟をもたらすものではないとした。本件での弾劾手続は被告人の信用性を評価する際に陪審に有益な助けとなることは疑いない。すべての刑事被告人は自己を防御するために証言するかしないかの権利を有している。しかし、この特権は偽証をする権利を含むと解釈することはできない。任意に証人台に立った被告人には、正直かつ正確に供述する義務があるというのである。

一連の判例の次は【27】ヘイヴンズ判決であった。被告人はコカインの輸送に共同被告人と一緒に関わっていたことを直接尋問で否認した。そして反対尋問で共同被告人の衣服にポケット——その中で薬物が発見された——を縫い込んだこと、あるいは彼自身のスーツケースの中にポケットを作るためにその一部（swatch）が切り取られた布を所持していたことを否認した。この証言は違法に押収された布を許容することによって弾劾された。この弾劾された証言は直接尋問でなされたものでないことを理由に控訴審はこれを破棄した。しかし、最高裁は再び五対四の判決で、控訴審とは異なった判断を示した。すなわち、被告人の以前の不一致供述その他訴追側に利用可能な信用できる証拠によって被告人の虚偽供述を弾劾することについて、被告人の直接尋問での供述と被告人への反対尋問に関してなされた質問に対する答弁との間に憲法上の重要性（constitutional magnitude）の相違はないというのである。

このように【24】ウォルダー判決で限定的かつ合理的なものとして一歩を踏み出した弾劾例外が巨大なもの（awesome proportions）となった。【27】ヘイヴンズ判決の下で反対尋問で引き出された供述は今では弾劾されうる。これはウォルダー判決の放棄法理（the waiver doctrine）に違反し、そして現にヘイヴンズ判決の反対意見が指摘するように、被告人を〝閉じ込める（boxing in）〟目的で憲法違反を奨励することになる。普通の有能な（moderately talented）検察官であっても訴追側の主張の裏付けとして証拠を反対尋問で差し込む（mark in）ことができるので、このような結果を回避するためには被告人は自己自身のために証言せざるを得なくなるからである。もちろん、被告人の証言によってそのような弾劾への門戸が開放された場合に限られるが、ハリス判決もヘイヴンズ判決も被告人が弾劾されるためには犯罪の要素との関わりでどこまで証言の中で踏み込まなければならないかを正確に示していない。【27】ヘイヴンズ判決が明らかにしているように、被告人は今では公訴犯罪事実に直接関わる証拠によって弾劾されうる。このようなウォルダー判決からの離脱は最も不幸なことである。従前の判例は放棄されたが、このような制限を課すことによって、たとえ信用性の問題のみを考慮すべきであると説示されたとしても憲法に違反して獲得された弾劾証拠を有罪を確証するものとして陪審が考える危険が最小限にされていたからである。

「第四修正違反に関する弾劾例外のいくつかの正当化理由は、第五修正の自己負罪拒否特権の違反に及ばない (not to carry over) と考えてよい。」その一つの理由として、違法に押収された物的証拠は内在的に信用できるが、ミランダ違反があった場合には必ずしもそれと同じことはいえない、さらに第四修正の排除法則は警察の違法行為を抑止することを意図した裁判所によって創り出された工夫 (a court-created device) である。それ故、抑止効以外の他の考慮の方が優るとき適用すべきでないと主張しうる。一方、第五修正はその文面上、〝強制された〟供述を政府側が被告人に〝不利に〟用いることを禁止する。しかし、最高裁は【25】ハリス判決において、被告人が完全なミランダ警告を告知されずに警察にした供述は〝強制によるものであり不任意であったと主張しなかった〟場合に、躊躇なく従前の弾劾例外をミランダ違反供述に拡大した。同一の結論は【26】ハス判決においても達せられた。同判決で被疑者は権利を告知されて弁護人を要求したが、その要求は尊重されずに取り調べられた。多数意見は、本件事案をハリス判決と区別できないとした、〝これを不許容とすると憲法上の権利が偽証する権利と曲解されることになる〟というのである。

最高裁は【29】ハーヴェイ判決において、弁護人選任後の被告人の供述は〝被告人の第六修正の弁護人依頼権に違反して〟採取されたことを理由に弾劾目的のためにも使用できないとした州裁判所の決定を破棄した。多数意見が第六修正の弁護人依頼権違反の果実は弾劾目的のために用いられうると判示しなかったことに注目する必要がある。最高裁は同判決を現にそのように性格付けたので、弁護人依頼権の任意かつ熟知した上での放棄なしに獲得された任意の供述の弾劾目的での許容性を判断する必要がなかったからである。(*Id.* at 531-534.)

被告人の沈黙は弾劾目的のために利用しうるかの問題が時に生ずる。最高裁は【32】ドイル判決において、ミランダ警告後の被告人の沈黙を指摘しての弾劾は許されないと判示した。逮捕後のすべての沈黙はミランダの諸権利の行使に外ならず、沈黙は刑罰を伴わないことをミランダ警告は黙示に保障していることに照らすと、沈黙の弾劾利用は〝基本的に不公正である〟というのである。三年後の【34】アンダーソン判決など三判決において、ドイル判決と事案は異なるとされた。同判決ではミランダ警告後に任意に供述する被告人は沈黙することを勧められなかったことを理由に、ミランダ警告を受けた後でなされた以前の不一致供述による弾劾が認められた。殺人の裁判で被告人が正当防衛を主張した【33】ジェンキンズ判決において最高裁は、少なくとも二週間、当局に刺殺を報告しなかった被告人の逮捕前の沈黙によってその供述を弾劾することは認められるとした。これは強制された自己負罪ではなかった。早くも一九二六年の【30】ラッフェル判決で結論されたように、従前の沈黙による弾劾の可能性は第五修正の権利行使への許し難い負担にはならない。またドイル判決とは異なり〝逮捕前に申立人に黙秘を勧める政府の行動はなかった〟から、それは基本的公正さの否定でもなかったというのである。最高裁は【35】フレッチャ判決において、先にミランダ警告がなかった逮捕後の沈黙による弾劾を認めた際に、被告人の沈黙は訴追側が黙示に保障することによって被告人に沈黙を誘発（induced）した事案ではないと説明して、ジェンキンズ判決に従い、ドイル判決とは異なるとした。

「弾劾例外を被告人自身の証言からすべての弁護側証人に拡大する試みは【28】ジェイムズ判決において退けられた。最高裁は五対四で、そのようなウォルダー判決の拡大は、当初の例外の創設が促進したのと同じ範囲で真実探求の機能を促進しないであろうにもかかわらず、一般的な排除法則の抑止効の土台を大きくほり崩すことになろう、それ故、排除法則の根底にある目的を促進するよりもむしろ阻害するのに役立つ」と結論した。それより以前に最高裁は【36】ウェインライト判決において、より限定的ではあるがドイル判決に依拠し、被告人の逮捕後のミランダ警告後の沈黙を検察側が被告人の正気の証拠として用いるのはデュー・プロセスに違反すると判示していた。(*Id.* at 534-535.)

二 偽証に対する訴追

【24】ウォルダー判決において最高裁は、〝政府側が被告人の信用性を争うことができないことを奇貨として被告人が積極的に偽証に訴える正当化理由〟はないとした、すでに見たように、これと同一の見解はその後の弾劾事案において採用されてきた。このことから、違法収集証拠は偽証罪の訴追での検察側の主張立証の証拠として許容されるべきであると主張することはできよう。この主張は、一九七六年のラフテリィ第九巡回区判決(United States v. Raftery, 534 F.2d 854)で受入れられた。ハシーシ(hashish)が被告人の家で発見されたが、令状の執行が不相当であったことを理由に、ハシーシ所持による被告人の訴追で排除されたという事案である。被告人は数か月後に、連邦大陪審の面前に喚問され使用免責を与えられマリファナの密輸入および流通(distribution)活動について質問された。彼はその後、ハシーシ油が製造されていた建物内にいたことがあるかの質問に否定的な答をした結果、偽証罪で訴追された。そして第九巡回区控訴裁判所は、違法な捜索・押収後にかつ州の裁判所での証拠排除後に行われた大陪審面前での偽証という全く別個の犯罪を立証するためにその証拠を用いることを政府側に禁止することによって排除法則の目的は満たされることはないと述べて、偽証罪の訴追において当の排除された証拠は許容できると決定したのである。(*Id.* at 536.)

第六章　問題点の検討

以上、五章にわたり、排除法則をめぐるわが国の問題状況を概観した後、毒樹の果実に関連する合衆国最高裁判例をほぼ網羅的に分析することにより、アメリカ判例法の動向を明らかにしてきた。これを踏まえつつ、わが国の問題点について考えてみたい。なお、本書収録の合衆国の判決について、年代順に一括して本書末尾に掲記しているのであわせて参照されたい。

排除法則の問題は、憲法上の令状主義や自白法則さらには黙秘権の保障と密接に結びついているだけにアメリカ法の分析が欠かせない。また実質的にみても、常に憲法との関わりを念頭に置きながら排除法則の範囲を限定しつつその中核部分については一貫して維持してきた合衆国最高裁の判示内容は示唆に富むばかりか、わが国の状況と類似するところが少なくない。もっとも、アメリカでは物的証拠であると供述証拠であるとを問わないいわば合一的な排除法則が成立しているため、その適用範囲には格段の相違があるにもかかわらず、わが国ではこのような排除法則の全体像を事実関係をも踏まえて十分に把握しないまま個別問題を論じるきらいがあるため、排除法則と憲法との関係についてもミスリーディングな理解が散見される。

そこで以下、日米の憲法条項を対比しつつ、問題の所在を明らかにした後、アメリカ判例法の動向をあらためて整理した上で、排除法則ないし毒樹の果実をめぐるわが国での問題点について検討することとしたい。

第一節　問題の所在

一九四九年（昭和二四年）一月一日施行の現行刑事訴訟法は、新しい日本国憲法を受けて全面改正された唯一の基本法であり、憲法との関わりが濃厚である。日本国憲法三一条以下の刑事手続に関する諸規定がアメリカ合衆国憲法第四修正ないし第六修正および第八修正の人権規定に由来し、現行刑事訴訟法がこのような憲法上の人身の自由に関する英米法的手続の枠組を受け入れたものであることは、その制定経緯に照らしても明らかである。したがって、当初からわが法の解釈に資するため、それまで蓄積の乏しかった英米法とりわけアメリカ法の研究が精力的に推し進められたのであるが、早くも一九七五年の段階で「アメリカの法制度とは似ても似つかぬ」日本の法制度の実態が指摘されていた。(1) 要するに、戦後改正の「英米法化」といっても見かけほどには実を結ばず、文言上はアメリカ法の影響下にあるものの、わが法は独自の展開、変容を遂げてきたというのである。もっとも、わが法がアメリカ法の強い影響下に成立したことは事実であるにせよ、現行法制定当時においては刑事手続に関する「アメリカの法制度」それ自体の輪郭が必ずしも明らかでなかった。全法域に適用される明確なアメリカ法が形成されたのは一九五〇年代、とりわけウォーレン・コート（一九五三—六九年）下に合衆国最高裁が第一四修正のデュー・プロセス（適正手続）条項を介して「刑事司法の変革」を断行した以降のことである。

以下、ひとまず排除法則に関わりのある日米の憲法条項を比較した後、排除法則とデュー・プロセスとの関係について概観しておく。

一　日米憲法条項の対比

日本国憲法第三一条は「何人も、法律の定める手続によらなければ、その生命若しくは自由を奪はれ、又はその他の刑罰を科せられない」と規定する。他方、合衆国憲法第五修正は「何人も……法の適正な手続によらずに（without due process of law）、生命、自由または財産を奪われることはない」とし、同第一四修正は「いかなる州も、法の適正な手続によらずに、何人からも生命、自由、または財産を奪ってはならない」と規定している。両規定は「財産」を除くとほぼ同一であり、憲法第三一条は、刑事手続に関する第三一条以下の一群の規定の最初におかれていることからしても「主眼としては刑罰に関する規定であると解するのが妥当であり」、合衆国憲法第五修正ないし第一四修正のデュー・プロセス条項の規定の「影響の下に成立したものであることは、否定できない[2]。」

日本国憲法第三三条は「何人も、現行犯として逮捕される場合を除いては、権限を有する司法官憲が発し、且つ理由となってゐる犯罪を明示する令状によらなければ、逮捕されない」と規定する。憲法第三四条前段は「何人も、理由を直ちに告げられ、且つ、直ちに弁護人に依頼する権利を与へられなければ、抑留又は拘禁されない」と規定し、第三五条一項は「何人も、その住居、書類及び所持品について、侵入、捜索及び押収を受けることのない権利は、第三十三条の場合を除いては、正当な理由に基づいて発せられ、且つ捜索する場所及び押収する物を明示する令状がなければ、侵されない」と規定する。そして第三七条は刑事被告人の諸権利、すなわち「公平な裁判所の迅速な公開裁判を受ける権利」のほか、証人審問権および「資格を有する弁護人を依頼する」権利を保障している。さらに憲法第三八条は「① 何人も、自己に不利益な供述を強要されない。② 強制、拷問若しくは脅迫による自白または不当に長く抑留若しくは拘禁された後の自白は、これを証拠とすることができない」と規定しているのである。

他方、合衆国憲法第四修正は「不合理な捜索、逮捕押収に対し、身体、住居、書類および所持品の安全を保障されるという人民の権利は、これを侵してはならない。令状は、宣誓または確約によって裏付けられた相当な理由に基づいてのみ発せられ、かつ捜索さるべき場所および逮捕さるべき人または押収さるべき物体を特定して示したものでなければならない」と規定し、同第五修正は「何人も同一の犯罪について、重ねて生命身体の危険にさらされることはない。何人も、刑事事件において自己に不利な証人となることを強制されることはなく、また法の適正な手続によらずに、生命、自由または財産を奪われることはない」と規定している。そして第六修正は「すべての刑事上の訴追において、被告人は、犯罪が行われた州およびあらかじめ法律によって定められた地区の公平な陪審による迅速な公開の裁判を受け、かつ事件の性質と原因とについて告知を受ける権利を有する。被告人は、自己に不利な証人との対質を求め、……また自己の防御のために弁護人の援助を受ける権利を有する」と規定しているのである。

前述のように、憲法第三一条の法定手続の保障は第五修正または第一四修正のデュー・プロセス条項の「影響下に成立」し、憲法第三七条第三項は第六修正の弁護人の援助を受ける権利の「規定に由来」する(3)、憲法第三八条第一項は「さかのぼればコモン・ローに由来するが、直接には合衆国憲法第五修正の規定に由来する」(4)のであり、そして排除法則と最も関わりのある憲法第三五条の令状主義の規定は、合衆国憲法第四修正の規定と事実上ほぼ同一である。

このように、法定手続すなわちいわゆるデュー・プロセスを保障する第三一条のほか、とりわけ住居等について「侵入、捜索及び押収を受けることのない権利」を保障する憲法第三五条や不利益供述の強要を禁止する憲法第三八条第一項の規定は合衆国憲法第四修正および第五修正をいわば母法とし、その文言もほぼ同一であるため、わが法の解釈としても合衆国最高裁判例の動向が引き合いに出されてきたのである。(5) むろん、アメリカはわが国とは異なり、連邦制をとるため、個々の刑事手続については連邦と各法域では相違点も少なくないが、憲法に関わる重要な刑事手続については、全米で一律の最低基準が確立されており、統一的なアメリカ法が成立している。とくに「捜査の分野については、その重要な部分のほとんどが連邦最高裁の判例によって規制されるに至り、各法域の法制でもこれに従って実定法を改めるというゆき方がとられている」(6) のであり、最高裁の判例分析が欠かせないのである。

ただ、アメリカでの統一的な排除法則の展開過程を正確に把握するには、第一四修正のデュー・プロセス条項の果たした役割についての考察が欠かせない。すでに詳論したことであるが、憲法と排除法則の関わりを理解する上でも重要であるので、あらためて簡単に概観しておく。

二　デュー・プロセスと排除法則

巡礼始祖（the Pilgrim Fathers）といわれる分離派ピューリタンの一団が英国での宗教的迫害を逃れて三本マストのメイフラワー号で大西洋を横断し一六二〇年一二月の厳冬期に、マサチュセッツ州のボストン近郊プリマス（Plymouth）に到着した。乗客と船員等あわせて一〇二人いたが、翌春までその半数は飢えと寒さのため死亡したとされる。彼らは間もなくプリマス植民地を建設し、一六九一年にはマサチュセッツ植民地に合併されるが、アメリカ独立戦争ではヴァージニア植民地とともに指導的役割を果たすことになる。その後、右二植民地を含む英領一三植民地は、一七七三年のボストン茶会事件（Boston Tea Party）などを経て一七七六年七月四日、トマス・ジェファソン（Thomas Jefferson）の起草した独立宣言書を公布し、一七八三年にイギリスからの独立を達成した。そしてフィラデルフィアでの憲法制定会議の討議等を経て一七八八年六月、所定の九州の承認を得て合衆国憲法が制定施行された。そして翌一七八九年四月、ジョージ・ワシントンがニューヨーク証券取引所（ＮＹＳＥ）の斜め向いにある旧市役所で宣誓の上、初代大統領に就任し、合衆国政府が発足したのである。(7)

(1) 第一四修正の成立

一七八八年の合衆国憲法制定時にいわゆる権利の章典を明示するかにつき争いがあり、第一修正ないし第一〇修正の諸規定は一七九一年に憲法修正として付加（The Articles in Addition to, and Amendment of, the Constitution）されることになった。これが当初のいわゆる憲法修正条項一〇箇条（論者により最初の八箇条）であり、権利の章典（Bill of Rights）と呼ばれているものである。その後、市民（南北）戦争を契機として、一八六五年から一八七〇年にかけて第一三修正ないし第一五修正の市民戦争修正条項（Civil War Amendments）が成立する。第一三修正は奴隷制度の廃止、第一五修正は黒人への選挙権の保障を定める。そして一八六八年（明治元年）成立の第一四修正は「いかなる州も、法の適正な手続によらなければ（without due process of law）、人の生命、自由または財産を奪うことはできない。またその管轄内にある何人に対しても法の平等な保護（the equal protection of the laws）を拒んではならない」と定める。この第一四修正のいわゆるデュー・プロセス条項は州政府をも規制するものであり、平等保護条項とともにアメリカでの人権保障の促進に重要な役割を果たすことになる。

各州も次第に権利の章典を採用したが、その多くは連邦の手本に倣ったものである。州政府の州人民への権限濫用を防止するには各州の連邦類似の権利の章典では十分でなく連邦政府の保護が必要であるとの気運が生じたのは市民戦争以後のことである。従前の連合各州は州憲法や法律で保障されている生命、自由、および財産に対する保護を解放黒人（freedmen）には否定しているとして非難され、連邦議会が制定した救済立法の合憲性（the constitutionality of remedical legislation）は疑わしいと考えられた。その結果、議会の権限の問題を解消するために憲法修正が提案され、この修正提案が一八六八年の第一四修正として成立したのである。(8)

(2) デュー・プロセス革命

市民戦争の終結を契機として相次いで成立した第一三修正ないし第一五修正は、いずれも明文で「連邦議会は、相当な法律（appropriate legislation）で本条の諸規定を執行する権限を有する」と定めている。これを受けて連邦議会は一八六六年、第一三修正の奴隷制度廃止条項を執行するために市民的権利に関する法律（Civil Rights Act of 1866）を可決し、契約する権利、訴訟の当事者となる権利、財産を所有・譲渡する権利を含め、諸活動の主人となる〝白人の市民〟と〝同一の権利〟を解放黒人すなわちアフリカ系アメリカ人に保障した。連邦議会は翌六七年、さらに人身保護令状法を制定し、州の権限下に拘束されている者に連邦裁判所に身柄拘束の合憲性を直接争う法的資格を与えた。このような一連の制定法の最後に登場したのが、法の平等保護を否定して憲法上の権利を剝奪するコンスピラシーを連邦刑事罰とする一八七一年のいわゆるクー・クラックス・クラン法（Ku Klux Klan Act）であった。この総合的な制定法は、南部諸州の民間人や法執行官等による南北戦争後のいわゆる再建計画（Reconstruction）への広汎な抵抗に対する連邦議会の対応であり、それ以前の制定法とは異なり、連邦裁判所に直接提訴する道を開くことを意図していた。しかし、同法は一八七一年の制定直後から長い冬眠期（a long period of dormancy）に入り、ウォーレン・コートが第一四修正のデュー・プロセス条項を介して権利の章典の〝選択的編入〟に取り組み始めるまで、そのような権利は州に適用されることはなかった。自由や財産等の利益は主として州法によって創造され保障されたものであり、合衆国憲法によって新たに創造ないし是認されたものではないと考えられていたからである。(9)

このように市民的諸権利に関する法律やクラン法も実効性がなく、一九五四年五月一六日のブラウン判決(10)ではじめて人種差別禁止の動きが本格化する。アイゼンハワー大統領の指名で一九五三年一〇月五日に最高裁長官に就任し、就任後初の開廷期に臨んだ前カリフォルニア州知事アール・ウォーレン（Earl Warren）は自らブラウン判決の法廷意見を執筆し、公立学校での人種別学制度は第一四修正の平等保護条項に違反すると判示した。ウォーレン執筆の法廷意見は憲法事件の分岐点（watershed）となり、[11] 一九六〇年代になると、ブラック、ダグラス、ブレナンの三裁判官がウォーレン長官の積極的姿勢を受け入れ、そしてクラーク、ゴールドバーグ、フォータスの各裁判官が交互に五人目の同調者（a changing fifth menber）となった結果、最高裁の多数派がここに完成する。[12] そして合衆国最高裁は平等保護条項とともにデュー・プロセス条項を活用して、権利の章典の州への適用を積極的に推し進め、「デュー・プロセス革命」を樹立するに至るのである。

(1) 座談会「実務と英米法」ジュリスト六〇〇号（一九七五年）三二一頁（鈴木義男発言）。なお、田宮裕「変革の中の刑事法——戦後刑事法学は〝異端〟だったのか——」松尾浩也先生古稀祝賀論文集上巻（一九九八年）一〇頁参照。
(2) 法学協会『註解日本国憲法　上巻』（有斐閣、一九五三年）五八四頁。
(3) 同六四三頁。
(4) 同六六〇頁。
(5) 渡辺修『被疑者取調べの法的規制』（三省堂、一九九二年）二一六頁以下、椎橋隆幸『刑事弁護・捜査の理論』（信山社、一九九三年）四六頁以下、石川才顕『捜査における弁護の機能』（日本評論社、一九九三年）四二頁、一一八頁以下など参照。
(6) 鈴木義男「アメリカ捜査手続法序説（上）」亜細亜大学国際関係学会『国際関係紀要創刊号』三二三頁（一九九一年）。なお、同「アメリカ捜査手続法序説（下）」同三巻一号二三頁以下（一九九三年）参照。
(7) 小早川義則『NYロースクール断想』（成文堂、二〇〇四年）二一〇—二一一、二六〇—二七三頁参照。
(8) William J. Brennan, JR., The Bill of Rights and the States, 36 N.Y.U.L. Rev. 761, at 761-762 (1961).
(9) Michael G. Collins, Section 1983 Litigation (3rd Ed.), at 4-11 (2001).
(10) Brown v. Board of Education, 347 U.S. 483 (1954).
(11) Dawn P. Dawson, 3 Encyclopaedia of the U.S. Supreme Court 1005-1008 (Salem Press Inc., 2001).
(12) David J. Bodenhamer, Fair Trial, at 111 (Oxford University Press, 1992).

第二節　排除法則の確立

わが最高裁は一九七八年の【2】大阪天王寺覚せい剤事件判決において、違法収集証拠の証拠能力については「刑訴法の解釈に委ねられている」とし、司法の廉潔性という理論的根拠については必ずしも明らかにせず、「将来における違法な捜査の抑制」という政策的根拠を強調しつつ排除法則を採用した。このような将来の違法捜査の抑止という観点を強調する見解は、排除法則の主たる目的は違法捜査の抑止にあり、それは憲法自体の要請ではなく「裁判所によって創り出された救済策」にすぎないとする合衆国最高裁の態度と軌を一にするといってよい。

もっとも、この点に関し、わが国では二つのやや異なる見解がある。まず「アメリカ合衆国で排除法則は……基本的には憲法原則とは位置付けられてこなかった」とする井上正仁教授の所説に対し、次のようにいう。すなわち【38】カランドーラ判決において排除法則は裁判所によって創設された救済策であるとされたことから、「排除法則の憲法上の地位が否定されたとの見方」も存在するが、【2】ウィークス判決、【41】シルヴァーソン判決では、第四修正の解釈から排除法則を導き出しているし、【7】マップ判決で排除法則が全米に適用されたのは「排除法則が第四修正の内容をなしているから第一四修正のデュー・プロセス条項に包含されるということが前提」であり、さらに【63】ディカソン判決において「ミランダ法理が第一四修正を通して全米に適用されていることがミランダ法理の憲法上の地位を確認する根拠の一つとされたことからすれば、排除法則の憲法上の地位も同じように認められるはずである。[13]」そして合衆国最高裁が「最初に毒樹の果実法理を認めたのは、一九二〇年の【41】シルヴァーソン事件」であり、同事件で毒樹の果実法理は排除法則に当然に付随するものであると理解されたのであり、そのような理解は「政府は自己の違法な活動から一辺《ママ》たりとも利益を得てはならない」との規範命題を基礎とする。合衆国最高裁はその後、【4】ウルフ判決、【6】エルキンズ判決、【7】マップ判決等で「初期の規範説から」変化を見せ、排除法則の「主たる根拠とされたのは抑止効説」であり、「このように排除法則の根拠付けが変化するのに伴い、〝毒樹の果実法理〟及びその例外の独立入手源法理、稀釈法理の理論構成も変化している」、したがって、毒樹の果実法理とその例外法理の適用を考えるに当たっても「排除法則の根拠をどのように考えるかは重要」であると指摘するのである。(14)

他方、アメリカにおける毒樹の果実論の対象は極めて広範囲に及び「第一次証拠に基づいて派生証拠が獲得されたという類型だけではなく、第一次証拠が存在しない類型、例えば、違法な身柄拘束中の取調べによって得られた自白の証拠能力といった問題も扱われている」ため、「アメリカにおける毒樹の果実論とは、派生証拠の証拠能力の問題というよりは、当該証拠の直接の獲得手続に先行する手続の違法性が、その証拠能力にいかなる影響を及ぼすかに関する議論であるといってよい。(15)」合衆国最高裁は「ある証拠が毒樹の果実として排除されるか否かは、証拠排除法則の主たる目的である将来の違法捜査の抑止という点を基礎とした利益衡量によって決定されるという基本的立場に立っている」としつつ、「学説上は、逆に、証拠排除法則は、単に政策的原理にとどまるものではなく、修正四条自体の一内容であるという見解も少なくない。そして、そうである以上は、そこに利益衡量を持ち込むべきではなく、稀釈法理も、権利としての証拠排除とは矛盾するから廃棄すべきであるという主張もなされている」と指摘した上で、「毒樹の果実論における第一のポイントは、証拠排除法則の根拠をどのように考えるかにある。」この点は、既に以前から指摘されてきたところであるが、「これまでは、アメリカにおける議論がそのまま援用される場合も少なくなく、本来の指針となるべき、我が国の最高裁判例の示す違法収集証拠排除の根拠と基準を踏まえた検討は、十分になされてこなかったように思われる。しかし、それでは、今後我が国で生起するであろう具体的な事件の解決のための有効な指針を示すことはできないであろう」と指摘されているのである。(16)

このように毒樹の果実論は、排除法則に関する合衆国最高裁判例といわば不即不離の関係にあるにもかかわらず、アメリカ法自体の理解が必ずしも十分とは思われない。アメリカにおける排除法則ないし毒樹の果実論は、第四修正の不合理な捜索・逮捕押収の禁止条項を中心としつつ、第五修正の自己負罪拒否特権や第六修正の弁護人依頼権にも及ぶ極めて広範なものであり関連判例も膨大であるだけに、その理解が容易でない。

以下、すでに論証したことであるが、あらためて排除法則の成立とその適用を限定する指導的判例を振り返りつつ、バーガ・コート下（一九六九—一九八六年）での排除法則自体の確立に言及した上で、【39】ストーン判決の拡大適用を否定した一九九三年のウィズロウ判決（後出）の意義についていささかの検討を加えることとしたい。

一　排除法則の成立と限定

最高裁は一九一四年の【2】ウィークス判決において、郵便を違法に利用した連邦上違反事件につき、違法に押収したものを被告人に不利な証拠として用いることを認めれば、不合理な捜索・逮捕押収を受けない権利を保障する合衆国憲法第四修正は無意味になるとして、排除法則の淵源は憲法の要求であることを明らかにした。一九四九年の【4】ウルフ判決は、第四修正の保障する不合理な捜索・逮捕押収の禁止は第一四修正のデュー・プロセス条項を介して州に強要できるとしつつ、その具体的な保障方法は各州の独自の判断に委ねられているとして排除法則自体の州への拡大を認めなかった。しかし、一九六一年の【7】マップ判決は、「ウィークスの排除法則は憲法に淵源を有し」「第四修正の本質的要素を構成するもの」であるから、第四修正がデュー・プロセスの内容として各州に強要できるのであれば、連邦の排除法則もまた州に対して強要できることになると判示し、ここに排除法則がアメリカの全法域で一律に適用されることが確立するに至った。

ところが、その後、一九七四年の【38】カランドーラ判決は、排除法則は「第四修正の権利を保証するために裁判所により創り出された救済手段である」として、違法捜査の抑止がほとんど期待できない大陪審手続に排除法則を拡大適用する必要はないとした。そして一九七六年の【39】ストーン判決も同様の観点から、すでに州の手続で違法に押収された証拠の許容性につき十分かつ公正に争う機会が与えられている場合には、あらためて第四修正違反を理由に人身保護令状による救済を連邦の裁判所に求めることはできないとした。さらに一九八四年の【40】レオン、シェパード判決では、警察官が治安判事によって発付された令状に従って証拠物を押収したところ後にその令状の裏付けとなった宣誓供述書は相当な理由を疎明していないとして令状自体が後に裁判所によって無効とされた場合には、当の警察官がその令状の有効性を客観的合理的に善意で信頼して行動したものと認められる限り、その証拠物を排除しても抑止効はほとんどないとして第四修正の排除法則にいわゆる善意の例外を正面からはじめて肯定したのである。

二　排除法則の確立

このようにアメリカでは早くから排除法則は成立したもののその範囲を限定する判例が相次いでいる。自白法則についても類似の傾向が看取される。【50】タッカー判決などに見られるようにミランダの排除法則は第五修正の自己負罪拒否特権に直接由来するものではなくそれを保障するための予防法則にすぎないとされ、さらに一九八四年のクォーリズ判決(17)ではミランダ違反に正面から〝公共の安全の例外（public safety exception）〟が肯定されたのである。

しかしながら、重要なことは排除法則自体の確立である。第五修正の自己負罪拒否特権に関するミランダ法則については一九八〇年のイニス判決[18]において排除法則批判の急先鋒であったバーガ長官が同調補足意見でにわかにミランダ支持を表明し、二〇〇〇年の【63】ディカソン判決ではいわば保守派の長老レンキスト長官が法廷意見を執筆しミランダ判決は憲法判例であるとして第三五〇一条の違憲性を肯定したため大いに話題となった[19]。一方、第四修正の排除法則についても、本書収録の諸判決から明らかなように、憲法上の権利というより裁判所によって創り出された救済策であり、その主たる目的は抑止効にあることが指摘されつつ、判例として確立している。

そして第六修正の弁護人依頼権については一九六七年の【47】ウェイド、【48】ギルバート両判決が明示しているように、起訴後の面通し時には弁護人の立会権が被告人に保障されており、弁護人への連絡なしに実施された面通での犯人識別供述はおよそ証拠として許容できず、それに続く法廷での犯人識別証言も原則として毒樹の果実として排除されることが確立している。なお、合衆国最高裁は一九六七年のストーヴァル判決[20]において、殺人および同未遂事件の翌日逮捕した被疑者を重体で入院中の被害者と面接させ犯人に間違いないとの供述を得て後に公判でも犯人として識別された事案につき、単独面接は「不必要に暗示的で回復不能の誤りを誘発するおそれがあるためデュー・プロセス」の観点から問題となりうるとしつつ、「本件では被疑者の無実を晴らしうるのはこの世の中で一人しかいなかった、彼は犯人ではないとの被害者の言葉だけが被疑者を自由にすることができた」本件状況下での単独面接はデュー・プロセスに違反するとはいえないとし、単独面接は特段の事情のない限りデュー・プロセスに違反することを示唆しているのである[21]。

このようにアメリカでは第四修正の不合理な捜索・逮捕押収の禁止規定の実効性を保障するための排除法則を中心としつつ、第五修正の自己負罪拒否特権の保護手段としてのミランダ排除法則、そして第六修正の弁護人依頼権に違反する起訴後公判前の犯人識別供述の排除法則が確立しているため、同じく排除法則自体は確立しているとはいえ、その適用範囲はわが国のそれと格段の相違がある。

また前出クォーリズ判決は「最高裁がはじめて」ミランダに直接違反する第一次供述を訴追側の主張立証で被告人に不利益な実質証拠として用いることを認めたものであり、正面から「ミランダの中核部分」を攻撃するものであることは否定できない。しかしながら、ミランダ判決は警察署における身柄拘束中の取調べに関する事案であったにもかかわらず、合衆国最高裁は一九六八年と一九六九年の二判決において、[22]警察署外での〝身柄拘束中の取調べ〟についてもミランダ法則の適用を拡大した。ミランダ判決の文言は明瞭明確である、〝要するに、個人が当局によって身柄を拘束され、もしくは他の何らかの重要な方法で自由を奪われて取調べを受けるとき、自己負罪拒否の特権は危うくなると判示〟している、この文言による限り他の解釈の余地はないというのである。このような文言上の単なる形式的な解釈によってミランダ法則を拡大適用したこの二判決以降、その場所いかんを問わず、したがって現行犯逮捕であっても取調べに該当する限り、ミランダ警告を不可欠とする実務が確立するのである。[23]

三　ストーン判決の限定

合衆国最高裁は一九七六年の【39】ストーン判決で、違法捜査の抑止など第四修正の実効性を保障するための排除法則の有用性と刑事手続の中心問題である被告人の有罪・無罪に関し極めて信用性ある証拠を排除することの社会的コストとを比較衡量しつつ、すでに通常の上訴手続において第四修正違反につき「十分かつ公正な審理の機会」を与えられていた州の受刑者にさらに連邦の人身保護令状による審査を認めることの社会的コストは排除法則の有用性に比して余りにも大きいとして、これを否定した。このストーン判決は、いずれも法案として成立するに至らなかったものの、いわば第二次的な上訴手続である人身保護令状審査を公判手続の基本的公正さに関わる問題に限定すべきであるとする立法提案が連邦議会で一九五三年以降繰り返されていただけに、連邦議会がその後廃案とした法案の一部を復活施行したものと位置付けることも可能であるため、その後の動向が注目されていた。

しかし、合衆国最高裁はその後の一連の判例で、いずれもストーン判決の拡大を否定している。すなわち、一九七五年のジャクソン判決（Jackson. Virginia, 443 U.S. 307）では「犯罪のすべての要素が合理的疑いを容れない程度に立証されたという結論を十分に支持するに足る証拠がない限り有罪とされない」との確立したデュー・プロセスの基準に違反して有罪認定がなされたとの主張に対し、また同年のローズ判決（Rose v. Mitchell, 443 U.S. 545）では大陪審での陪審員選任手続の人種差別を理由とする第一四修正の平等保護条項違反の主張に対し、さらに一九八六年のキメルマン判決（Kimmelman v. Morrison, 477 U.S. 365）では精液等の付着したシーツを捜査官が違法に押収したにもかかわらず弁護人の証拠排除の申立てが時機に遅れてなされたために認められず被告人が有罪とされた事案につき、弁護人の援助が十分ではなく第六修正に違反するとの主張に対し、いずれも人身保護令状による救済を肯定しているのである。(24)

(1)　ウィズロー判決

とりわけ注目されるのはマップ判決とミランダ判決とを対比しつつ、ミランダ法則違反に人身保護令状による救済を肯定した一九九三年のウィズロウ判決(25)である。次のような事案である。

捜査官（Pら）は、駐車場内での男性二人の射殺事件について捜査を開始し、ウィリアムズ（X）が関与しているらしいとの情報を付近住民から得たので、Xの自宅に赴き同行を求め、警察署で本件犯人に関する情報の有無を尋ねたところ、Xは関わりを認めた、しかしPは、ミランダ警告をしないまま取調べを継続することとし、犯行現場にいた人物には関心がない、知りたいのは誰が射殺したかだ、君はすべてを知っている、本当のことを話したまえ、そうでないと君を逮捕して告発するなどと詰問して「質問に答えるかそれとも正式に告発されるか」の二者択一を迫った。Xは間もなく、射殺の実行犯はYであり、Yに銃を提供したこと等を認めた。Pらは当初の取調べからおよそ四〇分経過したこの時点ではじめてミランダの権利告知をした。Xは権利を放棄して取調べに応じ、Yを犯行現場に送迎した等の詳細な供述をした、この二回目の取調べ時のやりとりはすべて録音されていた。Xは後に、ミランダ違反を理由に第二回目の供述の排除を申し立てたが認められず、州段階でXの有罪は確定した。そこでXは連邦地方裁判所にミランダ違反を理由に人身保護令状の救済を求めたところ、同地裁は反覆自白に関する【58】エルキンズ判決の基準に照らして第二回目の供述は許容できないとし、控訴審もこれを維持した。これに対し、合衆国最高裁はストーン判決の拡大適用を求める訴追側の主張を退け、人身保護令状による救済を認めた原審判断を維持した。その要旨は、およそ次のとおりである。

訴追側は、ミランダの保護手段は憲法上の性格を有するものではなく〝予防的なもの〟にすぎない、したがって、第二次的な連邦法上の人身保護令状の審査をミランダ違反に拡大すべきでないと主張する。訴追側の主張の前提は受け入れるが、その結論は認められない。ミランダの保護手段を〝予防的〟とすることは、ミランダ判決を【7】マップ判決と完全に同一視したり、【39】ストーン判決に従属させることとは全く異なる。

マップ法則は〝一身的な憲法上の権利〟ではなく将来の憲法違反の抑止に奉仕する。マップ法則は公判で提出された証拠の信用性を高めることによって刑事手続の健全性を増進させるものとも考えられていない。それとは全く反対に、マップ判決の下で排除される証拠は〝典型的に信用性があり、しばしば被告人の有罪無罪に関する極めて証拠価値ある情報である。〟ミランダは二点においてマップと異なる。被告人の第五修正の自己負罪拒否特権を保障することにおいて〝予防的〟といえようが、ミランダは〝基本的な公判上の権利〟は罪責の正確な解明と無縁ではない何らかの価値（some value necessarily divorced from the correct ascertainment of guilt）に奉仕しないとも限らない。〝自白に頼る刑法の執行制度は結局、独立した自白以外の捜査に頼る制度よりも信用できず、より濫用のおそれがある〟〝あらゆる身柄拘束中の取調べ事例における不信用供述の可能性〟に備えることによって、ミランダは〝公判での不信用供述の使用〃防止に役立っている。

さらに最も重要なことであるが、ミランダ違反の主張にストーン判決を拡大して人身保護令状の審査を否定しても、合衆国裁判所の利益にはならず、有意義な方法で連邦主義の大義を促進することにもならないであろう。人身保護令状による審査を否定しても、州の受刑者がミランダ違反の主張に代えて、その有罪判決は不任意自白に基づいているとのデュー・プロセス違反の主張に切り替えることを防止できないからである。デュー・プロセスの下では、事情の全体から自白の任意性が判断されるから、多忙な合衆国裁判所の労力軽減には役立たない。さらに、合衆国裁判所がミランダ違反を理由に州段階で確定した有罪判決を覆すと、連邦と州の二つの裁判制度間に緊張が生じうるが、このようなことが頻発して人身保護令状によるミランダ違反救済に大きなコストがかかるとか、両裁判制度間に相当の緊張が生じると考えるのは合理的でない。この点に関しては、ミランダは二七年前に言い渡されたことを想起すべきである。法執行の実務はその後大きく成長し、今日の警察がミランダの要求を満たし得ないと考える理由はほとんどない。ミランダは実務に完全に定着しているからである。

(2)　ストーン判決の限定　このように合衆国最高裁は、ストーン判決の射程距離を当初の第四修正違反の主張に限定する。前述のように連邦議会で繰り返された立法提案の具体的標的は、第四修正の排除法則を州にも適用した一九六一年の【7】マップ判決、第五修正の自己負罪拒否特権の実効性を期するために被疑者取調べでの弁護人立会権等の告知を不可欠として一九六六年のミランダ判決、および第六修正の弁護人の援助を受ける権利を根拠に起訴後公判前の面割り行列への弁護人立会権を肯定した【47】ウェイド判決、【48】ギルバート判決である[26]。ミランダ法則についてはその適用範囲を限定する判例が相次いでいたことから、とくにミランダ違反供述へのストーン判決の拡大適用の可能性が重要な問題として論じられていたのである[27]。

いずれにせよ、合衆国最高裁は連邦議会の抵抗を排して、第四修正のマップ判決、第五修正のミランダ判決、第六修正のウェイド、ギルバート判決に関する各排除法則を一貫して維持したため、ここに第一四修正を介して州裁判所をも拘束する統一的な排除法則が全米で確立するに至ったのである。

(13) 柳川重規「不任意自白に由来する自白及び証拠物——毒樹の果実法理の展開——」現代刑事法二二号（二〇〇一年）五三、五八頁注（11）。

(14) 柳川重規「毒樹果実法理の適用と裁判所の証拠排除権限」法学新報一〇一巻三＝四号（一九九四年）二一三—二一六頁、二二〇頁。なお、いわゆる規範説の立場からは排除法則の適用に当たり利益衡量は一切否定される。渥美東洋「反覆自白、不任意自白と排除法則」判例タイムズ三六五号（一九七八年）三一頁、同「排除法則の理論構成」高田卓爾博士古稀祝賀・刑事訴訟の現代的動向（三省堂、一九九一年）二〇五頁以下。

(15) 川出敏裕「いわゆる『毒樹の果実論』の意義と妥当範囲」松尾浩也先生古稀祝賀論文集下巻（有斐閣、一九九八年）五二七頁注（17）。

(16) 川出・前掲五二五—五二七頁。

(17) New York v. Quarles, 467 U.S. 649 (1984).

(18) Rhode Island v. Innis, 446 U.S. 291 (1980).

(19) わが国ではMiranda ruleの訳語としてミランダ法則ないしミランダ・ルールまたはミランダ原則という言葉が用いられているが、本書収録の諸判例からも明らかなように、アメリカではミランダの排除法則（Miranda exclusionary rule）という用語が一般的に用いられており、またわが国ではexclusionary ruleについては排除法則という訳語が定着しているので、両者を統一的に解釈する傾向ともあわせて考慮すると、ミランダ法則という訳語が適切と思われる。

(20) Stovall v. Denno, 388 U.S. 293 (1967). 以上の三部作（trilogy）とされる三判決は争点類似事件として一括審理されたものである。小早川義則「デュー・プロセスをめぐる合衆国最高裁の動向（四）」名城法学五一巻三号（二〇〇二年）六九—八四頁。

(21) なお、わが国の捜査実務では、このような問題意識が欠落している。例えば、最高裁で逆転無罪が確定したいわゆる板橋強制わいせつ事件では「暗示性が強いためできるだけ避けるべきであるとされているいわゆる単独面接方式がとられている。」佐藤學「体験的事実認定論（六）——第六　犯人識別供述の信用性」名城ロースクール・レビュー一二号（二〇〇九年）二〇八頁。もっとも、同事件では「やむを得ない」事情もあったようであるが、わが国では複雑面接ではなく一般に単独面接方式が採用されており、この点においてもアメリカ法との落差は大きい。

(22) Mathis v. United States, 391 U.S. 1 (1968); Orozco v. Texas, 394 U.S. 324 (1969).

(23) 小早川義則『ミランダと被疑者取調べ』（成文堂、一九九三年）一四六—一四九頁。

(24) 高田昭正「合衆国の人身保護令状（二）——刑事訴追における法的救済として」岡山大学法学会雑誌三九巻一号（一九八九年）四五頁、五六頁以下。

(25) Withrow v. Williams, 507 U.S. 680 (1993). 本判決につき、小早川義則・アメリカ法一九九五—I 一五九頁、宮城啓子『裁量上告と最高裁判所の役割』（千倉書房、一九九八年）二七五頁以下。

(26) 高田・前掲注24 四七頁。

(27) 宮城・前掲注25二〇三頁以下。

第三節　排除法則と憲法

このようにアメリカでは物的証拠と供述証拠とを問わない合一的な排除法則が確立しているため、毒樹の果実の適用範囲についても各種排除法則との関わりに言及しつつ、独立入手源や稀釈法理の例外に該当するかが検討されているのである。もっとも、すでに一八八六年の【1】ボイド判決において第四修正と第五修正との「緊密な関係」が指摘されており、その後若干の変遷があったものの、一九九三年のウィズロー判決（前出）では第五修正の自己負罪拒否特権の実効性を確保するためのミランダ法則と第四修正の物的証拠に関する【7】マップ判決との相違が強調されるなどいささか複雑であるが、いずれの排除法則も憲法それ自体に由来するものではないことは確立しいる。ただ、合衆国最高裁が二〇〇〇年の【63】ディカソン判決において、ミランダ判決は憲法判断であることを強調したため、わが国でも排除法則の憲法上の地位があらためて問題となっている。

以下、この点に関するディカソン判決の意義に触れた後、いわゆる絶対的排除法則と相対的排除法則をめぐるわが国における議論に言及しつつ、排除法則と憲法との関わりについて検討することとしたい。

一　ディカソン判決の意義

合衆国最高裁は二〇〇〇年六月二六日のディカソン判決において、憲法上の根拠があることを理由にミランダ判決を再確認するとともに、ミランダと明白に矛盾する連邦法第三五〇一条の違憲性を指摘した。当日レンキスト長官が法廷意見を言い渡すと告げると、満席の法廷でざわめきがあった（there was considerable drama in the court）と伝えられる。過去二五年間にわたりミランダには憲法上の土台がない（Miranda's lack of constitutional foundation）と主張し続けてきただけに、あるいは多数意見としてレンキスト長官はミランダの変更を告げるのではないかと思われたというのである。(28) それ程までにアメリカでも話題となった判決であるのでその判示内容をやや敷衍しつつ、とりわけ重要な第一四修正のデュー・プロセス条項との関わりについて考えてみたい。

(1)　憲法判断の根拠

法廷意見は、まず「本件は、ミランダ判決裁判所（Miranda court）は憲法上の法則を宣明したのかどうかの解釈にかかっている」と指摘する。次にこの点を認識して控訴裁判所は、ミランダの憲法上の地位を判断するためにミランダおよびその関連判例を精査し、われわれがミランダ警告の要件に若干の例外を創出してきたこと、そしてわれわれが繰り返し〝予防的なもの（prophylactic）〟であり〝それ自体憲法によって保護された権利ではない〟としてミランダ警告に言及してきたという事実に依拠して、ミランダで明らかにされた保護策は憲法によって要求されたものでない（not constitutionally required）と結論したと指摘した上で、法廷意見はミランダの憲法上の地位について次のように判示している。

①　従前の最高裁の判例の中に控訴裁判所の見解を裏付ける文言のあることは認められるが、その結論には同意できない。「他の側面——ミランダは憲法判断（a constitutional decision）である——に関する要素の中で最も重要なこと（first and foremost of the factors）は、ミランダ判決およびその争点類似事件の二判決はともに州裁判所——すなわち、アリゾナ、カリフォルニア、ニューヨークの各州裁判所——での手続にミランダ法則を適用したということである。そのとき以降、われわれは一貫してミランダ法則を州裁判所で生じた訴追に適用している。州裁判所での手続については、われわれの〝権限は合衆国憲法の命令を実施することに限定されている。〟」

②　ミランダの憲法上の根拠（Miranda's constitutional basis）に関するわれわれの結論は、ウィズロウ判決（前出）でミランダ違反の主張を人身保護令状手続において連邦裁判所に提起することをわれわれが確定囚に認めてきたという事実によってさらに補強される。人身保護手続は、〝ある人が合衆国の憲法または法律、または条約に違反して身柄を拘束されている〟という主張に対してのみ、利用できる。「ミランダ法則は、連邦の法律または条約に基づいたものでないのは明白であるから、ミランダ違反の主張に対する保護令状の審査を認めるわれわれの判例は、ミランダにも憲法上の起源（of constitutional origin）のあることを明らかに前提としている。」

③　「ミランダの法廷意見それ自体、まず最初に〝自己負罪拒否特権を適用する際の若干の問題点をいま少し解明し、そして法の執行機関及び裁判所に順守すべき具体的な憲法上の指針（concrete constitutional guidelines）を示すために〟上告受理の申立てを容れたと述べている。事実、多数意見には憲法上の法則（a constitutional rule）を宣明しようと考えていたことを示す文言が充満している。現に、当裁判所の最終的結論は、当裁判所の面前で（一括して審理された）四事件においていて獲得された警告を欠く自白はいずれも〝特権保護のための憲法上の基準に合致しない

状況下で被告人から獲得された〃ということであった」と判示しているのである。

このように【63】ディカソン判決は、ミランダ判決で争点類似事件として一括審理された事件は、【46】ウェストオーヴァ判決を除くと、すべて州裁判所での手続にミランダ法則を適用したものであり、ミランダ違反の主張は人身保護令状手続においても認められている。合衆国最高裁の州裁判所での手続への介入は「合衆国憲法の命令を実施する」場合に限られ、人身保護手続の利用も合衆国憲法等に違反する場合に限られているから、ミランダには憲法上の根拠があることは明らかであるというのである。

合衆国最高裁は一九六五年一一月二二日、アリゾナ州最高裁で有罪が確定したミランダ事件を含む四つの争点類似事件につき上告受理の申立てを容れ、翌六六年六月一三日、警察署での身柄拘束中の取調べと第五修正の自己負罪拒否特権との関わりについて一定の判断を示した上で、四事件での被告人の供述は「特権保護のための憲法上の基準に合致しない状況下において被告人から獲得されたものであると結論した。」その一つがアリゾナ州フェニックスでの強姦事件に関する州最高裁判決を破棄したミランダ判決であり、残り三つのうちの一つが連邦法上の銀行強盗事件に関する【46】ウェストオーヴァ判決で、残り二つはニューヨーク・ブルックリンでの強盗事件とカリフォルニア・ロサンゼルスでのひったくり事件に関する判決であったのであり、要するに、ミランダ判決はそれらのいわば代表格にすぎないのである。(29)

(2)　第一四修正のデュー・プロセス条項の役割

一九六一年の【7】マップ判決は、不合理な捜索・逮捕押収を禁止する第四修正は第一四修正のデュー・プロセス条項を介して州に適用できることを理由に連邦法上の【2】ウィークスの排除法則も州法上の事件に適用されることをはじめて明示したものであるが、繰り返し指摘したように、その後の一連の判例で第四修正の排除法則は直接憲法に由来するものではないとされ、ミランダの排除法則についても第五修正の自己負罪拒否特権の実効性を確保するための手続的保障にすぎないことが確立している。そして現に、ディカソン判決自体、原控訴審の見解には従前の最高裁判決の裏付けがあるとして、ミランダ法則は予防的なもので憲法によって直接要求されたものではないことをあらためて確認しているのであって、ミランダ判決が憲法判断であると明示されたことから、直ちに排除法則の憲法上の地位に変化が生じたとは考えられない。

合衆国最高裁はウォーレン・コート下に第一四修正のデュー・プロセス条項を積極的に活用して合衆国憲法第一修正ないし第八修正の権利の章典に関する諸規定はそのまま州に適用されるという〝デュー・プロセス革命〟を樹立したが、それは連邦政府が州のいわば専権事項とされている刑事手続に介入するには第一四修正のデュー・プロセス条項を活用するしかなかったという〝世界で最も複雑な〟連邦制度の特殊性に基づいたものであり、その意味では第一四修正のデュー・プロセス条項は利用されたにすぎなかったのである。もっとも、【5】ローチン判決や【32】ドイル判決等に示されているように、第一四修正（または第五修正）のデュー・プロセス条項に直接違反するとされる事例もあるが、それは拷問など正義の感覚にショックを与えたりミランダ警告後の黙秘の利用など基本的に不公正であるようなものに限られている。

いずれにせよ、ディカソン判決以降においても第四修正の排除法則は「抑止効を通して第四修正の権利を保障するために裁判所によって創り出された救済手段」であり、第五修正のミランダの排除法則は「自己負罪拒否特権の実効性を確保するためにある手続的保障」にすぎないという従前の最高裁の態度は一貫して維持されており、その意味でアメリカにおける排除法則は憲法の直接要求するものでないことが確立しているのである。

二　絶対的排除説と相対的排除説

排除法則およびそれと密接不可分の毒樹の果実論はアメリカで生成、展開され、それがわが国に導入されたものである。今日のアメリカでは、合衆国憲法第四修正の不合理な捜索・逮捕押収の禁止、第五修正の自己負罪拒否特権、第六修正の弁護人の援助を受ける権利など憲法の定める刑事手続上の諸権利は第一四修正のデュー・プロセス条項を介して州にも適用されることが確立している。その結果、自白であると有体物であるとを問わず違法に獲得された証拠はすべて排除されるため、毒樹の果実論の対象は極めて広範囲にわたるが、それとほぼ同時に果実排除に対する周知の三例外、すなわち〝独立入手源〟〝稀釈法理〟および〝不可避的発見〟の例外則も確立しているため、その相互関係を把握することが重要となる。

合衆国最高裁は早くも一九二〇年の【41】シルヴァーソン判決において、第四修正に違反して獲得された証拠は「およそ用いられてはならない」としつつ、それが独立の源から得られている場合には排除する必要はない旨判示し、さらに一九三九年の【42】第二次ナードン判決ではじめて〝毒樹の果実〟という言葉を用いて排除法則は派生的証拠にも及ぶことを強調しつつ、違法盗聴との関係が「極めて稀薄なため、その汚れが除去されていることもありうる」と判示した。そして一九六三年の【45】ワン・サン判決で包括的な毒樹の果実論を展開し、排除法則は違法行為の「直接の産物と同様に間接的なものにも及ぶ」としつつ、〝独立入手源〟の例外と〝稀釈〟の例外のあることを再確認した上で、毒樹の果実に相当するか否かの判断基準は「当該証拠が違法行為を〝利用（exploitation）〟して得られたものであるか、それとも最初の汚れを除去したものと認めるに足る手段によって得られたものであるかである」と判示した。合衆国最高裁はその後、一九八四年の【56】第二次ウィリアムズ判決において、第六修正違反の事案につき違法行為と関わりなく不可避的に発見されていたであろう証拠まで排除することになれば、何らの違法行為がなかった場合よりも訴追側は不利な立場に置かれることとなり、この点において独立入手源の法理と不可避的発見の法理には「機能的類似性」があることを理由にはじめて正面から不可避的発見の例外を肯定した。

このように合衆国最高裁は、一九一四年の【2】ウィークス判決とほぼ同時に独立入手源の例外法則のあることを明示し、稀釈法理の例外についても一九三九年の判決で事実上これを認めているのである。

この点に関しわが国では、「アメリカ合衆国の判例法では、証拠収集手続に違法があれば即証拠の排除という一般的な法則（rule）を立てた上で、不都合が生ずる毎にこれに例外（goodfaith exception, inevitable discovery exception etc.）の抜け穴を穿ってその客観面を制約する」こと等によって、「結果の妥当性を担保しようとしているように見うけられる。[30]」あるいは「アメリカ合衆国においては『毒樹』が違法収集証拠として排除される以上、『果実』についても排除しなければ、目的を達成することはできず、これを排除するのが排除法則の論理的な帰結であることが承認されている。しかし、アメリカ合衆国においては、絶対的排除法則が採用されていることから、『毒樹の果実』の理論によって証拠排除の連鎖が際限なく広がることの弊害も指摘されており、これを制限する法理がいくつか形成されている」として〃独立入手源の法理〃〃稀釈の法理〃〃不可避的発見の法理〃の三例外に言及されているのである。[31]

しかしながら、前述のようにアメリカでは排除法則とほぼ併行して独立入手源や稀釈法理の例外が認められていたのであり、毒樹の果実排除の三例外は排除法則のいわば必然的結果であるように思われる。もっとも、〃不可避的発見の例外〃が肯定されたのは比較的新しいが、不可避的発見は別名〃仮定的独立入手源〃といわれるように独立入手源法理との関係は密接であり、【56】第二次ウィリアムズ判決が両者の〃機能的類似性〃を指摘したのはこのためである。そしてブレナン反対意見も「不可避的発見の例外の仮定的事実認定を独立入手源法理に機能的に相当する状況に限定する」ために〃明確かつ説得力ある証拠（clear and convincing evidence）〃による不可避性の立証を必要とすべきであると主張するにとどまり、不可避的発見の例外自体は「憲法の要求に合致することに同意」しているのである。

また、わが国においては「かつては、証拠能力のない違法収集証拠から派生した証拠はすべて証拠能力がないとする見解（無制限説）が有力であったが」、近時は派生証拠と違法手続との関連性等を総合的に考慮して証拠能力の有無を判断するという制限説が学説においても有力となっているとして、前者の無制限説のいわば代表格として光藤景皎『刑事訴訟行為論』（有斐閣、一九七四年）三二九頁以下等が注記されている。(32) しかし、光藤説も「違法収集証拠を通じて得られた第二次証拠にも原則として排除法則が及ぶことを確認」した上で、「毒樹の果実の排除の法則は、排除法則をまともに考えるならば、貫かれるべきものであるとしつつ、①訴追側が証拠を「独立の源」から知る場合、②官憲の違法行為と問題の証拠との因果関係が最初の違法行為を無視してよいほど稀薄になった場合、すなわち独立入手源と稀釈法理については当初から例外則として肯定しているのであり（光藤・同三六八頁）、毒樹から派生した果実は「すべて証拠能力がないとする見解」に立つものではない。

もっとも、排除法則一般について相対的排除の見解を採りながら、「毒樹の果実」に限って絶対的排除の見解を採用するというのは「理論的に一貫性が欠ける」(33) というのはそのとおりであろう。(34) いずれにせよ一九七八年の【2】大阪覚せい剤事件判決の「打ち出した相対的排除法則は、実務に完全に定着」し、その後【9】神戸ホステス宅放火事件判決での伊藤補足意見が毒樹の果実についても同様の見解を示しており、最高裁は二〇〇三年の【10】大津覚せい剤事件においてはじめて違法収集証拠である毒樹を排除したが、その果実については従前の相対的排除の手法に依りつつ、その証拠能力を肯定したものとして大いに注目されているのである。

(28)　詳しくは、小早川義則「ミランダ判決の意義と限界――ディカソン判決を契機に――」名城法学五〇巻別冊（二〇〇〇年）。

(29)　小早川義則『ミランダと被疑者取調べ』（成文堂、一九九五年）八五―九〇頁。

(30)　高木俊夫＝大渕敏和『違法収集証拠の証拠能力をめぐる諸問題』司法研究報告書第三九輯第一号（一九八八年）二五一頁。

(31) 朝山芳史『最高裁判所判例解説刑事篇平成一五年度』四五頁。
(32) 朝山・同解説四六頁。
(33) 同四七頁。
(34) 同五四頁。

第四節　最高裁判所の役割

わが最高裁は二〇〇三年の【10】大津覚せい剤事件判決において、逮捕状不呈示の違法状態を利用して採取された被告人の尿の鑑定書にはじめて排除法則を適用してその証拠能力を否定しつつ、その後令状に基づいて被告人方から発見され差し押さえられた覚せい剤については右鑑定書との関連性は密接ではないとしてその証拠能力を肯定した。従前の判例は、証拠収集手続自体に違法は認められない場合であっても、先行手続に違法があれば、その違法性が承継される場合のあることを認めつつ、一九八六年の【3】奈良覚せい剤済事件判決の導入した「同一目的・直接利用」(35)の関係を中心に諸般の事情を考慮し、「一連の手続を全体として」みて違法の承継の有無・程度を判断し、いずれも違法はいまだ重大ではないとして結論として当該証拠の証拠能力を肯定してきた。これに対し、本判決は警察官の公判廷での「事実と反する証言」を強調しつつ、逮捕時の令状不呈示ないし緊急執行手続の不履行という比較的軽微な「手続的な違法」が証拠収集手続後の警察官による事後的な隠蔽行為によって「重大な違法」となり、これに「密接に関連する」尿の鑑定書の証拠能力を否定すべきであるとした。

以下、右判決を素材に最高裁判例の役割について少し考えてみたい。

一　大津覚せい剤事件判決の意義と問題点

本判決の最大の問題点は、違法逮捕後に採取された第一次証拠である尿の鑑定書の証拠能力を否定しながら、その鑑定書を疎明資料として後に発付された捜索差押許可状（以下、第二令状ともいう）に基づいて押収された派生証拠である本件覚せい剤等については違法逮捕以前にそれとは無関係に別途発付されていた窃盗罪についての捜索差押許可状（以下、第一令状ともいう）と併せて令状執行されていたことを理由に、毒樹たる尿の鑑定書との「関連性は密接なものではない」としてその証拠能力を肯定したことにある。この点につき、最高裁調査官は、次のように指摘している。すなわち第一令状による「捜索のみが行われた場合であっても、発見されたであろうという蓋然性が高く、そうだとすれば、差し押さえるべきものに含まれていなかったとしても、立会人から任意提出を受けるなどして、適法に押収される可能性が高かったことをいったものと考えられる」から、上記判示は、アメリカ法における「不可避的発見の法理」を想起させる。本件においては、第二次令状と「それ自体は適法な」第一令状が「併行して」執行され、「前者の手続によって本件覚せい剤が発見された場合」であるから、不可避的発見の法理が想定するようなケースとは「事案を異にするということができる。しかし、この法理の基にある考え方によれば、本件覚せい剤は、適法な捜索のみが行われた場合であっても、発見、押収される運命にあったと考えられるから、違法な逮捕手続との因果関係が欠けるので証拠能力は否定されないと考えられよう。」不可避的発見の法理が「適法な証拠収集手続が行われていれば」という仮定的判断を含むのに対し、「本件では、実際に適法な証拠収集手続も併行して行われているのである」から、不可避的発見の法理が想定するケースよりも「むしろ因果関係が欠けるとの判断を導き易いとみることもできよう」とした上で、この点に関する本判決の立場は「理論的に必ずしも明らかではないが」、不可避的発見の法理を「意識し、これを参考にしたとみる余地があろう」[36]と指摘しているのである。

違法逮捕とは無関係の第一令状だけでも本件覚せい剤が「発見されていたであろう蓋然性」が高ければ、不可避的発見の法理の適用が考えられる。問題は、違法逮捕と「密接な関連性を有する」尿の鑑定書を疎明資料にして発付された第二令状がなくても、それとは無関係に第一令状だけで被告人方の捜索が行われ、かつ本件覚せい剤が発見されていたであろうと言えるかであるにもかかわらず、第二令状発付に関する他の疎明資料の有無が判然としないことにある。さらに、窃盗に関する第一令状の同時執行は、確かに不可避的発見の法理を想起させるが、本件では覚せい剤関連の起訴（六月一一日）が先行し、窃盗の事実についてはほぼ四か月を経て（一〇月一五日）追起訴がなされているにすぎない。同時執行された第一令状の捜索で窃盗関連の証拠物が発見押収されたのかも不明である。

このように本判決は事実関係を含め「判文が簡潔でわかりにくいが」、昭和五三年の【2】大阪天王寺事件判決が定立した「違法重大性」と「排除相当性」の二個の基準の関係をあらためて考えさせる事案ではある。最高裁判例はいずれもこの二基準をそのまま復唱してはいるが、裁判所が、問題となった捜査行為の違法態様を評価するに当たり、あるときは「違法重大性」を強調し、またあるときは「排除相当性」に重心をシフトさせて、判断の具体的妥当性を得ようと図ることは当然であろう。したがって、「両基準の相互関係をあらかじめ固定的に規定した上で、具体事例における当てはめの当否を論じることは、あまり意義があることとは言えないのかも知れない」との指摘がある。[37]

右指摘は、控え目ながら今後の進むべき方向を示唆しているように思われ有益である。前述のように、わが国では排除法則の毒樹の果実への適用についてもいわば演繹的手法がむしろ一般的と思われるが、むしろ逆に個々の具体的分析からする帰納的分析の方が分かり易い。排除法則の根拠についても司法の廉潔性説、違法捜査の抑止効説、憲法の保障に内在する法規範説があるとした上での具体的事例への適用の有無ではなく、本書収録の合衆国判例が示しているように、あくまでも具体的事例を前提に従前の確立した判例の事案との異同を検討する方が分かり易く実践的であるように思われる。むろん、前述の理論的分析の意義を否定する意味ではないし、わが国は、判例法国であるアメリカとは異なり、制定法であるため、従前の判例の重みも同一視できないのは当然のことである。しかし、わが国でもアメリカのロースクールでの教育と同様、個々の案件の解決に当たって、関連する判例が存在する限り、それをあくまでも前提にしながら、その論理や基準を発展させあるいはそれらと区別する理由付けを行って好ましい結論を導いていくことの重要性が強調されているのである(38)。ましてや物的証拠に関する排除法則は制定法上の根拠のないものであるため、わが最高裁も逡巡しつつ一九七八年の【2】判決においてはじめて一定の要件下に排除法則を採用し、その後も【11】判決に見られるようにアメリカ法をも参考にしつつ、毒樹の果実法理を展開するに至ったのであり、そして排除法則は直接憲法に由来するものではないとする点で日米最高裁の見解はほぼ一致しているのである。

二　日米最高裁の相違

もっとも、同じく排除法則ないし毒樹の果実論を採用したといっても、その適用範囲には格段の相違がある。合衆国「最高裁の憲法解釈が直接捜査手続を規制するアメリカ法の構造の下での『裁判所』の役割をそのままわが国の問題の処理に持ち込む(39)」という意味ではないが、日米最高裁判所の役割の相違について、さしあたり若干の視点を指摘しておきたい。

まず第一、排除法則は憲法に直接由来するものではないとの考えで日米最高裁の見解はほぼ一致しているとはいえ、その前提となる問題状況が全く異なることに留意する必要がある。例えば、一九六五年に検事に任官し、二〇〇四年に検事総長を最後に退官し「その間常に、刑事訴訟法の目的に照らしてわが国の刑事司法の在り方について考える際、米国の刑事司法の実情との比較が念頭にあった」とする著者が「特に印象深かったのは」任官二年目に接した一九六六年のミランダ判決であり、そして在米日本国大使館に外交官として勤務中に接した第一次ウィリアムズ判決であったとの指摘がある。そして前者について合衆国最高裁はその後「捜査段階のルールに違反して得られた供述でも、例外的に、被告人の公判証言を弾劾するためには使うことができるとか、公共の安全に関わる事情下での質問にはミランダ・ルールは適用されないといった判示」をしており、後者については「新聞等でも大きな話題になり」後に有罪で確定するが、「当時は、さすがにこんな事案でも有罪にならないのかということで、理念と実務の間で大きな相克があることに驚きを禁じ得」なかったとの率直な感想が記されているのである。[40]

しかしながら、前述のように〝公共の安全の例外〟は、全く形式的な文言解釈によってミランダ法則が拡大適用された状況下のものであり、警察署における身柄拘束中の取調べに公共の安全の例外を認める余地は全くない。またウィリアムズ判決についても「こんな事案でも有罪にならないのか」というのはおそらくわれわれに共通の感想と思われるが、アメリカでは一九三二年のパウエル判決[41]を嚆矢とする第六修正の弁護人依頼権が確立している背景下のものであることを押えておく必要がある。アメリカでは弁護人依頼権については明文規定のある第六修正の弁護人の援助を受ける権利とミランダ判決によって創設された第五修正の弁護人依頼（fifth Amendment right to counsel）が確立しており、前者はいわば国家の宣戦布告に直面した被告人に弁護人依頼権を保障するものであり、後者はあくまでも身柄拘束中の取調べに内在する強制的雰囲気を払拭するための弁護人依頼権であり、同じく弁護人依頼権といってもその趣旨および適用範囲が異なる。したがってウィリアムズ判決において、被疑者が警察署に出頭後アレインメント手続を経た以上、その時点で第五修正の弁護人依頼権ではなく第六修正の弁護人依頼権が保障されるため、リーミング刑事がすでに選任されていた弁護人との約束を破り信仰心の厚い被疑者に〝教会葬の話〟をして被疑者の供述を得て死体の場所に案内させたことが第六修正違反とされたのである。なお、本件では被疑者の供述はむろん毒樹として排除されたが、死体の様子に関する検死結果についてのみ不可避的発見の例外として許容されたことにも留意したい。

第二、最高裁判例と最高裁調査官の関係が注目される。例えば、【9】神戸ホステス宅放火事件での「伊藤裁判官の補足意見は、法廷意見を代表したものといい得る」[42]、また【10】大津覚せい剤事件については前述のように、「不可避的発見の法理を意識し、これを参考にした」との各調査官解説があり、実務では一般に調査官解説が重視されるといえうが、むろん判決文自体には右のような指摘はない。他方、合衆国最高裁判例には通常シラバス（syllabus）が付されているが「シラバスは法廷意見の一部を構成するものではなく読者の便宜のために判例集の編纂者によって準備されたものである」（constitutes no part of the opinion of the Court but has been prepared by Reporter of Decisions for the convenience of the reader）旨明示されている[43]。要は、シラバスは便宜上のものにすぎず判決文ではないということであり、したがって、合衆国最高裁判例として紹介するのであれば、判決文自体からの引用が不可欠とされているのである。

なお、合衆国最高裁判事は四、五人の助手（assistant）を抱えている、時には彼らが判決文を起草することもあり、これをロー・クラーク（law clerk）という。クラークは裁判官個人のいわば腹心の助手で、上告受理申立てに関するメモ作成、先例および学説の検討はもちろん、時には判決文の第一次草案を書くこともある。ロー・クラークはクリスマスと新年以外はほとんど休みなしに仕事をするから、個人的な問題に関わる時間はなく、仕事に集中しなければならない。「上告受理の申立ては毎年五千件で、そのうち二〇〇件が受理される。」法廷意見執筆を割り当てられると全ての文献に当たり、引用も適切にしなければならないが、このときもクラークは当然援助する[44]。最高裁調査官とロー・クラークの役割は裁判官を補助するという意味では同一であるが、後者は「各裁判官が、多くは出身のロースクールから優秀な卒業生（日本の大学院博士課程二年生レベル）を選んで、卒業後すぐ一年の任期で各自のオフィスに裁判官補助者として採用する制度である」のに対し、前者は「四〇歳代の判事を中心とする裁判所中堅の優秀なプロ集団」であり、むろん特定の裁判官に専属するものではない。第二次大戦後、従前の大審院を廃止し、最高裁判所が設立されたとき、「事件数はむしろ多くなったのに（従前、大審院は憲法事件、行政事件を扱っていなかった）、当時多いときは四五人の大審院判事がいたのを一五人に減らした」ことに伴う「必要でやむを得ない」ものとして発足したのであるから、調査官制度は「最高裁判所の黒子である。」(45) ただ、両者の決定的相違は、わが国の最高裁調査官は後に解説を「法曹時報」に掲載し、これは毎年度毎に『最高裁判所判例解説』としてまとめられて出版されている。同時に「判例時報」「判例タイムズ」などの判例雑誌に掲載され、それに付けられている囲みのコメントは調査官（匿名）が執筆したものである。そして「最高裁判所の裁判の紹介や研究には、調査官の解説とコメントを必ず参照しなければならない。殊に、最高裁判所の判例と解説は一体不可分の関係にある。補足意見を付けるまでには至らないが、評議で話題になり、協議されたことを後々の参考のために調査官の解説に譲っていることがよくある」(46) からである。

むろん、調査官解説の有用性は否定できないが、「この解説はあくまで調査官の個人としての立場で書かれた」「あくまで執筆者である調査官の私見であって、その裁判をした大法廷または小法廷の見解ではない」ことに留意する必要性が強調されているのであって、(47) その意味では、合衆国最高裁判例に通常付記されているシラバスと本質的な差異はないように思われる。したがって、決定的に重要なのは判決文自体であって、それに直接当たることが欠かせないのである。

そして最後に、右とも関連するが、アメリカとは余りにも対照的なわが国の最高裁判事の没個性である。最高裁判事について裁判所法第一一条は「判決書には、各裁判官の意見を表示しなければならない」と規定し、最高裁判所には個別意見の表示が義務付けられているにもかかわらず、刑事事件に限らず個別意見は極端に少なく、大半が全員一致の判決・決定である。もっとも、わが最高裁も【1】西成ヘロイン事件では全裁判官が各自の意見を表明しており、半世紀を経た今でもその内容は新鮮で最高裁の面目躍如たるものがある。この点、「無名の一被告人、しかも少女殺しの犯人であることはほぼ確実であり、仲間の囚人たちからさえ憎悪されていた一被告人の自白の扱いをめぐって、最高裁判所を二分する論争が展開された」との【22】フルミナンテ判決に関する松尾浩也教授のコメント(48)と一脈相通ずる大法廷判決であるように思われて興味深いが、その後は、少なくとも純然たる刑事事件に関してはこれほど熱気を帯びた最高裁判決は見当たらない。もっとも、やや文脈は異なるとはいえ、本年（二〇〇九年）四月一四日の戸倉強制わいせつ事件判決(49)で最高裁第三小法廷が詳細な判断を示した上で、三対二で原判決を破棄自判無罪としたことが最高裁の積極的な新しい動きとして注目されてよい(50)。

ちなみに、ワシントンDCにある合衆国最高裁の地下ギフト店で現役の最高裁判事全員の顔写真の絵葉書が売り出されているのは、まことに象徴的である(51)。むろん、その背景には合衆国最高裁判事の任命方式がわが国とは全く対照的に、大統領の指名後に、連邦議会の承認が必要とされるため、その間に候補者の経歴等が徹底的に調査されマスメディアを通じて公表されるため一般国民にも周知となる事情がある。また、合衆国最高裁判所判事は終身制であり、その多くは五〇歳ほどの年齢で最高裁判事に任命されるため、ダグラス裁判官の三六年間、ブラック裁判官とブレナン裁判官の各三四年間の在職を別格としても、在職期間が相当長いという制度上の相違があり、一概に論ずるのは相当とは思われないが、わが国でも裁判員制度が始まった今日、司法がより身近な存在になるためにも、もっと積極的に発言することが最高裁判事に期待されているのである(52)。

(35)　山田耕司「尿の任意提出における『同一目的・直接利用』基準」判例タイムズ七七九号五一、五九頁。

(36) 朝山芳史『最高裁判所判例解説刑事篇』平成一五年度五一―五二頁。

(37) 高木俊夫「最三小平成一五年二月一四日判決を読んで」研修六八〇号一〇頁。

(38) 井上正仁「刑事訴訟法判例百選［第八版］の刊行にあたって」（別冊ジュリスト一七四号）三頁。

(39) 酒巻匡「いわゆる『緊急の差押』について――『プレイン・ヴュー（plain view）』法理の検討――」内藤謙先生古稀祝賀・刑事法学の現代的状況（有斐閣、一九九四年）四五三頁。

(40) 原田明夫「刑事訴訟法の理念と実務」ジュリスト一三七〇号八一―八二頁。

(41) 小早川義則「パウエル（スコッツボロ少年）判決と冤罪説」名城ロースクール・レビュー一三号（二〇〇九年）参照。

(42) 森岡茂『最高裁判所判例解説刑事篇』昭和五十八年度一八六頁。

(43) 例えば、Nix v. Williams, 467 U.S. 431, 104 S. Ct. 2501, at 2502 (1984).

(44) 小早川義則『NYロースクール断想――一研究者の軌跡』（成文堂、二〇〇四年）四四八―四四九頁。なお、上村善一郎「連邦地方裁判所におけるロー・クラークの役割、裁判官とロー・クラークの関係」判例タイムズ一二四〇号一一三頁以下。

(45) 園部逸夫『最高裁判所十年』（有斐閣、二〇〇一年）一〇―一一、一一三頁。

(46) 同一四頁。

(47) 中野次雄編『判例とその読み方』（有斐閣、一九八六年）一〇八頁。

(48) 松尾浩也「強制による自白の使用は絶対的破棄理由か――合衆国最高裁判所新判例（消極）――」法学教室一三一号（一九九一年）七二頁。

(49) 最三小判平成二一年四月一四日裁判所時報一四八一号五頁。

(50) 特別企画「最高裁三小法廷の二判決」季刊刑事弁護五九号七五頁以下。

(51) 小早川・前掲注（44）四〇一―四〇三頁。

(52) この点「最高裁判事よ、もっとしゃべろう」との見出しを掲げての一面大の記事として朝日新聞二〇〇九年八月二二日付二五面（大阪本社版）は有益である。なお、ダニエル・H・フット（溜箭将之訳）『名もない顔もない司法』（NTT出版、二〇〇七年）参照。

終　章

以上、違法収集証拠排除法則をめぐるわが国の動向を概観した後、わが国の議論に影響を与えた主要な合衆国最高裁判例を紹介しつつ、問題点を呈示してきた。これからも明らかなように、ほぼ同一の憲法条項を共有するにもかかわらず、日米最高裁の排除法則に関する憲法解釈は類似しているとはいえ、排除法則の適用範囲には格段の相違があり、それは主としてウォーレン・コート下での〝デュー・プロセス革命〟に起因する。したがって、合衆国最高裁の判断基準をそのままわが国に持ち込むという意味ではないが、排除法則ないし毒樹の果実論に限定した上で、さしあたり以下の諸点を指摘しておく。

まず第一、わが国では弾劾例外をめぐり若干の誤解があるように思われる。例えば、わが国でも著名な一九七一年の【25】ハリス判決が弾劾例外を肯定したことから「近い将来 Miranda 判決が正面から変更され……自白法則が再び『任意性の原則』へ逆戻りする可能性が極めて大きい」とされ、そして同判決が一九五四年の【24】ウォルダー判決を拡大適用したものであることから、ウォルダー判決自体が問題であるとした上で、同判決はそれ以降の「相次ぐ違法排除により実質的に変更されたものとみる方が妥当」とする見解[1]がり、合衆国最高裁判例に関するこの種のいわば独自の解釈は未だに散見される。しかし、アメリカ判例法における先例拘束性（stare decisis）は極めて重要視されるため、余程の明確な根拠がない限り、先例は変更されない。その意味で判例法は制定法よりも変更が至難であり、より硬いといってよい。また法律家である以上、先例拘束性の原理に従うのは当然のこととされており、例えば、前述のように合衆国最高裁はミランダ判決直後のマシス、オロスコの二判決によってミランダ法則をその場所いかんを問わず身柄拘束中の取調べに拡大したが、前者のマシス判決で反対意見に加わったハーラン裁判官は後者のオロスコ判決の同調意見において、マシス判決によってミランダ法則が警察署の外側での取調べに「拡大」されたことに照らすと、「先例拘束性の原理を尊重する以上」、法廷意見に同調せざるを得ないことをとくに付記しているのである。(2)

さらにわが国では弾劾例外を認めれば任意性に欠ける自白であっても弾劾のためであれば利用できることにもなりかねないとする見解もないではないが、本書収録の諸判例から明らかなように、弾劾利用はあくまでも任意性に疑いのない自白に限定されているのである。わが国とは異なり被告人の証人適格を肯定する法制度を前提にしたものではあるが、自己の決意で証人台に立った以上、被告人であっても他の証人と全く同様に真実を話す義務があるにもかかわらず、法廷で臆面もなく虚偽の証言をした被告人をそれ以前の任意になされかつ信用性に疑いのない捜査官に対する自白を用いて弾劾することはできないとしてミランダを偽証の許可状と曲解するような見解は採用できないとの合衆国最高裁判例の一貫した立場は理解できる。

右にも関連するが、このようなミランダ法則の確立が反覆自白に関する【58】エルスタッド判決等の背景にあり、前述の第六修正の弁護人依頼権の確立を前提とするウィリアムズ判決と同様、わが国ではほとんど問題とならないような自白獲得方法が憲法問題として争われているのはこのためである。

第二、【40】レオン、シェパード判決についてもその意義を再確認しておく必要がある。同判決が第四修正違反の事案に〝善意の例外〟を正面から肯定し、従前の排除法則を〝修正〟したという事実は否定し難い。しかし、排除法則の目的は警察官による違法捜査の抑止にあることを考えると、警察官が裁判官の発した捜索令状の有効性を善意でかつ客観的合理的に信じて行動した場合であっても排除法則を適用すべきとするその理由は必ずしも説得的とは思われない。反対意見は、排除法則を適用すれば治安判事はより慎重な令状審査をすることとなり憲法上の令状主義の要求は貫徹されるとしつつ、本件での警察官の行為は客観的に合理的であったことを認めているのであって、排除法則を裁判官の令状審査にまで及ぼすことが妥当といえるのかいささかの疑念を抱かざるを得ない。いずれにせよ、アメリカでは排除法則をめぐる議論がここまで貫徹されているのである。

このようにみてくると、〝弾劾例外〟や〝公共の安全の例外〟さらには〝善意の例外〟についてもその意味内容を事実に即して綿密に判断することなしに排除法則の後退であると考え、あるいはそれを歓迎しあるいはそれを慨嘆することに積極的な意味があるとは思われない。日本法についても「判例の結論部分を事実関係抜きにそのまま暗記しても、これはほとんど使い道はない[3]」ことが指摘されているのであって、前提となる事実関係をとりわけ重視するアメリカ判例法にこのことは妥当する。そして何より重要なのは、排除法則のいわば周辺部分の限定ないし修正に一喜一憂するのではなく不動の核心部分を見抜くことであり、ブレナン裁判官などのまことに激しい排除法則の骨抜き批判[4]だけを鵜呑みにして後退化を主張するのは相当とは思われない。

第三、わが国での毒樹の果実論のいわば先鞭を付けた【10】判決を素材に排除法則の根拠について触れておく。【6】エルキンズ判決や【7】マップ判決で明示されているように、排除法則を採用した各州の中でとりわけ重要なのが一九五五年のカリフォルニア州最高裁判決である。同最高裁は〝他の救済手段では憲法上の規定の遵守を確保できないことが完全に判明したことを理由にかかる結論に至らざるを得ない〟と結論し、そして証拠排除以外の他の救済手段は役立たなかったとの同州の経験は他の州の経験によっても裏付けられている、このように違法行為をした捜査官に対する制裁は実効性に乏しいためいわば次善の策として証拠排除が政策的にも有効であるとされてきたと指摘しているのである。【10】判決が比較的軽微な逮捕手続の違法性を事後的に重大であるとして一年余経過後の警察官の偽証をも逮捕手続と一体のものとして考慮した原判決を維持したのも、逮捕状や捜査報告書への虚偽記載以上に警察官の公判廷における証言の持つ意味を重視した上で排除法則の適用の必要性を痛感したことによるものと思われる。問題は、最高裁が本判決で「公判廷において事実と反する証言をしている」と断じた三警察官に対する警察内部での対応にある。どの程度の処分がなされたのか詳らかでないが、最高裁が偽証と断じた三警察官が偽証罪で訴追されていないことに鑑みると、本判決は排除法則の必要性をはしなくも露呈したものとしても注目されるのである。

そして最後に、排除法則ないし毒樹の果実の問題は裁判員制度下においても問題となりうるので裁判員制度に絡めて二、三の関連問題を指摘しておく。

まず裁判員裁判の放棄の問題がある。裁判員法には、対象事件の被告人が裁判員裁判ではなく裁判官による裁判を求めても、それを認める規定がない。他方、合衆国憲法第六修正は「すべての刑事上の訴追において、被告人(the accused)は……公平な陪審による迅速な公開の裁判を受ける権利を有する」と規定し、この権利は放棄しうる。もっとも、合衆国最高裁は一九六五年のシンガー判決(5)において、ウォーレン長官執筆の全員一致の評決で「被告人が裁判所の同意および政府側の同意を得て書面により陪審による裁判を放棄しない限り、陪審により審理される」と定める連邦刑事訴訟規則第二三条(a)の合憲性を肯定し、陪審による裁判を放棄したいとした被告人に同規則に基づき同意を与えることを拒否した検察官の措置を相当とした第九巡回区裁判所の判断を維持した。「要するに、被告人には陪審裁判を受ける権利はあるが、裁判官による裁判を要求する憲法上の権利はない」というのである。もっとも、検察官の関与を認めず、裁判所の承認だけを放棄の前提としたり、あくまでも被告人本人の判断を重視する州もあるが「約半数の州および連邦制度では、検察官および公判裁判官が同意したときに限り、裁判官による裁判(bench trial)が行われている。(6)」

次に裁判員対象事件では量刑についても素人の裁判員が判断に加わる上、死刑事件についても他の事件と区別せず単純多数決によるとされている。とくに後者については合理的な疑いとの関係で問題点を詰める必要があるように思われる。アメリカではシンガー判決以降、六人の陪審員による全員一致評決のほか、一〇対二の評決はもちろん、九対三の評決の合憲性が肯定されるなど、従前の一二人の陪審員による全員一致の評決のルールが次第に緩和されている。しかし、単純多数決による評決は認められていないし、死刑判決については一二人の陪審員による全員一致の評決がすべての法域において堅持されているのである。(7)

さらに裁判員制度では裁判官の裁判員への何らかの形での〝説示〟はありうると考えられるが、守秘義務の壁に妨げられ、その内容は一切明らかにされない。他方、アメリカでは裁判官の陪審に対する説示は法廷で行なわれる上、説示不当が上訴の理由となるなど日米の法制度の相違は大きい。(8) そしてアメリカでは、本書収録の諸判例から(9)も明らかなように答弁取引のほか刑事免責制度の積極的活用があり、またいわゆる三振法の合憲性も確立している(10)が、余りにも割り切った考え方に戸惑いを覚えることとすらある。もっとも、前者については一部に立法化の動きもあるが、〝全面可視化論(11)〟との絡みもありやや複雑である。

いずれにせよ、裁判員制度の施行に伴い、種々の問題点が顕在化してきたことは否めず、排除法則についても被告人の有罪立証に役立つ証拠であるにもかかわらず、なぜ排除されるのかの分かり易い説明(12)が素人の裁判員に対しても必要とされる時期が差し迫っている。憲法条項を共有するとはいえ、日米両国の刑事司法の実際上の差異は依然大きい、どの部分を採り入れどの部分を排除するのか、残された問題は少なくないが、いずれも今後の課題とするほかない。

（1）　熊本典道「自白法則の将来――Harris判決の意味するもの――」判例時報六三九号（一九七一年）二〇―二一頁。
（2）　Orezco v. Texas, 394 U.S. 324, at 327-328 (1969).

(3) 長沼範良ほか「演習刑事訴訟法」(有斐閣、二〇〇五年) 一八頁。
(4) ちなみに、日本語の骨抜きに相当する英語は evisceration (または emasculate) であるが、これは内臓抜きの意であり、魚食民族と肉食民族との差異を示すものとしても興味深い。
(5) Singer v. United States, 380 U.S. 24 (1965).
(6) 小早川義則「アメリカ刑事判例研究 (六) ——刑事訴訟における陪審裁判の放棄と検察官の同意——」名城ロースクール・レビュー一三号。
(7) 小早川・同一二七頁。
(8) 五十嵐二葉『説示なしでは裁判員制度は成功しない』(現代人文社、二〇〇七年)。
(9) 小早川義則「デュー・プロセスと司法 (答弁) 取引——合衆国最高裁判例を中心に——」桃山法学二号 (二〇〇三年) (一) 頁以下。
(10) 小早川義則「合衆国憲法第八修正と罪刑の均衡理論——合衆国最高裁ユーイング三振法合憲判決を契機に——」桃山法学七号 (二〇〇六年) (一) 頁以下。
(11) 小坂井久『取調べ可視化論の現在』(現代人文社、二〇〇九年)。
(12) 田宮裕「最高裁と排除法則」季刊現代警察五巻四号 (後に『刑事法の理論と現実』所収) 参照。

排除法則ないし毒樹の果実をめぐる合衆国最高裁判例の要旨

事実	判示
【1】ボイド第四・第五修正違反没収板ガラス事件判決（一八八六年） 被告人Xは関税を免れる目的での板ガラス三五ケースの不正輸入に関連して以前に輸入した板ガラス二九ケースの送状につき制定法に基づいた裁判所による提出命令に応じたところ、三五ケース全部の没収が言い渡された。 本件提出命令、没収等は合衆国憲法第四修正および第五修正に違反するか。 Boyd v. United States, 116 U.S. 616 (1886)	「イギリス憲法の不朽の記念碑の一つ」とされている一七六五年の判決で、時の政府を非難することにおいて実に勇敢であったノース・ブリトン紙は憎むべき名誉毀損文書とされその関係書類を没収するために発付された一般令状につき違法・無効が宣明された。第四修正と第五修正とは「緊密な関係」にある。「人の私文書を押収することと彼に不利な証人となることを強制することとの相違を認めることはできない。」 没収のために動産の所有者に私文書を強制的に提出させるのは第五修正の意味で自己に不利な証人となることを強制することであり、かつ第四修正の意味での不合理な捜索・押収である。本件での提出命令、およびかかる命令に権限を付与した法律は違憲・無効である。
【2】ウィークス第四修正違反富札券頒布郵便利用事件判決（一九一四年） Xは令状なしに逮捕された。一方、他の警察官（Pら）は無令状でXの住居を捜索して発見した富くじ券等を警察署長Qに引き渡したところ、Qはあらためて無令状でXの住居を捜索し富くじ券に関する手紙等を発見した。Xは第四修正および第五修正違反を理由に右私文書等の還付を請求したが認められず、これらの書	第四修正の歴史は【1】ボイド判決の法廷意見で詳論されている。第四修正の保護は、犯罪の被疑者であると否とを問わず同様に及ぶのであり、それに効力を与える義務は、連邦制度の下で法の執行に関わるすべての者に課せられている。第四修正に違反して押収された私文書等が犯罪で訴追されている市民である被告人に不利な証拠として使用されうるのであれば、そのような捜索・押収から安全である権利を宣明する第四修正の保護は無価値なも

類は州検察官の管理下に置かれ、公判でXに不利な証拠として許容された。

Weeks v. United States, 232 U.S. 383 (1914)

【41】シルヴァーソン父子第四修正違反押収物提出命令拒絶法廷侮辱事件判決（一九二〇年）

警察署長らはXの経営する木材会社の重要書類（原本）を違法に押収したため、裁判所はその還付を命じたが、その間にそれをコピーし判明した知識に基づいて原本の提出が求められるとその提出を命令し、拒絶されるとXらに法廷侮辱の刑を科した。

第四修正の保障は違法行為によって獲得された知識の利用には及ばないといえるか。

Silverthorne Lumber Co., v. United States, 251 U.S. 385 (1920)

【23】アグネヨ違法収集証拠弾劾否定覚せい剤事件判決（一九二五年）

政府側はXらのコンスピラシーに関する主張立証の一部として、Xの寝室でコカイン一袋を発見したことを明らかにしたが、この証拠は捜索令状なしに獲得されたものであり排除された。その後あらためて訴追されたXは直接尋問で仲間の一人から包みを受け取ったことは認めたが、中味が何であるかは知らなかったと

のとなり、憲法から削除されたのと同様のことになろう。真犯人に刑罰を科すという裁判所およびその職員の努力は、推奨されるものではあるが、長年の努力および労苦によって国の基本法の中に具体化させることになったこれらの偉大な原理の犠牲によって促進されるべきものではない。

「それは第四修正を空文化することになる。ある方法による証拠の獲得を禁止する規定の本質は、単にそのようにして獲得された証拠は裁判所の面前で用いられてはならないということだけでなく、それはおよそ用いられてはならないということである。もちろん、このことは、このようにして獲得された事実は神聖にして近よるべからざるものとなるという意味ではない。もし、それら（の事実）に関する知識が独立の源から得られるのであれば、それらは他の事実と同様に立証されてよい。しかし、訴追側自身の違法行為によって得られた知識は、本件で主張されているような方法で訴追側がこれを用いることはできない。」

アグネヨ（X）は直接尋問において質問されなかったのでコカインの袋に関して証言しなかった。反対尋問で認められた質問に対する答弁の中で、Xはそれを見たことは一切ないと述べた。彼は当該捜索によって獲得されたと主張されている証拠に関して憲法上の権利を放棄したり反対尋問を正当化することを一切しなかったのである。【41】シルヴァーソン判決で指摘されたように〝ある方法での証拠の獲得を禁止する規定の本質は、そのように

主張し、反対尋問で今までに覚せい剤を見たことは一切ないと主張した。検察官はXの寝室で押収されたコカインを示し、見たことがあるかと尋ねたところ、Xは見たことはないと主張したので先に証拠排除されていたコカインを証拠として提出することが認められ、Xは有罪とされた。

Agnello v. United States, 269 U.S. 20 (1925)

【3】デフォー第四修正違反押収物許容ニューヨーク州最高裁判決（一九二六年）

警察官はXを価格五〇ドル以下のコートの小窃盗（軽罪）で下宿先で逮捕後、Xの部屋を捜索し、バッグの中にあった武器（ブラックジャック）を発見、押収した。軽罪での本件逮捕は違法であるためXは無罪とされたが、その間に武器の保持で別途起訴されたXは、警察官による違法逮捕を理由に本件武器の排除を求めたが却下され、有罪とされた。

People v. Defore, 150 N.E. 585 (1926)

【30】ラッフェル不利益供述否認再公判証言弾劾肯定禁酒法違反事件判決（一九二六年）

Xは禁酒法違反のコンスピラシーで二度審理された。最初の裁判で捜査官Pは、飲み屋の捜索時にXが同店は彼の店であると認

獲得された証拠は裁判所の面前で使用されてはならないというだけでなく、それはおよそ使用されてはならないということである。〟違法な捜索押収によって獲得されたため先に排除された証拠をXに対する反対尋問で許容したのは誤っており、Xの重要な権利を侵害したことになる。彼に対する有罪判決は破棄され、新公判が認められなければならない。

二〇年以上前の当州のアダムズ判決において、被告人の書物等を違法に押収したにもかかわらず証拠としての許容性は否定されないとされ、合衆国最高裁は右判決を維持したが、【2】ウィークス判決で最高裁自身の判断を変更した。「お巡りがへまをしたのであるから真犯人は釈放されるべきであるというのである。」一方の側に、犯罪は抑止すべきだという社会の必要がある。他方の側に、官憲の傲慢によって法は無視されるべきではないという社会の必要がある。どちらを選択しても危険はある。アダムズ判決のルールが相対立する利害間のバランスを取っている。公の政策の変化が通常のものとなり、その変化が到来したことが裁判所によって告知されるまで、これが法であると考えなければならない。

証言をしない特権は放棄できる。彼は自己自身のために証人台に立つと、他の証人と同じように反対尋問にさらされ、その信用性を弾劾するために尋問される。彼の特権放棄は部分的でない。一たん免責の外套を脱ぎ捨てると、反対尋問がいかに不都合ない

めた旨証言したが、陪審は評決に至らなかった。第二回目の裁判でPが前回と類似の証言をしたところ、Xはそのような供述をしたことを否定した。Xは最初の裁判で証人台に立たなかった理由について裁判官から質問を受け、「弁護人の助言に従った」ことを明らかにした。最初の裁判で証言しなかったことをXに明らかにさせたのは誤りであったかの質問状が最高裁に提出された。

Raffel v. United Sates, 271 U.S. 494 (1926)

【18】ツーマイ市長兼任裁判官判決デュー・プロセス違反肯定禁酒法違反事件判決（一九二七年）

Xは、市長の発した令状によって酒精飲料の不法所持で逮捕、起訴された上、その市長が単独裁判官として罰金刑等を支払うまで拘禁するとの有罪判決を言い渡した。

本件有罪判決は、第一四修正のデュー・プロセスに違反するか。

Tumey v. Ohio, 273 U.S. 510 (1927)

【42】第二次ナードン違法盗聴会話排除酒精飲料密輸入事件判決（一九三九年）

連邦捜査官はアルコール飲料の密輸等に関する被告人らの電話会話を盗聴したが、右盗聴が連邦通信法違反とされたため、訴追側は別途訴追した新公判で会話内容それ自体ではなく、右会話から判明した知識すなわち同一内容の証人の証言を証拠として提出し、被告人は再び有罪とされた。

し困惑的であっても、意のままにそれを取り戻すことはできない。自己負罪から身を守る保護手段は、自己のために証人となることを望まない人々のためにあるのであって、証人となることを希望する人々のためにあるのではない。その他の証人に要求するのと全く同様に、自らを証人として提供する被告人に留保なしにそのようにすることを要求することには健全なポリシーがある。提出された問題に対する回答は〝ノー〟である。

裁判官が個人的、実質的な金銭上の利益を有するような裁判所の判決に被告人の自由や財産を委ねるのは、間違いなく第一四修正のデュー・プロセスに違反する。本件で市長は、Xを有罪とすることで彼に科せられた一二ドルの訴訟費用を受け取るという直接の個人的金銭的利益を得ていた。

裁判官が被告人を有罪としたときにのみその任務に対する支払いを受ける制度は、特段の場合を除き、デュー・プロセスに違反することになる。

手の込んだ複雑な議論によって、違法な盗聴によって得られた情報と訴追側の立証との因果関係が立証されるかもしれない。しかしながら、良識の問題としては、そのような関係が極めて稀薄なためその汚れが除去されていることはありうる。むろん、盗聴は違法に行われたことを公判裁判官の満足するまで立証する責任はまず被告人側にある。一たんこれが立証されると——本件で明白にされたように——公判裁判官は被告人に、被告人に不利益な

Nardone v. United States, 308 U.S. 338 (1939)

【43】ライオンズ反覆自白許容デュー・プロセス違反否定殺人放火事件判決（一九四四年）

Xは殺人事件で逮捕され、暴力を加えられた甲刑務所での取調べで警察官Pに自白し、その二日後、乙刑務所に連行され被害者の遺骨を見せられるなどした取調べにおいて黙秘権等の告知後に刑務所長Qにも自白した。

第二自白時に強制等が用いられていなかったとしても、最初の取調べ時に受けた暴力によって植え付けられた恐怖心の結果第二自白も強制によるものであるとして、それを許容したのは第四修正のデュー・プロセスに違反するといえるか。

Lyons v. Oklahoma, 322 U.S. 596 (1944)

【44】ベイア反覆自白許容軍務違反事件判決（一九四七年）

誠実な軍務に違反してXから金品を受理し、その息子らに非戦闘部隊への配置勤務などの便宜を図ったとしてビルマ戦線から帰国直後に逮捕された将校Xは、外部との連絡を一切拒否された厳しい監視下に置かれた軍病院での取調べで第一自白をしたが、その半年後に単なる行政拘束にとどまる状況下での黙秘権告知後の

証拠の重要部分は毒樹の果実であることを立証する機会を与えなければならない。このことは訴追側に、当該証拠は独立の源を有することを裁判所に納得させる十分な機会を与えることになる。

「第一四修正は、禁断の誘因が理由で自己の有罪を認めた被告人に対しいかなる状況下においても彼のその後の自白を公判で用いられないように保護するものではない。」後の自白の許容性は、同一の判断基準すなわち任意いかんによる。州控訴裁判所は、以前の強制の影響は第二自白以前に消失したとの判断は証拠によって正当化されると決定したのであり、われわれは、これに同意する。第一四修正は、〝まさに正義という概念に不可欠な基本的公正さ〟を無視するような方法で行われた刑事裁判を州裁判所で受けることのないよう保障するものである。第一四修正は、陪審の評決における誤りを、たとえその誤りが自白の任意性に関わるものであるとしても、再審査しない。Xの自白に一部依拠した有罪はXに公正な裁判を否定するほど極めて非論理的かつ不合理であるということはできない。

「被疑者が自白をすることによって一たん猫を袋から外に出してしまうと、その自白の動機がどのようなものであれ、その後は自白をしたことによる心理的かつ実際的な不利益を免れることはできない。彼は猫を袋に戻すことはできない。秘密は永久に外に出てしまったのである。このような意味において、後の自白は常に第一自白の果実とみなすこともできよう。しかし、当裁判所は

取調べでより詳細な第二自白をした。

第一自白はマクナブ判決違反として排除されたため第二自白はその〃毒樹の果実〃として排除されるか。

United States v. Bayer, 331 U.S. 532 (1947)

今まで、自白の使用を阻げる状況下で一たん自白をすれば、そのような事情が除去された後でも、永久に再び自白をすることができないとまで判示したことは一度もない。」本件での第二自白時にXが受けていた束縛は、許可なしに基地を離れることができないということだけだった。

このような軍隊内での自由の制約および軍紀の維持によって、正しい警告後に任意になされた自白は証拠として許容できなくなるといえないことは明らかである。

【4】ウルフ排除法則不適用州法違反堕胎事件判決（一九四九年）
XはAへの堕胎施術のコンスピラシーで有罪とされた。州検察官は、A以外の女性への類似の犯罪についてXが関わっているとの決定的情報に基づいて、令状なしにXの病院に出かけてXを拘束するとともに、当日までのAらXの治療を受けた患者の名前等を記載した日誌を押収した。有罪とされたXは、本件証拠物の押収は、合衆国憲法第四修正および第五修正に違反すると主張した。
Wolf v. Colorado, 338 U.S. 25 (1949)

第一四修正によって保障されている〃法のデュー・プロセス〃は合衆国憲法の最初の八箇条の修正条項の簡略な表現であり、これら八箇条はデュー・プロセスの中に編入されているという考えは当裁判所によって何度も退けられてきた。証拠排除は不合理な捜索・逮捕押収を抑止する効果的方法であるとしても、それ以外の方法に州が依拠することをデュー・プロセス違反として非難するのは当裁判所のすることではない。【3】デフォー判決で示されているように、警察官によるこのような行動の発生は極めて僅かであるので懲戒処分によるのではなく証拠排除によって抑止的救済を求めることはできないと考える州の経験を撥ねつけることはできない。それ故、州犯罪に対する州裁判所での訴追において不合理な捜索・逮捕押収によって獲得された証拠が許容されたとしても第一四修正のデュー・プロセスに違反しない。

【5】ローチン胃ポンプ使用モルヒネ押収第一四修正デュー・プ

法のデュー・プロセスとは〃わが人民の伝統および良心の中に

ロセス違反事件判決（一九五二年）

Xの麻薬密売の情報を得た保安官（Pら）三人は令状なしにXの居住する二階建て住居の中に入り、二階にあるXの部屋に通ずるドアを無理に開けたところ、妻が寝ているベッドの端に座っていたXがナイト・スタンド上のカプセル状のものを嚥下したので病院に連行し、Pの指示に応じた医師がXの胃の中に管を入れ、吐剤を無理に流し込んだ。この〝胃ポンプ〟の結果、胃の中のものが吐き出され、その中にカプセルがあり、そのカプセルにモルヒネが含まれていた。Xはモルヒネ調剤所持の罪で陪審員なしの公判に付され、六〇日間の拘禁刑を言い渡された。

右モルヒネを証拠として許容したのは第一四修正のデュー・プロセス条項に違反するか。

Rochin v. California, 342 U.S. 165 (1952)

根づいているため基本的なものとしてランク付けられている〟あるいは〝秩序ある自由の概念の中に黙示されている〟そのような個人の権利を尊敬する憲法上の保障として要約される。本件でXの有罪が獲得された一連の手続は「良心にショックを与える行為である。」違法にXの私室に押し入り、彼の口をこじ開け、その中にあったものを取り出すために争い、彼の胃の内容物を無理矢理に引き出す——証拠を獲得するための政府の代理人(agents)によるこれら一連の手続は、冷徹な人の感覚をも傷つけずにはおかない。これらはほとんど拷問ともいえる方法であり、それと憲法上の差異を認めることはできない。歴史的に生成された原理としての法のデュー・プロセスは定義困難であり、〝正義の感覚〟を傷つける方法によって有罪判決は言い渡しえないという以上に正確に表現することはできない。

Xの有罪判決はデュー・プロセス条項を傷つける方法によって獲得されたものであり、原判決は破棄されなければならない。

【24】ウォルダー第四修正違反弾劾利用肯定麻薬譲渡事件判決（一九五四年）

Xはヘロイン譲渡で起訴されたが、当のヘロインは違法に獲得されたものであるとの主張が認められ、起訴が取り下げられた。Xはその後、別件の麻薬取引きで起訴されたが、「麻薬を誰かに売ったことは一切ない」と証言し、反対尋問でも同旨の証言を繰り返した上、以前にXの立会いの下で彼の家から違法に押収され

違法に獲得された証拠を訴追側が積極的に利用できないということと、被告人がそのような訴追側の違法行為を自己の虚言に対する反証を防止する盾として用いることができるということは全く別のことである。そのような【2】ウィークス判決の法理の拡大は第四修正の曲解といえよう。Xは訴追犯罪への関与を単に否定するにとどまらず、自ら進んで今までに麻薬を取り扱ったことも所持したことも一切ないとの全面的否認をしたのである。むろ

たヘロインについてもその事実を否認した。そこでXの法廷証言を弾劾するために以前の違法捜査に関わった警察官等が証人と認められた。

United States v. Walder, 347 U.S. 62 (1954)

ん憲法は被告人に自己に不利な告発に対処する十全な機会を保障している。彼は自由に自己に不利な要素をすべて否定できなければならず、そのことによって訴追側に違法に獲得した証拠、それ故、その主張立証のために利用できない証拠を訴追側が反証として提出することは認められない。しかし、そのことを越えて、訴追側が彼の信用性を争い得ないことを奇貨として積極的な偽証をすることを正当化する余地はない。

【19】ペイン長時間隔離後自白獲得デュー・プロセス違反肯定殺人事件判決（一九五八年）

Xは殺人の容疑で令状なしに逮捕後、市拘置所の独房に収容され外部から完全に隔離された状況下に、警察署長Pの取調べを受けた。その間、Pは、外にいる四～五〇人の暴徒による暴行の可能性を示唆するなどして、Xから詳細な自白を獲得した。右自白は許容され、Xは電気椅子による死刑を言い渡された。

Xの自白は強制によるものであり、それを許容したのは第一四修正のデュー・プロセス違反といえるか。

Payne v. Arkansas, 356 U.S. 560 (1927)

肉体的拷問と同様に精神的拷問も存在する。本件におけるPの一連の行動、とりわけ暴徒による暴行の可能性があるという脅迫の全体から判断すると、当該自白は強制によるものであり、それを陪審の面前で証拠として用いたのは〃正義それ自体の概念に不可欠な基本的公正さ〃を奪ったことになる、それ故、第一四修正によって保障されているデュー・プロセスの保障をXに否定したものであることは明らかである。

「強制による自白を除外しても有罪判決を裏付ける十分な証拠がある場合であっても、強制された自白を証拠として許容したのであれば第一四修正のデュー・プロセス違反を理由に」その判決は無効とされているのであり、訴追側の主張は認められない。

【6】エルキンズ銀盆法理否定電話盗聴事件判決（一九六〇年）

Xらは、オレゴン州合衆国地方裁判所で電話盗聴およびそのコンスピラシーの犯罪で正式起訴され、公判開始前に盗聴記録等の証拠排除を申し立てた。それらの証拠は違法捜索によってYの家

【2】ウィークス判決の排除法則は今日までほぼ半世紀にわたり疑問なしに支持されてきたが、同判決は他の証拠法則を明らかにしていた。被告人ウィークスに不利に用いられた証拠物の中に州警察官によって違法に押収されたものがあったにもかかわらず、

で押収されたものであったため、州の訴追はその後取り下げられた。このような州の手続の途中で連邦捜査官は連邦の捜索令状に基づいて、州警察官が保管していた地方銀行の貸金庫から本件証拠物を獲得した。州の事件の訴追が断念されて間もなく連邦の起訴が行われ、本件訴追となった。連邦地裁判事は、当該証拠物は違法な捜索・逮捕押収の結果獲得されたものであると考えたが、本件捜査が州警察官によって行われたという情報を連邦捜査官は事前に得ていなかったことを理由に証拠排除の申立てを退けたため、これらの証拠物はXらに不利な証拠として許容され、Xらは有罪とされた。

州警察官によって違法に押収された証拠を連邦裁判所において利用することは認められるか。

Elkins v. United States, 364 U.S. 206 (1960)

〝第四修正は連邦政府およびその機関に及ぶ〟との理由でかかる証拠の許容は誤りではなかったと判示された。ウィークス判決でのこのような限定的判示にもかかわらず、州警察官によって違法に押収された証拠を連邦刑事裁判所において利用する連邦検事の権利は、その後三五年間疑問とされることはなかった。健全な連邦主義のまさにその本質は、州と連邦裁判所の間の不必要な争いを回避することにある。しかし排除法則を採用する州で開廷する連邦裁判所が州警察官によって違法に押収された証拠を許容するとき、連邦裁判所は、不適切かつ皮肉な方法でそのポリシーを失敗させることになる、違法に押収された証拠を許容することによって連邦裁判所は連邦憲法の遵守を確保しようとする州の努力を失敗させることになるからである。他方、排除法則を採用していない州においては、連邦裁判所は州警察官によって違法に押収された証拠を受け取ることを拒絶するから、州のポリシーとの衝突はない。

以上の理由で、連邦捜査官によって行われたのであれば第四修正の下で不合理な捜索・逮捕押収を受けない被告人の権利侵害となるそのような捜索によって州警察官が獲得した証拠は、連邦刑事裁判所において許容することは認められない。

【8】ジョーンズ友人宅滞在中押収物排除申立適格肯定麻薬事件判決（一九六〇年）

Xは連邦麻薬捜査官によってアパートで逮捕された際に令状執Xの証拠排除の申立てに関する証言によれば、Xは捜索によって〝侵害された者〟としてその場所に十分な利益を有していたことは明らかである。同証言は、Xは捜索時にアパートの持主行時に発見された麻薬等は自己のものであり、かつ同アパートは友人から使用を認められていると述べた。Xは相当な理由なしの令状発付を理由に麻薬等の証拠排除を求めたが、公判裁判官はXに中立適格を認めず、Xは有罪とされ、控訴審もこれに同意した。Xは連邦刑事手続規則第四一条（c）の〝侵害された者〟に該当するとしてこれを争った。

Jones v. United States, 362 U.S. 257 (1960)

【7】マップ連邦排除法則適用州法違反猥せつ物所持事件判決（一九六一年）

警察官（Pら）は、最近の爆弾事件で手配中の人物が隠れており、かつ多量の徒博用具が保管されているとの情報を得てXの住宅に赴いた。Pらは入室の許可を求めたが、Xは弁護士に電話した後で、捜索令状なしに彼らの入室を認めることを拒絶した。Pらは三時間後に再び入室を要求し、捜索令状を見せるように要求したXとの争いの際の彼女の抵抗が〝敵対的〟であったことを理由にXに手錠をかけ二階の寝室まで強制的に連行した上、建物内を徹底的に捜索した。Xが有罪とされた猥せつ物所持に関する証拠は、このような捜索の過程で発見された。Xは州法に違反して故意に猥せつな書物および写真を所持・管理していたとして有罪とされた。州最高裁は、これを維持した。

Mapp v. Ohio, 367 U.S. 463 (1961)

（Y）の許可を得てアパート内にいたことを確証した。効果的かつ厳格な刑法の執行における政府側の利益は、捜索が行われた場所に正当にいた者は何人であってもその果実が自己に不利に用いられようとしているとき排除の申立てをすることによってその合法性を争いうることを認めても何ら損なわれることはない。Yの同意によってXがアパートにいたことはXの証言によって確証されているから、Xには当該証拠の排除の申立てをする権利があったことになる。

【4】ウルフ判決でのカードウゾ裁判官の理由付けは、その後の裁判所の判決によって大いに疑わしいものとなっている。これらの判決には、州捜査官によって憲法に違反して押収された証拠の連邦裁判所による利用を是認し〝銀盆〟法理を放棄した最近の【6】エルキンズ判決、中立適格に関する従前の厳格な要件を緩和した【8】ジョーンズ判決等が含まれている。われわれは本日再び、ウルフ判決の憲法問題を検討し、憲法に違反する捜索・逮捕押収によって獲得された証拠はすべて州裁判所においても許容されないと判示する。現在、連邦検察官は違法に押収された証拠を利用することはできないが、通りを隔てた向こうの州検察官は利用できる。〝健全な連邦主義の本質は、まさに州裁判所と連邦裁判所との間の不必要な争いを回避することにある。〟犯罪捜査のアプローチにおいて同一の基本的基準を相互に尊重する義務のあることを認めることによってのみ、連邦と州の協力は促進され

ることになろう。われわれの判断は、理性と真実に基づいたものであり、憲法が個人に保障している以上のものを個人に与えるものではないし、正当な法の執行で警察官に与えられるものを警察官に与え、そして裁判所には真の司法の運営において必要とされる司法の廉潔性を与えるにすぎない。

【20】フェイ第四修正違反無害法理不適用落書事件判決（一九六三年）

某日午前四時から五時の間に卍がユダヤ教会堂の壁に黒い塗料で描かれた。警察官Pはその近くでライトなしに走行中の車を見つけ停止させたところ、Xが運転しYが助手席におり、前部座席に黒い塗料の入った缶と塗料刷毛があったが、Xの家を確認するにとどめた。Pはその後、右落書き事件を知り、Xの家に赴き塗料刷毛を持ち帰り、逮捕令状を入手してX、Yを逮捕した。

Fahy v. Connecticut, 375 U.S. 85 (1963)

本件事実の下では、〝無害の誤り〟の法理が適用されるかを判断する必要はない。憲法に違反して獲得された証拠が被告人の公判で誤って許容されたのは被告人に不利であったのであるから、そのような誤りは無害とはいえず、有罪判決は破棄されなければならない。塗料および刷毛は、公判で証拠として許容された。かかる証拠は違法な捜索・押収によって獲得されたものであるから、州への排除法則の適用を肯定した【7】マップ判決に従い公判で提出された証拠として許容できない他の証拠および弁護活動への影響を検討すると、公判裁判所の誤りは被告人に不利であり、無害とはいえないという結論は不可避である。

【45】ワン・サン第四修正違反果実排除麻薬隠匿事件判決（一九六三年）

麻薬取締官PらはAを適法に逮捕し、同人所持のヘロインはYから前夜譲り受けた旨の供述を得て、Yの自宅に赴き、令状なしにドアを押し開け寝室まで追いかけ違法に逮捕したところ、①ヘロインの所有者はZであり、Zと一緒に吸飲したことがある旨の供述を得た、そこでZの自宅に赴いたところ、Zは②ヘロインを

①違法逮捕時のY供述　違法な本件「逮捕から直ちに派生するYの口頭供述は、捜査官の違法行為の〝果実〟である。」

②Z提出のヘロイン　「警察官の違法行為がなければ明るみに出なかったであろうということだけで、すべての証拠を〝毒樹の果実〟であると考える必要はない。最初の違法行為が立証されたとしても、当該証拠が違法行為を利用して得られたものであるか、それとも最初の汚れを除去したものと認めるに足る手段によ

任意提出した上、③YとXが持ち込んだものである旨供述し、間もなくXが逮捕された。X、Yはいずれもアレインメント後に釈放され、その数日後に自ら警察署に出頭し、任意に③④へロインの隠匿等を自白した。

右①②③④は、Yの違法逮捕の毒樹の果実として排除されるか。

Wong Sun v. United States, 371 U.S. 471 (1963)

り得られたものであるかである。本件麻薬は〝かかる違法行為を利用して得られたものである〟ことは明らかであり、それ故、それらをYに不利な証拠として用いることはできない。」

③Xの自白調書　Xは適法なアレインメント後に釈放され、数日後に出頭して右供述をしたのであるから、逮捕と右供述との関係は稀薄となり汚れは除去されている。

④Yの自白調書　Y自白を裏付ける唯一の補強証拠はXの無署名供述であるが、X自白における「Yへの言及部分はYの自白を補強する証拠としても許容できない。」

【46】ウェストオーヴァ反覆自白排除銀行強盗事件判決（一九六六年）

Xは、カンザス市での強盗容疑およびカリフォルニア州での重罪犯罪で逮捕状が出ている旨のFBIの手配書に基づきカンザス市警に逮捕された。市の警察官Pらは黙秘権の告知なしに当夜および翌朝Xを取り調べた。FBI捜査官QはPらから取調べ終了の連絡を受けて同日正午ころ、市警の取調室で権利告知後にカリフォルニア州での重罪事件に関して取り調べたところ、Xは黙秘権等の告知後に間もなく自白した。

Miranda v. Arizona, 384 U.S. 436 (1966)

二つの法執行官は法律上は独立し、取り調べた犯罪も別個のものであったが、Xへの効果は継続中の取調べの効果と同一であった。Qは取調べ開始時に警告を与えていたが、「Xの観点からすると、かかる警告は取調べの最後になされたのと同じであった。」被疑者が時間も場所も最初の環境から離れたところで第二の官憲によって身柄を拘束され、十分な権利告知を受け、それを行使する機会が与えられていたというのであれば、事情は異なっていたであろう。「しかし、本件では、FBIの取調べは同一の警察署において――同一の強制的環境下において――州の取調べに引き続いて直ちに行われた。」それ故、Xからの自白獲得に際して、連邦官憲は、地方官憲の身柄拘束中の取調べによって加えられた圧力の受益者であった。警告を与えたというだけでは自己負罪拒否の特権を保護するのに十分ではなかったことになる。

【9】キャッツ第四修正違反公衆電話徒博情報傍受事件判決（一九六七年）

FBI捜査官は「公衆電話ボックスの外側に」盗聴器を設置して傍受した会話が公判で証拠として提出された。「物理的侵入」はなかったので第四修正違反はないといえるか。

Katz v. United States, 389 U.S. 347 (1967)

「第四修正は、場所ではなく、人を保護する。」Xが電話ボックスに入ったときに排除しようとしたのは「侵入する目ではなく招かれざる耳であった。」

第四修正は、有体物の押収を規制するにとどまらず、口頭供述の録音による傍受にも及ぶ。Xの言葉を盗聴・録音した行為は、Xのプライバシーの侵害に当たる。

【21】チャップマン第五修正違反無害法理不適用殺人事件判決（一九六七年）

XはYとともに殺人等で有罪とされ、Xは終身刑、Yは死刑判決を言い渡された。Xらは証人台に立たなかったため、不利益推認のコメントを認める州憲法上の規定に従って検察官は、二人の沈黙に何度も繰り返し言及し黙秘の事実から有罪と推論するよう陪審に求め、裁判官も不利益推認をしてよいと説示した。その後、右憲法の規定が一九七五年のグリフィン判決によって第五修正違反とされたため、本件事案に無害法理が適用されるかが争われた。

Chapman v. California, 386 U.S. 18 (1967)

当裁判所の従前の判例の中には、例えば、【19】ペイン判決、ギデオン判決、【18】ツーマイ判決のように、「公正な裁判にとって極めて基本的であるため、それを侵害すればおよそ無蓋の誤りとして取り扱うことのできない憲法上の権利があることを指摘した」ものがある。しかし、【20】フェイ判決は、「憲法に違反する公判での誤りはすべて当然に破棄される」という考えの誤りを示している。本件での誤りは無害でなかったことに疑問の余地はない。「憲法の禁止するコメントがなければ、公平無私の陪審員であれば、無罪の答弁をしたこともありうる」事案であった。憲法上の権利拒否の事実が機関銃のように繰り返し指摘されたのは、Xらの本件に関する説明を無価値なものとするためである。「無害といえないのは、強制による自白が被告人に不利な証拠として提出された場合に無害といえないのと同じである。」

【47】ウェイド第六修正違反犯人識別証言原則排除強盗事件判決（一九六七年）

銀行強盗で起訴されたXは公判開始前に、すでに選任されてい

面通しは、本件におけるように、被告人を犯人とする証人の識別を将来の参考に結晶化しておくために極めて頻繁に用いられている。面通し時に立ち会うことによって弁護人は、面通しによる

た弁護人への連絡なしに実施された面通しで他の参加者と同様に強盗犯人が付けていたテープ片を顔に付けられて、「金を袋に詰めろ」など言わせられたところ、銀行員の二人がXを犯人と識別し、後の公判でもXを犯人であると証言したためXは有罪とされた。

弁護人の立会いを欠いたまま実施された起訴後公判前の面通しで証人の観察に供された被告人をあらためて犯人に間違いないとする公判での犯人識別証言の許容性いかん。

United States v. Wade, 388 U.S. 218 (1967)

【48】ギルバート第六修正違反犯人識別供述確認証言排除強盗事件判決（一九六七年）

起訴後公判前に弁護人に連絡することなく複数の銀行強盗等に関し一〇〇人もの目撃証人の面前で面通しが実施された。証人等は互いに識別できた人物の番号を呼ばわり合いつつXを犯人と識別し後の公判でもXを犯人として識別したところ、公判裁判官は、たとえ第六修正に違反するとしても、Xには法廷での犯人識別証言を排除する権利はないとした。被告人側はその後、法廷での直接尋問の際に、Xを犯人と識別した他の二人の目撃証人から

犯人識別をも攻撃するだけでなく、同様に法廷での犯人識別をも攻撃することが可能となる、したがって、弁護人依頼権侵害の効果を面通し自体での犯人識別供述の排除だけに限定するのは、弁護人依頼権の決定的要素を無視することになる。このような状況下において適用されるべき適切な基準は〝最初の違法行為が明らかにされたとしても、異議申立ての対象たる証拠がかかる違法行為を利用して得られたものであるか、最初の汚れを除去したものと認めるに足る方法により得られたものであるかである〟というものであり、

【45】ワン・サン判決で引用されたそれである。

それ故、法廷での犯人識別証言は独立の源に基づくものであるか、当該証拠の提出は無害の誤りであるかを決定するための審理を行うことを条件に、有罪判決を取り消すことが相当な手続であるということになる。

【47】ウェイド判決で、起訴後公判前の面通しは刑事訴追の決定的段階であり、弁護人への連絡なしに警察が実施する面通しは第六修正の弁護人依頼権を被告人に否定するものであるから、面通しに参加した証人による法廷での犯人識別の許容性が公判で問題となるとされた。しかし、ウェイド判決における と同じく、本件記録では、法廷における犯人識別が独立の源に由来するかを十分に判断できない。それ故、法廷での犯人識別には独立の源があることを立証する機会を訴追側に与えることを条件に、Xには有罪判決の取り消しを求める権利があることになる。

面通しでもXを犯人と識別した事実を引き出した。

弁護人の立会いなしになされた起訴後公判前の面通しでの犯人識別供述および公判での犯人識別証言の許容性いかん。

Gilbert v. California, 388 U.S. 263 (1967)

「面通しでXを犯人として識別した旨の証人の証言の許容性に関しては、全く別途の考慮が必要となる。このような証言は違法な面通しの結果で〝最初の違法行為を利用して得られた〟ものである。それ故、このような証言には独立の源があることを立証する機会が訴追側に与えられる権利はない。」

【49】ハリソン反覆証言不許容殺人事件判決（一九六八年）

Xは重罪謀殺罪で起訴され、訴追側はXおよび他の二人は強盗の目的で被害者の家に行き抵抗したので殺害した旨のXの三個の自白が提出された。右自白が許容された後でXは証人台に立って、三人は銃を質入れしようと考えて被害者の家に出かけ銃を見せていたところ暴発して被害者が死亡したと証言した。Xは有罪とされたが、控訴裁判所はいずれも違法に獲得されたものであるとしてXの自白を排除した。差戻審で検察官は、銃を持って殺人の現場にいたというXの以前の公判での証言を読み上げた。Xは再び有罪とされ、控訴審はこれを維持した。

違法収集自白が誤って許容された後ではじめてなされた法廷証言は毒樹の果実として排除されるか。

Harrison v. United States, 392 U.S. 219 (1968)

本件でXは、訴追側が不当に獲得した三個の自白を証拠として提出した後ではじめて証言したのであるから、その自白によって強制された証言――言い古された比喩によれば、毒樹の果実――の使用も禁止されることになる。問題は、Xが意識的に証言する決意をしたかどうかではなく、なぜ証言をしたのかである。もしも彼が不当に提出された自白の衝撃に打ち克つためにそのようにしたというのであれば、彼の証言は自白それ自体を不許容とするのと同一の違法行為によって汚れていたことになる。

弁護人は陪審への冒頭陳述で、Xは証人台に立って証言しないであろうと告げていた。Xの三個の自白が証拠として許容された後ではじめてXは証人台に立ったのである。訴追側がXの自白を利用しなかったのであれば、Xは証言することはなかったであろうことは明らかである。それ故、Xの証言は〝最初の毒樹の汚れを除去し〟、その違法行為と〝区別するに足る方法によって〟得られたものであることが立証されなかったことになる。

【10】シモンズ証拠排除肯定銀行強盗事件判決（一九六八年）

Pらは銀行強盗に用いられた逃走車はXの姉妹のものであるこ

申立適格を立証するための被告人の証言を許容する裁判所は、証言は任意であるから第五修正の自己負罪条項の違反はないとしとを突き止め、同女の供述から当日Zに貸したことを知った。Zの母親M宅近くで同車を発見し、M宅を捜索したところ、地下室にあったスーツケースの中から強奪品等を発見した。Pらは、X、Y、Zの写真を入手し、銀行員に見せ、X、Yについては強盗犯人であるとの供述を得た。Yは後に、スーツケースおよびその内容物の排除の申立適格を立証するためにスーツケースはYのものとよく似ており、その中にあった衣類は自分のものであると証言した。地裁は、Y証言をYに不利な証拠として許容しつつ申立適格を否認し、Yらは有罪とされた。

　Y証言をYに不利な証拠として許容できるか。

　Simmons v. United States, 390 U.S. 377 (1968)

てきた。しかし、この理由付けの基底にある前提は、被告人には選択（権）がある、すなわち、被告人は証言を拒絶して利益を放棄できるというのである。証言によって得られる〝利益〟が権利の章典の他の規定によって提供される状況にこの前提が適用されると、まぎれもない緊張関係が生ずる。本件においてYは弁護人の助言のもとに有効な第四修正の主張であると信じていることを放棄するか、第五修正の自己負罪拒否の特権を放棄するかの選択を余儀なくされたのである。

　憲法上の権利が他の憲法上の権利を主張するために放棄されなければならないというのは耐え難いことであり、被告人が第四修正違反を理由に当該証拠の排除の申立てを立証するために証言台で証言するとき、その証言は公判で彼に不利に許容できない。

【11】オールダマン第四修正違反申立適格否定国防情報提供事件判決（一九六九年）

　共同被告人は、傍受された会話の当事者であったか否かにかかわらず、違法な監視から得られたいかなる情報も彼に不利に用いることに異議を申し立てることができるか。

　Alderman v. United States, 394 U.S. 165 (1969)

　確立した原理によれば、第四修正違反の産物は、捜索自体によって自らの権利が侵害された者によって主張されるときにのみ排除される。共同共謀者や共同被告人には申立適格は認められていない。

【25】ハリス第五修正ミランダ違反弾劾例外肯定ヘロイン譲渡事件判決（一九七一年）

　Xはおとり警察官Pに二度ヘロインを譲渡したとして起訴された。Xは自ら証人台に立ってPに紙袋の内容物を譲渡したことは

　訴追側の主張立証時に被告人に不利に許容できない証拠は、いかなる目的のためであれミランダ判決は使用を禁止しているということにはならない、もちろん、当該証拠の信用性が法的基準を満たしている場合のことである。刑事被告人には自己自身を弁護

認めたが、それはふくらし粉であったと主張した。検察官は反対尋問で、逮捕直後にXの公判証言と一部矛盾する供述をしたかどうか尋ねた。この矛盾供述はミランダ判決に違反して獲得されたものであった。

ミランダ違反供述を被告人の証言を弾劾するために利用できるか。

Harris v. New York, 401 U.S. 222 (1971)

【12】ブラウン他州保管盗品排除申立適格否定盗品州間移送事件判決（一九七三年）

オハイオ州所在の家財道具会社のマネージャXと同社運転手Yは同社の倉庫から商品を盗むことをZと共謀し、その盗品をケンタッキー州にあるZの店に運搬・保管するなどした。警察は捜索令状を入手し、Zの店を捜索し、盗品を押収したが、後にその令状に瑕疵のあることが判明した。

Xらは盗品への財産的利益のあることを主張しなかったが、Zの店で発見された盗品の証拠排除を〝自動的に〟申し立てることができるか。

Brown v. United States, 411 U.S. 223 (1973)

【38】カランドーラ排除法則不適用大陪審証言拒絶事件判決（一九七四年）

連邦捜査官Pらは違法な賭博営業容疑の捜索令状を得てXの会

するために証言し、あるいは拒否する特権が与えられている。しかし、かかる特権は偽証罪を犯す権利を含むと解釈することはできない。「ミランダ判決によって与えられた盾は、以前の不一致供述との対決の危険なしに偽証を自己を防御するために利用できる許可状であると曲解することはできない。」

以前の矛盾供述を用いてXの法廷証言の信用性を弾劾したことは相当である。

Xらは【8】ジョーンズ判決に依拠してZの店での捜索・押収を争う〝自動的〟申立適格を有すると主張するが、本件では政府側の立証は捜索・押収時に獲得された証拠をXらが所持していたことに基づいていない。押収された盗品は捜索の二か月前にZに移送され〝売買〟されている。本件コンスピラシーおよび盗品の移送は注意深く捜索前の期間に限定されているのである。

それ故、本件のように①当該捜索・押収時にその住居にいなかった被告人が、②住居での財産ないし占有的利益を主張せず、③捜索・押収時に押収された証拠の所持を含む犯罪で起訴されていなかった場合、捜索・押収に異議を申し立てる適格は認められない。第四修正は一身上の権利であって、他の憲法上の諸権利のように代理して主張できないのである。

排除法則は従前、あらゆる手続においてまたはあらゆる人に対し、違法に押収された証拠の使用を禁止するものと解釈されたことは一度もない。排除法則の適用は、その救済の目的に最も効果社を捜索した際に、Xが別途捜査の対象となっていた高利貸事件に関連すると思われる定期的な支払いを記載したカードが見つかったのでこれを押収した。後に連邦法違反の高利貸事件を捜査するため別途設置された特別大陪審は、Xの会社の捜索時に押収された証拠に基づいて質問するためにXを召喚したところ、Xは捜索令状は不十分な宣誓供述書に基づいて発付されたものであることを理由に、押収物の排除および還付を申し立てた。

排除法則は大陪審手続にも適用されるべきか。

United States v. Calandra, 414 U.S. 338 (1974)

的に役立つと考えられる領域に限定されてきたのである。排除法則を大陪審手続に拡大するかを判断する際に、大陪審の歴史的役割および機能への考えられうる害悪とその文脈下において適用される排除法則の考えられうる利益とを比較衡量しなければならない。大陪審面前で排除法則を援用することを証人に認めれば、公判に留保されてきた論点の判断を早めることになり、大陪審手続を遅延させ混乱させることになろう。

大陪審証人への排除法則の適用を認めることは、大陪審機能の効果的かつ迅速な遂行に不当に介入することになり、そのことによって増大が見込まれる抑止効は精々不確かである。大陪審の役割を大きく阻害する犠牲を払ってまで警察の違法行為の抑止に推測的かつごく僅かの進歩を遂げる見解を受入れることには応じられない。

【50】タッカー第五修正ミランダ違反後獲得証言許容強姦事件判決（一九七四年）

PはXを逮捕し警察署に連行後、国選弁護人依頼権の告知のみを欠く不十分なミランダの権利告知後に事件当夜の行動について尋ねたところ、Xがアリバイ証人Aの存在を主張したのでAに確認すると、Aは逆にXに不利な供述をしたためXは強姦罪で起訴・有罪とされた。

ミランダ違反を理由にA証言を排除できるか。

Michigan v. Tucker, 417 U.S. 433 (1974)

Pの本件行為は、ミランダ以降、第五修正に結びつけられてきた手続上の保護手段をXに十分に利用させなかったにすぎない。Xにはいわゆる国選弁護人請求権を除き他の三つの権利はすべて告知されている。またXは弁護人の立会いは必要でないと答えており、Xの供述を不任意であるというのは困難である。本件でも、犯行時にAと一緒にいた旨のX自身の供述は排除されている。Pの行為はXの自己負罪拒否特権を侵害したものではなく、この特権を保護するために当裁判所がミランダで示した予防準則を逸脱したにすぎない。

【26】ハス第五修正ミランダ違反供述弾劾例外肯定自転車窃盗事件判決（一九七五年）

Xは近くの家のガレージから自転車を持ち去った第一級侵入盗で起訴され、公判廷で本件は友人の犯罪であると証言した。そこで訴追側は、Xの弁護人への電話連絡の要請を直ちに弁護人に連絡せずXから獲得した自転車の放置場所等は知っている旨の供述に関する警察官（P）証言を明らかにしたところ、Xは再びP証言は誤っていると述べた。

PがXから獲得したミランダ違反供述でX証言を弾劾することは認められるか。

Oregon v. Hass, 420 U.S. 714 (1975)

【31】ヘイル逮捕時黙秘再公判弾劾利用否定強盗事件判決（一九七五年）

Xは被害者から九六ドル奪った強盗犯人として逮捕され黙秘権の告知後に身体を捜索されたところ、現金一五八ドルを所持していた。「警察官が〝この現金をどこで手に入れたのか〟と尋ねたが彼は答えなかった。」Xは公判で所持金につき当日妻から預か

【25】ハリス判決で指摘されたように、ミランダは法的基準を満たしている信用性ある証拠を一切排除するものではない、この論理は本件にも同様に適用される。

【25】ハリス判決と本件とに実質的な相違は認められない。訴追側の主張立証時にハスに不利に許容できない証拠は、その証拠の信用性が法的基準を満たしている限りにおいてであるが、いかなる目的のためであれ禁止されるということはミランダ判決から出てこない。抑止効があるとしても、問題の証拠は訴追側の主張立証時に訴追側が利用できないとすることで十分である。ミランダによって提供された盾は、以前の不一致供述との対決の危険から自由に証言をする許可状であると曲解されるべきではない。

唯一考えられるハリス判決との相違は、ハスに与えられたミランダ警告は相当であったのに対し、ハリスに与えられたそれには欠陥があったということにあるが、その効果は同一である。すなわち弾劾証拠としても許容できないとするのは、虚偽の供述をする憲法上の権利であると曲解することになろう。

政府側は、主として【30】ラッフェル判決に大きく依拠して、本件での警察の取調べ中におけるXの沈黙は弾劾目的のために許容されるべきであると主張するが、ラッフェル判決の前提となる矛盾が本判決に欠けている。むしろ本件事案は一九五七年のグルーネヴァルト判決の事案と酷似している、同判決の原理によれば、本件での原判決の判断は維持せざるを得ない。逮捕時の沈黙

っていたものであると証言した。検察官は反対尋問で、Xの説明を弾劾するために逮捕時に弁解情報を提供しなかったことをXに認めさせた。Xは強盗罪で有罪とされたが、控訴裁判所はミランダ違反を理由にこれを破棄した。

United States v. Hale, 423 U.S. 171 (1975)

の証拠は被告人の信用性についてさほど証拠価値がないばかりか、それには大きな偏頗の可能性がある。陪審が被告人の従前の沈黙を担保される以上に重視するという危険がある。本件状況下において公判裁判所が警察の取調べ中のXの沈黙に関しXを反対尋問することを検察官に認めたのは偏頗な誤りであったことになる。

【51】ブラウン第四修正違反後ミランダ警告後獲得供述排除殺人事件判決（一九七五年）

Pらは A殺害事件の捜査の一環として、Aの知人のアパートでXを違法に逮捕し、ミランダ警告後にAを射殺した旨の第一自白を採取した。検察官もミランダ警告後にXから最初の自白とほぼ同一の第二自白を採取した。

ミランダ警告によって、違法逮捕との因果関係は遮断されるか、その後の自白は任意性に疑いがない限り証拠として許容できるか。

Brown V. Illinois, 422 U.S. 590 (1975)

第五修正と第四修正とは密接な関係にあるが、第四修正を実効あるものとするのに有用とされる排除法則は、第五修正のそれとは異なる利益や政策に奉仕する。ミランダ警告だけでは、違法行為と自白との因果関係を十分に遮断する自由意思の産物であるとすることはできない。

「ミランダ警告は重要であるが、考慮されるべき唯一の要素ではない。逮捕と自白との時間的接着性、介在事情の存在、とりわけ警察官の違法行為の目的および悪質性がすべて関連する。供述の任意性は最初の要件である。」本件でのXの立場は【45】ワン・サン判決でのトイ（Y）のそれに類似していた。第二自白は違法に獲得された第一自白の果実であったことは明らかである。

【32】ドイル・ミランダ警告後黙秘弾劾利用デュー・プロセス違反マリファナ譲渡事件判決（一九七六年）

X、Yの両人は地方麻薬取締局の情報提供者Aにマリファナ一〇ポンドを譲渡した容疑で逮捕、起訴され、分離裁判でいずれも有罪とされた。X、Yはそれぞれの公判で証人台に立って「最も

ミランダ警告後の沈黙はミランダの諸権利を行使したことに外ならない。ミランダ警告には沈黙は刑罰を伴わないという明示の確約はないが、そのような確約は警告を受けるいかなる人に対しても黙示に提供されている。逮捕された人の沈黙を後に公判で提供された説明を弾劾するために用いることを認めるのは、基本的

重要な点、すなわち誰がAにマリファナを譲渡したかを除き」州側の主張を事実上すべて認めた。Xらの主張によると、AがXらをはめたという。弾劾のための反対尋問の一部として検察官は、〝無実であるというのであれば、なぜそのことを逮捕時に話さなかったのか〟と質問した。

逮捕後の沈黙に関してXらを反対尋問することを検察官に認めたのは第一四修正のデュー・プロセスに違反するか。

Doyle v. Ohio, 426 U.S. 610 (1976)

【39】ストーン第四修正違反人身保護令状救済否定殺人事件判決（一九七六年）

ネバダ州ヘンダーソン市の警察官は市の浮浪罪条例違反でパウエル（X）を逮捕し、逮捕に伴う捜索で空薬莢六発を残した三八口径ピストルを発見した。Xはカリフォルニアに移送され第二級謀殺罪で有罪とされ、州段階で確定した。Xは人身保護令状発付の申請書をカリフォルニア州北部地区合衆国地方裁判所に提出し、三八口径のピストルに関する証言は「違法な捜索の果実として排除されるべきである」と主張した。連邦地裁は、たとえ浮浪罪条例が違憲であるとしても州控訴裁判所の見解に同意するとしたが、第九巡回区控訴裁判所はこれを破棄した。浮浪罪条例は曖昧で違憲であり、Xの逮捕は違法であるとした上で、当該証拠を許容したのは無害ではなかったと結論した。

連邦裁判所は州の囚人により申請された人身保護令状の救済に不公正でデュー・プロセスの保障を剥奪することになろう。

【31】ヘイル判決の同調補足意見においてホワイト裁判官はこのことを巧みに述べている。すなわち、〝逮捕時に話す必要がないと告げられた事実について話さなかったことを理由に公判証言の真実性に関して不利な推認を下すことができると主張するのはデュー・プロセスに合致しない〟のである。

逮捕時のミランダ警告後の沈黙を弾劾目的のために利用するのは不公正であり第一四修正のデュー・プロセス条項に違反する。

「裁判所は、もちろん、司法過程の廉潔性を保持することに関心がなければならないが、かかる関心は極めて証明力のある証拠を排除する正当化理由としては限定的な説得力しかない。以前に捜索・押収の主張に関し公判で十分かつ公正に検討する機会が与えられていた囚人によって連邦の人身保護の救済が求められる場合、このような正当化理由の説得力は最小となる。」排除されるよう求められている物的証拠は典型的に信頼できるし、被告人の有罪・無罪に関する最も証明力ある情報である。それ故、排除法則の適用は真相解明の過程を歪め、しばしば真犯人を自由にする。排除法則の適用によって特定の事案で警察官によって犯された誤りを有罪である被告人に与えられた棚ぼたとするのは、司法の観念に本質的である均衡性の考えと矛盾する。排除法則は第四修正の価値への尊敬を教育することを介して違法な警察活動を抑止すると考えられているけれども、やみくもに適用されるのであ関する判断を下すに当たり、それ以前に州の裁判所において彼の主張につき十分かつ公正に争う機会が与えられているとき、憲法に反した捜索・押収によって獲得された証拠がXの公判で提出されたという主張を救済すべきか。

Stone v. Powell, 428 U.S. 465 (1976)

れば、法および司法の執行に対する尊敬の欠如を招くという逆の効果をもたらすことにもなりかねない。

このような排除法則のコストは、有罪判決の破棄が二つ以上の州裁判所によって退けられたのは誤りであるとして副次的再吟味が求められているときに存在する。排除法則は一般的な憲法上の権利というより裁判所によって創り出された救済策であることを再確認し、人身保護手続での第四修正違反の主張に適用しても、排除法則の有用性はほとんどないことを強調しておく。

【13】ラーカス逃走車輌同乗者申立適格否定強盗事件判決（一九七八年）

警察官Pは強盗事件の逃走車と思われる車を発見し間もなく停止させXらと女友達二人を車外に出るよう命じ車の内部を捜索したところ、ライフル用弾丸の入った箱およびライフル銃を発見したのでXらを逮捕した。Xらは、第四修正および第一四修正違反を理由にライフルおよび弾丸の排除を申し立てたが、車の同乗者にすぎず、押収されたライフル等も自分のものであるとは主張しなかった。

本件逮捕時に〝正当にその場所に〟いたことを理由にXらは本件捜索に異議を申し立てる適格があるか。

Rakas v. Illinois, 439 U.S. 128 (1978)

【9】キャッツ判決が第四修正の範囲を定義する際の指針を提供している。Xらは車の中での財産的ないし占有的利益を主張せず、押収物への利益も主張していない。車の所有者の許可を得て車の中にいたという意味で「正当にその場に」いたという事実は、彼らが捜索された車の特定の領域に正当なプライバシーの期待を有していたかの判断に決定的でない。【8】ジョーンズ判決や【9】キャッツ判決とは事実関係が全く異なる。ジョーンズは友人のアパートの使用許可を得ていたばかりか部屋の鍵も持っていることを捜索の当日認め、かつアパートを現に占有していた。キャッツは、電話ボックスを占有し他人を排斥するためにドアを閉めていた。彼らは捜索・押収の対象である領域に正当にプライバシーを期待できたのであった。

【52】チェコリーニ第四修正違反後獲得証言稀釈法理適用大陪審偽証賭博事件判決（一九七八年）

「物的証拠と供述証拠との間に論理的区別はない」との【45】ワン・サン判決の指摘はその後の判例によって大きく制約されて

パトロール中の警察官Ｐは、一服するため立ち寄った花屋で店員Ａと雑談中、現金のはみ出た封筒があるのに気付き中味を調べると賭博番号札が入っていたので、それとなく尋ねると、Ａは、Ｘの封筒であると答えた。Ｐは翌日、このことを市警の刑事に伝え、同刑事は賭博捜査に従事していたＦＢＩ捜査官Ｑに伝えた。Ｑは四か月後、Ａの自宅で詳細な供述を採取した。Ｘは大陪審で賭博番号札をＡに渡したことはない旨証言したが、Ａは逆にＸに不利な証言をした。地裁は〝毒樹の果実〟であるとしてＡ証言を排除し、控訴審は稀釈法理の適用を否定した。

United States v. Ceccolini, 435 U.S. 268 (1978)

【53】ダナウェイ第四修正違反後ミランダ警告後獲得供述排除殺人事件判決（一九七九年）

Ｐらは不確かな情報提供に基づき、隣家にいたＸを違法に逮捕し、ミランダ警告後まもなく本件犯罪への関与を認める第一自白を獲得し、さらに翌日より詳細な第二自白を獲得した。ミランダ警告によって、第一自白との因果関係は稀釈するか。

Dunaway v. New York, 442 U.S. 200 (1979)

【14】サルヴッチ第四修正違反申立適格否定盗品小切手母親宅押収事件判決（一九八〇年）

本件起訴の根拠となった小切手は「Ｙの母親が借りていたアパートの捜索の過程で」押収されたものである。Ｘらは捜索令状発付の根拠となった宣誓供述書は相当の理由を疎明するのに不十分

いる。〝生命ある証人の提供は機械的に違法に押収された生命のない証拠物と同視すべきでない〟のである。

本件でのＡ証言は証人自身の自由意志によるもので、警察当局によって強要されたり唆されたりしたものでない。Ａの法廷証言は、Ｐの賭博番号札発見にまで遡りうるが、Ａの身許もＸとの関係も周知であり、Ｐが証拠発見の意図で店に入り、Ｘに不利な知識を有する証人を見つける意図で店内に入ったとの指摘はない。このような状況下での排除法則の適用は、Ｐのような捜査官の態度に何らの抑止ともならず、永久にＡを沈黙させるコストは余りにも大きい。州裁判所の判断は誤っている。

「本件における状況は、事実上【51】ブラウン判決での状況のレプリカである。」第五修正の要件を満たしているというのは、第四修正の単なる〝最初の〟要件にすぎない。Ｘの違法拘置とＸの自白との関係を遮断する介在する出来事はなかった。このような場合にＸの自白を許容すれば、〝第五修正の手続的保護の下で汚れた手を洗うことができると考えて、法執行官は無事に第四修正に違反できる〟ことになろう。

Ｘらの主張はすでに【11】オールダマン判決等で明示に斥けられている。【8】ジョーンズ判決の自動的申立適格はその有用性を果たし終えたのである。ジョーンズ判決の原理は今では第四修正の権利が侵害されなかった者に棚ぼたの利益を与えるにすぎない。排除法則の利用を第四修正の権利を侵害された被告人に限定

であるとして小切手の排除を求めたところ、地方裁判所はこの申立てを容れ、控訴裁判所もこれを維持した。

United States v. Salvucci, 448 U.S. 83 (1980)

することによって第四修正の価値は保持されるとの同判決の見解に固執するので、このような状況下に証明力ある証拠を排除することには応じられない。

【15】ローリングズ申立適格否定訪問客規制薬物所持事件判決（一九八〇年）

警察官ら六人は麻薬密売容疑でM宅に赴いたところ本人は不在で同居人のほか四人の訪問客がおり、捜索で何も見つからなかったが、マリファナの臭いがしたので捜索令状を入手することとし、その間、身体捜検に応じなかった三人（X、Y、Z）を留め置いた。その後捜索令状を得てYにハンドバッグの内容物をすべて見せるよう命じたところ、その中に規制薬物があり、Xがその薬物は自分の物であると認めた。Yのハンドバッグの中に合理的なプライバシーの期待があったとのXの主張は退けられ、Xは有罪とされた。

Rawlings v. Kentucy, 448 U.S. 98 (1980)

XはYのハンドバッグの中にあった麻薬の所有者であることを認めたのであるから、彼のプライバシーの期待いかんにかかわらず、捜索を争う権利があると主張する。同意できない。Xが麻薬の所有者であることは本件で考慮すべき一つの事実ではあるが、財産法の〝難解な〟概念が第四修正の保護を主張する能力を規制すべきであるとの観念を【13】ラーカス判決は明確に退けている。ラーカス判決以降この二つの調査は一つの調査に合体している。すなわち、訴追側官憲が被告人によって保持されている正当なプライバシーの期待を侵害したかどうかである。要するに、Xには捜索時にYのハンドバッグの中への正当なプライバシーの期待がなかったとの下級裁判所の結論を覆す理由は認められない。

【27】ヘイヴンズ第四修正違反弾劾例外肯定コカイン密輸入事件判決（一九八〇年）

Yは、通関時の身体検査で上衣の下に着用していたTシャツに縫い付けられていたポケットからコカインが発見されたとき、Xを巻き込む供述をしたので、すでに通関していたXの手荷物が無令状で捜索され、YのTシャツに縫い込まれていたポケットの部分と一致する切り口のあるTシャツが押収された。Yは公判で、

【25】ハリス判決も【26】ハス判決も反対尋問ではじめてなされた虚偽証言の弾劾に関わりがなかったが、これらの判決の理由付けは本件を支配する。われわれは繰り返し、被告人が証言するときには正直に証言しその結果を甘受しなければならないと主張してきた。このことは、被告人が自己の意思に反して証言を強制されたときであっても真実である。違法な捜索・押収の果実であることを理由にTシャツに関する政府側の質問は不相当な反対尋

Tシャツのポケットは X が T シャツに手を加えて縫いつけたものであると主張した。Xは証人台でコカイン密輸入との関わりを否認したため、訴追側が反対尋問でTシャツ所持の有無について尋ねたところ〝知らない〟と答えたので、通関時のXの手荷物の違法な捜索・押収で発見されたTシャツがX証言を弾劾するために許容され、Xは有罪とされた。

United States v. Havens, 446 U.S. 620 (1980)

問であるとのXの主張を受け入れられない。Yは密輸入のためにTシャツを準備してXを手助けしたと証言した。Xは直接証言においてコカインが彼の身体にテープで張り付けられたというYの以前の証言等を認めたが、〝Yとともにこの種の活動をしたこと〟を否定した。この証言は、Y証言と矛盾することは明らかである。政府側が反対尋問で直接尋問での彼の答弁に注意を喚起し、次いでTシャツに綿切れを縫い付けるために何かしたかと尋ねたことは合理的であった。Xの直接証言から生じた反対尋問であり、それに続く弾劾はXの憲法上の権利を侵害しなかったのである。

【33】ジェンキンズ自首前沈黙弾劾利用合憲正当防衛主張刺殺事件判決（一九八〇年）

Xは、A刺殺の二週間後に自首し逮捕された。Xは公判で、A殺害は正当防衛であり、姉妹らへの強盗事件に対する報復としてAを殺害したと主張した。Xの信用性を弾劾するために逮捕前の沈黙を利用するのは第一四修正に違反するか。

Jenkins v. Anderson, 447 U.S. 231 (1980)

本件において、従前の沈黙をXに促す訴追側の行動はなかった。Xが供述しなかったのは身柄を拘束されてミランダ警告を与えられたそれより以前のことである。したがって、【32】ドイル判決で存在した基本的不公正は本件に存在しない。逮捕前の沈黙の利用による本件弾劾は第一四修正のデュー・プロセスの保障に違反しない。

【34】アンダーソン・ミランダ警告後矛盾供述反対尋問合憲殺人事件判決（一九八〇年）

Xは盗難車を運転中ミシガン州甲地で逮捕された。P刑事はミランダ警告後に盗まれた車について質問した。Pによると、バス停からおよそ二マイルの乙地で車を盗んだとXは述べたという。

【32】ドイル判決は以前に矛盾供述をしたその理由を聞き出す反対尋問には適用されない。ミランダ警告を受けた後で任意に話す被告人は黙秘するよう勧められなかったのであるから、そのような質問は黙秘を不公正に利用したことにはならない。彼の供述の内容に関して被告人は黙秘していなかったのである。前記引用

Xは公判での直接尋問でKタイヤ会社の駐車場で車を盗んだと証言した。検察官は反対尋問で、〝Kタイヤ会社は刑務所のすぐ隣にありますね〟〝駐車場から車を盗んだという話をW刑務所で思いついたのではありませんか〟などの質問をした。検察官の質問は【32】ドイル判決に違反するか。

Anderson v. Charles, 447 U.S. 404 (1980) (*per curiam*)

【54】クルーズ第四修正違反被害者証言独立入手源適用強盗事件判決（一九八〇年）

Aらが公園内トイレで相次いで若い男に銃を突き付けられ現金を奪われた。Aらの通報を受け捜査中のPらは挙動不審なXを現場近くで見かけ、学校をずる休みした疑いがあるとして連行後、写真を撮り釈放した。Aらは写真面割りでXの写真を選び出し、公判でもXを犯人として識別した。Aらの法廷証言は違法逮捕の果実として排除すべきか。

United States v. Crews, 445 U.S. 463 (1980)

【35】フレッチャ正当防衛証言逮捕後沈黙弾劾合憲殺人事件判決（一九八二年）

駐車場での乱闘時にAがウィア（X）を地面に押さえつけたところ、Aは突然立ち上がり刺されたと叫んだが、刺し傷が原因で

の会話は、全体として見ると、Xの黙秘権行使に言及しているのではなく、Xの公判証言が本当であるのであれば、通りで車を盗んだのではなくタイヤ店の駐車場で被害者の車を盗んだことをなぜ警察官に告げなかったのかと尋ねているにすぎない。検察官の質問はXの以前の黙秘から何らかの意味を引き出すことを意図したものではなく、以前の矛盾供述に対する説明を聞き出すことを意図したものにすぎなかったのである。

被害者Aの出廷は、警察の違法行為の所産ではない。彼女は襲われた直後に当局に通報しており、違法捜査ないし違法逮捕の結果はじめて証人の身元が明らかとなったという事案ではない。「違法逮捕も被害者の正確な犯人識別証言の能力に影響を与えていない。被害者は強盗時の自らの観察に基づき心の中に犯人像を描いていた。彼女は公判で、この記憶にある顔を思い出し、これとXの姿とを比較し、そして明確に彼を強盗犯人であると識別したのである。この過程にはXの違法逮捕によって影響を受ける部分はない。毒樹の〝言い古された比喩〟の言い回しによれば、本件で毒が注入されたのは、証拠の蕾が開花してからのことである。」すなわち公判で証拠として提供された果実に毒はない。

反対尋問および虚偽弁護を暴露することの重要性を認識しつつ、われわれは【32】ドイル判決においてミランダ警告によって奨励されたといえる黙秘へのコメントを認めるのはデュー・プロセス違反になろうと判示した。本判決とドイル判決との重要な相

死亡した。Xは現場を立ち去り、警察に報告しなかった。Xは公判で、Aを刺したことは認めたが正当防衛であると主張した。この供述は、XがA刺殺につき弁明供述をした最初の機会であった。検察官は、現場から逃走した上、逮捕時に弁明供述をしなかったことに関してXを反対尋問した。検察官の反対尋問は【32】ドイル判決に違反するか。

Fletcher v. Weir, 455 U.S. 603 (1982) (*per curiam*)

【55】テイラー第四修正違反後ミランダ警告後獲得自白排除強盗事件判決（一九八二年）

Pらは不確かな情報提供に基づき、Xを違法に逮捕、指紋を採取し、ミランダ警告後に指紋が一致したと告げたところ、Xは間もなく自白した。この自白は、違法逮捕の果実として排除すべきか。

Taylor v. Alabama, 457 U.S. 687 (1982)

【56】第二次ウィリアムズ第六修正違反不可避的発見肯定強姦殺人事件判決（一九八二年）

一〇歳の少女AがM市で兄の登場するレスリングを観戦中、トイレに立ったまま行方不明になり、間もなくXに対し誘拐容疑で逮捕状が発せられると同時に多数のボランティアが警察の指揮下に参加して大規模な捜索が始まった。一方、Xは同日、弁護士の助言の下にD警察に出頭しM市に着くまで取調べはしないとの約束の下で押送されたが、その途中の車中でリーミング刑事が約束

違は、逮捕後の黙秘とその後の逮捕との間にXはミランダ警告を受けたことが記録上明らかでないということである。控訴裁判所の多数意見はこの相違を認めたが、〝逮捕それ自体、黙秘することを被告人に黙示に促す州側の行為である〟として、本件状況に適用できるようにドイル判決を拡大しようとした。このようなドイル判決の拡大解釈は同判決の理由付けによって支持されず、ドイル判決以降の判決にも反する。

「本判決はブラウン、ダナウェイ両判決のレプリカである。」本件では、犯罪現場で発見された指紋と逮捕直後に採取された指紋との比較に基づいて逮捕状が発付された。当初の指紋採取それ自体、Xの違法逮捕の果実であり、それを用いてXから自白が引き出された。自白の任意性は「逮捕の違法性を治癒するものではない。」Xの自白は違法逮捕の果実であったことになる。

「独立入手源法理は、警察の誤りないし違法行為がなかった場合における立場と比較して警察をより不利な立場ではなくそれと同一の立場に置くことによって、警察の違法行為を抑止するという社会の利益と犯罪に関するすべての証拠を陪審に提示するという公共の利益とが適正に釣り合うことを教えている。争われている証拠に独立の入手源があるとき、このような証拠を排除すれば、何らかの誤りないし違法行為がなかった場合における立場と比較して警察をより不利な立場に置くこととなろう。たとえ違法行

に反して〝教会葬の話〟をした結果、XはAの死体のある場所に同刑事らを案内した。

第六修正違反の取調べによって得られた供述に基づき発見された死体の発見場所および死体の状態に関する証拠は〝毒樹の果実〟して排除すべきか。

Nix v. Williams, 467 U.S. 431 (1984)

為がなかったとしても警察はその証拠を獲得していたであろうから、不可避的に発見されていたであろう証拠を排除すれば訴追側はより不利な立場に置かれるという点において、これら二つの法理には機能的類似性がある。それ故、独立入手源の論拠は、排除法則に対する不可避的発見の例外と完全に合致する。」

本件のように、問題の証拠は警察の誤りないし違法行為と関係なしに不可避的に発見されていたであろうという場合、両者の間に汚れが生ずるほどの関係はないから、当該証拠は許容される。

【40】レオン、シェパード第四修正違反善意例外肯定コカイン所持等事件判決（一九八四年）

A　警察官Pは多量のコカイン密売の捜査結果を記載した宣誓供述書を作成し複数の地区検事等の吟味を得た上で、レオン（X）らの自動車の捜索令状を申請し、間もなく発付された令状に従って捜索した。しかし、その後に宣誓供述書は相当な理由を疏明するには不十分であるとして捜索令状が無効とされた。

B　刑事Qはシェパード（Y）への逮捕状およびYの住居の捜索令状の申請をするための宣誓供述書を作成し検事等の同意を得た上で判事の自宅まで宣誓供述書および令状請求様式を持参し、この令状請求様式は規制薬物用のものであると告げた。同判事は、その様式に若干の修正を加えた上で、宣誓供述書とともにQに返した。Qはこの二つの書類を持ってYの住宅を捜索し証拠を発見した。Yは第一級謀殺罪で起訴された。公判前の証拠排除審

A　相当な理由の裏付けのない令状に従って獲得された証拠を排除すれば、警察官は将来の令状申請において不相当な提示をしたり、治安判事探しをせず、より慎重に令状の様式を吟味するようになるかもしれない。しかし、そのような議論は推測にすぎない。排除法則は警察の違法行為を効果的に抑止し、法執行官に第四修正に一致して行動する誘因を提供すると仮定したとしても、客観的に合理的な法執行活動を抑止することは期待できない。警察官の行動が客観的に合理的である場合、証拠を排除したとしても、多少なりとも排除法則の目的を促進することにはならない。合理的な警察官であれば類似の状況下で行動したであろうし行動すべきであるように当の警察官が行動していることは痛いほど明らかであるからである。Pの令状申請は〝骨組だけの〟宣誓供述書よりはるかに多くのことによって裏付けられている。宣誓供述書は大規模な捜査の結果を述べており、控訴裁判所の分かれた意

理で、公判裁判官は、本件令状は第四修正違反としながら、Qは善意で合理的に有効な令状であると考えて行動したことを理由に、当の証拠は許容できると決定した。

第四修正違反にいわゆる善意の例外を肯定するのは相当か。

Unite States v. Leon, 468 U.S. 897, United States v. Sheppard, 468 U.S. 981 (1984)

【57】セグーラ第四修正違反後捜索令状執行発見物独立入手源適用麻薬事件判決（一九八四年）

Pらは大規模なコカイン密売の情報を得て監視中X、Yとの〝取引〟を現認してZを逮捕し、その所持するコカインはXから譲り受けた旨の供述を得た。Pらは、捜索令状入手まで証拠隠滅防止のため建物を確保せよとの指示を受け、アパートのロビーでXを適法に逮捕後、三階に連行して室内に押し入り、一見現認した薬物調剤用具には手を触れず、Yを逮捕し捜索したところ、同女の財布からピストルおよび多額の現金を発見した。一九時間後に令状が発付され、室内捜索の結果、コカイン、銃弾等を発見したので、先に現認した物品とあわせて押収した。

アパート内への違法な立入り後に発付されたが、それ以前の情

見が明らかにしているように、相当な理由の存在に関し裁判官の間での意見の不一致を生ずるに足る証拠を提示していた。Pが治安判事の判断を信頼したのは客観的に合理的であったといえるから、極端な証拠排除の制裁は相当でない。

B　本件捜索の権限は令状によって与えられているとQが信じていたことに争いはない。唯一の問題は、Qの誤った考えに客観的に合理的な根拠があったかである。公判裁判所も州最高裁の多数意見も客観的に合理的な根拠があったと結論した。決定的な誤りをしたのは判事であり、警察官ではなかった。このような場合に証拠を排除しても、排除法則の意図した抑止機能に役立たない。

アパートへの立入り以前の情報に依拠して発付された有効な捜索令状に従って、その翌日行われた捜索時に発見された証拠は違法な立入りの〝果実〟として排除する必要はない。令状発付の根拠となった情報は当初の違法な立入りとは関係がなく、当該証拠に対する独立の源を構成しているからである。「本件ではかかる独立源の故に、派生的ないし〝毒樹の果実〟としての証拠排除は認められない。」令状入手の根拠となった情報は、Xらの当初の立入りから派生したものではないし、証拠の発見および押収への独立の源であったことに疑問の余地がない。

当裁判所は、単に〝警察官の違法行為がなかりせば明らかにならなかったであろう〟という理由だけで当該証拠は〝毒樹の果実〟であると判示したことは一度もない。違法行為が証拠発見の

報に依拠して発付された適法な令状に基づきはじめて発見された証拠は毒樹の〝果実〟として排除されるか。

Segura v. United States, 468 U.S. 796（1984）

〝なかりせば（but for）〟の少なくともその原因である場合を除き、当該証拠は排除されるべきではないことを明らかにしている。Xらのアパートへの違法な立入りは、令状に従って押収された証拠の発見に寄与していない。本件では第一関門の〝なかりせば〟の要件すら満たされていないことは明らかである。

【58】エルスタッド反覆自白許容不法侵入事件判決（一九八五年）

Pらは不法侵入事件の目撃証人の通報を受けて、Xの家に赴き近隣で発生した事件との関わりを尋ねたところ、Xから〝はい、私はそこにいました〟旨の供述を得たので、警察本部に押送し、ミランダ警告後により詳細な自白を獲得した。

第二自白は以前のミランダ違反供述の汚れた毒樹の果実として排除すべきか。

Oregon v. Elstad, 470 U.S. 298（1985）

「【50】タッカー判決での理由付けは、ミランダ違反の〝果実〟が証人でも証拠物でもなく被疑者自身の任意の証言であるときにも、同様に適用できる。〝猫を一たん袋から外に出してしまうと、被疑者はその後、心理的にも実際的にも自白をしたという不安から自由になれない〟という意味において後の自白は常に最初の自白の果実とみなされよう。しかし、その使用が禁止される状況下で一たん自白をすれば、そのような状況が除去された後も永久に再び自白をすることができないとまで判示されたことは一度もない。」

ミランダ警告はなかったが強制的でない質問に一たん応じた被疑者は、ミランダ警告後に権利を放棄して自白をすることはできないとはいえない。第二自白は毒樹の果実ではない。

【36】ウェインライト精神障害無罪抗弁逮捕後弁護人依頼権行使利用デュー・プロセス違反不法接触事件判決（一九八六年）

被害者の犯人像の説明に基づいて警察官（P）はXを犯人と確認、逮捕しミランダ警告をしたところ、Xは弁護人に相談したいと述べた。ミランダ警告は車の中でPによって繰り返され、警察

【32】ドイル判決およびその後の判例は、ミランダ警告に黙示されている確約を破るのは第一四修正のデュー・プロセス条項が要求する基本的公正さを侮辱するものであることを明らかにしてきた。本件では、ドイル判決およびその後の関連判例とは異なり、黙秘は弾劾としてではなく検察側の主張立証時に積極的証拠

署に到着した後でQ刑事によって再び反覆された。いずれのときもXは、供述をする前に弁護人と相談したいと述べ権利放棄には応じなかった。公判で検察官はP、Qの証言を提出した。彼らは、Xが質問に答える前に弁護人と相談したいと述べたことについて説明した。弁論終結時に検察官は、PおよびQの証言を再吟味し、Xが繰り返し弁護人と相談せずに質問に答えることを拒否したことは精神障害の主張と矛盾するXの理解力を示していると主張し、陪審はXを有罪と認めた。

　Xの正気を示す証拠であるとして検察官がミランダ警告後のXの供述を利用したのは【32】ドイル判決に違反するか。

Wainwright v. Greenfield, 474 U.S. 284 (1986)

【37】グリア逮捕後黙秘言及無害法理適用強盗殺人事件判決（一九八七年）

　Y、Z、Xの三人がAへの強盗殺人で起訴された。Yは自白後に「Z、Xに対する各分離裁判での証言と引換えに彼（Y）に対する起訴の大半を取り下げるという答弁合意をした。」Xの公判でYは、Xら三人は先に入手していた銃でAの頭部を撃ったと証言した。Xは証人台に立って、Y証言とは異なる供述をした。この犯罪には関与していない、ZとYがA殺害後に彼（X）の助言を求めて自宅にやってきたと証言したのである。検察官は反対尋問で〝なぜ逮捕されたときそのようなストーリーを誰にも話さな

として用いられた。「ドイル判決のポイントは、逮捕された人に黙秘は彼に不利に用いられないであろうことを約束し、その後に彼の公判証言を弾劾するためにその黙秘を利用することによってその約束を破ることは基本的に不公正であるということである。」被告人の精神障害の抗弁に打ち克つために逮捕後の黙秘を利用することによってその約束を破ることも、同様に不公正である。いずれの状況においても、州側は憲法上の権利を保護するために警告を与え、これらの権利を行使しても刑罰を科せられないことを黙示に保障しているからである。

　被告人を逮捕しミランダ警告後の黙秘を彼の正気を示す証拠として検察官が利用するのは、基本的に不公正であり、【32】ドイル判決に違反する。

　当裁判所は【32】ドイル判決において〝逮捕時にかつミランダ警告後の申立人の黙秘を弾劾目的のために利用することは第一四修正のデュー・プロセス条項に違反する〟と判示した。Xが本件でミランダ警告の〝黙示の確約〟を得たことには疑問がない。しかし、ドイル判決によれば、被告人の逮捕後の黙秘を〝弾劾目的で使用すること〟をデュー・プロセス条項は禁止する。ドイル判決等とは異なり、公判裁判所は本件でXの逮捕後の黙秘に触れた検察官の唯一の質問に対する弁護人の異議申立てを明示に容れ、検察官の質問を無視すべきであることを陪審にとくに忠告したのである。ドイル判決での検察官とは異なり、本件での検察官はX

かったのか〃と質問した。公判裁判官は弁護人の異議申立てを支持し、検察官の質問を無視するよう陪審に説示した。検察官はこの問題を追及せず、弁護人も最終弁論中にもこのことに言及しなかった。裁判官は〝検察官の質問を無視する〃ようにあらためて説示した。

被告人の逮捕後の黙秘に関する公判での検察官の質問によって被告人の有罪判決は当然破棄を必要とするか。

Greer v. Miller, 483 U.S. 756 (1987)

の黙秘に関して〝弾劾すること〃もXの黙秘に陪審の〝注意を向けること〃も認められることはなかった。それ故、本件ではドイル判決違反は生じなかったことになる。

ただ、検察官が陪審の面前で不適切な質問をすることによってドイル判決に違反しようとしたという事実は残る。しかし、州最高裁は、【21】チャップマン判決の分析を適用し、検察官の質問は合理的な疑いを越えて無害であったと認めた。それ故、本件事実の下ではデュー・プロセス違反はない。

【59】マリ第四修正違反発見物独立入手源適用可能麻薬事件判決（一九八八年）

DEAとFBIの捜査官は違法な麻薬取引に従事しているとの情報を得てXらを監視中、Xがトラックを運転して倉庫に出入りするのを現認し、間もなく右トラックの引渡しを受けて運転中のZらを追跡して逮捕したところ、車内からマリファナを発見した。一方、他の捜査官は右情報を得て倉庫に集結し、応答がなかったのでドアをこじ開けて中に入ったところ、一見して多くの袋(後にマリファナ入りと判明)を現認したが一切手に触れず、令状入手まで倉庫を監視するにとどめ、八時間後に令状が発付されたので倉庫内に入り大量のマリファナ入りの袋を押収した。

最初の倉庫内への違法な立入り後に一見して現認されていたものの、その後に発付されたそれ自体適法な令状に基づきはじめて押収された証拠は〝毒樹の果実〃として排除されるか。

「不可避的発見の法理は、当初違法に獲得された証拠に独立入手源の法理を有効に適用できることを前提にしている。もし捜索が中止されることがなければ独立の捜索によって死体は発見されていたであろうことを理由に当該証拠を許容しつつ、捜索が続行され実際に死体を発見していた場合に当該証拠を排除するというのは意味をなさないからである。不可避的発見の法理は、明確な要件を伴うと、実際には独立入手源法理の一変形である。汚れた証拠は独立源を介して現に発見されたのであれば許容されるというのであるから、もしそれが不可避的に発見されていたであろうというのであれば、それは許容されるべきである。」

マリファナが倉庫内にあるという知識は確かに違法な立入り時に獲得されたが、それはまた令状に従った立入り時にも獲得された。もし後者の獲得は最初の立入りの結果でなかったというのであれば、独立入手源法理が適用されるべきでないという理由はな

Murray v. United States, 487 U.S. 533 (1988)

い。排除法則を援用すれば、警察および社会は違法行為がなかったならば置かれていたであろう同一の立場ではなく、より不利な立場に置かれることになろうからである。このことは物的証拠であるマリファナについても当てはまる。それを排除することが無意味であるのは、第二次ウィリアムズ判決において捜索が中止されず、そして実際に死体を見つけていた場合に、死体の上で発見された物的証拠を排除するのが無意味であるのと同じである。

【16】オルソン第四修正違反肯定逃走車運転強盗事件判決（一九九〇年）

Pらは、強盗殺人事件直後にYの関与を疑い、その自宅に赴いたところ、銀行強盗時の逃走車を発見したのでYを逮捕した。車の中から運転手の身許を示す証拠が見つかりその行方を追っていたところ、Xが逃走車の運転手であった旨A、B母子に告白したとの女性C（Aの母親）からの通報があり、間もなくPらは令状なしにメゾネット式アパート（Aは上階に、Cは下階に居住）の上階の押入れに隠れていたXを逮捕し、一時間後に警察署でXから自白を採取した。

Xは右アパートでの無令状逮捕を争うプライバシーの合理的期待を有していたか。

Minnesota v. Olson, 495 U.S. 91 (1990)

本件は【8】ジョーンズ判決の事案と類似する。【13】ラーカス判決は〝正当に建物〟にいたという基準は広すぎるとして退けたけれども、ホストが不在で鍵を持っているときを除き、泊り客にはプライバシーの正当な期待を一切有しないと判示したものではない。泊り客は彼のホストの家に正当なプライバシーの期待を有していると判示するのは、われわれが共有する毎日のプライバシーの期待を是認するにすぎない。他人の家に宿泊するというのは、社会によって価値あるものとして是認されている古くからの社会的習慣である。家の客はホストの家で正当なプライバシーの期待を有していることを社会は是認している。

Aの家でのXのプライバシーの期待は〝社会によって是認されている了解〟に根ざしたものであるから、それは正当であり、Xは第四修正違反を主張できることになる。

【28】ジェイムズ被告側証人弾劾例外否定殺人事件判決（一九九〇年）

州最高裁は本件において、【24】ウォルダー判決およびその後の関連判例での比較衡量的アプローチによれば、弾劾例外の範囲

射殺事件の翌日、Pら二人の刑事がXを同事件の容疑者として拘束した。Xは母親の経営する美容院のヘヤー・ドライヤーの下に座っているところを発見されたもので、そのときの毛髪は黒色で縮れていた。Pらが以前の毛髪の色について質問すると、Xは前日まで毛髪は赤茶色で長くまっすぐ後にたらしていたが、容姿を変えるために黒色に染め巻き毛にしたと述べた。殺人等で起訴されたXは公判前に、令状なしで逮捕する相当な理由が欠けていたことを理由に彼の毛髪に関する供述は第四修正違反の果実であると主張したところ、公判裁判所はこの申立てを容れた。Xは証人台に立たず、家族の友人であるHを証人として喚問した。Hは殺人事件の当日Xの毛髪は黒色であったと証言した。H証言の信用性を弾劾するために刑事の一人が逮捕時のXの供述について証言した。

　第四修正に違反して獲得された被告人の供述を利用して被告側証人の証言を弾劾することは認められるか。

　James v. Illinois, 493 U.S. 307 (1990)

【29】ハーヴェイ第六修正違反弾劾例外肯定婦女暴行事件判決（一九九〇年）

　Xは、Aへの強姦に関連する犯罪的性行為で身柄を拘束され、捜査官（P）に一回目の供述をした。彼はアレインメント手続に

を拡大して弁護側証人の信用性を弾劾するために違法収集証拠を検察官が利用するのを認めることは正当化できると判示した。同意できない。弾劾できる証人の種類を被告人だけからすべての弁護側証人に拡大すれば、被告人と法執行官の両者の態度に影響を与える別異の誘因が生ずることになろう。このように弾劾例外を拡大しても当初の例外の創出によって促進されたのと同一の範囲で真実探求機能が促進されることはないであろうし、他方、一般的な排除法則の抑止効の土台が大きくほり崩されることになる。それ故、このような弾劾例外の拡大は排除法則の基礎にある目的を促進するよりも阻害すると考えられるからである。

　犯罪捜査の過程で憲法上の権利が無視されることから国民を保護することにわれわれが関わっている限りにおいて「違法に収集された証拠の不許容性は、例外ではなく、なおルールでなければならない。」被告人の証言に限定した従前の弾劾例外の是認は、競合価値の注意深い比較衡量を反映している。従前の例外を拡大して弾劾例外をすべての弁護側証人の証言に及ぶとすれば、それと同等に真実解明機能を促進することにはならず排除法則の抑止効果の土台をほり崩すのは明らかであり、認められない。

　当裁判所は一九八六年のジャクソン判決において、第六修正の弁護人依頼権を放棄したかを判断するための明確なルールを創出した。第五修正の文脈下に同一の〝予防法則〟を宣告した一九八一年のエドワーズ判決の理由付けを転用して、被告人が弁護人の

付され弁護人が選任された後で、Pに二回目の供述をしたいが弁護人に話すべきかどうか分からないと述べたところ、〝弁護人はいずれにせよ供述のコピーを入手するから〟いま弁護人と話す必要はないと告げられ、当日の出来事について詳しい供述をした。Aは証人台で、Xが当日午前二時三〇分に彼女の家を訪れ電話を借りた際に彼女に性行為を強制したと述べた。これに対しXは、A証言と異なる証言をした。彼は午後九時にAの家に行き、情交の代償にクラック・コカインを吸飲するように勧めたところ、彼女はこれに同意したがコカインを吸飲した後、情交を拒否した。Xが立ち去らなかったので、Aがフォークをつかんで乱闘となり、Xはフォークを取り上げ床に投げた。それからAは自ら任意に衣服を脱いだが、二人は性交はせず、Xは間もなく立ち去ったと証言したのである。反対尋問で検察官は、X証言を弾劾するためにXの二回目の供述に言及し、フォークを床に投げ捨てた等のXの主張がPへの供述では欠落していることを指摘することによってX証言の一部を弾劾した。

第六修正に違反して採取された供述であっても被告人の矛盾証言を弾劾するために利用できるか。

Michigan v. Harvey, 494 U.S. 344 (1990)

助言を要請した後で警察によって開始された取調べ中になされたいかなる第六修正の権利の放棄も無効であり、そのような放棄に従って獲得された証拠は検察側の主張立証時に許容できないと決定した。「ジャクソン判決は第六修正に立脚しているが、そのルーツはミランダ判決およびその後の関連判例にある。」ジャクソン判決はエドワーズ判決の第五修正の分析を第六修正の中に重ねたにすぎない。信用性があり証明力のある証拠がいかなる目的のためにも排除されるのは、それが不任意供述に由来するときに限られている。被告人の主張する違反が〝それ自体憲法によって保護されている権利ではなく〟憲法上の権利を保障するための手段であるとき、関連性があり任意である供述の利用を、われわれが妨げたことは一切なかった。そのような事案においてわれわれは、刑事事件における真実の探求は排除法則の将来の違反を抑止する〝思弁的可能性〟に優ると判断してきたのである。

本件記録上、Xの権利放棄は知悉の上で任意になされたものであるかを判断することはできない、放棄の問題に関する公判記録での唯一の記述は、第二供述はXのミランダの権利に違反して採取されたとする検察官の譲歩だけである。Xの弁護人は第二供述を弾劾目的で使用されることに異議を申し立てなかったので、Xが伝統的な基準の下で任意に権利放棄をしたことを確証する証拠を提出する機会が州側にはなかった。差戻審で放棄が任意であることを立証する責任は州側にある。

【60】ホートン一見発見（プレイン・ヴュー）法理肯定強盗事件判決（一九九〇年）

警察官（P）は「強奪品および強盗に用いられた武器に対してXの家を捜索する相当な理由がある」と判断したが、治安判事によって発付された令状は強奪品の捜索だけを認めていた。Pはこの令状に従ってXの住居を捜索した際に「視界に入った武器」に気付いたのでそれを押収した。Pは「腕輪等を探している間、Xを本件強盗に結びつける他の証拠を発見することにも関心があった」と法廷で証言した。

Horton v. California, 496 U.S. 128 (1990)

偶然性が〝プレイン・ヴュー〟による押収の特徴であるとしても、それは必要不可欠な要件ではない。それを要件とすることによって第四修正の利益が促進されることはない。本件においてXの家から押収された物品は、有効な令状によって認められた合法的な捜索時に発見されたもので、発見されたときそれら物品が負罪的証拠であることは捜査官にとって直ちに明らかであった。警察には盗品の捜索令状を入手するためだけでなく、武器が捜索中の当該犯罪で用いられたと信ずべき相当な理由もあった。捜索は令状によって認められたものであり、本件押収はプレイン・ヴュー法理によって是認される。

【61】ハリス第四修正違反後ミランダ警告後獲得供述許容殺人事件判決（一九九〇年）

Pらは、XがA女をアパートで殺害したと信ずるに足りる相当な理由があったため、逮捕状を取得しないままXのアパートに赴き、室内に入りミランダ警告後に自白を獲得し、警察署に連行した上で再びミランダ警告後に自白を獲得した。この第二自白は第四修正に違反する住居内での逮捕の果実として排除されるかが争われた。

New York v. Harris, 498 U.S. 14 (1900)

自宅でのXの逮捕は、第四修正に違反するのは明らかである。逮捕する相当な理由がある限り、公の場所での無令状逮捕は警察官に認められているが「家の入口に一線が引かれている」のである。本件は、【54】クルーズ判決に類似している。本件でも同様に、警察にはXを逮捕する以前にXを取り調べる十分な理由があった。逮捕する相当な理由がある場合、住居の外でXによってなされた供述を訴追側が使用することは、たとえその供述が住居内での逮捕後に採取されたものであるとしても、排除法則によって禁止されない。

【22】フルミナンテ強制自白無害法理否定義娘殺害事件判決（一九九一年）

不任意自白の許容——古典的な公判での瑕疵——は、無害の誤りの分析対象にならないとして【21】チャップマン判決の脚注で

Xは連邦刑事施設で収容中、組の者と称しているSと親しくなった。Sは元警察官でFBIに雇われた情報提供者であった。Sはその後、Xが子供殺しの容疑者であることを知り、Xとの会話中に何度かこの噂話を持ち出したが、Xは繰り返し否定した。SがこのことをFBIに伝えたところ、その噂話について情報を収集するよう指示された。Sは当時、Xが他の受刑者から〝ひどい目〟にあっていることを知っていたので、散歩中〝お前はまたひどい目にあいそうだ、本当のことをいえば助けてやる〟と話しかけた。Xは、義娘（A）をオートバイで砂漠地帯まで連れて行き、性的暴行を加えた上で射殺した、武器は現場近くの岩の中に隠したと述べた。Sの釈放に続いてXも間もなく釈放された。Sとその婚約者DがXをバス停に出迎えた折、Dが〝友人等で会いたい人がいますか〟と尋ねたところ、Xは〝娘を殺害したので家には戻れない〟と答えた。Xは翌年、A殺害の第一級殺人罪でアリゾナ州地裁に起訴された。州最高裁は無害法理は強制による自白には適用できないとして第一審の有罪判決を破棄した。

①XのSへの自白は強制によるものであるか、②強制による自白にも無害法理が適用されるか、③本件への適用いかんが本件で争われた。

Arizona v. Fulminante, 499 U.S. 279 (1991)

言及された他の二つの憲法違反とは明らかに異なる。これら判例にいう憲法違反の一つは、公判での弁護人依頼権が完全に否定されたものであり、他の一つは公平でなかった裁判官に関するものであった。これらは裁判組織の構成における構造的瑕疵であり、〝無害の誤り〟基準による分析対象にはならない。取調べをした警察官が被疑者に対し、自白をすれば拘置所のドアの外にいる猛り狂った暴徒から保護してやると約束したことを理由に自白は強制によるものであると当裁判所が認めた一九五八年の【19】ペイン判決におけると同様に、①本件でもXの友人（かつ政府側代理人）であるSの保護がなければ、物理的暴力を加えられるおそれがあったとの州最高裁の認定を受け入れ、Xの意思はそのような方法によって打ち負かされたのであるから、XのSへの自白は強制の産物であるとの結論に同意する。

州最高裁は、Dへの第二自白はSへの第一自白と重なったいわゆる反覆自白であると認めた。同最高裁は、現場でのオートバイの痕跡などは第二自白を裏付けていると指摘し、たとえ第一自白がなかったとしても、陪審には被告人を有罪とする証拠があったと結論した。この証拠に関するわれわれの評価は全く異なる。われわれは記録を精査して、②XのSへの自白を許容したことが合理的な疑いを容れない程度に無害の誤りであったことを立証する責任を訴追側は果たしていないとの結論に至った。自白の存在によって、公判の量刑段階にも影響を及ぼしたことは明らかである。③本件では、〝公判で提出され証拠として許容された証拠に基づいて〝公判裁判官は、合理的な疑いを容れない程度に存在した唯一の加重理由、すなわち、残虐非道な犯行であることを認めた。このような認定に矛盾しない状況証拠は存在するが、いずれも合理的な疑いを容れない程度にそのような認定をするには十分なものとはいえない。

【62】ディカソン触感確証（プレイン・フィール）法理肯定麻薬事件判決（一九九三年）

警察官二人がパトロール中、挙動不審者に気付き、その者（X）を停止させて捜検したところ「小さな固いものが前ポケットにあるのを感じ」たのでそれを指で調べると、クラック・コカインの固まりのような感触がしたのでポケットの中に手を差し入れそれを取り出したところ、クラック・コカインの入った小さなプラスチック製袋だった。Xは逮捕され規制薬物所持で起訴され、有罪と認定された。

プレイン・ヴュー法理を触覚により確証された禁制品に拡大することは認められるか。

Minesota v. Dickerson, 508 U.S. 366 (1993)

プレイン・ヴュー法理の理論的根拠は、禁制品がむき出しのままで放置され、そして合法的に見晴らせる位置から警察官によって観察されたのであれば、プライバシーの正当な期待への侵害はなかったのであるから、第四修正の意味での〝捜索〟はないということになる。同じことは禁制品の触覚による発見についてもいえる。警察官が合法的に被疑者の外の衣服を軽くたたいて、その輪郭ないし質量から直ちにその正体を明らかにできる物体に触れたのであれば、武器に対する警察官の捜検によってすでに是認された以上の被疑者のプライバシーの侵害はなかったのであり、その物体が禁制品であれば、それの無令状押収はプレイン・ヴュー法理に内在するのと同一の実際的考慮によって正当化されよう。

【17】カーター第四修正違反否定屋内観察薬物押収事件判決（一九九八年）

警察官（P）は内報を得て、アパート一階の窓のブラインドの割れ目から中を眺めると、三人の男が袋詰めの作業をしていたので、警察本部に通報後、アパートに戻ると、二人の男（X、Y）

【8】ジョーンズ判決はなお有効ではあるが、〝捜索が行われた建物に正当にいる者は何人であれその合法性を争うことができる〟との指摘は、【13】ラーカス判決において明示に否定された。ある家の泊り客は第四修正の保護を主張できるが、単に持主の同意を得て滞在しているにすぎない者は第四修正の保護を主張でき

が車で立ち去ろうとしていたのでその車を停止させ、ドアを開けると中にハンドガンがあったので逮捕した。警察署での車の捜索の結果、コカイン袋等が発見されたので、Pは再びアパートに戻り居住者（Z）を逮捕し、令状に従った捜索の結果、先に押収した袋と類似のものが見つかった。X、Yはコカインの袋詰めの作業をするためにアパートに二時間半ほどいたにすぎなかった。

X、Yには、Pの観察の結果収集されたコカイン等の証拠を排除する中立適格はあるか。

Minnesota v. Carter, 525 U.S. 83 (1998)

【63】ディカソン第五修正ミランダ法則憲法判例確認強盗事件判決（二〇〇〇年）

多数のFBI捜査官らが一連の銀行強盗事件の容疑者Xの住居地に赴き、銀行強盗事件を捜査している旨告げた後、FBI事務所への同行を求めた。Xは同意したが、アパート内の捜索を拒否した。XはFBI事務所で、特別捜査官Pと地元の刑事Qの取調べを受けた。Xは強盗事件との関わりを否定していが、アパートの令状による捜索開始が伝えられると、一連の銀行強盗事件で逃走車の運転手であったことを認めた後、Yが実行犯である旨供述した。Xは正式に逮捕され、間もなくYも逮捕された。Yは一連（二三件）の銀行強盗を働いたことを認め、二州の各銀行強盗事件でXが逃走車を運転していたことも認めた。Xは連邦の大陪審

ない。Xらは、仕事をするためには滞在が不可欠であったとはいえ泊り客ではなく、その家に数時間いたにすぎなかった。また家族としての受入れの度合いを示す【16】オルソン判決での泊り客との関係に類似するものはなかった。アパートはZにとって居住場所であったけれども、X、Yにとっては単に仕事をする場所にすぎなかった。それ故、アパートの捜索が行われたとしても、それはXらの第四修正の権利を侵害していなかったのである。

Xらにはアパートへのプライバシーの合理的期待はなかったのであるから、Pの観察が〝捜索〟に相当するかを判断する必要はない。

「ミランダ判決は当裁判所の憲法判断であるので、議会の制定法によって事実上それを変更することはできない。そしてわれわれ自身がミランダを変更することには応じられない。」議会はミランダ判決の二年後に第三五〇一条を制定した。それは要するに、任意性の有無を自白の許容性の試金石としミランダ警告の欠如は決定的要因でないことを明示しているのであるから、「議会はそれを制定することによってミランダ判決を変更しようとした」との控訴裁判所の見解には同意する。判例の中に控訴裁判所の見解を裏付ける文言のあることは認められるが、その結論には同意できない。ミランダは憲法判断であるという要素の中で最も重要なことは、ミランダ判決および争点類似事件の二判決はいずれも、州裁判所での手続にミランダ法則を適用したということで

により、銀行強盗のコンスピラシーのほか、銀行強盗等で起訴された。証拠排除の申立ての審理時にPは、Xが自白する前にミランダの諸権利を告知したと証言し、捜索令状を入手して〝間もなく〟Xは自白したと証言した。一方、Xは、ミランダの諸権利を告知される前に自白したと証言し、捜索令状発付を知らされて「およそ三〇分後に」自白したと証言した。地方裁判所は、「X自身とYとを巻き込むXの供述」はミランダ警告なしに警察の取調べに応じてなされたものであると認め、これを排除した。ところが、第四巡回区控訴裁判所は、関連判例を包括的に検討した結果、第三五〇一条は合憲であると確信し、「連邦裁判所における自白の許容性は、裁判所によって創り出されたミランダ法則よりもむしろ第三五〇一条によって規制される」と判示し、これを破棄したのである。

第三五〇一条はミランダに反する違憲立法か。

Dickerson v. United States, 530 U.S. 428 (2000)

【64】マッカーサ第四修正違反否定立入禁止トレーラー内薬物発

ある。州裁判所での手続に関するわれわれの権限は合衆国憲法の命令を実施することに限定されている。ミランダ判決で当裁判所は、伝統的な全体の事情のテストに依拠すると身柄拘束中の不任意自白を看過する危険があり、自白が有罪を立証するための主張立証として提出されると、この危険は受け入れ難いほど大きくなると指摘し、全体のテスト以上の何かが必要であると結論した。上述のように、第三五〇一条は全体のテストを十分なものとして復帰させている。それ故、ミランダ判決が法である限り維持できない。

先例拘束性は絶対的な命令ではないが、先例からの離脱をするには特段の正当化理由による裏付けのあることが必要とされてきた。われわれは、その後の判例によって先例の原理上の基盤を侵害されてしまったとき先例を変更してきたが、そのようなことがミランダ判決に生じているとは思われない。仮に多少あるとしても、ミランダ以降の判例は、警告なしの供述は訴追側の主張立証の証拠として用いることはできないというミランダ判決の核たる部分を再確認しつつ、その一方で、ミランダの法執行へのインパクトを減少してきたのである。

以上を要するに、議会が立法によって廃棄することのできない憲法上の法則をミランダは表明したものであり、先例拘束性の法則に従い、ミランダを変更することには応じられない。

〝不合理な捜索・逮捕押収〟を禁止する第四修正の中心的要件

見事件判決（二〇〇一年）
　警察官二人（P、Q）はAの要請を受けて、Aとともにトレーラー・ハウスに到着した。Aは中に入り、Pらは外に留まっていた。Aは間もなく外のポーチにいたPに話しかけ、夫（X）がカウチの下に薬物を隠しているので、トレーラーを調べてみるよう勧めた。Pは、Xにトレーラー内の捜索の許可を求めたところ、拒絶されたので、捜索令状を請求するようQに命じるとともに、外のポーチに出ていたXに対し、一人でトレーラー内に入ることはできない旨告げた。Qは間もなく捜索令状を入手し、トレーラー内部を捜索した結果、マリファナ等を発見、押収した。
Illinois v. McArthur, 531 U.S. 326 (2001)
右マリファナ等は違法な警察の捜索の果実か。

は合理性のそれである。本件での無令状捜索はそれ自体、不合理であったということはできない。第一、PらにはXのトレーラー・ハウス内に犯罪である禁制品の証拠があると信ずる相当な理由があった。第二、Pらには、Xを制約しなければ捜索令状を持参するまでの間に、Xはその薬物を破壊するであろうと考える十分な理由があった。第三、Pらは、法執行の必要性と個人のプライバシーの要求とを調和させる合理的な努力を払ってきた。令状入手前にトレーラー内を捜索したりXを逮捕したりせず、一人で家屋に立ち入ることだけを禁止したにすぎなかった。第四、Xへの制約は限られた時間すなわち二時間にすぎなかったのであり、これは令状を入手するのに合理的に必要な時間と考えられる。
　ある家屋に犯罪の証拠である禁制品があると信じる相当な理由があったため、その家屋の居住者を何らの制約なしに自由にしておくと、当該証拠を破壊するであろうと本件での警察官は合理的に信じたのである。そして限定的かつ法執行の必要性を確保するためにプライバシーの利益を保護しつつ、合理的な範囲内で制約を課したのであり、かかる制約は第四修正の要求を満たしていることになる。

【65】 カウプ違法逮捕後獲得自白排除殺人事件判決（二〇〇三年）
　一四歳の少女Aが失踪した後、郡保安官事務所は、Aは片親違いの兄（Y）と性的関係があり、Aの失踪当日、YはXと一緒にいたことを知り、二人を警察本部で取り調べた。Xは協力的で間

　取調べのための警察署への不任意な移動は、相当な理由に基づいてのみ合憲とされうる。州側は本件で相当な理由のあったことを主張していない。Xが第四修正の意味で逮捕されたことに議論の余地はない。**【53】** ダナウェイ判決での被告人よりもさらに強

もなく立ち去ることを許された。一方、Yは妹（A）の刺殺を自白しつつ、同犯罪にXを巻き込む供述をした。Xに対する逮捕令状を入手できなかったにもかかわらずP刑事は、「Xを逮捕しYの供述を突き付ける」ことを決意した。Pらは午前三時ころXの家に到着し寝ていたXを起こし、警察署への同行を求めると、Xは〝分かりました〟と言った。Xは裸足でボクサーパンツとTシャツを着たままで連行され、取調室でミランダの権利告知後に、間もなくYの自白を告げられると、当該犯罪に少し関与したことを認めた。

Xの自白は違法逮捕の果実として排除されるか。

Kaupp v. Texas, 538 U.S. 626 (2003) (*per curiam*)

【66】チャベス第五修正ミランダ違反後獲得供述憲法侵害否定発砲事件判決（二〇〇三年）

警察官二人（Q、R）は、不審な自転車に気付き、乗っていたマルチネス（X）に自転車から降りて、身体捜検に応ずるように命じた。QはXの身体捜検時にナイフを発見したので手錠をかけようとすると、Xはそれを振り切り、その乱闘時にQが「銃を奪われた」と叫んだ。Rは銃を抜いてXに向け発砲し、その結果、Xは失明の上、下半身不随の重傷を負った。間もなく現場に到着したチャベス（P）は、病院まで同道し、医師らの退室要求を無

くXは逮捕されていた。Pに対するXの〝分かりました〟は、本件状況下で任意の同意とはいえない。十分に確立している先例によれば、自白が〝警察による違法な侵害の当初の汚れを除去するに足りる自由意思の行為〟であった場合を除き、当該自白は排除される。検討すべき事柄は、ミランダ判決の順守を含め、逮捕と自白との時間的接着性、介在状況の存在、とりわけ警察の不法行為の目的と悪質性である。これらの中で一つだけ――ミランダ警告の告知――が州側の主張を支持している。われわれは【51】ブラウン判決において、〝ミランダ警告だけで違法行為と自白の間の因果関係を遮断することはできない〟と判示したのであり、本件での他の諸要素はすべて反対の方向を示している。

州側が別途その立証責任を果たさない限り、本件自白は毒樹の果実として排除されなければならない。

第五修正は〝何人も刑事事件において自己に不利な証人となることを強制されない〟と規定する。Xは本件において、その供述が自己に不利益な証拠として許容されたことは一切ないのであるから、第五修正の自己負罪条項に違反して自己に不利な証人とされたことは一切ないことになる。Xは宣誓下に、〝自己告発か、偽証か、法廷侮辱罪かの残酷な三者択一〟にさらされたこともなかった。「自己負罪条項の文言によれば、強制的な取調べがあればそれだけで憲法に違反するとの見解は支持できない。」

裁判所によって創り出された予防法則の侵害が何人の憲法上の

視して取調べを続けた。Xは当初、〝息苦しい〟などと答えていたが、「警察官のホルダーから銃を奪い取り、警察官に向けたこと」を認めた。Pはなお取調べを続け、「その取調べのいかなる時点においてもXはミランダ警告を告知されなかった。」Xは犯罪で起訴されることはなく、その供述はいかなる刑事事件においても自己に不利益な証拠として用いられなかった。

チャベス（P）の本件行動は第五修正の自己負罪拒否特権を侵害したといえるか。

Chavez v. Martinez, 538 U.S. 760 (2003)

【67】サイバート反覆自白排除殺人放火事件判決（二〇〇四年）

警察官（P）はAらの殺人容疑での取調べ時にミランダ警告をせずに三〇分ないし四〇分間、彼女（X）の腕を強く握りながら〝Aも眠っている間に死ぬはずだったんだね〟と繰り返し、Xがついに Aも火事で死ぬはずだったことを知っていた旨認めると、取調べを二〇分間中断し、彼女にコーヒーとタバコを与えた。それからPは、ミランダ警告後に彼女から署名入りの権利放棄書を手に入れた後で、〝いいかね、われわれはしばらく例の事件について少し話をした、そうだったね〟と言って取調べを再開した。そしてミランダ警告前に彼女から得た供述を彼女に突き付け、あらためて〝A死亡の件に関して諒解していた〟ことを繰り返しXに確認させた。

まず質問をし、次にはじめてミランダ警告をして先に提供され

権利侵害にならないのと全く同様に、憲法上の権利の擁護を意図した法則は憲法上の権利それ自体の適用範囲には及ばない。それと同様に、第五修正の自己負罪条項によって保護される権利の侵害を阻止するための予防方法としてミランダの排除法則が確立しているのである。

本件でPがXにミランダ警告をしなかったのは、Xの憲法上の権利を侵害しておらず、かつXが自己に不利な証人となることを強制された〝刑事事件〟が存在しないのであるから、第五修正違反の主張は無効である。

警告なしの取調べと警告後の取調べを続いて行うという取調べ技術は「ミランダ判決に対する新たな挑戦」である。最初に取調べをする目的は、被疑者がすでに自白した後で、ミランダ警告を与えるのにとりわけ好都合な時までそれを引き延ばすことによってミランダ警告を効果のないものとすることである。まず最初に取調べをする目的は、Xが最初に諸権利を理解しておればしないであろう自白を獲得することにある。その根底には、警告を与える前にすでに一つの自白を手中にしているので取調官はほとんどトラブルなしに同一のものを得ることが期待できるということがある。それ故、ミランダ警告が一組の連続した取調べの最中に挿入されると、被告人から権利の性質およびその放棄の結果を理解するのに不可欠な知識を奪うことになる。それと同様に、統合され近接して行われた二つの取調べの洪水を、単にミランダ警告が

たのと同じ答を獲得するまで質問を繰り返すという取調べ技術はミランダの趣旨に反するか。

Missouri v. Seibert, 542 U.S. 600 (2004)

その真中に入れられていることを理由に、独立の取調べであるとして取り扱うのは通常、非現実的であろう。

これら二つの取調べを継続的なものと見るのが合理的であろうし、先に述べたことを第二回目の段階で繰り返すことを拒否することは反自然的であろう。被疑者の立場にある合理的な人であれば供述をなお継続するかに関して自ら選択する権利を有しているとのメッセージを伝えられていると考えることはないであろう、このような取調べ技術は、ミランダ警告の効果に挑戦するものとみなされなければならない。

【68】パターネ第五修正ミランダ違反供述後発見証拠物許容迷惑行為禁止事件判決（二〇〇四年）

Xは前ガール・フレンドAへの接触を禁止する命令に違反してAに電話をかけようとしたので、警察官Pはこの問題の捜査を開始した。郡の保護監察官は同日、ATFの係官にXがピストルを違法に所持している旨通報し、同係官はこの情報を刑事Qに伝達した。PとQの二人はXの家に赴き、Aへの接触の有無について質問した後でXを接触禁止命令違反で逮捕した。Qはミランダの諸権利をXに告知しようとしたが、黙秘する権利を告知した時点で、Xがそれを遮り自分の権利は知っていると言い張ったので、ミランダ警告を最後まで告知しなかった。Qが次いでピストルについて尋ねると、Xは寝室にあると告げ、Qはピストルを発見、押収した。

ミランダ法則は自己負罪条項違反を防止しようとするものであり、負罪条項は任意の供述に由来する物的証拠の公判での提出に関わりがないから、本件で提示された問題は消極に解される。合衆国憲法第五修正の自己負罪条項によって提供された保護の核心は刑事被告人に彼に不利益な証言を公判で強制することの禁止であると指摘すれば十分である。この条項は、任意供述の結果として獲得された非証言的証拠の提出によって侵害されえない。従前の判例もまた、単なるミランダ警告の欠如それ自体は被疑者の憲法上の権利ないしミランダ法則にも違反しないという関連問題を明らかにしている。それ故、第四修正の下での不合理な捜索・逮捕押収やデュー・プロセス条項または自己負罪条項の直接的侵害とは異なり、単なるミランダ警告の欠如に関しては、抑止するものは一切ない。それ故、【45】ワンサン判決の〝毒樹の果実〟

ミランダ違反供述に由来する物的証拠の許容性いかん。

United States v. Patane, 542 U.S. 630 (2004)

理論を適用する理由はない。

「Xのピストルのような、任意供述の非証言的果実の提出は、自己負罪条項とは関わりがない。そのような果実を許容しても、被告人の強制された供述が刑事裁判において彼に不利に用いられる危険は生じない。ミランダの予防法則をこの文脈に拡大する正当化理由はない。」

Table of Cases

最大判昭和36.6.7刑集15巻6号915頁 ——【1】大阪西成ヘロイン所持事件最高裁大法廷判決（1961年）……7

大阪高判昭和52.6.28刑裁月報9巻5・6号334頁、判時881号157頁、判タ357号337頁 ——【11】大阪杉本町派出所爆破事件高裁判決（1977年）…70

最一小判昭和53.9.7刑集32巻6号1672頁 ——【2】大阪天王寺覚せい剤事件判決（1978年）……21

最判昭和58.7.12刑集37巻6号791頁 ——【9】神戸ホステス宅放火事件判決（1983年）……55

最二小判昭和61.4.25刑集40巻3号215頁 ——【3】奈良生駒任意同行退去阻止後採尿覚せい剤事件判決（1986年）……25

最二小決昭和63.9.16刑集42巻7号1051頁 ——【4】東京浅草任意同行後所持品検査覚せい剤事件決定（1988年）……31

最三小決平成6.9.16刑集48巻6号420頁 ——【5】会津若松強制採尿連行肯定覚せい剤使用事件決定（1994年）……36

最三小決平成7.5.30刑集49巻5号703頁 ——【6】第一京浜自動車内覚せい剤所持事件決定（1995年）……40

最三小決平成8.10.29刑集50巻9号683頁 ——【7】和歌山覚せい剤使用事件決定（1996年）……44

最二小判平成15.2.14刑集57巻2号121頁 ——【10】大津尿鑑定書排除覚せい剤事件判決（2003年）……63

最一小決平成15.5.26刑集57巻5号620頁 ——【8】東京瑞穂町ラブホテル覚せい剤所持事件決定（2003年）……48

東京高判平成19.9.18判タ1273号338頁 —— 東京世田谷職質時暴行大麻押収事件高裁判決……78

Agnello v. United States, 269 U.S. 20 (1925) ——【23】アグネヨ違法収集証拠弾劾例外否定覚せい剤事件判決（1925年） ……210
Alderman v. United States, 394 U.S. 165 (1926) ——【11】オールダマン第4修正違反申立適格否定国防情報提供事件判決（1969年） ……146
Anderson v. Charles, 447 U.S. 404 (1980) ——【34】アンダーソン・ミランダ警告後矛盾供述反対尋問合憲殺人事件判決（1980年） ……257
Arizona v. Fulminante, 499 U.S. 279 (1991) ——【22】フルミナンテ強制自白無害法理否定義娘殺害事件判決（1991年） ……194
Boyd v. United States, 116 U.S. 616 (1886) ——【1】ボイド第4・第5修正違反没収板ガラス関税法違反事件判決（1886年） ……90
Brewer v. Williams, 430 U.S. 387 —— 第一次ウィリアムズ第6修正違反肯定強姦殺人事件判決 ……458
Brown v. Illinois, 422 U.S. 590 (1975) ——【51】ブラウン第4修正違反後ミランダ警告後獲得供述排除殺人事件判決（1975年） ……345
Brown v. United States, 411 U.S. 223 (1973) ——【12】ブラウン他州保管盗品排除申立適格否定盗品州間移送事件判決（1973年） ……147
Chapman v. California, 386 U.S. 18 (1967) ——【21】チャップマン第5修正違反無害法理不適用殺人事件判決（1967年） ……189
Chavez v. Martinez, 538 U.S. 760 (2003) ——【66】チャベス第5修正ミランダ違反後獲得供述憲法侵害否定発砲事件判決（2003年） ……436
Costello v. United States, 365 U.S. 265 (1961) —— 独立入手源適用最高裁判決 ……456
Dickerson v. United States, 530 U.S. 428 (2000) ——【63】ディカソン第5修正ミランダ法則憲法判例確認強盗事件判決（2000年） ……417
Doyle v. Ohio, 426 U.S. 610 (1976) ——【32】ドイル・ミランダ警告後黙秘弾劾利用デュー・プロセス違反マリファナ譲渡事件判決（1976年）…251
Dunaway v. New York, 422 U.S. 200 (1979) ——【53】ダナウェイ第4修正違反後ミランダ警告後獲得供述排除殺人事件判決（1979年） …357
Elkins v. United States, 364 U.S. 206 (1960) ——【6】エルキンズ銀盆法理否定電話盗聴事件判決（1960年） ……117
Fahy v. Connecticut, 375 U.S. 85 (1963) ——【20】フェイ第4修正違反無害法理不適用落書事件判決（1963年） ……186

Fletcher v. Weir, 455 U.S. 603 (1982) ——【35】フレッチャ正当防衛証言逮捕後沈黙弾劾合憲殺人事件判決（1982年）……260
Gilbert v. California, 388 U.S. 263 (1967) ——【48】ギルバート第６修正違反犯人識別供述確認証言排除強盗事件判決（1967年）……336
Greer v. Miller, 483 U.S. 756 (1987) ——【37】グリア逮捕後黙秘言及無害法理適用強盗殺人事件判決（1987年）……264
Harris v. New York, 401 U.S. 222 (1971) ——【25】ハリス第５修正ミランダ違反弾劾例外肯定ヘロイン譲渡事件判決（1971年）……216
Harrison v. United States, 392 U.S. 219 (1968) ——【49】ハリソン反覆証言不許容殺人事件判決（1968年）……338
Horton v. California, 496 U.S. 128 (1990) ——【60】ホートン一見発見（プレイン・ヴュー）法理肯定強盗事件判決（1990年）……402
Illinois v. McArthur, 531 U.S. 326 (2001) ——【64】マッカーサ第４修正違反否定立入禁止トレーラー内薬物発見事件判決（2001年）……428
James v. Illinois, 493 U.S. 307 (1990) ——【28】ジェイムズ被告側証人弾劾例外否定殺人事件判決（1990年1月10日）……229
Jenkins v. Anderson, 447 U.S. 231 (1980) ——【33】ジェンキンズ自首前沈黙弾劾利用合憲正当防衛主張刺殺事件判決（1980年６月10日）…254
Jones v. United States, 362 U.S. 257 (1960) ——【８】ジョーンズ友人宅滞在中押収物排除申立適格肯定麻薬事件判決（1960年）……136
Katz v. United States, 389 U.S. 347 (1967) ——【９】キャッツ第４修正違反公衆電話徒博情報傍受事件判決（1967年）……140
Kaupp v. Texas, 538 U.S. 626 (2003) ——【65】カウプ違法逮捕後獲得自白排除殺人事件判決（2003年）……432
Lyons v. Oklahoma, 322 U.S. 596 (1944) ——【43】ライオンズ反覆自白許容デュー・プロセス違反否定殺人放火事件判決（1944年）……314
Mapp v. Ohio, 367 U.S. 643 (1961) ——【７】マップ連邦排除法則適用州法違反猥せつ物所持事件判決（1961年）……123
Michigan v. Harvey, 494 U.S. 344 (1990) ——【29】ハーヴェイ第６修正違反弾劾例外肯定婦女暴行事件判決（1990年３月５日）……236
Michigan v. Tucker, 417 U.S. 433 (1974) ——【50】タッカー第５修正ミランダ違反後獲得証人許容強姦事件判決（1974年）……341

Minnesota v. Carter, 525 U.S. 83 (1998) ——【17】カータ第 4 修正違反否定屋内観察薬物押収事件判決 (1998) ……169
Minnesota v. Dickerson, 508 U.S. 366 (1993) ——【62】ディカソン触感確証 (プレイン・フィール) 法理肯定麻薬事件判決 (1993年) ……411
Minnesota v. Olson, 495 U.S. 91 (1990) ——【16】オルソン第 4 修正違反肯定逃走車運転強盗事件判決 (1990年) ……165
Missouri v. Seibert, 542 U.S. 600 (2004) ——【67】サイバート反覆自白排除殺人放火事件判決 (2004年) ……439
Murray v. United States, 487 U.S. 533 (1988) ——【59】マリ第 4 修正違反発見物独立入手源適用可能麻薬事件判決 (1988年) ……397
Nardone v. United States, 308 U.S. 338 (1939) ——【42】第二次ナードン違法盗聴会話排除酒精飲料密輸入事件判決 (1939年) ……312
New York v. Harris, 498 U.S. 14 (1990) ——【61】ハリス第 4 修正違反後ミランダ警告後獲得供述許容殺人事件判決 (1990年) ……408
Nix v. Williams, 467 U.S. 431 (1984) ——【56】第二次ウィリアムズ第 6 修正違反不可避的発見肯定強姦殺人事件判決 (1984年) ……368
Oregon v. Elstad, 470 U.S. 298 (1985) ——【58】エルスタッド反覆自白許容不法侵入事件判決 (1985年) ……389
Oregon v. Hass, 470 U.S. 714 (1975) ——【26】ハス第 5 修正ミランダ違反供述弾劾例外肯定自転車窃盗事件判決 (1975年) ……222
Payne v. Arkansas, 356 U.S. 560 (1958) ——【19】ペイン長時間隔離後自白獲得デュー・プロセス違反肯定殺人事件判決 (1958年) ……181
People v. Defore, 150 N.E. 585 (1926) ——【3】デフォー第 4 修正違反押収物許容ニューヨーク州最高裁判決 (1926年) ……101
Raffel v. United Sates, 271 U.S. 494 (1926) ——【30】ラッフェル不利益供述否認再公判証言弾劾肯定禁酒法違反事件判決 (1926年) ……245
Rakas v. Illinois, 439 U.S. 128 (1978) ——【13】ラーカス逃走車輛同乗者申立適格否定強盗事件判決 (1978年) ……150
Rawlings v. Kentucky, 448 U.S. 98 (1980) ——【15】ローリングズ申立適格否定訪問客規制薬物所持事件判決 (1980年) ……158
Rochin v. California, 342 U.S. 165 (1952) ——【5】ローチン胃ポンプ使用モルヒネ押収第14修正デュー・プロセス違反事件判決 (1952年) …114

Segura v. United States, 468 U.S. 796（1984）——【57】セグーラ第 4 修正違反後捜索令状執行発見物独立入手源適用麻薬事件判決（1984年）…381

Silverthorne Lumber Co., v. United States, 251 U.S. 385（1920）——【41】シルヴァーソン父子第 4 修正違反押収物提出命令拒絶法廷侮辱事件判決（1920年）……310

Simmons v. United States, 390 U.S. 377（1968）——【10】シモンズ証拠排除肯定銀行強盗事件判決（1968年）……142

Stone v. Powell, 428 U.S. 465（1976）——【39】ストーン第 4 修正違反人身保護令状救済否定殺人事件判決（1976年）……277

Taylor v. Alabama, 457 U.S. 687（1982）——【55】テイラー第 4 修正違反後ミランダ警告後獲得自白排除強盗事件判決（1982年）……364

Tumey v. Ohio, 273 U.S. 510（1927）——【18】ツーマイ市長兼任裁判官判決デュー・プロセス違反肯定禁酒法違反事件判決（1927年）……179

United States v. Bayer, 331 U.S. 532（1947）——【44】ベイア反覆自白許容軍務違反事件判決（1947年）……318

United States v. Calandra, 414 U.S. 338（1974）——【38】カランドーラ排除法則不適用大陪審証言拒絶事件判決（1974年）……271

United States v. Ceccolini, 435 U.S. 268（1978）——【52】チェコリーニ第 4 修正違反後獲得証言稀釈法理適用大陪審偽証賭博事件判決（1978年）……352

United States v. Crews, 445 U.S. 463（1980）——【54】クルーズ第 4 修正違反被害者証言独立入手源適用強盗事件判決（1980年）……359

United States v. Hale, 423 U.S. 171（1975）——【31】ヘイル逮捕時黙秘再公判弾劾利用否定強盗事件判決（1975年）……247

United States v. Havens, 446 U.S. 620（1980）——【27】ヘイヴンズ第 4 修正違反弾劾例外肯定コカイン密輸入事件判決（1980年）……226

Unite States v. Leon, 468 U.S. 897, United States v. Sheppard, 468 U.S. 981（1984）——【40】レオン、シェパード第 4 修正違反善意例外肯定コカイン所持等事件判決（1984年 7 月 5 日）……291

United States v. Patane, 542 U.S. 630（2004）——【68】パターネ第 5 修正ミランダ違反供述後発見証拠物許容迷惑行為禁止事件判決（2004年）…447

United States v. Salvucci, 448 U.S. 83（1980）——【14】サルヴッチ第 4

修正違反申立適格否定盗品小切手母親宅押収事件判決（1980年）…155
United States v. Walder, 347 U.S. 62（1954）——【24】ウォルダー第4修正違反弾劾利用肯定麻薬譲渡事件判決（1954年）……………………213
United States v. Wade, 388 U.S. 218（1967）——【47】ウェイド第6修正違反犯人識別証言原則排除強盗事件判決（1967年）………………329
Wainwright v. Greenfield, 474 U.S. 284（1986）——【36】ウェインライト精神障害無罪抗弁逮捕後弁護人依頼権行使利用デュー・プロセス違反不法接触事件判決（1986年）……………………………………261
Weeks v. United States, 232 U.S. 383（1914）——【2】ウィークス第4修正違反富札券頒布郵便利用事件判決（1914年）…………………………98
Westover v. United States, 384 U.S. 494（1966）——【46】ウェストオーヴァ反覆自白排除銀行強盗事件判決（1966年）…………………………327
Withrow v. Williams, 507 U.S. 680（1993）—— ウィズロー第5修正違反人身保護令状救済肯定殺人事件判決（1993年）………………………542
Wolf v. Colorado, 338 U.S. 25（1949）——【4】ウルフ排除法則不適用州法違反堕胎事件判決（1949年）…………………………………………108
Wong Sun v. United States, 371 U.S. 471（1963）——【45】ワン・サン第4修正違反果実排除麻薬隠匿事件判決（1963年）…………………322

① Martin v. Weinwright, 770 F. 2d 918（1985）—— マーチン第11巡回区判決……………………………………………………………………474
② Medeiros v. Shimada, 889 F. 2d 819（1989）—— メデイロス第9巡回区判決……………………………………………………………………478
③ Somer v. United States, 138 F. 2d 790（1943）—— ソウマ第二巡回区判決……………………………………………………………464, 500
④ State v. O'Bremski, 70 Wash. 2d 425, 423 P. 2d 530（1962）—— オブレムスキー州最高裁判決…………………………………………456, 499
⑤ United States, v. Peters, 10 F. 3d 1517（1993）—— ピーターズ第10巡回区判決……………………………………………………………468

"Fruit of the Poisonous Tree" Theories
by Yoshinori Kobayakawa

著者略歴

小早川義則（こばやかわ よしのり）

1939年　大阪市に生まれる
大阪外国語大学イスパニア語学科卒業後、大阪市立大学法学部を経て、大阪市立大学大学院博士課程単位取得退学。名城大学法学部教授、ニューヨーク・ロー・スクール客員研究員、桃山学院大学法学部教授等を経て、

現　在　名城大学大学院法務研究科(法科大学院)教授
法学博士

主要著書

共犯者の自白（1990・成文堂）
ミランダと被疑者取調べ（1995・成文堂）
NY ロースクール断想（2004・成文堂）
デュー・プロセスと合衆国最高裁 I（2006・成文堂）
共謀罪とコンスピラシー（2008・成文堂）

毒樹の果実論
――証拠法研究第二巻――

2010年3月1日　初版第1刷発行

著　者　小早川　義　則
発行者　阿　部　耕　一

〒162-0041　東京都新宿区早稲田鶴巻町514番地
発行所　株式会社　成　文　堂
電話　03(3203)9201(代)　Fax　03(3203)9206
http://www.seibundoh.co.jp

製版・印刷　シナノ印刷　　製本　弘伸製本　　検印省略

ISBN978-4-7923-1858-1　C3032

定価（本体9600円＋税）